IA

Pentru sugestii și completări vă rugăm să ne contactați la adresa:
Editura Sophia
str. Ion Minulescu, nr. 36, sector 3,
031215, București
tel: 021-3206119, fax: 021-3191084
email: editura@sophia.ro

Gheorghiță Ciocioi, Amalia Dragne,
Diana-Cristina Vlad, Mihaela Voicu

Ghidul mănăstirilor din România

ediția a patra

editura Σοφία

București

Consultanți: prof. dr. Mihaela Palade, Dănuț Călin

Redactor: Elena Marinescu

Descrierea CIP a Bibliotecii Naționale a României
CIOCIOI, GHEORGHIȚĂ
Ghidul mănăstirilor din România / Gheorghiță Ciocioi, Amalia Dragne, Diana-Cristina Vlad – ed. a 4-a, rev. – București: Editura Sophia, 2016
Conține bibliografie – Index
ISBN 978-973-136-529-9

I. Dragne, Amalia
II. Vlad, Diana-Cristina

726.71(498)(036)

ARGUMENT

Ghidul mănăstirilor din România – ajuns, iată, la cea de-a patra ediție, îmbogățită cu noi mănăstiri și schituri – este o lucrare destinată tuturor pelerinilor și iubitorilor de drumeții de la noi, o călăuză sigură pentru turistul avizat, dar, în egală măsură, și pentru publicul larg, doritor să descopere valorile autentice ale culturii românești. Buna primire de care s-au bucurat primele ediții ale *Ghidului* ne-a convins, o dată în plus, că drumul nostru spre mănăstiri reprezintă, în fapt, un drum spre noi înșine. Pentru români, acest itinerar e un dat de Sus. Oricât de departe ne-am afla de matricea spiritualității noastre, oricât de mult am rătăci pe cărările acestei vieți, odată și odată tot ne vom întoarce acasă... De parcă drumul vieții noastre pământești ar fi trebuit să pornească – fără nici o abatere – din tinda vetrelor părintești până spre sfintele porți ale Cerului, spre vetrele acestea de lumină: **mănăstirile și schiturile românești.** De la simplul pelerin până la specialistul avizat în ale artei, drumul spre mănăstiri se dovedește a fi singurul în stare să ne purifice, să ne aducă atât de necesara transfigurare duhovnicească, ajutându-ne – aproape în chip miraculos – să descoperim *Calea, Adevărul și Viața.*

Înstrăinarea de spațiul românesc – lucru întâlnit tot mai adesea astăzi – înseamnă, în primul rând, desprinderea de o matcă spirituală și culturală unică. Departe de țară, oriunde s-ar afla, românii poartă în sine, ca pe un tezaur neprețuit, Voronețul, Moldovița, Sucevița, Humorul, Curtea de Argeș, Trei Ierarhii de la Iași, Nicula, Sâmbăta ori Hurezii...

Cartea de față a început să prindă contur în vara anului 2009. Autorii *Ghidului* – pelerini neobosiți ei înșiși de ani buni – au pornit la drum spre sihăstrii și mănăstiri știute ori mai puțin știute, mânați de un singur gând: acela de a vă ajuta în pelerinajele și drumețiile dumneavoastră. Întreprinderea s-a dovedit însă deloc ușoară. S-au parcurs mii de kilometri, bătându-se la porțile a sute de mănăstiri și schituri, multe descoperite din aproape în aproape. Astfel, *Ghidul* a ajuns să cuprindă zeci și zeci de mănăstiri nedescrise vreodată în alte îndrumare. Cine și-ar fi putut închipui, de pildă, că în mijlocul Bărăganului, la Frățilești-Sudiți, există o ctitorie monahală în cel mai splendid conac de la noi din perioada interbelică? Proprietarul conacului devenit astăzi mănăstire, agronomul ardelean Aurelian Pană, ministru al agriculturii în anii '40 ai secolului trecut, avea să moară în chinuri groaznice la Aiud, condamnat fiind de comuniști pentru că îndrăznise să introducă în agricultura românească... soia! Mănăstirea Cobia a fost, de asemenea, o altă revelație: pur și simplu, un Voroneț al sudului României, rămas necunoscut până astăzi multora, o bijuterie din cărămidă smălțuită – albastru Siena, galben, ocru –, înălțată în 1572, cu sprijinul Doamnei Țării Românești, de origine italiană, Ecaterina Salvarezzo. La Șinca Nouă – o mănăstire redeschisă de curând, nu departe de Făgăraș –, sfinții de pe pereți, în straie de cuvioși ori mucenici, au cu toții capetele retezate, părtași parcă la mucenicia bătrânului ieromonah Isaia de la Bucium, care a fost decapitat la ordinul generalului Bukow.

Marile lavre și mănăstiri peste care s-a așternut patina timpului, schiturile mai vechi ori mai noi, sihăstriile de la marginea pădurilor de salcâm din câmpie sau din singurătatea stâncilor carpatine, sfinți, rugători și duhovnici îmbunătățiți din trecut și de astăzi se întâlnesc în paginile ghidului de față.

Am căutat să punem la dispoziția pelerinilor și a iubitorilor de drumeții cât mai multe informații posibile, sistematizând materialul prezentat și făcând *Ghidul* accesibil, în felul acesta, tuturor celor care îl vor consulta. Arhitectura locașurilor de cult, importanța vetrelor monahale în istoria neamului și a Bisericii noastre, inestimabilele fresce bisericești, moaștele sfinților și icoanele făcătoare de minuni din mănăstiri și schituri, hramurile, marile pelerinaje sunt subliniate în mod constant pe tot parcursul lucrării. Nu am trecut cu vederea însă nici partea practică a lucrurilor, *Ghidul* constituindu-se într-o busolă cât mai exactă pentru pelerin: telefon, căi de acces etc., pentru o cât mai bună orientare a acestuia.

Fără sprijinul ierarhilor locului, al stareților de mănăstiri, al consilierilor culturali din eparhii, această lucrare nu ar fi putut să fie dusă la bun sfârșit. Ajutorul primit din partea PS Galaction, Episcopul Alexandriei și Teleormanului – care ne-a fost alături pe tot parcursul întreprinderii noastre și cu a cărui binecuvântare apare noul *Ghid al mănăstirilor din România* –, s-a dovedit, de asemenea, nespus de prețios. Ne-au fost aproape cu rugăciunea și sfatul în toată această perioadă PS Ilarion Făgărășanul (Arhiepiscopia Sibiului), arhim. Nichifor Horia (Arhiepiscopia Iașilor), pr. Eugen Drăgoi (Arhiepiscopia Dunării de Jos), exarh protos. Augustin Vărvăruc (Arhiepiscopia Alba Iuliei), consilier arhim. dr. Antim Oprea (Episcopia Oradiei), exarh protos. Ghelasie Mureșan (Arhiepiscopia Covasnei și Harghitei), exarh arhim. Visarion Neag (Episcopia Devei și Hunedoarei), exarh arhim. Dumitru Cobzaru (Arhiepiscopia Vadului Feleacului și Clujului), exarh arhim. Timotei Bel (Episcopia Maramureșului și Sătmarului), exarh arhim. Antonie Pința (Episcopia Sălajului), exarh arhim. Simeon Stana (Arhiepiscopia Timișoarei), exarh protos. Teodor Vid (Arhiepiscopia Aradului), vicar eparhial arhim. Constantin Timiș (Episcopia Caransebeșului), protos. Benedict Georgescu (Arhiepiscopia Tomisului), protos. Serafim Huzdup (Arhiepiscopia Romanului și Bacăului), pr. Mihai Zorilă (Episcopia Severinului și Strehaiei), pr. exarh arhim. dr. Mihail Muscariu (Episcopia Giurgiului), pr. exarh arhim. Rafail Mîț (Episcopia Ialomiței și Călărașilor), pr. consilier Felix Neculai (Episcopia Tulcii), protos. Benedict Mihalcea (starețul Mănăstirii Sfântul Fanurie, Teleorman), stavrofora Emanuela Enea (stareța Mănăstirii Dălhăuți, Vrancea), Mircea Muscalu și mulți alții. Tuturor ținem să le aducem mulțumiri sincere, cerând, totodată, cititorilor, pelerinilor și turiștilor să aibă îngăduință față de unele scăderi ale noastre. Așteptăm din partea cititorilor sugestii și îndreptări pentru ediția ulterioară a *Ghidului*.

În final, nu ne rămâne decât să exprimăm speranța că acest ghid, cel mai cuprinzător dintre cele apărute până astăzi, vă va fi de un real folos în pelerinajele și în călătoriile dumneavoastră către tainica lume a vetrelor monahale românești.

Editorul

Mitropolia Munteniei și Dobrogei

Arhiepiscopia Bucureștilor

Arhiepiscop și Mitropolit: Preafericitul Părinte Patriarh DANIEL CIOBOTEA

(cuprinde municipiul București, județele Ilfov și Prahova)

Intrarea Miron Cristea, nr. 9, sect. 4, București, 040162
Tel: +40213374957, Fax: +40213374356, www.arhiepiscopiabucurestilor.ro

Catedrala Patriarhală

Hram: Sfinții Împărați Constantin și Elena, Sfântul Dimitrie cel Nou (catedrala), Sfântul Gheorghe, Sfânta Cuvioasă Parascheva (paraclisul patriarhal)
Adresă: Aleea Dealul Mitropoliei, nr. 2, 040163, sect. 4, București
Acces: Catedrala Patriarhală se află în imediata apropiere a Pieței Unirii din București
Mănăstirea de călugări (Catedrala Patriarhală), 21 viețuitori, viață de obște; **Stareț:** mare ecleziarh arhim. Clement Haralam
Mănăstirea de maici (Paraclisul Patriarhal), 14 viețuitoare; **Stareță:** stavrofora Hristofora Rusu
Contact: +40214067167, www.patriarhia.ro

Moaște: Sf. Dimitrie cel Nou, părticele de la Sf. Împărați Constantin și Elena, Sf. Vasile cel Mare, Sf. Grigorie Teologul
Pelerinaje: Sf. Dimitrie cel Nou, patronul Bucureștilor (27 oct.)

În cadrul Catedralei Patriarhale funcționează două mănăstiri: una de călugări (pe lângă Catedrala Patriarhală) și una de maici (pe lângă Reședința Patriarhală). Hotărârea înființării a fost luată în noiembrie 2007, avându-se în vedere faptul că, la origine, catedrala a fost o veche mănăstire, ctitorită în 1656 de voievodul Țării Românești, Constantin Șerban Basarab. Biserica Sf. Împărați Constantin și Elena – construită după modelul arhitectural al bisericii Mănăstirii Curtea de Argeș – a fost sfințită în 1658 de Patriarhul Macarie al Antiohiei și de Mitropolitul Ștefan al Țării Românești. Voievodul Radu Leon, printr-un hrisov domnesc (1668), hotărăște ca mănăstirea să devină reședință mitropolitană. În 1925, odată cu ridicarea Bisericii Ortodoxe Române la rangul de Patriarhie, Catedrala Mitropolitană – rectitorită practic în timpul domniei lui Nicolae Mavrocordat – capătă statut de Catedrală Patriarhală. Pictura murală actuală a fost realizată de Dimitrie Belizarie, în anii 1932-1935, în stil neobizantin. Icoanele împărătești sunt lucrate în email de Otilia Oteteleșanu (în anii 1961-1964). În partea dreaptă a pronaosului se află mormintele patriarhilor Miron Cristea (†1939), Nicodim Munteanu (†1948), Justin Moisescu (†1986) și Teoctist Arăpașu (†2007). În partea stângă sunt așezate **moaștele Sfântului Dimitrie Basarabov**, ocrotitorul Bucureștilor. La răsărit de catedrală se păstrează turnul-clopotniță din 1698 al Sf. Constantin Brâncoveanu. De praznicul Sf. Dimitrie Izvorâtorul de Mir, pe data de 26 octombrie 2008, la 350 de ani de la ctitorire, a avut loc resfințirea catedralei, de către PF Părinte Patriarh Daniel. Registrul de sus al pridvorului catedralei a fost împodobit, tot în 2008, cu 26 de icoane în mozaic. Paraclisul Sfântul Gheorghe, construit la aceeași dată cu stăreția și catedrala, reprezintă partea cea mai veche a actualului ansamblu patriarhal.

Icoana Sf. Dimitrie Basarabov, ocrotitorul Bucureștilor

Mănăstirea Doamna Chiajna obște în formare

Hram: Sfântul Ioan Iacob Hozevitul, Acoperământul Maicii Domnului
Adresă: Drumul Săbăreni, nr. 172, sect. 6, București; **Acces:** rutier – doar prin cartierul Giulești Sârbi; mașinile 162, 163 de la stația de metrou Crângași
Stareț: protos. Antim Bâru; **Contact:** +40732052940

Moaște: părticele din moaștele Sf. Efrem cel Nou, Sf. Ioan Iacob Hozevitul
Odoare sfinte: copie a icoanei făcătoare de minuni Maica Domnului Prodromița

Mănăstirea a fost începută în timpul domniei lui Alexandru Ipsilanti (1774-1782), fiind finalizată sub domnia lui Nicolae Mavrogheni (1786-1790). Biserica este construită în stil neoclasic. În mănăstire nu s-a slujit niciodată, fiind bombardată de către turci cu puțin înainte de sfințire. Turla bisericii s-a prăbușit la cutremurul din martie 1977. În 2008, Arhiepiscopia Bucureștilor a luat hotărârea reactivării așezământului. Biserica mănăstirii, ruinată, figurează din 2004 pe lista monumentelor istorice. Până în prezent, s-au construit un paraclis din lemn, unde se țin slujbele, și două chilii.

Mănăstirea Antim

19 viețuitori, viață de obște

Hram: Duminica Tuturor Sfinților, Sfântul Ierarh Martir Antim Ivireanul
Adresă: str. Antim, nr. 29, 040111, sect. 4, București
Acces: Mănăstirea Antim se află în centrul Capitalei, în apropierea Pieței Constituției
Stareț: protos. Vicențiu Oboroceanu
Contact: +40213371304, +40727049103, manastirea.antim@gmail.com

Mănăstirea Antim este ctitoria Sf. Ierarh Antim Ivireanul. Hotărârea înălțării noii mănăstiri este luată pe data de 5 februarie 1713, de praznicul Sf. Agata. A fost construită în „mahalaua popii lui Ivașco", pe locul unei biserici de lemn, cu hramul Sf. Nicolae, fiind sfințită în 1715. Biserica, chiliile, paraclisul, clopotnița sunt executate după planurile marelui ierarh de origine georgiană. Planul bisericii este unul treflat, coloanele pridvorului monumental fiind bogat ornamentate cu motive florale de tradiție brâncovenească. Catapeteasma din piatră, icoana Tuturor Sfinților și icoana celor patru sfinți: Alexie, Nicolae, Antim și Agata au fost lucrate de însuși Sf. Antim, la fel ca și ușa masivă de stejar de la intrarea în biserică. Începând cu 1715, în tipografia din ctitoria sa, cu hramul Tuturor Sfinților, Sf. Antim Ivireanul va tipări mai multe cărți bisericești. Sub regimul fanariot, din cauza călugărilor greci instalați în mănăstire, mănăstirea decade. În perioada 1840-1864, în chiliile din partea de E s-au aflat Arhivele Statului. În 1910 începe construcția palatului Sfântului Sinod pe latura de N a chiliilor. Rămasă fără obște monahală la începutul secolului trecut, ajunge filie a parohiei Bisericii Albe Postăvari. În 1927 Antimul devine parohie de sine stătătoare. În anii 1938-1940, la ctitoria Mitropolitului Antim se desfășoară cursurile Academiei de muzică bisericească. În jurul lui Ioan cel Străin (Kulâghin) de la Optina, personalități precum Sandu Tudor, Vasile Voiculescu, Paul Constantinescu, dar și monahi, intelectuali, studenți etc. vor înființa în 1945, la Antim, **cercul isihast Rugul Aprins**. În anii 1984-1986 chiliile dinspre colțul de NV al mănăstirii sunt demolate, clădirea Sfântului Sinod fiind mutată 20 m. În anii 1988-1996 se construiesc noi chilii pe latura dinspre E. Monumentalul mozaic de pe frontispiciul bisericii, reprezentându-i pe sfinții Alexie, Nicolae, Antim și Agata, ca și pictura sălilor mari ale palatului sinodal, au fost executate de Olga Greceanu și pr. Sofian Boghiu. **Părintele arhimandrit Sofian Boghiu** (1912-2002), ca stareț al Mănăstirii Antim, a contribuit covârșitor, în condiții deosebit de vitrege, la ceea ce credincioșii numesc astăzi „duhul Antimului".

Moaște: părticele de la Sfinții 40 de Mucenici, Sf. Mucenici Neofit și Acachie, Sf. Mc. Paraschevi

De văzut:
- Muzeu: carte veche, icoane și obiecte bisericești etc.
- Biblioteca Sfântului Sinod: peste 100000 de volume, deschisă publicului

În timpul Primului Război Mondial, la Mănăstirea Antim din București au fost păstrate timp de câteva luni moaștele Sf. Filofteia de la Curtea de Argeș.

Schitul Maicilor

pendinte de Mănăstirea Antim; obște în formare

Hram: Buna Vestire, Sfânta Cuvioasă Parascheva
Adresă: str. Antim, nr. 47, 040111, sect. 5, București
Acces: se află în imediata apropiere a Palatului Parlamentului, la aprox. 100 m V de Mănăstirea Antim (metrou Piața Unirii, Izvor)

Icoane făcătoare de minuni: icoana Maicii Domnului, dăruită de ctitoră

Ansamblul mănăstiresc Schitul Maicilor, ce aparține din punct de vedere arhitectural stilului brâncovenesc, construit la începutul sec. al XVIII-lea, la poalele Dealului Spirii, a fost, până la jumătatea veacului trecut, unul dintre reperele importante ale Bucureștiului. Astăzi, în urma demolării incintei de către autoritățile comuniste, se mai păstrează doar biserica (translatată și ea aproape 250 m, în 1982) – o adevărată bijuterie arhitecturală. Pictura veche, icoanele și catapeteasma au rămas aproape neatinse de urgia vremurilor. Ctitora schitului este Tatiana Hagi Dina, care se va călugări aici sub numele de Timoteia, după eliberarea sa din robia turcească. În 1730 schitul este închinat Mitropoliei Ungrovlahiei. După secularizare, acesta va trece în epitropia Bisericii Albe, Postavari. Din 1951 a devenit paraclis patriarhal, incinta lui, în cea mai mare parte, refăcută în stil brâncovenesc, prin grija Patriarhului Justinian, adăpostind Atelierele Institutului Biblic. Din 1982 până după 1990, biserica Schitului Maicilor va fi închisă. Este resfințită, în 1995, de către PS Teofan, mitropolitul de astăzi al Moldovei. În 2010, PF Daniel a hotărât reînființarea acestui vechi așezământ.

Mănăstirea Christiana 16 viețuitoare, viață de obște

Hram: Pogorârea Duhului Sfânt, Sfinții Apostoli Petru și Pavel, Nașterea Maicii Domnului; **Adresă:** șos. Pipera, nr. 49, 014254, sect. 2, București
Acces: stația de metrou Aurel Vlaicu, tramvaiul 5, autobuz 135; 500 m N din intersecția Șoseaua Pipera cu str. Alexandru Ștefănescu
Stareță: stavrofora Benedicta Chirobocea
Contact: +40214908280

Moaște: părticele din moaștele Sf. Cuvios Antipa Românul de la Calapodești (10 ianuarie)

Icoana Sfântului Cuvios Antipa Românul de la Calapodești

Inițiativa înălțării mănăstirii a aparținut prof. univ. dr. Pavel Chirilă, la care se vor mobiliza, imediat după 1990, mai mulți preoți și medici din București. În 1992, PF Teoctist dă binecuvântare pentru construirea unui complex medico-ecleziastic ce urma să cuprindă o policlinică, clinici de specialitate și o mănăstire (lucrările la policlinică vor fi însă abandonate, clădirea începută ajungând astăzi sediu al Poliției Rutiere). În 1993 s-a pus piatra de temelie a mănăstirii. Se amenajează un corp de chilii, după planurile arhitectului Octavian Neculai. În 2001-2005, substanțiale donații ale doamnei Maria Liliana Vasilescu, ale familiilor Ioan și Viorica Buzincu și Ion și Adriana Cheșa vor contribui decisiv la înălțarea și pictarea bisericii noului așezământ. O fostă hală de producție a Asociației Christiana este transformată în cămin de bătrâni. Biserica și ansamblul mănăstiresc vor fi sfințite în 2005 de PF Teoctist și PS Sebastian – actualmente episcop al Slatinei. Altarul și naosul bisericii sunt încorporate în clădirea așezământului, doar pronaosul și pridvorul aflându-se la exterior. În iunie 2007 s-a început construcția unei noi biserici, mai încăpătoare, pe un amplasament sfințit în acest scop încă din 1993. În 2009 s-a terminat construirea unui nou corp de chilii. Din cele 16 maici și surori ale mănăstirii, una este medic, iar 7, asistente medicale.

Mănăstirea Duminica Sfinţilor Români

7 vieţuitori, viaţă de obşte

Hram: Duminica Sfinţilor Români, Sfântul Teoctist, Acoperământul Maicii Domnului
Adresă: şos. Olteniţei, nr. 255, 041334, sect. 4, Bucureşti
Acces: în SE Capitalei, în imediata vecinătate a com. Popeşti-Leordeni
Stareţ: protos. Ioachim Ceauşu
Contact: +40213370108

Prin întemeierea mănăstirii închinate Sfinţilor Români s-a dorit ca vatra şi duhul Schitului Maicilor, demolat în perioada comunistă, să fie strămutate pe acest loc. Biserica, concepută cu elemente ornamentale brâncoveneşti, a fost înălţată în anii 2003-2006, la iniţiativa PF Teoctist. La demisol funcţionează Paraclisul Acoperământul Maicii Domnului. Locaşul este împodobit cu capiteluri, coloane şi ancadramente, recuperate de la biserici demolate din Bucureşti. Târnosirea bisericii şi sfinţirea corpului de chilii s-au făcut la 29 octombrie 2006. Slujbele în mănăstire se desfăşoară după tipicul de la Neamţ

Moaşte: părticele din moaştele Sf. Andrei, Sf. Gheorghe, Sf. Ambrozie, Sf. Dionisie

Mănăstirea Plumbuita

7 vieţuitori, viaţă de obşte

Hram: Naşterea Sfântului Ioan Botezătorul
Adresă: str. Plumbuita, nr. 58, 023637, sect. 2, Bucureşti
Acces: autobuze 182, 282, tramvai 21, troleibuz 66, staţia Doamna Ghica; **Stareţ:** protos. Justin Bulimar; **Contact:** +40212411516, +40720205006 manastirea.plumbuita@gmail.com

Plumbuita – monument de referinţă pentru istoria şi arhitectura Bucureştiului – este ctitorie a voievodului Petru cel Tânăr (1559-1568). Începută în 1560, va fi târnosită în vremea lui Mihnea Turcitul, domn ce va închina Plumbuita Mănăstirii Xiropotamu, din Sfântul Munte Athos. Biserica este rezidită din temelii în 1647 de Matei Basarab, prilej cu care voievodul va mai înălţa o **Casă Domnească** şi un puternic **zid de apărare.** Mănăstirea Plumbuita, situată într-o poziţie strategică, la ieşirea din Bucureşti, pe malul râului Colentina, va juca, de altfel, vreme de câteva secole, un rol important în apărarea cetăţii. Astfel, în 1632, în apropierea mănăstirii se dă o bătălie importantă între oastea Ţării Româneşti, condusă de Matei Basarab, şi turci, în frunte cu Radu Iliaş, pretendent la tronul Valahiei. **Turnul-clopotniţă** este înălţat în anii 1802-1806 de egumenul Dionisie din Ianina, fost stareţ la Xiropotamu. În 1573, la Plumbuita este înfiinţată, de către domnul Alexandru al II-lea Mircea, **prima tiparniţă din Bucureşti**; printre primele cărţi apărute aici sunt un *Tetraevangheliar* şi o *Psaltire* (din care se mai păstrează un fragment, aflat la Biblioteca Naţională din Sofia). În timpul Revoluţiei de la 1848, mănăstirea va fi transformată în închisoare politică. După secularizare devine biserică de mir. În 1940, mareşalul Ion Antonescu intenţiona ca Plumbuita să capete destinaţia de Panteon Naţional al eroilor români căzuţi în Primul Război Mondial, demarând în acest sens ample acţiuni de restaurare (nefinalizate). În 1955, biserica mănăstirii va fi restaurată prin purtarea de grijă a PF Justinian. În incinta mănăstirii se află un cabinet medical şi o farmacie pentru persoanele defavorizate.

Moaşte: părticele din moaştele Sf. Nicolae, Sf. Gheorghe, Sf. Pantelimon, Sf. Ioan cel Nou de la Suceava

De văzut:
- Muzeul amenajat în Casa Domnească: cuprinde carte veche românească, artă religioasă, 130 de busturi ale domnitorilor români, operă a stareţului Simeon Tatu

Mănăstirea Radu Vodă

18 viețuitori, viață de obște

Hram: Sfânta Treime, Sfântul Nectarie
Adresă: str. Radu Vodă, nr. 24 A, 040275, sect. 4, București
Acces: în imediata apropiere a Pieței Unirii (metrou) și a pasajului Mărășești. Tramvaie 15, 27, 30; autobuze: 104, 123, 124, 312, 385
Stareț: arhim. Nectarie Șofelea
Contact: +40213307055; www.manastirea-radu-voda.ro

Moaște: părticele din moaștele Sf. Nectarie din Eghina, Sf. Efrem cel Nou

Racla cu moaștele Sfântului Nectarie din Eghina

Pe locul unde se ridică astăzi Mănăstirea Radu Vodă s-au descoperit importante vestigii arheologice datate din perioada paleoliticului. În vremea geto-dacilor, așezarea de pe colina din apropierea Pieței Unirii de astăzi dispunea de puternice fortificații, constituindu-se într-un punct strategic de prim rang.

Prima biserică de pe colina Radu Vodă este atribuită domnitorului Mihnea cel Rău (1508-1509), cea de a doua fiind ctitorie a domnitorului Alexandru al II-lea Mircea (1568-1577), strănepot al lui Vlad Țepeș. Fiul său, Mihnea Turcitul, va înzestra mănăstirea cu moșii, sate și odoare de preț – sporind prestigiul ei în Țara Românească. În timpul domniei sale, în mănăstire este înființată **prima bibliotecă din București**. În 1595, Mănăstirea Radu Vodă va fi incendiată de trupele lui Sinan Pașa, în retragerea acestora din calea armatei lui Mihai Viteazul. Radu Vodă Mihnea reface din temelii mănăstirea, în 1625, închinând-o Mănăstirii Iviron din Athos. Patriarhul Macarie al Antiohiei și Paul de Alep, vizitând Mănăstirea Radu Vodă în 1653-1657, rămân profund impresionați de arhitectura acesteia. Cutremurele din 1829 și din 1838 îi vor produce Mănăstirii Radu Vodă mari pagube, fiind necesare ample lucrări de refacere. În 1875, Titu Maiorescu, în acea vreme ministru al cultelor, hotărăște dărâmarea unei părți însemnate din mănăstire – ca și a altor incinte mănăstirești și hanuri din București –, considerate clădiri insalubre. Biserica, turnul-clopotniță și o parte dintre chilii vor rămâne totuși nedemolate. Dacă în perioada 1839-1847 la Radu Vodă va funcționa Seminarul Mitropoliei, iar mai târziu, pentru o scurtă perioadă, Liceul Francez, la începuturile perioadei comuniste va funcționa aici o școală de cadre de partid. Clădirile **Seminarului Teologic**, aflate la sud de biserică, datează din 1893, fiind construite prin grija lui Ion Scorțeanu și a surorii sale Maria Șchiopescu, ca internat al seminarului. În 1960, mănăstirea este desființată. PF Justinian va restaura biserica de la Radu Vodă între anii 1969 și 1974, locașul fiind resfințit în 1979. Pictura bisericii aparține părintelui arhimandrit Sofian Boghiu, în pronaos păstrându-se totuși o parte însemnată din pictura lui Gh. Tattarescu. Mănăstirea a fost reactivată în 1998 de către PF Teoctist. În 2012 a fost inaugurat Centrul social-cultural Sfântul Nectarie.

În biserica Mănăstirii Radu Vodă se află **mormântul Patriarhului Justinian Marina** (†1977).

Mănăstirea Stavropoleos

6 viețuitoare, viață de obște

Hram: Sfinții Arhangheli Mihail și Gavriil, Sfântul Atanasie cel Mare, Sfântul Iustin Martirul și Filosoful, Sfântul Haralambie
Adresă: str. Stavropoleos, nr. 4, 030083, sect. 3, București
Stareță: stavrofora Mihaela Luchian
Contact: +40213134747, www. stavropoleos.ro

Biserica și incinta Mănăstirii Stavropoleos sunt considerate prin stilul, armonia și expresivitatea lor, unul dintre cele mai valoroase ansambluri monastice ale arhitecturii noastre medievale, fiind incluse în patrimoniul de arhitectură europeană. Biserica Mănăstirii Stavropoleos, aparținând din punct de vedere stilistic artei post-brâncovenești, a fost zidită în 1724 de către arhimandritul grec Ioanichie, în timpul celei de-a doua domnii a lui Nicolae Mavrocordat în Țara Românească (1719-1730). Ctitorul, născut în satul Ostanița din Epir, a venit în Țara Românească de la Mănăstirea Gura, metoc al Mitropoliei Pogoniana. Ioanichie zidește mai întâi un han (care va dăinui până spre sfârșitul veacului al XIX-lea), în curtea căruia va înălța actuala biserică, ctitorind o mănăstire. Aceasta va fi susținută economic de către han (ca și alte mănăstiri din capitală, din aceeași perioadă, precum Colțea și Sf. Gheorghe, de pildă). În 1726, Ioanichie primește titlul onorific de mitropolit al Stavropolei și exarh al ținutului Caria. Astfel, după numele vechii Mitropolii, mănăstirea înălțată de el va fi numită Stavropoleos. Incinta actuală s-a ridicat între anii 1897 și 1904 după planurile concepute de arhitectul Ion Mincu. Între anii 1890 și 1940 biserica a fost închisă. Printre slujitorii de seamă de după 1940, când locașul este declarat parohie, amintim pe preoții Dumitru Iliescu Palanca (care va petrece 15 ani în închisorile comuniste, unde își va găsi sfârșitul) și Ioan Lăncrănjan.

După 1991, sub administrarea ierom. Iustin Marchiș, mănăstirea începe să renască. Au fost restaurate pictura, iconostasul și exteriorul bisericii (impresionează, îndeosebi, noua înfățișare a sculpturii pridvorului). În incintă s-au amenajat o bibliotecă, o trapeză, o colecție de obiecte bisericești, stăreția și chiliile. Viețuitoarele mănăstirii restaurează cărți vechi, pictează icoane, scriu și editează cărți. Va reprimi statutul de mănăstire – pierdut în urma secularizării averilor mănăstirești – în anul 2008. Tot în acel an are loc și tunderea în monahism a patru dintre surorile mănăstirii, iar în 2012 are loc slujba de resfințire a ansamblului monahal, noul așezământ reînscriindu-se, practic, în rândul vetrelor cu o bogată tradiție monastică din București.

Moaște: părticele de la Sf. Ap. Andrei, Sf. Ap. Petru, Sf. Pantelimon, Sf. Vasile cel Mare, Sf. Mc. Iustin și Sf. Haralambie

De văzut:
- Muzeu: colecție de obiecte vechi bisericești, unele recuperate de la bisericile dărâmate în perioada comunistă

Slujbele de la Stavropoleos sunt printre cele mai înălțătoare din întreg Bucureștiul – grupul psaltic Stavropoleos fiind binecunoscut atât în țară, cât și în străinătate.

La sfârșitul anului 2010, în prima ediție dedicată României a prestigiosului ghid Michelin, *Mănăstirea Stavropoleos primește cea mai înaltă apreciere (3 stele).*

La Schitul Darvari s-au desfășurat, la începutul anilor '90 ai secolului trecut, manifestările cultural-religioase cunoscute sub numele de Serile Darvari, la care au participat renumiți duhovnici și oameni de cultură.

Schitul Darvari

7 viețuitori, viață de obște

Hram: Sfinții Împărați Constantin și Elena, Sfinții Arhangheli Mihail și Gavriil
Adresă: str. Schitul Darvari, nr. 3, 020473, sect. 2, București
Acces: metrou Piața Romană, tramvaiul 5, troleibuze: 79, 86
Egumen: protos. Ghelasie Iorga
Contact: +40212123247, +40212115260, www.schituldarvari.ro

Moaște: părticele din moaștele Sf. Ioan Gură de Aur, Sf. Ioan Iacob Hozevitul, Sf. Haralambie, Sf. Siluan, Sf. Elefterie, Sf. Ignatie Teoforul

Este ctitorit în 1834 de familia căminarului Mihail Darvari. În 1835 existau o bisericuță din lemn, fără turlă, cu hramurile Învierea Sf. Lazăr, Sf. Împărați Constantin și Elena și Sf. Arhangheli Mihail și Gavriil, și câteva chilii, fiind aduse aici, pentru slujire, 12 călugărițe. În 1865, după legea secularizării, schitul este închis, iar monahiile trimise la mănăstirile Pasărea și Ciorogârla. Începând cu anul 1869 călugării de la Schitul Prodromul din Muntele Athos primesc permisiunea familiei ctitorilor de a se caza la Schitul Darvari atunci când veneau la București pentru strângerea de ajutoare, aceștia obligându-se să săvârșească sfintele slujbe în schit. La cererea Mitrop. Ghenadie Petrescu, familia ctitorului repară schitul în 1894. În anii 1933-1934 schitul este restaurat de către generalul de divizie Mihail Darvari, nepotul ctitorului, biserica fiind pictată în frescă de Iosif Keber. În 1959 schitul este închis de către autoritățile comuniste, călugării fiind mutați la Cernica, locașul devenind biserică de mir. După 1989 este restaurată pictura de către părintele Sofian Boghiu. Patriarhul Teoctist, în 1996, reînființează schitul, primul stareț al acestuia fiind actualul episcop al Giurgiului PS Ambrozie Meleacă, provenit din obștea Mănăstirii Crasna, Prahova. În ultimii ani au avut loc ample lucrări de restaurare a așezământului, schitul recăpătându-și strălucirea de odinioară.

Schitul Măgureanu

3 viețuitori, viață de obște

Hram: Intrarea în Biserică a Maicii Domnului, Sfântul Ierarh Visarion, Sfântul Mare Mucenic și Tămăduitor Pantelimon
Adresă: bd. Schitul Măgureanu, nr. 14, 010181, sect. 1, București
Acces: schitul se află în partea de NV a parcului Cișmigiu. Mijloace de transport: troleibuzele 70, 90, 85 etc.
Stareț: arhim. Antim David
Contact: +40314256488; schitul.magureanu@gmail.com

Biserica actualului schit a fost întemeiată, în anul 1752, de către marele logofăt Constantin Văcărescu și soția sa, Marica, fiica vornicului Iordache Kretulescu și a Doamnei Safta (fiică a voievodului Constantin Brâncoveanu). După moartea lui Constantin Văcărescu, de încheierea lucrărilor locașului și de înfrumusețarea acestuia se vor ocupa marele ban Mihai Cantacuzino Măgureanu împreună cu soția sa, Maria. Biserica veche, deteriorându-se în timp, va fi dărâmată, pe locul ei ridicându-se, între anii 1881 și 1884, prin grija parohiei și a mai multor credincioși înstăriți, locașul pe care îl vedem astăzi. Pictura aparține lui Gheorghe Ioanid (1840-1921), purtând amprenta școlii neoclasice italiene. În 2010, PF Părinte Daniel a luat inițiativa prefacerii acestei biserici în schit.

Mănăstirea Căldăruşani

30 vieţuitori, viaţă de obşte

Hram: Sfântul Dimitrie Izvorâtorul de Mir, Sfântul Grigorie Dascălu, Sfântul Ioan Evanghelistul (biserica din cimitir), Sfânta Varvara (cimitirul mirenilor)
Adresă: sat Lipia, com. Gruiu, 077116, jud. Ilfov
Acces: 1. din DN1 Bucureşti-Ploieşti, pe DJ101 Baloteşti-Căciulaţi-Moara Vlăsiei, apoi DJ101C spre Lipia, până la mănăstire (40 km); 2. Bucureşti- Ştefăneşti-Dascălu, apoi DC184 Dascălu-Moara Vlăsiei; din Moara Vlăsiei, DJ101, DJ101C Mănăstirea Căldăruşani (37 km)
Stareţ: arhim. Lavrentie Gâţă
Contact: +40217940307, cadarusanimanastirea@yahoo.com; **Cazare:** 25 locuri

Mănăstirea Căldăruşani este unul dintre cele mai importante monumente de arhitectură bisericească din Ţara Românească. După prima istoriografie a mănăstirii (1870), aparţinând lui Casian Monahul, a fost ctitorită în 1638 de Matei Basarab (1632-1654). Domnitorul muntean, aflat în conflict cu Vasile Lupu al Moldovei, trecând prin aceste părţi, hotărăşte să zidească pe locul unui vechi schit de lemn o mănăstire din piatră. Despre existenţa unei sihăstrii la Căldăruşani înainte de 1637 aminteşte şi un hrisov din 1615, emis în cancelaria voievodului Radu Mihnea (1611-1616). Matei Basarab va ridica în mijlocul Codrilor Vlăsiei o adevărată cetate, înconjurată pe trei laturi de un lac. Biserica mare a mănăstirii, în plan treflat, cu trei turle, cu hramul Sf. Dimitrie Izvorâtorul de Mir, poartă aceeaşi amprentă arhitecturală ca şi biserica Mănăstirii Dealu şi cea a Mănăstirii domneşti de la Curtea de Argeş. Paul de Alep, însoţitorul Patriarhului Macarie al Antiohiei în Ţările Române, face, în 1653, următoarea descriere a mănăstirii: „Este înconjurată de o apă fără sfârşit şi fără fund, are hramul Sf. Dumitru şi se numeşte Căldăruşani..." Numele mănăstirii provine de la configuraţia locului, care are aspectul unei căldări. Prin vestita sa şcoală de copişti, Căldăruşaniul a contribuit din plin în veacurile trecute la crearea limbii române literare. Cea mai fecundă perioadă din istoria mănăstirii rămâne totuşi sfârşitul secolului al XVIII-lea, când, sub păstorirea **Sf. stareţ Gheorghe de la Cernica** (canonizat în 2005), aceasta devine unul dintre principalele focare de duhovnicie şi cultură ale arealului românesc. În 1834, tipografia Ungrovlahiei de la Bucureşti va fi mutată la metocul Cocioc al Mănăstirii Căldăruşani, împlinindu-se astfel dorinţa **Sf. Mitropolit Grigorie Dascălul** (canonizat în 2006), nevoitor un timp în această mănăstire. În 1778 a fost înfiinţată o şcoală de pictură, frecventată şi de Nicolae Grigorescu în anii 1854-1855. Mănăstirea deţine o bogată pinacotecă, care are la bază colecţia de artă a Mitropolitului Ghenadie Petrescu.

Vechea sală a tronului domnitorului Matei Basarab, din Mănăstirea Căldăruşani, adăposteşte acum Sala Tezaurului. Pictura bisericii mari este restaurată de Dimitrie Belizarie în 1911. Între 1950 şi 1958 biserica mănăstirii a fost restaurată de PF Justinian Marina. Începând cu 1992, sub stăreţia arhim. Lavrentie Gâţă, se ridică o nouă stăreţie. În prezent, au loc ample lucrări de restaurare la clădirile aflate în afara cetăţii. Biserica din cimitir, cu hramul Sf. Ioan Evanghelistul, datează din 1804, fiind ctitorită de fraţii Toma şi Constantin Creţulescu.

De văzut:
- Muzeu: manuscrise, cărţi bisericeşti, broderii de aur, argintărie, icoane vechi şi picturi realizate de Nicolae Grigorescu, Gheorghe Tattarescu, Sava Henţia
- Bibliotecă: manuscrise şi cărţi bisericeşti în greacă, latină, italiană, română etc.

Odată ajunşi la Căldăruşani, nu uitaţi să vă opriţi pentru câteva clipe la mormintele părintelui Sofian de la Antim, „Duhovnicul Bucureştilor" şi al pr. Paul Mihail (1905-1994), vestit teolog şi savant român.

Mănăstirea Cernica

37 vieţuitori, viaţă de obşte

Hram: Sfântul Mare Mucenic Gheorghe (biserica din cetate), Sfântul Mare Ierarh Nicolae (biserica de pe ostrov), Sfântul Ierarh Calinic
Adresă: com. Cernica, 077035, jud. Ilfov
Acces: din DN3, la E de Bucureşti, ramificaţie, din com. Pantelimon (după 9,5 km), DJ301 spre S (4 km). Mănăstirea se află la 13,5 km de centrul Capitalei
Stareţ: protos. Maxim Bădoiu
Contact: +40213511737
Cazare: 10 locuri

Moaşte:
Sf. Ier. Calinic de la Cernica;
Sf. Gheorghe de la Cernica

Icoane făcătoare de minuni: icoana Sf. Nicolae

Pelerinaje:
Sf. Ierarh Calinic de la Cernica (11 aprilie)

De văzut:
• Muzeu: obiecte de cult cu valoare de patrimoniu (Sfinte Vase, chivoturi, Sfinte Evanghelii), veşminte, cărţi, manuscrise şi hrisoave vechi, pictură – Theodor Pallady, Ion Ţuculescu

Cimitirul mănăstirii se constituie într-un adevărat Panteon al personalităţilor bisericeşti, culturale, istorice, precum teologul şi scriitorul Gala Galaction, preşedintele Sfatului Ţării din Basarabia, din 1918, Pan Halippa, mărturisitorul temniţelor comuniste Ioan Ianolide, poetul creştin Daniel Turcea etc.

Veche vatră de spiritualitate, cultură şi artă românească, Mănăstirea Cernica, situată în imediata apropiere a Bucureştiului, este unul dintre cele mai atractive locuri de pelerinaj din România. Lacul Cernica înconjoară cele două ostroave – Ostrovul Sf. Ier. Nicolae, care păstrează temelia bisericii ctitorite de marele vornic Cernica Ştirbei, în urmă cu patru veacuri (1608), şi Ostrovul Sf. Gheorghe, cu cetatea şi Biserica Sf. Gheorghe –, ambele ctitorii ale Sf. Ier. Calinic de la Cernica (1820-1850). În cimitirul mănăstirii se află, de asemenea, o frumoasă biserică cu hramul Sf. Lazăr, înălţată de către **Sf. Cuv. stareţ Gheorghe de la Cernica** în anul 1804 (în forma actuală, ctitorie a Mitrop. Nifon,1863). Anul 1781, odată cu venirea în mănăstire a stareţului Gheorghe, destoinic ucenic al Sf. Paisie Velicikovski de la Neamţ, poate fi socotit, pe drept cuvânt, ca fiind cel de-al doilea certificat de naştere al Cernicăi. Gheorghe de la Cernica va reface obştea monahală, risipită din pricina războaielor şi a ciumei, ridicând din ruină mănăstirea. Astfel, în 1815, va fi rezidită din temelii Biserica Sf. Nicolae din ostrov.

Pe Ostrovul Sf. Gheorghe se păstrează, destul de bine conservate, casa stareţului Gheorghe de la Cernica, casa Sf. Ier. Calinic, casa în care a locuit în perioada 1898-1910 poetul Tudor Arghezi, casa în care a locuit cunoscutul **duhovnic Ilarion Argatu**. Vechiul Seminar monahal de la Cernica a dat nenumărate personalităţi de seamă Bisericii noastre – să amintim doar de PF Teoctist, care, vreme de opt ani, a învăţat la această şcoală.

După cel de-al Doilea Război Mondial, Cernica a găzduit mai mulţi ierarhi din Basarabia şi Bucovina – teritorii anexate de Rusia sovietică. Tot la Cernica se va refugia, din Rusia, între 1943 şi 1946, şi **părintele Ioan Kulâghin** (n. 1885), sub îndrumarea căruia vor cunoaşte îndeaproape practica isihastă – ajutaţi şi de textele celor două volume ale *Sbornicului de la Valaam* – mulţi dintre membrii *Rugului Aprins* de la Mănăstirea Antim.

Restaurarea mănăstirii s-a făcut în principal în anii '60 ai secolului trecut, din iniţiativa PF Justinian Marina. Pictura exterioară a incintei mănăstireşti este realizată de **părintele Sofian Boghiu**, împreună cu ucenicii săi. Bogata bibliotecă a Mănăstirii Cernica numără astăzi peste 20000 de volume, dintre care peste 1000 au valoare de patrimoniu. **Fântâna Turcului** şi **Paraclisul Sf. Dimitrie Izvorâtorul de Mir** sunt alte două importante puncte de atracţie ale mănăstirii.

Mănăstirea Pasărea

124 viețuitoare, viață de sine/obște

Hram: Sfânta Treime (biserica mare), Adormirea Maicii Domnului (biserica din cimitir)
Adresă: sat Pasărea, com. Brănești, 077032, jud. Ilfov
Acces: din DN3 București-Constanța: 1. ramificație „la Troiță" spre NE prin Cozieni până la mănăstire (19 km); 2. ramificație din Brănești prin Pasărea până la mănăstire (25 km)-din București;
Stareță: stavrofora Mihaela Costache
Contact: +40213524211, +40724261650, www.manastireapasarea.ro

Mănăstirea a luat ființă în 1813, în timpul lui Caragea Vodă (1754-1844), ctitorul acesteia fiind starețul Timotei de la Mănăstirea Cernica, prin zidirea unei bisericuțe din lemn cu hramul Sf. Treime și a câtorva chilii. Între anii 1816 și 1828 Sf. Calinic de la Cernica va înălța în locul ei o biserică de zid cu hramul Sf. Nicolae (dărâmată la cutremurul din 1838). Tot Sf. Calinic va fi ctitor și al bisericilor cu hramul Adormirea Maicii Domnului (1834-1838) și Sf. Treime (1846-1847). Ultima a fost sfințită în timpul domnitorului Dimitrie Bibescu (1804-1873), stareță fiind monahia Dionisia. Între 1967 și 1975 mănăstirea a fost renovată pe cheltuiala Arhiepiscopiei Bucureștilor. În mănăstire există ateliere de croitorie și pictură. Mănăstirea patronează Seminarul Teologic Sfânta Filofteia, Brănești, și are sub supravegherea sa un cămin de bătrâni. În 2013, mănăstirea a sărbătorit 200 de ani de la întemeiere.

Moaște:
părticele de la Sf. Pantelimon, Sf. Mina, Sf. Mercurie

Icoane făcătoare de minuni:
icoana Maicii Domnului, icoana Mântuitorului (Domnul minunat)

De văzut:
- Muzeu: icoane vechi, broderii, carte veche, sculptură

Mănăstirea Sfântul Nicolae, Sitaru

20 viețuitori, viață de obște

Hram: Sfântul Mare Ierarh Nicolae
Adresă: sat Sitaru, com. Grădiștea, 077111, jud. Ilfov
Acces: din DN1 București-Ploiești, pe DJ101 Balotești-Căciulați- Moara Vlăsiei, Grădiștea-Sitaru, până la mănăstire (46 km); 2. București- Ștefănești-Dascălu, apoi DC184 Dascălu-Moara Vlăsiei; din Moara Vlăsiei, DJ101 Grădiștea-Sitaru-Mănăstirea Sitaru (43 km)
Stareț: protos. Natanael Haraga; **Cazare:** 50 locuri (vara)
Contact: +40243280165, +40720915550, www.manastireasitaru.ro

Ctitorul primei biserici de zid din sihăstria de la Sitaru – una dintre cele mai izbutite realizări arhitecturale muntenești din sec. al XVIII-lea – a fost boierul Papa Greceanu, străbunicul domnitorului Constantin Brâncoveanu. În 1752 biserica va fi refăcută „de iznoavă", după cum grăiește pisania, în vremea Mitropolitului Neofit al Ungrovlahiei, fiind pictată de „Neacșa ierei, Dima ierei, Grigorie, Șerban, Constantin și Constandache", în 1753. După legea secularizării, în mănăstire va funcționa o temniță pentru minori. În 1875, la Sitaru erau mai mulți călugări decât înainte de secularizare (decembrie 1863). În 1915 mănăstirea rămâne pustie. Abia în anul 1928, doi călugări din obștea Căldărușanilor, Atanasie și Martirie, se mută la Sitaru, căutând să reînvie schitul. În 1944 sosesc aici 24 de călugări basarabeni, refugiați de la Mănăstirea Noul Neamț. Chiar și după decretul regimului comunist, de desființare a mănăstirilor, din 1959, doi dintre viețuitori refuză să părăsească mănăstirea. După 1971 viața duhovnicească la Sitaru începe să renască, părinții Damian Bogdan, Gherontie Ghenoiu și Gherasim reușind să adune în jurul lor o obște numeroasă. În ultimii ani s-au construit un corp de chilii, un arhondaric, o bibliotecă etc.

Moaște:
părticele din moaștele Sf. Ap. Andrei, Sf. Ambrozie, Sf. Pantelimon, Sf. Iov de la Poceaev

În mănăstire, programul slujbelor de noapte se desfășoară după tipic athonit.

Mănăstirea Samurcășești, Ciorogârla

45 viețuitoare, viață de obște

Hram: Sfânta Treime, Adormirea Maicii Domnului, Cuvioasa Parascheva
Adresă: com. Ciorogârla, 077055, jud. Ilfov
Acces: din București: A1 (20 km de centrul orașului), apoi DJ601 (5 km); ori din A1(15 km), apoi DJ602 (3 km), indicator spre Ciorogârla, până la mănăstire, aflată în sat.
Stareță: stavrofora Lucia Bostan
Contact: +40213147058, +40723441285

Moaște: părticele din moaștele Sf. Ap. Andrei, Sf. Ștefan, Sf. Ioan Gură de Aur, Sf. Silvestru, Sf. Modest, Sf. Teodor Tiron, Sf. Teodor Stratilat, Sf. Ermin, Sf. Dimitrie Izvorâtorul de Mir

De văzut:
- Muzeu: icoane și carte veche românească, chivote, veșminte

Pictorul Nicolae Grigorescu a întocmit, în 1870, un plan pentru pictarea Mănăstirii Samurcășești, cerând maicilor 1000 de galbeni. Suma a fost însă mult prea mare pentru posibilitățile mănăstirii. Aceasta va fi pictată de Gheorghe Tattarescu contra sumei de 500 de galbeni. Lucrările de pictură s-au încheiat pe data de 13 decembrie 1870.

Mănăstirea este ctitoria vornicului Constantin Samurcaș și a soției sale Zinca, din 1808. Plini de dumnezeiască râvnă, aceștia au hotărât să ridice lângă pădurea Cotroceni, ce făcea parte din Codrii Vlăsiei, o mănăstire cu trei altare. Primele viețuitoare au fost două nepoate călugărițe ale starețului Timotei de la Cernica (1807-1816). Întâiul document care atestă existența Mănăstirii Ciorogârla este o *Hotărâre* a Divanului Țării Românești din 31 mai 1811. În 1814, în urma unui incendiu, vor fi distruse 30 de chilii. În 1845 clucerul Alexandru Samurcaș, nepot de frate și fiu adoptiv al ctitorului, face prima reparație a bisericii, care suferise în urma cutremurului din 1838. Domnitorul Carol I va semna o rezoluție, în 1869, prin care Ministerul Cultelor va acorda mănăstirii o sumă considerabilă pentru o nouă reparație a bisericii. După cutremurul din 1940 biserica și o parte din chiliile reconstruite sunt grav avariate, locașul fiind dărâmat din temelii și reconstruit între 1941 și 1944, prin contribuția generalului Teodor Ciurea, prefect al Ilfovului în acea perioadă. În vara anului 1944, racla cu moaștele Sfintei Cuvioase Parascheva a fost adusă și adăpostită în biserica Mănăstirii Samurcășești. Din pictura bisericii vechi, care a aparținut lui Gheorghe Tattarescu, s-au mai păstrat doar câteva fragmente. În cimitirul mănăstirii se află biserica cu hramul Sf. Împ. Constantin și Elena, înălțată în anul 1876. Aici sunt îngropate monahia Sofia, fiica lui Ion Heliade Rădulescu, învățătoare și stareță pentru o scurtă vreme la Samurcășești, și mama eroului Valter Mărăcineanu, Frosa Sarandi, printre primele actrițe de teatru din România. Până în 1960, în mănăstire au existat ateliere de țesătorie și covoare. Astăzi funcționează aici un atelier de tâmplărie și de înrămat icoane (primele mașini fiind aduse de Patriarhul Justinian Marina, în 1961, din Germania).

Schitul Vidra

2 viețuitori, viață de obște

Hram: Sfânta Treime, Sfinții Martiri Brâncoveni
Adresă: com. Vidra, 077185, jud. Ilfov
Acces: schitul este amplasat între localitățile Vidra și Berceni, din București pe DJ401, 7 km SV de la stația de metrou IMGB
Egumen: ierom. Andrei Vizante

Schitul a fost construit și donat Arhiepiscopiei Bucureștilor de către Fundația Tezaurul Sacru, patronată de Marcela Ghiulbenghian. Pe un teren de cca 5 ha s-au construit un paraclis și o clădire (chilii și sediul fundației). La începutul anului 2008, PF Daniel hotărăște ca așezământul donat să devină metoc al Mănăstirii Radu Vodă.

Mănăstirea Snagov

2 viețuitori, viață de obște

Hram: Intrarea în Biserică a Maicii Domnului, Sfântul Voievod Neagoe Basarab, Sfântul Antim Ivireanul
Adresă: sat Siliștea Snagovului, com. Gruiu, 077117, jud. Ilfov
Acces: 1. din București pe DN1 (36 km), apoi spre E din Ciolpani pe DJ101C, 8 km până la debarcaderul Siliștea Snagovului; 2. pe DN1 din București (28 km), apoi, după Săftica, spre E, pe DJ101B Ghermănești-Snagov-debarcader (13,5 km);
Stareț: protos. Varahiil Bănățeanu
Contact: +40214910394, +40724768941

Mănăstirea Snagov – vechi centru de spiritualitate și cultură ortodoxă românească – se numără printre ctitoriile de seamă ale voievodului **Mircea cel Bătrân** (1386-1418). Este construită din cărămidă, în stil bizantin, athonit, fiind amplasată pe o insulă din mijlocul lacului Snagov. În urma săpăturilor arheologice s-a constatat că prima așezare monahală de aici datează din secolul al XI-lea. Turnul-clopotniță al mănăstirii – păstrat până în zilele noastre – este ctitorie a domnitorului Mircea cel Bătrân. După tradiție, la Snagov se află **mormântul lui Vlad Țepeș**, ucis în anul 1476. Biserica a fost reclădită din temelii de către **Sf. Neagoe Basarab**, domnitorul Țării Românești. Prima pictură datează din 1563, din vremea domniei lui Mircea Ciobanu și aparține lui Dobromir cel Tânăr. La Snagov, în vremea stăreției Sf. Antim Ivireanul (1694-1705) s-au tipărit mai multe cărți bisericești în limbile română, slavonă, greacă și arabă. Tot aici a fost tipărită prima carte cu litere latinești din Țara Românească, cunoscută sub numele: *Orânduiala slujbei lui Constantin și Elena*. În ultimii ani au avut loc ample lucrări de restaurare a mănăstirii. În 2010 s-a sfințit podul peste lacul Snagov, făcând astfel mănăstirea mult mai accesibilă pelerinilor.

• În anul 2012, a avut loc resfințirea bisericii Mănăstirii Snagov, pe insulă fiind înălțat și un frumos altar de vară.

Mănăstirea Țigănești

93 viețuitoare, viață de obște/de sine

Hram: Adormirea Maicii Domnului
Adresă: com. Ciolpani, 077050, jud. Ilfov
Acces: din București DN1 până la Ciolpani (35 km), apoi 2 km V până la mănăstire
Stareță: stavrofora Eufimia Popa
Contact: +40212668232; +40764384195
Cazare: 30 locuri

Mănăstirea Țigănești nu a luat ființă dintr-o inițiativă ctitoricească, ci s-a născut mai întâi ca o sihăstrie, afundată în vechii codri ai Vlăsiei. Este atestată documentar printr-un act de donație – din iulie 1780 – al lui Matei Țigănescu și al verișoarei sale Parascheva Căplescu, care înalță o bisericuță din lemn pentru nevoitorii sihăstriei. În 1800, starețul Mănăstirii Țigănești, Dositei, sfătuit de Mitrop. Dositei Filitti, hotărăște ca pustnicii să fie transferați la Mănăstirea Căldărușani. Vor fi aduse în locul acestora călugărițe de la Schitul Turbați și Schitul Maicilor din București. În 1812 este construită biserica cu hramul Adormirea Maicii Domnului. Astăzi se păstrează doar urme de frescă din vechea pictură a locașului, biserica fiind repictată în 1929 de Dimitrie Belizarie, în stil neobizantin. Mănăstirea a fost grav afectată de cutremurul din 1977. La Țigănești funcționează ateliere de țesut covoare, broderie artistică, țesături naționale – înființate încă din 1923. În ultimii ani s-au refăcut biserica (la exterior), chiliile, trapeza, muzeul.

Moaște: părticele din moaștele Sf. Elefterie, Sf. Haralambie, Sf. 40 de Mucenici, Sf. Marina, Sf. Artemie

Icoane făcătoare de minuni: icoana Maicii Domnului (sec. XVII)

• Pe data de 15 august 2012, are loc sfințirea altarului de vară al mănăstirii.

Schitul Moara Vlăsiei

pendinte de Mănăstirea Căldărușani, fără obște

Hram: Sfinții Împărați Constantin și Elena
Adresă: com. Snagov, 077165, jud. Ilfov
Acces: se află în plin câmp, în imediata apropiere a punctului nodal Snagov de pe viitoarea autostradă București-Brașov

Schitul Moara Vlăsiei a fost înființat din inițiativa PF Daniel, Patriarhul BOR, în anul 2008, în jurul fostei bisericuțe a satului Vlăsia, sat desființat în anii '50 ai secolului trecut. Biserica cu hramul Sf. Împărați Constantin și Elena a fost înălțată prin purtarea de grijă a starețului Mănăstirii Căldărușani, Martinian Stoicescu, în anul 1927, cu sprijinul locuitorilor din comuna Afumați. Grav afectat de cutremurul din 1977, locașul va fi reparat de gospodăria de partid, pe terenul căreia se afla în acea perioadă. În prezent se fac demersuri pentru recuperarea terenului bisericii, urmând ca în scurt timp aceasta să fie restaurată și să se înceapă zidirea unui corp de chilii.

Schitul Sfinții Arhangheli, Găneasa

3 viețuitoare, viață de obște

Hram: Sfinții Arhangheli Mihail și Gavriil
Adresă: com. Găneasa, 077100, jud. Ilfov
Acces: din DN3 București-Constanța: 1. ramificație „la Troiță" spre NE prin Cozieni până la schit (21 km); 2. ramificație din Brănești prin Pasărea până la schit (29 km). Din Cozieni drum neasfaltat
Egumenă: monahia Justina Măciucă
Contact: +40784080566

Moaște: părticele din moaștele Sf. Sila, Paisie și Natan de la Sihăstria Putnei

Schitul Găneasa este o oază de creație pentru mulți artiști și oameni de cultură apropiați de Biserică.

Schitul Găneasa – așezat pe malul lacului Pasărea, într-un încântător cadru natural – este ctitorie a familiei Sorin și Mihaela Marin. Înălțarea sfântului locaș începe în 1995, cu binecuvântarea PF Teoctist.

Biserica – în stil brâncovenesc – a fost proiectată de arhitectul Vladimir Popov, fiind sfințită pe data de 13 noiembrie 1999 de către PS Teodosie, actualmente arhiepiscop al Tomisului. Primește statut de schit din anul 2000. În 2001 se supraetajează corpul de chilii și se construiește o frumoasă trapeză.

Catapeteasma și mozaicurile exterioare ale bisericii poartă semnătura celebrului profesor Ion Achiţenie. Vitraliile au fost realizate de Iosif Cadar în 2002-2003, iar pictura (terminată în 2008) aparține lui Alexandru Nicolau. Biserica Schitului Găneasa este un veritabil sanctuar al sfinților români, fiind zugrăviți aici: Sfânta Filofteea, Sfânta Teodora de la Sihla, Sfântul Dimitrie Basarabov etc.

În cadrul schitului funcționează un atelier de croitorie și broderie. În anul 2012 a avut loc sfințirea picturii bisericii schitului de către PS Varsanufie Prahoveanul.

Mănăstirea Brebu

4 viețuitoare, viață de obște

Hram: Sfinții Arhangheli Mihail și Gavriil
Adresă: com. Brebu, 107100, jud. Prahova
Acces: București-Ploiești-Câmpina pe DN1/E60, 95 km; Câmpina-Brebu, J100, DJ102, 12 km; Brașov-Câmpina-Brebu DN1/E60, J100, DJ102, 91 km
Stareță: monahia Sebastiana Stoian; **Contact:** +40764105031

Moaște: părticele din moaștele Sf. domnitor-martir Constantin Brâncoveanu

Ansamblul arhitectonic Mănăstirea Brebu datează din anul 1640, fiind una dintre cele mai importante ctitorii din vremea domniei lui Matei Basarab (1632-1654). Biserica domnească, cu hramul Sf. Arhangheli Mihail și Gavriil, unicat din punct de vedere al stilului arhitectonic în Țara Românească, are o grosime a zidului de 2 m. Construcția mănăstirii a început în anul 1650, fiind desăvârșită de Constantin Brâncoveanu în 1689. Cutremurul din anul 1790 îi va produce mari stricăciuni. La Mănăstirea Brebu, Matei Basarab a ridicat alături de chiliile monahilor o impunătoare casă domnească. Două hrisoave datate din 24 februarie 1689 și 2 iunie 1690 scutesc de dări 52 de localnici, pentru a ajuta la terminarea mănăstirii. A avut statut de mănăstire până în anul 1863, când are loc secularizarea averilor mănăstirești. Transformată în biserică de mir, chiliile s-au ruinat, iar casa domnească a intrat în administrația Eforiei Spitalelor Civile, devenind, pe rând, sanatoriu, preventoriu, azil de bătrâni. Între 1957 și 1959 monumentul istoric a fost readus la forma sa inițială prin lucrări de restaurare, efectuate sub patronajul Direcției Comisiei Monumentelor Istorice. Clopotnița mănăstirii este una dintre cele mai frumoase din Muntenia. Zidul de incintă are grosimea de 1 m și înălțimea de 5-6 m, conferind ansamblului o imagine de fortăreață medievală. Mănăstirea Brebu a fost reînființată în anul 2012.

De văzut:
- Muzeu (istorie, artă feudală), carte veche românească, obiecte religioase, brâul Sf. Antim Ivireanul

Împrejurimi:
- Mănăstirea Cornu
- Valea Doftanei
- Casa memorială Nicolae Grigorescu, Câmpina

Casa domnească – muzeu

Mănăstirea Caraiman

10 viețuitori, viață de obște

Hram: Înălțarea Sfintei Cruci, Acoperământul Maicii Domnului, Schimbarea la Față
Adresă: str. Palanca, nr. 24, Bușteni, 105500, jud. Prahova
Acces: se află în apropierea hotelului Silva din Bușteni (București, 131 km și Brașov, 30 km, pe DN1/E60); se poate ajunge fie cu mașina, fie pe potecă, 400 m de la hotelul Silva
Stareț: arhim. David Petrovici; **Contact:** +40244320152, +40725370983
Cazare: 102 locuri

Schitul Caraiman – unul dintre cele mai tinere așezăminte monahale din Arhiepiscopia Bucureștilor – a fost înființat în anul 1998, cu binecuvântarea PF Teoctist, de ierom. Gherontie Puiu. După înălțarea unui agheasmatar și a unor chilii provizorii (1998), în 2001 este sfințită, de PS Sebastian (actualmente episcopul Slatinei), o biserică de lemn, cu hramul Adormirea Maicii Domnului. Lucrările de pictură la biserica de zid, cu hramul Înălțarea Sfintei Cruci, a cărei piatră de temelie a fost pusă în 2001, sunt încheiate. În ultimii ani s-au mai înălțat un impunător corp de chilii, arhondaric, trapeză etc. În 2012 a fost sfințit paraclisul chiriarhal cu hramurile Schimbarea la Față și Sf. Proroc Ilie Tesviteanul. În cadrul mănăstirii funcționează Centrul Social Pastoral Sf. Cruce.

Moaște: părticele din moaștele Sf. Nicolae, Sf. Trifon, Sf. Parascheva, Sf. Cosma și Damian

Împrejurimi:
- Castelul Zamora Cantacuzino, Bușteni
- Mănăstirea Sf. Treime, Bușteni

Mănăstirea Ceptura obște în formare

Hram: Sfinții Împărați Constantin și Elena
Adresă: sat Ceptura de Jos, com. Ceptura, 107126, jud. Prahova
Acces: din centura de est a Ploieștiului (68 km de la București pe DN1/E60), DN1B, 25,5 km spre E, apoi DJ102M spre N până la Ceptura de Jos, 4 km
Stareț: ierom. Augustin Mâzgoiu

Schit ctitorit în prima jumătate a sec. al XIX-lea de călugării de la Mănăstirea Căldărușani – al cărei metoc va fi până în anul 1959. În urma Decretului 410/1959, călugării sunt alungați din schit. A rămas ca paznic și îngrijitor al bisericii doar un singur monah. După moartea acestuia, locașul va fi lăsat în paragină, chiliile devenind adăposturi pentru animalele unui GAS. Reînființarea Schitului Ceptura a fost aprobată de Sfântul Sinod încă din anul 1996, însă lipsa unui corp de chilii, a mijloacelor de trai și a fondurilor pentru resturarea bisericii a făcut ca până de curând să se afle doar în administrația centrului eparhial. În 2012 s-a reparat acoperișul bisericii și s-a construit un altar de vară. Începând cu luna august 2015, prin sosirea în mănăstire a unui ieromonah de la Mănăstirea Crasna, slujbele se desfășoară după întreaga rânduială monahală.

Mănăstirea Cheia

10 viețuitori, viață de obște

Hram: Sfânta Treime (biserica mare), Adormirea Maicii Domnului (paraclisul)
Adresă: sat Cheia, com. Măneciu, 107356, jud. Prahova
Acces: DN1/E60, DN1A, 133 km din București; 67 km din Ploiești; 47 km din Brașov.
Stareț: protos. Damian Toderiță
Contact: +40769217149, +40244294135
Cazare: 20 locuri

De văzut:
- Muzeul de obiecte bisericești

Împrejurimi:
- Mănăstirea Suzana

După tradiție, primul așezământ monahal de pe aceste meleaguri a fost întemeiat de câțiva ciobani din Săcele, în jurul anului 1700, fiind distrus de turci în 1777. Schitul Adormirea Maicii Domnului, ridicat în anul 1790, va dispărea și el, mistuit de un incendiu în 1832. Biserica actuală, având hramurile Sf. Treime și Adormirea Maicii Domnului, este înălțată în 1835 de către doi ieromonahi originari din Transilvania – **Damaschin și Iustin**, cu metania la Căldărușani, pe terenul donat de vel-vornicul Mihail Ghica. Biserica a fost sfințită pe data de 20 iulie 1839, de către Episcopul Chesarie al Buzăului.

Fresca aparține pictorului Naum Zugravul. Catapeteasma, lucrată la Viena, a fost donată de Episcopul Chesarie al Buzăului. **Icoanele împărătești sunt opera lui Gheorghe Tattarescu**, fiind argintate de către meșterul Lazăr din Ploiești. Paraclisul cu hramul Adormirea Maicii Domnului a fost ctitorit între 1924 și 1927 de către starețul din acea vreme, Grigorie Georgescu. Se distinge printr-un frumos iconostas, sculptat în lemn de cireș. În naosul paraclisului sunt păstrate patru icoane împărătești din anul 1799, aparținând vechii biserici.

Mănăstirea Cheia a fost în trecut, prin numeroasele ei acțiuni de caritate și prin prezența monahilor ardeleni aici, unul dintre centrele misionare importante pentru românii din Transilvania.

Mănăstirea Crasna

32 viețuitori, viață de obște

Hram: Sfinții Împărați Constantin și Elena (biserica veche), Acoperământul Maicii Domnului (biserica nouă), Sfântul Ilie Tezviteanul (altarul de vară), Sfinții Români (paraclisul)
Adresă: sat Schiulești, com. Izvoarele, 107326, jud. Prahova
Acces: DN1/E60, DN1A București-Ploiești-Chirițești (spre Cheia, Vălenii de Munte), apoi DL până la Schiulești, 6 km. De la marginea satului Schiulești încă 3 km până la mănăstire (ultimii kilometri de drum sunt neasfaltați)
Stareț: ierom. Nectarie Petre; **Contact:** +40244292560; **Cazare:** 50 locuri

Icoane făcătoare de minuni: icoana Maicii Domnului

A luat ființă în prima jumătate a secolului al XVIII-lea, fiind întemeiată, cel mai probabil, de câțiva sihaștri din zona Vălenii de Munte. Prima atestare documentară a vetrei monahale este un act de donație, în care se menționează existența unui schit cu o bisericuță de lemn, datat 1745. Proprietarul acestor locuri, postelnicul Dinu Constantin Potlogea, fiul preotului Radu Potlogea din Izvoarele, hotărăște, în 1828, zidirea unei biserici pentru satul Băjenari – sat întemeiat după anul 1821, din pricina năvălirii turcilor. Biserica va fi sfințită în 1828, de către Episcopul Chesarie al Buzăului, fiind pictată în 1834. Primul stareț a fost chiar ctitorul, călugărit sub numele de Chesarie. Va fi urmat în viața monahală, la scurt timp, și de fiul său (monahul Nil). După secularizare, schitul decade, fiind închinat Mănăstirii Cheia. În 1920 mai avea un singur călugăr. Începe să renască în 1964, prin osteneala stareților Ghedeon, Galaction (viitorul episcop al Alexandriei și Teleormanului) și Nicodim. Catapeteasma bisericii vechi, lucrată la Viena, este acoperită cu foiță de aur. În anul 1983, biserica veche a fost renovată. În 1991 va fi repictată, prin purtarea de grijă a PF Teoctist, de pictorul-restaurator Ioan Chiriac. După 1989, prin osteneala PS Galaction, s-au construit: un monument al eroilor pictat de Ioan și Daniela Moldoveanu, un impunător arhondaric și un corp de chilii. S-a mai ridicat o nouă biserică de zid, ce înglobează și un paraclis. Capătă statutul de mănăstire în 2001.

La Mănăstirea Crasna și-au făcut ucenicia șase dintre înalții ierarhi ai Bisericii Ortodoxe Române.

Împrejurimi:
- Salina Slănic Prahova
- Muntele de Sare – rezervație naturală, Slănic
- Muzeul Sării, Slănic

Mănăstirea Chițorani

3 viețuitori, viață de obște

Hram: Sfântul Mare Ierarh Nicolae
Adresă: sat Chițorani, com. Bucov, 107112, jud. Prahova
Acces: din centura de est a Ploieștiului (68 km de la București pe DN1/E60), DN1B, 6,5 km, apoi DL spre N până la Chițorani, 1,5 km
Stareț: protos. Casian Costache; **Contact:** +40721070577

Biserica mănăstirii datează de la sfârșitul secolului al XIV-lea, fiind ctitoria Tincăi Mărăcineanca. Două pietre de mormânt așezate în dreapta pronaosului – a protosinghelului Macarie, slujitor al bisericii și ctitor, din 1524, și a doamnei jupânițe Stanca, 1756 – dau mărturie de vechimea locașului. Ultimele restaurări ale bisericii au avut loc în 1921, 1956 și 2007. Biserica este din lemn, grinzile fiind îmbinate, ca și la bisericile din Maramureș, în coadă de rândunică. Biserica mănăstirii a fost târnosită în 2007 de PS Sebastian, actualmente episcopul Slatinei. În prezent se fac demersuri pe lângă autoritățile locale pentru înălțarea unui corp de chilii.

Mănăstirea Cornu

30 viețuitoare, viață de obște

Hram: Sfântul Ioan Evanghelistul, Sfânta Cuvioasă Eufrosina
Adresă: sat Cornu de Jos, com. Cornu, 107180, jud. Prahova
Acces: București-Ploiești-Câmpina, pe DN1/E60, 96 km; Câmpina-Cornu de Jos, DJ205G, 5,5 km ; Brașov-Câmpina-Cornu de Jos DN1/E60, DC1, DJ205G, 77 km
Stareță: monahia Petronia Niță; **Contact:** +40722390387

Moaște: părticele din moaștele Sf. Epictet și Astion, Sf. Panaghiotis, Sf. Cuvioși Mucenici de la Mănăstirea Sf. Gheorghe din Hozeva

Împrejurimi:
• Muzeul Nicolae Grigorescu, Câmpina

Mănăstirea Cornu se află în localitatea cu același nume, așezată pe dealul Topșei-Podișor, loc din care se deschide o încântătoare priveliște asupra orașului Câmpina și a Văii Prahovei. Întemeietoarea Mănăstirii Cornu este scriitoarea Aurora Cornu, fiică a satului, stabilită în prezent la Paris; mănăstirea a fost ctitorită întru pomenirea părinților și a soțului scriitoarei. În 2003 consiliul local Cornu a acordat în folosință gratuită Arhiepiscopiei Bucureștiului terenul pentru construcția așezământului. Lucrările de construcție au început efectiv în 2006. Pe data de 8 mai 2012, PF Părinte Patriarh Daniel a sfințit locul pentru viitoarea biserică a Mănăstirii Cornu și un nou corp de chili. Principala problemă cu care se confruntă mănăstirea este cea legată de alunecările de teren.

Mănăstirea Ghighiu

45 viețuitoare, viață de obște

Hram: Izvorul Tămăduirii (biserica mare), Sfinții Lazăr, Spiridon și Haralambie (biserica din cimitir); **Adresă:** sat Ghighiu, com. Bărcănești, 107056, jud. Prahova
Acces: de la intrarea în Ploiești dinspre București 2 km pe centura de est a Ploieștiului până la mănăstire, 58 km din București pe DN1/E60.
Stareță: monahia Epiharia Lungu
Contact: +40244277198, +40732128464; **Cazare:** 15 locuri (vara)

Moaște: părticele din moaștele Sf. Haralambie, Sf. Clement, Sf. Trifon, Sf. Dimitrie Basarabov

Icoane făcătoare de minuni: icoana Maicii Domnului Siriaca

De văzut:
• Muzeu: icoane vechi, artă religioasă etc.

Cele mai vechi mărturii despre Mănăstirea Ghighiu datează de la sfârșitul secolului al XVI-lea, când este menționat pe aceste locuri schitul logofătului Coresi și al jupâniței Slăvița. Urmele sihăstriei se vor șterge însă aproape în întregime. Abia în 1817 Măriuța Răfoveanca împreună cu mama sa Ana donează un teren și o parte din averea lor pentru înălțarea unui schit, la cererea monahului Agapie. Vor fi ridicate, mai întâi, o bisericuță de lemn și câteva chilii. Biserica mare a mănăstirii a început a se zidi în anul 1858, prin purtarea de grijă a stareţului Eftimie, fiind sfințită pe 31 martie 1866. **Pictura aparține lui Gheorghe Tattarescu** (1864). Mănăstirea a fost incendiată în mai multe rânduri; în 1922 arde valoroasa bibliotecă a mănăstirii. În timpul Primului Război Mondial armata germană distruge o parte din chilii, alungă călugării și transformă Mănăstirea Ghighiu în fabrică de conserve. Mănăstirea va fi bombardată a doua oară în 1944. Patriarhul Justinian Marina restaurează din temelii, în anii '50 ai secolului trecut, întreg ansamblul monahal, transformându-l în mănăstire de maici (1952). În mai 2012, PF Părinte Daniel a resfințit biserica din cimitirul mănăstirii și noile clopote ale așezământului monahal. La Ghighiu se află o vestită **icoană făcătoare de minuni a Maicii Domnului**, datată din secolul al XVI-lea, dăruită în anul 1958 de Episcopul Vasile Samaha de Sergiopolis, Siria. Bisericuța cimitirului cu hramurile Sf. Lazăr, Sf. Spiridon și Sf. Haralambie este datată din anul 1832, fiind ctitorită de Panait și Ecaterina Mărunțeanu.

Mănăstirea Iancuești

6 viețuitori, viață de obște

Hram: Înălțarea Sfintei Cruci (biserica mare), Sfântul Mare Mucenic Mina (biserica mică)
Adresă: com. Șoimari, 107560, jud. Prahova
Acces: 1. București-Ploiești (pe DN1/E60)-Măgurele (DN1A), 85 km. Înainte de intrarea în Măgurele, ramificație spre E pe DJ100L, Iezești; DJ102M, Podu lui Galben; DJ100M, spre N, Șoimari, 20 km. Înainte de intrarea în Șoimari pe partea stângă, 400 m, drum cu dale de piatră, până la mănăstire; 2. din București pe DN1/E60 până la Ploiești (centura de est), 65 km; apoi spre E, pe DN1B până la Albești-Paleologu, 14 km; DJ102C spre N, Urlați-Apostolache, DJ102M, spre V, Podu lui Galben, DJ100M, spre N, Mănăstirea Iancuești, 38 km
Stareț: protos. Benedict Sbârnău
Contact: +40244416461; +40721375345

Mănăstirea Iancuești este ctitorie a surorilor Eleonora și Ecaterina Iancuescu (2005). A funcționat la început ca schit al Mănăstirii Crasna. Prin Hotărârea nr. 162/14 iunie 2005 a Sfântului Sinod al BOR, primește statutul de mănăstire. Biserica de lemn de la Iancuești este o donație a parohiei Lunca, jud. Hunedoara. În anii 2005-2006 s-au construit primele două corpuri de chilii și o trapeză. Prin râvna și cu cheltuiala preotului Cristian Prușan de la parohia Tătărani, jud. Prahova, în anul 2007 se va realiza pictura murală a bisericii, în tehnica *fresco*, de către pictorii Adrian și Nicoleta Voicu, același preot donând și catapeteasma bisericii.

În 2008, pe data de 14 septembrie, a avut loc târnosirea bisericii mari, cu hramul Înălțarea Sf. Cruci. În ultimii ani s-au mai construit un corp de chilii și o anexă gospodărească.

Împrejurimi:
- Vechea Mănăstire Apostolache (1652), fără obște, considerată cea mai frumoasă mănăstire din jud. Prahova

Mănăstirea Jercălăi

4 viețuitori, viață de obște

Hram: Sfânta Maria, Sfinții Arhangheli Mihail și Gavriil (biserica veche), Sfântul Ilie, Sfântul Nicolae, Nașterea Sfântului Ioan Botezătorul (biserica nouă)
Adresă: str. Jercălăi, nr. 1, Urlați, 106304, jud. Prahova
Acces: din București pe DN1/E60 până la Ploiești (centura de est), 65 km; apoi spre E, pe DN1B până la Albești-Paleologu, 14 km; DJ102C, DJ102E spre N încă 9 km până la mănăstire
Stareț: arhim. Cleopa Florescu; **Contact:** +40244271458

Biserica de lemn a Mănăstirii Sf. Maria, Cricov a fost construită în 1731, fiind vreme de două secole locaș de închinăciune al satului Lueriu-Reghin, jud. Mureș. În anul 1932 a fost strămutată la Castelul Bran, ca paraclis regal. În perioada comunistă, castelul fiind transformat în muzeu, biserica începe să se deterioreze. Vrednicul de pomenire Patriarh Justinian Marina, la începutul anului 1956, strămută biserica la Schitul Cricov din Prahova, a cărui biserică de zid se ruinase. Va fi sfințită pe data de 8 noiembrie 1956 de către Episcopul Teoctist (viitorul patriarh al României). În 1980 biserica a fost supusă unor ample lucrări de restaurare. În ultimii ani s-a înălțat o biserică de zid, mult mai încăpătoare, pentru a putea fi protejat locașul vechi. În biserica nouă se slujește din decembrie 2008. Este în curs de finalizare un depozit de carte și obiecte religioase, unic în județul Prahova și printre puținele de acest gen din țară, care va reuni peste 2000 de titluri de carte veche și 500 de icoane vechi.

Moaște: părticele din moaștele Sfinților 14000 de prunci uciși de Irod
Icoane făcătoare de minuni: icoana Maicii Domnului

Împrejurimi:
- Conacul Bellu, Urlați

Mănăstirea Mălăiești

5 viețuitori, viață de obște

Hram: Sfântul Antonie cel Mare, Sfântul Mucenic Fanurie, Nașterea Sfântului Ioan Botezătorul
Adresă: sat Mălăiești, com. Dumbrăvești, 107501, jud. Prahova
Acces: București-Ploiești (DN1/E60)-Zamfira (DN1A), 83 km. Din Zamfira spre V, apoi spre N pe DJ217, DJ218 până la Mălăieștii de Jos, 7 km. Mănăstirea Sfântul Antonie se află la marginea de răsărit a satului Mălăieștii de Jos. Din Ploiești, 26 km
Stareț: protos. Siluan Ionașcu; **Contact:** +40244226216

Împrejurimi:
- localitatea Coțofenești, loc în care a fost descoperit, în 1926, un celebru coif de aur dacic
- stațiunea Slănic-Prahova, Muntele de Sare și cea mai mare salină din Europa

În urmă cu aproape 250 de ani, în pădurea Mălăieștii de Jos a existat un schit de călugări ce aparținea de Mănăstirea Vâlcănești. Construcția noului așezământ de la Mălăiești a fost începută de ieromonahul Antonie Liță de la Mănăstirea Crasna-Prahova (astăzi stareț la Mănăstirea Sf. Pantelimon, Siliștea-Gumești), lucrările continuând și sub cei doi stareți care i-au succedat (ierom. Petru Ungureanu și protos. Lazăr Nan). Terenul pentru înălțarea mănăstirii a fost donat de Ioan Guiu din Ploiești. Piatra de temelie a bisericii a fost așezată pe data de 17 septembrie 1995, biserica fiind sfințită pe 24 iunie 2004 de PS Varsanufie Prahoveanul. Tâmpla de stejar este sculptată de meșteri din Humulești, Neamț. S-au înălțat un corp de chilii și o frumoasă clopotniță, la o distanță de aprox. 70 m de biserică.

Mănăstirea Parepa

7 viețuitoare, viață de obște

Hram: Sfânta Treime, Izvorul Tămăduirii (biserica mare), Sfântul Nectarie (paraclisul)
Adresă: sat Parepa-Rușani, com. Colceag, 107172, jud. Prahova
Acces: 1. din Ploiești DN1B spre E până la Albești-Paleologu, 23 km, apoi DN1D spre SE,12 km; ramificație spre NE, DJ102N, 3,5 km până la Parepa Rușani; 2. din Urziceni (60 km NE de București pe DN2/E85) pe DN1D spre NV, 30 km, ramificație NE, DJ102N, 3,5 km până la Parepa Rușani
Stareță: monahia Evghenia Dima
Contact: +40244447086; +40724291475; **Cazare:** 30 locuri

Moaște: părticele din moaștele Sf. Nectarie, Sf. Gheorghe, Sf. Andrei, Sf. Haralambie

Mănăstirea a fost înființată în martie 2003, biserica mănăstirii fiind începută încă din anul 1941, de către Maria Petre (cunoscută sub numele de „fecioara din Parepa"). S-au construit până în prezent un paraclis și un arhondaric. Biserica mare – a cărei catapeteasmă este o adevărată bijuterie, sculptată în lemn de stejar de meșteri din Târgu-Neamț – nu este încă târnosită, lucrându-se la pictura acesteia. În 2012 s-au încheiat lucrările la un corp de chilii și la incinta de zid a mănăstirii.

Mănăstirea Sfânta Treime, Bușteni

3 viețuitoare, viață de obște

Hram: Sfânta Treime; **Adresă:** str. Libertății, nr. 250, Bușteni, 105500, jud. Prahova
Acces: mănăstirea se află în oraș, la 150 m de ieșirea spre Brașov, pe partea dreaptă (București, 131 km și Brașov, 30 km, pe DN1/E60
Stareță: monahia Megalusa Savu
Contact: +40724131864; **Cazare:** 40 locuri

Împrejurimi:
- Castelul Zamora Cantacuzino, Bușteni
- Casa memorială Cezar Petrescu, Bușteni

Mănăstirea a fost înființată în 2009, în incinta Casei de odihnă a preoților din Bușteni, care aparține Arhiepiscopiei Bucureștilor. În 2011 a fost sfințită o biserică de lemn de către PF Părinte Patriarh Daniel. Se intenționează înălțarea unei biserici de zid și a unui corp de chilii.

Mănăstirea Pissiota

5 viețuitoare, viață de obște

Hram: Nașterea Maicii Domnului
Adresă: com. Poienarii Burchii, 107430, jud. Prahova
Acces: din Potigrafu, localitate situată pe DN1/E60 la 41 km N de București, DJ101E spre V, 8,5 km până Poienarii Burchii
Starețã: monahia Iustina Hotico
Contact: +40722785100; www. manastirea.pissiota.ro; **Cazare:** 10 locuri (vara)

Moaște: părticele din moaștele Sf. Trifon, Sf. Teodor Stratilat, Sf. Dimitrie Izvorâtorul de Mir, sfinților din Sinai și Rait

Icoane făcătoare de minuni: icoana Maicii Domnului

Mănăstirea a fost ctitorită în anul 1928 de către Nicolae Pissiota (1860-1940) – om de aleasă cultură, de origine aromână –, pe moșia cumpărată de la generalul Gheorghe Anghelescu. Biserica poartă amprenta renașterii italiene, cu elemente bizantine autohtone. Împodobirea ei interioară a fost făcută de Costin Petrescu (1877-1954), artist ce a pictat și frescele interioare ale Ateneului Român. Catapeteasma bisericii este din lemn de trandafir și de cireș. Mobilierul, sculptat în lemn de stejar, este operă a sculptorului Anghel Dima, autor al statuii lui Mihai Eminescu din fața Ateneului Român. Pardoseala este din marmură roșie de Carrara. Criptele ctitorilor se afă la subsolul bisericii. Până în 1948 a fost mănăstire de călugări. Va fi transformată în mănăstire de maici după această dată, până în 1962, când este desființată. Din 1993 mănăstirea este reactivată. În cadrul mănăstirii există ateliere de țesut covoare și croitorie pentru haine preoțești, precum și un muzeu.

Mănăstirea Pissiota este un adevărat colț de Rai: puteți admira aici mii de flori multicolore, căprioare, păuni, fazani etc.

Mănăstirea Sinaia

10 viețuitori, viață de obște

Hram: Sfânta Treime (biserica mare), Adormirea Maicii Domnului (biserica veche), Schimbarea la Față (paraclisul)
Adresă: str. Mănăstirii, nr. 2, Sinaia, 106100, jud. Prahova
Acces: se află în orașul Sinaia (126 km, pe DN1/E60, de București și 46 km de Brașov
Stareț: arhim. Macarie Bogus
Contact: +40244314917; www. manastirea.sinaia.ro

Mănăstirea Sinaia este ctitorie a spătarului Mihail Cantacuzino, fiind ridicată în urma unui pelerinaj la Mănăstirea Sf. Ecaterina din Muntele Sinai (de unde provine și numele mănăstirii). Vechea biserică, construită în stil brâncovenesc, păstrează până astăzi – în pridvor și naos – pictura realizată de **Pârvu Mutu Zugravul**. În curtea vechii mănăstiri, ridicată în anii 1690-1695, se află, lângă paraclisul din 1792, **cavoul lui Take Ionescu**, prim-ministru al României (în 1921) și ministru de externe în perioada Primului Război Mondial. În curtea nouă a mănăstirii a fost înălțată în anii 1842-1846 biserica închinată Sf. Treimi – din piatră și cărămidă –, prin grija stareților Ioasaf și Paisie. Va fi parțial reconstruită în anii 1893-1903, fiind renovată după planul arhitectului George Mandrea. Pictura în ulei, executată pe fond de aur mozaicat, în stil neobizantin, aparține pictorului danez Aage Exner. Mitropolitul Primat Iosif Gheorghian resfințește biserica în 1903. Prin grija regelui Carol I, Mănăstirea Sinaia este prima mănăstire din țară electrificată. **Familia regală a locuit în această mănăstire, pe timpul vacanțelor**, până în anul 1882, când se mută la Peleș. În vechea reședință regală s-a amenajat **primul muzeu religios românesc.**

Împrejurimi:
- Mănăstirea Sf. Ana, Cota 1400, Sinaia
- Castelul Peleș
- Castelul Pelișor
- Casa memorială George Enescu

În muzeu se păstrează o icoană celebră a lui Pârvu Mutu, cu Teofania de la stejarul Mamvri.

Moaşte: părticele din moaştele Sf. Mina şi Sf. Haralambie, Sfinţii Cuvioşi din Sinai şi Rait

Icoane făcătoare de minuni: icoana Maicii Domnului a Milostivirii

De văzut:
- Muzeu: icoane vechi pictate pe lemn şi sticlă, obiecte de cult, carte veche românească

Mănăstirea Suzana

48 vieţuitoare, viaţă de obşte/viaţă de sine

Hram: Sfântul Nicolae, Acoperământul Maicii Domnului (biserica mică)
Adresă: com. Măneciu, 107355, jud. Prahova
Acces: la 400 m V de DN1A (din Bucureşti, pe DN1/E60, DN1A, 124 km; din Ploieşti, 58 km; din Braşov, 55 km)
Stareţă: monahia Teofana Popescu; **Contact:** +40244294278
Cazare: 50 locuri

Mănăstirea Suzana a fost întemeiată în 1740, în jurul unei bisericuţe de lemn cu hramul Sf. Nicolae – hram pe care-l poartă şi astăzi. Numele mănăstirii este moştenit de la ctitora Stanca Arsica din Săcele, care s-a numit prin călugărie Suzana. Prima biserică de lemn a fost înlocuită cu o alta de zid, care nu va dura însă, surpându-se în urma a două cutremure din prima jumătate a veacului al XIX-lea. Biserica de astăzi este zidită în anii 1880-1882, sub stareţia monahiei Natalia Perlea, mătuşa vestitului dirijor Ionel Perlea. Pictura bisericii, executată în ulei, aparţine lui Petre Nicolau, unul dintre cei mai buni ucenici ai pictorului Gheorghe Tattarescu. Cea de-a doua biserică a mănăstirii, cu hramul Acoperământul Maicii Domnului, a fost construită în anul 1911. Mănăstirea Suzana a fost restaurată în anii 1965-1970, prin purtarea de grijă a PF Justinian.

Mănăstirea Turnu

11 vieţuitori, viaţă de obşte

Moaşte şi odoare: părticele din moaştele Sf. Nicolae, Sf. Haralambie; lemn din Sfânta Cruce

Hram: Sfinţii Arhangheli, Sfântul Nicolae, Sfinţii Martiri Brâncoveni (biserica lui Vlad Ţepeş), Adormirea Maicii Domnului (biserica lui Mihnea Turcitul), Sfântul Pantelimon (biserica negustorilor)
Adresă: sat Târgşoru Vechi, 107590, jud. Prahova
Acces: din şoseaua de Centură Ploieşti (DN1/E60, 63 km din Bucureşti), DJ129 spre V până la Strejnicu, apoi încă 4 km spre SV tot pe DN129
Stareţ: protos. Valentin Mâţu
Contact: +40244483077; www.turnu.ro, contact@turnu.ro

Mănăstirea Turnu este aşezată pe vatra unui sat dacic, în apropierea ruinelor unui castru roman. Prima menţionare a localităţii Târgşor apare într-un hrisov al lui Mircea cel Bătrân din 6 august 1413. *Cronica Cantacuzinilor* aduce mărturie despre ctitorul primei mănăstiri de la Târgşor (1427) – Vlad Dăculea, tatăl lui Vlad Ţepeş. Domnitorul **Vlad Ţepeş** va ridica la Târgşor, în 1461, o biserică domnească cu hramul Sf. Nicolae. Aceasta va fi restaurată în 1671 de Antonie Vodă din Popeşti (1669-1672), primind un nou hram: Sf. Arhangheli Mihail şi Gavriil. În 1752, domnul Grigorie II Ghica închină Mănăstirea Turnu Mănăstirii Sf. Pantelimon din Bucureşti. Ultimul stareţ de la Turnu, arhimandritul Ruvim, va zidi o nouă biserică, înconjurată de chilii, în Târgşoru Nou, spre sfârşitul secolului al XIX-lea. După moartea stareţului Ruvim, obştea se risipeşte, moşia mănăstirii rămânând în administraţia Eforiei Spitalelor Civile până în 1948. Reactivarea mănăstirii s-a făcut în 1997, prin grija PF Teoctist, în acel an fiind transferaţi primii trei vieţuitori de la Mănăstirea Sitaru. Biserica lui Antonie Vodă a fost restaurată cu concursul arhitectului Călin Hoinărescu, Comisia Naţională a Monumentelor Istorice avizând proiectul de reconstruire a chiliilor şi stăreţiei. S-au amenajat un corp de chilii, trapeză, anexă gospodărească etc.

În cadrul Mănăstirii Turnu funcţionează un cabinet stomatologic, care oferă gratuit servicii persoanelor cu posibilităţi materiale reduse.

Mănăstirea Zamfira

26 viețuitoare, viață de sine

Hram: Înălțarea Domnului, Sfântul Nifon al Constantinopolului
Adresă: sat Zamfira, com. Lipănești, 107340, jud. Prahova
Acces: București-Ploiești (pe DN1/E60)-Zamfira (DN1A), 83 km. Mănăstirea se află în latura de SV a satului (DJ217), la 2 km V din DN1A. Din Ploiești până la mănăstire, 19 km
Stareță: monahia Fanuria Berica; **Contact:** +40244215178

Numele Mănăstirii Zamfira provine de la donatoarea moșiei pe care s-a început construirea acestei vetre monahale, jupânița Zamfira. Rămasă văduvă de tânără, în 1714, deoarece soțul său, Manuil Apostol, om de încredere al lui Constantin Brâncoveanu, a fost omorât de turci, jupânița Zamfira va începe înălțarea bisericii cu hramul Sf. Treime pe la 1716-1720. Biserica va fi terminată de nora sa Smaranda, fiica lui Ion Aga Bălăceanu. Peste ani, Mitropolitul Nifon, aflând biserica într-o stare avansată de degradare, zidește în 1850 o altă biserică, mai încăpătoare, construind împrejurul ei chilii, în care va aduce 36 de maici de la Schitul Roșioara de lângă Filipeștii de Pădure. **Pictura interioară a fost executată de Nicolae Grigorescu**, pe când pictorul avea vârsta de doar 18 ani. Biserica a fost sfințită la data de 8 septembrie 1857, primind hramurile Înălțarea Domnului și Sf. Nifon al Constantinopolului. Cu vremea, va fi refăcută și Biserica Sf. Treime. În 1959, maicile au fost obligate să părăsească mănăstirea, plecând în pribegie. Abia peste zece ani, monahia Iosefina Chirilă, stareța Schitului Sf. Maria din Techirghiol, se va instala în mănăstire cu binecuvântarea PF Justinian Marina, având funcția de ghid al bisericii mănăstirii. În jurul său, până în 1975, se vor aduna 35 de călugărițe, începându-se restaurarea mănăstirii. În curtea Mănăstirii Zamfira se află mormintele familiei lui Nicolae Iorga și cel al profesorului de muzică psaltică Ștefănache Popescu. La Zamfira a trăit o îndelungă perioadă de timp renumitul duhovnic Gavriil Stoica. Biserica Sf. Treime nu mai aparține în prezent mănăstirii, fiind transformată în biserică de mir.

Icoane făcătoare de minuni: icoana Maicii Domnului

De văzut:
- Muzeu: icoane vechi, obiecte bisericești, tipărituri religioase etc.

Împrejurimi:
- Muzeul memorial Nicolae Iorga, Vălenii de Munte

Schitul Sfânta Ana, Cota 1400

3 viețuitori, viață de obște

Hram: Sfinții Părinți Ioachim și Ana, Sfântul Ioanichie cel Mare, Sfântul Iustin Martirul și Filosoful
Adresă: Sinaia, Cota 1400, 106100, jud. Prahova
Acces: este situată la cota 1400, 5 km din Sinaia. Cu 200 m înainte de hotelul Alpin, drum la dreapta, 700 m (131 km din București și 51 km din Brașov, pe DN1/E60)
Egumen: ierom. Nicolae Dănăilă

Schitul a fost ctitorit în 1453, ca paraclis pentru pustnicii din munții și pădurile acestei mirifice zone. Ultimul pustnic cunoscut la Sf. Ana a fost Inochentie (1877). În apropierea peșterii unde s-a nevoit acest pustnic, ierom. Ioanichie Șomcutean, de la Mănăstirea Sinaia, a început, în 1995, să înalțe un schit în amintirea sihăstriei de odinioară. Sfințirea paraclisului noului schit s-a făcut pe data de 6 august 2008, de către PS Varsanufie Prahoveanul. La înălțarea așezământului a contribuit activ primăria orașului Sinaia.

Împrejurimi:
- Castelul Peleș

Mănăstirea Techirghiol

36 viețuitoare, viață de obște

Hram: Adormirea Maicii Domnului
Adresă: str. Ovidiu, nr. 5, Techirghiol, 906100, jud. Constanța
Acces: 15 km S de Constanța, 2 km V de Eforie Nord. DN39/E87 Constanța-Agigea, apoi DN38 spre SV până la Techirghiol;
Stareță: monahia Lucia Roșu
Contact: +40372783983, +40241735449; www.sfanta-maria.ro
Cazare și tratament: 130 locuri în Centrul Social-Pastoral Sf. Maria

De văzut:
- statuia de bronz a Sf. Pantelimon – una dintre cele mai reprezentative lucrări ale sculptorului Ion Jalea, aflată în curtea mănăstirii

Primul Patriarh al României, Miron Cristea, cumpără, în 1928, în Techirghiol, o vilă cu 16 camere, pe care o transformă în sanatoriu preoțesc, deservit de câteva călugărițe. În 1951 PF Justinian va aduce în noul așezământ o frumoasă biserică de lemn, din sec. al XVII-lea, de origine transilvăneană (Maiorești, jud. Mureș), cu hramul Sfinții Apostoli Petru și Pavel, pe care o resfințește pe 15 august 1951, schimbându-i hramul în Adormirea Maicii Domnului. Biserica fusese mutată în 1934 de către Carol al II-lea la Sinaia, regele construindu-le, în schimb, localnicilor, o biserică mai încăpătoare, de zid. Icoanele împărătești sunt datate 1730, pictura fiind de expresie naivă. În anii 1965-1967, PF Justinian va extinde complexul de la Techirghiol, lucrările continuând și în anii 1975-1977. În 1995 schitul devine mănăstire. Între 1999 și 2000 s-a amenajat o bază modernă de tratament balnear, sub ocrotirea Sf. Pantelimon, dotată cu aparate pentru electroterapie, băi galvanice, băi saline etc. În octombrie 2000 PF Teoctist pune piatra de temelie pentru construirea unei noi biserici de zid cu același hram. În mănăstire funcționează un atelier de icoane bizantine. Este stavropighie patriarhală.

Schitul Dragoslavele

4 viețuitori, viață de obște

Hram: Sfântul Mare Mucenic Gheorghe
Adresă: com. Dragoslavele, 117375, jud. Argeș
Acces: București-Târgoviște-Câmpulung-Muscel-Dragoslavele (DN71, DN72A, DN73/E574), 149 km; Brașov-Rucăr-Dragoslavele (DN73/E574), 57 km. Schitul se află la 500 m V de centrul com. Dragoslavele
Administrator: arhim. Pavel Toderiță; **Contact:** +40248544464

Moaște: părticele din moaștele Sfinților 40 de Mucenici, Sf. Ioan Iacob Hozevitul

Schitul Dragoslavele a luat ființă în 1929, ca reședință patriarhală de odihnă. Preoțimea musceleană a construit aici o vilă, pe care o va dărui Patriarhului Miron Cristea. În 1949, PF Justinian a adus la Dragoslavele o biserică de lemn, construită la sfârșitul sec. al XVII-lea de credincioșii din Borșa, jud. Maramureș. Tot el va restaura incinta casei patriarhale de odihnă, înființând Schitul Dragoslavele. Biserica schitului a fost sfințită în 1949. În anii 1950-1960, în cadrul așezământului a funcționat o școală de cântăreți bisericești. Din cauza protestelor față de măsurile abuzive ale regimului comunist, prin care mii de călugări erau scoși din mănăstiri, în 1959, PF Justinian Marina i se va impune domiciliu forțat, vreme de șase luni, la Schitul Dragoslavele. Schitul Dragoslavele este stavropighie patriarhală, funcționând în subordinea Administrației Patriarhiei Române.

Mitropolia Munteniei și Dobrogei

Arhiepiscopia Tomisului

Arhiepiscop: Înalt Preasfințitul TEODOSIE PETRESCU

(cuprinde județul Constanța)

Str. Arhiepiscopiei, nr. 23, Constanța, 900732, jud. Constanța,
Tel: +40241614020, Fax: +40241611732, www.arhiepiscopiatomisului.ro

Catedrala Arhiepiscopală Constanța

16 viețuitori, viață de obște

Hram: Sfinții Apostoli Petru și Pavel, Sfântul Mare Mucenic Pantelimon
Adresă: str. Arhiepiscopiei, nr. 25, Constanța, 900742, jud. Constanța
Mare Ecleziarh: protos. Benedict Georgescu
Contact: +40785266053

Moaște: părticele și moaște de la Sf. Zotic, Sf. Atal, Sf. Camasie și Sf. Filip, Sf. Epictet, Sf. Astion, Sf. Pantelimon, Sf. Simeon Stâlpnicul, Cuv. Auxentie, Sf. Andrei Criteanul, Sf. Mc.Rufin
Icoane făcătoare de minuni: icoana Maicii Domnului Prodromița

Icoana Maicii Domnului Prodromița

Împrejurimi:
- Ruinele Cetății Tomis
- Statuia poetului Ovidiu
- Muzeul de Istorie și Arheologie și Edificiile Romane
- Ruinele mai multor bazilici din sec. IV-VI

Catedrala Sf. Apostoli Petru și Pavel a fost zidită în anii 1883-1885, după planurile arhitectului Ion Mincu. Prima pictură, realizată în stil realist de către pictorul Gheorghe D. Mirea, datează din anii 1885-1888. Mobilierul originar, format din strane, candelabre, sfeșnice, policandru și vechea catapeteasmă, a fost executată tot după proiectul arhitectului Ion Mincu. În 1943, în timpul celui de-al Doilea Război Mondial, catedrala a fost bombardată, nemaiputând fi folosită timp de 7 ani. În 1946, a început refacerea integrală a acesteia după planurile arh. Dumitru Ionescu Berechet. Sfințirea catedralei s-a făcut în 1951, de către Patriarhul Iustinian Marina împreună cu Episcopul Chesarie Păunescu al Dunării de Jos. În anii 1956-1990, deși socotită catedrală a orașului, a fost doar biserică parohială. Începând cu 1990, redevine Catedrală Arhiepiscopală.

Noua pictură, în stil neobizantin, realizată în tehnica *fresco*, a fost executată de pictorul Gheorghe Popescu și de Niculina Dona Delavrancea. În desfășurarea tematică a picturii actuale sunt prezenți sfinți creștini martirizați în centrele religioase din Dobrogea în sec. III-IV, precum Sf. Chiril din Axiopolis (Cernavodă), Sf. Dasius, Dada, Maxim și Emilian din Durostorum, Sf. Zotic. În pridvor sunt înfățișate două tablouri în care sunt reproduse scene din viața Bisericii tomitane, avându-i în prim-plan pe doi dintre ierarhii Mitropoliei Tomisului: Bretanion, adversarul împăratului roman arianist Valens, și Teotim I, care i-a înfruntat pe huni. Începând cu anul 2001, odată cu înscăunarea la Tomis ca arhiepiscop a ÎPS Teodosie, catedrala dobândește statut de mănăstire.

În incinta Centrului Eparhial există un paraclis cu hramul Sf. Cuv. Dionisie Exiguul și toți sfinții dobrogeni.

Mănăstirea 23 August

6 viețuitori, viață de obște

Hram: Sfântul Ierarh Nicolae, Sfântul Ierarh Bretanion
Adresă: com. 23 August, 907005, jud. Constanța
Acces: DN39 (Constanța-Mangalia) până în 23 August, 37 km, apoi spre Olimp, 2 km
Stareț: protos. Nicandru Valache; **Contact:** +40737530838

Mănăstirea se află între Marea Neagră și lacul Tatlageac, din com. 23 August, în apropierea terenului donat în 1921 de Regina Elena, mama Regelui Mihai, pentru a fi înălțată Mănăstirea Sf. Elena de la Mare. Mănăstirea reginei a fost desființată în anul 1949 și reînființată în 1996, lângă stațiunea Costinești. Construcția actualei mănăstiri începe în 2003 (mai întâi câteva căsuțe de camping și un paraclis de lemn). În 2010, o bună parte din mănăstire este cuprinsă de un puternic incendiu. În august 2014, mănăstirea a fost sfințită de ÎPS Teodosie și ÎPS Serafim de Pireu.

Mănăstirea Adamclisi

10 viețuitori, viață de obște

Hram: Sfântul Apostol Filip, Sfinții Apostoli Petru și Pavel
Adresă: com. Adamclisi, 907010, jud. Constanța
Acces: DN3 Constanța (61 km)-Ostrov (60 km), între Deleni și Ion Corvin
Stareț: ierom. Dorotei Rambet; **Contact:** +40742409223, +40761338272

Mănăstirea Adamclisi, înființată în anul 2005, este situată la cca 1 km de cetatea Tropaeum Traiani, Adamclisi, loc în care au fost descoperite, în urmă cu mai bine de 30 de ani, moaștele a cinci sfinți, trăitori în sec. al IV-lea. Alături de sfinții mucenici de la Niculițel și Halmyris, martirii de la Adamclisi fac dovada unei intense viețuiri creștine în vechea provincie Scythia Minor. Pentru a se ocupa de înălțarea mănăstirii a fost delegat, de Arhiepiscopia Tomisului, ierom. Pahomie Filip. Donatoarea terenului (2 ha) este familia Stanca din Urluia. Mănăstirea Adamclisi se dorește a fi o continuatoare pe linie monahală a vechiului centru episcopal de la Adamclisi. Începutul a fost unul destul de modest: după amplasarea în plin câmp a unui container (2005), în primăvara anului 2007 va începe construcția unui paraclis – sfințit pe 14 noiembrie 2008, de arhiepiscopul Tomisului, ÎPS Teodosie. S-au mai înălțat, până în prezent, o trapeză și un corp provizoriu de chilii.

Moaște: cei cinci sfinți de la Adamclisi (sec. IV)

Împrejurimi:
- Monumentul și ruinele cetății Tropaeum Traiani, Adamclisi
- Peștera Sf. Ap. Andrei

Mănăstirea Adâncata

3 viețuitori, viață de obște

Hram: Sfinții Împărați Constantin și Elena
Adresă: sat Adâncata, com. Aliman, 907025, jud. Constanța
Acces: din Urluia, loc. situată pe DN3 Constanța (67 km)-Ostrov (64 km), 7 km spre NV pe DC, până la mănăstire. Din Alimanu, 8 km
Stareț: ierom. Ignatie Vasiliu; **Contact:** +40761648149

Localitatea Adâncata a fost părăsită în perioada comunistă, o biserică din piatră fiind singura mărturie că pe aceste locuri a existat un sat. La propunerea locuitorilor din Aliman, de a se preveni distrugerea completă a bisericii, s-a decis în 2007 înființarea unei mănăstiri cu hramul Sf. Împărați Constantin și Elena, primăria comunei donând în acest scop un teren de 3,8 ha. În ultimii ani a fost înălțat un corp de chilii în apropierea sfântului locaș.

Mănăstirea Basarabi

7 viețuitori, viață de obște

Hram: Sfântul Ierarh Teotim, Episcopul Tomisului
Adresă: loc. Basarabi, 905100, jud. Constanța
Acces: DN3 Constanța-Basarabi (20 km). Mănăstirea se află între localitățile Valu lui Traian și Poarta Albă
Stareț: protos. Teotim Popa; **Contact:** +40745313296

Bisericile de cretă de la Basarabi

În 1957, într-un deal de cretă din comuna Basarabi s-a descoperit un ansamblu monahal datând din epoca daco-romană și medievală (sec. IV-XI), format din șase bisericuțe rupestre, unice în țară, o adevărată „lavră a peșterilor" din Dacia Pontică. Pe pereții bisericuței B4 există mai multe inscripții în slavă veche: 1. „(Eu) Dimian (Damian) preotul merg pe drum, pun lumânări pentru păcatele mele ...omule, în această biserică, iar Dumnezeu să vă miluiască cu Sfinții Părinți. Amin. Dimian (luna) mai." 2. „A venit părintele aici, în acest loc ... luna octombrie 4. A venit la noi... am scris... luna ianuarie." 3. „Doamne, ajută pe robul Tău Iosif." 4. „Luna martie, indictionul 10" (anul 982). Celelalte cinci bisericuțe sunt mult mai mici decât bisericuța B4, de formă dreptunghiulară, cu dimensiunile de circa 6x2x2 metri. Prin grija ÎPS Teodosie, această vatră de credință a prins din nou viață pe data de 4 noiembrie 2004, cu hramul Sf. Teotim, episcopul Tomisului. Se intenționează construirea unei biserici și a unui corp de chilii. În ultimii ani, la Basarabi s-au înălțat o biserică de zid, cu hramul Sf. Teotim, și un corp de chilii.

Biserica cu hramul Sfântul Teotim

Mănăstirea Buna Vestire, Mircea Vodă

3 viețuitori, viață de obște

Hram: Buna Vestire (biserica mare), Sfinții Cosma și Damian (paraclisul)
Adresă: loc. Mircea-Vodă, 907200, jud. Constanța
Acces: Din Mircea-Vodă, loc. situată pe DN22C, la 174 km E de București și 43 km de Constanța, 3 km pe DL225 până la mănăstire (în apropierea satului Gherghina)
Stareț: protos. Ciprian Achim; **Contact:** +40731288493, +40754920504

Mănăstirea Mircea-Vodă a fost înființată cu binecuvântarea ÎPS Teodosie, Arhiepiscopul Tomisului, în anul 2011, la dorința credincioșilor din zonă. Până în prezent s-au înălțat un paraclis, unde se săvârșesc slujbe zilnic, un corp de chilii și un altar de vară. În 2012, s-a pus piatra de temelie a bisericii mari cu hramul Buna Vestire. Se intenționează construirea unui azil de bătrâni și a unui cămin de copii. Ctitorul principal al mănăstirii este doamna Prelipceanu Lăcrămioara din Medgidia.

Mănăstirea Călugăreni

4 viețuitori, viață de obște

Hram: Acoperământul Maicii Domnului
Adresă: com. Călugăreni, 907231, jud. Constanța
Acces: DN2A, DJ222, DJ225, ultimii km ai traseului pe DC Constanța-Mihail Kogălniceanu-Târgușor-Runcu-Călugăreni (63 km)
Stareț: protos. Atanasie Pătrăucean
Contact: +40741392526; **Cazare:** 7 locuri

Moaște: părticele din moaștele Sfinților cuvioși mucenici din Lavra Sf. Teodosie cel Mare

În anul 2009, biserica părăsită a satului Călugăreni, unde astăzi mai viețuiesc aproape 20 de familii, a fost transformată în mănăstire. În prezent au loc ample lucrări de consolidare a sfântului locaș.

Mănăstirea Capidava 7 viețuitoare, viață de obște

Hram: Sfinții Mucenici Epictet și Astion, Intrarea Maicii Domnului în Biserică (paraclisul); **Adresă:** sat Capidava, com. Topalu, 907281, jud. Constanța
Acces: din Cernavodă, loc. situată la 59 km V de Constanța și 170 km E de București, 20 km N pe DJ223 până la Capidava
Stareță: monahia Mihaela Pantea; **Contact:** +40733323596; **Cazare:** 10 locuri

Săpăturile pentru punerea pietrei de temelie a Mănăstirii Capidava, din iulie 2009, au coincis cu lansarea proiectului turistico-arheologic *Capidava Redivivus*, cetatea getică Capidava înglobând o milenară bazilică, sub care au fost descoperite sfinte oseminte de martiri. O contribuție importantă la construcția noului așezământ a avut-o obștea monahală de la Mănăstirea Sf. Ioan Casian, în frunte cu starețul Iustin Petre. Până în prezent s-au construit o casă în stil brâncovenesc, cu 10 chilii, trapeză și un mic paraclis. În 2013 ÎPS Teodosie al Tomisului a pus piatra de temelie a bisericii mari a mănăstirii, cu hramul Sf. Epictet și Astion.

Moaște: părticele din moaștele Sfinților Epictet și Astion

Împrejurimi:
• Ruinele cetății Capidava
• Muzeul de artă Dinu și Sevasta Vintilă, Topalu

Mănăstirea Colilia 12 viețuitoare, viață de obște

Hram: Intrarea Maicii Domnului în Biserică, Sfântul Gheorghe (paraclisul)
Adresă: sat Colilia, com. Cogealac, 907070, jud. Constanța; **Acces:** DN22/E87 Constanța-M. Kogălniceanu (24 km), apoi pe DJ222M Târgușor-Cheia-Grădina. După satul Grădina, pe DL pietruit până la mănăstire (25 km din Mihail Kogălniceanu)
Stareță: stavrofora Rafaela Broască
Contact: +40728109075, +40767937095; www.manastireacolilia.ro; **Cazare:** 60 locuri

La începutul sec. al XX-lea, în Dobrogea s-au stabilit mai multe grupuri de etnici germani, în noile lor așezări fiind construite locașuri de cult de rit catolic. În 1942, odată cu retragerea coloniștilor în Germania, statul german va primi despăgubiri din partea statului român pentru casele construite pe aceste locuri, inclusiv pentru locașurile de cult. În 1945, locașul de cult din satul Colilia a revenit Bisericii Ortodoxe Române. Începând cu 1963, populația ortodoxă din sat începe să migreze spre localități mai dezvoltate, biserica rămânând în stare avansată de degradare. Cu binecuvântarea ÎPS Teodosie, după 2001, a fost înființată în fosta localitate Colilia mănăstirea cu hramul Intrarea Maicii Domnului în Biserică. Așezământul monahal desfășoară ample acțiuni caritabil-sociale. Ridicarea centrului social s-a făcut cu sprijinul financiar al oamenilor de afaceri George Becali, Teia Sponte și Gheorghe Goga. Biserica a fost sfințită în 2009.

Moaște: părticele din moaștele Sf. Gheorghe, Sf. Tecla, Sf. Serafim de Sarov, Sf. Varvara, Sfinți mucenici din Lavra Sf. Sava

Mănăstirea Crucea 12 viețuitoare, viață de obște

Hram: Izvorul Tămăduirii, Sfânta Teodora de la Sihla, Sfinții Trei Ierarhi
Adresă: com. Crucea, 907095, jud. Constanța
Acces: DN2A /E60, 55 km NV de Constanța (până în localitatea Crucea). Mănăstirea se află situată la 4 km de sat
Stareță: stavrofora Teodora Tăbăranu; **Contact:** +40740823232; **Cazare:** 15 locuri

A fost înființată în 2005, în vecinătatea unui izvor tămăduitor – amenajat prin anii '30 de către preotul din satul Băltăgești. Construcția Bisericii Sf. Teodora de la Sihla – de lemn, în stil maramureșean – a început în 2005. S-a sfințit în 2009 de către ÎPS Teodosie. S-au mai construit un corp de chilii, o trapeză și un arhondaric. În prezent se lucrează la biserica mare (de zid) a mănăstirii, cu hramul Sf. Trei Ierarhi.

Mănăstirea Dervent

18 viețuitori, viață de obște

Hram: Izvorul Tămăduirii, Sfânta Parascheva (biserica mare), Sfântul Gheorghe (paraclisul), Înălțarea Sfintei Cruci (absida paraclisului ce adăpostește Crucea de leac)
Adresă: sat Galița, com. Lipnița, 907224, jud. Constanța
Acces: DN3, Constanța-Ostrov; la 123 km SV de Constanța
Stareț: arhim. Andrei Tudor
Contact: +40241857707; www.dervent.ro
Cazare: 60 locuri

În timpul lui Dioclețian (285-305), în Dobrogea (Scythia Minor) au fost martirizați mai mulți creștini: Evagrius, Benignus, Cristus, Sive, Cresto, Arestus, Sinidia, Rufus, Patricius, Zosim, toți acești sfinți fiind consemnați în *Acta Sanctorum*, fără a se menționa însă locul martiriului lor. Nu departe de Dervent, în cetatea Silistra, au primit mucenicia: Maximus, Quintilianus, Dadas, Iulius, Secondo, Dasius. În acea perioadă, pe locul unde acum se află biserica mănăstirii, au fost martirizați patru creștini, ale căror nume nu ne sunt cunoscute, păstrându-se însă patru cruci de piatră, ce s-au dovedit a fi tămăduitoare de neputințe trupești și sufletești – anumiți cercetători și istorici considerând că ar putea fi vorba de unii dintre martirii amintiți mai sus.

Tradiția amintește de o biserică de mănăstire (sec. XI), distrusă de pecenegi (1036 d.Hr.). După Războiul de Independență (1877-1878), crucile – respectate chiar și de sultanii turci – sunt redescoperite de către un cioban surdomut care, adormind în apropierea acestora, s-a trezit vindecat. Vindecarea nu va fi una singulară. Protos. Atanasie Negară va ține la începutul secolului trecut – pentru o lungă perioadă – o evidență amănunțită a vindecărilor petrecute la „sfintele cruci nepuse de mână omenească, ci crescute natural din pământ". În 1923, PS Ilarie Teodorescu al Tomisului înființează o mănăstire pe terenul donat de familia Andreevici și Paraschiva Gheorghiu. În 1934, paraclisul care adăpostea sfintele cruci va arde din temelii, icoanele rămânând însă neatinse de foc. În 1936, PS Gherontie al Tomisului pune piatra de temelie a actualei biserici, ridicată după proiectul arhitectului N. Săndulescu și sfințită pe 13 septembrie 1942, dată la care preacuviosul părinte Elefterie Mihail a fost numit stareț al mănăstirii. În 1959, prin Decretul 410, mănăstirea a fost închisă timp de zece ani. Din 1970 a funcționat ca biserică de mir a satului învecinat, Galița, clădirile care au aparținut mănăstirii fiind folosite de IAS Ostrov până în anul 1990. Pe 2 februarie 1990, părintele Elefterie Mihail primește binecuvântarea de redeschidere a mănăstirii. În același an, pe 12 mai, la vârsta de 90 de ani, renumitul duhovnic dobrogean se mută la Domnul, fiind înmormântat în partea dreaptă a Sfântului Altar. Mănăstirea este astăzi una dintre cele mai înfloritoare dintre Dunăre și mare.

În anul 2011 la Dervent s-a pus piatra de temelie a unei noi biserici cu hramul Sf. Iachint de Vicina. Impunătoarea biserică se află încă (în 2016) în construcție, lucrările fiind însă aproape de finalizare.

Biserica Mănăstirii Dervent

Crucea de leac de la Dervent

De văzut:
- Izvorul tămăduitor, aflat la aproximativ 700 m distanță de biserica principală a mănăstirii

În apropierea mănăstirii se află cetatea bizantină Păcuiul lui Soare *(sec. X), considerată de către mulți cercetători ca fiind vechea cetate Vicina, din care a fost adus în 1359 la Curtea de Argeș primul Mitropolit al Țării Românești, Iachint.*

Mănăstirea Dumbrăveni

3 viețuitori, viață de obște

Hram: Acoperământul Maicii Domnului, Sfântul Emilian de la Durostorum
Adresă: com. Dumbrăveni, 907125, jud. Constanța
Acces: DN3 Constanța-Cobadin, apoi pe DJ391 Cobadin-Independența, DJ392 Independența-Dumbrăveni, 72 km din Constanța; DN38 Constanța-Amzacea, apoi pe DJ392 Amzacea-Plopeni-Dumbrăveni; 75 km din Constanța
Stareț: protos. Antim Gorschi
Contact: +40742394410

Pe raza localității Dumbrăveni s-a descoperit în ultimii ani un **complex rupestru**, format din mai multe morminte creștine și o bisericuță ce prezintă analogii vizibile cu ansamblul paleocreștin de la Basarabi, Murfatlar, complex locuit în două etape: sec. V-VI și sec. IX-X. Pentru a pune în valoare importanța religioasă și culturală a acestuia, în anul 2004 a fost înființată, în imediata sa apropiere, o mănăstire de călugări, cu hramul Acoperământul Maicii Domnului. Slujba de sfințire a bisericii Mănăstirii Dumbrăveni a fost oficiată pe data de 13 septembrie 2009, de ÎPS Teodosie, arhiepiscopul Tomisului.

De curând, în mănăstire au fost aduse părticele din moaștele Sfinților Împărați Constantin și Elena, de la Mănăstirea Kikos, Cipru.

Moaște: părticele din moaștele Sf. Constantin și Elena, Sf. Arsenie Capadocianul, Sf. Antonie de la Veria, Sf. Paraschevi

Împrejurimi:
- Complexul rupestru Dumbrăveni

Mănăstirea Histria

8 viețuitori, viață de obște

Hram: Sfântul Proroc Ilie Tezviteanul
Adresă: com. Istria, 907155, jud. Constanța
Acces: DN22/E87 spre N Constanța-Tariverde, apoi spre V și N pe DJ226 (63 km); DN22/E87și DJ226 Constanța-Năvodari-Histria (58 km)
Stareț: protos. Ioil Cuzdriorean
Contact: +40740790758

Până în prezent, în vechea cetate Histria au fost descoperite ruinele a cinci bazilici creștine. Patru dintre ele erau situate între zidurile cetății, iar una în afara acestora. Se evidențiază bazilica cunoscută sub numele de „particulară". În fapt, este vorba despre un locaș de rugăciune integrat unei reședințe mai mari. Se crede că aici se aflau sediul episcopiei și reședința ierarhului locului. Nu este exclusă nici posibilitatea ca în cadrul acestui complex arhitectural să fi existat chiar o mănăstire. Între ruinele edificiului s-au descoperit fragmente din Sfânta Masă a bisericii și ornamente cu semnul sfintei cruci.

În anul 2004, ÎPS Teodosie al Tomisului a dat binecuvântarea de întemeiere a unei mănăstiri cu hramul Sf. Proroc Ilie Tezviteanul, în apropierea ruinelor vechii cetăți. Piatra de temelie a bisericii mari a fost așezată în 2007. S-au înălțat un corp de chilii și altarul de vară. Biserica mare este în construcție. Se are în vedere, de asemenea, înălțarea unui paraclis în cinstea Maicii Domnului.

Moaște: o raclă cu 50 de părticele de sfinte moaște (Sf. Ioan Gură de Aur, Sf. Grigorie Teologul, Sf. Mina ș.a.)

Împrejurimi:
- Cetatea Histria
- Muzeul construit de Vasile Pârvan în imediata apropiere

Mănăstirea Înălțarea Domnului, Mircea Vodă

6 viețuitoare, viață de obște

Hram: Înălțarea Domnului
Adresă: com. Mircea Vodă, 907200, jud. Constanța
Acces: DN22C Constanța (43 km)-Cernavodă (20 km); între Satu Nou și Făclia
Stareță: monahia Veniamina Badea; **Contact:** +40768897925

În 1926 Societatea **Mormintele eroilor căzuți în război** ia inițiativa realizării unui cimitir de onoare internațional la Mircea Vodă. Inaugurarea acestuia a fost programată în 1928, însă amploarea lucrărilor a făcut să nu se respecte termenul. În perioada 1 mai-1 octombrie 1932 au fost înhumați la Mircea Vodă 5160 de eroi: români – 99 cunoscuți și 1218 necunoscuți, ruși – 78 cunoscuți și 988 necunoscuți, germani – 76 cunoscuți și 428 necunoscuți, bulgari – 134 cunoscuți și 1894 necunoscuți, sârbi – 1 cunoscut și 244 necunoscuți. Până în 1937 în cimitirul de la Mircea Vodă s-a centralizat cea mai mare parte dintre eroii ce se aflau înhumați pe teritoriul dobrogean. Pentru o permanentă pomenire și cinstire a eroilor la Sf. Liturghie, la inițiativa Asociației Cultul Eroilor, după anul 2001 s-a înființat Mănăstirea Înălțarea Domnului. Biserica noii mănăstiri, cele cinci monumente ale eroilor din frumosul cimitir și o clădire administrativă construită în perioada interbelică au fost recent restaurate, fiind resfințite în 2007.

Mănăstirea Lipnița

11 viețuitoare, viață de obște

Hram: Sfântul Ioan Botezătorul, Sfântul Mucenic Dasie (paraclisul)
Adresă: com. Lipnița, 907165, jud. Constanța
Acces: DN3 Constanța (102 km)-Ostrov (22 km)
Stareță: monahia Onufria Matei
Contact: +40241856625

Moaște: părticele din moaștele Sf. Mc. Dasie (dăruite de ÎPS Ilarion al Silistrei), Sf. Ioan Botezătorul, Sf. Onufrie cel Mare, Sf. Ierarhi Andrei și Ciprian, Sf. Macrina, Sf. Marina, Sf. Haritina

Noua vatră monahală este situată pe drumul ce leagă Mănăstirea Sf. Apostol Andrei de Mănăstirea Dervent, două repere ale trecutului nostru creștin – strâns legate de Apostolul cel întâi chemat. Mănăstirea, înființată în noiembrie 2004, este închinată Sf. Ioan Botezătorul, căruia Sf. Apostol Andrei i-a fost ucenic. Al doilea ocrotitor al mănăstirii a fost ales Sf. Mucenic Dasie, martir dobrogean care a trăit în secolele III-IV. În octombrie 2005 s-a început construirea unui corp de chilii pe terenul donat de primăria comunei Lipnița, iar în ziua de 29 august 2006 s-a pus piatra de temelie a bisericii mănăstirii. În anul 2009 s-a sfințit paraclisul, cu hramul Sf. Dasie, aflat la demisolul bisericii. În 2014 s-a sfințit biserica mare a mănăstirii.

Mănăstirea Limanu-Hagieni

3 viețuitori, viață de obște

Hram: Nașterea Maicii Domnului, Sfântul Proroc Ilie Tesviteanul (paraclisul)
Adresă: com. Limanu-Hagieni, 907162, jud. Constanța
Acces: din centrul orașului Mangalia, pe DJ391, 12 km V (Mangalia-Negru Vodă). Înainte de Arsa, în dreptul lacului Hagieni, DC până la mănăstire
Stareț: ierom. Clement Crivanciuc
Contact: +40747820392

Mănăstirea Hagieni se află nu departe de cetatea Albești, descoperită în anul 1973, de medicul Valeriu Georgescu, și în apropierea peșterii Limanu, numită în tradiția locală Peștera de la baltă ori La icoane. Aici s-a găsit ceramică dacică, grecească și romană. În peșteră se află mai multe desene rupestre, din vremea dacilor. Până în prezent s-au înălțat un mic paraclis de lemn, cu hramul Sf. Proroc Ilie, și un corp de chilii. Se lucrează la biserica mare a mănăstirii.

Mănăstirea Peștera Sfântului Apostol Andrei

20 viețuitori, viață de obște

Hram: Sfântul Apostol Andrei (biserica din peșteră și biserica mare), Acoperământul Maicii Domnului (biserica mică)
Adresă: com. Ion Corvin, 907150, jud. Constanța
Acces: DN3, 76 km SV de Constanța, 67 km E de Ostrov
Stareț: arhim. Cosma Mitu
Contact: +40241856485
Cazare: 25 locuri

Mănăstirea Peștera Sf. Apostol Andrei este mărturia toponimică a apostolatului Sf. Apostol Andrei în ținuturile Dobrogei. În acest loc se găsește peștera în care se pare că a sălășluit apostolul „cel întâi chemat". La aproximativ 150 m de peșteră se află nouă izvoare. Tradiția spune că sfântul propovăduitor boteza în pârâul format din apele acestor izvoare. În primăvara anului 1943, peștera și cele nouă izvoare vor fi redescoperite de pr. Constantin Lembrău, împreună cu Jean Dinu, teolog și jurist cu studii la Sorbona, începându-se, în acel an, amenajarea peșterii. La 30 iulie 1944, Episcopul Chesarie Păunescu a sfințit locul de închinare și rugăciune. Urmările războiului au dus la ruinarea peșterii. Abia în anii 1986-1989, prin grija PS Lucian, episcop vicar al Arhiepiscopiei Tomisului și Dunării de Jos, au fost curățate intrarea și interiorul peșterii. În anul 1990, doi viețuitori de la Mănăstirea Sihăstria, ierom. Victor Ghindăoanu și monahul Nicodim Dincă, au sosit în Dobrogea, cu gândul de a reface vechea vatră monahală. Cu binecuvântarea ierarhului locului, s-a trecut la ridicarea unui nou așezământ. S-au ridicat pentru început un corp de chilii și un paraclis, iar pe data de 17 octombrie 1993 s-a pus piatra de temelie a bisericii mici, cu hramul Acoperământul Maicii Domnului, sfințită pe 1 octombrie 1995. Biserica mare – ale cărei lucrări au început în 1998 și s-au încheiat în 2002 – este astăzi o adevărată catedrală, împodobită la exterior cu mozaicuri impresionante.

Moaște: părticele de la Sf. Ap. Andrei, Sf. Zotic, Atal, Camasie, Filip, Epictet și Astion

Pelerinaje: 30 noiembrie, Sf. Ap. Andrei

În fiecare an, pe 30 noiembrie, de praznicul Sf. Ap. Andrei – creștinătorul românilor –, la mănăstirea din comuna Ion Corvin – „Bethleemul dobrogean" – are loc unul dintre cele mai impresionante pelerinaje din țară.

Mănăstirea Peștera Sfântului Ioan Casian

4 viețuitori, viață de obște

Hram: Sfântul Ioan Casian, Duminica Sfinților Români
Adresă: com. Târgușor, 907275, jud. Constanța
Acces: DN22 Constanța-M. Kogălniceanu (25 km), apoi pe DJ222 M. Kogălniceanu-Târgușor-Cheia (21 km); se continuă 3 km pe DC80 spre E spre satul Casian. Mănăstirea este situată între satele Cheia și Casian
Stareț: protos. Iustin Petre
Contact: +40734419416, +40756625622; www.ioancasian.ro; **Cazare:** 20 locuri

Convorbirile duhovnicești cu părinții din Egipt ale Sf. Ioan Casian sunt o operă capitală pentru monahismul ortodox.

Așezământul monahal Sf. Ioan Casian a fost înființat în anul 2001, cu binecuvântarea ÎPS Teodosie. Este situat în apropierea **peșterii în care au sihăstrit, în sec. IV, Sf. Ioan Casian și Sf. Gherman**. Peștera se deschide într-un perete stâncos, deasupra văii Casimcea. Sihaștrii au folosit-o atât ca locuință, cât și ca spațiu de slujire liturgică. Pe pereții peșterii se mai păstrează până în zilele noastre urme de viețuire ale monahilor, inscripții, semne de cruci etc. Stânca Sf. Ioan Casian poartă următorul înscris: *OROI CASIANOUN KAI SPILOUHA – hotarele Casienilor și Peșterilor*. Locul pe care s-a ridicat actuala mănăstire a fost sfințit pe data de 28 februarie 2003. În stadiu final de execuție: patru corpuri de chilii, un paraclis, trapeza și o sală de conferințe. În construcție: biserica mare, stăreția, biblioteca, muzeul.

Crucea Sfântului Ioan Casian

Crucea Sfântului Ioan Casian

În apropierea mănăstirii se află Poiana Crucii. Aici, în anul 2006, a fost amenajat un izvor – folosit odinioară de ciobani –, apa acestuia fiind considerată, pentru pământul secetos al Dobrogei, o adevărată binecuvântare. Lângă izvor, arhiepiscopul Tomisului Lucian Florea a înălțat o frumoasă troiță, ce reamintește că Sfântul Ioan Casian este originar de pe aceste locuri.

Mănăstirea Sfânta Elena de la Mare

7 viețuitoare, viață de obște

Hram: Sfinții Împărați Constantin și Elena
Adresă: sat Costinești, com. Tuzla, 907090, jud. Constanța
Acces: DN39, 28 km S de Constanța, 3 km S de Costinești
Stareță: stavrofora Cipriana Negoescu
Contact: +40741053707

Moaște: părticele de la sfinții Zotic, Atal, Camasie și Filip

În anul 1921, principesa Elena, mama regelui Mihai, a donat 100 ha pentru înființarea unei mănăstiri de maici – Sf. Elena de la Mare –, cu hramul Sf. Împărați Constantin și Elena. În 1930, ca urmare a jafurilor, maicile au fost înlocuite cu călugări, având ca stareț pe protos. Eraclie Tăutu. În 1949, mănăstirea a fost închisă, iar mai târziu dărâmată, pe pământurile acesteia ridicându-se astăzi satul Schitu. Așezământul va fi reînființat după 1990. Pe 14 mai 1996 s-a sfințit locul pentru ridicarea noului locaș de către ÎPS Lucian Florea, arhiepiscopul Tomisului. În 1998 are loc târnosirea bisericii cu hramul Sf. Împărați Constantin și Elena. În mai 2005 se sfințește pictura bisericii, realizată de pictorii Viorel Neagu, Adrian Dumitru și Radu Trandafir. În 2012 a avut loc resfințirea bisericii, în urma unor ample lucrări de restaurare și consolidare.

Mănăstirea Năvodari

7 viețuitori, viață de obște

Hram: Acoperământul Maicii Domnului
Adresă: bd. Năvodari (km 10), Năvodari, 905700, jud. Constanța
Acces: din Constanța, 16 km N pe Bd. Mamaia și DJ226
Stareț: ieroschim. Daniel Brujban
Contact: +40745923309, +40762877800, +40732579340; **Cazare:** 10 locuri

Mănăstirea este în curs de organizare. Data înființării: 1 dec. 2009. În paraclisul acesteia, situat în zona CF Midia, prima slujbă s-a oficiat în 2010. În 2012 s-au încheiat lucrările la un corp de chilii și un arhondaric. În prezent, se lucrează la un al doilea paraclis (de iarnă), ce va purta hramul Sf. Ierarh Nicolae.

Mănăstirea Sfânta Mironosiță Maria Magdalena

2 viețuitoare, viață de obște

Hram: Sfânta Maria Magdalena
Adresă: com. Cobadin, 907065, jud. Constanța
Acces: DN3 spre E, Constanța-Cobadin (38 km)
Starețǎ: stavrofora Antuza Voicu; **Contact:** +40744242328

Mănăstirea a fost înființată în 2006 din inițiativa pr. Niculae Voicu. Paraclisul mănăstirii a fost sfințit de ÎPS Teodosie în iulie 2007. Lucrările la așezământ continuă prin donațiile credincioșilor și ale familiei preotului ctitor.

Mănăstirea Sfinților Români, Poarta Albă

5 viețuitoare, viață de obște

Hram: Duminica Sfinților Români
Adresă: com. Poarta Albă, 907245, jud. Constanța
Acces: DN22C/E60, Constanța (22 km)-Cernavodă (39 km); între localitățile Murfatlar și Castelu
Stareță: monahia Eleodora Dună
Contact: +40742869155

În localitatea Poarta Albă s-a ridicat un monument de dimensiuni impresionante, inscripționat cu nume de colonii: Columbia, Saligny, Medgidia, Poarta Albă, Noua Culme, Galeșul, Peninsula, Midia, Constanța. Monumentul este închinat memoriei deținuților politici care și-au dat viața, în anii 1950-1953, pe malurile Canalului Dunăre-Marea Neagră. La propunerea președintelui filialei Constanța a AFDPR, Paul Andreescu, s-a înființat aici mănăstirea cu hramul Duminica Sfinților Români. Lucrările sunt coordonate de ierom. Ștefan Dorian, terenul fiind donat de primăria Poarta Albă (3 ha) și de o familie de credincioși (2 ha). Pe data de 1 iunie 2012 s-a pus piatra de temelie a unui paraclis cu hramul Sf. Iustin Martirul și Filosoful. În următorii ani, la Poarta Albă va prinde viață proiectul unui complex monahal, asemănător celui de la Aiud, pentru comemorarea martirilor ce au pătimit în anii '50 la „Canalul morții".

Mănăstirea Stejaru

4 viețuitoare, viață de obște

Hram: Înălțarea Domnului
Adresă: sat Stejaru, com. Saraiu, 907257, jud. Constanța
Acces: DN2A Constanța-Mihail Kogălniceanu-Nicolae Bălcescu (36 km), apoi DJ225 până la Stejaru (45 km);
Stareță: monahia Ambrozia Gheorghe; **Contact:** +40721977854

Preotul Aurel Lazarov, care a slujit la Biserica Stejaru între 1946-1950, a fost întemnițat de către regimul comunist la Aiud, loc în care va trece la cele veșnice după îndelungi suferințe.

Biserica Mănăstirii Stejaru este fosta biserică parohială a satului Stejaru (astăzi părăsit). După 35 de ani de la părăsirea așezării, în 2004, în jurul sfântului locaș s-a înființat un schit de maici. În anul 2011, schitul capătă statut de mănăstire.

Mănăstirea Strunga

9 viețuitoare, viață de obște

Hram: Buna Vestire și Sfântul Binecredincios Împărat Justinian (biserica mare), Sfinții Arhangheli și Sfântul Ioan Rusul (biserica mică)
Adresă: sat Strunga, com. Oltina, 907218, jud. Constanța
Acces: din orașul Băneasa, situat pe DN3 Constanța (89 km)-Ostrov (52 km), 8 km N pe DJ391A și DC48. Mănăstirea se află situată între satele Răzoare și Oltina
Stareță: stavrofora Filareta Băltărețu
Contact: +40724934830, +40764453313; **Cazare:** 50 locuri

Icoane făcătoare de minuni: icoana Maicii Domnului

Mănăstirea a fost înființată în preajma vechii biserici a satului Strunga, construită în jurul anului 1770, din stuf și lut. După un secol și jumătate, biserica a fost refăcută din cărămidă arsă, fiind acoperită cu tablă. Satul mai are astăzi doar câțiva locuitori. După 2001 Arhiepiscopia Tomisului a hotărât înființarea în această zonă a unei mănăstiri. Maicile asigură hrana și îngrijirea persoanelor în vârstă din sat. Până în prezent s-au ridicat un corp de chilii și trapeza mănăstirii. Biserica mare a mănăstirii, împodobită cu o pictură deosebită, a fost sfințită în 2014.

Mănăstirea Topalu

4 viețuitori, viață de obște

Hram: Sfântul Mare Mucenic Gheorghe, Sfinții Mucenici Donat, Silvan, Venus și Romul
Adresă: com. Topalu, 907280, jud. Constanța
Acces: din Cernavodă, loc. situată la 152 km de București și 59 km de Constanța (pe A2), DJ223, 29 km N până la mănăstire
Stareț: ierom. Andrei Crețu; **Contact:** +40763921508

Mănăstirea este în curs de organizare. S-a amenajat un mic paraclis în care se oficiază slujbele.

Schitul Sfântul Ioan Rusu

3 viețuitori, viață de obște

Hram: Sfântul Ioan Rusu
Adresă: com. Palazu Mic, 907196, jud.Constanța
Acces: 39 km. N de Constanța pe E87; 94 km S de Tulcea pe E87
Egumen: protos. Ghelasie Abrudan; **Contact:** +40769233381

Schitul a fost înființat în anul 2015. Locul viitorului schit a fost sfințit de ÎPS Teodosie al Tomisului. Cuprinde un paraclis din lemn și câteva chilii improvizate pentru adăpostul călugărilor micii obști.

Schitul Cloșca

4 viețuitori, viață de obște

Hram: Sfântul Mare Mucenic Gheorghe
Adresă: sat Cloșca, com. Horia, 907141, jud. Constanța
Acces: din Horia, loc situată în apropierea DN2A Constanța (66 km)-Hârșova (17km), 4,5 km N pe DJ223
Egumen: protos. Leontie Fusa
Contact: +40721045424

Moaște: părticele de la Sf. Gheorghe, Sf. Ioachim de Itaca, Sfinți cuvioși de la Mănăstirea Sf. Teodosie cel Mare (Ierusalim)

Biserica satului Cloșca, cu hramul Sf. Gheorghe, a fost ridicată între anii 2002 și 2004, fiind târnosită de către ÎPS Teodosie pe data de 2 mai 2004. Lucrările de pictură au fost realizate în frescă de către pictorul Marian Sima. Sfințirea picturii s-a făcut în 2010. De la 1 ianuarie 2011, Biserica Sf. Gheorghe din satul Cloșca devine schit de maici. Din 2014, așezământul Cloșca va fi prefăcut în schit de călugări.

Schitul Deleni

4 viețuitori, viață de obște

Hram: Nașterea Maicii Domnului
Adresă: com. Deleni, 907110, jud. Constanța
Acces: 700 m din DN3 Constanța-Ostrov, între localitățile Pietreni și Deleni; la 51 km SV de Constanța
Egumen: protos. Casian Modoran
Contact: +40740789213; www.manastireadeleni.evonet.ro

Schitul a luat ființă în anul 2003, prin donarea unei suprafețe de 10 ha teren arabil, de către familia Borchiș, Arhiepiscopiei Tomisului. În mai 2004, ÎPS Teodosie sfințește locul pentru biserica schitului. Biserica din lemn, în stil maramureșean, înălțată de o echipă din Vicovul de Jos, Suceava, a fost târnosită pe data de 7 septembrie 2008. S-au mai construit stăreția și un corp de chilii.

Schitul Prodromița

2 viețuitori, viață de obște

Hram: Icoana Maicii Domnului Prodromița, Botezul Domnului
Adresă: loc. Hârșova, 905400, jud. Constanța
Acces: mănăstirea este așezată în apropierea Dunării, lângă Hârșova, oraș situat pe E60, la 183 km E de București și 91 km NV de Constanța.
Egumen: ierom. Teofan Mandache
Contact: +40760150083

Schitul Prodromița – întemeiat în anul 2012, cu binecuvântarea ÎPS Teodosie, Arhiepiscopul Tomisului – este așezat într-un cadru deosebit de pitoresc, în apropierea unei păduri, foarte aproape de Dunăre. Până în prezent a fost înălțat un mic corp de chilii și un paraclis cu hramul Icoana Maicii Domnului Prodromița (12 iulie).

Schitul Sfântul Cuvios Gherman

2 viețuitori, viață de obște

Hram: Sfântul Cuvios Gherman
Adresă: loc. Băneasa, 907035, jud. Constanța
Acces: din Băneasa, loc situată pe DN la 92 de km SV de Constanța și 33 km E de loc Ostrov, 5 km (indicator din DN3) – prin pădure, până la schit
Egumen: ierom. Gherman Nicolae
Contact: +40785198510

Schitul Sf. Gherman din Dobrogea a fost înființat cu binecuvântarea ÎPS Teodosie, Arhiepiscopul Tomisului, în anul 2011. Se află situat în imediata vecinătate a rezervației naturale „Canaraua Fetei", într-un cadru deosebit de pitoresc. Biserica de lemn a noului schit a fost târnosită în 2012. Până în prezent, în apropierea bisericuței rupestre de la Canaraua Fetei, datată din primele secole ale mileniului creștin, s-a înălțat un frumos corp de chilii. Egumenul schitului provine din obștea Mănăstirii Dervent.

Schitul Sfântul Dionisie Exiguul

2 viețuitoare, viață de obște

Hram: Sfântul Dionisie Exiguul, Sfântul Efrem cel Nou
Adresă: com. Cogealac, 907070, jud. Constanța
Acces: DN22, DJ226A Constanța-Cogealac (50 km N)
Egumenă: monahia Evghenia Arău
Contact: +40763785574, +40784784805

Moaște: părticele din moaștele Sf. Grigorie Palama, Sf. Mina, Sf. Mc. Justin, Sf. Antipa de la Calapodești, Sf. Benedict de Nursia, Sf. Sebastian, Sf. Agnia, Sf. Cecilia
Icoane făcătoare de minuni: icoana Maicii Domnului Grabnic Ascultătoare

Schitul Sf. Dionisie Exiguul – în curs de organizare – se află în apropierea Peșterii liliecilor. Sf Dionisie Exiguul (470-545), teologul care a fixat începutul cronologiei creștine, s-a format duhovnicește pe meleagurile dobrogene, primind învățătură de la călugării sciți. Până în prezent, în noua mănăstire s-a înălțat un frumos corp de chilii, ce cuprinde o trapeză și un paraclis. În apropierea mănăstirii se află un izvor tămăduitor.

Schitul Sfântul Serafim de Sarov

4 viețuitori, viață de obște

Hram: Sfântul Serafim de Sarov
Adresă: loc. Ion Corvin, 907150, jud. Constanța
Acces: Din loc. Ion Corvin, situată pe DN3, la 76 km SV de Constanța și 47 km E de Ostrov, 3 km pe DN3 spre loc Crângu, apoi 1 km pe drum pietruit până la mănăstire
Egumen: protos. Andrei Jilcu
Contact: +40745164141

Moaște: părticele din moaștele Sf. Serafim de Sarov

Schitul Sf. Serafim de Sarov a fost înființat în anul 2010 cu binecuvântarea ÎPS Teodosie, Arhiepiscopul Tomisului. Până în prezent a fost înălțat un altar de vară și s-a pietruit drumul de acces până la noul așezământ. În construcție: o biserică de lemn în stil bucovinean și un corp de chilii.

Mitropolia Munteniei și Dobrogei

Arhiepiscopia Târgoviștei

Arhiepiscop și Mitropolit: Înalt Preasfințitul NIFON MIHĂIȚĂ

(cuprinde județul Dâmbovița)

str. Mihai Bravu, nr. 5-7, Târgoviște, 130004, jud. Dâmbovița
Tel: +40245213713, fax: +40245217606

Mănăstirea Bâldana

5 viețuitori, viață de obște

Hram: Adormirea Maicii Domnului, Sfântul Nicolae, Sfântul Mare Mucenic Gheorghe
Adresă: sat Bâldana, com. Tărtășești, 137436, jud. Dâmbovița
Acces: din DN7 București, 29 km (prin Chitila)-Târgoviște (45 km), după Tărtășești, 300 m E; din DN71A, din Bâldana, 1,2 km V
Stareț: protos. Vicențiu Calomfir Gruzea
Contact: +40723446395; www.manastireabaldana.ro

Icoane făcătoare de minuni: icoana Maicii Domnului

În anii 1827-1831, la Bâldana este înălțat un mic schit de către preotul Gheorghe și prezbitera Maria Bâldănescu. Reparat în 1861; după secularizarea averilor mănăstirești acesta va funcționa doar ca biserică de parohie. Așezământul monahal este reînființat, cu titulatura de mănăstire, în anul 1994. În ultimii ani s-au construit: un corp de chilii, un agheasmatar și un gard împrejmuitor. În 2006 a avut loc resfințirea bisericii mănăstirii de către ÎPS Nifon al Târgoviștei.

Mănăstirea Bunea

9 viețuitori, viață de obște

Hram: Sfinții Arhangheli Mihail și Gavriil (biserica veche), Sfântul Mucenic Pantelimon și Sfânta Maria Egipteanca (biserica nouă)
Adresă: com. Vulcana Băi, 137535, jud. Dâmbovița
Acces: din Pucioasa, loc. situată pe DN71, la 20 km N de Târgoviște, pe DJ712B spre V încă 3,5 km până în stațiunea Vulcana Băi, apoi 2 km prin pădure (doar pe jos)
Stareț: protos. Zosima Petru-Vlase; **Contact:** +40788311542

Împrejurimi:
- Muzeul de etnografie, Pucioasa

Mănăstirea are o arhitectură specifică epocii lui Matei Basarab, fiind ctitoria vel-spătarului Bunea Gădișteanu, din anul 1654. Într-un hrisov al lui Șerban Cantacuzino, din 1687, se vorbește de „schitul de la Vâlcana". Într-un alt hrisov domnesc, datat 1693, întâlnim „mănăstioara de la Vâlcana". „Hotărnicia" întocmită de Constantin Berindei, în 1787, trece mănăstirea ca „sfântul schit al Vâlcănii, ce îi zice Bunea", numele de Bunea fiind întâlnit tot mai des de la această dată. De-a lungul timpului, Mănăstirea Bunea va cunoaște mai multe modificări, care nu vor schimba însă prea mult aspectul inițial al bisericii. Se cunosc datele precise ale ultimelor mari restaurări: 1785, 1789-1880, 1976. Starețul actual provine din obștea Mănăstirii Săraca, jud. Timiș. În ultimii ani s-au construit o nouă biserică, cu hramurile Sf. Mucenic Pantelimon și Sf. Maria Egipteanca, și un corp de chilii.

Mănăstirea Pătroaia-Deal

4 viețuitoare, viață de obște

Hram: Sfântul Dimitrie Izvorâtorul de Mir, Izvorul Tămăduirii, Sfinții Apostoli Petru și Pavel
Adresă: sat Pătroaia-Deal, com. Crângurile, 137174, jud. Dâmbovița; **Acces:** 80 km pe A1/E81 București-Pitești, apoi DJ702G spre N, 1,3 km
Stareță: stavrofora Inochentia Costache ; **Contact:** +40788235680, +40757473787

În apropierea mănăstirii funcționează un cămin de bătrâni.

Mănăstirea este ctitorie a sculptorului Vasile Gorduz și a artistei Silvia Radu – născută în localitatea Pătroaia-Deal. S-au înălțat o frumoasă biserică în stil muntenesc și un corp de chilii. În prezent, se lucrează la pictura bisericii, lucrările fiind într-un stadiu avansat. Biserica mănăstirii a fost sfințită în data de 18 octombrie 2021 de către ÎPS Nifon al Târgoviștei.

Mănăstirea Cobia obște în formare

Hram: Sfântul Ierarh Nicolae
Adresă: sat Mânăstirea, com. Cobia, 137095, jud. Dâmbovița
Acces: din orașul Găești, situat pe DN7 București (69 km)-Pitești (38); Târgoviște (27), 8 km N până la mănăstire pe DJ702E

Mănăstirea Cobia este unică – prin decorația sa exterioară, realizată integral din cărămidă smălțuită – în arhitectura noastră bisericească. A fost ctitorită în anul 1572 de Badea Boloșin Stolnicul. Restauratorii din anii '80 ai secolului trecut ai Mănăstirii Cobia, după solide cercetări, au ajuns la concluzia că meșterii locașului-bijuterie ar fi de origine italiană. Cel mai probabil, Doamna Țării Românești, Ecaterina Salvarezzo, soția lui Alexandru al II-lea Mircea (1568-1577) – convertită la Ortodoxie, va fi cea care a mijlocit aducerea meșterilor și artiștilor în Valahia. A fost reparată în jurul anului 1680 de către Pârvu Cantacuzino. Între anii 1723 și 1724 se prăbușesc bolțile bisericii. A funcționat ca mănăstire până la secularizarea averilor mănăstirești, după care, părăsită de călugării greci, devine biserică de mir. Eforia Spitalelor îi va purta de grijă vreme de mai bine de un secol. O restaurare importantă a avut loc în anul 1938, cu sprijinul Comisiei Monumentelor Istorice. Paramentul, din cărămidă smălțuită, verde, ocru, sienna, face din biserica vechii mănăstiri o adevărată bijuterie. Impresionează, de asemenea, firidele exterioare ale locașului. Săpăturile arheologice din zona ansamblului monastic au condus la descoperirea fundațiilor vechii clopotnițe și ale zidului de incintă al mănăstirii de la 1572. Preotul paroh Ioan Popescu începe repararea acoperișului cu puțin timp înainte de Revoluția din 1989, reluând lucrările în 1994. În anul 2001 biserica este pictată de către Romeo Andronic. Actualmente se fac demersuri pentru reactivarea acestei vechi mănăstiri.

Mănăstirea Înălțarea Domnului, Cota 1000

12 viețuitori, viață de obște

Hram: Înălțarea Domnului, Sfântul Ioan Iacob Hozevitul, Sfinții Arhangheli
Adresă: com. Moroeni, 137310, jud. Dâmbovița
Acces: DN71 Târgoviște (57 km)- Moroeni (16 km)- Sinaia (8 km); 400 m drum pietruit până la mănăstire din DN71 spre V
Stareț: protos. Hristofor Dumitrașcu
Contact: +40762222555; +40741033777

Inițiativa înălțării Mănăstirii Cota 1000 aparține Angelei Cojocaru din Moroeni. În iulie 1994 se pune piatra de temelie a bisericii. Primii viețuitori de la Cota 1000 au fost Filip Tohăneanu și ierom. Hristofor Dumitrașcu. Din 1996, de construcția mănăstirii se va ocupa protosinghelul Melchisedec Dobre, numit stareț în 1997. S-au construit până în prezent o biserică de zid, un corp de chilii, trapeza etc.

Biserica are trei turle, o lungime de 22 m și o înălțime de 18 m. Pictura aparține lui Sorin George. Lucrările de construcție ale mănăstirii au fost sponsorizate de importante firme comerciale din Dâmbovița.

Moaște: părticele din moaștele Sfinților 40 de Mucenici, Sf. Mercurie, Sf. Tarah și Sf. Andronic

Mănăstirea Dealu

31 viețuitoare, viață de obște

Hram: Sfântul Ierarh Nicolae, Acoperământul Maicii Domnului (paraclisul)
Adresă: sat Viforâta, com. Aninoasa, 137007, Jud. Dâmbovița, Aleea Mănăstirii Dealu, nr.1
Acces: din centrul Târgoviștei, 3,5 km NE până la mănăstire
Stareță: stavrofora Emanuela Preda
Contact: +40245211880, +40744877403

Moaște: părticele de la 12 sfinți: Sf. Prov, Sf. Tarah, Sf. Nicolae, Sf. Ioan Gură de Aur...

Vechimea Mănăstirii Dealu se pierde în negura vremurilor. Se presupune că a fost ctitorită de urmașii domnitorului Munteniei Vlad Dracul, ucis în 1446. Prima atestare documentară a mănăstirii o aflăm într-un document – datat 28 martie 1451 – emis de Vladislav al II-lea (1448-1456). Aflată în ruină de Radu cel Mare, domnitorul va începe refacerea ei în 1499, Biserica Sf. Nicolae fiind sfințită pe data de 4 decembrie 1501. Arhitectura bisericii, în plan treflat, este de inspirație sârbească, fațadele fiind în stil armenesc. Ansamblul mănăstiresc de la Dealu este finalizat de Vlad cel Tânăr (1510-1512), fratele lui Radu cel Mare. Pictura va fi realizată de meșterul Dobromir, în vremea domnitorului Neagoe Basarab, în anul 1514. La Mănăstirea Dealu, Radu cel Mare întemeiază **prima tipografie a Țării Românești**. Aici vestitul tipograf Macarie va tipări trei lucrări în limba slavonă: *Liturghierul* (1508), *Octoihul* (1510) și *Evangheliarul* (1512). Dintru început, mănăstirea va servi drept necropolă domnească. Au fost îngropați în mănăstire cei mai de seamă domni ai Țării Românești: Vlad Dracul (1446), Vladislav al II-lea, Radu cel Mare (1508), Vlad cel Tânăr (1512), Pătrașcu cel Bun. Tot aici va fi adus și **capul marelui unificator de neam Mihai Viteazul**, după cum reiese dintr-un hrisov din anul 1612. În anul 1610 Mănăstirea Dealu a fost prădată de oastea lui Gabriel Báthory. În 1630, domnitorul Leon Tomșa (1629-1632) închină Mănăstirea Dealu, pentru o scurtă perioadă de timp, Mănăstirii Iviron din Muntele Athos. După moartea lui Constantin Brâncoveanu, mănăstirea începe să decadă, revenindu-și abia la începutul sec. al XIX-lea. Cele două cutremure – din 1829 și 1838 – o vor afecta destul de grav. Va fi restaurată în vremea domnitorului Gheorghe Bibescu (1842-1848), însă, după secularizarea averilor mănăstirești (1863), obștea va deveni tot mai strâmtorată, clădirile mănăstirii căpătând destinații străine de viața monahală. Astfel, în 1897, la Dealu mai viețuia doar un singur călugăr. Începând cu 1953, mănăstirea va cunoaște un amplu proces de restaurare, ridicându-se tot acum și paraclisul cu hramul Acoperământul Maicii Domnului, sfințit în 1958. Pictura altarului aparține lui Iosif Keber (1958), naosul și pronaosul fiind opera părintelui Sofian Boghiu de la Antim. În 1960, obștea monahală de la Mănăstirea Dealu se reface. După 1989 viața monahală la Mănăstirea Dealu va cunoaște o nouă revigorare.

De văzut:
- Sarcofagele din marmură ale lui Mihai Viteazul și Radu cel Mare, de la Mănăstirea Dealu, sunt opera sculptorului Frederic Storck, din anii 1912-1913.
- Muzeu: obiecte bisericești, carte veche etc.

Împrejurimi:
- Curtea Domnească cu Turnul Chindiei și Biserica Domnească Mare
- Catedrala mitropolitană din Târgoviște
- Biserica Sfânta Vineri
- Muzeul tiparului și al cărții românești vechi

Mănăstirea Nucet

12 viețuitoare, viață de obște

Hram: Izvorul Tămăduirii, Sfântul Gheorghe, Acoperământul Maicii Domnului (paraclisul)
Adresă: com. Nucet, 137335, jud. Dâmbovița; **Acces:** După localitatea Mircea Vodă, situată pe DN71 București (61 km)-Târgoviște (18 km), DJ711C spre V, 3,5 km până la Mănăstirea Nucet
Stareță: stavrofora Andreea David; **Contact:** +40762222459, +40245670410

Mănăstirea Nucet este ctitorie a jupânului Gherghina Pârcălab – unchiul domnitorului Radu cel Mare. Dintr-un hrisov al lui Neagoe Basarab, datat 23 ianuarie 1516, aflăm că Vlad Călugărul (1485-1495), domnul Țării Românești, a înzestrat Nucetul cu un munte. Constantin Brâncoveanu îi va închina mănăstirii, ca metoc, Schitul Panaghia. În urma cutremurului din 1738, biserica Mănăstirii Nucet este rezidită de vestita familie Văcărescu. După secularizarea averilor mănăstirești (1863), locul călugărilor greci de la Nucet va fi luat de călugări români. În anii '30 ai secolului trecut mănăstirea decade. Va fi părăsită de monahi în urma cutremurului din 1940, devenind o simplă biserică de mir. În anul 1994 Arhiepiscopia Târgoviștei a luat hotărârea reînființării vechii mănăstiri. Până în prezent s-au reușit construirea unui frumos paraclis, reclădirea unei aripi de chilii și înălțarea unui foișor în pădurea din apropiere, la Fântâna de leac. În 2009 s-a încheiat restaurarea turnului-poartă (sec. al XVII-lea). Se află, de asemenea, în plin proces de restaurare Casa egumenească.

De văzut:

- Muzeu: obiecte bisericești, icoane etc.

Cel de-al treilea hram al mănăstirii, Izvorul Tămăduii, se datorează izvorului de leac de lângă mănăstire la care vin, în fiecare an, mii de pelerini.

Mănăstirea Peștera Ialomiței

6 viețuitori, viață de obște

Hram: Sfinții Apostoli Petru și Pavel (biserica de la peșteră), Sfântul Ierarh Nifon (biserica nouă), Adormirea Maicii Domnului (biserica veche)
Adresă: com. Moroeni, 137310, jud. Dâmbovița
Acces: din Bușteni: telecabina până la Babele, apoi telecabina până la Peștera; din Sinaia Cota 1400, prin Vârful cu Dor sau prin Piatra Arsă, trasee accesibile (6 ore de mers); din Târgoviște pe DN71, prin Moroeni, Bolboci, Padina. Traseele auto sunt mai anevoioase.
Stareț: protos. Calinic Dandu; **Contact:** +40763746141
Cazare: 30 locuri

Se presupune că prima vatră monahală de la Peștera Ialomiței a fost întemeiată de Mihnea Vodă cel Rău, în prima jumătate a veacului al XVI-lea. În anul 1818 schitul va arde, fiind refăcut peste un an de către preotul Gheorghe Ion Baltag și ieromonahul Gherontie din Pietroșița. Pe data de 20 aprilie 1961 va fi mistuit din nou de flăcări, nemaifiind refăcut. Actualul schit, aflat la 300 m depărtare de gura peșterii, a fost ridicat în anul 1901, de mai mulți ctitori, cu participarea ciobanilor din zonă, biserica fiind sfințită în 1911. Va fi renovat prin purtarea de grijă a Patriarhului Justinian (în 1961), cu cheltuiala preoților Macarie Marinoiu, Pimen Stoichici și Dumitru Breajcu. Bisericuța este construită din lemn, având pereții căptușiți cu șindrilă. Schitul din apropierea peșterii este readus la viață abia în 1993, de către protosinghelul Maxim Bădoiu (fost stareț al mănăstirii). Ctitorul locașului este Fabrica de ciment Fieni. Piatra de temelie a fost așezată de ÎPS Vasile Costin, Arhiepiscopul Târgoviștei, în 1993. Sfințirea a fost făcută de PF Teoctist în 1996. Arhondaricul și stăreția au fost înălțate în ultimii ani.

De văzut:

- Peștera Ialomiței

Mănăstirea Runcu-Leaota

6 viețuitoare, viață de obște

Hram: Adormirea Maicii Domnului (biserica mare), Sfinții Nil, Nicodim, Ioan Iacob Hozevitul (paraclisul)
Adresă: com. Runcu, 137400, jud. Dâmbovița
Acces: din orașul Fieni, loc. situată pe DN71, ramificație spre NV pe DJ712A; trecând prin Runcu (loc. situată la 8 km de Fieni, 36 km de Târgoviște), sunt 16 km până la mănăstire. Pe drumul forestier, după ieșirea din Runcu, există indicator spre mănăstire.
Stareță: stavrofora Paisia Silivăstru; **Contact:** +40769637129

Moaște: părticele din moaștele Sf. Ioan Gură de Aur, Sf. Nil

Împrejurimi:
- Schitul Cucuteanca

Mănăstirea Runcu își are începuturile în anul 1997, odată cu venirea pe aceste meleaguri a părintelui Iachint de la Sfântul Munte. A fost înălțată într-o poiană, pe un platou, terenul fiind donat de Ioan Purnichescu din București. În anul 1998 Arhiepiscopia Târgoviștei își va da binecuvântarea pentru înființarea noii mănăstiri de călugărițe, în acel an venind la Runcu câteva maici de la Tismana. În 1999 va fi sfințit un paraclis de lemn, pe fundație de beton. Biserica mare a mănăstirii se află în construcție. S-au ridicat un corp de chilii, trapeza, stăreția, bucătăria, un arhondaric etc.

Mănăstirea Stelea

6 viețuitori, viață de obște

Hram: Învierea Domnului
Adresă: str. Stelea, nr. 6, Târgoviște, 130018, jud. Dâmbovița
Acces: în imediata apropiere a centrului orașului Târgoviște
Stareț: protos. Vichentie Bîgu
Contact: +40762222417; www.manastirea-stelea.go.ro

Împrejurimi:
- Mănăstirea Dealu (la 3,5 km NE din centrul Târgoviștei)
- Mănăstirea Viforâta (5 km din Târgoviște)

De văzut:
- Muzeu: în curs de organizare în Casa Nifon

Actualul ansamblu arhitectural al Mănăstirii Stelea are ca ultim ctitor, în 1645, pe Vasile Lupu, domnul Moldovei. Mănăstirea este menționată însă în mai multe hrisoave mai înainte de această dată – primul, din 1582, prin care Mihnea Turcitul întărea o danie făcută mănăstirii de spătarul Stelea. Vasile Lupu va ridica monumentala mănăstire pentru a consfinți împăcarea sa cu domnul Munteniei, Matei Basarab. Se pare că domnul moldovean a ales ctitoria spătarului Stelea datorită faptului că aici a fost înmormântat vel-aga Nicolae, părintele său, după cum atestă pisania bisericii. În 1653 mănăstirea este vizitată de Patriarhul Macarie al Antiohiei, însoțit de Paul de Alep, aceștia rămânând impresionați de ea. Ajunsă metoc al Bisericii Sf. Gheorghe Nou din București, la sfârșitul secolului al XVII-lea, mănăstirea va fi reînnoită în vremea domnitorului Constantin Brâncoveanu. **La școala grecească de la Stelea au învățat Grigore Alexandrescu, I.H. Rădulescu și Vasile Cârlova**. După secularizarea averilor mănăstirești, în 1863, mănăstirea este transformată în biserică de mir. Redevine mănăstire după 1990. În 2015, după 12 ani de lucrări, s-au încheiat reamenajarea incintei mănăstirii, reconsolidarea bisericii și restaurarea picturii acesteia, redându-i-se vechii ctitorii voievodale a lui Vasile Lupu strălucirea de odinioară.

Mănăstirea Viforâta

88 viețuitoare, viață de obște

Hram: Sfântul Gheorghe, Nașterea Domnului; Sfântul Proroc Ilie (paraclisul)
Adresă: sat Viforâta, com. Aninoasa, 137007, jud. Dâmbovița
Acces: din DN71 Târgoviște-Sinaia, DJ71B spre NE până în satul Viforâta (5 km din Târgoviște)
Stareță: monahia Macaria Mavrodin
Contact: +40245226548; +40762222591
Cazare: rezervări la: +40740620633

Prima atestare documentară a mănăstirii datează din anul 1530, odată cu înălțarea ei de către Vlad Vodă al V-lea. În vara anului 1611 Viforâta este prădată de oștile lui Gabriel Báthory, principele Transilvaniei (1608-1613), care își instalează tabăra, pentru o scurtă perioadă de timp, la Târgoviște. Voievodul Radu Mihnea (1611-1616) restaurează mănăstirea, înzestrând-o cu odoare și proprietăți. În timpul domniei lui Matei Basarab (1632-1654), biserica mănăstirii este târnosită a doua oară, fiind ajutată cu nenumărate danii. Tot atunci, în locul călugărilor greci, sunt aduse călugărițe, după cum mărturisește misionarul slav Dacsici, aflat în 1640 la Târgoviște. Constantin Brâncoveanu (1688-1714) construiește noi chilii, reface zidul de incintă și pardosește biserica. Biserica din cimitir este ctitorită de Grigore Brâncoveanu († 1832) și are hramul Sf. Ap. Petru și Pavel. Catapeteasma bisericii mari a fost executată în anul 1864 de către Karl Storck. După cutremurul din 1940, mănăstirea va fi refăcută prin purtarea de grijă a Patriarhului Justinian Marina (1948-1977). În 1960 se înființează aici o Casă sanatorială pentru adăpostirea și întreținerea monahiilor și preoteselor văduve bătrâne. Mănăstirea este afectată grav de cutremurul din 1977. Au fost rezidite din temelii părțile de V și N ale ansamblului, terminându-se totodată și biserica-paraclis cu hramul Sf. Proroc Ilie. Până în anul 2000 Viforâta a aparținut de Patriarhia Română. După această dată trece sub jurisdicția Arhiepiscopiei Târgoviștei.

În curtea mănăstirii se află Fântâna Mitropolitului Ghenadie, primat al României, din 1904, și mormântul ieromonahului Macarie, teolog și compozitor de muzică psaltică bisericească de la începutul secolului al XIX-lea.

Moaște: părticele din moaștele Sf. Gheorghe, Sf. Vlasie, Sf. Haralambie
Icoane făcătoare de minuni: icoana Sf. Gheorghe (1631)

Împrejurimi:
- Mănăstirea Dealu (2 km)

De văzut:
- Monumentul funerar al generalului Matei Vlădescu (1835-1901), participant la Războiul de Independență, fost ministru de război – una dintre cele mai interesante creații ale renumitului sculptor Carol Storck

Schitul Runcu-Cucuteanca

6 viețuitori, viață de obște

Hram: Învierea Domnului
Adresă: com. Runcu, 137400, jud. Dâmbovița
Acces: din orașul Fieni, loc. situată pe DN71, ramificație spre NV pe DJ712A; trecând prin Runcu (situată la 8 km de Fieni, 36 km de Târgoviște), cu 2 km înainte de Mănăstirea Runcu, la 14 km de Fieni, pe drum forestier, ramificație dreapta spre schit
Egumen: ierodiacon Moise Taraș
Contact: +40745336608; +40746722200; +40733503333

Schitul a fost înființat după 1990. Este format din câteva chilii improvizate și o bisericuță de lemn.

Mitropolia Munteniei și Dobrogei

Arhiepiscopia Argeșului și Muscelului

Arhiepiscop: Înalt Preasfințitul CALINIC ARGATU

(cuprinde județul Argeș)

Bd. Basarabilor, nr. 23, Curtea de Argeș, 115300, jud. Argeș,
Tel./fax: +40348401956; www.eparhiaargesului.ro

Mănăstirea Aninoasa

11 viețuitoare, viață de obște

Hram: Sfântul Ierarh Nicolae, Sfinții Gheorghe și Dimitrie (paraclisul)
Adresă: com. Aninoasa, 117035, jud. Argeș
Acces: din Berevoiești, loc. situată pe DN73C, la 16 km de Câmpulung și 30 km de Curtea de Argeș, DJ732B spre S, 3 km până în com. Aninoasa
Stareță: monahia Heruvima Ordodi; **Contact:** +40248577117

Moaște: părticele din moaștele Sf. Nicolae

De văzut:
- Sala gotică și biblioteca mănăstirii. Portretele ctitorilor Aninoasei aparțin vestitului Pârvu Mutu

A fost zidită în 1677 de vel-clucerul Tudoran Vlădescu, „care pe urmă s-au călugărit", după cum relatează Mitropolitul Neofit al Ungrovlahiei, care trece prin aceste locuri în 1746. Între 1722 și 1730, episcopul de Buzău, viitorul Mitropolit al Ungrovlahiei Daniil, fost egumen la Aninoasa în anii 1704-1716, renovează mănăstirea, locul metaniei sale, alocând în acest scop importante fonduri, împrejmuind-o cu un zid – ce atinge pe alocuri 1,90 m – care dăinuie până în zilele noastre. În 1773 Mihail Tărtășescu Cojoceanu zidește **paraclisul cu hramul Sf. Gheorghe și Dimitrie**, din latura de nord a mănăstirii. **Biserica mare** păstrează în bună parte picturi ale vestitului **Pârvu Mutu**. Stilul arhitectonic al ansamblului mănăstiresc Aninoasa este unul brâncovenesc. După 1864 mănăstirea devine biserică de mir, iar în comunism, CAP; din 1993, mănăstire și biserică parohială în paralel. Din 2001, doar mănăstire. De refacerea Aninoasei s-a ocupat îndeaprope, în ultimii ani, protos. Clement Păunescu.

Mănăstirea Antonești

3 viețuitoare, viață de obște

Hram: Nașterea Sfântului Ioan Botezătorul, Sfântul și Dreptul Iov (paraclisul)
Adresă: com. Corbeni, 117275, jud. Argeș
Acces: din Curtea de Argeș, 20 km pe DN7C (spre Transfăgărășan); din centrul com. Corbeni, cca 1 km până la mănăstire
Stareță: monahia Teofana Avădănei; **Contact:** +40723504527

Împrejurimi:
- Cetatea Poienari
- Barajul Vidraru

După inundațiile din vara anului 1941, mareșalul Ion Antonescu a construit un sat nou pe valea Argeșului, numit Antonești. Zidirea bisericii din Antonești a început în 1943 pe un teren donat de Gheorghe Erbașu. Biserica va rămâne însă neterminată din pricina instaurării în România, după 23 august 1944, a noului regim ateu. Prin grija ÎPS Calinic al Argeșului și Muscelului, biserica devine mănăstire în 1995. Locașul a fost sfințit pe data de 24 iunie 2004. Lângă biserică a fost înălțat un corp de chilii și un paraclis închinat Dreptului Iov.

Mănăstirea Bascovele

4 viețuitoare, viață de obște

Hram: Intrarea în Biserică a Maicii Domnului
Adresă: sat Ursoaia, com. Cotmeana, 117317, jud. Argeș
Acces: din Pitești (114 km pe A1, București) spre NV, 22 km pe DN7/E81. La ieșirea din Dumbrăvești, ramificație dreapta, 2,5 km pe DJ704E până în Ursoaia, apoi 400 m spre S până la mănăstire
Stareță: stavrofora Petronia Dobrescu; **Contact:** +40749047709; +40248663700

Împrejurimi:
- Mănăstirea Cotmeana

A fost zidită în anul 1695 de către Șerban Cantacuzino. În urma unui cutremur (1838), biserica mănăstirii este grav afectată, fiind reconstruită în 1843 de Ștefu Nicolau și de stareța Platonida Căzănescu. Pictură din 1869. Desființată în 1962, devine biserică de parohie. Mănăstirea va fi reînființată în 1991. Restaurată între 2005 și 2007.

Mănăstirea Cetățuia, Negru Vodă

2 viețuitori, viață de obște

Hram: Adormirea Maicii Domnului, Izvorul Tămăduirii
Adresă: com. Cetățeni, 117240, jud. Argeș
Acces: din DN72A, Câmpulung-Muscel (20 km)-Târgoviște (47 km), între satele Cotenești-Stoenești, drum (doar la pas) spre E, 2,5 km (cca 30 min.)
Stareț: protos. Modest Ghinea
Contact: +40762664776; +40745093294; www.cetatuiamuscel.ro
Cazare: 20 locuri

Moaște: părticele din moaștele Cuv. Ioanichie de la Muscel (26 iulie)
Icoane făcătoare de minuni: icoana Maicii Domnului

Este situată deasupra unei creste stâncoase – la 881 m deasupra nivelului mării –, între Valea lui Coman, Valea Chiliilor și râul Dâmbovița. Tradiția locului consemnează faptul că nu departe de mănăstire a existat o cetate dacică – loc de refugiu, mai târziu, pentru legendarul Negru Vodă, domnul Țării Românești, cel care va întemeia pe aceste locuri un schit (sec. XIII). La Cetățuia, Negru Vodă își vor mai afla refugiul Nicolae Alexandru Voievod, Vladislav Vlaicu, Vlad Țepeș, Mihai Viteazul, Matei Basarab, Constantin Șerban Vodă și Constantin Brâncoveanu. De altfel, în munții dimprejur se află mai multe peșteri locuite în trecut de sihaștri, nu departe de Cetățuia descoperindu-se moaștele întregi ale Cuviosului schimonah Ioanichie (1638). În biserica din stâncă a mănăstirii s-au păstrat chipurile ctitorilor Alexandru Voievod și Radu Negru Voievod. Tot aici se află un mic izvor tămăduitor. Cetățuia, ca schit, este amintită și în vremea lui Mihai Viteazul, care, în 1595, trece pe aceste meleaguri. Numele Mănăstirii Cetățuia apare, de asemenea, în hrisoavele mai multor domni munteni. În timpul zaverei din 1821 turcii, urmărindu-i pe eteriștii care se retrăgeau spre Brașov, distrug bisericuța din stâncă și chiliile. S-au făcut mai multe renovări în sec. al XIX-lea și al XX-lea. Din 1992, an de început al unor mari prefaceri (biserică din lemn, introducerea curentului electric, funicular pentru apă și alimente etc.), Cetățuia devine mănăstire. Pictura la noua biserică s-a încheiat.

Mănăstirea Cetățuia, Negru Vodă mai este supranumită Meteora României. Biblioteca mănăstirii numără în prezent peste 6000 de volume.

Schitul Sfântul Ierarh Modest

obște în formare

Hram: Sfântul Ierarh Modest
Adresă: sat Cotenești, com. Stoenești, 117675, jud. Argeș
Acces: din satul Cotenești-Stoenești, situat pe DN72A Câmpulung-Muscel (17 km)-Târgoviște (50 km), drum forestier, spre V, 3 km
Egumenă: monahia Serafima Marin
Contact: +40762664776 (Mănăstirea Cetățuia)

Schitul se află la început de drum. Inițiativa înființării lui aparține părintelui Modest Ghinea, starețul Mănăstirii Cetățuia, Negru Vodă. Bisericuță de lemn în stil maramureșean. Până în prezent nu există decât o singură casă, care adăpostește viețuitoarele, dar se intenționează extinderea schitului. Schitul nu este electrificat.

Mănăstirea Ciocanu

3 viețuitori, viață de obște

Hram: Intrarea în Biserică a Maicii Domnului (biserica veche), Sfinții Apostoli Petru și Pavel (biserica nouă)
Adresă: com. Bughea de Jos, 117165, jud. Argeș
Acces: din Câmpulung-Muscel, DJ732C spre V, Bughea de Jos (5 km), apoi încă 3 km până la mănăstire (ultimii 2 km, prin pădure, fără asfalt). Pe traseu, încă două porțiuni de drum neasfaltate (aprox. 1 km)
Stareț: protos. Teofil Enache; **Contact:** +40744313583

Mănăstirea Ciocanu a fost unul din principalele puncte de sprijin ale rezistenței românești din munți împotriva comunismului în anii '50 ai secolului trecut.

Împrejurimi:
- Mănăstirea Negru Vodă, Câmpulung

Începuturile Mănăstirii Ciocanu sunt învăluite în legendă. Un boier din Câmpulung, Nicolae Ispravnicul, ascunzându-se din calea tătarilor, se retrase în pădurile de pe dealurile Ciocanului. După ce trece primejdia, nu se va mai întoarce acasă, ci zidește un mic schit, luându-și numele de Neofit. Documentar, mănăstirea datează din anul 1572. În biserica veche se păstrează o piatră de mormânt din anii 1610-1611. De-a lungul timpului, Mănăstirea Ciocanu a ars în mai multe rânduri. Biserica veche, din bârne, a fost înălțată în anul 1825, prin grija lui „Kir Radovici Ctitor" și a cuviosului monah Neofit. Aceasta păstrează, în cea mai mare parte, pictura inițială – de expresie naivă. În 1932, în vremea PF Miron Cristea, au loc ample lucrări de restaurare a mănăstirii. Între 1960 și 1990 se ostenește aici un singur viețuitor – ieromonahul Irodion Caraman, cu metania la Mănăstirea Neamț. În anul 2012, ÎPS Calinic a sfințit noua biserică a Mănăstirii Ciocanu, ce poartă hramurile Intrarea Maicii Domnului în Biserică și Sfinții Apostoli Petru și Pavel.

Mănăstirea Corbii de Piatră

2 viețuitori, viață de obște

Hram: Adormirea Maicii Domnului, Sfinții Apostoli Petru și Pavel, Sfântul Voievod Neagoe Basarab
Adresă: com. Corbi, 117285, jud. Argeș
Acces: DN73C, Curtea de Argeș-Câmpulung-Muscel, până la Domnești (22 km), apoi ramificație la stânga pe DJ731 spre Nucșoara (Domnești-Stănești-Corbșori-Corbi, 11 km)
Stareț: ierom. Ignatie Gorunescu
Contact: +40745059405, +40745050835; www.corbiidepiatra.ro

Moaște: părticele de la Sf. Ioan Rusul

Nicolae Iorga a considerat Mănăstirea Corbii de Piatră ca fiind prima mănăstire de călugărițe din Țara Românească.

Numele de Corbii de Piatră dat mănăstirii rupestre – astăzi monument istoric – apare în mai multe hrisoave domnești începând cu 1512. Printre ctitorii de seamă se numără monahia Magdalina, mătușa voievodului Neagoe Basarab, mănăstirea fiind considerată ctitorie domnească. De-a lungul timpului, Mănăstirea Corbii de Piatră va mai purta și denumirea de Merișul. De la prima atestare (23 iunie 1512) până în secolul al XIX-lea, când devine biserică de mir, poartă hramul Adormirea Maicii Domnului. Actualul hram, Sf. Ap. Petru și Pavel, datează, cel mai probabil, din perioada când biserica rupestră a servit ca biserică parohială. Catapeteasma bisericii datează din 1804. Mănăstirea a fost reînființă în 1996; primul stareț, Ignatie Gorunescu, provine din obștea Mănăstirii Slănic Argeș. În prezent au loc ample lucrări de restaurare a picturii – considerată cea mai veche din Țara Românească. În 2012 s-au încheiat lucrările la paraclis și la un corp de chilii.

Mănăstirea Cotmeana

9 viețuitori, viață de obște

Hram: Buna Vestire, Tăierea Capului Sfântului Ioan Botezătorul (biserica veche) și Acoperământul Maicii Domnului (noul paraclis)
Adresă: com. Cotmeana, 117305, jud. Argeș
Acces: din Pitești (114 km pe A1, București) spre NV pe DN7/E81 până la Lintești, apoi spre S pe DJ703A, Cotmeana (36 km)
Stareț: arhim. Ioasaf Boiciuc; **Contact:** +40248242011
Cazare: 62 locuri

Mănăstirea Cotmeana este considerată cea mai veche vatră monahală din Țara Românească, fiind datată, după ultimele cercetări, din anul 1292. Radu I, domnitorul Țării Românești (1377-1383), ridică aici o biserică de lemn, care va arde; în timpul domniei sale, Schitul Cotmeana devine mănăstire. Mircea cel Bătrân (1386-1418) construiește, aici, între 1387 și 1389, o biserică de zid cu hramul Buna Vestire. Biserica va fi restaurată în 1711 de către Constantin Brâncoveanu. A fost reparată în anii 1855-1857 și restaurată în 1922-1924, 1959, 1972, 1990. Ansamblul feudal de la Cotmeana este alcătuit din biserică, clopotniță și ziduri de incintă construite în scopuri de apărare. La Cotmeana se află cel mai vechi clopot din Țara Românească, donat mănăstirii de „jupân Dragomir" în anul 1385.

Mănăstirea a fost redeschisă în anul 1990, cu binecuvântarea ÎPS Calinic al Argeșului. Lângă biserica veche (conservată ca monument istoric), în ultimii ani s-au ridicat chilii, o biserică-paraclis, cu hramul Acoperământul Maicii Domnului, trapeză etc. În biserica monument istoric se păstrează **portretele lui Mircea cel Bătrân și Petru Cercel**.

Moaște: părticele din moaștele Sf. Ioan cel Milostiv, Patriarhul Alexandriei
Icoane făcătoare de minuni: icoana Maicii Domnului (Păzitoarea Mănăstirii Cotmeana)

Prețiosul tezaur descoperit în ultimii ani la Mănăstirea Cotmeana, format din monede de aur și discuri ornamentale din teracotă, poate fi admirat la Muzeul Județean Argeș.

Mănăstirea Glavacioc

3 viețuitori, viață de obște

Hram: Buna Vestire
Adresă: sat Glavacioc, com. Ștefan cel Mare, 117711, jud. Argeș
Acces: din București spre SV pe DN6/E70 Drăgănești-Vlașca, apoi spre NV pe DJ503 Videle-Glavacioc, 125 km. Din Pitești, spre SE pe DJ659, 55 km
Stareț: protos. Casian Crețu; **Contact:** +40722630635

Un hrisov al lui Radu cel Mare – datat 20 iulie 1507 – consemnează faptul că Mircea cel Bătrân a dăruit Mănăstirii Glavacioc satul Călugăreni de pe Neajlov și un alt sat ce purta același nume, din Teleorman. Vlad al IV-lea Călugărul a ridicat aici o biserică de zid, pe locul uneia din lemn. Tot el va folosi mănăstirea ca reședință domnească. Mănăstirea s-a aflat sub purtarea de grijă a mai multor domnitori – Radu cel Mare, Neagoe Basarab, Mihnea Turcitul. A fost reclădită în forma actuală de paharnicul Constantin Foca între 1841 și 1844. În perioada comunistă, Mănăstirea Glavacioc a fost transformată în biserică de parohie. Ansamblul a fost restaurat (parțial) în anii 1974-1976, când acoperișul chiliilor este acoperit cu tablă. Redeschisă în anul 1991, prin purtarea de grijă a ÎPS Calinic al Argeșului și Muscelului. În prezent, se desfășoară ample lucrări de restaurare a picturii. În 2014 s-au încheiat lucrările de pictură a vechii biserici.

Icoane făcătoare de minuni: icoana Maicii Domnului Povățuitoarea, la care s-a rugat Vlad Țepeș

- Izvorul făcător de minuni al Maicii Domnului de lângă altarul bisericii mănăstirii

Mănăstirea Curtea de Argeş

10 vieţuitori, viaţă de obşte

Hram: Adormirea Maicii Domnului (biserica lui Neagoe Basarab), Sfânta Filofteia (paraclisul)
Adresă: str. Basarabilor, nr. 1, Curtea de Argeş, 115300, jud. Argeş
Acces: în apropierea centrului oraşului Curtea de Argeş
Stareţ-administrator: protos. Caliopie Ichim
Contact: +40248721735
Cazare: Casa de oaspeţi Pelerinul, 50 locuri

Moaşte: Sf. Filofteia

Pe 16 august 1517, la Mănăstirea Curtea de Argeş a fost canonizat – pentru prima oară, la noi – Sfântul Ierarh Nifon (+1508), Patriarh al Constantinopolului şi Mitropolit al Munteniei (1500-1505).

De văzut:
- Fântâna lui Manole, în apropierea mănăstirii
- Curtea Domnească (sec. XIII-XIV)
- Biserica Drujeşti (sec. XVIII)
- Biserica Olari
- Ruinele Sân Nicoară (sec. XIII-XIV)

Împrejurimi:
- În drum spre Piteşti, vechea Mănăstire Tutana (sec. XV), fără obşte

Biserica Domnească Sf. Nicolae

Biserica Mănăstirii Curtea de Argeş este unul dintre cele mai valoroase monumente ale arhitecturii româneşti din toate timpurile. După unele izvoare, celebra biserică a fost clădită de **Sf. Neagoe Basarab** pe fundaţiile unui locaş mult mai vechi, cel mai probabil vechiul sediu al Mitropoliei Ţării Româneşti. Prima pictură a locaşului-bijuterie a fost realizată în vremea domnitorului Radu de la Afumaţi (1522-1529) de către **Dobromir Zugravul,** fiind încheiată în 1526. În anul 1611 armatele lui Gabriel Báthory distrug biserica, aceasta fiind restaurată de Matei Basarab. Paul de Alep, în 1654, consideră biserica Mănăstirii Curtea de Argeş „una din minunile lumii". În 1793, Mănăstirea Curtea de Argeş devine, pentru o scurtă perioadă, sediu al Episcopiei Argeşului. Vechea ctitorie a lui Neagoe Basarab a fost refăcută în forma pe care o vedem astăzi de către arhitectul francez André Lecomte du Noüy, spre sfârşitul veacului al XIX-lea. Interiorul a fost zugrăvit de pictorii francezi F. Nicolle, Ch. Renouard şi pictorul român N. Constantinescu. Catapeteasma este executată din bronz aurit şi onix, icoanele fiind lucrate în mozaic. Iese în evidenţă grupul celor 12 coloane centrale bogat ornamentate floral, reprezentând pe cei 12 Apostoli. În faţa bisericii mănăstirii se află un frumos agheasmatar, iar în afara curţii mănăstirii **fântâna legendarului meşter Manole.** În pronaos se află **mormintele lui Neagoe Basarab, Despinei doamna, Radu de la Afumaţi, Carol I, Ferdinand Întregitorul şi ale reginelor Elisabeta şi Maria.** Palatul episcopal (fost palat regal), din parcul mănăstirii, a fost construit în 1866. În prezent au loc ample lucrări de restaurare. În imediata apropiere a Mănăstirii Curtea de Argeş se înalţă noua catedrală arhiepiscopală, ce va purta hramul Sf. Filofteia (lucrările sunt în plină desfăşurare). Aici vor fi aşezate definitiv moaştele Sf. Filofteia. Noul locaş va fi, totodată, viitoare necropolă regală.

De un statut special în cadrul Arhiepiscopiei Argeşului – aflată în strânsă legătură cu ctitoria lui Neagoe Basarab – se bucură **Biserica Domnească Sf. Nicolae**, ctitorită în sec. al XIII-lea şi rectitorită de Basarab I în 1352. Este singurul monument religios important păstrat în Ţara Românească din secolul al XIV-lea. Pictura murală a locaşului – aparţinând stilului paleolog – datează din vremea lui Vlaicu Vodă (1364-1366). Aici au fost aşezate la sfârşitul sec. al XIV-lea **moaştele Sfintei Filofteia**, aduse de la Târnovo (prin Vidin). Biserica a avut statut de Mitropolie a Ungrovlahiei, fiind vreme îndelungată necropolă a domnitorilor munteni.

Mănăstirea Gorganu (Călineşti)

6 vieţuitori, viaţă de obşte

Hram: Sfântul Ierarh Calinic (biserica mare), Sfinţii Ierarhi Iorest şi Sava (paraclisul)
Adresă: sat Gorganu, com. Călineşti, 117199, jud. Argeş
Acces: din centrul com. Călineşti, loc. situată pe DN7 Bucureşti-Piteşti (la 14 km SE de Piteşti), pe DJ704B şi DL, 500 m
Stareţ: protos. Iorest Suma; **Contact:** +40248651506; +40745568405
Cazare: 10 locuri (pe timp de vară)

Mănăstirea cu hramul Sf. Ierarh Calinic se află relativ aproape de Mănăstirea Râncăciov. Este situată pe un gorgan, ceea ce oferă o privelişte de neuitat asupra văii şi satelor din împrejurimi. Biserica de lemn a aparţinut satului Drăghiceşti, fiind construită în 1744 şi abandonată după înălţarea noii biserici de zid a satului, în 1936. În 1986-1987, prin purtarea de grijă a ÎPS Calinic, vechiul locaş devine metoc al Episcopiei Argeşului. Din anul 1996, metocul se va transforma în mănăstire de călugări, părintele Iorest Suma fiind cel dintâi stareţ la Gorganu. În ultimii ani s-au construit un corp de chilii etajat, un paraclis cu hramul Sf. Ierarhi Iorest şi Sava şi câteva anexe gospodăreşti. Biserica veche a fost repictată; o parte dintre icoanele sale se păstrează în sala de la intrarea în noul paraclis, aflat la etajul corpului de chilii.

Moaşte: părticele din moaştele Sf. Teodosie cel Mare

Împrejurimi:
- Complexul muzeal Goleşti (8 km NV)

Mănăstirea Ioaniceşti

obşte în formare

Hram: Sfântul Ioan Botezătorul
Adresă: sat Tomuleşti, com. Poienari, 117579, jud. Argeş
Acces: din Curtea de Argeş, 27 de km (DN73C, DJ 678A, DC 202); din Piteşti, 52 de km spre NV
Stareţ: ierom. Atanasie Gogoneaţă
Contact: +40745181354

Este o mănăstire aflată la început de drum, situată în satul Tomuleşti, aparţinător de comuna Poienari. A fost înfiinţată în anul 1998, pe terenul donat de preotul Ion Ioanicescu. Lucrările efective de construcţie a unui paraclis şi chiliilor au început în 2013, odată cu sosirea în mănăstire a ieromonahului Athanasie Gogoneaţă. Construcţia paraclisului s-a încheiat în 2015. La intrarea în noul locaş se află o troiţă de stejar, înălţată în anul 1911 de către Ion Ionescu.

Mănăstirea Nămăiești

20 viețuitoare, viață de obște

Hram: Intrarea Maicii Domnului în Biserică, Izvorul Tămăduirii
Adresă: sat Nămăiești, com. Valea Mare-Pravăț, 117811, jud. Argeș
Acces: București-Târgoviște-Câmpulung-Muscel (DN71, DN72A, DC19), 143 km. Mănăstirea Nămăiești se află la intrarea în Câmpulung-Muscel dinspre Târgoviște (68 km) și Brașov (80 km)
Stareță: monahia Lucia Nedelea; **Contact:** +40248557101
Cazare: 20 locuri

Icoane făcătoare de minuni: icoana Maicii Domnului – atribuită Sf. Apostol Luca

Împrejurimi:
- Casa memorială George Topârceanu, Valea Mare
- Mausoleul Mateiaș

Date exacte despre întemeierea Nămăieștiului nu se cunosc până în prezent. Tradiția păstrează însă numele întemeietorului mănăstirii – **domnitorul Negru Vodă**, începuturile acesteia fiind învăluite în legendă. Se spune că trei păstori, ajungând la Nămăiești, au rămas peste noapte cu oile deasupra unei stânci. Toți trei au avut același vis: au auzit bătăi de clopot și un glas de înger care le-a spus că în sânul acelei stânci, de veacuri, stă ascunsă o icoană zugrăvită după adevăratul chip al Maicii Domnului. Visul s-a repetat de trei ori, în cea de-a treia noapte Maica Domnului însăși le-a arătat locul de intrare în peșteră. **Icoana este atribuită Sf. Apostol și Evanghelist Luca**. Peștera va deveni locaș de închinare ce va avea două hramuri: Intrarea Maicii Domnului în Biserică și Izvorul Tămăduirii. Documentar, mănăstirea este atestată din 1547, într-un hrisov al lui Mircea Ciobanu. În 1916 clădirile și bisericuța din stâncă au fost grav afectate de un incendiu, provocat de bombardamentele armatei germane, fiind refăcute între 1917 și 1921. În 2001 au loc ample lucrări de restaurare. Tot atunci a fost restaurată și icoana făcătoare de minuni a Maicii Domnului.

Mănăstirea Râncăciov

5 viețuitori, viață de obște

Hram: Intrarea în Biserică a Maicii Domnului (biserica mare), Buna Vestire și Sfântul Ilie (biserica de lemn)
Adresă: sat Cârstieni, com. Călinești, 117196, jud. Argeș
Acces: din com. Călinești, loc. situată pe DN7 București-Pitești (14 km S-E) și DJ704B, 7 km până în Cârstieni
Stareț: ierom. Ioanichie Vacarciuc; **Contact:** +40248544623

Icoane făcătoare de minuni: icoana Maicii Domnului

Împrejurimi:
- Muzeul viticulturii și pomiculturii, Golești

Mănăstirea, situată în satul Cârstieni al com. Călinești, este atestată documentar, pentru prima oară, într-un hrisov emis de cancelaria voievodului Radu cel Mare, din 19 iulie 1498. Pisania de la intrarea în biserică menționează faptul că mănăstirea a fost rezidită de căpitanul Arsenie Șoimul între 10 iunie 1647 și 17 septembrie 1648. Atras de buna rânduială din mănăstire, Mitropolitul Varlaam al Țării Românești (1679-1698) își va petrece ultimii ani din viață la Râncăciov. La începutul sec. al XIX-lea mănăstirea se afla într-o stare avansată de degradare, fiind rezidită în 1848 sub stăreția lui David ieromonahul. Va fi însă grav afectată din nou în urma cutremurelor din 1940 și 1977. A fost reînființată în 1996. S-au construit: un corp de chilii și o bisericuță din lemn cu hramurile Buna Vestire și Sf. Ilie. În prezent se lucrează la reconsolidarea bisericii vechi.

Mănăstirea Negru Vodă, Câmpulung-Muscel

7 viețuitori, viață de obște

Hram: Adormirea Maicii Domnului
Adresă: str. Negru Vodă, nr. 64, Câmpulung-Muscel, 115100, jud. Argeș
Acces: la marginea orașului Câmpulung-Muscel (la ieșirea spre Pitești)
Stareț: protos. Ieronim Gheorghiță
Contact: +40248510750; www.manastireanegruvoda.ro

După tradiție, mănăstirea a fost ctitorită în 1215 de Radu Negru Voievod. Va fi rezidită de Basarab I împreună cu fiul său, Nicolae Alexandru, și reînnoită – pe vechea temelie și din piatra primei ctitorii – de Matei Basarab, în 1635-1636, când redevine mănăstire și va dura până în 1827. În acel an, Episcopul Filaret Beldiman, cu sprijinul domnitorului Țării Românești, Grigorie Ghica, o va reface pentru a treia oară (arhitect Franz Walet), biserica mănăstirii fiind târnosită în 1832. Turnul-clopotniță este cel mai înalt din Țara Românească (35 m înălțime). Ansamblul mănăstiresc cuprinde, pe lângă chilii și biserică, o bolniță, casa domnească a lui Matei Basarab și un paraclis voievodal. La Negru Vodă, în tipografia dăruită de mitropolitul Petru Movilă, în 1642, se va tipări prima carte în limba română cu conținut moral-filosofic *Învățături peste toate zilele, pe scurt*. Stăreția a fost modificată în stil brâncovenesc în ultima jumătate a sec. al XVIII-lea. Biserica mănăstirii păstrează cel mai important document epigrafic din țară, cea mai veche piatră de mormânt voievodală, aparținând domnitorului Nicolae Alexandru Basarab (1364). Iconostasul este o adevărată capodoperă, fiind bogat ornamentat cu motive vegetale. Biserica a fost repictată în frescă (1955-1957), în vremea stareţului Meletie Petcu, de către o echipă condusă de arhim. Sofian Boghiu. Desființată de comuniști în 1959, mănăstirea va fi reînființată în 1989, prin grija ÎPS Calinic al Argeșului și Muscelului.

Moaștele Sf. Cuvios Ioanichie cel Nou de la Muscel (aduse în mănăstire în 2012)

Moaște: părticele din moaștele Sf. Pantelimon, Sf. Varvara, Sf. Mercurie, Sf. Ioan Botezătorul

Icoane făcătoare de minuni: icoana Maicii Domnului Galactotrofusa; icoana Maicii Domnului din raclă, sec. al XVII-lea.

Lespedea de pe mormântul întemeietorului Țării Românești, Basarab I, de la Mănăstirea Negru Vodă, Câmpulung-Muscel, se află astăzi la Curtea de Argeș.

Mănăstirea Sfânta Treime, Ionești

obște în formare

Hram: Sfânta Treime
Adresă: com. Ionești, 117174, jud. Argeș
Acces: din Costești, 7 km spre S pe DN65A Costești-Roșiorii de Vede, apoi ramificație dreapta până la mănăstire, situată la 300 m SV de Ionești. Din Pitești, 33 km
Stareț: ierom. Ioachim Zlotar
Contact: +40744152471

A fost înălțată din inițiativa preotului paroh din Ionești, Corneliu Popescu, terenul fiind donat de către o credincioasă din sat. Biserica se află în stadiul final al execuției lucrărilor. S-a înălțat, de asemenea, și un corp de chilii. Se presupune că în urmă cu aproape două veacuri pe aceste locuri s-a aflat o vestită mănăstire (Butoiul), dispărută după 1863, odată cu secularizarea averilor mănăstirești. În ultimii ani, odată cu instalarea stareţului Ioachim Zlotar, slujbele se desfășoară după tipicul monahal consacrat.

Mănăstirea se află în imediata apropiere a celebrei Troițe înălțate în anii '90 ai secolului trecut de către ciobanul Ion Marin (generator a ceea ce presa va numi „fenomenul Ionești").

Mănăstirea Robaia

34 viețuitoare, viață de obște

Hram: Sfântul Mare Mucenic Gheorghe, Izvorul Tămăduirii
Adresă: com. Mușătești, 117520, jud. Argeș
Acces: din Prosia, loc. situată pe DN73C Curtea de Argeș (17 km)-Câmpulung-Muscel (27 km), DC267, spre NV, trecând prin satul Robaia, 5,5 km până la mănăstire
Stareță: stavrofora Siluana Teculescu; **Contact:** +40744294243

Moaște: părticele din moaștele Sf. Serafim de Sarov, Sf. Siluan, Sf. Nicolae

Icoane făcătoare de minuni: icoana Maicii Domnului

Împrejurimi:

- Biserica Schitului Brătășești (1735), din Albești, este considerată un monument de artă unic în România, atât pentru pictura sa în frescă (neretușată), cât și din punct de vedere arhitectural.

Tradiția locală datează Robaia încă din perioada anterioară creării statului feudal Țara Românească. Locuitorii zonei au înălțat în inima pădurii un schit cu un nume ce amintește de ducerea în robie a mai multor săteni de către tătari. Prima atestare documentară a Mănăstirii Robaia apare într-un hrisov din anul 1593 al lui Alexandru cel Rău (1592-1593). Pe locul bisericuței de lemn, ctitorită de banul Armega, în anii 1644-1648, la Mănăstirea Robaia, Sava Sufarul și soția lui Livera înalță „din temelie de piatră" o nouă biserică, cu hramul Sf. Gheorghe. În vremea luptei împotriva uniației din Ardeal, **Sf. Sofronie de la Cioara** va ajunge (1764-1766) egumen al acestei mănăstiri. La Robaia va trece la cele veșnice vestitul **pictor și zugrav Pârvu Mutu** (1735), **călugărit sub numele de schimnicul Pafnutie**. Dintre marii copiști de manuscrise de la Robaia din secolul al XVIII-lea, amintim pe Partenie ieromonahul (*Mântuirea păcătoșilor*, 1764) și Dorotheu ieroschimonah (*Scara*, 1787). În apropierea mănăstirii se află un izvor tămăduitor numit de localnici **Izvorul de leac.** În mănăstire există ateliere de broderie, de croitorie pentru veșminte preoțești și de pictură. Robaia are în apropiere și un „loc de liniștire", micul Schit Brătășești. În ultimii ani, la Robaia, s-a înălțat o nouă stăreție, un corp de chilii, iar pictura bisericii a fost restaurată.

Mănăstirea Sfântul Proroc Ilie, Paltinul

3 viețuitori, viață de obște

Hram: Sfântul Proroc Ilie Tezviteanul, Acoperământul Maicii Domnului
Adresă: com. Arefu, 117040, jud. Argeș
Acces: este situată pe Transfăgărășan, la 70,5 km N de Curtea de Argeș, 47,5 km de Căpățâneni,15,5 km de Bâlea Lac; în stânga DN7C, aprox. 100 m.
Stareț: ierom. Nicodim Cecală; **Contact:** +40753883286
Cazare: în curs de amenajare; în imediata apropiere exisă o pensiune

Împrejurimi:

- Mănăstirea Antonești

Obștea acestui așezământ monahal provine de la Mănăstirea Slănic, Argeș.

Mănăstirea, situată pe Transfăgărășan, este ctitorie a ÎPS Calinic al Argeșului și Muscelului. A fost înființată în 1995 pe un teren donat de familia Vintilă și Filoteia Chiriac, din Albești, Argeș. S-au încheiat lucrările la: biserica mănăstirii, un corp de chilii, arhondaric, trapeză și bibliotecă. Pictura a fost realizată în tehnica *fresco* de către pictori stagiari ai Arhiepiscopiei Argeșului. Mănăstirea se află la altitudinea de 1200 m. Noua biserică a fost zidită pentru pomenirea celor care și-au pierdut viața în timpul construcției Transfăgărășanului.

Schitul Schimbarea la Faţă, Cota 2000 obşte în formare

Hram: Schimbarea la Faţă
Adresă: com. Arefu, 117040, jud. Argeş; **Acces:** este situat pe Transfăgărăşan, la 84 km N de Curtea de Argeş, Cota 2000, la limita jud. Argeş
Administrator: ierom. Cezar Ion Bănărescu

Schitul a fost înfiinţat la data de 1 decembrie 1998. Se construieşte pe ruinele unei clădiri mistuite de un incendiu, care a aparţinut Societăţii de Construcţii Hidrotehnice. Schitul este în subordinea Mănăstirii Sf. Proroc Ilie, Paltinul.

Mănăstirea Slănic

23 vieţuitori, viaţă de obşte

Hram: Naşterea Maicii Domnului, Schimbarea la Faţă, Sfântul Calinic de la Cernica
Adresă: sat Slănic, com. Aninoasa, 117037, jud. Argeş
Acces: după 3 km E din Domneşti, venind dinspre Curtea de Argeş, situată pe DN73C Curtea de Argeş (22 km)- Câmpulung-Muscel (22 km), DL spre N, 4,5 km până la Mănăstirea Slănic. Din satul Slănic, venind dinspre Câmpulung-Muscel, 2 km până la intersecţia spre mănăstire
Stareţ: protos. Clement Păunescu; **Contact:** +40744365741, +40744754167
Cazare: 60 locuri

Începuturile monahale la Slănic se pierd în negura vremurilor. Prima atestare documentară a Schitului Slănic este datată 16 mai 1679, printr-un act în care popa Nica, fiul lui Macarie călugărul din Slănic, donează Mănăstirii Aninoasa biserica din Slănicul de Jos. În anul 1805 Schitul Slănic se desfiinţează, biserica de lemn fiind mutată, în 1830, într-un sat din Vlaşca. Monahul Irinarh Pulpea, originar din Slănic, se retrage, în 1916, în apropierea troiţei rămase din vechiul schit, unde începe construirea unei biserici în cinstea Maicii Domnului. În 1944 Vitimion Niţoiu este numit stareţ al schitului şi introduce rânduieli de slujbă zilnică în aşezământ. Din 1978 conducerea schitului este lăsată în seama ucenicului său, părintele Teofil Bădoi. În 1991 se ridică o nouă biserică pe locul celei vechi din perioada interbelică. Din 1992 Schitul Slănic devine mănăstire. Pe „Taborul" argeşean, denumire inspirată a ÎPS Calinic al Argeşului, se ridică astăzi „trei colibe": o biserică cu hramul Schimbarea la Faţă, în cinstea Mântuitorului, o alta cu hramul Naşterea Maicii Domnului şi o a treia cu hramul Sf. Ierarh Calinic de la Cernica.

Moaşte: părticele din moaştele Sf. Ioan Gură de Aur, Sf. Ioan Botezătorul, Sf. Haralambie, Sf. Teodor Tiron, Sf. Teodor Stratilat
Icoane făcătoare de minuni: icoana Maicii Domnului

Ajunşi la Slănic, nu uitaţi să vizitaţi muzeul şi biblioteca mănăstirii.

Împrejurimi:
• Mănăstirea Aninoasa

Mănăstirea Trivale

6 viețuitori, viață de obște

Hram: Sfânta Treime
Adresă: str. Trivale, nr. 71, Pitești, 110058, jud. Argeș
Acces: în Parcul Trivale din Pitești
Stareț: ierom. Daniil Niță; **Contact:** +40248272343

Împrejurimi:

- Biserica de lemn din Jupânești, monument istoric (sec. XVII-lea), 21 km N de Pitești
- Biserica Adormirea Maicii Domnului din Bălilești-Băjești și singura curte feudală fortificată din Țara Românească, ctitorii ale boierului Mareș Băjescu (sec. XVII), 20 km NV de Pitești

Moaște: părticele din moaștele Sf. Gherasim de la Iordan, Sf. Gheorghe Hozevitul, Sf. Teodosie de la Brazi, Sf. Pantelimon, Sf. Vasile cel Mare

Icoane făcătoare de minuni: icoana Maicii Domnului

Trifan și Stanca Stăncescu sunt primii ctitori ai mănăstirii ridicate la confluența a trei văi – Trivale –, în cea de-a doua jumătate a veacului al XV-lea. Prima biserică a fost din lemn. Va fi reclădită din piatră de evlaviosul domnitor Matei Basarab (1632-1654). Între 1670 și 1673 aceasta ajunge în ruină, fiind refăcută din piatră și cărămidă – adusă de la Schitul Beștelei, de lângă Pitești – de Mitropolitul Varlaam (1672-1674) . Pictată la 1731, de Ioasaf Grecu. Afectată grav de trei cutremure, în secolul al XIX-lea și al XX-lea, mănăstirea va găsi resurse să renască de fiecare dată. După ultimul cutremur (1940) va fi refăcută (corpul de chilii, în întregime, după un nou plan – între 1942 și 1944) de către Episcopia Argeșului. A fost reînființată în 1991. Monument istoric.

Mănăstirea Văleni

21 viețuitoare, viață de obște

Hram: Sfânta Treime (biserica mare), Învierea lui Lazăr (bisericuța bolniței)
Adresă: com. Sălătrucu, 117636, jud. Argeș
Acces: din Curtea de Argeș pe DJ703H, 20 km NV, trecând prin Valea Danului, până în satul Văleni. Din Văleni, 2 km spre E până la mănăstire
Stareță: stavrofora Eleodora Papuc
Contact: +40248545127

Moaște: părticele din moaștele Sf. Nicolae

Icoane făcătoare de minuni: icoana Maicii Domnului

La jumătatea secolului al XVII-lea, schimonahul Zosima înalță la Văleni o bisericuță de lemn, întemeind o obște monahală. În timpul războiului ruso-austro-turc (1788-1793), mănăstirea este pustiită. Pentru a reînvia așezământul, Episcopul Iosif I mută aici, în anul 1810, câțiva călugări de la Mănăstirea Robaia. Tot în 1810, Dorotei, arhimandritul Mănăstirii Curtea de Argeș – al cărei metoc era Schitul Văleni –, adaugă bisericii o tindă. În scurtă vreme însă locul monahilor va fi luat de călugărițe. În anul 1829, biserica refăcută de starețа Platonida va fi pictată de zugravul Ștefan. Episcopul Ghenadie Petrescu va zidi, în anii 1883-1885, o nouă biserică, clopotniță și chilii pentru maici. Biserica va fi însă distrusă de cutremurul din 1940. Prin strădania Episcopului Iosif Gafton, între 1941 și 1945 se construiește în mănăstire o biserică mare cu hramul Sf. Treime. În anul 2015, au fost terminate lucrările de restaurare începute în 2013 și a fost resfințită biserica Sf. Lazăr, redându-i-se strălucirea de odinioară.

Mănăstirea Valea Mânăstirii

2 viețuitori, viață de obște

Hram: Sfânta Treime
Adresă: sat Valea Mânăstirii, com. Țițești, 117753, jud. Argeș
Acces: din DN73/E574 Pitești-Câmpulung, la km 19, în Cișmea, ramificație dreapta DJ732A și DC84, 7,5 km
Stareț: ierom. Mina Vieriu
Contact: +40248299050

Biserica mănăstirii a fost zidită de domnitorul Radu Paisie (1535-1545), pe locul unei biserici mai vechi – mărturie în acest sens fiind piatra de mormânt a jupâniței Vișa, pe care este inscripționat anul 1525.

Cele trei straturi ale picturii bisericii sunt vizibile în naos și altar. Primul strat este din 1548, din vremea lui Mircea Ciobanul, al doilea din 1746, iar ultimul din 1846. În 1846, în timpul Mitropolitului Țării Românești Neofit, se reface turla bisericii, are loc restaurarea picturii și este reparată catapeteasma – o adevărată bijuterie, sculptată în lemn, în sec. al XVIII-lea, în vremea lui Constantin Mavrocordat. Ultima reparație a bisericii s-a făcut în anul 1967.

Împrejurimi:
- Biserica Adormirea Maicii Domnului, Băjești, monument istoric (sec. XVII)

Mănăstirea Vedea

2 viețuitoare, viață de obște

Hram: Sfânta Treime, Sfinții Doctori fără de arginți Cosma și Damian
Adresă: com. Vedea, 117815, jud. Argeș; **Acces:** din Pitești, pe DN67B, 29 km V până în comuna Vedea
Stareță: monahia Maria Vlad

Mănăstirea a fost înființată cu binecuvântarea și sprijinul ÎPS Calinic, în anul 2007, în jurul unei biserici înălțate la cumpăna dintre milenii, în imediata apropiere a unui spital de psihiatrie. Monahiile mănăstirii au o pregătire medicală specială. În prezent, se lucrează la înălțarea unui paraclis. În ultimii ani, în mănăstire, a fost înălțat un mic paraclis.

- În cadrul Mănăstirii Vedea funcționează un frumos muzeu etnografic și de artă religioasă.

Mănăstirea Vieroși

fără obște

Hram: Intrarea Maicii Domnului în Biserică
Adresă: Mioveni, cartier Făgetu, 115403, jud. Argeș
Acces: din DN7, la ieșirea din Pitești, 9 km pe DC79, DC80 spre NE, prin Valea Mare-Podgoria
Administrator: pr. Marius Nedelea

Mănăstirea a fost ctitorită în anii 1571-1573 de către vornicul Ivașcu Golescu. Un alt ctitor de seamă al ei este marele vistier Stroe Leurdeanu, care o va reface, parțial, în 1645. După mai mulți cercetători, **aici s-a retras Sf. Cuv. Sofronie de la Cioara**, luptător împotriva uniatismului din Ardeal, în veacul al XVIII-lea. Biserica mănăstirii a fost restaurată în anii 1955-1956. Zidurile cetății mănăstirii sunt ruinate aproape în întregime, iar biserica necesită ample lucrări de consolidare. La Mănăstirea Vieroși se află mai multe lespezi tombale, printre care cea a lui Albu Golescu și a soției sale Irina. După o lungă perioadă de dispariție a viețuirii monahale, mănăstirea a fost reînființată în 1998. În prezent nu are însă nici un viețuitor.

Împrejurimi:
- Casa memorială Liviu Rebreanu, Valea Mare-Podgoria

Schitul Brădetu

7 viețuitori, viață de obște

Hram: Sfântul Ioan Botezătorul, Sfântul Nectarie Taumaturgul
Adresă: sat Brădetu, com. Brăduleț, 117147, jud. Argeș
Acces: din Prosia, loc. situată pe DN73C Curtea de Argeș (17 km)-Câmpulung-Muscel (27 km), DJ703I, 11,5 km spre N până la Brădet. De la intrarea în sat ramificație la stânga, 1 km până la schit
Egumen: ierom. Filotei Dabu; **Contact:** +40248267520

Moaște: părticele din moaștele Sf. Nectarie

Se recomandă confirmarea telefonică a vizitei la Schitul Brădetu. Nu există spații de cazare. Nu sunt indicatoare către schit.

Noul Schit Brădetu, din satul cu același nume, se află pe culmea Dealului Seci, la altitudinea de 800 m, loc din care se deschide o frumoasă priveliște asupra vechii moșii a Schitului Înălțarea Domnului – ctitorie a voievodului Mircea cel Bătrân și a întregii dinastii a Basarabilor. Din vechiul ansamblu monahal mai există în zilele noastre doar biserica mare, datată din 1395 – astăzi biserică parohială, în jurul căreia se află un cimitir. Obștea noului schit s-a constituit din dorința reînnodării firului viețuirii monahale pe aceste locuri, unde, vreme de cinci secole – până la reforma lui Cuza –, s-au înălțat mulțime de rugi și făgăduințe. În bisericuța de lemn, în stil muntenesc, sunt așezate sub un baldachin părticele din moaștele Sf. Nectarie de Eghina și o icoană a Maicii Domnului, dăruite schitului de către Mănăstirea Sf. Treime din Eghina, în anul 2005.

Schitul Florica

3 viețuitoare, viață de obște

Hram: Sfântul Ioan Botezătorul
Adresă: Aleea Stațiunii, nr. 37, Ștefănești, 117715 , jud Argeș
Acces: Schitul se află la aprox 8,5 km E de centrul municipiului Pitești, în localitatea Ștefănești (DN7). Din București, 100 de km.
Egumen: monahia Dionisia Trache; **Contact:** +40745271259

De văzut:
- Centrul Cultural Brătianu

Schitul își trage numele de la vechea denumire a așezării – Florica –, aceasta amintind de fiica marelui om politic Ion C. Brătianu (1821-1891), care a trecut la cele veșnice la vârsta de 2 ani, în anul 1865. Biserica așezământului Brătianu, proiectată de cunoscutul arhitect Petre Antonescu (1873-1965), a fost înălțată între 1905 și 1912, fiind sfințită în 1921 de Mitropolitul Primat Miron Cristea (1868-1939). În anul 2008, ÎPS Calinic al Argeșului și Muscelului a înființat aici – la inițiativa Eleonorei Brătianu, văduva nepotului marelui fruntaș liberal Ionel Brătianu, Dan Brătianu – un schit de maici cu hramul Sfântului Ioan Botezătorul. Măicuțele schitului se ocupă cu pictura, traducerile din limba slavă-macedoneană și ornamentarea vaselor de lut.

Schitul Sfântul Pantelimon, Arefu

4 viețuitoare, viață de obște

Hram: Sfântul Mare Mucenic Pantelimon
Adresă: com. Arefu, 117040, jud. Argeș
Acces: din Curtea de Argeș, pe Transfăgărășan, până la Cota 1000. Schitul se află în apropierea Barajului Vidraru. la aprox. 40 de km de Curtea de Argeș.

Schitul Sf Pantelimon, situat pe Transfăgărășan, în apropierea barajului Vidraru, a fost înființat cu binecuvântarea ÎPS Calinic, Arhiepiscopul Argeșului și Muscelului, în anul 2012. Cuprinde un corp de chilii și un paraclis improvizat (din lemn).

Mitropolia Munteniei și Dobrogei

Arhiepiscopia Buzăului și Vrancei

Arhiepiscop: Înalt Preasfințitul CIPRIAN SPIRIDON

(cuprinde județele Buzău și Vrancea)

Aleea Episcopiei, nr. 3, Buzău, 120043, jud. Buzău
Tel/Fax: +40238413608

Mănăstirea Barbu

5 viețuitoare, viață de obște

Hram: Sfinții Mihail și Gavriil, Izvorul Tămăduirii (paraclisul)
Adresă: sat Leiculești, com. Tisău, 127617, jud. Buzău
Acces: din Izvoru, loc. situată la 26 km V de Buzău pe DN10 Buzău-Brașov, 1 km S
Stareță: monahia Macrina Munteanu
Contact: +40761168855

Moaște: părticele din Sf. 40 de Mucenici, Sf. Eftimie cel Mare

Icoane făcătoare de minuni: icoana Maicii Domnului, cu care, în trecut, se făceau procesiuni pentru ploaie

Împrejurimi:
- În Haleș, vechea Mănăstire Bradu (sec. XVII)
- Mănăstirea Ciolanu

Mănăstirea Barbu a fost înființată – ca schit de călugări – în 1664, de către marele căpitan Barbu Bădeanu, care își avea moșia în localitatea Bădeni, din apropiere. Vreme de două secole, până în 1864, schitul a fost închinat Mănăstirii Văcărești din București. După Legea secularizării averilor mănăstirești (1863), Schitul Barbu devine biserică de mir, deservind satul Leiculești. Peste 7 ani, Episcopul Dionisie Romano al Buzăului reînființează vechiul așezământ. În anul 1890, după surparea Schitului Bozioru – din pricina eroziunii solului –, călugărițele de aici se vor adăuga obștii de la Barbu. Biserica mare datează din anul 1669. Ultima pictură, realizată în anii 1895-1896, va fi restaurată în 1931. În 1959 mănăstirea este desființată, devenind biserică de mir. Este reînființată în 1990, prima stareță, Eftimia Munteanu, provenind din obștea Mănăstirii Rătești. În 1996 este sfințit paraclisul cu hramul Izvorul Tămăduirii. În ultimii ani s-a consolidat biserica veche.

Mănăstirea Cârnu

4 viețuitoare, viață de obște

Hram: Sfinții Arhangheli Mihail și Gavriil (biserica mare), Sfântul Epifanie (paraclisul mare), Sfinții Apostoli Petru și Pavel (paraclisul mic)
Adresă: sat Măguricea, com. Pănătău, 127423, jud. Buzău
Acces: DN10 Buzău-Brașov, în Pătârlagele dreapta spre Pănătău, Zaharești, Tega (13 km din Pătârlagele)
Stareță: monahia Iustina Ghionea
Contact: +40238546442, +40764479482

Moaște: părticele din moaștele Sf. Mina, Sf. Artemie

La Mănăstirea Cârnu s-a nevoit o perioadă de timp, atras de faima marelui duhovnic Onufrie, Sfântul Paisie Velicikovski.

Împrejurimi:
- Muzeul Chihlimbarului, Colți (15 km N)

Ctitorit ca schit la jumătatea veacului al XVI-lea de Doamna Chiajna împreună cu fiul ei, Petru cel Tânăr (1559-1568), pe locul unei vechi sihăstrii de pe valea pârâului Tega, cu hramul Sf. Arhangheli Mihail și Gavriil. Doamna Chiajna va vinde schitul, la puțină vreme după ctitorire, lui Lupu Logofăt. După moartea proprietarului, schitul rămâne ca moștenire lui Gheorghe Logofăt din Măgurenii de Ialomița. Rămasă văduvă, soția acestuia, Neacșa, se va căsători cu Gheorma, vel-ban al Craiovei, care va fi ucis în revolta seimenilor din București, din anul 1655. Un hrisov din 3 aprilie 1649, al vel-banului Gheorma, atestă închinarea Schitului Cârnu „al doamnei Mircioaei" (Chiajna), rectitorit pe cheltuiala sa, Mănăstirii Căldărușani. Va rămâne sub oblăduirea Căldărușanilor până în 1686 – în vremea domniei lui Șerban Cantacuzino, când va fi închinat Mănăstirii Bradu de Paraschiv Boleșteanu și soția sa Dumitra. În vremea lui Constantin Brâncoveanu, egumenul Nicodim de la Căldărușani se judecă la divan pentru schitul pierdut. Arhitectural, biserica amintește de stilul sârbesc de secol XVI. După secularizare, schitul rămâne în paragină. În 1865 Cezar Bolliac ridică de aici multe manuscrise de valoare. După 1989 așezământul este reactivat ca mănăstire. S-au construit un arhondaric, un paraclis și câteva anexe gospodărești.

Mănăstirea Ciolanu

11 viețuitori, viață de obște

Hram: Sfinții Apostoli Petru și Pavel (biserica mare), Sfântul Gheorghe (biserica mică)
Adresă: com. Tisău, 127610, jud. Buzău
Acces: din Haleș, localitate situată la 29 km V de Buzău pe DN10 Buzău-Brașov, DJ100H-DJ203G, 7 km N până la mănăstire
Stareț: protos. Veniamin Anghel
Contact: +40768058485, +40728483414; **Cazare:** 20 locuri

Moaște: părticele din moaștele Sf. Gheorghe, Mercurie, Pantelimon, Haralambie, Trifon, Eftimie, Ignatie, Acachie, Neofit, Paraschevi de la Roma, Teodosie de la Brazi
Icoane făcătoare de minuni: icoana Maicii Domnului Junghiata de turci

Mănăstirea este una dintre vetrele monahale reprezentative ale Ortodoxiei românești. A luat ființă spre sfârșitul veacului al XVI-lea, pe locul unei sihăstrii mai vechi. Mănăstirea își trage cel mai probabil numele de la Dealul Ciolanu, pe care este așezată. Biserica veche, cu hramul Sf. Mare Mucenic Gheorghe, datează din 1590, fiind ctitoria doamnei Neaga, soția voievodului Mihnea Turcitul. În 1767, **Cuviosul Vasile de la Poiana Mărului avea sub ocrotirea sa această mănăstire** (pe atunci schit). Biserica Sf. Apostoli Petru și Pavel este ctitoria Episcopului Chesarie al Buzăului, din 1828, fiind pictată de renumitul zugrav Nicolae Teodorescu Pitaru. În 1934 biserica va fi repictată în ulei de către Nicolae Șolescu. Trei icoane de pe catapeteasmă – a Mântuitorului, a Maicii Domnului și a Sf. Ioan Botezătorul – sunt opera lui Gheorghe Tattarescu, nepot al lui Nicolae Teodorescu Pitaru. În 1888, la Ciolanu a fost descoperit un exemplar din *Tetraevangheliarul* tipărit de Coresi la Târgoviște în 1560. Între 1970 și 1985 s-au construit două corpuri de chilii. În cadrul mănăstirii a funcționat în anii 1997-2003 Seminarul Teologic Monahal Sf. Grigorie Palama, înființat din inițiativa ÎPS Epifanie al Buzăului.

De văzut:
- Muzeul: icoane, carte veche, obiecte de cult
- Biblioteca: carte veche românească, 56 de manuscrise filocalice, 21 de manuscrise de muzică psaltică

Împrejurimi:
- Schitul Sf. Nifon
- Casa Memorială Vasile Voiculescu, Pârscov

În imediata apropiere a mănăstirii a functionat, spre sfârșitul sec. XX, Tabăra de sculptură de la Măgura

Mănăstirea Găvanu

4 viețuitoare, viață de obște

Hram: Adormirea Maicii Domnului (biserica mare), Cuvioasa Parascheva (paraclisul)
Adresă: sat Jgheab, com. Mânzălești, 127342, jud. Buzău
Acces: 1. DJ203K Buzău-Vintilă Vodă-Mânzălești, dreapta spre Jghiab-Cireșu, apoi potecă (55 km din Buzău); 2. DJ203K Buzău-Vintilă Vodă (48 km); dreapta pe DJ204C Sărulești-campus Bisoca (18 km). Apoi 4 km pe drum forestier spre Martinu până la ramificația spre Găvanu. De aici 2,5 km până la troiță, drumeag la stânga spre mănăstire, 1 km
Stareță: monahia Haralambia Ghiță; **Contact:** +40760990481

Mănăstirea Găvanu a fost o binecuvântată oază de liniște și creație pentru scriitorii Alexandru Vlahuță și Alexandru Odobescu.

Mănăstirea a fost întemeiată în 1707, prin osteneala moșnenilor de pe Valea Slănicului și a Râmnicului. Se cunoaște numele donatorului poienii în care se înalță prima biserică a așezării monahale – Moise Ignat Beșliu. Din pricina revărsării pâraielor, schitul suferea adesea stricăciuni, motiv pentru care va fi refăcut în Poiana din Vale. În anul 1821 biserica schitului este profanată și arsă de turci. În 1828 se va înălța o nouă biserică, în plan treflat, din bârne de brad, care va fi pictată de Nicolae Zograf și Ioan Andronicescu. Catapeteasma locașului, sculptată, va fi poleită cu aur. Prin Decretul 410/1959 așezământul este desființat, fiind reînființat după 1990. În anul 1994 se ridică un paraclis cu hramul Cuvioasa Parascheva.

Mănăstirea Poiana Mărului

7 viețuitoare, viață de obște

Hram: Duminica Tuturor Sfinților (biserica mare), Nașterea Maicii Domnului (cea de-a doua biserică), Sfântul Ilie (paraclisul)
Adresă: sat Dealul Sării, com. Bisoca, 627187, jud. Buzău
Acces: 1. din Râmnicu Sărat, localitate situată pe DN2/E85, DJ203H spre NV până la Buda; apoi, DJ220, DJ204L, DJ204C până la Jitia (40 km); de aici încă 3 km până la Mănăstirea Poiana Mărului, pe drum forestier, trecând prin vadul râului Râmnic. 2. din Buzău: DJ203K Săpoca-Vintilă Vodă; apoi DC245, DJ204C Bisoca (60 km). Din Bisoca până la mănăstire, încă 6,5 km.
Stareță: monahia Gorgonia Oanea; **Contact:** +40765315388

Mare îndrumător de suflete din veacul al XVIII-lea, cel ce a unit în duh isihast mulțime de mănăstiri și schituri, părinte duhovnicesc al Sfântului Paisie Velicikovski, Cuviosul Vasile de la Poiana Mărului a fost canonizat de BOR în anul 2003, având ca zi de prăznuire 25 aprilie.

Prima atestare documentară a vechii sihăstrii de la Poiana Mărului este 1730, însă într-un vechi manuscris al schitului aflăm trecut anul 1702. Temelia vetrei monahale a fost așezată de câțiva sihaștri aflați sub oblăduirea ieroschimonahului Vasile de la Poiana Mărului. Testamentul cuviosului aduce următoarea mărturie în acest sens: „Zidind eu acest schit de la Poiana Mărului și trăind câtava vreme cu frații mei... în țară străină..." Cuviosul Vasile a avut sub directa sa îndrumare duhovnicească 11 sihăstrii din Munții Buzăului în vremea șederii sale în mănăstire. Opera sa *Cuvânt înainte la cartea fericitului Nil Sorski, Cuvânt de pre urmă la cartea Sfântului Nil Sorski, Închipuire cum se cade nouă celor ce suntem în pătimiri și călcăm poruncile să ne îndreptăm prin pocăință și să ne învățăm lucrării cei cu mintea viețuind întru supunere* – a fost tradusă din slavonă în limba română, fiind copiată în zeci de manuscrise. Cea mai veche biserică de la Poiana Mărului datează de la 1774, fiind înălțată pe locul primei bisericuțe de la 1730, care a ars. Biserica mare, din lemn, a fost ctitorită în anul 1812. Mănăstirea a fost desființată în anul 1960, fiind reactivată imediat după 1989. Biserica nouă a mănăstirii s-a sfințit în 1994, prin strădania stareței Macarie Beșleagă.

Mănăstirea Sfânta Treime, Podul Bulgarului

19 viețuitoare, viață de obște

Hram: Sfânta Treime (biserica de lemn), Sfinții Arhangheli Mihail și Gavriil (paraclisul)
Adresă: sat Coțatcu, com. Podgoria, 127481, jud. Buzău
Acces: 300 m V de DN2/E85, la 7 km NE de Râmnicul-Sărat
Stareță: stavrofora Ecaterina Taman; **Contact:** +40730835602

Mănăstirea Sf. Treime – cunoscută mai ales sub numele de Podul Bulgarului – a fost ctitorită de credincioșii din zona Râmnicu Sărat în anul 1946, sub păstorirea episcopului Buzăului, Antim Angelescu (1944-1979). Biserica mare a mănăstirii (din lemn) este înălțată în anii 1946-1948. A doua biserică, de mai mici dimensiuni, cu hramul Sf. Arhangheli Mihail și Gavriil, a fost zidită între 1954 și 1955. Mănăstirea a fost desființată în anul 1959, în urma Decretului 410, locul ei fiind luat de un SMA. În 1990, prin strădania ÎPS Epifanie al Buzăului și al Vrancei, Mănăstirea Sfânta Treime este reactivată. În ultimii ani s-a amenajat și s-a pictat paraclisul, s-au construit noi chilii, trapeză, anexe gospodărești etc.

Împrejurimi:
- Casa memorială Alexandru Vlahuță, Dragosloveni

Mănăstirea Rătești

40 viețuitoare, viață de obște

Hram: Sfânta Treime, Sfântul Dimitrie Izvorâtorul de Mir, Învierea lui Lazăr, Sfântul Ierarh Epifanie (paraclis)
Adresă: sat Rătești, com. Berca, 127039, jud. Buzău
Acces: 30 km NV de Buzău pe DN10, se trece râul Buzău înainte de Sătuc; ori pe DJ203K/L, trecând prin Berca, până la Rătești; apoi 2 km pe DC194 până la mănăstire
Stareță: stavrofora Ghelasia Tănase; **Contact:** +40767044840

Mănăstirea Rătești, ctitorie a căpitanului Dragomir din prima jumătate a veacului al XVII-lea, a avut mai întâi statutul de schit, fiind menționată ca atare, pentru întâia oară, într-un hrisov din 6 mai 1634 al monahului Sofronie din Gornești. Într-un alt hrisov – datat 21 ianuarie 1652 – Damaschin Călugărul, Daniil Călugărul și popa Dumitru Călugărul depun mărturie că Dragomir căpitanul stăpânea în acea perioadă moșia Rătești. Vechiul schit cuprindea o bisericuță de lemn cu hramul Sf. Treime și câteva chilii. În anul 1752, din motive necunoscute, sihăstria este părăsită. Prin donațiile boierilor Scarlat și Alexandru Hrisoscobu va fi reînființată – ca mănăstire de maici –, în 1784 înălțându-se o nouă biserică de lemn, cu hramul Sf. Dimitrie. În 1844, prin osârdia Episcopului Chesarie al Buzăului, pe locul acesteia se va construi actuala biserică, ce poartă hramurile celor două locașuri mai vechi. Prima pictură a bisericii a aparținut zugravului Nicolae Teodorescu Pitaru, ajutat de nepotul său Gheorghe Tattarescu. În 1874, în cimitir, se va înălța o bisericuță cu hramul Învierea lui Lazăr. La Mănăstirea Rătești, în 1861, Episcopul Dionisie Romano înființează o școală pentru maici și fetele sărace din sat.

Din pricina unei surpări de teren, din vara anului 2014, ce a afectat foarte grav mănăstirea, obștea monahală a fost mutată în clădirea fostului seminar, situată vizavi de vechea vatră mănăstirească.

Moaște: părticele din moaștele Sf. Haralambie, Sf. 40 de Mucenici

Icoane făcătoare de minuni: icoana Maicii Domnului (în altar)

De văzut:

- Muzeul: artă bisericească, carte veche (Biblia poliglotă, Paris, 1621), icoane, broderii

În apropierea mănăstirii, prin purtarea de grijă a ÎPS Epifanie Norocel, în 1996 s-a înființat un Seminar Teologic monahal.

Schitul Berca

5 viețuitoare, viață de obște

Hram: Sfinții Arhangheli Mihail și Gavriil; **Adresă:** com. Berca, 127035, jud. Buzău **Acces:** 25 km NV de Buzău pe DN10, se trece râul Buzău înainte de Sătuc; ori pe DJ203 K/L până la Berca
Egumenă: monahia Casiana Paiu; **Contact:** +40722507098

Situat pe platoul Cetățuia, schitul este ctitoria **boierilor Cândești**, din anul 1694. Documentar însă așezământul monahal este anterior acestei date. În 1672, stolnicul Mihalcea, spătarul Drăghici și Mănăstirea Berca cumpărau împreună o parte din moșia Pleșcoiu de Jos. Marele paharnic Șerban Cândescu o va închina în 12 mai 1741, ca metoc, Episcopiei Buzăului. Aici va fi înființată o școală de „țârcomnici", pentru o vreme funcționând și Seminarul Teologic Buzău. În 1864, după secularizare, Berca devine biserică de mir. În anii 1986-1989 au loc lucrări de consolidare și restaurare a bisericii. Așezământul monahal este reînființat în 2003. Lucrările de restaurare au început în 2004; s-a efectuat decaparea picturii, ajungându-se la **fresca originară de la 1694, aparținând lui Pârvu Mutu, păstrată în proporție de 80%**. Casa egumenească și chiliile schitului sunt într-o stare avansată de degradare.

Împrejurimi:

- Vulcanii noroioși de la Pâclele

Schitul Cetățuia

5 viețuitoare, viață de obște

Hram: Schimbarea la Față, Nașterea Maicii Domnului (paraclisul)
Adresă: com. Tisău, 127610, jud. Buzău
Acces: din Haleș, localitate situată la 29 km V de Buzău pe DN10 Buzău-Brașov, DJ100H-DJ203G, 7 km N până la Mănăstirea Ciolanu, apoi încă 7 km până la schit (ultima porțiune a drumului este neasfaltată). Se poate urca la schit și pe jos: de la Tabăra de sculptură Măgura aprox. 40 min.
Cazare: 20 locuri

Icoane făcătoare de minuni: icoana Maicii Domnului

Împrejurimi:

- Nu uitați bisericile rupestre din Munții Buzăului!

Pe locul Schitului Cetățuia, care aparține de Mănăstirea Ciolanu, s-au descoperit o serie de vestigii dacice și urme de viețuire creștină din secolul al IV-lea. Înainte de construirea Bisericii Schimbarea la Față, doi sihaștri, Agaton duhovnicul și Iosif monahul, vor ridica pe aceste locuri, în 1849, o cruce din piatră. În anul 1854, ieromonahii Iosif, Eftimie și Isidor vor începe zidirea unei frumoase biserici din piatră cioplită, locaș sfințit în 1862. Domnitorul Carol I, vizitând Cetățuia, la un an după urcarea sa pe tron, în căutarea unui loc pentru înălțarea unui castel, dăruiește bani pentru pictarea noului locaș – aceasta fiind executată de Gheorghe Tattarescu în 1869. Pictura se va deteriora însă destul de repede, fiind refăcută în 1898 de Eftimie Obrocea Ciolăneanul, cu cheltuiala familiei Ion și Smaranda Pencovici din București. În anul 1946, starețul Nil Beleț repară biserica schitului, grav afectată în urma cutremurului din 1940. Schitul va fi închis în anii '60 ai secolului trecut. Se va redeschide în 1991. Până în 2003 vor sluji aici, pe rând, părinți de la Mănăstirea Ciolanu. Paraclisul înălțat în 2004-2006, cu hramul Nașterea Maicii Domnului, a fost sfințit în 2007. Sfințirea picturii paraclisului s-a făcut pe data de 6 august 2009.

Schitul Ciobănoaia

2 viețuitoare, viață de obște

Hram: Sfântul Pantelimon (biserica veche), Sfântul Teodosie de la Brazi (paraclisul)
Adresă: sat Ciobănoaia, com. Merei, 127356, jud. Buzău
Acces: 1. din Vernești, loc. situată pe DN10, la 11 km NV de Buzău, DC52 spre V, 2 km până în Săsenii Noi, apoi DJ205 spre S, 4,5 km; din Ciobănoaia DL spre V, 2 km până la schit; 2. din DN1B, indicator la 10 km de Buzău, DJ203G spre Merei, 4 km N; 3 km E pe DJ205 până la Ciobănoaia, apoi 2 km până la schit.
Egumenă: monahia Marina Mocanu; **Contact:** +40761809000

Împrejurimi:

- Pivnița brâncovenească, sat Izvoru Dulce

Biserica de lemn a Schitului Ciobănoaia, înființat de Arhiepiscopia Buzăului și Vrancei în anul 1998, fusese adusă în 1870, de la Schitul Apșoara (astăzi Săsenii Noi), așezământ desființat în urma secularizării averilor mănăstirești (decembrie 1863). Până la data înființării schitului, de biserica de lemn se îngrijise preotul Constantin Moise, de la parohia Zorlești. A fost mai întâi schit de călugări, sub conducerea protos. Macarie David, fiind transformat în schit de maici din 2005. În anul 2008 este sfințit un paraclis cu hramul Sf. Teodosie de la Brazi, împodobit cu frumoase fresce de pictorul Aurelian Voicu din Constanța. S-au construit în ultimii ani, cu sprijinul Arhiepiscopiei Buzăului și Vrancei, un corp de chilii și câteva anexe gospodărești.

Schitul Sfântul Ilie, Săsenii Noi

3 viețuitori, viață de obște

Hram: Sfântul Proroc Ilie, Sfântul Pantelimon
Adresă: sat Săsenii Noi, com. Vernești, 127683, jud. Buzău
Acces: 1. din Vernești, loc. situată pe DN10 la 11 km NV de Buzău, DC52 spre V, 2 km până în Săsenii Noi, apoi încă 1 km până la schit; 2. din DN1B, indicator la 10 km de Buzău, DJ203G spre Merei, 4 km N; apoi pe DJ205, 8,5 km până la Săsenii Noi; de aici, 1 km V până la schit.
Egumen: protos. Calinic Marti
Contact: +40736493876
Cazare: 4 locuri

Actualul schit s-a ridicat pe locul Schitului Apșoara, ctitorit înainte de 1700, de către căpitanul Dragomir Băncescu și soția sa Stana. Schitul devine metoc al Episcopiei Buzăului, apoi, după 1800, metoc al Mănăstirii Ciolanu. În anul 1870 biserica de lemn a așezământului a fost mutată, aceasta fiind în prezent biserică a Schitului Ciobănoaia, nou înființat. După 1959 metocul ajunge loc de depozitare a gunoaielor. Va fi reactivat în anul 1994. Biserica de zid, construită în 1996, are hramurile Sf. Ilie și Sf. Pantelimon. În ultimii ani s-au mai ridicat: un corp de chilii, o cramă pentru episcopie, anexe gospodărești etc. Are statutul de metoc al Arhiepiscopiei Buzăului și Vrancei.

Schitul Sfântul Nifon

1 viețuitor

Hram: Sfântul Pantelimon, Izvorul Tămăduirii; **Adresă:** sat Ciuta, com. Măgura, 127321, jud. Buzău
Acces: din Haleș, localitate situată la 29 km V de Buzău pe DN10 Buzău-Brașov, DJ100H-DJ203G, 7 km N până la Mănăstirea Ciolanu, apoi încă 4 km până la schit

Schitul a fost înființat în 1811 de ierodiaconul Nifon, cu metania la Mănăstirea Ciolanu, pe un teren dăruit de vătaful Nițu Fințescu. În mijlocul unei frumoase poieni vor fi înălțate o biserică de lemn, cu hramul Sf. Nicolae, și câteva chilii. În 1842, clucerul Nicolae Pieleanu începe zidirea unei biserici mai mari, cu hramurile Sf. Pantelimon și Izvorul Tămăduirii. Biserica va fi sfințită în anul 1845, pe vremea păstoririi Episcopului Chesarie al Buzăului. În 1856, același ctitor va înălța și biserica cimitirului. După secularizarea averilor mănăstirești, în vara anului 1864 schitul este desființat. La sfârșitul secolului al XIX-lea, în incinta sa se va amenaja un spital de boli pulmonare (transformat în perioada comunistă în spital de neuropsihiatrie). Deși își recapătă un timp statutul de schit, în urma Decretului 410/1959 el va fi închis pentru a doua oară, în 1960. Este reactivat în 1990. Cu toate eforturile depuse de Arhiepiscopia Buzăului, până în prezent nu s-a ajuns la un acord definitiv în privința statutului schitului.

Mănăstirea Brazi

14 viețuitoare, viață de obște

Hram: Pogorârea Sfântului Duh, Sf. Mucenic Teodosie (biserica nouă); Nașterea Maicii Domnului, Sfântul Gheorghe (paraclisul), Sfântul Ierarh Teodosie (al doilea paraclis)
Adresă: Panciu, 625400, jud. Vrancea; **Acces:** la 1 km SV de centrul orașului Panciu, situat la 30 km NE de Focșani (18 km pe DN2/E85 până la Tișița, apoi 12 km pe DJ205F)
Stareță: stavrofora Eusebia Tașcă; **Contact:** +40753016140; +40237636824

Moaște: părticele din moaștele Sf. Teodosie

Gala Galaction și Vasile Radu, înainte de 1940, au făcut o nouă traducere a Bibliei în limba română, lucrând cea mai mare parte a timpului la Mănăstirea Brazi. Tot aici a fost înmormântat în1925 scriitorul Ioan Slavici.

După tradiție, Schitul Brazi a fost întemeiat pe vremea Sf. Voievod Ștefan cel Mare (1457-1504). Date sigure însă despre existența sa aflăm abia în secolul al XVII-lea, când doi monahi – Sava și Teofilact – zidesc la Brazi o bisericuță semiîngropată, păstrată până în zilele noastre. În a doua jumătate a secolului al XVII-lea, se așază în acest schit Mitropolitul Teodosie al Moldovei (1674-1675), care va fi martirizat, prin tăierea capului, în toamna anului 1694, de către o ceată de tătari. În 1807 ieroschimonahul Dimitrie, egumen al schitului, reface așezământul din temelii. Biserica de lemn va fi mutată pe un platou din apropiere, unde se înființează un schit pentru maici, cu hramul Sf. Ioan. Tot el va fi acela care va zidi, în 1834, biserica cu hramul Sf. Gheorghe. În 1949 Schitul Brazi devine chinovie de călugărițe. Zece ani mai târziu va fi desființat, locul ajungând pustiu. Reactivat în 1990, se reconstruiesc, pe rând, Biserica Nașterii Maicii Domnului (sfințită în 1995), stăreția, chiliile, trapeza, gospodăria anexă. Peste vechiul paraclis semiîngropat, în 2003 se va înălța un alt paraclis, cu hramul Sf. Ierarh Mucenic Teodosie de la Brazi, cu ocazia canonizării acestui sfânt. Pe locul celei mai vechi vetre liturgice din mănăstire, în 2009, se va înălța un altar de vară cu hramul Sf Gheorghe. Biserica a fost sfințită în 2014, de ÎPS Teofan, Mitropolitul Moldovei și Bucovinei, și ÎPS Arhiepiscop Ciprian, împreună cu un sobor de ierarhi, preoți și diaconi.

Schitul Sfântul Ioan, Brazi

4 viețuitoare, viață de obște

Hram: Tăierea Capului Sfântului Ioan Botezătorul
Adresă: Panciu, 625400, jud. Vrancea
Acces: Schitul Sfântul Ioan, Brazi se află nu departe de Mănăstirea Brazi, în partea de V a orașului Panciu (1 km de centru), oraș situat la 30 km NE de Focșani (18 km pe DN2/E85 până la Tișița, apoi 12 km pe DJ205 F)
Stareță: stavrofora Pavelina Cafagiu, **Contact:** +40765422785

Aparține, ca schit, de Mănăstirea Brazi, fiind întemeiat în anii 1826-1828, de către starețul Dimitrie de la Mănăstirea Brazi, cu binecuvântarea Episcopiei Romanului și cu ajutor financiar (8000 de lei) din partea monahiei Suzana. Starețul Dimitrie mută biserica veche de lemn, cu hramul Sf. Gheorghe, la câteva sute de metri depărtare, spre N, pe dealul Neicu. Se vor adăuga, în curând, un rând de chilii și o clopotniță, noul schit primind hramul Tăierea Capului Sf. Ioan Botezătorul, având 8 viețuitoare. În 1894 va fi construită o nouă biserică, de zid. În timpul Primului Război Mondial (1916-1918) maicile de la Sf. Ioan, Brazi vor părăsi schitul, revenind, în parte, câțiva ani mai târziu. Biserica ctitorită de preotul Teodor Antohi din București, sfințită în 1936, se va prăbuși în urma cutremurului din 1940. Așezământul este desființat în 1960, fiind reactivat după 1999, vechea vatră renăscând cu sprijinul Mănăstirii Brazi.

Împrejurimi:

- În imediata apropiere a schitului Sf. Ioan, Brazi se află metocul Răcoasa (2 viețuitoare)

Mănăstirea Buluc

5 viețuitoare, viață de obște

Hram: Sfânta Treime, Schimbarea la Față
Adresă: com. Jariștea, 627180, jud. Vrancea
Acces: din Focșani pe DN2D, 11 km N, apoi pe DJ205N spre NV până la Jariștea, 4 km. Trecând pe lângă Pădureni (3 km) ajungem după alți 3 km (drum forestier) la Mănăstirea Buluc, situată într-o frumoasă poiană
Stareță: monahia Serafima Bourean
Contact: +40740876958

Întemeietor al Mănăstirii Buluc este socotit Isaia Caragea, boier din Odobești, care a construit în Codrii Mereilor o biserică de lemn – ce va fi sfințită la 8 martie 1679. Isaia se va călugări chiar în ctitoria sa. În catagrafia eparhiei Romanului din 1809, Schitul Buluc este trecut cu 10 viețuitori. În anii 1922-1928 se va ridica o biserică de zid, cu hramul Schimbarea la Față. Cutremurul din 1940 îi va produce însă mari stricăciuni bisericii, aceasta fiind demolată. În 1951 devine schit de maici, sosind aici 30 de viețuitoare de la Mănăstirea Cotești, dar în 1961 va fi desființat, biserica veche de lemn devenind filie a parohiei Vărsătura, Jariștea. Se redeschide după 1990, demarându-se ample lucrări de reconstrucție. Pe temelia bisericii demolate, în 2006 maicile au înălțat un agheasmatar.

Mănăstirea Cotești

9 viețuitoare, viață de sine/viață de obște

Hram: Sfânta Treime, Adormirea Maicii Domnului
Adresă: com. Cotești, 627100, jud. Vrancea
Acces: din Focșani DN2/E85, 8 km spre Râmnicu Sărat, apoi 5 km pe DJ205R până la Cotești. Mănăstirea Cotești se află la 3 km de centrul comunei
Stareță: monahia Athanasia Lazăr
Contact: +40237252223, +407207491071

Icoane făcătoare de minuni: icoana Maicii Domnului (cea veche), icoana Maicii Domnului Hrănitoarea (1875)

Biserica Mănăstirii Cotești datează din anul 1720, fiind considerată de unii cercetători ctitorie a episcopului de Buzău, Ștefan al II-lea (1720-1732), viitor mitropolit al Ungrovlahiei (1732-1738). Un document din 12 ianuarie 1757, scris de ieromonahul Nicolae de la Cotești, menționează o donație făcută schitului de „Avram împreună cu soția sa Simiona". În anul 1819, starețul Dositei va preda mănăstirea maicilor strămutate aici de la Schitul Bonțești. Mănăstirea primește o grea lovitură în urma Decretului 410/1959, fiind transformată în CAP; cele 80 de maici vor fi alungate, în locul lor aducându-se muncitori sezonieri, care vor distruge chiliile. Biserica, în stil moldovenesc, cu ziduri groase de aprox. 1 m, este consolidată după deschiderea mănăstirii, în 1991. S-au refăcut și s-au construit în ultimii ani chilii, trapeză, stăreție, un mic paraclis etc.

Împrejurimi:

- De la Mănăstirea Cotești este foarte ușor de ajuns la multe dintre vechile vetre sihăstrești vrâncene, mănăstirea constituindu-se într-un fel de „centru" al cărărilor pelerinului. În imediata apropiere se află vestitele mănăstiri Dălhăuți și Vărzărești, precum și schiturile Sf. Iacob, ruda Domnului și Urechești.

Mănăstirea Dălhăuți

15 viețuitoare, viață de obște

Hram: Izvorul Tămăduirii (biserica nedatată), Sfinții Arhangheli Mihail și Gavriil (biserica din lemn), Sfinții Împărați Constantin și Elena
Adresă: sat Dălhăuți, com. Cârligele, 627068, jud. Vrancea
Acces: din Focșani pe DC147, DC146, trecând prin Cârligele, până la Dălhăuți, 13,5 km. Mănăstirea se află la 2,5 km V de sat, pe drum forestier.
Stareță: stavrofora Emanuela Enea; **Contact:** +40732228835, +40734353589

Icoane făcătoare de minuni: icoana Maicii Domnului de la Dălhăuți

Vestitul îndrumător isihast – Cuviosul Vasile de la Poiana Mărului – a petrecut aproape două decenii la Dălhăuți. Sfântul Paisie Velicikovski a viețuit, de asemenea, pentru o vreme, în această veche vatră sihăstrească.

Mănăstirea Dălhăuți a fost întemeiată, cel mai probabil, în secolul al XV-lea. După unii cercetători, prima biserică a vechii vetre sihăstrești este înălțată între 1464 și 1469. În decursul timpului se vor mai construi la Dălhăuți alte două biserici. Ctitorul bisericii Izvorul Tămăduirii – de zid, fără turlă – nu se cunoaște și nici anul înălțării ei. A servit ca închisoare germană pentru prizonierii ruși, în timpul Primului Război Mondial. Catapeteasma bisericii va fi distrusă cu acest nefericit prilej, fiind refăcută în 1929. Locașul a fost restaurat în anii 1992-1995. Biserica Sf. Arhangheli Mihail și Gavriil, datată din anul 1625, din lemn, cu o turlă pe naos, a fost reclădită de starețul Teolict în 1810, fiind pictată în 1827, sub stăreția lui Dionisie, care o împodobește cu o catapeteasmă sculptată în lemn, poleind-o cu aur. A treia biserică, cu hramul Sf. Împărați Constantin și Elena, a fost înălțată în vremea starețului Benedict (1855). Este zidită din cărămidă, având trei turle impunătoare. Desființat de regimul comunist în 1959, schitul este reînființat, ca mănăstire de maici, în 1990. Tot după 1990, faimoasa icoană făcătoare de minuni a Maicii Domnului de la Dălhăuți va fi recuperată de la Muzeul Național de Artă, fiind restaurată (în 2015) și așezată spre închinare în biserica mare a mănăstirii. În ultimii ani s-au construit un corp nou de chilii, o clopotniță, gospodăria anexă etc.

Mănăstirea Lepșa

14 viețuitoare, viață de obște

Hram: Nașterea Maicii Domnului (biserica monument istoric), Sfânta Treime (paraclisul), Izvorul Tămăduirii și Sfinții Arhangheli Mihail și Gavriil (biserica mare)
Adresă: sat Lepșa, com. Tulnici, 627369, jud. Vrancea
Acces: din Focșani, 72 km pe DN2D până la Lepșa, trecând prin Tulnici. Mănăstirea se află la 2 km N de Lepșa pe DJ205F. Din Brașov, pe DN11/E574, DN2D până la Lepșa sunt 105 km
Stareță: stavrofora Mihaela Clim; **Contact:** +40745776044

Moaște: părticele din moștele sfinților de la Niculițel și Sf. Teodosie de la Brazi

Icoane făcătoare de minuni: icoana Sf. Nicolae

Schit înființat în 1774 de un ucenic al Cuviosului Vasile de la Poiana Mărului, în 1809 având 15 viețuitori. Biserica – de lemn, pe fundație de piatră – datează din 1936, cea veche arzând într-un incendiu din 1929. Schitul va primi o icoană veche a Maicii Domnului, de la 1584, de la Ierusalim și un policandru din partea regelui Carol al II-lea. În 1952 a fost transformat în schit de maici; este desființat în 1960, în urma Decretului 410/1959. Biserica se redeschide, ca monument istoric, în 1974. Va fi resfințită de Mitrop. Antonie Plămădeală în 1981. Este reînființat, ca mănăstire de maici, în 1990. În ultimii ani a fost reparată biserica veche, s-au construit un paraclis, 3 corpuri de chilii, stăreția, trapeza etc. O nouă biserică, din zid, cu hramurile Izvorul Tămăduirii și Sf. Arhangheli Mihail și Gavriil s-a sfințit în 2012, ctitori fiind familia Elisabeta și Vasile Damian din București.

Împrejurimi:

- Cascada Putnei

Mănăstirea Mușunoaiele 10 viețuitori, viață de obște

Hram: Adormirea Maicii Domnului; Pogorârea Sfântului Duh, Acoperământul Maicii Domnului (paraclisul); Sfântul Ioan Botezătorul, Sfântul Ierarh Nicolae (al doilea paraclis)
Adresă: com. Fitionești, 627135, jud. Vrancea
Acces: din Focșani, 18 km pe DN2/E85 până la Tișița; 12 km pe DJ205F până la Panciu; 11 km pe DJ205H și DJ205J până la Fitionești. Pe drum forestier, pe pârâul Zăbrăuț, încă 17 km V
Stareț: ierom. Sofronie Nechita; **Contact:** +40766710049, +40745218607
Cazare: 50 locuri (pe timp de vară)

După tradiție, Schitul Mușunoaiele a fost întemeiat la sfârșitul sec. al XVII-lea. Biserica din lemn din 1839 putrezind, în 1943, sub păstorirea protos. Evghenie Hulea, se va înălța o biserică de bârne, lipită. Aceasta va fi demolată în 2001, din cauza puternicei degradări, nemaiputându-se recupera nici pictura realizată în 1951 de vestitul zugrav și iconar Irineu Protcenco. Schitul este desființat în 1960, clădirile ajung în paragină. În 1987, ierom. Cleopa Nechita începe refacerea așezământului, adunând în jurul său o mică obște. Mușunoaiele capătă statut de schit în 1989, iar din 1991 devine mănăstire. În 1996 se sfințește un paraclis cu hramurile Pogorârea Sf. Duh și Acoperământul Maicii Domnului, iar în 2000, un al doilea paraclis cu hramurile Sf. Ioan Botezătorul și Sf. Nicolae. În anul 2002 încep lucrările la biserica mare a mănăstirii – din cărămidă, cu hramul Adormirea Maicii Domnului. Locașul este pictat în tehnica *fresco* și împodobit la exterior cu frumoase mozaicuri. Peste 50 de chilii, arhondaricul, clopotnița, mai multe iazuri de pește – toate sunt realizări ale ultimilor ani. Mănăstirea nu dispune de teren arabil și nu are curent electric. Se slujește zilnic Sf. Liturghie.

Mănăstirea Recea 14 viețuitoare, viață de obște

Hram: Nașterea Maicii Domnului, Sfântul Nicolae, Sfânta Treime (paraclisul)
Adresă: sat Recea, com. Cândești, 627107, jud. Vrancea
Acces: din com. Dumbrăveni, situată la 19 km S de Focșani și 20 km NE de Râmnicu Sărat, DJ204P, 3 km V până la Dragosloveni, apoi DL spre S, 1,3 km
Stareță: monahia Paisia Rusen; **Contact:** +40745689914

Biserica Mănăstirii Recea a fost înălțată în anul 1686, ctitor fiind clucerul Mănăilă. Până la secularizarea averilor mănăstirești, în 1863, a funcționat ca schit de călugări. Alți ctitori ai schitului au fost ieromonahul Ghervasie Vasile și Profira Bagdat, pictați în partea stângă a locașului (1850). Între 1900 și 1940 sătenii parohiei Bordești, cărora li se surpase biserica, frecventează biserica Mănăstirii Recea, care nu a avut obște monahală în toată această perioadă. În 1946, cu binecuvântarea PS Antim Anghelescu al Buzăului, mănăstirea va fi redeschisă. Sosesc aici trei maici de la Mănăstirea Rogozu, care vor îngriji mănăstirea și după desființarea oficială a acesteia, în urma Decretului 410/1959. Din cauza cutremurului din 1977 biserica va fi grav avariată. În anii 1985-1990 s-au ridicat clopotnița, o trapeză, un mic muzeu și un corp de chilii, având amenajat un paraclis cu hramul Sf. Treime. Din 1990 mănăstirea capătă statut de persoană juridică. Odată cu încheiearea lucrărilor de repictare a bisericii – de către pictorul bisericesc Petre Brașoveanul – în 1996, are loc slujba de sfințire a locașului de către ÎPS Epifanie al Buzăului și Vrancei.

De văzut:

- Muzeul: icoane și obiecte bisericești

Împrejurimi:

- Casa memorială Alexandru Vlahuță, Dragosloveni

Mănăstirea Rogozu

15 vieţuitoare, viaţă de obşte

Hram: Naşterea Sfântului Ioan Botezătorul (biserica mare), Naşterea Maicii Domnului (paraclisul)
Adresă: com. Slobozia Bradului, 627305, jud. Vrancea
Acces: la 10 km N de Râmnicu Sărat şi 32 km SV de Focşani pe DN2/E85 se află comuna Slobozia Bradului; pe DC185, 5 km până la mănăstire, trecând prin Slobozia şi satul de romi Lieşti
Stareţă: stavrofora Serafima Pricop; **Contact:** +40727495893

De văzut:

- Muzeul: obiecte bisericeşti, carte veche, icoane etc.

Aici şi-a petrecut ultimii ani de viaţă părintele Paulin Lecca, cunoscut duhovnic, scriitor şi traducător. Mormântul său se află în apropierea bisericii mari a mănăstirii.

Mănăstirea Rogozu a fost întemeiată în anul 1647, în timpul domniei lui Matei Basarab, fiind cunoscută mai întâi sub numele de Schitul Poiana Rusului, întrucât aici vieţuiau mai mulţi călugări ruşi. În anul 1812 schitul arde din temelii. Un nou locaş, cu hramul Naşterea Sf. Ioan Botezătorul, va fi zidit de către boierul Constantin Robescu în 1820. După secularizarea averilor mănăstireşti, Mănăstirea Rogozu va reuşi să supravieţuiască, deşi îşi va pierde multe dintre averile sale. În urma Decretului 410/1959 capătă statutul de casă de odihnă a salariaţilor eparhiei Buzăului şi Vrancei, cele 100 de monahii şi surori fiind obligate să părăsească schitul. Este reînfiinţat ca mănăstire în 1990. În 1995 se sfinţeşte paraclisul cu hramul Naşterea Maicii Domnului. În 2006, sub conducerea stareţei Serafima Pricop, este sfinţit un nou corp de chilii.

Mănăstirea Sihastru

21 vieţuitoare, viaţă de obşte

Hram: Sfinţii Apostoli Petru şi Pavel, Adormirea Maicii Domnului (paraclisul)
Adresă: sat Ploscuţeni, com. Homocea, 627179, jud. Vrancea
Acces: din Adjud, 4 km N pe DN2/E85; apoi 5 km E pe DN11A; DL şi DJ252, 10,5 km SE trecând prin Homocea până la Ploscuţeni. Din Ploscuţeni, 3,5 km S
Stareţă: monahia Teoctista Dănilă
Contact: +40237272313, +40755507717

Moaşte: părticele din moaştele Sf. Acachie, Sf. Eftimie, Sf. Ioanichie, Sf. Dimitrie Hiolic

De văzut:

- Muzeul: carte veche, icoane, obiecte de cult etc.

Hatmanul Şendrea, în 1474, construieşte prima biserică de lemn a schitului. După unii cercetători, schitul nu ar fi însă ctitoria acestui mare hatman (cumnat cu Ştefan cel Mare), ci a lui Sandu Şendrea, hatman pe la 1748, vindecat cu buruieni de leac de sihastrul Sebastian (care pustnicea pe aceste locuri), după o rană la picior căpătată în luptele cu tătarii. În 1836 Costache Şendrea, urmaşul ctitorului, nu va mai ajuta schitul, conform legământului făcut cu aşezământul, acesta ruinându-se. În 1885 se va începe ridicarea unei biserici de zid, sfinţită în 1891. Schitul va fi reînfiinţat în anul 1903. Din 1955 devine mănăstire de maici, mutându-se aici 5 călugăriţe de la Schitul Buciumeni. În perioada comunistă, în condiţii deloc uşoare, aşezământul va reuşi să supravieţuiască. În anii 1982-1983 va fi pictată biserica mănăstirii de către cunoscutul pictor bisericesc Grigore Popescu. După 1990 s-a construit un paraclis.

Mănăstirea Tarnița

9 viețuitoare, viață de obște

Hram: Adormirea Maicii Domnului, Sfinții Împărați Constantin și Elena (paraclisul)
Adresă: com. Bolotești, 627035, jud Vrancea
Acces: DN2D Focșani-Bolotești (20 km), stânga spre sat Scânteia (5 km V), apoi 8 km până la Mănăstirea Tarnița
Stareță: monahia Tomaida Ciorișteanu; **Contact:** +40721507391

Mănăstirea Tarnița a fost înălțată în anul 1702 de călugării Schitului Babele. Numele mănăstirii se presupune a fi de origine sârbă, termenul *tarnița* fiind folosit în Moldova cu înțelesul de *șa*, călugării de aici confecționând, probabil, în trecut, șei de lemn. Aceștia se așază mai întâi la Vitănești, retrăgându-se, după puțină vreme, pe aceste locuri liniștite – într-o poiană a Dealului Măgura Odobești (900 m altitudine). În evidențele Episcopiei Romanului, în 1809 este menționat și acest așezământ. Primul Război Mondial produce mănăstirii multe pagube. În anul 1950 va fi transformată în chinovie de maici. În urma Decretului 410/1959, maicile vor fi alungate din mănăstire, aceasta ajungând în ruină. A fost reînființată după 1990. Vechea biserică din lemn a mănăstirii – monument istoric (1702-1734) – a fost distrusă de un incendiu, în anul 2006. În 2008 s-a așezat piatra de temelie a unei noi biserici (ale cărei lucrări au fost încheiate în 2015, urmând a fi pictată) pe locul celei dispărute, slujbele ținându-se în paraclisul de iarnă.

Moaște: părticele din moaștele pătimitorilor de la Aiud

Împrejurimi:
- Fosta Mănăstire Mera din satul Podul Mănăstirii, com. Mera, ctitorie a familiei Cantemir de la începutul sec. al XVIII-lea

Mănăstirea Trotușanu

9 viețuitoare, viață de obște

Hram: Izvorul Tămăduirii, Sfântul Ierarh Nicolae
Adresă: sat Trotușanu, com. Movilița, 617213, jud. Vrancea
Acces: din Focșani, 18 km pe DN2/E85 până la Tișița; 12 km pe DJ205F până la Panciu; 8 km pe DJ205H până la Movilița, apoi încă 2 km până în satul Trotușanu. Mănăstirea se află lângă sat.
Stareță: stavrofora Dionisia Borcea; **Contact:** +40723505478

Diata fostului Mitropolit Teodosie al II-lea al Moldovei, datată din anul 1676, menționează Schitul Trotușanu ca viitoare ctitorie a sa. Cămărașul Zaharia, preotul Duma și preotul Cochină din Focșani sunt socotiți, de asemenea, ctitori ai schitului, alături de înaltul ierarh. În 1695 Constantin Duca Voievod scutește Schitul Trotușanu de dajdia datorată. În anul 1809 Dositei, egumenul de la Schitul Pralea, avea sub ocârmuire și Schitul Trotușanu. Monahii vor părăsi, peste câțiva ani, schitul, locul lor fiind luat, în 1815, de maicile din Schitul Scânteia; în 1839 sosesc aici și călugărițele de la Schitul Buciumeni și Sf. Ioan, Brazi. Monahia Anastasia, provenită din obștea Buciumenilor, va înălța, pe cheltuială proprie, două biserici la schit: una de lemn (relocată, ulterior) și o alta de zid, pe locul bisericii vechi. În 1936, la Trotușanu se aflau 21 de surori și monahii. În urma Decretului 410/1959 schitul va fi desființat, devenind o simplă biserică de mir. Va fi reînființat, ca mănăstire, imediat după 1990. În prezent, biserica mănăstirii se află într-un amplu proces de restaurare

De văzut:
- În ultimii ani în mănăstire au fost înființate o bibliotecă și un muzeu de icoane și obiecte vechi bisericești.

Împrejurimi:
- în apropierea mănăstirii se află o pădure de stejari seculari (peste 300 de ani)

Mănăstirea Valea Neagră

6 viețuitoare, viață de obște

Hram: Adormirea Maicii Domnului (biserica de lemn), Pogorârea Duhului Sfânt (biserica de zid)
Adresă: sat Valea Neagră, com. Nistorești, 627238, jud. Vrancea
Acces: din Focșani DN2D spre NV până la Valea Sării (46 km), apoi spre V, DJ205D Năruja, 7 km; DJ205M Herăstrău, 13 km. Din Herăstrău încă 3 km până la mănăstire, ultimii kilometri de drum sunt pietruiți.
Stareță: stavrofora Melania Gândac; **Contact:** +40734615351

Icoane făcătoare de minuni: icoana Maicii Domnului Preasfânta

În 1755, preotul Maftei din Spinești împreună cu doi călugări de la Poiana Mărului întemeiază Schitul Vrancea – nume purtat de actuala mănăstire o lungă perioadă de timp. Într-o scrisoare din 17 iulie 1844, a Episcopului Meletie, către protoieria ținutului Putna, se vorbește despre alegerea stareţului de la sihăstria Valea Neagră. Așezământul ajunge biserică de mir între 1894 și 1909, fiind părăsit de călugări. Se formează o nouă obște începând cu 1920. În anul 1952 schitul va fi transformat în mănăstire de maici, fiind aduse 9 surori și monahii de la Mănăstirea Trotușanu. Desființată în 1960, în urma Decretului 410/1959, biserica mănăstirii ajunge filie a parohiei Herăstrău. În 1968 se reîntoarce la mănăstire monahia Petronia Ciornea, care va aduna în jurul ei 5 viețuitoare. Biserica de lemn, monument istoric, este înălțată pe bolovani de râu, catapeteasma acesteia, din lemn de tei, este poleită cu aur și bronz. Lângă chiliile vechi se înalță actualmente o nouă clădire – din lemn –, ce cuprinde trapeza, bucătăria și un mic arhondaric. Biserica de zid, înălțată în ultimii ani, are hramul Pogorârea Sf. Duh, fiind sfințită pe data de 27 mai 2007.

Mănăstirea Vărzărești

5 viețuitoare, viață de obște

Hram: Adormirea Maicii Domnului (biserica veche), Sfântul Mare Mucenic Gheorghe (biserica nouă)
Adresă: com. Urechești, 627385, jud. Vrancea
Acces: din DN2/E85 (Urechești), 8 km până la mănăstire. Com. Urechești este situată la 15 km SV de Focșani și 25 km NV de Râmnicu Sărat
Stareță: stavrofora Juvenalia Lupu; **Contact:** +40769248219

De văzut:

- Muzeul: obiecte de cult, carte veche, icoane etc.

Mari nevoitori care și-au legat numele de Mănăstirea Vărzărești: Sfântul Paisie Velicikovski și Sfânta Teodora de la Sihla.

Mănăstirea Vărzărești a fost întemeiată în anul 1645 de Radu Vărzaru, vel-armaș al lui Matei Basarab. În 1684 așezământul monahal este închinat de către nepoții ctitorului bogatei Mănăstiri Aninoasa din Argeș. În anii 1749-1780 mănăstirea ajunge pustie. În ianuarie 1794 Mitropolitul Dositei Filiti ia decizia ca mănăstirea să devină metoc al mitropoliei. Revine la statutul său inițial în 1835. O nouă biserică – cu hramul Sf. Mare Mucenic Gheorghe – va fi înălțată la Vărzărești de către Ioniță Ilie din Palanca, fiind sfințită în anul 1900. În anii 1929-1931, prin grija ieromonahului Lavrentie, se renovează biserica veche (zidurile acesteia depășesc 1 metru grosime). Protosinghelul Severian, care a fost stareț la Vărzărești în 1849-1874, va lua sub ocrotirea sa și Mănăstirea Dălhăuți. Catapeteasma bisericii vechi, pictată în 1877, este opera vestitului zugrav D. Teodorescu din Buzău. Închis în perioada comunistă, așezământul monahal va fi reînființat în 1990.

Schitul Dealul Sării
5 viețuitori, viață de obște

Hram: Adormirea Maicii Domnului, Soborul Sfântului Ioan Botezătorul (paraclisul)
Adresă: sat Dealu Sării, com. Jitia, 627187, jud. Vrancea
Acces: DE85 până la Dumbrăveni, loc. situată între Râmnicu Sărat (19 km) și Focșani (15, 5 km), DN2N până la intrarea în Jitia de Sus, apoi la stânga până la Dealul Sării (38 km); din Buzău – 76 de km pe 203K, 204C – Jitia-Drumul Sării.
Egumen: ierom. Veniamin Anghel; **Contact:** +40766264391, +40767134756

Schitul, aflat la poalele muntelui Ulmușor, în mijocului unei păduri, este ctitoria cunoscutului duhovnic al Văii Râmnicului, Macarie Beşliu, starețul de la Muntioru. Construcția acestuia a început în 2008, fiind sfințit de către ÎPS Ciprian al Buzăului și Vrancei în 2015. Cuprinde un corp de chilii, o biserică, stăreția și anexe (din lemn).

Schitul Muntioru
3 viețuitori, viață de obște

Hram: Schimbarea la Față
Adresă: sat Neculele, com. Vintileasca, 627428, jud. Vrancea
Acces: din Râmnicu Sărat, localitate situată pe DN2/E85, spre NV, DJ203H până la Buda; DJ220, DJ204L, DJ204C până la Vintileasca, trecând prin Jitia (45 km). Din satul Neculele, aprox. 4 km – drum greu accesibil –, pe un platou înalt, într-o frumoasă poiană
Egumen: protos. Macarie Beşliu

Schitul Muntioru a fost întemeiat de starețul Mănăstirii Poiana Mărului, Macarie Beşleagă, în 1999, fiind sfințit de ÎPS Epifanie al Buzăului și Vrancei în anul 2001. Este așezat în unicul punct de întâlnire a celor trei provincii istorice românești: Muntenia, Moldova și Transilvania. Prin noua ctitorie de la izvoarele Milcovului, se încearcă reînvierea spiritului monahal din vremea Cuviosului Vasile de la Poiana Mărului. Schitul este metoc al Mănăstirii Poiana Mărului.

Schitul Oancea
2 viețuitori, viață de obște

Hram: Sfântul Gheorghe, Sfântul Proroc Ilie
Adresă: sat Ploscuțeni, com. Homocea, 627179, jud. Vrancea
Acces: din Adjud, 4 km N pe DN/E85, apoi 5 km E pe DN11A; DL și DJ252, 10,5 km SE trecând prin Homocea până la Ploscuțeni. Din Ploscuțeni, 3,5 km S până la Mănăstirea Sihastru. Schitul Oancea este situat la 800 m E de Mănăstirea Sihastru

Ctitorit de Istrate Oancea din Buciumeni (1887-1952), a fost sfințit în 1936. Este format dintr-o bisericuță de lemn tencuită la exterior, un mic arhondaric și 4 chilii pentru maici. Actul de donație mai cuprindea: 3 ha teren arabil, 7 ha de pădure și fâneață. Ctitorul este înmormântat în subsolul bisericuței.

Schitul Sfântul Iacob, Cârligele
2 viețuitori, viață de obște

Hram: Sfântul Iacob, ruda Domnului
Adresă: com. Cârligele, 627065, jud. Vrancea
Acces: schitul se află în satul Dălhăuți, la 2 km de Mănăstirea Dălhăuți
Egumen: arhim. Teoctist Basarab; **Contact:** +40768058485

Schitul a fost înființat în 1996. Este format dintr-un mic paraclis, sfințit în 1999, și câteva chilii. Aparține de Mănăstirea Dălhăuți.

Schitul Soveja

12 vieţuitoare, viaţă de obşte

Hram: Sfinţii Împăraţi Constantin şi Elena
Adresă: com. Soveja, 627320, jud. Vrancea
Acces: DN2D/E85 Focşani-Tişiţa (17km); apoi DJ205F Tişiţa-Panciu (14 km); DJ205F Panciu-Soveja (41 km). Este situat cu 5 km înainte de intrarea în Soveja, pe malul Şuşiţei.
Egumenă: monahia Irina Nuţă
Contact: +40726488111

Moaşte: o raclă cu mai multe părticele de moaşte ale sfinţilor care s-au nevoit în Hozeva

Împrejurimi:
În Soveja se mai poate vizita *Mănăstirea Naşterea Domnului*, zidită de Matei Basarab în 1645, cu ruinele chiliilor în care a fost închis Alecu Russo, cel care avea să culeagă, pe aceste locuri, în 1846, balada *Mioriţa*, „acea inspiraţiune fără seamăn, acel suspin al brazilor şi al izvoarelor de pe Carpaţi" (Mihai Eminescu).

Schitul Soveja a fost înfiinţat în anul 2001, cu binecuvântarea ÎPS Epifanie al Buzăului şi Vrancei, la iniţiativa şi cu strădania familiei Constantin şi Maria Nistoroiu din Focşani. S-a construit, pentru început, o casă monahală. Între anii 2004 şi 2005 s-a înălţat biserica cu hramul Sfinţii Împăraţi Constantin şi Elena, care a fost sfinţită de către ÎPS Epifanie la data de 21 mai 2005. La acestea s-au mai adăugat o clopotniţă, o troiţă şi o fântână, întreg ansamblul fiind construit din lemn. În 2006 s-a zidit o casă pentru preotul duhovnic. În 2012 chiliile şi administraţia schitului au ars, fiind refăcute astăzi, în totalitate, din zid.

Schitul Urecheşti

4 vieţuitoare, viaţă de obşte

Hram: Acoperământul Maicii Domnului
Adresă: com. Urecheşti, 627385, jud. Vrancea
Acces: din DN2/E85, 15 km SV de Focşani şi 25 km NV de Râmnicu Sărat-Urecheşti, 5 km până la mănăstire
Egumenă: stavrofora Melania Carp
Contact: +40724340344

Schitul a fost înfiinţat în anul 2000, în clădirile fostului CAP Urecheşti, astăzi proprietate a Arhiepiscopiei Buzăului şi Vrancei. Aşezământul monahal are statutul de metoc al arhiepiscopiei. Este amplasat pe creasta unui deal cultivat cu viţă de vie. A fost sfinţit, în 2003, un paraclis cu hramul Acoperământul Maicii Domnului. În prezent se lucrează la finisarea chiliilor şi forarea unui puţ pentru asigurarea apei potabile. Pe viitor se intenţionează construirea unei biserici.

Mitropolia Munteniei și Dobrogei

Arhiepiscopia Dunării de Jos

Arhiepiscop: Înalt Preasfințitul CASIAN CRĂCIUN

(cuprinde județele Galați și Brăila)

Str. Domnească, nr. 104, Galați, 800201, jud. Galați,
Tel./ fax: +40236460014, www.edj.ro

Mănăstirea Adam

10 viețuitoare, viață de obște

Hram: Adormirea Maicii Domnului, Izvorul Tămăduirii
Adresă: sat Adam, com. Drăgușeni, 805200, jud. Galați
Acces: din DJ242 Galați (75 km)-Tg. Bujor (3 km)- Bârlad (30 km); în dreptul loc. Ghinghești DC103, 5 km până la Adam
Stareță: monahia Anastasia Cimbru; **Contact:** +40236331384

Icoane făcătoare de minuni: icoana Maicii Domnului de la Adam

În Postul Adormirii Maicii Domnului, icoana făcătoare de minuni de la Adam este dusă în procesiune în zeci de parohii din județul Galați, întorcându-se „acasă" în ajun de praznic.

La sfârșitul veacului al XVI-lea a fost ctitorit, de către un cioban din părțile locului, un mic schit cu hramul Tuturor Sfinților. Faima noului locaș de închinare se datorează, încă dintru început, unei icoane făcătoare de minuni a Maicii Domnului, donată de un monah rătăcitor din părțile Răsăritului. La mijlocul secolului al XVII-lea serdarul Adam Movilă construiește pe locul vechiului schit o biserică din piatră și cărămidă – de la el și numele de astăzi al mănăstirii. În 1695 mănăstirea este închinată Lavrei Sf. Ecaterina din Sinai. În 1759 devine metoc al Mitropoliei de la Iași. Mănăstirea Adam a fost una dintre cele mai prospere vetre monahale din Moldova de până la secularizarea averilor mănăstirești (1863). Desființată în 1959, de către regimul comunist, Mănăstirea Adam va fi reînființată în 1991 ca mănăstire de călugări. În 2001 redevine mănăstire de maici. În ultimii ani au avut loc ample lucrări de restaurare și consolidare a bisericii vechi (ridicată la 1803), în 2015 fiind sfințit un frumos altar de vară.

Mănăstirea Buciumeni

25 viețuitoare, viață de obște

Hram: Sfânta Treime, Acoperământul Maicii Domnului
Adresă: com. Buciumeni, 807060, jud. Galați
Acces: din Tecuci (13,5 km) spre N și din Bârlad (35 km) spre S, pe DN54/E58, 1 km până la ramificația spre V, în apropierea Gării Berheci, pe DJ252G Țepu-Tecușoru Sec-Buciumeni, 15 km
Stareță: stavrofora Macrina Humă; **Contact:** +40236822706

De văzut:

- Muzeul mănăstirii de obiecte bisericești cu valoare patrimonială

Mănăstirea datează din prima jumătate a secolului al XV-lea, fiind considerată una dintre cele mai vechi vetre monahale din județul Galați. După unii cercetători, pe la 1430, la Buciumeni ar fi existat un schit de călugărițe, bisericuța de lemn a schitului având hramul Sf. Nicolae. Se păstrează numele unui ctitor, în jurul anului 1700, serdarul Manolache Radovici, care reface în întregime Schitul Buciumeni, în acel timp în fruntea obștii de călugărițe aflându-se monahia Mafta. În 1750 schitul devine metoc al Episcopiei Romanului, hramul schitului fiind în acea perioadă Sf. Treime. În anii 1840-1844 se ridică biserica din cărămidă și turnul-clopotniță. Odată cu legea secularizării averilor mănăstirești, mănăstirea va fi desființată, rămânând aici doar 12 monahii în vârstă, majoritatea călugărițelor răspândindu-se la mănăstirile Adam, Agapia și Văratec. Sub păstorirea episcopului Dunării de Jos, Melchisedec Ștefănescu (1865-1879), Buciumeniul redevine mănăstire. Deși desființat oficial în perioada comunistă, în așezământ rămân totuși câteva monahii. Începând cu 1990, viața monahală capătă un nou suflu, prin purtarea de grijă a ÎPS Casian Crăciun. Astfel, mănăstirile Sf. Vasile, Adam și Lacu Sărat din Eparhia Dunării de Jos își datorează, în bună parte, existența obștii monahale de la Buciumeni.

De două decenii, la Buciumeni, de praznicul Sfintei Treimi, are loc un mare pelerinaj al tinerilor liceeni din județul Galați.

Mănăstirea Cârlomănești

6 viețuitori, viață de obște

Hram: Sfinții Martiri Brâncoveni, Sfântul Ierarh Nicolae
Adresă: sat Cârlomănești, com. Cerțești, 807071, jud. Galați
Acces: din Tecuci, loc. situată pe DN24/E581, DN25, drum spre E, apoi NE, DJ251/DJ251A până în Corod. Pe DL spre N, 10 km, 1 km drum pietruit până la mănăstire
Administrator: ierom. Nicodim Anghel
Contact: +40723245908; **Cazare:** 30 locuri (pe timp de vară)

Prima atestare documentară a Mănăstirii Cârlomănești este un *uric*, datat 5 aprilie 1445, în care apare menționat schitul „lui Ciunca Stan", cu prisacă și fântână. În 1448 Petru Vodă, domnitorul Moldovei, răsplătește pe Cernat-ploscarul și pe fratele său Șteful, pentru vrednică slujire, „cu pădurea și mănăstirea de la Cârlomănești". Spre sfârșitul secolului al XVII-lea, Mănăstirea Cârlomănești avea aproape 400 de monahi. În secolul al XVIII-lea va fi integrată curentului de înnoire isihastă, promovat de Sf. Paisie Velicikovski. În 1809 este menționată ca metoc al Episcopiei Romanului. Mănăstirea este complet distrusă în luptele purtate între eteriști și turci, în 1821. Puținii călugări rămași vor construi, peste un an, o nouă mănăstire – a cărei biserică de cărămidă mai există și astăzi. În 1957, Mănăstirea Cârlomănești, lovită de un fulger, va fi părăsită. A fost reînființată, la inițiativa ÎPS Casian al Dunării de Jos, în anul 1997. Prin eforturile Centrului Eparhial și ale Protoieriei Tecuci, s-au construit în ultimii ani un paraclis, sfințit în 2004, cu hramul Sf. Martiri Brâncoveni, și un corp de chilii.

Mănăstirea Nașterea Maicii Domnului, Cudalbi

30 de viețuitoare, viață de obște

Hram: Nașterea Maicii Domnului (biserica mare), Sfântul Gheorghe și Cuvioasa Parascheva (paraclisul)
Adresă: com. Cudalbi, 807105, jud. Galați
Acces: din orașul Tecuci, situat pe DN24/E581, DN25, 20 km E pe DJ251, apoi, din apropierea loc. Valea Mărului spre S pe același drum încă 6 km
Stareță: stavrofora Mariani Popa
Contact: +40236862016, mcudalbi@edj.ro

Mănăstirea este ctitoria Eugeniei Pană Gologanu, cea care a înălțat, pe propria moșie, biserica noii vetre monahale (sfințită în anul 1938). Prima stareță a mănăstirii a fost monahia Haritina Vasiliu. Mănăstirea va fi desființată de autoritățile comuniste în 1950, devenind un simplu metoc al Vladimireștiului. În 1959 este închisă definitiv, călugărițele fiind alungate, iar chiliile demolate. Biserica mănăstirii va ajunge, în puțină vreme, o ruină. După 1990 vor fi construite o nouă biserică (aflată în stadiul de finisare), 3 corpuri de chilii și o clopotniță. În partea de nord a bisericii a fost înălțat un altar de vară cu pereți de sticlă. Are un atelier de veșminte preoțești. Vechiul nume al mănăstirii – Gologanu – a fost schimbat în 1998 în Mănăstirea Nașterea Maicii Domnului, Cudalbi. **Muzeul** cu obiecte de cult vechi, mobilier etc. este în curs de reamenajare.

Moaște: părticele din moaștele Sf. Grigorie Teologul, Sf. Chiriachi, Sf. Teodosie de la Brazi, Sf. Filofteia de la Curtea de Argeș, Sf. Ștefan Sinaitul, Cei 14000 de prunci uciși de Irod

Icoane făcătoare de minuni: icoana Maicii Domnului

Mănăstirea Sfântul Ioan Gură de Aur, Galaţi

5 vieţuitoare, viaţă de obşte

Hram: Sfântul Ioan Gură de Aur, Cuvioasa Macrina
Adresă: str. Domnească, nr. 104, 800201, Galaţi, jud. Galaţi
Acces: incinta Centrului administrativ al Arhiepiscopiei Dunării de Jos

Mănăstirea este situată în incinta Centrului administrativ al Arhiepiscopiei Dunării de Jos, funcţionând în cadrul Centrului pastoral, cultural şi social Sf. Ioan Casian, înălţat, între anii 2000 şi 2006, din iniţiativa ÎPS Casian, Arhiepiscopul Dunării de Jos. Paraclisul noii mănăstiri a fost târnosit pe data de 13 noiembrie 2007. Mănăstirea se află sub directa îndrumare a centrului eparhial.

Mănăstirea Sfântul Trifon

5 vieţuitori, viaţă de obşte

Hram: Sfântul Mucenic Trifon
Adresă: com. Şendreni, 807290, jud. Galaţi
Acces: DJ251 Galaţi-Smârdan, apoi după 3 km stânga spre Traian, cca 1 km de drum pietruit. 12 km din Galaţi spre NV
Preot: ierom. Arsenie Ştefu
Contact: +40749387401, +40762373963, msftrifon@edj.ro

Moaşte: părticele din moaştele Sf. Trifon

A fost înfiinţată în anul 2001, cu binecuvântarea ÎPS Casian al Dunării de Jos, pe un teren retrocedat arhiepiscopiei. În cadrul unui corp de clădire există un mic paraclis cu hramul Sf. Mucenic Trifon. Lucrările la biserica mare a mănăstirii au fost încheiate în 2013, în prezent fiind realizate lucrări premergătoare demarării picturii. În imediata apropiere a mănăstirii se află o fermă, ce contribuie la întreţinerea copiilor din orfelinatul eparhial Sf. Vasile cel Mare din Galaţi.

Mănăstirea Sfântul Vasile cel Mare, Galaţi

5 vieţuitoare, viaţă de obşte

Hram: Sfântul Vasile cel Mare, Cuvioasa Parascheva
Adresă: str. Basarabiei, nr. 109, Galaţi, 800113, jud. Galaţi
Stareţă: monahia Ieronima Bitere
Contact: +40236471682, msfvasile@edj.ro

Împrejurimi:
- Biserica Precista (sec. XVII), Galaţi

Mănăstirea funcţionează în cadrul Aşezământului Sf. Vasile cel Mare, care mai cuprinde: o asociaţie filantropică, cabinetele medicale Sf. Cosma şi Damian, centrul social Speranţa. Clădirea aşezământului a fost ridicată între anii 1938 şi 1940, din iniţiativa Episcopului Cozma Petrovici al Dunării de Jos, fiind folosită, o vreme, ca orfelinat eparhial. Slujbele se desfăşoară în paraclisul cu hramul Sf. Vasile cel Mare şi Cuv. Parascheva, din incinta aşezământului, sfinţit în anul 2008, de ÎPS Casian.

Mănăstirea Sfinții Arhangheli, Galați

4 viețuitori, viață de obște

Hram: Sfinții Arhangheli

Adresă: str. Egalității, nr. 6, Galați, 800029, jud. Galați

Acces: este situată în municipiul Galați, aprox. 2 km de Arhiepiscopie, în apropierea Dunării

Stareț: protos. Chesarie Sâmpetru; **Contact:** +40722309698

Mănăstirea a fost ctitorită în anul 1763 de câțiva călugări sosiți la Galați de la Mănăstirea Neamț. Actuala biserică a mănăstirii este însă ctitoria negustorului gălățean Gheorghi Șișman, fiind înălțată între 1802 și 1805. Negustorul a dorit ca slujbele să fie săvârșite în noua biserică în două limbi: greacă și română. Incendiată în timpul mișcării eteriștilor – 1821 –, biserica va fi restaurată abia în 1858. În chiliile mănăstirii a funcționat, începând cu 1832, prima școală publică din orașul Galați. În perioada 1859-1994 funcționează ca biserică de mir. Între anii 1954 și 1957 devine catedrală episcopală a Eparhiei Dunării de Jos. Locașul a fost repictat în anii 1975-1979 de Anatolie Cudinof și Constantin Caraman. Catapeteasma, sculptată, este poleită cu aur. În biserică se păstrează câteva icoane valoroase, din a doua jumătate a sec. al XVIII-lea. Redevine mănăstire de sine stătătoare din 1994. Primul stareț al mănăstirii, arhim. mitrofor Teofil Pandele, a trecut la cele veșnice în anul 2001. Ansamblul mănăstiresc figurează pe lista monumentelor istorice, fiind totodată singura vatră monahală din municipiul Galați.

Mănăstirea Vladimirești

131 viețuitoare, viață de obște

Hram: Adormirea Maicii Domnului, Izvorul Tămăduirii (biserica mică)

Adresă: com. Tudor Vladimirescu, 807295, jud. Galați

Acces: DN25 Galați (43 km)-Tecuci (36,5 km). Mănăstirea se află la 4 km V de com. Tudor Vladimirescu

Stareță: monahia Nazaria Slabu; **Contact:** +40236828781

Mănăstirea Vladimirești are cea mai numeroasă obște dintre mănăstirile românești (aproape 140 de maici și surori – Agapia și Văratecul având viețuire de sine). A fost ctitorită în anul 1938, de stavrofora Veronica Gurău († 2005), pe terenul primit ca zestre din partea părinților săi.

Biserica mare, înălțată între 1941 și 1943, este în formă de cruce, în stil moldovenesc, și are hramul Adormirea Maicii Domnului. La răsărit de biserică se află paraclisul cu hramul Izvorul Tămăduirii (1939), ctitorit de arhim. Visarion Nicolau. La data desființării mănăstirii de către puterea comunistă – 14 februarie 1956 –, la Vladimirești viețuiau 318 monahii. După deschiderea mănăstirii, în martie 1990, se repară cele două corpuri de chilii – în care funcționase un preventoriu de copii – și se ridică alte două clădiri – stăreția, chilii etc. Poarta mănăstirii este înălțată în 1992, în stil maramureșean. Deține ateliere bine dotate de pictură, sculptură bisericescă, croitorie, broderie, tricotaje, covoare. Generatoare a ceea ce presa și teologii vor numi – din perioada interbelică până în prezent – „fenomenul Vladimirești".

Icoane făcătoare de minuni: icoana Maicii Domnului

De văzut:

- Muzeu: peste 100 de icoane din sec. XVIII-XIX

Mănăstirea Toflea

2 viețuitori, viață de obște

Mănăstirea Toflea este singura mănăstire din țară înălțată prin contribuția unui credincios de etnie țigănească – Vasile Băiculescu –, pravila de rugăciune cuprinzând rugăciuni speciale pentru locuitorii din comunitatea țigănească, aflată în apropierea vetrei monahale.

Hram: Sfinții Trei Ierarhi, Sfântul Ștefan cel Mare
Adresă: sat Toflea, com. Brăhășești, 807058, jud. Galați
Acces: din Tecuci, loc. situată la 77 km NV de municipiul Galați și 38 km NE de Focșani – 32 km N pe E581, DJ241 și DL, cca 4 km până la Toflea
Stareț: protos. Paisie Agache
Contact: +40757200062

Mănăstirea Toflea este considerată a fi, după unele documente, ctitorie din cea de-a doua jumătate a secolului al XVI-lea, a vornicului „Tofle cel Bătrân". Ajungând în ruină, în 1667, căpitanul Florea și soția sa, Safta, înalță pe locul acesteia un mic schit. În 1809, schitul aparținea de Episcopia Romanului. În jurul anului 1850, vatra monahală a rămas pustie. Pe data de 29 iunie 2002 s-a sfințit locul pentru o nouă mănăstire cu hramul Sf. Trei Ierarhi. Printr-o slujbă specială de binecuvântare, începând cu decembrie 2010, în biserica mănăstirii începe să se slujească.

Schitul Zimbru

obște în formare

Hram: Cuviosul Rafail de la Agapia Veche
Adresă: sat Bursucani, com. Bălăbănești, 807011, jud. Galați
Acces: DJ242 Bârlad (24 km S)-Galați (80 km NV)
Egumenă: monahia Anastasia Cimbru (starețа Mănăstirii Adam)

Împrejurimi:
- Mănăstirea Adam

A existat pe aceste locuri, pe la sfârșitul sec. al XVIII-lea, un schit cu hramul Sfântul Mare Mucenic Gheorghe, întemeiat de doi călugări de la Mănăstirea Râșca. După secularizare, în 1864 monahiile schitului vor fi mutate la Mănăstirea Adam. În chiliile părăsite ale așezământului se va înființa, în 1866, o școală pentru copiii din satul Bursucani. Vatra monahală este reînființată în 2008, de către Episcopia Dunării de Jos. În prezent se lucrează la ridicarea unei biserici de lemn, cu hramul Sf. Gheorghe și Cuviosul Rafail de la Agapia Veche (sfânt originar din Bursucani). Schitul se află în administrarea Mănăstirii Adam.

Mănăstirea Măxineni

11 viețuitori, viață de obște

Hram: Nașterea Sfântului Ioan Botezătorul, Sfântul Voievod Ștefan cel Mare
Adresă: com. Măxineni, 817090, jud. Brăila
Acces: DN23 Brăila-Focșani (35 km NV de Brăila)
Administrator: singhel Melchisedec Barbu
Contact: +40726729325

Moaște: părticele din moaștele Sf. Ioan Maximovici

În anul 1637, domnitorul Țării Românești, Matei Basarab, va ridica la Măxineni una dintre cele mai frumoase ctitorii din vremea domniei sale. Noua mănăstire, după cum grăiește pisania, a fost înălțată pe locul unei biserici de nuiele. Rolul de apărare, atribuit sfintei mănăstiri, explică grosimea neobișnuită a zidurilor: 1,5 m. În 1718, când tătarii intră în Țara Românească, Nicolae Mavrocordat va trimite pentru tratativele ce urmau să aibă loc la Mănăstirea Măxineni doi înalți demnitari, demonstrându-se prin aceasta importanța acordată mănăstirii.

În 1750, mănăstirea devine metoc al Spitalului Sf. Pantelimon din București. Ajunsă în ruină, în 1856 guvernul va aproba reclădirea acesteia. În curând însă Mănăstirea Măxineni va fi transformată în biserică de mir, după 1877 fiind închisă. Zidurile groase ale mănăstirii se prăbușesc în februarie 1917, în urma bombardamentelor armatei germane și a aruncării în aer de către armata rusă a unui depozit de muniție. Pe data de 24 iunie 1990, după 73 de ani de abandon, se oficiază aici prima Sfântă Liturghie arhierească de către ÎPS Casian al Dunării de Jos, fiind numit cu acel prilej primul stareț al mănăstirii reînființate, protosinghelul Simion Victor Ovezea. S-a realizat un complex modern de chilii și anexe gospodărești. În anul 2004, cu prilejul sfințirii mănăstirii, aceasta va primi un al doilea hram: Sf. Voievod Ștefan cel Mare. În 2015, s-au încheiat lucrările de restaurare și consolidare a vechii ctitorii a lui Matei Basarab.

Mănăstirea Sfântul Pantelimon, Lacu Sărat

10 viețuitoare, viață de obște

Hram: Sfântul Mare Mucenic și Tămăduitor Pantelimon
Adresă: sat Lacu Sărat, com. Chiscani, 817026, jud. Brăila
Acces: DN2B Buzău-Brăila, la 5,5 km SV de centrul orașului Brăila; din oraș se poate ajunge la mănăstire chiar și cu tramvaiul
Stareță: stavrofora Pantelimona Corjos; **Contact:** +40239684799

Mănăstirea datează din anul 1996. Este situată în imediata apropiere a stațiunii balneoclimaterice Lacu Sărat, într-un încântător cadru natural – înconjurată de un parc de 40 de hectare. Ansamblul mănăstiresc cuprinde o frumoasă bisericuță de lemn în stil maramureșean și un corp de chilii (tot din lemn). A fost sfințită în 1999 de ÎPS Casian al Dunării de Jos și de ÎPS Petru, Mitropolitul Basarabiei. Pe data de 27 iulie 2009, a fost sfințit noul centru social al mănăstirii de către PF Patriarh Daniel și ÎPS Casian, Arhiepiscop al Dunării de Jos. Primele monahii care au format obștea Mănăstirii Lacu Sărat provin de la Mănăstirea Buciumeni.

Împrejurimi:
- Biserica grecească, Brăila
- Casa memorială Panait Istrati, Brăila
- Muzeul de Etnografie și Artă Populară, Brăila

Mitropolia Munteniei și Dobrogei

Episcopia Sloboziei și Călărașilor

Episcop: Preasfințitul VINCENȚIU GRIFONI

(cuprinde județele Ialomița și Călărași)

Str. Episcopiei, nr. 2, Slobozia, 920023, jud. Ialomița,
Tel: +40243231711, Fax: +40243231154, www.sf-esc.ro

Mănăstirea Balaciu

10 viețuitori, viață de obște

Hram: Adormirea Maicii Domnului, Nașterea Maicii Domnului (paraclisul)
Adresă: com. Balaciu, 927040, jud. Ialomița
Acces: DN2A București-Urziceni-Slobozia (la 88 km NE de București și la 38 km V de Slobozia). Din Urziceni, 24 km până la mănăstire.
Stareț: protos. Serafim Rotaru
Contact: +40731511074; **Cazare:** 20 locuri

Mănăstirea Balaciu a fost înființată în anul 1929 de PS Gherontie Nicolau al Tomisului, în jurul bisericii de mir din satul Piteșteanu (dispărut), ce aparținea de localitatea Balaciu. Biserica mănăstirii a fost ridicată între 1821 și 1841 de către proprietarii moșiei Odaia – Neacșu și Ecaterina Piteșteanu. În anii 1936-1939, la Balaciu a funcționat o școală de cântăreți bisericești. În această mănăstire se vor forma duhovnicește doi viitori mari duhovnici ai Bisericii noastre – arhim. Macarie Ioniță (Mănăstirea Pasărea) și arhim. Damian Bogdan (Mănăstirea Sitaru). În anul 1961, în urma Decretului 410/1959, călugării din Mănăstirea Balaciu au fost alungați. Pe 27 august 1991 este trimis ca stareț la Mănăstirea Balaciu, de către PF Teoctist, vrednicul de pomenire ieromonah Teofil Belea, care va reface biserica veche, două corpuri de chilii, anexele gospodărești etc. În anul 2000, PS Damaschin Coravu sfințește biserica veche, iar în 2006 are loc sfințirea paraclisului de iarnă.

Mănăstirea Crăsani

3 viețuitori, viață de obște

Hram: Sfântul Apostol Andrei și Cuvioasa Parascheva (biserica în construcție), Sfântul Andrei (paraclisul)
Adresă: sat Crăsani, com. Balaciu, 927043, jud. Ialomița
Acces: din localitatea Balaciu, situată pe DN2A București-Urziceni-Slobozia (la 88 km NE de București, 38 km V de Slobozia și 24 km de Urziceni, DC37 spre Crăsanii de Jos, 7 km S până la mănăstire.
Stareț: ierom. Serafim Șurpanu
Contact: +40747316323
Cazare: 35 locuri

Împrejurimi:

• În apropierea mănăstirii se află cea mai mare pădure de salcâmi din țară. Un popas aici în luna mai, atunci când salcâmii dau în floare, vă va aminti cu siguranță de frumusețile Raiului.

Mănăstirea Crăsani, ctitorie a părintelui arhim. Adrian Făgețeanu, este înălțată în apropierea străvechii cetăți Helis – reședință a lui Dromichete în secolele IV-III î.Hr. Terenul așezământului a fost donat de credincioasa Aurica Lazăr, primele donații pentru noul locaș de închinare fiind făcute de părintele Pamvo de la Schitul Daniil Sihastrul, Putna. S-a dorit construirea la Crăsani a unui așezământ studențesc, având-l ca ocrotitor pe Sf. Apostol Andrei. În anul 2000 este sfințită, de către PS Damaschin al Sloboziei și Călărașilor, o biserică de lemn. În 2001 așezământul capătă statut de schit de maici cu hramul Sf. Apostol Andrei. În anul 2003 devine mănăstire, iar în 2006, când se termină un corp de chilii, se pune piatra de temelie a bisericii mari, de zid, cu hramul Sf. Apostol Andrei și Cuv. Parascheva. În 2013, Mănăstirea Crăsani este transformată în mănăstire de călugări.

Mănăstirea Chiroiu

21 viețuitoare, viață de obște

Hram: Buna Vestire (biserica mare), Sfânta Parascheva (paraclisul)
Adresă: sat Chiroiu-Ungureni, com. Drăgoești, 927103, jud. Ialomița
Acces: din DN2 București-Urziceni, la 38,5 km spre S, 5 km, trecând prin localitățile Bițina și Chiroiu (asfaltul lipsește pe unele porțiuni de drum).
Stareță: stravrofora Filofteia Brebu
Contact: +40740193038; **Cazare:** 10 locuri

Pe data de 24 aprilie 1998, pe terenul donat de familia Ioniță din București, se pune piatra de temelie a bisericii Mănăstirii Chiroiu, de către PS Nifon, actualmente arhiepiscop al Târgoviștei, împreună cu un sobor de 21 de preoți. Lucrările se vor încheia în 2005; pe 2 octombrie, în același an a fost sfințită biserica cu hramul Buna Vestire, de către vrednicul de pomenire ierarh Damaschin Coravu. Paraclisul mănăstirii are hramul Sf. Parascheva. La Mănăstirea Chiroiu există ateliere de croitorie, broderie și pictură.

Mănăstirea Dridu

11 viețuitoare, viață de obște

Hram: Acoperământul Maicii Domnului, Sfântul Dimitrie Izvorâtorul de Mir (biserica mare), Sfinții Arhangheli Mihail și Gavriil (paraclisul)
Adresă: com. Dridu, 927105, jud. Ialomița
Acces: din Movilița, loc. situată pe DN2, la 45 km NE de București și 15 km SE de Urziceni, DJ302, 10 km spre N până la Mănăstirea Dridu
Stareță: monahia Gabriela Haraga
Contact: +40723948070
Cazare: 10 locuri

Înălțarea Mănăstirii Acoperământul Maicii Domnului, Dridu începe cu binecuvântarea Patriarhului Teoctist, în anul 1993. Chiliile și bisericuța de lemn, cu hramul Sf. Arhangheli Mihail și Gavriil (acum paraclis), s-au ridicat cu osârdia stareței Gabriela Haraga, ucenică a părintelui Paisie Olaru de la Sihla – Neamț, pe locul numit La Metereze, terenul fiind donat de monahia Serafima Sofia. Biserica mare a mănăstirii, sfințită în 2002, are ctitori pe Dumitru și Steluța Ilinescu. Pictura aparține pictorului Dumitru Macovei din Bacău. În Mănăstirea Dridu există ateliere de pictură pe lemn și sticlă, de broderie și croitorie.

Moaște: părticele din moaștele Sf. Eftimie cel Mare, Sf. Ignatie Teoforul, Sf. Sava
Icoane făcătoare de minuni: icoana Maicii Domnului

Schitul Dridu

2 viețuitoare, viață de obște

Hram: Adormirea Maicii Domnului
Adresă: com. Dridu, 927105, jud. Ialomița; **Acces:** din Movilița, loc. situată pe DN2, la 45 km NE de București și 15 km SE de Urziceni, DJ302, 10 km spre N până în comuna Dridu. Schitul se află la 1,2 km de centrul comunei.
Egumenă: schimonahia Nectaria Ilie

Schitul Dridu este ctitorie (1995) a schimonahiei Nectaria Ilie din comuna Dridu. Este format dintr-un paraclis cu hramul Adormirea Maicii Domnului și trei chilii. Așezământul este cunoscut sub numele de Casa Episcopiei.

Aurelian Pană este primul inginer agronom din istoria modernă a României, cel care a introdus soia în agricultura românească, fiind condamnat de comuniști pentru „introducerea și încurajarea unei plante necunoscute și inutile țării noastre: soia". A murit în urma schingiuirilor, la Gherla. Pentru a încăpea în sicriu i-au fost tăiate picioarele.

Împrejurimi:
- Casa memorială Ionel Perlea, Ograda

Mănăstirea Frățilești-Sudiți

8 viețuitori, viață de obște

Hram: Sfântul Mare Mucenic Pantelimon
Adresă: com. Săveni, 927235, jud. Ialomița
Acces: 1. din DN2A/E60 Slobozia-Țăndărei, între Ograda (3 km) și Țăndărei (5 km) ramificație spre SE Frățilești-Sudiți pe DC1 și DJ201, 7,5 km; 2. din Țăndărei, prin Săveni, DJ201 spre SV, 10 km
Stareț: protos. Ilarion Conachi
Contact: +40765967030

Mănăstirea funcționează din anul 2007 într-un fost conac – unul dintre cele mai impresionante din Bărăgan – ce a aparținut vestitului inginer agronom Aurelian Pană, angrosist de cereale și ministru al agriculturii înainte de al Doilea Război Mondial. În perioada comunistă conacul devine sediu al CAP Frățilești. A fost donat BOR de către urmașii lui Aurelian Pană. Directorul Muzeului Național al Agriculturii din Slobozia, Răzvan Ciucă, se numără printre ctitorii principali ai noii mănăstiri. Paraclisul și chiliile sunt improvizate, mănăstirea aflându-se la început de drum.

Mănăstirea Hagieni

10 viețuitori, viață de obște

Hram: Sfântul Mare Ierarh Nicolae (biserica veche), Sfântul Dimitrie Izvorâtorul de Mir (paraclisul)
Adresă: sat Hagieni, com. Mihail Kogălniceanu, 927167, jud. Ialomița
Acces: din DN2A/E60 București-Slobozia-Țăndărei-Constanța, la km 112, ramificație spre S, 3 km, drum pietruit. Din Slobozia până la ramificație, 32 km; din Țăndărei, 7,2 km.
Stareț: arhim. Rafail Mîț; **Egumen:** protos. Gabriel Botezatu
Contact: +40754390143; **Cazare:** 20 locuri

Mănăstirea a fost înființată în anul 2000 (decizia de înființare fiind din 1995). Construcția mănăstirii a început, practic, în 2003, pornindu-se de la ruinele bisericii fostei localități Hagieni, biserică ctitorită între 1881 și 1892 de regele Carol I. Localitatea Hagieni a fost dezafectată din cauza inundațiilor din anul 1971, biserica ajungând în paragină. În 2007 PS Damaschin sfințește un frumos paraclis în mănăstire cu hramul Sf. Dimitrie Izvorâtorul de Mir. Corpul de chilii nou construit a fost recent refăcut în urma unui incendiu. În prezent se lucrează la restaurarea vechii biserici.

Mănăstirea Sfântul Mina (centrul eparhial)

6 viețuitoare, viață de obște

Hram: Sfântul Mare Mucenic Mina
Adresă: str. Episcopiei, nr. 2, Slobozia, 920023, jud. Ialomița
Stareță: stavrofora Lucia Scîrneci
Contact: +40745339015

Noua mănăstire, cu hramul Sfântul Mare Mucenic Mina, funcționează, din anul 2012, în cadrul Centrului Eparhial. În 2013 PS Vincențiu a sfințit biserica de lemn în stil maramureșean a noului așezământ monahal.

Mănăstirea Sfinții Voievozi, Slobozia

12 viețuitori, viață de obște

Hram: Sfinții Arhangheli Mihail și Gavriil, Izvorul Tămăduirii
Adresă: str. Mănăstirii, nr. 1, Slobozia, 920073, jud. Ialomița
Acces: este situată în orașul Slobozia, pe DN2A București-Constanța (la ieșrea din Slobozia spre Constanța)
Stareț și Vicar Eparhial: exarh arhim. Rafail Mîț
Contact: +40243235245, +40754390143

Mănăstirea Sfinții Voievozi – cea mai veche mănăstire din estul Munteniei, păstrată până în zilele noastre – este amintită de-a lungul vremurilor sub numele de Mănăstirea Sfinții Voievozi de la Vaideei, Slobozia lui Ianache ori Slobozia. A fost înălțată în anul 1618 de către postelnicul Ianache Caragea. Biserica acesteia va fi refăcută în 1634, după o invazie a tătarilor, de către domnitorul Matei Basarab, care construiește și un puternic zid de apărare, înalt de 5 m și lat de aproape 1,5 m. Întreg ansamblul „are aspectul unei cetăți, cu ziduri puternice, imposibil de escaladat" (*Documente*, Hurmuzaki). Domnitorul va închina noua sa ctitorie Mănăstirii Dochiaru din Sfântul Munte. Distrusă de un puternic cutremur în 1838, mănăstirea va fi rezidită din temelii sub egumenia lui Gavriil de Smirna, în anii 1840-1842. Turnul-clopotniță a fost zidit de același egumen, în anul 1836. Pictura murală datează din 1842. Secularizarea averilor mănăstirești va duce la decăderea mănăstirii, aceasta devenind biserică de mir. După 1990 au loc ample lucrări de consolidare și restaurare. În 1994 devine sediul nou-înființatei Episcopii a Sloboziei și Călărașilor. La 6 februarie 1994, PF Teoctist, împreună cu un mare sobor de arhierei, îl va instala aici pe primul episcop ialomițean – PS Nifon Mihăiță.

Mănăstire de maici din 1998. În noiembrie 2009 este transformată în mănăstire de călugări.

Moaște: părticele din moaștele Sf. Ioan Gură de Aur, Sf. Dimitrie, Sf. Haralambie, Sf. Mercurie, Sf. Pantelimon, Sf. Teodor Tiron, Sf. Paraschevi, Sf. Procopie, Sf. Elefterie
Odoare sfinte: părticică din lemnul Sfintei Cruci

Împrejurimi:
- Muzeul Național al Agriculturii, Slobozia

Schitul Amara

10 viețuitori, viață de obște

Hram: Sfântul Mare Mucenic Gheorghe
Adresă: str. Alexandru Ioan Cuza, nr. 1A, Amara, 927020, jud. Ialomița
Acces: din Slobozia, oraș situat pe E60/DN2 și DN21/E584, 9 km N pe DN2C și DL până la mănăstire
Egumen: ierom. Grigorie Țuțuianu
Contact: +40754837703
Cazare: 10 locuri

Schitul a fost înființat în anul 2003, ca metoc al Episcopiei Sloboziei și Călărașilor. Se află situat la marginea orașului Amara. În ultimii ani s-au construit un paraclis cu hramul Sf. Gheorghe (sfințit în 2004) și un corp de chilii. Biserica mare a mănăstirii se află în stadiul de finisaj. Călugării provin de la mănăstiri din Moldova.

Moaște: părticele din moaștele Sfinților Mărturisitori de la Aiud

Schitul Horia

3 viețuitoare, viață de obște

Hram: Nașterea Maicii Domnului (hramul mănăstirii, viitoarea biserică), Sfântul Spiridon (paraclisul, în construcție), Sfântul Grigorie Dascălu (biserica de lemn)
Adresă: sat Horia, com. Axintele, 927037, jud. Ialomița
Acces: din Lehliu, localitate situată pe DN3 București-Călărași, DJ305 până la Săpunari, 4 km, apoi DJ313 Horia, 6 km.
Egumenă: monahia Siluana Perju; **Contact:** +40751616710

Schitul Horia a fost înființat în anul 2007, într-o zonă cu o bogată tradiție monahală. Vestita Mănăstire Odaia Călugărului (sec. XVI), cu o obște de 500 de monahi în perioada sa de maximă înflorire, astăzi dispărută, se află la mică distanță de locația actualului schit. Primii monahi de la Horia au înălțat lângă cimitirul satului Horia o biserică de lemn, însă la 800 m depărtare, în clădirile dezafectate ale unui SMA. Din 2015, așezământul monahal de la Horia a devenit schit de maici.

Mănăstirea Izvorul Tămăduirii, Coslogeni

6 viețuitori, viață de obște

Hram: Izvorul Tămăduirii, Înălțarea Sfintei Cruci
Adresă: sat Coslogeni, com. Dichiseni, 917051, jud. Călărași
Acces: schitul se află la 13 km E de Călărași pe DN3B Călărași-Fetești (30 km)
Stareț: protos. Lucian Ciolovic
Contact: +40742468226; **Cazare:** 10 locuri

Mănăstirea Coslogeni a fost înființată în 2003 (a funcționat ca schit până în ianuarie 2010). Încă din 1992, deasupra unei cruci „de leac", datând din 1738, a fost înălțat, de către parohul din satul Coslogeni, un mic paraclis cu hramul Izvorul Tămăduirii. În 2007 a fost ridicată o biserică – în stil maramureșean, din lemn (înaltă de 26 m), cu hramul Înălțarea Sf. Cruci –, ctitorie a lui Ștefan Poenaru, membru în Adunarea Eparhială a Sloboziei și Călărașilor. Pictura: Marian Nan.

Mănăstirea Libertatea

13 viețuitoare, viață de obște

Hram: Sfânta Treime
Adresă: sat Coslogeni, com. Dichiseni, 917052, jud. Călărași
Acces: la 4 km N de Coslogeni, localitate situată pe DN3B Călărași (14 km)-Fetești (30 km)
Stareță: monahia Nimfodora Pascaru
Contact: +40755286320; **Cazare:** 20 locuri

Moaște: părticele din moaștele celor 14.000 de prunci uciși de Irod, Sf. Inochentie și Kukșa de Odessa, de la Sfinții Părinți uciși de perși în anul 650 d.Hr.

Mănăstirea Sf. Treime a fost înființată în anul 2000, în jurul bisericii fostului sat de deportați Libertatea, demolat în 1976. Primul hram al bisericii a fost Sf. Împărați Constantin și Elena. În aprilie 2001 mica obște creată la Libertatea începe reparația bisericii. Stareța provine din obștea Mănăstirii Miclăușeni, Iași, fiind originară însă din Bărăgan. În 2003 biserica a fost pictată, fiind sfințită de PS Damaschin al Sloboziei și Călărașilor, iar în 2004 s-a sfințit un corp de chilii, construit de omul de afaceri Petre Marian Miluț. În construcție – un mic paraclis.

Mănăstirea Plătărești

6 viețuitoare, viață de obște

Hram: Sfântul Mercurie
Adresă: com. Plătărești, 917200, jud. Călărași
Acces: la 1 km depărtare de centru, pe DJ301, 25 km SE de București
Stareță: monahia Varvara Arnăutu
Contact: +40722309098
Cazare: 9 locuri

Mănăstirea Plătărești a fost ctitorită de domnitorul Matei Basarab, în anul 1646, ca mulțumire adusă Sf. Mercurie, în urma unei victorii obținute împotriva tătarilor veniți să-l ajute pe Radu Iliaș, pretendent la domnie, în anul 1632. Mănăstirea și satul Plătărești își trag numele de la primul egumen al așezământului – Plastara, de origine greacă. Unul dintre satele din apropiere, Podul Pitarului, amintește și el de ispravnicul Mitrea Pitarul, menționat în pisania bisericii. Este unul dintre cele mai frumoase ansambluri de arhitectură muntenească din sec. al XVII-lea. Cuprinde: biserica, zidul de incintă, chiliile și Casa Domnească. La sfințirea bisericii a participat domnitorul însuși, împreună cu Elina Doamna. Biserica mai păstrează și astăzi fragmente din pictura originară – tabloul votiv al familiei ctitorului, printre care Barbu, fratele, Stanca, nepoata, precum și Albu, ispravnicul. După 1863, odată cu secularizarea averilor mănăstirești, mănăstirea va fi transformată în biserică de mir. Mai târziu, aceasta devine închisoare de femei și sanatoriu. Reînființată de Patriarhul Miron Cristea ca mănăstire de călugări, în 1927, Plătăreștiul va fi desființat din nou în anii '50, de către regimul comunist. În 2000 este reînființată ca mănăstire de maici, iar în 2004 devine mănăstire de călugări. Restaurarea mănăstirii începe în 2007, cu corpul de nord (al doilea ca valoare istorică după Casa Domnească). Lipsa fondurilor și disputa patrimonială cu parohia Plătărești sunt principalele probleme cu care se confruntă mănăstirea astăzi. În septembrie 2009 redevine mănăstire de maici. În 2010 s-a încheiat restaurarea unui corp de chilii.

Mănăstirea Radu-Negru

12 viețuitori, viață de obște

Hram: Sfântul Mare Mucenic Gheorghe (biserica mare), Sfântul Arhidiacon Ștefan (paraclisul); **Adresă:** com. Modelu, 917181, jud. Călărași
Acces: la 10 km depărtare de Călărași. Din DN21, 2 km pe DJ310
Stareț: protos. Gherasim Noapteș
Contact: +40740913388; **Cazare:** 10 locuri

Biserica mănăstirii a fost construită între 1909 și 1913, ca biserică de parohie, de către obștea satului cu același nume, fiind sfințită pe 25 martie 1913, de arhiereul Valerian Râmniceanul. Ultimii localnici vor părăsi vatra satului în 1970, din pricina stratului freatic de suprafață. În 1992 PF Teoctist, trecând prin aceste locuri, hotărăște înființarea unei mănăstiri de călugări în jurul bisericii părăsite în urmă cu două decenii. Primul viețuitor al noii mănăstiri a fost ierom. Macarie Pristavul. În 1995 mănăstirea a fost sfințită de PS Nifon, actualmente Arhiepiscop al Târgoviștei. În ultimii ani s-a restaurat biserica veche și au fost construite paraclisul cu hramul Sf. Arhidiacon Ștefan, stăreția, trapeza, chiliile și un gard de piatră.

Moaște: părticele din moaștele de la mai mulți sfinți
Icoane făcătoare de minuni: icoana Maicii Domnului

Mănăstirea Tăriceni

4 viețuitori, viață de obște

Hram: Sfântul Mare Ierarh Nicolae

Adresă: sat Tăriceni, com. Frăsinet, 917096, jud. Călărași

Acces: din Sărulești (7 km S din DN3), loc. situată lângă Autostrada Soarelui, DJ303 spre SE până la Tăriceni, 20 km din Autostrada Soarelui; 18 km din Lehliu

Stareț: ierom. Paisie Cândea

Contact: +40769762583

Schitul Tăriceni a fost înființat în 2001. Biserica schitului, de la 1834, este ctitorie a negustorului grec Hristofor Guva. O scurtă perioadă de timp aceasta a funcționat ca mănăstire, fiind desființată însă odată cu secularizarea averilor mănăstirești (1863). Funcționează ca biserică de parohie până în 1970, când satul este strămutat de regimul comunist. În prezent se lucrează la construcția unui nou corp de chilii. După trecerea la cele veșnice, în 2007, a stărețului Zosima Alecu, așezământul Tăriceni devine mănăstire de maici. Redevine mănăstire de călugări din martie 2013.

Mitropolia Munteniei și Dobrogei

Episcopia Alexandriei și Teleormanului

Episcop: Preasfințitul GALACTION STÂNGĂ

(cuprinde județul Teleorman)

Str. Carpați, nr. 15, Alexandria, 140059, jud. Teleorman,
Tel: +40247326321, Fax: +40247316654

Moaște: o raclă cu părticele din moaștele mai multor cuvioși și mucenici

Împrejurimi:

• la 25 km NV, fosta Mănăstire Coșoteni (lângă Roșiorii de Vede). Biserica mănăstirii (sec. XVI) este una dintre cele mai frumoase din țară

Mănăstirea Adămești

8 viețuitori, viață de obște

Hram: Nașterea Maicii Domnului, Sfântul Ioan Rusul (paraclisul)
Adresă: sat Adămești, com. Nanov, 147215, jud. Teleorman,
Acces: lângă Nanov (NV), pe DN6/E70 Alexandria (6 km), Roșiorii de Vede (26 km)
Stareț: protos. Fanurie Beldiman
Contact: +40247319843, +40748773710

Piatra de temelie a mănăstirii a fost așezată în anul 1991 de PS Calinic Argatu, episcop al Argeșului (și al Teleormanului, până în 1996), de lucrările de construcție ocupându-se preotul paroh din satul Adămești. A funcționat ca mănăstire de maici până în anul 1996. Între 1996 și 2002, în absența monahilor, mănăstirea este închisă. Cu binecuvântarea PS Galaction, în 2002 aceasta devine mănăstire de călugări, prin venirea aici, de la Mănăstirea Sf. Pantelimon, Siliștea Gumești, a ieromonahului Fanurie Beldiman (actualul stareț), care reușește să închege în jurul său o mică obște. Există un singur corp de chilii, cu un paraclis închinat Sf. Ioan Rusul, în prezent mănăstirea fiind un adevărat șantier.

Moaște: o raclă cu părticele din moaștele Sf. Pantelimon, Sf. Mărturisitori de la Aiud

Mănăstirea Brânceni

2 viețuitoare, viață de obște

Hram: Nașterea Sfântului Ioan Botezătorul, Adormirea Maicii Domnului (paraclisul)
Adresă: com. Brânceni, 147035, jud. Teleorman
Acces: DN51 Alexandria (12 km)-Zimnicea (27 km), în centrul com. Brânceni
Starețǎ: stavrofora Teodora Doca
Contact: +40768993545

Mănăstirea a fost înființată în anul 1998. Este situată în imediata apropiere a bisericii din centrul comunei Brânceni. Până în prezent s-au încheiat lucrările la un corp de chilii, paraclis, trapeză și biserica cu hramul Nașterea Sf. Ioan Botezătorul. Biserica mare, pictată în frescă, în stil neobizantin, a fost sfințită în anul 2015. Mănăstirea este înconjurată de un zid înalt, având la intrare o frumoasă clopotniță.

Împrejurimi:

• în satul Bujoreni există o veche biserică de lemn „călătoare", cu hramul Sf. Parascheva, datând din anul 1711, fiind adusă în localitate înainte de anul 1862 din zona muntoasă a județului Argeș.

Mănăstirea Bujoreni

obște în formare

Hram: Sfânta Muceniță Chiriachi
Adresă: com. Bujoreni, 152270, jud. Teleorman
Acces: 60 de km de București și 28 de km de Alexandria, pe E70, în apropierea com. Bujoreni (6 km de Drăgănești-Vlașca)

Terenul pentru înălțarea mănăstirii Bujoreni aparține Episcopiei Alexandriei și Teleormanului. Mănăstirea se află în stadiul de organizare de șantier, urmând ca în cursul anului 2016 să se înceapă lucrările efective de construcție a unei biserici și a unui corp de chilii.

Mănăstirea Cernetu

3 viețuitori, viață de obște

Hram: Sfântul Trifon, Izvorul Tămăduirii, Icoana Maicii Domnului Sporitoarea Grânelor (15 octombrie)
Adresă: sat Cernetu, com. Mârzănești, 147201, jud. Teleorman
Acces: 98 de km V de București și 12 de km S (din Alexandria) (E70, DJ504), în apropierea satului Cernetu.
Stareț: ierom. Victor Iancu; **Contact:** +40763629096

Mănăstirea a luat ființă în anul 2012, cu binecuvântarea PS Părinte Galaction, Episcopul Alexandriei si Teleormanului, prin osteneala și jertfa omului de afaceri Constantin Oțelea din Alexandria. Este construită, după o veche tradiție, păstrată până în zilele noastre, în localitățile din jur, pe locul în care, în urmă cu aproape două veacuri, a existat un schit de călugări, care a fost ars de turci. Ansamblul mănăstiresc cuprinde o biserică de zid, cu pictura în frescă, și un corp de chilii, aflat în construcție.

Mănăstirea Coșoteni

4 viețuitori, viață de obște

Hram: Sfântul Dimitrie Izvorâtorul de Mir
Adresă: sat Coșoteni, com. Vedea, 147432, jud. Teleorman
Acces: din Roșiorii de Vede, spre E, pe DJ612A, 3 km până în Coșoteni
Stareț: ierom. Ciprian Florea; **Contact:** +40765713633

În mănăstirea Coșoteni s-a nevoit Radu Grămăticul, traducător al unui celebru Evangheliar (1574), aflat astăzi la British Library.

Este una dintre cele mai vechi vetre mănăstirești din sudul țării, întemeietor al acesteia fiind considerat legendarul Negru Vodă, întâiul descălecător de țară. Actuala biserică a mănăstirii a fost ridicată de domnitorul Matei Basarab, în anul 1647. În pisania ctitoriei sale, aflată la Muzeul de Artă al României (nr. de inventar 4367), este amintită biserica vechii mănăstirii, în locul căreia domnul muntean – „văzând-o veche și stricată" –, își va înălța „de iznoavă", locașul său. Pictura bisericii, datând din aceeași epocă, este păstrată destul de bine. În anul 2014, după o îndelungă perioadă de întrerupere a viețuirii monahale, PS Galaction, Episcopul Alexandriei și Teleormanului, hotărăște reînființarea mănăstirii. Se lucrează la un corp de chilii și înălțarea unui paraclis, cu hramul Sfântul Efrem cel Nou, monahii locuind încă în orașul Roșiorii de Vede, până la încheierea lucrărilor.

Mănăstirea Crângu

7 viețuitori, viață de obște

Hram: Adormirea Maicii Domnului, Sfântul Cuvios Mucenic Galaction
Adresă: com. Crângu, 147100, jud. Teleorman
Acces: este situată pe DN52 Alexandria (28 km)-Turnu Măgurele (17 km), lângă com. Crângu
Stareț: protos. Calinic Stan
Contact: +40722446256

Moaște: Sf. Ioan Botezătorul, Sf. Haralambie, Sf. Clement de Achridon (Troia), Sf. Paraschevi
Icoane făcătoare de minuni: icoana Maicii Domnului (sec. XVIII)

Mănăstirea a fost înființată, cu binecuvântarea PS Galaction al Alexandriei și Teleormanului, în anul 2001, în apropierea localității Crângu, având deschidere la DN52 Alexandria-Turnu Măgurele. A funcționat inițial ca mănăstire de maici (până în 2006). După 1 aprilie 2006 devine mănăstire de călugări. La biserica mare a mănăstirii, al cărei hram nu a fost încă stabilit, se lucrează la pictură. Se lucrează la pictura bisericii cu hramul Adormirea Maicii Domnului și Sf. Galaction.

Mănăstirea Drăgănești-Vlașca

8 viețuitoare, viață de obște

Hram: Sfânta Treime (hramul mănăstirii și al viitoarei biserici), Sfinții Ciprian și Iustina (paraclisul)
Adresă: com. Drăgănești-Vlașca, 147135, jud. Teleorman
Acces: din centrul comunei Drăgănești-Vlașca, localitate situată pe DN6 București (60 km)-Alexandria (27 km), 2 km N, pe DJ503, spre Videle
Starețã: stavrofora Mitrodora Gligor
Contact: +40247440300, +40745599369

Moaște: o raclă cu părticele din moaștele Sf. Teodosie cel Mare, Sf. Părinți din Rait și Sinai, Sf. Prunci uciși de Irod, Sf. Ecaterina, Sfinții Părinți uciși în Lavra Sf. Sava și pustia Hozeva, Sf. 40 de Mucenici

Mănăstirea a luat ființă în anul 1998, într-un vechi conac ce a aparținut în perioada interbelică moșierului Anghel Capră (înrudit cu familia filosofului Constantin Noica), situat lângă pădurea Tufanii Grozii. În timpul comunismului conacul a primit diferite întrebuințări. Familia Capră a ctitorit, în trecut, mai multe locașuri de cult din Călimănești, Alexandria, Mavrodin etc. Biserica cu hramul Sf. Treime este în construcție. În prezent se lucrează la pictura paraclisului cu hramul Sf. Ciprian și Iustina, o îmbinare între pictura bizantină și pictura românească a sec. XV-XVI, pictorul-restaurator Ioan Chiriac, considerat un specialist de primă mână în restaurarea frescelor lui Pârvu Mutu, realizând aici o lucrare unicat la nivel național. În 2015, în mănăstire, a fost înălțat un altar de vară cu hramul Sf. Mare Mc. Mina.

Mănăstirea Năsturelu

6 viețuitoare, viață de obște

Hram: Sfântul Ierarh Nicolae și Sf. Iulian din Tars (biserica mare), Sfânta Cuvioasă Parascheva (paraclisul)
Adresă: com. Năsturelu, 147220, jud. Teleorman
Acces: DN5C Zimnicea-Giurgiu. Din com. Năsturelu, comună situată la 8,5 km V de Zimnicea, drum pietruit spre S, 1,5 km
Starețã: monahia Atanasia Ciorbagiu
Contact: +40752223977

Moaște: părticele din moaștele Sf. Athanasie Sârbul din Kapsala, sfinții mucenici uciși de perși în Mănăstirea Sf. Teodosie din Ierusalim
Odoare sfinte: veșmântul Sf. Parascheva

Mănăstirea Sf. Nicolae, Năsturelu este cea mai sudică mănăstire din țară, „Polul Sud" al monahismului românesc. A fost întemeiată în anul 2002, cu binecuvântarea PS Galaction, episcopul Alexandriei și Teleormanului, pe moșiile vestitei familii boierești Udriște Năsturel, moșii închinate Bisericii Sf. Vineri-Hereasca din București (demolată de comuniști în 1987). Unul dintre hramurile mănăstirii – Sf. Parascheva – reînnoadă, de altfel, strânsa legătură de spiritualitate a locurilor cu vechea biserică bucureșteană. La punerea pietrei de temelie a mănăstirii (2003), aici se afla – desființată și abandonată – fosta fermă agricolă de stat Luciu. Până în prezent, pe lângă un paraclis închinat Sf. Parascheva, s-au amenajat un corp de chilii și o anexă gospodărească. În 2012, au fost încheiate lucrările la biserica mare a mănăstirii, cu hramul Sf. Nicolae și Sf. Iulian din Tars. Apropierea de Dunăre (aprox. 500 m) – cu zăvoaie de sălcii și plopi, cu nenumărate oglinzi de apă – face din această mănăstire un binecuvântat loc de rugăciune și liniște.

Mănăstirea Pantocrator

3 vieţuitori, viaţă de obşte

Hram: Hristos Pantocrator, Sfântul Ioan Evanghelistul (biserica mare), Sfânta Maria Magdalena (paraclisul)
Adresă: com. Drăgăneşti Vlaşca, 147135, jud. Teleorman
Acces: din Drăgăneşti-Vlaşca, situată pe E70, între Alexandria (27 km) şi Bucureşti (60 de km), spre N, 1 km, pe DJ503
Stareţ: protos. Sebastian Serdaru; **Contact:** +40722574994

Mănăstirea a fost întemeiată în 2012, cu binecuvântarea PS. Galaction, pe locul fostului spital Drăgăneşti-Vlaşca, datând din anul 1916, abandonat în anii '70 ai sec. trecut. În 2014, este sfinţit paraclisul mănăstirii. Pictura acestuia a fost realizată de Sorin George Nicolae. În anul 2015, este sfinţit, de asemenea, un frumos altar de vară cu hramul Schimbarea la Faţă. Mănăstirea este cunoscută în zonă pentru frumuseţea slujbelor de noapte după tipicul athonit. În construcţie: biserica mare, cu hramul Sf. Ioan Evanghelistul.

Mănăstirea Plăviceni

14 vieţuitori, viaţă de obşte

Hram: Sfinţii Arhangheli Mihail şi Gavriil (biserica veche), Sfinţii Împăraţi Constantin şi Elena şi Sfântul Alexandru (paraclisul)
Adresă: sat Dudu, com. Plopii Slăviteşti, 147259, jud. Teleorman
Acces: din satul Dudu, situat pe DJ546 Turnu Măgurele (33 km NV)-Drăgăneşti-Olt (30 km S), drum neasfaltat spre V, 3 km, prin lunca inundabilă a Oltului
Stareţ: protos. Teoctist Moldovanu
Contact: +40745296684
Cazare: 28 locuri

Mănăstirea Plăviceni (Alunişul), important monument arhitectonic din Ţara Românească din epoca domnitorului Matei Basarab, se află astăzi într-o stare avansată de degradare. Ansamblul este compus din biserică (în curs de restaurare), un impunător turn-clopotniţă, stăreţie, 2 rânduri de chilii şi ziduri înalte de apărare. Zidirea mănăstirii s-a încheiat pe data de 2 mai 1648, cu cheltuiala vel-vornicului Dragomir Dobromirescul, fiul lui Dobromir, marele ban al Craiovei, şi al Elinei, fiica lui Radu, clucerul din Brâncoveni, rudă apropiată a domnitorului Matei Basarab. Săpăturile arheologice efectuate în incinta mănăstirii, în anii 1995-2000, au scos la lumina zilei fundaţiile unei biserici din sec. al XVI-lea. După moartea ctitorului Mănăstirii Plăviceni, în 1652, aceasta trece sub îngrijirea lui Radu Kreţulescu, rudă cu familia ctitorului. Printre egumenii de seamă ai mănăstirii se numără şi **Ieremia Cacavela, dascăl al domnitorului enciclopedist Dimitrie Cantemir**. Mănăstirea va suferi mari stricăciuni în urma cutremurului din anul 1802, fiind desfiinţată peste câtiva ani. Toate încercările de restaurare vor fi zadarnice, astfel că, în anul 1820, va deveni metoc (ca biserică de mir însă) al Bisericii Kreţulescu din Bucureşti. Primii călugări se stabilesc aici în 2002. În 2013, s-au încheiat lucrările de construcţie ale unui mic paraclis cu hramul Sf. Împăraţi Constantin şi Elena şi Sf. Alexandru.

Moaşte: părticele din moaştele Sf. Ioan Botezătorul

În 2009, la Plăviceni, au fost descoperite, în chip minunat, osemintele unui sfânt necunoscut, ce se presupun a fi ale marelui voievod întregitor de neam Mihai Viteazul.

Mănăstirea Sfânta Ecaterina, Tătărăștii de Sus

5 viețuitoare, viață de obște

Hram: Sfânta Ecaterina, Schimbarea la Față (paraclisul)
Adresă: com. Tătărăștii de Sus, 147400, jud. Teleorman
Acces: în centrul com. Tătărăștii de Sus de pe DJ504 Alexandria (53 km)-Costești (37 km)
Stareță: monahia Elefteria Covrig; **Contact:** +40744126642; **Cazare:** 10 locuri

Moaște: părticele din moaștele Sf. Ecaterina, Sfinții Mărturisitori și cuvioși din Rait și Sinai, Sf. Avramie, Sf. Eufimia, Sf. 40 de Mucenici, Sfinți Mărturisitori de la Aiud

Mănăstirea a fost înființată cu binecuvântarea ierarhului locului, PS Galaction, în 2009, lângă ruinele unui complex fortificat, format din casele vechii familii boierești Bălăceanu și o biserică de la 1798. Zidurile incintei au o înălțime de peste 7 m, având turnuri circulare și metereze la fiecare dintre colțuri. Ușile turnului-clopotniță sunt din lemn masiv, putând fi baricadate din interior. În ultimii ani, s-au înălțat un paraclis, un corp de chilii și un mic arhondaric. Se lucrează la biserica mare a mănăstirii.

Mănăstirea Sfântul Fanurie, Siliștea-Gumești

5 viețuitori, viață de obște

Hram: Sfântul Fanurie, Sfinții Împărați Constantin și Elena (biserica din lemn)
Adresă: com. Siliștea-Gumești, 147350, jud. Teleorman
Acces: din com. Balaci (localitate situată pe DN65A, la 30 km N de Roșiori, 70 km S de Pitești), DJ703 spre E, Siliștea-Gumești, 5 km până la Mănăstirea Sf. Pantelimon; apoi, 1,5 km, DL asfaltat, spre N)
Stareț: protos. Benedict Mihalcea
Contact: +40724963683, +40766572804; **Cazare:** 10 locuri

Moaște: părticele din moaștele Sfinților Mărturisitori de la Aiud, Sf. Dimitrie Izvorâtorul de Mir, Sf. Epictet și Astion, Sf. Grigorie Decapolitul, Sf. mărturisitori și cuvioși din Rait și Sinai, Sf. Mucenici din familia Romanov

Icoane făcătoare de minuni: icoana Sf. Fanurie (sec. XVIII)

Este prima mănăstire din țară închinată Sf. Fanurie. Mănăstirea se află situată între comunele Siliștea-Gumești (5 km) – **locul de naștere al marelui scriitor Marin Preda** – și Balaci (vechi centru de cnezat românesc). Pe locul actualei mănăstiri a existat, încă din vremea lui Mircea cel Bătrân, o mănăstire ce a aparținut vestitei familii a Bălăcenilor, loc în care a fost înmormântat, după bătălia de la Rovine, Marko Kraljevic, despotul Macedoniei, după cum mărturisește Cronica Raguzană. La începutul sec. al XIX-lea, mănăstirea decade, ajungând un simplu schit al Mănăstirii Glavacioc, Argeș. În anii '50 ai secolului trecut, construcția unui aeroport militar a șters totalmente urmele vechii mănăstiri. După desființarea unității militare situate lângă aeroport, într-una din cazarmele ruinate, în 2001, începe să funcționeze, cu binecuvântarea PS Galaction, episcopul Alexandriei și Teleormanului, schitul cu hramul Sf. Fanurie, aparținând de Mănăstirea Sf. Pantelimon, Siliștea-Gumești. În septembrie 2007, schitul este ridicat la rangul de mănăstire, fiind sfințită cu acest prilej biserica de lemn cu hramul Sf. Împărați Constantin și Elena (în stil maramureșean, cu câteva elemente arhitecturale specifice zonei Teleorman). În prezent se desfășoară ample lucrări de construcție, în principal la biserica cu hramul Sf. Fanurie, și sunt în curs de organizare un muzeu și o bibliotecă.

Împrejurimi:

- la 10 km S-E de mănăstire, lângă satul Baldovinești, se află ruinele vechii Mănăstiri Baldovinești (sec. XIV)
- în comuna Dobrotești (11 km SV), casa mărturisitorului temnițelor comuniste Ioan Ianolide
- în comuna Balaci (6,5 km V), ruinele palatului Bălăcenilor și Biserica Adormirea Maicii Domnului, ctitorită de fiica domnitorului Țării Românești Șerban Cantacuzino

Mănăstirea Sfântul Gheorghe, Țigănești

7 viețuitori, viață de obște

Hram: Sfântul Mare Mucenic Gheorghe, Buna Vestire (paraclisul)
Adresă: com. Țigănești, 147420, jud. Teleorman
Acces: din com. Țigănești, situată pe DN51 Alexandria (10 km)-Zimnicea (29 km), DL neasfaltat spre V aprox. 1,5 km
Stareț: ieroschim. Prodromos Bele; **Contact:** +40745819248

După unele izvoare, numele localității Țigănești provine de la robii unei vechi mănăstiri, ctitorită în sec. al XV-lea, ce s-a aflat în perimetrul bisericii de astăzi din centrul satului. Mănăstirea actuală, situată pe o colină din apropierea comunei Țigănești, a luat ființă în 2004. Ctitorul principal este societatea ASTRI din București, care a sponsorizat construcția bisericii, clopotniței, gardului împrejmuitor și a chiliilor. Coordonarea lucrărilor a fost încredințată părintelui ieroschimonah Prodromos Bele. În octombrie 2008, PS Galaction târnosește paraclisul mănăstirii cu hramul Buna Vestire. Pe data de 6 mai 2012, are loc sfințirea mănăstirii de către episcopul locului, PS Galaction, ÎPS Irineu, Mitropolitul Olteniei, și ÎPS Nifon, Arhiepiscopul Târgoviștei. Conform dorinței exprimate de ctitori, în mănăstire se respectă un regim alimentar fără carne.

Moaște: părticele din moaștele Sfinților Mărturisitori de la Aiud

Mănăstirea Sfântul Pantelimon, Siliștea-Gumești

25 viețuitori, viață de obște

Hram: Sfântul Pantelimon (hramul bisericii în construcție), Sfântul Ioan Gură de Aur (paraclisul)
Adresă: com. Siliștea-Gumești, 147350, jud. Teleorman
Acces: din com. Balaci (loc. situată pe DN65A, la 30 km N de Roșiori, 70 km S de Pitești), DJ703 spre Siliștea-Gumești, spre E, 5 km
Cazare: 200 locuri
Stareț: protos. Vasile Țifui; **Contact:** +40744908926, +40723216577

Pe locul actualei mănăstiri a existat mai întâi o unitate militară – înființată imediat după cel de-al Doilea Război Mondial și desființată în anii '60 ai secolului trecut. Locul unității militare va fi luat, până în preajma Revoluției din 1989, de o casă de copii (circa 1600). După 1990, rămânând pustii, cazărmile ajung aproape o ruină. În 1997, cu binecuvântarea PS Galaction, se va înființa aici Mănăstirea Sf. Pantelimon – la acea dată, prin cele 17 pavilioane ale sale, devenind una dintre cele mai mari mănăstiri ortodoxe din lume, rivalizând cu celebra Mănăstire Sf. Pantelimon din Sfântul Munte Athos. Biserica, având hramul Sf. Pantelimon, este în construcție. În ultimii ani, s-au desfășurat ample lucrări de reparații la nouă dintre pavilioanele mănăstirii.

De Mănăstirea Sf. Pantelimon, Siliștea-Gumești este legat fenomenul cunoscut în întreaga zonă sub numele de „jalea icoanelor", unii monahi de aici susținând că pe parcursul anului 2004 zeci de sfinți din icoane au plâns.

Moaște: părticele din moaștele Sf. Pantelimon, Sfinții Mărturisitori de la Aiud
Odoare sfinte: veșmântul Sf. Parascheva

Împrejurimi:
- la 16 km SV, fostul schit Didești. În localitatea Didești s-a născut scriitorul Gala Galaction
- Centrul Memorial Marin Preda, Siliștea-Gumești

Mănăstirea Talpa

obște în formare

Hram: Acoperământul Maicii Domnului
Adresă: com. Talpa, 147380, jud. Teleorman
Acces: din Alexandria, spre N, pe DJ504 și 504B, 40 km până în satul Talpa-Ogrăzile
Stareță: monahia Teodora Lepădatu
Contact: +40760315933

Mănăstirea își desfășoară activitatea în cadrul centrului pentru bătrâni Sfânta Maria, înființat în anul 2010, în localitatea Talpa. Slujbele zilnice se țin într-un paraclis improvizat. Din anul 2013, se lucrează la o biserică de zid și un corp de chilii, ce va adăposti noua obște.

Mitropolia Munteniei și Dobrogei

Episcopia Giurgiului

Episcop: Preasfințitul AMBROZIE MELEACĂ

(cuprinde județul Giurgiu)

Str. Portului, nr. 13, Giurgiu, 080015, jud. Giurgiu
Tel: +40246214079, Fax: +40246214081, www.episcopiagiurgiului.ro

Mănăstirea Bolintin Vale

4 vieţuitori, viaţă de obşte

Hram: Buna Vestire (hramul mănăstirii), Sfântul Mina, Sfântul Nectarie (hramul bisericii din lemn, singura existentă în mănăstire deocamdată)
Adresă: Bolintin Vale, 085100, jud. Giurgiu
Acces: din A1 Bucureşti-Piteşti, de la indicatorul spre Bolintin Vale (17 km din Linia de Centură), DJ601 şi DL spre SV, 10,5 km până la mănăstire, situată lângă pădurea Bolintin-Malu Spart
Stareţ: protos. Mina Străinu
Contact: +40765488745

Prima atestare documentară a Mănăstirii Buna Vestire din pădurea cea mare a Bolintinului este anul 1433 (6941). Din hrisovul lui Alexandru Aldea Coconul, fiul lui Mircea cel Bătrân, emis la Târgovişte, aflăm că „mănăstirea ce se numeşte Bolintinul [...] a fost făcută din temelia ei de răposatul Pilea logofătu". Dintr-un alt hrisov, din anul 1626, se cunoaşte că această bogată mănăstire a fost închinată, pe rând, Mănăstirii Simonos Petras din Sf. Munte Athos şi Mănăstirii Mihai-Vodă de la Bucureşti. Ultima va administra bunurile Mănăstirii Buna Vestire până la secularizarea averilor mănăstireşti, din anul 1863. Dispariţia Mănăstirii Bolintin rămâne până în zilele noastre o enigmă, arheologii nereuşind să o localizeze cu precizie. Biserica de lemn a noii Mănăstiri Bolintin, în stil maramureşean, a fost înălţată cu osteneala PS Varsanufie Prahoveanul, episcop vicar al Arhiepiscopiei Bucureştilor, în anii 2004-2008, constituindu-se mai întâi, împreună cu un corp de chilii, în metoc al Mănăstirii Radu Vodă din Bucureşti. La începutul anului 2008, Episcopia Giurgiului hotărăşte transformarea metocului în schit. În februarie, acelaşi an, Sinodul Mitropoliei Munteniei şi Dobrogei va decide ridicarea Schitului Buna Vestire la rangul de mănăstire, ca o continuatoare a vestitei lavre din pădurea Bolintinului.

Mănăstirea Delta Neajlovului

3 vieţuitori, viaţă de obşte

Hram: Naşterea Maicii Domnului (biserica mare), Înălţarea Domnului (biserica de lemn), Sfinţii Arhangheli (paraclisul)
Adresă: com. Comana, 087055, jud. Giurgiu
Acces: din Călugăreni, loc. situată pe DN5 Bucureşti-Giurgiu, DJ411 spre E; după 7 km, DL spre S, 500 m
Stareţ: arhim. Irineu Iuraşcu; **Contact:** +40745702979

Icoane făcătoare de minuni: icoana Maicii Domnului

Împrejurimi:
• Parcul Natural Comana
• Mănăstirea Comana

Mănăstirea este aşezată într-un cadru natural deosebit de pitoresc – denumit de localnici Delta Neajlovului. A funcţionat mai întâi ca schit aparţinând de Mănăstirea Comana (din august 2000), înălţându-se o bisericuţă de lemn cu hramul Înălţarea Domnului şi un corp de chilii. Primeşte statut de mănăstire în 2005. Biserica de zid, în cinstea Naşterii Maicii Domnului, urmează a fi sfinţită, lucrările la aceasta fiind aproape încheiate. Paraclisul cu hramul Sf. Arhangheli se află şi el în stadiu final. În cadrul mănăstirii funcţionează Azilul de bătrâni „Dreptul Simeon". Ctitorul principal al mănăstirii este arhim. Irineu Iuraşcu, fost stareţ la Mănăstirea Comana. Este una dintre cele mai mari mănăstiri din sudul României, construită după 1990. Mănăstirea se află în stadiu de şantier.

Mănăstirea Comana

12 viețuitori, viață de obște

Hram: Sfântul Ierarh Nicolae
Adresă: com. Comana, 087055, jud. Giurgiu
Acces: din E70 București-Giurgiu, din Adunații-Copăceni (19 km S de București), DJ412A/DJ411 spre SE, 19 km până la mănăstire (aflată în com. Comana)
Stareț: arhim. dr. Mihail Muscariu
Contact: +40724215607, +40246283075
www.manastireacomana.ro
Nu dispune de posibilități de cazare.

Mănăstirea Comana este ctitorie a domnitorului Vlad Țepeș din anul 1461, fiind înălțată ca o mănăstire-cetate de apărare. În sec. al XVI-lea Comana se ruinează aproape în întregime, asfel că, în 1588, boierul Radu Șerban începe zidirea unei noi mănăstiri pe locul primeia. Între 1653 și 1658 mănăstirea este vizitată de către Paul de Alep, secretar al Patriarhului Macarie al Antiohiei, care rămâne impresionat de arhitectura acesteia. În timpul domniei lui Matei Basarab, Comana ajunge unul dintre principalele centre religioase ale Valahiei, aici făcându-și ucenicia și Sf. Sava Brancovici, viitorul mitropolit mărturisitor al Ardealului. Șerban Cantacuzino va restaura întreaga mănăstire, în stil brâncovenesc, la sfârșitul sec. al XVII-lea. În 1728 mănăstirea este **închinată**, de către Nicolae Mavrocordat, **Sfântului Mormânt**. După secularizarea averilor mănăstirești, în 1863, Comana devine, în scurt timp, o simplă biserică de mir. În anul 1932 se construiește în incinta mănăstirii **mausoleul eroilor români căzuți în luptele de pe Neajlov în Primul Război Mondial**. Comana se redeschide ca mănăstire de călugări în 1992, prin purtarea de grijă a PF Teoctist. În 2016, s-a încheiat amplul proces de restaurare a vechii ctitorii voievodale muntene, redându-i-se strălucirea de odinioară.

Moaște: părticele din moaștele Sf. Ecaterina, Sf. Nicolae și ale altor sfinți
Icoane făcătoare de minuni: icoana Sf. Nicolae

De văzut:
- Muzeu: În beciurile Casei Domnești este amenajat un lapidariu cu lespezile de mormânt ale voievozilor
- Mănăstirea Comana poate fi considerată una dintre cele mai importante necropole domnești; aici se află mormintele lui Nicolae Pătrașcu, fiul lui Mihai Viteazul, Radu Șerban Voievod, și ale mai multor membri din familia Cantacuzino

Schitul Barbu Bellu, Gostinari

pendinte al Mănăstirii Comana

Hram: Adormirea Maicii Domnului
Adresă: com. Gostinari, 087105, jud. Giurgiu
Acces: 1. București-Jilava pe E70 (11 km), din Jilava DJ401A (SE), până în Dobreni (14 km), apoi încă 10 km pe DJ412 până în Gostinari. 2. Din E70, înainte de intrarea în Călugăreni dinspre București, DJ411 spre V, 19 km, apoi DJ412 spre N încă 5,5 km până la Gostinari
Egumen: protos. Macarie Avram; **Contact:** +40246283075

Biserica Schitului Barbu Bellu a fost înălțată în anul 1818, de către marele logofăt Ștefan Bellu (1767-1833), lângă curțile sale din Gostinari.

Schitul poartă numele unuia dintre urmașii săi, Barbu Bellu (1825-1900), ajuns ministru al Culturii în 1862, cunoscut mai ales ca donator al terenului pentru celebrul cimitir Bellu din București. Biserica schitului este astăzi aproape o ruină, cele trei turle ale sfântului locaș fiind prăbușite. Acoperișul bisericii lipsește și el în bună parte. Se mai păstrează totuși mai multe scene din pictura de odinioară. Schitul a fost reactivat în anul 2008 de PS Ambrozie, episcopul Giurgiului, din dorința de a prezerva ruinele existente ale bisericii.

Barbu Bellu a fost, în 1889, primul posesor de automobil din România.

Mănăstirea Izvorul Tămăduirii, Drugănescu

obşte în formare

Hram: Izvorul Tămăduirii; Sfinţii Arhangheli Mihail şi Gavriil, Sfinţii Martiri Brâncoveni, Sfântul Mucenic Teodor Tiron (biserica de lemn)
Adresă: com. Floreşti-Stoieneşti, 087075, jud. Giurgiu
Acces: din A1, ieşirea Bolintin-Vale spre N, prin Palanca, până în Stoieneşti, 4 km. Din Bucureşti, 37 de km
Stareţă: monahia Filofteia Plăcintar; **Contact:** +40722692699

De văzut:
- Centrul cultural Drugănescu

A fost înfiinţată în 2012, funcţionând până în 2014 ca schit de maici. Aşezământul monahal este situat în ansamblul brâncovenesc Gavril Drugănescu, achiziţionat în 2012 de Episcopia Giurgiului. Monumentul de arhitectură brâncovenească a fost construit în anii 1710-1715 de către Gavril Drugănescu, mare vornic de Târgovişte, fiind completat între anii 1940 şi 1942 de arhitectul Gheorghe Cantacuzino. S-au înălţat, până în prezent, o biserică de lemn în stil maramureşean şi o casă monahală.

Mănăstirea Sfântul Ioan Rusul, Slobozia

5 vieţuitori, viaţă de obşte

Hram: Sfântul Ioan Rusul
Adresă: com. Slobozia, 087210, jud. Giurgiu
Acces: din Slobozia, situată pe DN5C Giurgiu-Zimnicea (la 7 km V de Giurgiu), DL nemodernizat spre N, 1,5 km
Stareţ: arhim. dr. Teodor Şerban; **Contact:** +40731731451

Moaşte: părticele din moaştele Sf. Ioan Rusul; o raclă cu părticele de la 15 sfinţi

De văzut:
- Dincolo de Dunăre, în dreptul mănăstirii, se află **satul Basarabovo, locul naşterii Sfântului Dimitrie cel Nou, patronul Bucureştilor** (5 km)

Pe locul unde se află Mănăstirea Sf. Ioan Rusul a existat o unitate militară. În octombrie 2008 unitatea e dezafectată, iar terenul şi clădirile vor trece în proprietatea Episcopiei Giurgiului, în vederea amenajării unui aşezământ monahal. La începutul anului 2009, Consiliul Local al Municipiului Giurgiu va acorda schitului nou înfiinţat, cu titlu de folosinţă gratuită, încă o clădire administrativă, situată în imediata apropiere a acestuia. Biserica Sf. Ioan Rusul – semiîngropată – este construită deasupra unui fost depozit de armament. Lucrările de amenajare a unui corp de chilii şi a arhondaricului sunt în plină desfăşurare. În 2012, Schitul Sf. Ioan Rusul a căpătat statut de mănăstire.

Mănăstirea Sfântul Mare Mucenic Gheorghe, Giurgiu

4 vieţuitoare, viaţă de obşte

Hram: Sfântul Mare Mucenic Gheorghe
Adresă: şos. Bucureşti, nr. 81, Giurgiu, 080307, jud. Giurgiu
Acces: mănăstirea este situată pe DE70, la intrarea în municipiul Giurgiu dinspre Bucureşti
Stareţă: monahia Teodora Bogdan
Contact: +40246221558

Mănăstirea a fost înfiinţată în anul 2006 prin eforturile clericilor din Episcopia Giurgiului. Se află situată în imediata apropiere a reşedinţei episcopale Giurgiu. Sfinţirea acesteia a avut loc pe data de 22 aprilie 2007. Biserica din lemn este operă a meşterilor cioplitori din Bârsana, Maramureş. Pictura interioară este realizată în stil neobizantin. În prezent, se lucrează la biserica mare, de piatră, a mănăstirii.

Mănăstirea Strâmbu, Găiseni

5 viețuitoare, viață de obște

Hram: Sfântul Ierarh Nicolae, Sfântul Neagoe Basarab
Adresă: com. Găiseni, 087085, jud. Giurgiu; **Acces:** din A1/E81 București-Pitești, la km 31, pe 401A, aprox. 10 km până în Găiseni
Egumenă: stavrofora Cecilia Moldoveanu; **Contact:** +40731731450

Schitul Strâmbu a fost înființat în prima jumătate a sec. al XVI-lea, fiind ctitorie a vornicului Drăghici Vintilescu din Florești, mare dregător al lui Neagoe Basarab. Așezământul monahal este atestat pentru prima oară de un hrisov din 3 aprilie 1526, emis de cancelaria domnească a lui Radu de la Afumați. Într-un alt document, din anul 1605, Radu Șerban amintește de Schitul Strâmbu și de ctitorul acestuia, „îngropat cu soția, fiii și tot neamul în Sfânta Mănăstire Strâmbu". În 1850, Dimitrie Papazoglu își însemnează că a văzut în altarul bisericii (după renovarea și lărgirea locașului, în 1830, naosul este inclus în altar), „2 ctitori având 3 copii, la proscomidie", considerând că ar putea fi vorba, după îmbrăcăminte, de Neagoe Vodă cu Despina Doamna. Reînființat în anul 2010, prin purtarea de grijă a PS Ambrozie, Episcopul Giurgiului, schitul va fi transformat ulterior în mănăstire. Lucrările de restaurare ale Ansamblului monahal de la Găiseni sunt în plină desfășurare. În construcție: un corp de chilii.

Icoane făcătoare de minuni: icoana Maicii Domnului

Împrejurimi:
- Palatul Potlogi – ctitorie a Sf. Constantin Brâncoveanu, 7 km NV
- Satul Pitaru, locul nașterii marelui pictor Nicolae Grigorescu (1838-1907), 11 km NV

Schitul Acoperământul Maicii Domnului, Chiriacu

3 viețuitori, viață de obște

Hram: Acoperământul Maicii Domnului
Adresă: sat Chiriacu, com. Izvoarele, 087141, jud. Giurgiu
Acces: din București pe DN6/E70 (spre Alexandria) până în Ghimpați (40 km), apoi pe DN5B către S, 20 km; după Vlasin, pe DL, 7 km spre V (lângă satul Chiriacu)
Egumen: protos. Dionisie Cârjan; **Contact:** +40763856164

Noul schit – sfințit în iulie 2006 – încearcă să reînvie tradiția unei vechi vetre monahale, astăzi dispărută, din vestiții codri ai Bolintinului. Este format dintr-o bisericuță de lemn și un corp de chilii. Pe data de 1 octombrie 2008 a fost așezată piatra de temelie pentru ridicarea unei biserici din zid, ce va purta hramul Acoperământul Maicii Domnului.

Schitul Mironești

3 viețuitoare, viață de obște

Hram: Sfântul Ierarh Nicolae
Adresă: sat Mironești, com. Gostinari, 087106, jud. Giurgiu
Acces: din Adunații-Copăceni, localitatea situată pe E70, la 23 km S de București, drum la stânga pe 412A, continuat apoi, în apropiere de Comana, cu DN411, până în Mironești, 26 de km.
Egumenă: monahia Teodora Marinescu; **Contact:** +40736143752

Biserica Schitului Mironești – ctitorie, de la 1669, a Ilincăi Cantacuzino, soția stolnicului Constantin Cantacuzino –, aflată astăzi pe lista monumentelor istorice de importanță națională, este una dintre puținele capodopere medievale din sudul țării care își mai păstrează arhitectura originară. Capătă statut de schit din anul 2010, prin purtarea de grijă a PS Ambrozie, Episcopul Giurgiului. A funcționat mai întâi ca schit de călugări, fiind transformat, din 2012, în schit de maici.

Împrejurimi:
- Palatul Năstureilor din Herești, astăzi muzeu (sec. al XVII-lea), considerat de către Paul de Alep „o bijuterie fără seamăn, poate doar în Țara francilor să mai fie vreunul ca el" (15 km E)

Schitul Grădina Maicii Domnului, Letca Nouă

4 viețuitoare, viață de obște

Moaște: párticele din moaștele Sf. Mc. Ecaterina

Icoane făcătoare de minuni: icoana făcătoare de minuni a Maicii Domnului de la Letca Nouă

Hram: Nașterea Maicii Domnului, Sfinții Împărați Constantin și Elena, Sfântul Ierarh Nifon
Adresă: com. Letca Nouă, 104047, jud. Giurgiu
Acces: 47 km SV de București (E70, DN61 - de la intrarea în Ghimpați, până la Letca); 55 km NV de Alexandria (E70, DN61); 46 km de Giurgiu (DN5B, DN61).
Egumenă: monahia Irina Vasilievschi
Contact: +40731731450

Schitul a fost înființat, cu binecuvântarea PS Ambrozie al Giurgiului în septembrie 2015, în jurul bisericii parohiale de la Letca Nouă, devenită cel mai cunoscut loc de pelerinaj din județul Giurgiu după ce, în noiembrie 2002, icoana Maicii Domnului, din naosul bisericii, a început să izvorască lacrimi mir, săvârșindu-se la aceasta, până astăzi, mulțime de minuni și tămăduiri. Cuprinde un frumos corp de chilii și fosta biserică parohială, zidită între anii 1864 și 1867 de către mitropolitul Țării Românești Nifon Rusăilă (1789-1875).

Schitul Sfântul Nicolae, Giurgiu

5 viețuitori, viață de obște

Hram: Sfântul Mare Ierarh Nicolae
Adresă: str. Mircea cel Bătrân, nr. 38-40, Giurgiu, 080036, jud. Giurgiu
Acces: schitul este situat în zona portului Giurgiu
Egumen: protos. Nicolae Matei
Contact: +40766675353

Moaște: părticele din moaștele Sf. Grigorie de Nazians, Sf. Vasile cel Mare, Sf. Macrina

Icoane făcătoare de minuni: icoana Mântuitorului (din pridvorul bisericii)

Biserica Schitului Sf. Nicolae, Giurgiu a fost, până în anul 1830, geamie. Nu se cunoaște data înălțării acesteia. Din 1831, odată cu eliberarea Giurgiului de sub turci și restituirea fostei raiale către Țara Românească, geamia va funcționa ca biserică ortodoxă, purtând hramul Sf. Nicolae, în cinstea țarului Nicolae I al Rusiei. Fostului locaș de cult mahomedan, în formă de patrulater, i se va adăuga – după această dată – un altar. Biserica Sf. Nicolae va fi bombardată în două rânduri: în 1877 (de către turci) și în 1944 (de armata germană). Refacerea acesteia, în 1945, s-a făcut – parțial însă, din lipsă de fonduri – după modelul Bisericii Sf. Nicolae Domnesc din Curtea de Argeș. În aprilie 2006, nou înființata Episcopie a Giurgiului a luat hotărârea transformării Bisericii Sf. Nicolae în schit.

Mitropolia Munteniei și Dobrogei

Episcopia Tulcii

Episcop: Preasfințitul VISARION BĂLȚAT

(cuprinde județul Tulcea)

Str. Mircea Vodă, nr. 6A, Tulcea, 820134, jud. Tulcea
Tel./fax: +40240515145; www.episcopiatulcii.ro

Mănăstirea Celic Dere

49 viețuitoare, viață de obște

Hram: Adormirea Maicii Domnului (biserica mare), Acoperământul Maicii Domnului (paraclisul), Izvorul Tămăduirii (biserica de la subsol)
Adresă: com. Frecăței, 827075, jud. Tulcea
Acces: mănăstirea este situată pe DN229A, între satele Telița și Poșta, de la Tulcea spre Isaccea, la 60 km SE de Galați (DN22, DN229A), 19 km SE de Isaccea și 23 km SV de Tulcea
Stareță: stavrofora Casiana Mareș
Contact: +40723366351; +40751102317
Cazare: 10 locuri

Icoane făcătoare de minuni: icoana Mântuitorului (care se curăță singură), icoana Maicii Domnului, icoana Maicii Domnului Nerosaiskaia

De văzut:
- Muzeul: artă veche bisericească, 27 de documente scrise în limba turcă, arabă și persană, manuscrise și tipărituri vechi

Mănăstirea Celic Dere și-a luat numele de la pârâul Celic din apropiere, *Celic Dere* însemnând în limba turcă *pârâu de oțel*. Asupra anului înființării așezământului există două versiuni: 1. Mănăstirea a fost fondată de „arhiereul" Athanasie Lisavenco în 1835 *(Marele Dicționar Geografic al României);* 2. Mărturia arhim. Roman Sorescu fixează fondarea Mănăstirii Celic Dere „cam pe la 1840", de către călugări români și doi călugări ruși întorși de la Sfântul Munte Athos (arhim. Athanasie Lisavenco și schimonahul Paisie). În anul 1846 s-au construit prima biserică din mănăstire, cu hramul Adormirea Maicii Domnului, și un paraclis cu hramul Sf. Arhangheli Mihail și Gavriil. Athanasie Lisavenco transformă noua vatră de viețuire monahală în mănăstire de maici, pentru călugări construind o bisericuță și câteva chilii la 2 km mai la vale, unde înființează a doua mănăstire, Celicul de Jos. Deteriorându-se vechiul locaș, în 1910-1916 au fost ridicate biserica mare a mănăstirii (arhitect Toma Dobrescu) și o bună parte dintre edificiile actuale. Noua biserică a așezământului a fost pictată între 1926 și 1932, în frescă, de pictorul Gh. Eftimiu. Catapeteasma, sculptată în lemn de păr și aurită, a fost executată de meșterul Anghel Dima din București. Ministerul Cultelor a contribuit la înălțarea locașului cu 145.000 de lei, sumă completată cu daniile credincioșilor.

Pe locul fostului paraclis Sf. Mihail și Gavriil, distrus de inundațiile din anul 1916, s-a înălțat o troiță – cu Sfânta Masă protejată de un acoperiș din tablă. Tot aici se află și mormântul ctitorului Athanasie Lisavenco, ale cărui moaște (mâna neputrezită) sunt depuse în paraclis. În anul 1954, în clădirea atelierului de țesătorie s-a amenajat un paraclis pentru slujbele de iarnă, cu hramul Acoperământul Maicii Domnului. În 2002, viețuirea de sine din mănăstire a fost înlocuită cu rânduiala vieții de obște.

În ultimii ani, la Celic Dere s-au construit o nouă trapeză și un corp de chilii. În prezent, se lucrează la pictura bisericii cu hramul Izvorul Tămădurii de la subsolul bisericii mari.

Mănăstirea Cerbu

2 viețuitori, viață de obște

Hram: Înălțarea Sfintei Cruci, Adormirea Maicii Domnului (paraclisul)
Adresă: com. Ciucurova, 827055, jud. Tulcea
Acces: 47 km SV de Tulcea (acces pe DN22A), între localitățile Ciucurova și Topolog, la cca 1 km de popasul Izvorul Cerbului și 3,5 km NV de Ciucurova. Din Hârșova, pe DN22A spre NV, 57 km până la mănăstire
Stareț: ierom. Ignatie Luca
Contact: +40747636636

Piatra de temelie a noului așezământ monahal a fost pusă la 8 septembrie 2000 de preotul Hogea Stănică, împuternicit al Arhiepiscopiei Tomisului, și de protoiereul Pencu Marc Georgică. Terenul pe care s-a construit așezământul a fost atribuit noii mănăstiri printr-o hotărâre a consiliului local Ciucurova. În perioada 2000-2006 au fost executate: împrejmuirea terenului, un corp de chilii și o bucătărie de vară. S-au realizat, de asemenea, un **Drum al Crucii** și o **Golgotă** pe panta dealului din apropiere, cuprinzând 14 stații, din care nouă paraclise de formă hexagonală cu trei pereți zidiți și trei pereți vitrați, acoperiș dublu etajat, și cinci paraclise (cinci stații) în corpul din vârful pantei, unde pe un panou au fost pictate Învierea și Înălțarea Domnului. În ultimii ani s-au mai construit o casă pentru bătrâni și copii, un sector zootehnic, anexe gospodărești. La baza Drumului Crucii se înalță Paraclisul Adormirea Maicii Domnului și un arhondaric. În mănăstire, se oficiază zilnic cele 7 Laude. Se lucrează la pictura paraclisului cu hramul Adormirea Maicii Domnului.

Mănăstirea Codru

4 viețuitori, obște în formare

Hram: Intrarea Domnului în Ierusalim
Adresă: com. Baia, 827005, jud. Tulcea
Acces: DN22/E87 Tulcea (55 km) spre S; Constanța (67 km) spre N
Stareț: singhel Victorin Tudor
Contact: +40740562291

Mănăstirea a fost înființată în 2005, prin osteneala monahului Victorin Tudor, pe teritoriul com. Baia. S-au construit mai întâi un paraclis provizoriu din lemn, apoi un corp de chilii. La 1 aprilie 2007 s-a sfințit piatra de temelie a bisericii mănăstirii cu hramul Intrarea Domnului în Ierusalim, de ÎPS Teodosie, ale cărei lucrări s-au finalizat în anul 2015. În 2012 s-a pus piatra de temelie pentru un nou paraclis cu hramul Așezarea în raclă a Brâului Maicii Domnului.

Moaşte:
Sf. Zotic, Atal, Camasie şi Filip

Mănăstirea Cocoş

25 vieţuitori, viaţă de obşte

Hram: Sfânta Treime, Sfinţii Zotic, Atal, Camasie şi Filip, Pogorârea Sfântului Duh (biserica mare), Sfântul Nicolae (paraclisul)
Adresă: com. Niculiţel, 827165, jud. Tulcea
Acces: DN22/E87 Isaccea-Tulcea. Indicator, după 5 km de la Isaccea, 4,5 km spre S până la Mănăstirea Cocoş. Mănăstirea se află la 6 km de Niculiţel, 10 km SE de Isaccea şi 35 km V de Tulcea
Stareţ: ierom. Visarion Scutaru; **Contact:** +40755125933
Cazare: 100 locuri

De văzut:
- Muzeul, înfiinţat în 1985: artă bisericească, carte veche etc.

Împrejurimi:
- Bazilica paleocreştină, Niculiţel
- Mănăstirea Saon

Procesiune:
- în fiecare an, în zilele de 3-4 iunie, are loc procesiunea cu moaştele sfinţilor Zotic, Atal, Camasie şi Filip de la Mănăstirea Cocoş la bazilica de la Niculiţel.

Mănăstirea a fost înălţată între anii 1832 şi 1835, pe locul unui vechi schit de sihaştri, de la 1679, de către arhim. Visarion, transilvănean din Făgăraş, venit de la Sfântul Munte, unde plecase să se nevoiască în 1826, cu ucenicii săi Gherontie şi Isaia. Prima biserică a mănăstirii, cu **hramul Intrarea în Biserică a Maicii Domnului,** a fost construită din lut şi nuiele în 1832. Va fi reparată prin încuviinţarea sultanului Abdul Medgid (1839-1861) şi mărită cu cheltuiala călugărului Ignatie Irodeanul în 1846. La 1853 se ridică biserica mare cu **hramul Sf. Treime**, fără pictură şi fără turle, prin osârdia mocanului ardelean Nicolae Hagi Ghiţă Poenaru, ce se va călugări la Cocoş. Sub arhim. Roman Sorescu se construiesc stăreţia, trapeza şi un **paraclis cu hramul Sf. Nicolae**. În 1910 se demolează vechile biserici şi o parte dintre chilii şi se pune temelia bisericii mari şi a unui corp nou de chilii. Pictura aparţine artistului italian F. da Biasse. Ample lucrări de restaurare, în anii 1954-1956, pe baza planurilor arh. Eugen Cheffneaux. În perioada 1957-1960 se renovează chiliile, declarate monument istoric. La 17 ianuarie 1973 se aduc de la Niculiţel şi se aşază în biserică **moaştele Sf. Martiri Zotic, Atal, Camasie şi Filip**. Trapeza mănăstirii este pictată în frescă în 1990 de Ioan şi Daniela Moldoveanu. În 2001 sunt renovate chiliile din latura de vest a mănăstirii.În ultimii ani, biserica mare a mănăstirii a fost împodobită cu o frumoasă pictură în mozaic. Se află în stadiu final de construcţie etajarea unui corp de chilii şi restaurarea arhondaricului mănăstirii.

Mănăstirea Dinogeția

4 viețuitori, viață de obște

Hram: Izvorul Tămăduirii
Adresă: sat Garvăn, com. Jijila, 827111, jud. Tulcea
Acces: din Brăila, 26 km, pe DN22E (trecere cu bacul).
Este situată între localitățile I.C. Brătianu și comuna Jijila. Din Tulcea spre V pe DN22E, 60 km
Stareț: ierom. Alexei Toader; **Contact:** +40757757302, manastireadinogetia@yahoo.com

Mănăstirea Dinogeția a fost înființată în anul 2004, locul pentru construirea acesteia fiind sfințit de către ÎPS Teodosie, arhiepiscopul Tomisului. Codicele *Martyrologium Hieronymianum* și colecția *Acta Sanctorum* amintesc despre existența unor martiri în zona cetății cu același nume în sec. I-III: Saturninus, Speus, Castus, Primus, Donatus, Passus, Coprepus. *Sinaxarul Bisericii din Constantinopol* amintește și el de un sfânt pe nume Alexandru, prăznuit la 25 februarie în loc. Drizipoa din Tracia. La Noviodunum-Isaccea pomenirea lui se făcea pe 14 și 15 mai cu denumirea de Dinogetiae Alexandri. Descoperirea unei cruci-relicvar de aur, lucrată în tehnica filigranului și cu pietre semiprețioase, a dus la concluzia că în această așezare a ființat un scaun episcopal. Mărturie în acest sens stă și un sigiliu de plumb, purtând numele mitropolitului grec al Kievului dintre anii 1130 și 1145, Mihail, care a însoțit, după toate probabilitățile, o scrisoare trimisă ierarhului ce își avea reședința aici. Mănăstirea Dinogeția se află în imediata apropiere a sitului arheologic. Până în prezent s-au construit o mică biserică și un corp de chilii.

În mănăstire se oficiază zilnic cele 7 Laude bisericești și Sfânta Liturghie.

Mănăstirea Halmyris

5 viețuitori, viață de obște

Hram: Sfinții Epictet și Astion (biserica mare, aflată în construcție și primul paraclis), Sfinții Montanus și Maxima (biserica din demisol)
Adresă: com. Murighiol, 827150, jud. Tulcea
Acces: din Tulcea, pe DJ222C spre SE până la Murighiol (38 km). La intersecția din centrul Murighiolului se continuă către stânga, spre Dunavățu de Jos, pe DC9. La 1,5 km de la ieșirea din Murighiol, pe partea stângă a drumului, se află ruinele cetății Halmyris, lângă care este situată mănăstirea
Stareț: protos. Iov Archiudean
Contact: +40744859883; **Cazare:** 25 locuri

Moaște: Sf. Epictet și Astion

Cetatea Halmyris este menționată încă din secolul I, ca fiind situată (pe atunci) la vărsarea Dunării în mare, într-un fost golf al Mării Negre. Mănăstirea a fost întemeiată spre cinstirea Sf. Epictet Preotul și Astion Monahul, martirizați în anul 290, ale căror sfinte moaște au fost descoperite pe 15 august 2001, de către o echipă româno-americană de arheologi, condusă de dr. Mihail Zahariade, într-o veche bazilică, construită după anul 324. Cu un an înainte, aceeași echipă descoperise bazilica episcopală a cetății. Pe data de 8 iulie 2002, la Halmyris s-a așezat, de către ÎPS Teodosie, piatra de temelie a catedralei noii mănăstiri, considerată a fi cea mai mare din întreaga Dobroge. Biserica de la subsolul catedralei a fost sfințită pe data de 8 iulie 2007, pe 5 iulie 2008 revenind „acasă", de la catedrala din Constanța, moaștele Sf. Epictet și Astion. S-au construit două corpuri de chilii, cu un arhondaric și trapeză. Biserica mare a mănăstirii se află în construcție.

Programul liturgic al așezământului monahal cuprinde oficierea zilnică a celor 7 Laude.

Mănăstirea Izvorul Tămădurii, Măcin

3 viețuitori, viață de obște

Hram: Izvorul Tămăduirii
Adresă: Măcin, 825300, jud. Tulcea
Acces: din Tulcea, 76 km V pe DN22; din Brăila (cu bacul), 19 km E, pe DN22. 4 km din Măcin (spre Cerna, de la indicator, pe DL pietruit până la poalele Munților Măcin
Stareț: protos. Ieronim Vasile; **Contact:** +40746218987

Mănăstirea a fost înființată în anul 2005, prin purtarea de grijă a ÎPS Teodosie, Arhiepiscopul Tomisului, în apropierea unui izvor tămăduitor la care, de mai bine de 150 de ani, de praznicul Izvorul Tămăduirii, se adună mulțime de credincioși ca să ia apă sfințită. Până în prezent, prin contribuția familiilor Bratu și Dascălu și prin osteneala stareţului mănăstirii, s-au construit stăreția și o biserică cu hramul Izvorul Tămăduirii. În aprilie 2010, PS Visarion, Episcopul Tulcii, a sfințit catapeteasma noii biserici. În incinta mănăstirii a fost amenajat un altar de vară. În prezent, se lucrează la împodobirea bisericii cu scene în mozaic.

Mănăstirea Letea

1 viețuitor

Hram: Nașterea Maicii Domnului
Adresă: sat Letea, com. C.A. Rosetti, 827017, jud. Tulcea
Acces: același traseu ca și la Mănăstirea C.A. Rosetti. Din această localitate, DC4, 4 km SV până la Letea
Stareț: ierom. Atanasie Hotovi
Contact: +40743416271

Mănăstirea – aflată în construcție – a fost înființată în anul 2004, în jurul bisericii de mir din satul Letea, cu hramul Nașterea Maicii Domnului, înălțată între anii 1896 și 1904. Pe data de 5 septembrie 2009, PS Visarion, Episcopul Tulcii, a oficiat în biserica de la Letea prima Sfântă Liturghie arhierească după mai bine de 100 de ani de la data târnosirii acesteia. În prezent, se lucrează la reparația capitală a bisericii și construirea a două corpuri de clădiri, în cadrul unui proiect bazat pe fonduri europene.

Mănăstirea Sâmbăta Nouă

obște în formare

Hram: Sfinții Martiri Brâncoveni
Adresă: sat Sâmbăta Nouă, com. Topolog, 827227, jud. Tulcea
Acces: DN22/E87, din Constanța spre N până la intersecția Ceamurlia de Sus (74 km), apoi spre V, pe DJ222 și DJ222B încă 28 km. Sâmbăta Nouă este situată în apropiere de satele Topolog și Cerbu

Datorită faptului că o mare parte a locuitorilor satului Sâmbăta Nouă, com. Topolog, jud. Tulcea își au obârșia în jud. Brașov, orașul Făgăraș, cu centrul de spiritualitate Mănăstirea Sâmbăta (ctitorie brâncovenească), s-a manifestat dorința ca lângă satul Sâmbăta Nouă să se întemeieze o mănăstire cu acest nume. Zamfir Dumitru, strănepot al lui Badea Cârțan, împreună cu alți membri din familia acestuia au donat suprafața de 6 ha teren, pe care urmează să se ridice mănăstirea.

Mănăstirea Saon

31 viețuitoare, viață de obște

Hram: Înălțarea Domnului, Intrarea în Biserică a Maicii Domnului (biserica veche), Acoperământul Maicii Domnului (biserica nouă)
Adresă: com. Niculițel, 827165, jud. Tulcea
Acces: DN22, 15 km SE de Isaccea și 24 km V de Tulcea; din DN22, între localitățile Samova și Niculițel, indicator spre N, 2,5 km până la mănăstire
Stareță: stavrofora Adriana Merlușcă
Contact: +40744373989; www.manastirea-saon.ro; **Cazare:** 10 locuri

Mănăstirea Saon a luat ființă în anul 1846, prin venirea unor călugări de la Celic Dere, care au ridicat aici câteva chilii din chirpici și un paraclis, ca metoc al Mănăstirii Celic Dere. Curând, călugării de la Schitul Celicul de Jos se vor alătura noii obști. După revenirea Dobrogei la patria-mamă, în 1878, Saonul, împreună cu toate bisericile și mănăstirile acestor locuri, trece sub jurisdicția Episcopiei Dunării de Jos, devenind de sine stătător. În timpul stareţului Filimon (1889-1905), schitul a fost distrus de un incendiu. În 1909, Episcopul Nifon Niculescu l-a trecut vremelnic sub administrarea Mănăstirii Cocoș. La 1 septembrie 1909, Episcopul Nifon a pus temelia bisericii cu hramul Acoperământul Maicii Domnului. Construcția locașului a fost însă întreruptă în timpul Primului Război Mondial. În anul 1916, Saonul a devenit din nou mănăstire de sine stătătoare, iar în anul 1930 a fost transformată în mănăstire de maici. După 1956, în timpul păstoririi PS Chesarie Păunescu, s-a executat pictura bisericească, locașul fiind sfințit în 1959. Pictura de pe bolta Sf. Altar, de pe bolta mare și din pronaos aparține pr. Sofian Boghiu de la Mănăstirea Antim din București. În urma Decretului 410/1959, mănăstirea este desființată, fiind reînființată în 1972 ca metoc al Arhiepiscopiei Tomisului și Dunării de Jos. Trapeza a fost pictată în 1999 de pictorul Achițenie. În 1990 a redevenit mănăstire de sine stătătoare. Biserica veche, paraclisul și clopotnița se păstrează până astăzi, fiind renovate în mai multe rânduri. În 2012, în mănăstire, s-au construit 4 noi chilii.

Moaște și odoare:
Lemn din Sfânta Cruce, părticele din moaștele
Sf. Vichentie,
Sf. Maxim Grecul,
Sf. Inochentie,
Sf. Epictet și Astion

Pelerinii pot admira la Mănăstirea Saon o impresionantă crescătorie de struți și păuni

- În mănăstire se află un atelier de broderie bisericească.

Împrejurimi:
- Mănăstirea Cocoș

Mănăstirea Sfântul Nicolae, Măcin

8 viețuitoare, viață de obște

Hram: Sfântul Nicolae, Sfânta Cuvioasă Parascheva (biserica de lemn), Acoperământul Maicii Domnului, Sfântul Nectarie (paraclisul)
Adresă: str. Nifon Bălășescu, nr. 2, Măcin, 825300, jud. Tulcea
Acces: din Tulcea, 76 km V pe DN22; din Brăila (cu bacul), 19 km E, pe DN22
Stareță: monahia Emanuela Simion; **Contact:** +40755462617

Mănăstirea Sf. Nicolae a fost construită din inițiativa pr. Jugănaru Adrian Ion, paroh al Bisericii Sf. Arhangheli Mihail și Gavriil din Măcin. Ctitorii mănăstirii sunt Nicolae și Georgeta Gorga. Punerea pietrei de temelie a avut loc pe data de 30 octombrie 2001, slujba de sfințire fiind săvârșită de către ÎPS Teodosie, arhiepiscopul Tomisului, pe 3 noiembrie 2002. Biserica este de lemn, în formă de cruce, cu o singură turlă, lucrată la Reghin, jud. Mureș. S-a construit o clădire cu trei etaje, ce cuprinde paraclisul de iarnă, chilii, ateliere de pictură, sculptură, încondeiat ouă, croitorie etc.

Mănăstirea Valea Teilor

7 vieţuitori, viaţă de obşte

Hram: Naşterea Sfântului Ioan Botezătorul, Sfinţii Cuvioşi Arsenie şi Teodosie, Sfinţii 40 de Mucenici (paraclis)
Adresă: com. Valea Teilor, 827108, jud. Tulcea
Acces: din Tulcea, pe DN22, spre V, 28 km până la intersecţia spre Niculiţel, apoi DJ229, trecând prin Niculiţel, încă 10 km spre S până la Mănăstirea Valea Teilor. Drum forestier din şoseaua ce leagă Valea Teilor de Niculiţel. Din Brăila, trecând Dunărea cu bacul, apoi pe DN22, DJ229, 72 de km
Stareţ: singhel Dionisie Negruţ
Contact: +40748848468
Cazare: 20 locuri

În imediata vecinătate a mănăstirii se află un izvor recunoscut de către localnici ca având puteri tămăduitoare.

Aşezământul de călugări a luat fiinţă în 2007, piatra de temelie fiind pusă de ÎPS Teodosie. Prin venirea în noua eparhie a Tulcii a PS Visarion, mănăstirea a primit şi un al doilea hram: Sf. 40 de Mucenici. Ca amplasament, mănăstirea este situată într-o poiană înconjurată de păduri. În ultimii ani, la Valea Teilor, s-au încheiat lucrările la un corp de chilii, la arhondaric şi la biserica cu hramul Naşterea Sfântul Ioan Botezătorul. În prezent, se lucrează la biserica mare a mănăstirii. Zilnic, la Valea Teilor, se săvârşesc Sfânta Liturghie şi cele 7 Laude.

Mănăstirea Visterna

3 vieţuitoare, viaţă de obşte

Hram: Naşterea Maicii Domnului, Cuvioasa Parascheva
Adresă: sat Visterna, com. Sarichioi, 827193, jud. Tulcea
Acces: din Tulcea pe DN22/E87 spre S, 32 km până la Babadag, apoi spre E, DJ223A, 8 km. Mănăstirea este situată în vecinătatea lacului Razim
Stareţă: monahia Fevronia Gociu
Contact: +40740015603

La marginea pădurii Babadag, în apropierea Cetăţii Enisala, primăria Sarichioi a donat mănăstirii nou înfiinţate 3 ha de teren. Pe această suprafaţă s-a început, în 2009, ridicarea unui corp de chilii şi a unui paraclis, terminat la roşu în 2010.

Programul liturgic cuprinde oficierea zilnică a celor 7 Laude bisericeşti şi a Sfintei Liturghii. În mănăstire, pe lângă cele 3 vieţuitoare, se află şi 5 copii aflaţi în plasament.

Schitul C.A. Rosetti

2 viețuitori, viață de obște

Hram: Buna Vestire
Adresă: com. C.A. Rosetti, 827015, jud. Tulcea
Acces: 1. Cu vasul Tulcea-Periprava pe brațul Chilia, tractor Periprava-C.A. Rosetti, C.A. Rosetti-schit; 2. Cu vaporul Tulcea-Sulina pe brațul Sulina, barcă Sulina-Cardon sau transport asigurat de firmă de două ori pe zi, dimineața și seara, pe șoseaua Sulina-Cardon, 14 km (care duce la C.A. Rosetti); 84 km de Tulcea
Egumen: ierom. Nectarie Prelucă
Contact: +40752566251; **Cazare:** 2 locuri

Pe teritoriul comunei C.A. Rosetti, la 120 km de orașul Tulcea, în anul 1990, protoiereul de Tulcea, Dumitru Andone, va pune piatra de temelie a unui schit de călugări cu hramul Buna Vestire. În perioada 1990-1998 s-au ridicat un paraclis și trei chilii. Paraclisul schitului a fost sfințit pe data de 24 martie 2003. În 2006 schitul a fost racordat la rețeaua electrică. Primul stareț al schitului a fost ieromonahul Elefterie (1996-1997).

Schitul Topolog

8 viețuitoare, viață de obște

Hram: Înălțarea Sfintei Cruci, Sfântul Vasile cel Mare
Adresă: com. Topolog, 827220, jud. Tulcea
Acces: 49 km SV de Tulcea (acces pe DN22A). Din Hârșova, pe DN22A spre NV, 54 km până la mănăstire, situată în zona Vraja a pădurii com. Topolog
Egumenă: monahia Paraschiva Vâlcu
Contact: +40761671027

Schitul Topolog este ctitorie a pr. Vasile Vâlcu, parohul Bisericii Sf. Dumitru din Topolog. A fost înălțat între anii 2001 și 2002, pe un teren aparținând preotului. Catapeteasma și cele două policandre sunt lucrate în lemn de tei – imitație scoarță de copac – de preotul Vâlcu și copiii săi, Vasilica, Marian, Marinica, Nicolae și Paraschiva, alături de sculptorul Victor Hagi. Biserica schitului a fost sfințită în 2002 de ÎPS Teodosie, Arhiepiscopul Tomisului. În anul 2012, s-a început construirea unui corp de chilii. În mănăstire se oficiază zilnic Sfânta Liturghie și cele 7 Laude bisericești. În prezent, se lucrează la biserica mare a mănăstirii.

La cca 100 m de paraclis se află locul unde credinciosul Tărcea Dumitru a descoperit, în trunchiul unui ulm abia tăiat, forma perfect vizibilă a Sfintei Cruci, lemn păstrat din 1993 la biserica din satul Făgărașu Nou. Astăzi, acesta se află în biserica schitului.

Mitropolia Moldovei și Bucovinei

Arhiepiscopia Iașilor

Arhiepiscop și Mitropolit: Înalt Preasfințitul TEOFAN SAVU

(cuprinde județele Iași, Botoșani și Neamț)

Bd. Ștefan cel Mare și Sfânt, nr. 16, Iași, 700064, jud. Iași,
Tel./fax: +40232215454, +40232215456, www.mmb.ro

Catedrala Mitropolitană Iaşi

Hram: Sfânta Cuvioasă Parascheva, Întâmpinarea Domnului
Adresa: Bd. Ştefan cel Mare şi Sfânt, nr. 16, Iaşi, 700064, jud. Iaşi
Mare Ecleziarh: arhim. Dosoftei Şcheul
Contact: +40232215454

Moaşte: Sf. Cuvioasă Parascheva, raclă cu moştele mai multor sfinţi
Icoane făcătoare de minuni: icoana Maicii Domnului (cunoscută ca făcătoare de minuni de 157 de ani, când a lăcrimat continuu vreme de 3 luni)

Catedrala Mitropolitană a fost ridicată pe locul altor două biserici, Biserica Albă (sec. al XV-lea) şi Biserica Stratenia (sec. al XVII-lea). S-a zidit în vremea domnitorului Ioan Sturdza, prin osârdia Mitropolitului Veniamin Costache, între anii 1833 şi 1842, după planurile arhitecţilor austrieci Johann şi Gustav Freiwald. După o întrerupere de 40 de ani, din cauza căderii bolţii centrale, se reia construcţia, prin grija Mitropolitului Iosif Naniescu, între anii 1880 şi 1886, arhitect fiind de această dată Alexandru Orăscu. Catedrala este o clădire monumentală, de stil baroc târziu, pictura fiind realizată de Gheorghe Tattarescu. Se sfinţeşte în 1887, în prezenţa regelui Carol I şi a familiei regale.

În Catedrala Mitropolitană sunt păstrate moaştele Cuvioasei Parascheva. Acestea au fost mutate de la Mănăstirea Sfinţii Trei Ierarhi în 1889.

Catedrala veche Iaşi – centrul eparhial

pendinte mitropolitan

Hram: Sfântul Mucenic Gheorghe, Sfânta Teodora de la Sihla
Adresa: Bd. Ştefan cel Mare şi Sfânt, nr. 16, Iaşi, 710064, jud. Iaşi
Contact: +40232215454

De văzut:
• Pietrele de mormânt ale mitropoliţilor: Gavriil Callimachi, Leon Gheucă, Iacov Stamate, Meletie Lefter, Sebastian Rusan

Biserica a fost ridicată între anii 1761 şi 1769 de Mitropolitul Moldovei Gavriil Calimachi (fost mitropolit al Tesalonicului între 1745 şi 1760), devenind, după sfinţire, „Mitropolia cea nouă". După deschiderea noii catedrale mitropolitane, în 1887, Biserica Sfântul Gheorghe a fost închisă cultului, devenind muzeu. Catapeteasma bisericii, din lemn de tei, aurită, reprezintă o capodoperă a stilului baroc, două dintre icoanele de pe catapeteasmă fiind realizate de Eustatie Altini, în 1805. A fost restaurată între anii 1981 şi 1985. Fresca din interior este realizată între 1997 şi 1999 de echipa profesorului Vasile Buzuloiu.

Redevine mănăstire în 1999 şi este resfinţită în 2000 de către PF Hristodoulos, Arhiepiscopul Atenei, şi ÎPS Daniel, Mitropolitul Moldovei, adăugându-i-se şi hramul Sf. Teodora de la Sihla.

Schitul Cotnari-Liteanca 1 vieţuitor

Hram: Sfântul Ilie, Sfinţii Arhangheli Mihail şi Gavriil
Adresa: com. Cotnari, 707120, jud. Iaşi
Acces: din Hârlău, spre sud, pe DN28B/E58, 3 km, dreapta spre Cotnari, 3 km
Egumen: ierom. Pavel Răbei-Muha; **Contact:** +40742355730

Este înfiinţat în 1995 de ÎPS Daniel, Mitropolitul Moldovei. S-a amenajat un paraclis. Se subordonează direct Mănăstirii Sângeap-Basaraba.

Mănăstirea Bârnova

6 viețuitori, viață de obște

Hram: Sfântul Mare Mucenic Gheorghe, Tăierea Capului Sfântului Ioan Botezătorul
Adresa: com. Bârnova, 707035, jud. Iași; **Acces:** din Iași spre Vaslui, pe DN24, 10 km, dreapta (la Hanul Trei Sarmale) pe DJ248d, 2,5 km
Stareț: protos. Paisie Furdui; **Contact:** +40232294562, +40232216693

Mănăstirea a fost închinată, din anul 1662, pe rând, Patriarhiei Ierusalimului, Muntelui Athos, Muntelui Sinai, Patriarhiei din Constantinopol și Patriarhiei din Alexandria, fiind administrată de către călugării greci pentru o perioadă de 200 de ani.

Ctitorită de Miron Barnovschi-Movilă, domnitorul Moldovei (1626-1629, 1633), pe locul unei biserici de lemn ridicate în 1603 de Ieremia Movilă, cu hramul Sf. Gheorghe. Numele mănăstirii este legat de cel al ctitorului. A fost terminată de domnitorul Eustratie Dabija în 1662, odată cu Palatul Domnesc al Doamnei Dafina, după ce Miron Barnovschi a fost omorât de turci. În anul 1728, domnitorul Grigore al II-lea Ghica, retras aici pentru o vreme, a refăcut clădirile din incintă și a înălțat zid de împrejmuire prevăzut cu creneluri și foișor de pază. Este secularizată în 1863, palatul Doamnei Dafina din apropiere fiind transformat în școală și casă parohială; după această dată biserica se degradează. A funcționat un timp ca biserică de parohie, iar între 1945 și 1950 a fost mănăstire de maici. În iulie 1991 redevine mănăstire de călugări.

Mănăstirea Bârnova este asemănătoare ca arhitectură cu Mănăstirea Dragomirna. Este înconjurată de ziduri de apărare, cu metereze, are un turn-clopotniță la intrare. Din lipsă de fonduri nu s-a putut începe refacerea mănăstirii, ce necesită ample lucrări de restaurare.

Mănăstirea Blaga

5 viețuitoare, viață de obște

Hram: Adormirea Maicii Domnului
Adresa: sat Blaga, com. Schitu Duca, 707436, jud. Iași
Acces: din Iași spre Vaslui pe DN24, 22 km, dreapta în Schitu Duca, încă 4 km
Egumenă: monahia Pistisa Însurățelu; **Contact:** +40740620376

A fost înființat un schit în 2003, cu binecuvântarea ÎPS Daniel. Este în construcție un corp de chilii, cu paraclis. A devenit mănăstire în 2011.

Mănăstirea Brădicești

5 viețuitori, viață de obște

Hram: Buna Vestire, Sfântul Ilie
Adresa: sat Brădicești, com. Dolhești, 707180, jud. Iași
Acces: DN24 Iași-Vaslui, 56 km SE de Iași, stânga pe 244F spre Șerbești, Dolhești până în Brădicești
Stareț: protos. Simeon Adrian Foca; **Contact:** +40232321662

Schitul Brădicești a fost întemeiat de PS Varlaam pe moșia logofetesei Maria Racoviță în 1691. Biserica de lemn s-a construit între 1691 și 1692. În 1739 schitul a fost prădat de tătari, iar monahii au fost luați ca robi. Schitul a fost refăcut în 1756 de Ep. Inochentie și domnitorul Matei Ghica, adăugându-i-se o catapeteasmă (1766) și un pridvor închis (1768). Între 1852 și 1853 a fost reparat de Ignatiu Lorenzo, arhitectul Bârladului. În 1863 schitul s-a desființat ca urmare a Legii secularizării averilor mănăstirești și biserica a devenit parohie. S-a redeschis în 1992 ca mănăstire. Astăzi ansamblul cuprinde: biserica de lemn cu hramul Buna Vestire, o biserică de piatră cu hramul Sf. Ilie și chiliile călugărilor.

La Mănăstirea Brădicești a fost tuns în călugărie arhimandritul Mina Dobzeu.

Mănăstirea Bucium

9 viețuitori, viață de obște

Hram: Duminica Tuturor Sfinților Români, Sfinții Athonului
Adresa: str. Păun, nr. 24, Iași, 700274, jud. Iași
Acces: din șos. Bucium (DN24 Vaslui-Iași) în sudul Iașului, dreapta pe str. Păun (a doua de la Plopii fără soț), 500 m
Stareț: protos. Irineu Bălan; **Contact:** +40720015460

De văzut:
- Biblioteca, având peste 1500 de cărți de cult

În apropiere se află Plopii fără soț care l-au inspirat pe Mihai Eminescu.

Este ctitorită în 1853 de ieromonahii Nifon și Nectarie, cei care au pus bazele întemeierii Schitului românesc Prodromu din Athos, ducând în Sfântul Munte icoana Maicii Domnului numită Prodromița – cea nefăcută de mână. Paraclisul schitului a fost sfințit în 1871, cu hramul Sfinții Athonului, de către Mitropolitul Calinic Miclescu. Așezământul, numit „Metoh" sau „Conacul Bucium", a fost metoc al Schitului Prodromu, care i-a adăugat multe proprietăți. În 1948 PF Justinian Marina i-a schimbat denumirea în Schitul Prodromu Iași. Între anii 1950 și 1977, în timpul stăreției pr. Hrisostom Apostolache, biserica a fost reparată și extinsă, fiind pictată în frescă de pictorul Vasile Pascu în 1964 și resfințită în 1967. A fost ridicată la rang de mănăstire în 1993, primind și hramul Duminica Tuturor Sfinților.

Astăzi complexul monahal Bucium cuprinde: biserica, casa de oaspeți-reședința mitropolitană „Sf. Antipa de la Calapodești", casa-trapezar (care înglobează: atelierul de pictură bizantină „Sf. Ioan Damaschin" din anul 2005, chiliile călugărilor și stăreția), „Casa Roznovanu II" (chiliile călugărilor), depozitul de vinuri și atelierul de tâmplărie, acestea două din urmă funcționând sub directa coordonare a Centrului Eparhial Iași. În prezent există proiectul pentru construirea unei noi biserici, cu hramul Învierea Domnului.

Mănăstirea Copou (Podgoria Copou)

15 viețuitoare, viață de obște

Hram: Sfinții Atanasie și Chiril, Duminica Mironosițelor
Adresa: str. Podgoriilor, nr. 1, Iași, 700491, jud. Iași
Acces: din centru spre nord, pe str. Copou, apoi str. Dumbrava. În incinta Grădinii Botanice;
Stareță: stavrofora Maria-Magdalena Vrânceanu
Contact: +40721728866

Legenda spune că locul mănăstirii a fost ales pe locul copacului scorburos unde s-a ascuns soția domnitorului Vasile Lupu în vremea năvălirii tătarilor. Voievodul a tăiat copacul scorburos și, în semn de mulțumire că și-a găsit soția nevătămată, a hotărât zidirea unei mănăstiri.

În anul 1638 Vasile Lupu (1634-1653) zidește o biserică de piatră pe locul unei biserici mai vechi de lemn, pe care o închină Mănăstirii Caracalu de la Muntele Athos. Biserica a ars și a fost dărâmată, fiind reconstruită de mai multe ori, nepăstrându-se nimic din stilul locașului originar. A fost restaurată în 1702 de domnitorul Constantin Duca, apoi de Serafim, egumenul Mănăstirii Trei Ierarhi, în 1809. Este pictată în 1850. După secularizare, în 1863, este desființată, ajungând biserică de mir. Începând cu anul 1960, biserica a fost inclusă în perimetrul Grădinii Botanice din Iași, ajungând într-o stare avansată de degradare. Între anii 1983 și 1986 s-au efectuat ample lucrări de restaurare, fiind pictată de Vasile și Violeta Carp. S-au construit o casă parohială și anexe gospodărești. Este reactivată ca mănăstire de călugărițe în 2001 de ÎPS Daniel, primind și hramul Duminica Mironosițelor. Aici funcționează ateliere de broderie, croitorie și pictură bisericească.

Mănăstirea Cetățuia

18 viețuitori, viață de obște

Hram: Sfinții Apostoli Petru și Pavel
Adresa: stradela Cetățuia, nr. 1, Iași, 700677, jud. Iași
Acces: în partea de S a orașului, la sud de cartierul Nicolina
Stareț: protos. Arsenie Hanganu; **Contact:** +40744647957; **Cazare:** 10 locuri

Mănăstirea Cetățuia a fost ridicată între 1669 și 1672 de domnitorul Gheorghe Duca, în vremea Mitropolitului Dosoftei. Există o consemnare a faptului că sultanul Mehmet al IV-lea, aflat în trecere în campania împotriva Poloniei, în 1672, a elogiat frumusețea bisericii și i-a prevestit surparea din pricina terenului instabil. Lucru care s-a și întâmplat în jurul anului 1690. De-a lungul anilor a suferit numeroase deteriorări, fiind restaurată în 1808 și în 1911. Mănăstirea este unul dintre cele mai importante monumente de artă feudală din sec. XVII-XVIII: incinta are formă de cetate, de unde și numele, iar biserica este înconjurată de ziduri înalte de piatră. Arhitectura bisericii o copiază pe cea a Mănăstirii Trei Ierarhi. Este una dintre puținele mănăstiri care a păstrat întregul ansamblu de arhitectură inițial. În partea de sud a mănăstirii se află clădirea cu **sala gotică Dositei, Patriarhul Ierusalimului**, cu pivnițe pentru vinul mănăstirii. Pictura este realizată de Mihai, Gheorghe și Dima din Ianina, alături de Nicolae Zugravul cel bătrân și Ștefan Zugravul, care lucraseră la Trei Ierarhi, fiind restaurată de mai multe ori. Biserica adăpostește mormântul ctitorului, al fiicei acestuia, Domnița Maria, și al fratelui domnitorului, Saul. În 1682 funcționa aici o tipografie, în care s-au tipărit cărți bisericești în limba greacă, fiind în acea perioadă singura din întreg Răsăritul. În Casa Domnească – situată în partea de nord a ansamblului – se află un muzeu, cu o bogată colecție de obiecte bisericești și tipărituri.

Moaște: părticică de la Sf. Arsenie Capadocianul

La Cetățuia a fost înmormântat filosoful Nicolae Cherameus, fost profesor la Școala Patriarhală din Constantinopol, mormântul său nemaipăstrându-se astăzi.

Se poate admira o panoramă a Iașilor din turnul „Cina Pelerinului".

Mănăstirea Dobrovăț

10 viețuitori, viață de obște

Hram: Pogorârea Sfântului Duh; **Adresa:** com. Dobrovăț, 707175, jud. Iași
Acces: din Iași spre Vaslui, pe DN24, 13 km, dreapta după Pietrăria, pe DJ247 spre Dobrovăț, 13 km
Stareț: protos. Chesarie Codreanu
Contact: +40744630158, manastirea.dobrovat@gmail.com

Biserica mănăstirii este ultima ctitorie a lui Ștefan cel Mare, zidită între 1503 și 1504, în zonă existând un schit cu hramul Schimbarea la Față încă din sec. al XV-lea. Pictura, considerată de o valoare artistică inestimabilă, datează din 1529, din vremea lui Petru Rareș. Ansamblul monahal mai cuprinde: o biserică mai mică, construită pe ruinele unui paraclis cu hramul Sfântul Gheorghe – ridicat în 1607 de domnul Simion Movilă pentru înhumarea fiului său Pavel –, casa familiei Racoviță din 1663, turnul-clopotniță din 1743, zidul de incintă și clădirea care adăpostește chiliile. Dobrovățul a fost la mijlocul sec. al XVII-lea, pentru o scurtă perioadă, metoc al Mănăstirii Zografu. Biserica este din piatră, cu contraforturi, asemănătoare cu alte ctitorii ale voievodului Ștefan cel Mare, în stil moldovenesc. Mănăstirea a fost afectată de războaie, de cutremure, de politica antibisericească a regimului comunist, aici funcționând de-a lungul timpului o pușcărie, un orfelinat, o școală de agronomie. Până în 1990 este biserică de mir. Se execută lucrări de restaurare între 1974 și 1976, reluate în 1994. În 1991 redevine mănăstire de maici, iar în 1992 de călugări.

Mănăstirea Dagâța

2 viețuitori, viață de obște

Hram: Pogorârea Sfântului Duh
Adresa: sat Poienile, com. Dagâța, 707162, jud. Iași
Acces: din Roman spre Vaslui, pe DN15D, 18 km, stânga în Poienari, pe DC78A, până în Dagâța, 9 km, spre N-V, drum de pământ și drum forestier, greu accesibil, 8 km, spre vârful Dealu Cetății
Stareț: ierom. Cleopa Ștefan

De văzut:
• Conacul Tăutu (sec. XIX)

Prima biserică de lemn s-a ridicat în vremea lui Ștefan cel Mare, fiind dărâmată mai târziu de boierii Carp și Tăutu, care, certându-se pentru hotarul dintre moșiile lor, vor strica locașul, hotarul trecând chiar prin mijlocul lui. S-a zidit mai târziu, mai jos de locul inițial, un schit de călugări, a cărui biserică există și astăzi. În 1959 credincioșii Călancea și Sicrieru, din Satul Mănăstirii, au zidit biserica mare, fiind persecutați pentru aceasta de autoritățile comuniste. A fost pictată în 1970, când s-a și sfințit. A funcționat ca biserică de mir până în 1993, când este reînființată ca mănăstire de călugări.

Mănăstirea Frumoasa

9 viețuitoare, viață de obște

Hram: Sfinții Arhangheli Mihail și Gavriil, Adormirea Maicii Domnului, Sfânta Ecaterina (paraclis)
Adresa: str. Radu Vodă, nr. 1, Iași, 700729, jud. Iași
Acces: din centru spre S, pe str. Nicolina
Stareță: stavrofora Sofia Bordeianu
Contact: +40232279457, +40749375792

Moaște:
părticele de la Sf. Nectarie de Eghina, Sf. Luca al Crimeii, părticele de la mai mulți sfinți ruși, cuvioși și mucenici

Între 1583 și 1586 Meletie Balica, hatman al Moldovei, a construit o mănăstire cu hramul Sfinții Arhangheli Mihail și Gavriil, pe care a închinat-o mănăstirii omonime din Sinai. În 1618 domnitorul Gavril Movilă a ridicat biserica la rang de mănăstire. Grigore al II-lea Ghica, alegând locul pentru reședința familiei sale, a reconstruit, între 1727 și 1733, biserica în stil renascentist, fapt ce i-a atras în vremea de atunci numele de „Frumoasa", adăugând zidurile, două clădiri numite palate, grădinile. În timpul ocupației rusești de la 1739, casele clădite de Grigore Ghica la Frumoasa au fost dărâmate, mănăstirea fiind restaurată ulterior. Actuala biserică este ctitoria egumenului Ioasaf Voinescu, care a rezidit-o din temelie între 1836 și 1839, adăugându-i hramul Adormirea Maicii Domnului.

Incinta mai cuprinde: „Palatul Sturdza", construit între anii 1818 și 1819, un mausoleu de marmură ridicat de domnitorul Mihail Sturdza în 1833 ca necropolă a familiei, precum și ruinele vechilor case boierești de pe timpul lui Grigore Ghica. După secularizare, reședințele domnești au ajuns cazarmă militară, apoi închisoare militară, iar mai târziu spital militar, Biserica Frumoasa devenind biserică de parohie. Redevine mănăstire de călugărițe (provenite de la Mănăstirea Războieni, Neamț) în 2003, cu binecuvântarea ÎPS Daniel Ciobotea, Mitropolitul Moldovei și Bucovinei din acea vreme.

Mănăstirea Galata 20 vieţuitoare, viaţă de obşte

Hram: Înălţarea Domnului, Sfântul Apostol Iacov (paraclis)
Adresa: str. Mănăstirii, nr. 4, Iaşi, 700616, jud. Iaşi
Acces: din centru spre S pe str. Nicolina, dreapta pe Şos. Iaşi-Voineşti
Stareţă: stavrofora Valentina Ţugui
Contact: +40232224545

Biserica, cu hramul Înălţarea Domnului, este ctitorită de Petru Şchiopul între 1582 şi 1584, fiind sfinţită în 1584. Numele ei vine de la cartierul Galata din Constantinopol şi înseamnă *poartă*. A fost închinată în 1618 Patriarhiei de la Ierusalim. Petru Şchiopul mai construise în 1577 o biserică – Galata din Vale, surpată la scurtă vreme după ridicare din cauza terenului alunecos. Mănăstirea, înconjurată de un zid puternic, cu un turn-clopotniţă impunător, are un aspect de fortăreaţă. Pictura originară a bisericii a fost distrusă în incendiul din 1762, fiind refăcută în sec. al XIX-lea. Biserica mănăstirii a avut la origine şi frescă exterioară, care însă în timp s-a pierdut.

Paraclisul cu hramul Sf. Ap. Iacov a fost ctitorit de Petru Şchiopul în casa domnească de lângă biserică. S-au efectuat lucrări de restaurare între 1958 şi 1970, când s-au descoperit 6 morminte domneşti (printre care al Despinei şi al lui Vlad, doi copii ai lui Petru Şchiopul, şi al Mariei Amirali, soţia voievodului). După secularizare devine biserică de mir, iar mănăstirea este transformată în închisoare. După 1990 Galata a devenit mănăstire de călugăriţe. Aici funcţionează un atelier de croitorie şi de broderie.

Celebrul „roşu de Galata" provine de la vechea frescă a bisericii.

Mănăstirea Galata, situată pe una dintre colinele Iaşilor, este vizibilă din aproape toate cartierele oraşului.

Mănăstirea Golia 12 vieţuitori, viaţă de obşte

Hram: Înălţarea Domnului, Izvorul Tămăduirii
Adresa: str. Cuza Vodă, nr. 51, Iaşi, 700038, jud. Iaşi
Stareţ: protos. Serafim Nastasiu; **Contact:** +40724550460, www.golia.ro

Zidită iniţial de Ioan Golia logofătul în sec. al XVI-lea, Biserica Înălţarea Domnului a fost refăcută de voievodul Vasile Lupu între anii 1650 şi 1653 şi terminată de fiul său, Ştefăniţă Vodă. Mănăstirea este înconjurată de un zid înalt, prevăzut la colţuri cu turle ridicate în 1667 şi un turn-clopotniţă de 30 m, refăcut în 1900, şi are aspect de fortăreaţă medievală. Biserica din blocuri de piatră este construită în stil gotic, cu influenţe ale Renaşterii târzii, şi a fost pictată iniţial de „Matei al lui Ioan" (Zugravu), refăcută în 1754 şi apoi în 1838. A fost afectată de numeroase incendii şi de cutremurul din 1738, fiind restaurată de mai multe ori. A fost închinată Mănăstirii athonite Vatoped, iar în 1786 a devenit reşedinţă mitropolitană. Aici se obişnuia săvârşirea cununiilor din familiile domneşti. Astfel, la Golia, Patriarhul Constantinopolului, Iacov, a oficiat cununiile domneşti dintre Constantin Duca şi Maria Brâncoveanu, în 1693, şi dintre Antioh Cantemir şi Catrina, în 1696. În incintă se mai află: stăreţia cu **Paraclisul Brâul Maicii Domnului** (sec. al XIX-lea), cişmeaua din vremea lui Alexandru Moruzi, casa în care a locuit o perioadă diaconul Ion Creangă.

Se ruinează după secularizare, fiind închisă între 1900 şi 1947. Este biserică parohială până în 1992, când devine mănăstire misionară.

Între anii 2010 şi 2015 s-au făcut ample lucrări de restaurare ale clădirilor şi picturii. Aici funcţionează Institutul cultural-misionar Doxologia, cu editură, tipografie, radio.

Despre Turnul Mănăstirii Golia, Paul de Alep spunea: „Nu are pereche în toate ţările, prin înălţime, lărgime şi măreţie."

În 2012, Mănăstirea Golia a primit la Lisabona premiul pentru conservarea şi reabilitarea lăcaşului de cult.

Mănăstirea Hadâmbu

9 vieţuitori, viaţă de obşte

Hram: Naşterea Maicii Domnului, Acoperământul Maicii Domnului (biserica nouă)
Adresa: Hadâmbu, com. Mogoşeşti, 707332, jud. Iaşi
Acces: din Iaşi spre Podeni, pe DJ248, 13 km, dreapta pe DJ248b, 9 km, dreapta în Hadâmbu, 2 km
Stareţ: arhim. Nicodim Gheorghiţă; **Contact:** +40232228760
Cazare: 200 locuri, cu rezervare

Icoane făcătoare de minuni: icoana Maicii Domnului

Mănăstirea, cu hramul Naşterea Maicii Domnului, este construită în 1659, pe un teren dăruit de Gheorghe Ghica lui Iani Hadâmbu, pe locul unui schit de lemn din sec. al XV-lea-sec. al XVI-lea, cu hramul Sf. Nicolae. Mai este numită în documente şi Schitul din Dealul Mare. Iniţial, Mănăstirea Hadâmbu a fost zidită ca o cetate fortificată, biserica, de mici dimensiuni, fiind înconjurată cu ziduri şi turnuri de apărare. În 1830 a fost închinată vreme de 3 ani Sfântului Mormânt de la Ierusalim. Pictura a fost finalizată în 2001 de Dan Goga. La începutul sec. al XX-lea era într-o stare de avansată degradare, fapt relatat şi de istoricul Nicolae Iorga în însemnările sale. După Decretul 410/1959 mănăstirea este închisă, reînfiinţându-se ca mănăstire de călugări în 1990. În ultimii ani s-au efectuat lucrări ample de refacere şi construire, ridicându-se un impresionant corp de chilii, clopotniţa, arhondaricul, paraclisul cu hramurile Sfântul Ierarh Nicolae şi Sfântul Nicodim de la Tismana, precum şi diferite anexe. S-a construit o biserică nouă, cu hramul Acoperământul Maicii Domnului, pictată în frescă de Vasile Buzuloiu şi Vasile Gheorghiţă, sfinţită de ÎPS Teofan în 2008.

Aici se află **icoana Maicii Domnului cu Pruncul**, pictată de preotul Octavian Zmău, în 1938, ferecată în argint, considerată făcătoare de minuni şi izvorâtoare de mir, fiind cinstită foarte mult de credincioşi. Mănăstirea este înscrisă pe lista monumentelor istorice din jud. Iaşi.

Mănăstirea Hlincea

8 vieţuitori, viaţă de obşte

Hram: Sfântul Mare Mucenic Gheorghe
Adresa: sat Hlincea, com. Ciurea, 707083, jud. Iaşi
Acces: din Iaşi spre sud, pe DJ248, str. Nicolina, 3 km, stânga pe DC29, 3 km
Stareţ: protos. Metodie Oprica; **Contact:** +40232235165

Ridicată la sfârşitul sec. al XVI-lea, ctitori fiind Maria, fiica domnitorului Petre Şchiopul, şi soţul ei; este închinată în 1574 Mănăstirii Dionisiu din Sfântul Munte. Este restaurată în timpul lui Vasile Lupu. Biserica, masivă, cu ziduri groase de 1 m, păstrează fresca bizantină originară, realizată între 1659 şi 1660 de către Ioan Matei zugravul, în vremea lui Ştefăniţă Vodă. Devine din 1670 metoc al Mănăstirii Cetăţuia. În mănăstire a funcţionat între 1788 şi 1812 un spital militar. Ajunsă într-o stare avansată de deteriorare, este restaurată în 1908 de Comisiunea Monumentelor Istorice, apoi între 1980 şi 1984, la iniţiativa ÎPS Teoctist. În ansamblul mănăstirii se mai află: ruinele chiliilor (sec. XVI), turnul-clopotniţă (sec. XVII), zidul de incintă (sec. XVII). Schitul Hlincea, desfiinţat în 1959, este reînfiinţat în 1990 cu obşte de călugări, iar din 1991 devine mănăstire. S-au efectuat ample lucrări de restaurare şi s-au ridicat două corpuri de chilii.

În 2010 s-au împlinit 350 de ani de la sfinţirea bisericii.

Mănăstirea Lacuri

4 viețuitori, viață de obște

Hram: Sfântul Nicolae, Sfinții Apostoli Petru și Pavel
Adresa: com. Deleni, 707165, jud. Iași
Acces: din Târgu Frumos spre Botoșani, pe DN28B, 25 km, stânga în Hârlău, pe DJ281A, prin Deleni, 10 km
Stareț: protos. Petroniu Andrei; **Contact:** +40745494849

Așezământul, cunoscut sub denumirea Sihăstria din Codrul Delenilor sau Sfântul Nicolae din Lacuri, a fost ctitorit de marele vistiernic Iordache Cantacuzino în 1724. În 1888 este închis, iar monahii pleacă la Mănăstirea Coșula. Terenul și clădirile revin moștenitorilor lui Grigore Ghica și rămâne totul în paragină. Se încearcă redeschiderea schitului în 1943, când ierom. Nicodim Enescu reorganizează viața monahală. În 1959, în urma Decretului 410, schitul a fost desființat, rămânând în paza unui țăran din zonă, slujbele fiind ținute numai de hram, în mod clandestin. În 1990 schitul este redeschis și devine mănăstire în 1991. Se construiesc: două corpuri de chilii, trapeza, diverse anexe. Aici se organizează o tabără de pictură, avându-l protector pe Sfântul Apostol Luca.

Împrejurimi:
• Ansamblul Conacului Cantacuzino-Deleanu, Deleni

Mănăstirea Miclăușeni

34 viețuitoare, viață de obște

Hram: Buna Vestire
Adresa: sat Miclăușeni, com. Butea, 707066, jud. Iași
Acces: din Iași spre Roman pe DN28/E583, 65 km, stânga în Miclăușeni, 1 km
Stareță: stavrofora Mihaela Stroescu; **Contact:** +40232713112, +40723099965

Prima biserică a Castelului de la Miclăușeni a fost ridicată în 1787 de vornicul Ioan Sturdza. În 1823 Dimitrie Sturdza, fiul lui Ioan Sturdza, reconstruiește biserica în stil neoclasic și va fi sfințită de Mitrop. Veniamin Costache, aducându-se aici o icoană a Paraclisului Cetății Neamț. Mănăstirea a fost înființată de Ecaterina Șerban-Cantacuzino, ultima descendentă a boierilor Sturdzești, în 1947. A fost mănăstire de maici până în 1953, când este desființată. Este reînființată în 1994. Aici funcționează un centru social-cultural, ateliere de pictură, croitorie, broderie și încondeiere de ouă. În apropierea bisericii se află Castelul Sturdza, construit în stil neogotic de Gheorghe Sturdza între 1880 și 1904, pe locul fostului conac. În 1999 s-a finalizat construcția unui paraclis. Ansamblul a fost retrocedat în 2001 Mitropoliei Moldovei și Bucovinei, printr-o hotărâre judecătorească.

Moaște: lemn din Sfânta Cruce, Sf. Andrei, Sf. Iacob Persul, Sf. Ștefan, Sf. Gheorghe și alți sfinți
Icoane făcătoare de minuni: icoana Maicii Domnului

Mănăstirea Sângeap-Basaraba

14 viețuitori, viață de obște

Hram: Izvorul Tămăduirii, Schimbarea la Față
Adresa: sat Sticlăria, com. Scobinți, 707445, jud. Iași; **Acces:** din Hârlău spre S, pe DN28B/E58, 3 km, dreapta spre Scobinți, 3 km
Stareț: arhim. Gavriil Alexa; **Contact:** +40728128100

Vechea mănăstire de pe Dealul Sângeap (sec. al XIV-lea), cunoscută ca mănăstirea din Poiana Sângeap sau din hotarul Hârlăului, a fost distrusă în timpul celui de-al Doilea Război Mondial. În 1997, în apropierea vechii mănăstiri, pe dealul Basaraba, a fost reînființat un schit, devenind mănăstire în 2000. În 2003 s-a ridicat o biserică de lemn cu hramurile Acoperământul Maicii Domnului și Sf. Mare Mucenic Mina. Sunt în stadiul de finalizare biserica mare, un corp de chilii și anexele.

Mănăstirea Piatra Sfântă

10 viețuitori, viață de obște

Hram: Adormirea Maicii Domnului, Nașterea Domnului (noua biserică)
Adresa: sat Pietrăria, com. Bârnova, 707038, jud. Iași
Acces: DN24 Iași-Vaslui, 11 km, dreapta pe DJ248D (după Motel Bucium), 3 km
Stareț: protos. Cristofor Ruxandu
Contact: +40740975855; **Cazare:** 10 locuri

Moaște: racla cu părticele de la Sfinții Părinți de la Mănăstirea Sf. Teodosie din Palestina, Sf. Mc. Marcela

Odoare sfinte: două Evanghelii slavone (1766), Liturghier (1759)

În 1721 Dimitrie Bosie a dăruit un teren pentru îngroparea celor morți de ciumă și a zidit o bisericuță de lemn, cu hramul Buna Vestire, care s-a numit Schitul Sihăstria sau Schitul lui Tărâță. În 1732 Grigore al II-lea Ghica va construi pe acest loc o biserică din piatră. Biserica de azi datează din 1754, fiind ridicată de Matei Ghica. În 1761 schitul devine spital pentru bolnavii de ciumă, dependent de Mănăstirea Sf. Spiridon din Iași. În 1959, odată cu Decretul 410, schitul este închis, devenind biserică de mir. Cutremurul din 1977 afectează grav biserica și este refăcută de credincioșii din Pietrăria cu efortul depus de preotul paroh Gheorghe Ciucă. Schitul a fost redeschis după 1990 ca mănăstire de călugări, biserica fiind reconstruită, cu hramul Adormirea Maicii Domnului. În 1998, ÎPS Daniel Ciobotea i-a schimbat denumirea în Mănăstirea Piatra Sfântă. În 2004 s-a început zidirea noii biserici, în stil tradițional moldovenesc, aflată acum în faza de pictare.

Mănăstirea Sfântul Siluan Athonitul

11 viețuitoare, viață de obște

Hram: Sfântul Siluan Athonitul
Adresa: str. Tălpălari, nr. 12, 700127, Iași
Acces: în imediata apropiere de Piața Unirii
Stareță: monahia Siluana Vlad; **Contact:** +40232215157, www.sfintiiarhangheli.ro

Aici funcționează din noiembrie 2008 Centrul de Formare și Consiliere „Sfinții Arhangheli Mihail și Gavriil", sub coordonarea monahiei Siluana Vlad. Se organizează cursuri de formare și consiliere, seminarii, artterapie pentru adulți și copii, seminarii legate de alcoolism și alte forme de dependență, mulți tineri găsindu-și aici alinarea, precum și suport pentru reorientarea profesională și reintegrarea familială. Activitățile sunt susținute și de Parohia Tălpălari, Iași.

Mănăstirea Stavnic

7 viețuitori, viață de obște

Hram: Sfântul Mucenic Dimitrie Izvorâtorul de Mir
Adresa: sat Schitu Stavnic, com. Voinești, 707602, jud. Iași
Acces: din Iași spre Răsboieni, pe DJ248A, 20 km, dreapta pe DC38a, 1 km.
Stareț: arhim. Amfian Răgoșcă; **Contact:** +40766466665

Ruinele Schitului Stavnic

Constantin Cocoranul zidește în jurul anului 1727 un schit cu hramul Intrarea în Biserică a Maicii Domnului (Vovidenia), unde se călugărește apoi cu numele Calistru. În 1766 schitul devine metoc al Mănăstirii Sf. Spiridon din Iași. A fost bombardat în timpul celui de-al Doilea Război Mondial, păstrându-se totuși o parte însemnată din vechea biserică. În 1980 sătenii din împrejurimi au construit o biserică modestă din chirpici, în apropiere de vechea biserică. Este reînființat în 1992 de ÎPS Daniel, iar din 1993 devine mănăstire. În prezent se construiește o biserică mai mare și este în plan refacerea bisericii vechi. În cadrul mănăstirii funcționează un atelier de tâmplărie. Ansamblul Mănăstirii Stavnic este trecut pe lista monumentelor istorice din jud. Iași sub numele Ruinele Schitului Stavnic.

Mănăstirea Sfinții Trei Ierarhi

9 viețuitori, viață de obște

Hram: Sfinții Trei Ierarhi
Adresa: bd. Ștefan cel Mare și Sfânt, nr. 28, Iași, 700028, jud. Iași
Acces: în centrul orașului, în apropiere de Catedrala Mitropolitană
Stareț: protos. Elisei Nedescu
Contact: +40232216349, +40734998030

Biserica Trei Ierarhi este cea mai frumoasă ctitorie a lui Vasile Lupu, o bijuterie arhitecturală recunoscută în întreaga lume. A fost construită din piatră între anii 1635 și 1639 și sfințită de Mitropolitul Varlaam în 1639. Tot atunci este ridicată și **Sala Gotică**, care a fost inițial trapeza mănăstirii (1635-1639), apoi paraclis, astăzi aici aflându-se muzeul mănăstirii. Din punct de vedere arhitectonic, biserica preia tradiționalul stil moldovenesc. Întreaga biserică este împodobită cu o broderie de piatră, cu ornamente geometrice tipic românești, care se îmbină cu ondulații și arabescuri orientale, dar și cu ornamente specifice artei apusene. Originală este sinteza între motive atât de diferite care se regăsesc pe cele 30 de registre diferite de sculptură. Ferestrele sunt împodobite cu chenare sculptate în piatră. În pridvorul bisericii sunt înmormântați Vasile Lupu cu soția și fiul, Dimitrie Cantemir și Alexandru Ioan Cuza. În naos există o nișă sculptată, împodobită cu mozaicuri aurite, unde au fost așezate, în anul 1641, moaștele Sf. Cuvioase Parascheva. În 1889 moaștele au fost mutate în Catedrala Mitropolitană. Astăzi nișa adăpostește un fragment din moaștele Sf. Ierarh Vasile cel Mare, primit în dar de voievodul Vasile Lupu la 1650 de la Patriarhul Macarie al Antiohiei. Biserica a fost pictată de mari meșteri ruși (Isidor Pospeev, Pronca Nichitin, D. Iaclonev), în 1642, fragmente din pictura originară păstrându-se doar în Muzeul Sala Gotică. Biserica a fost deteriorată în urma incendiilor și cutremurelor din sec. al XVII-lea, fiind renovată între 1741 și 1742. După cutremurele din 1802 și 1827 a fost restaurată din temelii, între 1882 și 1904, lucrările fiind conduse de arhitectul francez André Lecomte du Noüy. S-au adus o serie de modificări, păstrându-se arhitectura inițială și ornamentația din exterior, biserica fiind repictată. A fost resfințită în anul 1904. Alte lucrări de renovare s-au făcut începând cu 1994.

„Toată lumea este de acord în a spune că nici în Moldova, nici la cazaci nu se află vreo biserică să o egaleze pe aceasta, nici prin ornamentație, nici prin frumusețe, căci ea uimește pe vizitator. Dumnezeu s-o păstreze până la sfârșitul veacurilor!” (Paul de Alep)

Mănăstirea Trei Ierarhi a reprezentat încă de la început o vatră de cultură și spiritualitate, aici funcționând Colegiul lui Vasile Lupu (școala vasiliană) din 1640, care a stat la baza Academiei Domnești, iar mai apoi Gimnaziul de patru ani și Școala preparandală în sec. al XIX-lea. La tipografia mănăstirii, adusă de la Kiev, care a funcționat până în 1821, au apărut o serie de cărți de referință, printre care *Cazania – Carte românească de învățătură* (1643), prima carte în limba română tipărită în Moldova. De asemenea, la Mănăstirea Trei Ierarhi s-a organizat în 1642 Sinodul interortodox de la Iași, în care a fost aprobată *Mărturisirea de credință a lui Petru Movilă*, iar în 1645 a fost uns patriarh Paisie al Ierusalimului (fost stareț la Mănăstirea Galata), de unde renumele de mănăstire a Patriarhilor. Tot aici, în 1821, s-a sfințit drapelul Eteriei și s-a citit proclamația prin care se declanșa revoluția de eliberare a Greciei.

Este redeschisă ca mănăstire de călugări în 1994. În cadrul mănăstirii funcționează un atelier de pictură bizantină.

De văzut:

- Muzeul *Sala Gotică*, care deține epitrahilul Sf. Varlaam; acoperămintele de mormânt țesute în fir de argint de Tudosca Doamna, soția domnitorului Vasile Lupu; fragmente din fresca inițială a bisericii; un exemplar original restaurat al *Cazaniei* lui Varlaam

Schitul Valea Seacă

4 viețuitori, viață de obște

Hram: Sfântul Mucenic Pantelimon, Sfântul Ierarh Dosoftei
Adresa: com. Valea Seacă, 707570, jud. Iași
Acces: din Pașcani, spre nord pe DJ208, 7 km, stânga în Valea Seacă, 2 km
Egumen: protos. Paisie Cernamoreț; **Contact:** +40744521482

Înființat în 2005, se află în curs de construcție. Au fost construite biserica și un corp de chilii între 2006 și 2007. Aparține de Mănăstirea Sfinții Trei Ierarhi.

Mănăstirea Șoldana

2 viețuitori, viață de obște

Hram: Sfinții Împărați Constantin și Elena
Adresa: sat Buhăeni, com. Andrieșeni, 707011, jud. Iași
Acces: din Iași spre Stânca Costești, pe DN24C, 52 km, stânga în Bivolari, 10 km
Stareț: protos. Nectarie Voroneanu
Contact: +40232290292, +40741393234

În 1828 familia Floroaia zidește un schit. Între 1828 și 1944 schitul a slujit și ca parohie pentru satele Șoldana și Buhăeni. Este puternic avariat în al Doilea Război Mondial, fiind refăcut în 1948 de credincioșii din zonă. În 1961 este închis de autoritățile comuniste, ajungând în stare avansată de degradare. Este reînființat ca mănăstire de călugări după 1990, când încep lucrări de restaurare și extindere: s-a pictat biserica în 1995, s-au construit până acum stăreția, chiliile, trapeza.

Mănăstirea Vlădiceni

9 viețuitori, viață de obște

Hram: Sfântul Apostol și Evanghelist Ioan; Sfântul Ilie (paraclisul)
Adresa: str. Trei Fântâni, nr. 14, Iași, 700280, jud. Iași
Acces: la intrarea în Iași, 2 km de șoseaua Bucium
Stareț: arhim. Arsenie Butnaru
Contact: +40232268266, www.manastireavladiceni.ro
Cazare: 30 locuri, cu rezervare

Moaște: Sf. Mina, Sf. Chiriachi

Icoane făcătoare de minuni: icoana Maicii Domnului cu Pruncul Ivirița, pictată la Athos

Legenda spune că mănăstirea s-a ridicat pe locul în care Alexandru cel Bun și Mitropolitul Iosif Mușat au întâmpinat în anul 1415 procesiunea cu moaștele Sfântului Ioan de la Suceava. Aici, în poiana „Vlădicei", s-a și ridicat un schit, dispărut cu timpul.

Prima biserică a schitului, cu hramul Sf. Apostol și Evanghelist Ioan, a fost ridicată între 1908 și 1910 de câțiva călugări athoniți, fiind distrusă în anul 1918, în urma unei explozii de la un depozit de muniție aflat în apropiere. Între anii 1923 și 1928 se construiește a doua biserică. Avariată de cutremurul din 1940 și de război, a necesitat lucrări de renovare, care s-au desfășurat între anii 1957 și 1959. După 1959 devine biserică de mir și depozit, distrugându-se în întregime și fiind ulterior demolată. În 1994 este reînființat așezământul monahal. S-au construit între 1994 și 1999 o biserică nouă, tot cu hramul Sf. Apostol și Evanghelist Ioan, un paraclis cu hramul Sf. Ilie, corpul de chilii, atelierul de pictură și anexele gospodărești.

Mănăstirea Agafton

30 viețuitoare, viață de obște

Hram: Pogorârea Duhului Sfânt (biserica mare), Sfinții Arhangheli (biserica veche)
Adresa: sat Mănăstirea Doamnei, com. Curtești, 717110, jud. Botoșani
Acces: E58 Botoșani (spre Suceava) cca 8 km, apoi DL stânga, 1500 m
Stareță: stavrofora Ambrozia Hrițuc
Contact: +40745702079

Numele mănăstirii provine de la întemeietorul ei, ieroschimonahul Agafton, care a ridicat aici, în jurul anului 1729, o biserică de lemn, cu hramul Sfinții Arhangheli. În prima jumătate a secolului al XIX-lea așezământul va deveni mănăstire de călugărițe; în 1838 se începe construcția unei noi biserici, de zid, în stil moldovenesc, cu hramul Pogorârea Duhului Sfânt. Numărul viețuitoarelor, în puțină vreme, se va ridica la câteva sute, atelierele manufacturiere cu specific monahal ajungând vestite în întreaga Moldovă.

Mănăstirea a atras numeroși pelerini, dar și oameni de seamă ai vremii, Mihai Eminescu, Nicolae Iorga și George Enescu cercetând adesea obștea de la Agafton. Aici s-au călugărit și trei mătuși ale poetului Mihai Eminescu, una dintre ele, Olimpiada Iurașcu, fiind chiar stareță a așezământului. Decretul 410/1959 nu va cruța însă mănăstirea, chiliile acesteia ajungând să adăpostească un cămin de bătrâni cu handicap. Reînființată în 1991, și-a dobândit proprietățile (chilii și terenuri) în 1995, iar în 1999 s-a reușit mutarea căminului de bătrâni într-o altă locație. În ultimii ani au avut loc ample lucrări de restaurare la biserica cu hramul Pogorârea Duhului Sfânt, cât și la biserica veche.

Din 2004, Mănăstirea Agafton este înscrisă pe lista monumentelor istorice din județul Botoșani.

Împrejurimi:
- Mănăstirea Sfântul Nicolae Domnesc Popăuți, Botoșani (9 km)

Mănăstirea Balș

7 viețuitori, viață de obște

Hram: Sfânta Treime
Adresa: com. Frumușica, 717160, jud. Botoșani
Acces: Hârlău-Pârcovaci (8 km), apoi drum forestier 8 km până la mănăstire
Stareț: protos. Isidor Bucătariu
Contact: +40744700859

Începuturile mănăstirii se plasează în anul 1766, când Grigorie Balș a ridicat aici o biserică de lemn. Ulterior aceasta a ars, iar în 1819 pe locul ei schimonahia Evghenia Ursache și Lascăr Sturdza zidesc o biserică de piatră și cărămidă. Funcționează ca mănăstire de maici până în 1870, când este închisă. Se va redeschide în 1945, având loc o primă restaurare, însă Decretul 410/1959 va face ca mănăstirea să fie din nou închisă. Deși monument istoric, biserica mănăstirii va rămâne pentru multă vreme în paragină.

Este redeschisă după 1990, demarându-se ample lucrări de restaurare. Tot acum se va construi un nou corp de chilii. Sfințirea așezământului s-a făcut în 1996 de către PS Calinic Botoșăneanul.

Împrejurimi:
- Mănăstirea Lacuri, com. Deleni, jud. Iași (4 km)

Mănăstirea Coşula

7 viețuitori, viață de obște

Hram: Sfântul Ierarh Nicolae
Adresa: sat Coșula, com. Copalău, 717063, jud. Botoșani
Acces: DN28B Botoșani-Buda (cca 16 km), apoi dreapta DJ, Coșula (3 km)
Stareț: protos. Calinic Chirvase
Contact: +40745125264

Moaşte: părticele de la sfinții uciși la Mănăstirea Sf. Sava

Ctitorită în 1535, în timpul domniei lui Petru Rareș, de către marele vistiernic Mateiaș. În secolele XVII-XVIII, așezământul reprezenta un important centru duhovnicesc și cultural, la Arhivele Naționale păstrându-se câteva sute de documente provenind de aici. În 1908 a fost părăsit, locașul de cult devenind biserică parohială. Reînființată în 1991. Ulterior s-au renovat stăreția, zidul de incintă din cărămidă, clădirea arhondaricului; s-au construit 2 corpuri de chilii și anexele gospodărești. În 2016 s-a finalizat cea mai amplă restaurare din istoria mănăstirii în care s-a scos la suprafață pictura originară din sec. al XVI-lea. Ansamblul Mănăstirii Coșula este inclus pe lista monumentelor istorice din Botoșani.

Mănăstirea Cozancea

6 viețuitori, viață de obște

Hram: Adormirea Maicii Domnului, Izvorul Tămăduirii
Adresa: com. Sulița, 717370, jud. Botoșani
Acces: DN29D Botoșani-Șilișcani (15 km), DJ297 Blândești-Sulița (11 km), apoi se urmează indicatorul, 6 km
Stareț: ierom. Cleopa Străchinariu
Contact: +40743171898
Cazare: 10 locuri

Icoane făcătoare de minuni: icoana Maicii Domnului cu Pruncul, care a mijlocit vindecarea pr. Cleopa în pruncie, în urma rugăciunilor mamei sale; icoana Adormirii Maicii Domnului, cu care se fac procesiuni pe vreme de secetă

Împrejurimi:
- Paraclisul ridicat de pr. Paisie Olaru în 1930

În 1656, trei pustnici stabiliți pe aceste meleaguri vor înălța o mică biserică de lemn. Paharnicul Constantin Balș, în jurul anului 1684, va ridica la Cozancea o nouă biserică, tot din lemn, mult mai încăpătoare, în locul celei dintâi. Biserica actuală, de zid, datează din 1756, fiind construită de Constantin Balș. Schitul este închis în 1960. În 1980, protos. Elisei Florea, ajutat de Mitropolitul Justin (viitor patriarh al României), redeschide schitul. Începând cu 1990, Cozancea capătă statut de mănăstire, se construiesc 2 corpuri de chilii, un agheasmatar, pictându-se și biserica. S-a construit un drum de piatră, care ușurează accesul la mănăstire.

Marele duhovnic Paisie Olaru a viețuit la Cozancea, ca pustnic, o lungă perioadă de timp, pr. Cleopa Ilie numărându-se printre ucenicii săi vreme de 3 ani.

Mănăstirea Eşanca

13 vieţuitoare, viaţă de obşte

Hram: Sfântul Serafim de Sarov, Sfânta Treime, Sfânta Cuvioasă Parascheva
Adresa: loc. Eşanca, oraş Dărăbani, 715100, jud. Botoşani
Acces: DN29A Dorohoi-Dărăbani (37km), dupa Dărăbani spre Eşanca, 2,5 km
Stareţă: monahia Petronia Ilaş
Contact: +40763278894

Moaşte: părticele de la Sf. Serafim de Sarov, Sfinţii din Sinai şi Rait, Cuvioasele ucenice ale Sf. Serafim de Sarov

În 1998 ÎPS Daniel a pus temelia bisericii parohiei Eşanca. După 2005, sub purtarea de grijă a PS Calinic Botoşăneanul, s-au reluat lucrările şi s-au construit biserica, clopotniţa, casa monahală Sf. Mc. Lucia şi un paraclis de vară. În 2009 a devenit mănăstire de maici, cu binecuvântarea ÎPS Teofan.

Mănăstirea Gorovei

5 vieţuitori, viaţă de obşte

Hram: Naşterea Sfântului Ioan Botezătorul, Izvorul Tămăduirii
Adresa: loc. Vârfu Câmpului, 717450, jud. Botoşani
Acces: DN29B Botoşani-Dorohoi (31 km), apoi stânga DN29A (spre Suceava) cca 11 km, apoi DL stânga 1500 m până la mănăstire; sau DN29A Suceava (spre Dorohoi)-Vârfu Câmpului (23 km), după 5 km DL dreapta 1500 m până la mănăstire
Stareţ: arhim. Teofil Timişag
Contact: +40744537148

Moaşte: raclă cu părticele de la Sf. Haralambie, Sf. Epictet şi Astion, Sf. Ignatie Teoforul, Sf. Mc. din Gaza ş.a.

Icoane făcătoare de minuni: icoana Sf. Ioan Botezătorul (sec. al XVII-lea)

Locul actualei mănăstiri era în trecut o moşie a Mănăstirii Dragomirna, unde aceasta avea o gospodărie. Aici monahii au descoperit în mod minunat o icoană a Sfântului Ioan Botezătorul şi au ridicat o biserică de lemn între anii 1740 şi 1742. A doua biserică a Mănăstirii Gorovei este de zid şi datează din 1834, fiind construită pe acelaşi loc de arhimandriţii Vitalie Lemnea şi Macarie Jora. Acesteia i s-au adăugat în 1896 pridvor, veşmântar şi o turlă pe pronaos. A fost ridicată peste aceasta o a treia biserică. Între 2001 şi 2012 a fost restaurată în totalitate şi pictată.

Împrejurimi:
- Casa memorială George Enescu, com. George Enescu
- Casa memorială Mihai Eminescu, Ipoteşti

Schitul Sfântul Ioan de la Neamţ, Alba

2 vieţuitori, viaţă de obşte

Hram: Sfântul Ioan de la Neamţ, Acoperământul Maicii Domnului
Adresa: sat Alba, com. Hudeşti, 717211, jud. Botoşani
Acces: DN29A Dorohoi (spre Darabani)-Hudeşti, apoi DL stânga spre Alba, din Alba încă 5 km până la schit
Egumen: protos. Rafael Hobincu
Contact: +40744537148

Înfiinţat în 1992, la iniţiativa credincioşilor din zonă. Până în prezent s-au ridicat o bisericuţă şi o casă monahală cu 2 chilii. Se află în construcţie noua biserică şi un corp de chilii. Aparţine de Mănăstirea Gorovei.

Mănăstirea Guranda

11 viețuitoare, viață de obște

Hram: Sfânta Treime; **Adresa:** sat Guranda, com. Durnești, 717151, jud. Botoșani; **Acces:** DN29D Botoșani-Trușești (cca 32 km)-Guranda (7 km), apoi se face stânga, urmând indicatorul și se parcurg 2 km până la mănăstire
Stareță: stavrofora Gabriela Turiceanu
Contact: +40231578022

Întemeiată imediat după război, în 1945, de maica Teodora Voloșincu, care a fost și stareță a așezământului închinat memoriei eroilor neamului. Cu ajutorul unei colecte publice s-a reușit ridicarea unei biserici. Mănăstirea a fost desființată în 1960 în urma decretului 410/1959, așezământul fiind în totalitate distrus. După 1989, aceeași maică Teodora a reușit să ridice din nou mănăstirea, construind biserica (sfințită în 1991) și trei corpuri de chilii. În iulie 2012 biserica a fost dărâmată și s-a început construcția unei biserici noi.

Împrejurimi:
- Mănăstirea Cozancea

Mănăstirea Lebăda

7 viețuitoare, viață de obște

Hram: Înălțarea Sfintei Cruci
Adresa: sat Zoicești, com. Bălușeni, 717025, jud. Botoșani
Acces: E58 Botoșani-Iași, la ieșirea din Botoșani după cartierul Lebăda, stânga 20 m înainte de sensul giratoriu, 2 km
Stareță: monahia Filofteia Stâncă; **Contact:** +40747465917, +40747455817

Mănăstirea de la Lebăda a fost ridicat de Ionel Țâmpău, om de afaceri din Botoșani, fiind sfințit de ÎPS Teofan la 14 septembrie 2011. Au fost ridicate o biserică și un corp de chilii în stil maramureșean.

Mănăstirea Sfântul Nicolae Domnesc, Popăuți

12 viețuitori, viață de obște

Hram: Sfântul Nicolae, Acoperământul Maicii Domnului
Adresa: str. Ștefan cel Mare, nr. 41, Botoșani, 710022, jud. Botoșani
Acces: în apropierea gării
Stareț: arhim. Ioan Harpa; **Contact:** +40231534584

Biserica a fost ctitorită de domnitorul Ștefan cel Mare în 1496, ca biserică de mir. În 1751 pe seama ei s-a înființat o mănăstire de călugări, construindu-se și un zid de incintă din piatră. După secularizare, locașul a revenit la statutul de biserică de mir. În timp se deteriorează și în 1897 este închisă. Biserica este salvată, fiind restaurată între 1899 și 1906, din inițiativa Comisiunii Monumentelor Istorice. În 1991 ÎPS Daniel al Moldovei ia decizia reînființării așezământului, care primește o obște începând cu anul 1996. Ansamblul mănăstirii a fost inclus pe lista monumentelor istorice cu 2 obiective: Biserica Sfântul Nicolae (monument de arhitectură în stil moldovenesc) și turnul-clopotniță (reprezentând una dintre puținele construcții de acest gen păstrate din vremea lui Ștefan cel Mare). După reînființare s-a ridicat o nouă biserică, în formă de navă, cu hramul Acoperământul Maicii Domnului. Incinta cuprinde de asemenea corpul de chilii și stăreția.

Mănăstirea Sihăstria Voronei

10 viețuitori, viață de obște

Hram: Buna Vestire, Sfântul Onufrie de la Vorona (9 septembrie)
Adresa: com. Vorona, 717475, jud. Botoșani
Acces: DN28B Botoșani, 4 km, apoi DJ208C, Vorona (cca 15 km), apoi 6 km până la mănăstire
Stareț: protos. Ghedeon Huțanașu
Contact: +40729105794; http://sihastriavoronei.mmb.ro
Cazare: 20 locuri

Zidirea bisericii de la Sihăstria Voronei, ctitorie a unui grup de călugări la îndemnul fostului domnitor al Moldovei Mihail Sturdza, a început în anul 1875. Pictura a fost executată în stil neobizantin de schimonahul Vladimir Machidon. În 1940 s-a construit paraclisul cu hramul Sfântul Mare Mucenic Mina, iar în anii următori s-au clădit chilii noi, stăreția, clopotnița și s-a restaurat pictura. Închisă în urma Decretului 410/1959, rămâne astfel până în 1968, construcțiile degradându-se. În 1984 s-a amplasat o troiță cu hramul Sfântul Proroc Ilie la 300 m de mănăstire, în intersecția drumurilor dintre localitățile Vorona și Oneaga. Lucrări de reparație și alte îmbunătățiri s-au realizat mai ales după 1990. În 1991 este ridicată la rang de mănăstire. Între 1993 și 1997 s-a construit casa Sfântului Ghedeon.

Sfântul Cuvios Onufrie, contemporan cu Sfântul Paisie Velicikovski de la Neamț, a sihăstrit 25 de ani în pădurile Voronei, fiind stareț al Mănăstirii Vorona între anii 1777 și 1779. A fost canonizat de Biserica Ortodoxă Română în anul 2005, mormântul și sfintele sale moaște aflându-se la Mănăstirea Sihăstria Voronei.

La Sihăstria Voronei și-a petrecut primul an de mănăstire ca frate Patriarhul Teoctist Arăpașu.

Moaște: racla cu sfintele moaște ale Sf. Cuv. Onufrie

Pelerinaje: cu ocazia hramurilor; de Sfântul Ilie, hramul troiței aflate la 300 m de mănăstire, se face procesiune

Catapeteasma și Icoana Maicii Domnului cu Pruncul de Mână (reprezentare unică în țară) din biserica mănăstirii sunt înscrise în Patrimoniul Național.

Împrejurimi:
- Peștera Sihaștrilor, pe unde au trecut mai mulți sihaștri, între care și Cuv. Onufrie (la 2 km de mănăstire)
- Mănăstirea Vorona (2,5 km)

Schitul Oneaga

3 viețuitori, viață de obște

Hram: Acoperământul Maicii Domnului
Adresa: sat Oneaga, com. Cristești, 717101, jud. Botoșani
Acces: 3 km de la Mănăstirea Sihăstria Voronei pe DJ208H
Egumen: ierom. Teodosie Bahnă
Contact: +40745866243

A fost înălțat în anul 1780 de către clucerul Neculai Cristescu, în locul numit de localnici – la data înființării acestuia – Dealul Mănăstirii (probabil datorită unui așezământ monastic mai vechi, dispărut între timp). După secularizarea averilor mănăstirești, în 1863, biserica din lemn a schitului a fost demontată și reasamblată în satul Vânători, jud. Botoșani, unde a fost folosită ca biserică de mir, în mijlocul pădurii, pe locul schitului, rămânând doar Sfânta Masă și un mic cimitir.

Reînființat în 1994, aparține de Mănăstirea Sihăstria Voronei. Noua biserică a Schitului Oneaga a fost sfințită în 1999. S-au mai construit: un mic corp de chilii, trapeza, anexa gospodărească.

Mănăstirea Ştiubieni

5 vieţuitori, viaţă de obşte

Hram: Sfânta Treime, Punerea în raclă a Brâului Maicii Domnului (paraclis)
Adresa: com. Ştiubieni, 717390, jud. Botoşani
Acces: DN29 Botoşani-Săveni (34 km), apoi DJ292 dreapta, Ştiubieni (7 km), în localitate, din intersecţia cu indicator spre mănăstire încă 1 km
Stareţ: protos. Melchisedec Sandu
Contact: +40757873219

Moaşte: Sf. Epictet şi Astion, Sf. Mc. din Palestina şi Gaza, Sf. Mc. Prov, Tarah şi Andronic, Sf. Mc. Pantelimon, Sf. Mc. Trifon, Sf. Ier. Modest

Pelerinaje: la praznicul Sfintei Treimi, hramul mănăstirii

Piatra de temelie a Mănăstirii Ştiubieni a fost pusă în anul 1996, cu binecuvântarea PF Patriarh Daniel, pe atunci Mitropolit al Moldovei şi Bucovinei, ctitori fiind PS Varlaam Ploieşteanu, la acea dată profesor la Facultatea de Teologie din Iaşi, şi familia Mihai şi Ana Dămii. S-a ridicat o clădire care cuprinde un corp de chilii, paraclisul şi trapeza. În anul 2000 s-a sfinţit locul pe care urmează să se ridice biserica mare, cu hramul Sfânta Treime. S-a construit o biserică în cimitir, în stil maramureşean, cu hramul Învierea Domnului şi Sf. Ierarh Nectarie. Slujbele se ţin după rânduiala Sf. Sava cel Sfinţit.

Chilia în care a vieţuit ca frate de mănăstire, între anii 1929 şi 1931, Patriarhul Teoctist Arăpaşu este păstrată la Vorona ca muzeu, aici amplasându-se o placă comemorativă în 2005.

Mănăstirea Vorona

40 vieţuitoare, viaţă de obşte

Hram: Naşterea Maicii Domnului, Adormirea Maicii Domnului, Sfântul Ierarh Nicolae
Adresa: com. Vorona, 717475, jud. Botoşani
Acces: DN28B Botoşani 4 km, apoi DJ208C Vorona (cca 15 km), apoi 2 km până la mănăstire
Stareţă: stavrofora Teofana Scântei
Contact: +40231588507, +40231588521

Moaşte: raclă cu părticele de la Sf. Ier. Nicolae, Sf. ucişi în Mănăstirea Sf. Sava

Tradiţia aminteşte existenţa unui schit în Poiana Voronei încă din secolul al XVI-lea. Între anii 1793 şi 1803 paharnicul Iordache Panaite ctitoreşte o biserică de zid, cu hramul Adormirea Maicii Domnului. Arhimandritul Rafail înalţă, în 1835, o biserică de piatră, cu hramul Naşterea Maicii Domnului, iar în anul următor, o alta, având ca ocrotitor pe Sfântul Nicolae. Va mai construi, de asemenea, o clopotniţă şi câteva chilii. La începutul sec. al XX-lea s-au făcut reparaţii la cele două biserici şi la incintă, ridicându-se, totodată, noi edificii. În perioada 1959-1968 mănăstirea a fost închisă. După redeschidere s-au realizat noi lucrări de reparaţie şi consolidare. S-au construit trei clădiri noi. Între anii 1980 şi 1982 a fost pictată, pentru prima oară după 200 de ani, biserica cu hramul Adormirea Maicii Domnului.

Mănăstirea are un muzeu, în care se păstrează o colecţie de icoane vechi, cărţi de cult şi obiecte bisericeşti, precum şi patrimoniul de carte veche al judeţului Botoşani.

Ansamblul Mănăstirii Vorona cuprinde, pe lângă cele trei lăcaşuri de cult, stăreţia, chiliile şi 5 anexe gospodăreşti, fiind inclus pe lista monumentelor istorice din judeţul Botoşani.

Împrejurimi:
- Mănăstirea Sihăstria Voronei
- Mănăstirea Coşula

Mănăstirea Zosin

10 viețuitori, viață de obște

Hram: Adormirea Maicii Domnului, Izvorul Tămăduirii și Duminica Sfinților Români (biserica de la noua locație)
Adresa: com. Bălușeni, 717025, jud. Botoșani
Acces: DN28B Botoșani-Buda, după 13 km ramificație stânga 400 m;
Stareț: arhim. Teodosie Pleșca
Contact: +40745596926
Cazare: 25 locuri

Moaște: raclă cu o bucățică din lemnul Sfintei Cruci și părticele de la Sfinții Trei Ierarhi, Sf. Mc. Mina și Pantelimon, Sf. 14000 de prunci uciși de Irod, Sf. uciși în Mănăstirea Sf. Sava, Sf. uciși la Sinai de perși, Sf. Prov, Tarah și Andronic, Sf. Siluan Athonitul, Sf. Cuvios Andrei de la Athos ș.a.

Pelerinaje: la hramuri

A funcționat inițial ca schit, având o biserică ridicată de Tudorache Bașotă în 1779, care înlocuia o alta, mai veche, din lemn, din 1740. Numele Zosin provine de la numele boierului care a donat moșia pentru construirea schitului. A fost desființat în 1864.

În 1991 se va redeschide ca mănăstire, rectitorită în mare parte de starețul Firmilian Ciobanu, prin osteneala căruia se ridică biserica nouă (sfințită în 1993), un corp de chilii, clopotnița și câteva anexe. În urma alunecărilor de teren care au afectat edificiile așezământului s-a decis ridicarea unei biserici mănăstirești pe un platou din apropiere. În 25 aprilie 2006 ÎPS Daniel a sfințit piatra de temelie a noului locaș de cult. În 2007 s-au demarat lucrările la biserică și la corpul de chilii, fiind terminate și sfințite în 8 noiembrie 2015.

Biserica de lemn, cu hramul Adormirea Maicii Domnului, de la Zosin figurează din anul 2004 pe lista monumentelor istorice din județul Botoșani.

Împrejurimi:
- Mănăstirea Coșula (4 km)
- Mănăstirea Vorona (cca 20 km)
- Mănăstirea Sihăstria Voronei
- Mănăstirea Sfântul Nicolae Domnesc, Popăuți, Botoșani

Mănăstirea Agapia

315 viețuitoare, viață de obște și viață de sine

Hram: Sfinții Arhangheli Mihail și Gavriil
Adresa: sat Mănăstirea Agapia, com. Agapia, 617005, jud. Neamț
Acces: din Târgu-Neamț, 12 km până la mănăstire
Stareță: stavrofora Olimpiada Chiriac
Contact: +40233244736, +40233244848

Moaște: o raclă cu moaște de la mai mulți sfinți

Icoane făcătoare de minuni: icoana Maicii Domnului (sec. al XIV-lea)

Aici a petrecut mai mulți ani pictorul Nicolae Grigorescu.

De văzut:
- Muzeul Mănăstirii Agapia: broderii, covoare, manuscrise, cărți vechi, obiecte de cult etc.
- Picturi de Nicolae Grigorescu
- Mormântul Mitropolitului Irineu Mihălcescu (1874-1948)
- Mormântul protos. Nicodim Măndiță (1889-1975)
- Casa memorială Alexandru Vlahuță

Prima mențiune documentară a mănăstirii datează din 1437. Tradiția spune că a fost ridicată în apropierea unei mai vechi vetre monahale, al cărei nume se leagă de sihastrul Agapie. Acesta împreună cu ucenicii săi au ridicat o biserică de lemn, care mai târziu a fost distrusă. Prima biserică de zid a fost construită de Petru Rareș și Elena Doamna, fiind reînnoită de Petru Șchiopu. Din pricina alunecărilor de teren frecvente în zonă, la 1600 călugării au decis construirea unei noi biserici mai în vale, în jurul căreia se va dezvolta Mănăstirea Agapia de astăzi. Noua mănăstire a fost construită între1642 și 1644 de hatmanul Gavriil Coci, fratele domnitorului Vasile Lupu. În 1803 a devenit obște de maici. Istoria mănăstirii a fost una foarte zbuciumată, cunoscând numeroase distrugeri, jafuri, pustiiri, incendii. A fost restaurată de mai multe ori, ultima finalizându-se în 2009. Biserica cu ziduri groase este construită în plan triconc, cu o singură turlă. Între 1858 și 1862 s-au adăugat proscomidiarul, diaconiconul și un pridvor. Pictura murală în stil neoclasic combinat cu arta românească îi aparține lui Nicolae Grigorescu. Mănăstirea mai are un paraclis cu hramul Nașterea Maicii Domnului, precum și alte două biserici: Adormirea Maicii Domnului (sec. XVIII) și Sfântul Ioan Bogoslovul (cea mai veche). Tot aici se află Liceul Teologic Ortodox Cuvioasa Parascheva. În afara incintei mănăstirești există peste 100 de case ale monahiilor. De-a lungul timpului au creat la Agapia: Alexandru Vlahuță, George Coșbuc, I.L. Caragiale, Calistrat Hogaș, Duiliu Zamfirescu etc.

Schitul Agapia Veche

44 viețuitoare, viață de obște

Hram: Schimbarea la Față
Adresa: sat Mănăstirea Agapia, com. Agapia, 617005, jud. Neamț
Acces: din Târgu-Neamț, 12 km până la Mănăstirea Agapia, și de aici 2 km N până la schit
Egumenă: monahia Fanuria Horătău;
Contact: +40730146948

La Agapia Veche s-au nevoit Cuviosul Agapie Sihastrul, Cuviosul Eufrosin Sihastrul, Sfântul Rafail, Sfântul Partenie.

Este una dintre cele mai vechi așezări monastice din Moldova. Pe locul unei mai vechi sihăstrii a călugărului Agapie s-au ridicat în sec. XV o biserică din lemn și câteva chilii. În sec. XVI s-a construit o biserică de piatră, avându-i ctitori pe Petru Rareș și pe Doamna Elena. Din cauza deselor alunecări de teren au avut loc numeroase refaceri. În 1680 biserica a fost reconstruită de Anastasia Doamna, soția domnitorului Gheorghe Duca, primind hramul Schimbarea la Față. Între 1990 și 1994 s-a ridicat un nou locaș, mai mare, din lemn, pe temelie de beton armat. Turnul-clopotniță este construit din piatră. Agapia Veche este un adevărat centru de credință și cultură românească. Aparține de Mănăstirea Agapia.

Mănăstirea Almaș

10 viețuitori, viață de obște

Hram: Duminica Tuturor Sfinților
Adresa: sat Almaș, com. Gârcina, 617201, jud. Neamț
Acces: din Piatra-Neamț pe DN15, spre Târgu-Neamț, la N de Gârcina, pe DC146 până în Valea Almașului
Stareț: arhim. Laurențiu Niță; **Contact:** +40745571023

Ctitorii acestei mănăstiri sunt Vasile și Maria Almaș, care în 1659 au construit un paraclis de lemn cu hramul Sfântul Nicolae. Fiind distrus de tătari, a fost refăcut de Ecaterina Cantacuzino, soția spătarului Iordache, și a funcționat ca schit până în 1821, când a fost părăsit. Actuala biserică a fost ridicată în 1821 de familia logofătului Balș, având hramul Duminica Tuturor Sfinților. Tot în acel an devine obște de maici. Biserica este construită din piatră, în formă de cruce, cu trei turle. Catapeteasma și mobilierul sunt lucrate în lemn de meșteri locali. În urma Decretului 410/1959, maicile au fost alungate și schitul a fost închis. A fost redeschis în 1987, fiind aduși monahi. În 1990 devine mănăstire. Între 1988 și 1995 biserica se pictează.

Icoane făcătoare de minuni: icoana Sfintei Ana

Mănăstirea Bisericani

14 viețuitori, viață de obște

Hram: Buna Vestire
Adresa: sat Scăricica, com. Alexandru cel Bun, 617507, jud. Neamț
Acces: șos. Piatra-Neamț-Bicaz, 12 km V de la Piatra-Neamț spre Bicaz, apoi dreapta spre sanatoriul Bisericani
Stareț: protos. Serafim Mihali; **Contact:** +40745214217

Este ctitorită în 1476 de călugărul Iosif, pe locul unui schit de lemn din vremea lui Alexandru cel Bun. Ștefăniță-Vodă (1517-1527) este cel care a ridicat prima biserică de zid de la Bisericani. Biserica este din piatră, în plan triconc, cu două abside laterale și una centrală, a altarului. Deasupra pronaosului se află turnul clopotniței, masiv, în formă pătrată. Biserica este zugrăvită doar pe pandantivii bolților și pe calotă. Catapeteasma este bogat ornamentată, contrastând cu sobrietatea icoanelor. Ușile împărătești se remarcă printr-o sculptură aparte în arta moldovenească. În sec. XVIII se ridică chiliile, stăreția și paraclisul – care include trunchiul stejarului unde s-a arătat Maica Domnului Cuviosului Iosif în 1499. După secularizarea averilor mănăstirești din 1863, mănăstirea devine penitenciar, iar mai târziu este transformată în sanatoriu. Între 1924 și 1930 este restaurată, ajungând la forma și aspectul de azi. S-a construit o biserică nouă, aflată în stadiul de pictură.

Icoane făcătoare de minuni: icoana Maicii Domnului din Stejar

Aici s-a nevoit, la începutul sec. al XVII-lea, Sf. Chiriac de la Bisericani († 1660).

De văzut:
- Peștera Sf. Iosif și Chiriac

Mănăstirea Bodești

7 viețuitori, viață de obște

Hram: Sfântul Vasile cel Mare, Sfântul Varlaam, Mitropolitul Moldovei
Adresa: com. Bodești, 617070, jud. Neamț
Acces: DN15C Piatra Neamț-Târgu-Neamț, 24 km până în com. Bodești
Stareț: protos. Ieronim Andrescu; **Contact:** +40233243675

Așezământul a fost înființat pe un teren donat, în 1996, de o familie din Bodești. Inițial schit, sub jurisdicția Mănăstirii Bistrița; pe 30 august 2007 a fost ridicat la statut de mănăstire și a fost sfințit de PF Daniel împreună cu 12 ierarhi. Complexul monahal cuprinde: biserica din cărămidă, pictată în frescă, paraclisul cu hramul Buna Vestire, chiliile și o clădire pentru pelerini. Este prima mănăstire închinată Sf. Varlaam, Mitropolitul Moldovei.

Moaște: părticele de la Sf. Varlaam, Mitropolitul Moldovei

Mănăstirea Bistrița

36 viețuitori, viață de obște

Hram: Adormirea Maicii Domnului
Adresa: sat Bistrița, str. Mănăstirii, nr. 116, com. Alexandru cel Bun, 617507, jud. Neamț; **Acces:** DN15 Piatra-Neamț-Bicaz, în com. Alexandru cel Bun dreapta 2 km (8 km V de Piatra-Neamț)
Stareț: arhim. Luca Diaconu; **Contact:** +40233241695; **Cazare:** 25 locuri

Mănăstirea Bistrița este unul dintre cele mai vechi ansambluri religioase, istorice și de artă medievală din România, fiind, totodată, cea mai importantă **ctitorie mușatină din Moldova**. Tradiția atribuie primul altar ridicat la Bistrița lui Petru I Mușat, care ar fi ctitorit un schit de lemn pe locul actualei biserici. Principalul ctitor fondator al mănăstirii este considerat însă Alexandru cel Bun, fiind urmat de trei mari mușatini: **Ștefan cel Mare, Petru Rareș și Alexandru Lăpușneanu.** Alexandru cel Bun își va fixa la Bistrița locul necropolei sale și a familiei domnitoare, zidind o impunătoare biserică de piatră cu hramul Adormirea Maicii Domnului, chilii pentru călugări, un turn-clopotniță și o casă domnească. Ștefan cel Mare a ridicat în partea de NV a incintei un nou **turn-clopotniță**, de la care s-au păstrat două clopote. Petru Rareș, în 1529, mărește paraclisul din turnul-clopotniță unde i se pictează tabloul votiv. În cea de a doua domnie reînnoiește din temelii biserica, reface zidul de incintă, construiește un nou turn de intrare, care are la etaj **Paraclisul Sf. Nicolae**, o nouă casă domnească în latura de V, o casă în partea de SV a incintei unde a funcționat o școală domnească până în sec. al XIX-lea. De la Alexandru Lăpușneanu se păstrează forma actuală a bisericii cu stema Moldovei, purtând inscripția: *26 mai 1554.* Sfinților Simeon de la Pângărați și Iosif de la Bisericani, trăitori în obștea Bistriței, li se datorează înființarea mai multor sihăstrii și schituri din Munții Neamțului. La Bistrița au fost redactate: *Letopisețul anonim al Moldovei* și *Pomelnicul de la Bistrița.*

Mormintele ctitorilor de la Bistrița: Alexandru cel Bun (†1432) și soția sa, Ana Doamna (†1418); doi fii ai lui Ștefan cel Mare: Alexandru (†1496) și Ana (†1499); doi fii ai lui Alexandru cel Bun: Roman și Vasilisa; doamna Maria (Cneaghina, †1542), soția lui Ștefan Vodă (Lăcustă).

Icoane făcătoare de minuni: icoana Sfintei Ana, dăruită de împăratul bizantin Ioan VIII Paleologul

De văzut:
- Muzeul Mănăstirii Bistrița, unde se păstrează cărți vechi de cult, broderii și icoane vechi din sec. XVI-XVIII, monede, precum și clopotul dăruit de Ștefan cel Mare (având încrustată stema Moldovei). Colecția de artă cuprinde icoana „Punerea în Mormânt a lui Iisus" (sec. XVI) și icoana „Maica Domnului cu Pruncul" (sec. XVII), remarcabile opere de artă.
- icoana hramului de pe turnul de intrare, valoroasă pictură murală în frescă

Schitul Cuviosul Pahomie cel Mare, Hangu

1 viețuitor

Hram: Intrarea Maicii Domnului în Biserică, Cuviosul Pahomie cel Mare
Adresa: com. Hangu, 617240, jud. Neamț; **Acces:** șos. Bicaz-Poiana Largului, dreapta în Hangu (12 km); **Egumen:** ierom. Iustin Măzărianu

S-a înființat în anul 1999. Paraclisul este din lemn, iar chiliile din piatră sunt în faza de finalizare. Aparține de Mănăstirea Bistrița.

Schitul Cuviosul Daniil Sihastrul, Cuejdiu

3 viețuitori, viață de obște

Hram: Sfântul Daniil Sihastrul
Adresa: sat Cuejdiu, com. Gârcina, 617202, jud. Neamț
Acces: din Gârcina, 6 km N până la locul numit Țiganca, apoi 1 km V pe drum forestier
Egumen: ierom. Irinarh Macovei; **Contact:** +40761609701

Este ridicat în anul 1998 pe dealul Poiana Părului, lângă masivul Muncelul. Biserica este construită din lemn. Aparține de Mănăstirea Bistrița.

Schitul Cuviosul Paisie de la Neamț, Bicaz

4 viețuitori, viață de obște

Hram: Cuviosul Paisie de la Neamț
Adresa: str. Aleea Florilor, nr. 10A, Bicaz, 615100, jud. Neamț
Acces: șos. Piatra-Neamț-Bicaz, oraș Bicaz, cartier Capșa
Egumen: arhim. Luca Diaconu
Contact: +40233253306, +40742959986

A fost înființat în anul 1997, pe o colină la marginea cartierului Capșa din Bicaz. Biserica este construită din cărămidă. Momentan se lucrează la turnul-clopotniță. Aparține de Mănăstirea Bistrița.

Schitul Sfânta Treime, Draga

7 viețuitori, viață de obște

Hram: Sfânta Treime; **Adresa:** str. Cetatea Neamțului, cartier Dărmănești, Piatra-Neamț, Dealul Cozla, 610252, jud. Neamț
Acces: 6 km de Piatra-Neamț, pe Dealul Cozla
Egumen: ierom. Iacob Scriitoru; **Contact:** +40747973872

Schitul Draga a luat ființă în sec. XVIII, pe moșia Dărmăneștilor, într-un loc retras. Biserica a fost construită din bârne de lemn, în formă de cruce, cu un turn-clopotniță deasupra pridvorului. Atât la exterior, cât și la interior avea ornamente sculpturale deosebite. Odată cu extinderea satului, biserica a devenit biserică parohială. În anul 1992 a fost mistuită de un incendiu. În 1998 a fost mutată aici, din Parohia Sărata, Piatra Neamț, o biserică de lemn, din sec. al XVIII-lea, monument istoric. Aparține de Mănăstirea Bistrița.

Schitul Sfânta Ana

2 viețuitori, viață de obște

Hram: Sfântul Ioan Iacob Hozevitul
Adresa: sat Bistrița, com. Alexandru cel Bun, 617508, jud. Neamț
Acces: DN15 drumul Piatra-Neamț-Bicaz, 8 km V de Piatra-Neamț până la Mănăstirea Bistrița, apoi 4 km N până la schit

S-a înființat în anul 1999. Paraclisul este din cărămidă, inclus în corpul de chilii, însă construcția nu a fost finalizată până în prezent. Schitul aparține de Mănăstirea Bistrița.

În zonă se află izvoare ferugionase.

Schitul Sfântul Ilie, Poiana Vama Brateș

5 viețuitori, viață de obște

Hram: Sfântul Ilie Tezviteanul
Adresa: sat Brateș, com. Tarcău, 617447, jud. Neamț
Acces: DN15 Piatra Neamț-Tarcău (22 km), stânga spre Brateș (12 km), apoi dreapta pe drumul forestier Pârâul Brateș până în poiana Vama Brateș (11 km)
Egumen: ierom. Vlasie Ganu

A fost înființat în anul 1994, la inițiativa monahului Ambrozie Velea, fiind sfințit în 1997. Biserica și chiliile sunt din lemn. Aparține de Mănăstirea Bistrița.

Mănăstirea Durău

28 viețuitoare, viață de obște

Hram: Buna Vestire, Sfântul Mare Mucenic Pantelimon
Adresa: com. Ceahlău, 617130, jud. Neamț
Acces: din Târgu-Neamț, 61 km vest până în stațiunea Durău
Stareță: stavrofora Raisia Lungu
Contact: +40233256674
Cazare: la Centrul Cultural Pastoral Sf. Daniil Sihastrul

Moaște: părticele de la Sf. Pantelimon, Sf. Simeon de la Muntele Minunat

Personalități de seamă legate de Mănăstirea Durău: Mitropolitul Veniamin Costache, Barbu Ștefănescu Delavrancea, I.L. Caragiale, Mihail Sadoveanu, Nicolae Gane.

Mănăstirea a fost ridicată pe locul unui vechi schit existent de pe la 1600. Prima atestare documentară datează din 1779. Ulterior, monahiile s-au retras în Poiana Văratec, locul lor fiind luat de călugări în 1802. Între anii 1832 și 1835 s-a construit biserica actuală, sfințită de Mitropolitul Veniamin Costache. Pictura bisericii a fost executată în două etape: pridvorul, pictat în 1835 de monahii Macarie, Pimen și Ghervasie, iar restul bisericii, pictat între anii 1935 și 1937 de către Nicolae Tonitza și ucenicii lui. Catapeteasma a fost pictată la Constantinopol în 1835 și este lucrată în lemn de tei poleit cu aur. Turnul-clopotniță este ridicat din zid, pe trei niveluri, la etajul întâi se află un **paraclis cu hramul Schimbarea la Față.** În incintă mai există o clopotniță veche din lemn, **casa Veniamin Costache,** chilii, atelier de pictură. În 1991 a redevenit mănăstire de maici și s-a înființat **Centrul Cultural Pastoral Sfântul Daniil Sihastrul.**

Schitul Poiana Maicilor, Răpciunița

11 viețuitoare, viață de obște

Hram: Sfânta Teodora de la Sihla, Acoperământul Maicii Domnului
Adresa: com. Ceahlău, 617125, jud. Neamț
Acces: 1. din sat Ceahlău, pe valea Răpciunița, 4 km; 2. din stațiunea Durău spre Izvorul Muntelui (pe versantul N al Muntelui Ceahlău), până în Poiana Maicilor, 8 km
Egumenă: monahia Efrema Călin; **Contact:** +40748678878

În 1997, Mănăstirea Durău a înființat în Poiana Maicilor un schit cu hramul Sf. Teodora de la Sihla. Acesta este alcătuit dintr-un paraclis și un corp de chilii. Biserica este construită din lemn și se află în curs de pictare.

Mănăstirea Dumbrăvelele

8 viețuitoare, viață de obște

Hram: Nașterea Maicii Domnului, Sfinții Apostoli Petru și Pavel
Adresa: sat Oșlobeni, com. Bodești, 617073, jud. Neamț
Acces: din Piatra-Neamț spre Târgu-Neamț, pe DN15C, 20 km, în Oșlobeni dreapta 1 km
Stareță: monahia Nectaria Grădinariu; **Contact:** +40233243156

Icoane făcătoare de minuni: icoana Maicii Domnului

Mănăstirea își are originea într-un vechi schit de lemn, ridicat în 1712 de câțiva călugări. În anul 1900 s-au mai adăugat clopotnița și chiliile. În perioada comunismului a funcționat ca biserică de mir. În 1993 a fost mistuită de un incendiu, din care au scăpat neatinse doar icoanele, care au fost așezate în noul paraclis, cu hramul Sf. Nicolae, finalizat în 1998. Biserica este din cărămidă, în formă de cruce, cu o singură turlă, în stil moldovenesc. Cu ocazia sfințirii, schitul a primit statut de mănăstire. În 2008 a devenit mănăstire de maici.

Mănăstirea Horaița

16 viețuitori, viață de obște

Hram: Pogorârea Sfântului Duh, Botezul Domnului
Adresa: sat Poiana, com. Crăcăoani, 617145, jud. Neamț
Acces: din DN15C Piatra-Neamț-Târgu-Neamț, în dreptul localității Dobreni, 15 km pe DJ156A, prin Negrești și Poiana.
Stareț: protos. Vasile Rubin
Contact: +40233246210, www.horaita.mmb.ro

Icoane făcătoare de minuni: icoana Maicii Domnului izbăvitoarea de secetă (sec. XIX)

Deși Mănăstirea Horaița a fost înființată în anul 1822, sunt documente potrivit cărora ea datează din anul 1428. În urma unei revelații dumnezeiești, părintele Irinarh Roseti a ridicat o biserică de lemn, cu hramul Pogorârea Sfântului Duh. Urmașul său la stăreție, părintele Ermoghen, a ridicat o nouă biserică, cu hramul Botezul Domnului. Biserica este construită din piatră, cu bolți din cărămidă, în stil bizantin. Pictura este realizată în stil neobizantin. Catapeteasma a fost lucrată la Viena, în lemn aurit, amvonul aflându-se plasat deasupra ușilor împărătești. Complexul mănăstiresc mai cuprinde **Paraclisul de iarnă Sfântul Nicolae**, un turn-clopotniță în care se află Paraclisul Pogorârea Duhului Sfânt și trei corpuri de chilii. În patrimoniul mănăstirii se găsesc obiecte valoroase, argintărie, icoane și cărți vechi, dintre care se pot aminti o *Evanghelie* ferecată în argint, un *Apostol* datând din vremea domnitorului Constantin Brâncoveanu și altul din vremea lui Șerban Vodă Cantacuzino și un *Octoih*. În fiecare an, de Izvorul Tămăduirii, are loc o procesiune cu Icoana Maicii Domnului izbăvitoarea de secetă.

Regele Carol al II-lea a fost exilat în 1919 la Mănăstirea Horaița pentru 75 de zile, ca pedeapsă pentru căsătoria secretă cu Zizi Lambrino.

Mănăstirea Horăicioara

2 viețuitori, viață de obște

Hram: Buna Vestire, Izvorul Tămăduirii
Adresa: com. Crăcăoani, 617145, jud. Neamț
Acces: din drumul național 15C Piatra-Neamț-Târgu-Neamț, în dreptul localității Dobreni, 15 km pe DJ156A, prin Negrești și Poiana, la 1 km de Mănăstirea Horaița

Icoane făcătoare de minuni: icoana Maicii Domnului

După tradiție, Horăicioara a fost înființată spre sfârșitul sec. XV, din porunca lui Ștefan cel Mare. Arhim. Chiriac a ridicat o biserică din lemn, cu hramul Buna Vestire. În 1868, în locul vechii biserici a fost ridicată una nouă, din piatră, de către arhim. Ermoghen Buhuș, cu hramul Izvorul Tămăduirii, căci în apropiere există un izvor cu ape tămăduitoare. După 1988, chiliile și locașul au fost consolidate și pictura în frescă finalizată.

Mănăstirea Înălțarea Sfintei Cruci, Poiana-Brusturi

9 viețuitori, viață de obște

Hram: Înălțarea Sfintei Cruci, Duminica Sfintei Cruci
Adresa: sat Poiana, com. Brusturi, 617111, jud. Neamț
Acces: din Târgu-Neamț spre nord pe DN15C, 12 km până în Poiana, apoi încă 7 km prin pădure
Stareț: protos. Siluan Antoci

S-a înființat – ca schit –, în memoria eroilor neamului, în anul 1992, fiind sfințit în 1997. În anul 2007 capătă statul de mănăstire. Biserica este din lemn, iar turnul-clopotniță și chiliile sunt din cărămidă.

Mănăstirea Muntele Ceahlău

4 vieţuitori, viaţă de obşte

Hram: Schimbarea la Faţă, Ştefan cel Mare şi Sfânt
Adresa: com. Ceahlău, 617125, jud. Neamţ
Acces: la altitudinea de 1770 m, pe Muntele Ceahlău; de la Bicaz către Lacul Roşu
Stareţ: protos. Casian Florea; **Contact:** +40766568506

În 1992, ÎPS Daniel, Mitropolitul Moldovei şi Bucovinei în acea vreme, a înfiinţat Mănăstirea Muntele Ceahlău, în apropiere aflându-se odinioară mai multe sihăstrii, astăzi dispărute. Printre ctitorii acestei mănăstiri se află familia Lăncrănjan din Elveţia. Biserica este ridicată pe platoul Muntelui Ceahlău, fiind înconjurată de stânci. Materialele necesare construcţiei au fost aduse cu elicopterul. A fost sfinţită în 1993. S-au construit chilii şi un paraclis de iarnă, cu hramul Naşterea Maicii Domnului.

Schitul Cerebuc

5 vieţuitori, viaţă de obşte

Hram: Sfântul Proroc Ilie
Adresa: com. Ceahlău, 617125, jud. Neamţ
Acces: drumul axial Izvorul Muntelui-Durău, 7 km
Egumen: protos. Gherontie Munteanu
Contact: +40744706048

A fost înfiinţat pe locul unei mai vechi sihăstrii; nu se cunoaşte însă data exactă a înfiinţării. Schitul a fost distrus de o avalanşă, în noaptea de Înviere a anului 1704. În 1710 s-a început refacerea schitului la 2 km mai jos de vechiul amplasament. Aşezământul cuprinde o biserică de lemn şi câteva chilii. Aparţine de Mănăstirea Muntele Ceahlău.

Schitul Stănile

3 vieţuitori, viaţă de obşte

Hram: Sfântul Antonie cel Mare
Adresa: com. Bicazul Ardelean, 617065, jud. Neamţ
Acces: DN Bicaz-Lacul Roşu, drepta în Bicazul Ardelean (21 km), prin Bistra, Pârâul Bistra Mică, Pârâul Chiliei, Poiana Bâtca Neagră
Egumen: ierom. Ciprian Nicuţă

Schitul este înfiinţat în anul 1998. Biserica este în construcţie. Chiliile şi paraclisul sunt din cărămidă. Aparţine de Mănăstirea Muntele Ceahlău.

Mănăstirea Muntele Pietricica

7 vieţuitori, viaţă de obşte

Hram: Schimbarea la Faţă, Sfântul Mina
Adresa: str. Fermelor, Versant nord-Pietricica, Piatra-Neamţ, 614105, jud. Neamţ
Acces: din centrul oraşului, de pe colină, se urcă pe un drum neasfaltat 1 km
Stareţ: protos. Neofit Amariei; **Contact:** +40744774360

A fost înfiinţată ca schit în 1994, pe colina din Piatra-Neamţ, devenind mănăstire în 2009. Biserica este din lemn, iar chiliile din cărămidă.

Mănăstirea Neamţ

57 vieţuitori, viaţă de obşte

Hram: Înălţarea Domnului; **Adresa:** com. Vânători, 617502, jud. Neamţ
Acces: din Târgu-Neamţ, spre Poiana Largului, pe DN15B, 11,5 km, dreapta spre mănăstire pe DJ155C, 4,5 km
Stareţ: arhim. Benedict Sauciuc
Contact: +40233251580, manastireaneamt@yahoo.com
Cazare: 100 locuri (Centrul Social Sf. Paisie)

Prima atestare documentară a mănăstirii datează de la 1210. Potrivit documentelor, Petru Muşat a ridicat, pe locul unei vechi biserici de lemn, un locaş de piatră la 1375, distrus la cutremurul din 1471. Între anii 1486 şi 1497, Ştefan cel Mare, considerând imposibilă refacerea vechii biserici, a ridicat o nouă biserică, cu hramul Înălţarea Domnului, un adevărat unicat arhitectural, de o eleganţă şi frumuseţe deosebite. Absida altarului şi naosul au fost pictate în ultima perioadă de domnie a lui Ştefan cel Mare, iar pronaosul şi pridvorul închis, în vremea lui Petru Rareş, straturile vechii picturi din absida altarului şi naos devenind vizibile după restaurarea din 2000. Biserica este şi o importantă necropolă, aici fiind înmormântaţi voievozi, demnitari, dar şi episcopi şi stareţi (Pimen, Siluan şi Silvestru, sec. XIV; Sf. Paisie de la Neamţ). În incinta mănăstirii se mai află un **turn-clopotniţă** (ridicat de Alexandru cel Bun la începutul sec. XV). Mitropolitul Veniamin Costache este cel care a finalizat lucrările la turnul-clopotniţă, ridicând clopotele în încăperea din partea superioară a turnului, iar în încăperea unde se găseau iniţial clopotele a amenajat **Paraclisul Buna Vestire**. Mitropolitul Veniamin Costache finalizează, de asemenea, lucrările la chiliile din incinta mănăstirii, iar în partea de nord amenajează **Paraclisul Adormirii Maicii Domnului**. Între anii 1820 şi 1830 a fost ridicată **biserica, cu hramul Sf. Gheorghe,** care, în urma unor lucrări de restaurare (1956-1960), a fost demolată, fiind reconstruită în partea de est, între chilii. **Bolniţa şi Paraclisul Sf. Ioan cel Nou de la Suceava** au fost ridicate între anii 1843 şi 1846.

Perioada de maximă înflorire a mănăstirii a fost în sec. al XVIII-lea, când **Sf. Paisie Velicikovski** se stabileşte la Neamţ, împreună cu 60 de ucenici, unde desfăşoară o intensă activitate cărturărească, traducând *Filocalia* în limba slavonă (tipărită la Moscova în 1793). Tot la Neamţ ucenicii săi vor traduce sute de manuscrise filocalice în româneşte. Cei peste o mie de călugări, adunaţi în jurul stareţului din toate ţările ortodoxe, vor duce faima Mănăstirii Neamţ în cele mai îndepărtate colţuri ale Rusiei, Bulgariei, Serbiei şi Sf. Munte. În 1794, marele restaurator al tradiţiei isihaste filocalice de la Neamţ trece la cele veşnice, fiind înmormântat în biserică. În cadrul mănăstirii au funcţionat o şcoală de caligrafi, copişti şi miniaturişti, o şcoală de sculptori şi gravori, o tipografie (înfiinţată de Veniamin Costache la 1807, aflată şi acum în funcţiune) şi o **bibliotecă** ce deţine peste 15000 de volume şi peste 500 de manuscrise (cele mai vechi, din sec. XIV), deosebit de importante pentru cultura românească. **Muzeul mănăstirii,** datând din 1916, păstrează catapeteasma din Paraclisul Cetăţii Neamţ, un epitaf din 1821, cruci sculptate în lemn, câteva icoane din sec. XVII-XVIII, câteva icoane pictate de Nicolae Grigorescu, diferite obiecte de cult şi veşminte. În incinta cimitirului se află **Biserica Sf. Ioan Bogoslovul** (sec. XIX), iar la subsolul ei se găseşte o gropniţă care păstrează oseminte ale călugărilor care au vieţuit aici. Lângă mănăstire funcţionează vestitul seminar teologic de la Neamţ.

Moaşte: moaştele sfântului necunoscut de la Neamţ, capul Sf. Simeon din Muntele Minunat

Icoane făcătoare de minuni: icoana Maicii Domnului cu Pruncul de la Neamţ (sec. VII)

De văzut:
- Muzeul Sf. Paisie
- mormântul sfântului necunoscut, descoperit în chip minunat în 1986

La începutul sec. al XX-lea a vieţuit la Neamţ Sf. Ioan Iacob Hozevitul, ale cărui sfinte moaşte întregi se află la Mănăstirea Sf. Gheorghe din pustiul Hozeva.

Sf. Paisie de la Neamţ

Personalităţi legate de Mănăstirea Neamţ: Mitrop. Teoctist I al Moldovei, Grigorie Ţamblac, cronicarii Eftimie, Macarie şi Azarie, Patriarhul Nicodim Munteanu etc.

Schitul Braniște

7 viețuitori, viață de obște

Hram: Sfinții Apostoli Petru și Pavel
Adresa: com. Vânători, 617502, jud. Neamț
Acces: la 19 km NV de Târgu-Neamț, în com. Vânători, la 4 km de Mănăstirea Neamț
Egumen: ierom. Justinian Iojă

Apare menționat pentru prima dată la 1 ianuarie 1454. Este înființat în 1582, când domnitorul Petru Șchiopul împuternicește pe călugării Mănăstirii Neamț „să apere și să țină o braniște". În 1601 Ieremia Movilă întărește o prisacă în „Braniște pe Bohotin". Între anii 1999 și 2003 s-au construit un paraclis și un corp de chilii. Schitul aparține de Mănăstirea Neamț.

Schitul Cărbuna

16 viețuitori, viață de obște

Hram: Binecredinciosul Voievod Ștefan cel Mare și Sfânt
Adresa: com. Vânători, 617502, jud. Neamț
Acces: de pe șos. Târgu-Neamț-Pipirig-Bistricioara, vizavi de Rezervația de zimbri Dragoș Vodă, la 3 km de Mănăstirea Neamț
Egumen: protos. Elefterie Păduraru

Schitul a fost construit în 2001, lângă cimitirul eroilor neamului căzuți în al Doilea Război Mondial, pe locul unde s-au dat lupte crâncene. Terenul pe care a fost construit schitul a aparținut Mănăstirii Neamț încă de la întemeierea ei, fiind folosit pentru obținerea cărbunelui de lemn. Între 2001 și 2003 s-au construit un paraclis, trapeză și un corp de chilii. Aparține de Mănăstirea Neamț.

Schitul Icoana Nouă

8 viețuitori, viață de obște

Hram: Schimbarea la Față
Adresa: com. Vânători, 617502, jud. Neamț
Acces: de pe șos. Târgu-Neamț-Pipirig-Bistricioara
Egumen: protos. Calinic Proca
Contact: +40744487302

Din pricina alunecărilor de teren, Schitul Icoana Veche a fost mutat de pe vechiul amplasament. În 1947 ieromonahul Vasian, ecleziarh al Mănăstirii Neamț și ucenic al Sf. Ioan Iacob Hozevitul, cu binecuvântarea Patriarhului Nicodim Munteanu, se va ocupa de construcția noului așezământ, Icoana Nouă, cu hramul Schimbarea la Față, devenind primul egumen al acestuia. În turnul-clopotniță, din piatră, se află un paraclis, cu hramul Sfântul Dimitrie, pictat în tempera în 1984 de pr. Bartolomeu de la Sihăstria.

În perioada 2000-2007 s-a construit o biserică nouă din piatră, cu hramul Schimbarea la Față. În apropierea bisericii există o frumoasă casă monahală, precum și anexele. Aparține de Mănăstirea Neamț.

Schitul Icoana Veche

1 viețuitor

Hram: Naşterea Maicii Domnului, Sfântul Antonie cel Mare
Adresa: com. Vânători, 617502, jud. Neamţ
Acces: de pe şos. Târgu-Neamţ-Pipirig-Bistricioara, la 6 km de Mănăstirea Neamţ
Egumen: ierod. Macarie Ionescu
Contact: +40741644167

Schitul şi-a luat numele după icoana Maicii Domnului de la Mănăstirea Neamţ, care, în 1821, a fost ascunsă de călugări, din calea turcilor, în Muntele Rusu, la 6 km de Mănăstirea Neamţ. După un an, călugării au încercat să aducă icoana înapoi la mănăstire, însă pe drum aceasta s-a îngreunat şi nu a mai putut fi clintită din loc. După multe slujbe şi rugăciuni, icoana s-a umplut de o strălucire nepământeană şi a putut fi continuat drumul. În amintirea acestei minuni, călugării au construit pe acel loc un agheasmatar mic, pictat. Pe locul unde a fost ascunsă icoana s-a ridicat un schit, cu o biserică de lemn şi un corp de chilii.

După 1990 biserica a fost refăcută, primind hramul Sfântul Antonie cel Mare. În prezent se lucrează la reconstruirea bisericii care a ars în 2010. Aparţine de Mănăstirea Neamţ.

Schitul Pocrov

6 viețuitori, viață de obște

Hram: Acoperământul Maicii Domnului, Sfântul Cuvios Atanasie Athonitul
Adresa: com. Vânători, 617502, jud. Neamţ
Acces: la 15 km NV de Târgu-Neamţ, în com. Vânători, la 3,5 km SV de Mănăstirea Neamţ
Egumen: ierom. Ambrozie Ghinescu
Contact: +40749024947

A fost ridicat în anul 1714 de către Sfântul Ierarh Pahomie de la Gledin (ucenic al Sf. Dimitrie al Rostovului, stareţ la Mănăstirea Neamţ, iar mai apoi episcop al Romanului) şi ucenicii săi. Biserica este din bârne de lemn, pe temelie de piatră, în plan treflat. În 1847 i s-au adăugat chilii şi un paraclis (care au ars în 2010). În prezent se lucrează la ridicarea unui paraclis de iarnă şi a unui corp de chilii. La Pocrov se păstrează obiecte de cult vechi, icoane, cruci, cărţi de cult. Aparţine de Mănăstirea Neamţ.

Moaşte: raclă cu moaşte de la mai mulţi sfinţi

La Pocrov, în 2013, în timpul unor lucrări de reparaţie a podelei bisericii, au fost descoperite moaştele unui cuvios necunoscut.

Schitul Băiceni

3 viețuitori, viață de obște

Hram: Sfinții Împărați Constantin și Elena
Adresa: sat Băiceni, com. Todirești, 707505, jud. Iași
Acces: din Târgu-Frumos spre Cucuteni, pe DJ280B, 9 km, stânga în Cucuteni, dreapta în Bărbătești, 5 km
Egumen: ierom. Galaction Suharu
Contact: +40232717117; +40232717022

Datează din sec. al XV-lea. În 1960 este desființat de regimul comunist. În 1991 terenul redevine proprietatea Mănăstirii Neamț. Schitul s-a reînființat în 1998. Este compus dintr-un paraclis și un corp de chilii. Aparține de Mănăstirea Neamț.

Schitul Vovidenia

Moaște: raclă cu moaște de la mai mulți sfinți

Icoane făcătoare de minuni: icoana Maicii Domnului cu două guri

De văzut:
- Izvorul Tămăduirii – cu apă sulfuroasă și calități terapeutice (500 m). Se spune că însuși Ștefan cel Mare a luat apă din acest izvor pentru tratament.

10 viețuitori, viață de obște

Hram: Intrarea în Biserică a Maicii Domnului, Sfântul Spiridon
Adresa: com. Vânători, 617502, jud. Neamț
Acces: la 15 km NV de Târgu-Neamț, în com. Vânători
Egumen: arhim. Mihail Daniliuc
Contact: +40233251874

A fost înființat în sec. XVII de familia banului Gosan, care a ridicat o biserică de lemn, stabilindu-i hramul Sfântul Spiridon. În 1749 Episcopul Ioanichie al Romanului, care ucenicise aici o vreme, va construi în locul acesteia o altă biserică de lemn, cu hramul Intrarea Maicii Domnului în Biserică (Vovidenia). Între 1849 și 1857 s-a construit actuala biserică, din piatră, în stil rusesc, plan treflat, cu cinci turle. Pictura a fost realizată în tempera. Între 1998 și 1999 s-a adăugat un nou corp de chilii, cu etaj. Aparține de Mănăstirea Neamț.

Mănăstirea Paltin

150 viețuitoare, viață de obște

Hram: Adormirea Maicii Domnului
Adresa: sat Petru Vodă, com. Poiana Teiului, 617346, jud. Neamț
Acces: DN15B de la Poiana Teiului spre Târgu-Neamț, la Poiana Largului stânga 7 km până în satul Petru Vodă, apoi din nou stânga 2 km
Stareță: stavrofora Iustina Bujor
Contact: +40233893468; **Cazare:** 50 locuri

Ridicarea bisericii Adormirea Maicii Domnului, din cadrul așezământului filantropic Petru Vodă, a început în 2003, la inițiativa pr. Iustin Pârvu. Biserica este construită în stil maramureșean, lucrată de meșteri din zonă. La exterior este împodobită cu modele maramureșene, iar la interior are pictură în stil bizantin, executată de Ștefan și Doina Purici din Cernăuți. Maicile de aici au un laborator de prelucrare a plantelor medicinale, din care prepară remedii naturiste. Lângă mănăstire s-a ridicat un spital, în care sunt îngrijite persoane vârstnice și care are în componență un azil de bătrâne, laboratoare medicale și cabinet stomatologic. În cadrul așezământului funcționează o școală-internat, unde, în timpul anului școlar, locuiesc și învață câteva zeci de copii.

Mănăstirea Nechit

20 viețuitori, viață de obște

Hram: Schimbarea la Față, Sfinții Mucenici Zenovie și Zenovia, Sfântul Spiridon
Adresa: sat Nechit, com. Borlești, 617087, jud. Neamț
Acces: din Bacău spre Piatra-Neamț pe DN15, 46 km, stânga în Roznov, pe DJ156E, spre Nechit, 14 km
Stareț: arhim. Zenovie Grigore; **Contact:** +40751107955, +40233297422
Cazare: 20 locuri

Moaște:
raclă cu moaște de la mai mulți sfinți, papucul Sf. Spiridon din Corfu

Prima construcție care a existat pe acest loc a fost o bisericuță de lemn cu hramul Sfântul Nicolae, cunoscută sub numele de „Schitul Nechit". Documentele menționează existența bisericii pe valea pârâului Nechit între 1399 și 1419. La începutul sec. XIX ajunge în ruină, până în 1864, când pe locul vechii biserici s-au ridicat una din zid, o clopotniță și câteva chilii. În 1960 schitul e desființat, fiind redeschis în 1972. Între 1976 și 1979 s-a refăcut biserica, s-au construit un **paraclis cu hramul Sfinții Mucenici Zenovie și Zenovia** și un turn-clopotniță cu un paraclis. Biserica este din piatră și cărămidă, în plan treflat, cu abside laterale rotunjite și cu o turlă frumos ornamentată. Așezământul monahal mai cuprinde patru clădiri, care au destinație de chilii și anexe gospodărești și **Casa Cuviosului Zenovie**. A fost finalizat Centrul Cultural Social Sf. Nichita Sihastrul.

Tradiția pune pe seama Cuv. Chiriac de la Tazlău, viețuitor o vreme la Nechit, descoperirea celor trei izvoare tămăduitoare din apropierea mănăstirii.

Schitul Borlești

6 viețuitori, viață de obște

Hram: Sfântul Mare Mucenic Mina, Acoperământul Maicii Domnului
Adresa: sat Mastacăn, com. Borlești, 617086, jud. Neamț
Acces: din Piatra-Neamț, pe șos. spre Bacău până la Roznov, apoi dreapta până la Borlești. De aici 5 km dreapta, dintre care ultimii 2 km drum pietruit, până la mănăstire
Egumen: ierom. Nicodim Bărbuță
Contact: +40233297422

A fost înființat în 1996 de către starețul Mănăstirii Nechit, arhimandritul Zenovie Ghidescu. Schitul a fost mistuit în 2005 de un incendiu și în prezent se reface. Biserica mare este în construcție. Pe vechiul loc s-a ridicat o mică biserică de lemn, cu hramul Acoperământul Maicii Domnului. Pe lângă biserică s-au mai înălțat două corpuri de clădire ce adăpostesc chiliile și arhondaricul. Aparține de Mănăstirea Nechit.

Moaște:
raclă cu moaștele Sf. Mina, Sf. Haralambie, Sf. Pantelimon

Mănăstirea Peștera-Gârcina

6 viețuitoare, viață de obște

Hram: Intrarea Maicii Domnului în Biserică, Sfânta Treime
Adresa: sat Gârcina, com. Gârcina, 617200, jud. Neamț
Acces: din Piatra-Neamț spre nord pe DN15C, 8 km
Stareță: monahia Teodora Amariei
Contact: +40233242342

A fost înființată în anul 1990 ca schit de călugări, aparținând de Mănăstirea Bistrița. Între anii 1993 și 1997 s-au construit biserica, un corp de chilii cu paraclisul Acoperământul Maicii Domnului. Pictura a fost realizată de Gheorghe și Teodora Purcaru. În 2009 devine mănăstire de maici.

Împrejurimi:
- Lacul de acumulare Cuejdiu

Mănăstirea Petru Vodă

75 viețuitori, viață de obște

Hram: Sfinții Arhangheli Mihail și Gavriil
Adresa: sat Petru Vodă, com. Poiana Teiului, 617346, jud. Neamț
Acces: DN15B de la Poiana Teiului spre Târgu-Neamț, la Poiana Largului stânga 7 km până în satul Petru Vodă, apoi din nou stânga, 5 km
Stareț: arhim. Hariton Negrea
Contact: +4037121100, +40233893531

Moaște: capetele a șapte noi mucenici de la închisoarea din Aiud

Lângă biserică se află mormântul părintelui Iustin Pârvu (1919-2013).

Ctitorul Mănăstirii Petru Vodă este părintele Iustin Pârvu, unul dintre cei mai căutați duhovnici ai României. A ridicat această mănăstire începând cu 1991, cu sprijinul ucenicilor săi, atât monahi, cât mai ales mireni. Biserica din lemn a fost terminată în 1992. A fost pictată în stil bizantin, atât în interior, cât și în exterior, între anii 1994 și 2000, de pictorul Mihai Gabor. Actualmente, Mănăstirea Petru Vodă este loc de pelerinaj pentru creștinii din toate colțurile țării. În cimitirul mănăstirii se află mormântul părintelui Gheorghe Calciu Dumitreasa, al poetului Radu Gyr și al altor mărturisitori ai temnițelor comuniste.

Schitul Rădeni-Păstrăveni

7 viețuitori, viață de obște

Hram: Sfânta Parascheva
Adresa: sat Rădeni, com. Păstrăveni, 617300, jud. Neamț
Acces: din Roman spre Suceava pe DN2/E85, 29 km, stânga în Hanul Ancuței, pe DJ208G, prin Războieni, până în Rădeni 19 km; sau din Târgu-Neamț spre Timișești (spre E) pe DN15B, 7,5 km, dreapta în Dumbrava pe DC17, prin Ingărești, Urecheni, Rădeni, 16 km
Egumen: ierom. Pamvo Jugănaru

A fost înființat în anul 2001 de câțiva călugări de la Mănăstirea Petru Vodă. Cuprinde biserica mare, chiliile și un paraclis de lemn, cu hramul Adormirea Maicii Domnului. Aparține de Mănăstirea Petru Vodă.

Schitul Urecheni

10 viețuitori, viață de obște

Hram: Sfântul Ioan Hozevitul de la Neamț
Adresa: sat Urecheni, com. Urecheni, 617490, jud. Neamț
Acces: din Târgu-Neamț spre Timișești (spre E) pe DN15B, 7,5 km, dreapta în Dumbrava pe DC17, prin Ingărești, Urecheni, 9 km
Egumen: ierom. Chesarie Niculiță
Contact: +40740514167

Moaște: părticele de la Sfântul Ioan Iacob Hozevitul, mucenici de la Aiud
Icoane făcătoare de minuni: icoana Maicii Domnului, copie a icoanei de la Vladimirești

Împrejurimi:
- Casa lui Ion Creangă, din Humulești
- Cetatea Neamț

A fost înființat în anul 2000 pe locul binecuvântat de pr. Iustin Pârvu. Biserica schitului este construită din cărămidă și se află la stadiul de pictură. Complexul mai cuprinde stăreția, dependințe și clopotnița. Aparține de Mănăstirea Petru Vodă.

Mănăstirea Pângăraţi

28 vieţuitori, viaţă de obşte

Hram: Sfinţii Cuvioşi Simeon şi Amfilohie de la Pângăraţi, Sfântul Dimitrie Izvorâtorul de Mir, Toţi Sfinţii Români
Adresa: com. Pângăraţi, 617305, jud. Neamţ
Acces: din şos. Piatra-Neamţ-Bicaz, pe DN15, după ieşirea din com. Pângăraţi, ramificaţie după troiţă la dreapta, 1 km
Stareţ: arhim. Petroniu Marin; **Contact:** +40723247833

Moaşte: párticele de la Sf. Ap. Iacov, Sf. Elefterie, Sf. Siluan Athonitul, Sf. Ioan Iacob de la Neamţ, Sfinţii ucişi în pustia Iordanului, Sf. M. Mc. Ecaterina, Sf. Ierarh Iacob de la Ierusalim

A fost ridicată la sfârşitul sec. XIV de către sihastrul Simeon, care, cu ajutor de la Ştefan cel Mare, a făcut o biserică de lemn. Aceasta a fost arsă de turci şi pe locul celei vechi, în 1560, Alexandru Lăpuşneanu a construit o biserică de piatră. Este o biserică suprapusă, cea de la subsol având rol de tainiţă, devenită ulterior **paraclis cu hramul Sfinţii Români**, în formă de navă, cu abside laterale. În sec. XIX egumenul Varnava a reparat biserica şi a construit chilii noi, din piatră şi cărămidă. După 1872 mănăstirea a rămas în ruină. În ea au funcţionat, pe rând, un penitenciar, un spital militar, un sanatoriu, o staţiune de cercetări a Universităţii din Iaşi şi un depozit de plante medicinale. După 1991 a redevenit mănăstire de călugări.

Între anii 2002-2007, sub coordonarea stareţului Teofil Lefter, s-a construit în stil ştefanian biserica mare a mănăstirii cu hramul Sf. Cuv. Simeon şi Amfilohie şi Toţi Sfinţii Români. Lucrările de pictare a bisericii au fost realizate în tehnica fresco în perioada anilor 2007-2010 de soţii Vasile şi Violeta Carp din Bucureşti. Sfinţirea bisericii a avut loc la 12 septembrie 2010, când s-au împlinit 450 de ani de la târnosirea bisericii vechi zidite de voievodul Alexandru Lăpuşneanu

Din patrimoniul mănăstirii se pot aminti mai multe icoane vechi, datând din sec. XVIII.

Mănăstirea Războieni

23 vieţuitoare, viaţă de obşte

Hram: Sfinţii Arhangheli Mihail şi Gavriil
Adresa: com. Războieni, 617315, jud. Neamţ
Acces: din Roman spre Suceava pe DN2/E85, 29 km, stânga pe DJ208g, 11 km
Stareţă: stavrofora Olimpiada Neagu
Contact: +40233292912

A fost ctitorită de Ştefan cel Mare la 20 de ani după bătălia de la Valea Albă, din 1476. Biserica este construită din piatră şi cărămidă, respectând arhitectura bisericilor lui Ştefan cel Mare. La exterior este ornamentată cu cărămizi smălţuite şi discuri policrome cu bumbi centrali. Mănăstirea a fost concepută ca un adevărat mausoleu, adăpostind osemintele eroilor moldoveni căzuţi în lupta din 1476.

Icoane făcătoare de minuni: icoana Maicii Domnului, icoana Sfintei Ana

Mănăstirea Scăricica

7 vieţuitoare, viaţă de obşte

Hram: Întâmpinarea Domnului, Duminica Tuturor Sfinţilor, Naşterea Maicii Domnului
Adresa: com. Alexandru cel Bun, 617505, jud. Neamţ
Acces: Din DN15 Piatra Neamţ-Bicaz, 10 km, dreapta în Viişoara, spre Sanatoriul Bisericani, 3 km până în Scăricica
Stareţă: monahia Tecla Duduman; **Contact:** +40755501183

Mănăstirea a fost înfiinţată în anul 2010. Funcţionează în biserica fostei parohii Scăricica.

Mănăstirea Secu

60 viețuitori, viață de obște

Hram: Tăierea Capului Sfântului Ioan Botezătorul
Adresa: com. Vânători, 617500, jud. Neamț
Acces: din Târgu-Neamț spre Poiana Largului, pe DN15B, 13,5 km, stânga pe DJ157F, 7 km
Stareț: arhim. Vichentie Amariei; **Contact:** +40233251862

Moaște: lemn din Sf. Cruce, chivotul în care s-au păstrat un fragment din piciorul Sf. Ioan Botezătorul, părticele de la Sf. Arhid. Ștefan, Sf. Ap. Andrei, Sf. Pantelimon, Sf. Haralambie, Sf. Ioan Gură de Aur
Icoane făcătoare de minuni: icoana Maicii Domnului Cipriota

De văzut:

- Muzeul: *Cazania* Mitrop. Varlaam (1643), epitaf (1608), obiecte de cult, manuscrise aparținând vestitei școli de copiști și miniaturiști de la Secu etc.
- Mormântul Sfinților Varlaam și Ioan de la Râșca și Secu
- Mormintele ctitorilor Nestor Ureche și soția sa Mitrofana

Personalități legate de Secu: Mitropolitul Varlaam (†1657), canonizat în 2007, Episcopul Ioan (†1685), canonizat în 2008, Sf. Paisie Velicikovski de la Neamț (sec. XVIII)

În jurul anului 1500 un grup de sihaștri de la Mănăstirea Neamț se așază pe Valea Pârâului Secu, care, sub conducerea ieroschim. Zosima, în 1530 vor întemeia **Schitul lui Zosima**. Domnitorul Petru Rareș va fi cel care va înălța o biserică pentru noul schit, pe locul bisericii cimitirului de astăzi. În 1550 schitul a fost îngrădit cu zid de piatră de către Elena, soția voievodului, și de fiii săi. Ctitorii mănăstirii de piatră sunt Nestor Ureche împreună cu soția sa Mitrofana, părinții cronicarului Grigore Ureche. Construcțiile care alcătuiesc astăzi complexul mănăstiresc de la Secu nu datează toate din aceeași perioadă. **Bisericii din 1602**, din mijlocul cetății, cu hramul **Tăierea Capului Sf. Ioan Botezătorul**, i s-au adăugat în secolul al XVIII-lea, pridvorul, în prima jumătate a veacului trecut un diaconicon, un proscomidiar, precum și pridvorașul de pe latura vestică, iar în 1850 i s-a refăcut în întregime pictura interioară, tot atunci reînnoindu-se și catapeteasma. Zidurile incintei și turnurile de apărare, a căror construcție a început cam în aceași vreme cu aceea a bisericii, au suferit intervenții și refaceri pe timpul lui Vasile Lupu. Celelalte clădiri ale mănăstirii, în forma lor actuală, cu excepția laturii de sud, datează din perioada care a urmat incendiului din 1821 provocat de turcii care au asediat mănăstirea. În 1640 se construiește **Paraclisul Adormirea Maicii Domnului** în turnul de S-E, de către ierom. Ghedeon, egumenul mănăstirii la acea vreme. Între anii 1758 și 1763 se ridică din lemn **Paraclisul Sf. Nicolae**, egumen fiind în acel timp ieroschim. Nifon Udrea Trotușanul, în amintirea bisericii mari din Cetatea Neamțului, paraclis care va dăinui până în 1821. La 1821, turcii, în lupta lor cu revoluționarii eteriști, incendiază mănăstirea, iar călugării și cei aproape 500 de luptători greci eteriști au fost uciși. După 1821 s-au reconstruit corpurile de chilii din incintă și se reface din temelii Paraclisul Sfântul Nicolae, care fusese distrus de incendiu. În perioada 1977-1984 s-au efectuat ample lucrări de restaurare a întregului complex monahal, care au dat acestui așezământ înfățișarea pe care o are și astăzi.

Schitul Sfântul Ilie, Tăciune

3 viețuitori, viață de obște

Hram: Sfântul Ilie, Sfinții Mucenici Mina, Victor și Vichentie
Adresa: com. Vânători, 617500, jud. Neamț; **Acces:** la 6 km NV de Mănăstirea Secu
Egumen: protos. Ioanichie Amariei

Schitul a fost înființat în 2000 de către obștea Mănăstirii Secu, din dorința părinților și fraților care se ostenesc aici mai ales vara la cositul și strânsul fânului. Astfel, a fost construită o casă cu un paraclis la etaj. Hramul principal al schitului este Sf. Ilie, al doilea hram al paraclisului fiind Sf. Mina, Victor și Vichentie.

Schitul Acoperământul Maicii Domnului, Băiceni

7 vieţuitori, viaţă de obşte

Hram: Acoperământul Maicii Domnului, Duminica Sfinţilor Români
Adresa: sat Băiceni, com. Cucuteni, 707151, jud. Iaşi
Acces: din Târgu-Frumos spre Botoşani, pe DN28B/E58, 9 km, stânga pe DC137, 7 km
Egumen: protos. Damaschin Avătăjiţei
Contact: +40232717117

Moaşte: părticele de la cei 14000 de prunci ucişi de Irod

Împrejurimi:
• Muzeul de la Cucuteni

Schitul a fost ctitorit în 1992 de către obştea Mănăstirii Secu, sub îndrumarea arhim. Vichentie Amariei, stareţul mănăstirii. S-a construit pentru început o casă, având un paraclis la mansardă cu hramul Acoperământul Maicii Domnului. În 1998 se ridică un alt corp de clădire, cu un etaj. În anul 2000 s-a început zidirea turnului-clopotniţă al schitului, la baza acestuia zidindu-se un altar de vară.

Schitul Nifon

5 vieţuitori, viaţă de obşte

Hram: Buna Vestire
Adresa: com. Vânători, 617502, jud. Neamţ
Acces: 19 km V de Târgu-Neamţ şi 2 km de Mănăstirea Secu
Egumen: ierom. Veniamin Movileanu; **Contact:** +40233251361

A fost înfiinţat în sec. al XVII-lea de ieroschim. Nifon, care va înălţa pe aceste locuri o biserică cu hramul Buna Vestire. În 1821 a fost incendiat de turci în lupta dusă de aceştia împotriva Eteriei la Mănăstirea Secu. La începutul sec. al XIX-lea, un alt ieroschim. Nifon, dorind să refacă acest schit, începe construcţia unei biserici din piatră într-un loc mai ferit, la aproximativ 300 de metri de fosta aşezare monahală. Din pricina schimbării locului fără binecuvântare, biserica va rămâne neterminată, zidurile fiind ridicate doar pe jumătate. Părinţi de la Mănăstirea Secu au reconstruit în vechea „Poiană a lui Nifon" o casă în interiorul căreia au amenajat şi un paraclis (distrusă de un incendiu în 1999). În anul 2005, prin purtarea de grijă a actualului stareţ al Mănăstirii Secu, arhim. Vichentie Amariei, s-a început reconstrucţia schitului din piatră şi cărămidă, cu chilii la parter şi etaj şi cu biserica în partea de răsărit a ansamblului. Schitul a fost sfinţit la 18 septembrie 2011.

Schitul Ţibucani

3 vieţuitori, viaţă de obşte

Hram: Sfânta Maria Magdalena, Intrarea Maicii Domnului în Biserică
Adresa: com. Ţibucani, 617485, jud. Neamţ
Acces: com. Ţibucani, la 22 km NE de Piatra-Neamţ
Egumen: ierom. Hrisostom Filipescu; **Contact:** +40233293748

Schitul datează din 1774, când câţiva ucenici ai Sf. Paisie Velicikovski se retrag în aceste locuri. Spătarul Iordache Cantacuzino Deleanu construieşte o biserică din lemn de stejar pe temelie de piatră. Catapeteasma datează din sec. al XVIII-lea, interiorul bisericii fiind nepictat. În 1859, boierul Aga Ioniţă Botez construieşte turnul-clopotniţă din piatră şi cărămidă şi restaurează biserica, înzestrând-o cu obiecte de cult, cărţi şi cele necesare săvârşirii actelor liturgice. Lângă turnul-clopotniţă se află o altă biserică din lemn construită pe temelie de piatră în sec. XX, cu hramul Intrarea în Biserică a Maicii Domnului. În 2007 a fost repictată, apoi sfinţită de către PF Daniel Ciobotea. Între anii 2011 şi 2012 s-au efectuat ample lucrări de renovare la corpul de chilii şi la trapeză.

Mănăstirea Sihăstria

90 viețuitori, viață de obște

Hram: Nașterea Maicii Domnului, Sfânta Teodora de la Sihla
Adresa: com. Vânători, 617500, jud. Neamț
Acces: din Târgu-Neamț spre Poiana Largului, pe DN15B, 13,5 km, stânga pe DJ157F, 7 km
Stareț: arhim. Arsenie Popa
Contact: +40233251896, www.sihastria.mmb.ro

Moaște: racla cu moaștele de la 30 de sfinți, o părticică din lemnul Sfintei Cruci
Icoane făcătoare de minuni: icoana Maicii Domnului

A fost întemeiată în 1655, pe locul unei mai vechi sihăstrii, cunoscută ca „Sihăstria lui Atanasie", după numele întemeietorului. Episcopul Ghedeon al Hușilor a construit aici prima biserică și chilii pentru obște. În urma incursiunilor tătarilor, locașul se va ruina, astfel că în 1734 Episcopul Ghedeon va ridica o nouă biserică. În 1734 Mănăstirea Sihăstria trece sub ascultarea Mănăstirii Secu, iar din 1779, sub cea a Mănăstirii Neamț. În 1821 mănăstirea este arsă și prădată, în vremea confruntării dintre turci și eteriști. Lucrările de refacere au început în 1824, prin grija Mitropolitului Veniamin Costache și a starețului Dometian. Vor fi refăcute atunci biserica de piatră, turnul-clopotniță, un corp de chilii, turnul porții și zidul de incintă. În 1837 se ridică un paraclis de iarnă din lemn, care va arde, în 1941, împreună cu chiliile din jur, fiind reclădite în 1947, în vremea stăreției arhim. Cleopa Ilie.

Complexul mănăstiresc actual de la Sihăstria este alcătuit din: **biserica veche, cu hramul Nașterea Maicii Domnului**, construită din piatră de râu și cărămidă, în stil clasic moldovenesc, în plan triconc, cu o singură turlă, repictată în frescă între 1986 și 1988; **paraclisul de iarnă, cu hramul Sfinții Părinți Ioachim și Ana**, construit în 1947, cu o pictură de o reală valoare artistică, operă a schimonahului Irineu Protcenco; **Catedrala Sfânta Teodora de la Sihla**, ridicată în 1999, din cărămidă cu cadre de beton armat, cu pictură interioară în frescă, aparținând arhim. Vartolomeu Florea împreună cu ucenicii din Mănăstirea Sihăstria; **turnul-clopotniță,** construit în 1825 și restaurat între 1983 și 1984.

De văzut:
- pictura din paraclisul Sfinții Părinți Ioachim și Ana
- chilia părintelui Cleopa
- cimitirul mănăstirii

În **cimitirul mănăstirii** se găsesc mormintele mai multor duhovnici și nevoitori ai Sihăstriei: arhim. Cleopa Ilie, ieroschim. Paisie Olaru, arhim. Ioanichie Bălan, monahul Marcu de la Sihăstria, ieroschim. Ioanichie Moroi, schim. Irineu Protcenco și alții. În incinta cimitirului se află **biserica**, monument istoric, **cu hramurile Învierea Domnului și Sf. Ioan Evanghelistul.**

La Sihăstria a intrat în monahism actualul Patriarh al României, PF Daniel.

În ultimele decenii Mănăstirea Sihăstria, pe lângă latura duhovnicească, a desfășurat o intensă activitate cultural-misionară, constituindu-se într-un important centru de spiritualitate românească, marii duhovnici – **ieroschim. Paisie Olaru** și **arhim. Cleopa Ilie** – fiind considerați adevărați părinți spirituali ai neamului. Bogata activitate editorială a mănăstirii se datorează în bună parte **arhim. Ioanichie Bălan**, care a înființat Editura Mănăstirea Sihăstria. Dintre lucrările sale amintim: *Patericul românesc, Convorbiri duhovnicești, Pelerinaj la Mormântul Domnului, Pelerinaj la Muntele Athos, Vetre de sihăstrie românească* etc. La Sihăstria au fost editate *Viețile Sfinților* în 12 volume, 18 volume din seria *Ne vorbește Părintele Cleopa, Predici la praznice împărătești, Predici la duminicile de peste an* și multe alte cărți de spiritualitate ortodoxă.

Împrejurimi:
- Mănăstirea Secu
- Mănăstirea Sihla
- Schitul Sfântul Daniil Sihastrul
- Schitul Poiana lui Ioan

Schitul Boureni

3 viețuitori, viață de obște

Hram: Sfinții Împărați Constantin și Elena
Adresa: sat Boureni, com. Moțca, 707346, jud. Iași
Acces: din șos. Roman-Suceava, 3 km E, intersecția Moțca-Pașcani, 400 m SE de satul Boureni
Egumen: ierom. Proclu Găinuță; **Contact:** +40232716341

Nu se cunoaște cu exactitate anul înființării schitului, însă tradiția spune că acesta exista încă de la anul 1300. Primul document în care este amintit Schitul Boureni este *Letopisețul Țării Moldovei*. În anul 1610 a fost restaurat de călugări și credincioși, iar în 1750 este mutat nu departe, în pădure.

După secularizarea averilor mănăstirești a fost transformat în biserică de parohie, iar la sfârșitul sec. al XIX-lea reînființat de familia Sturdzeștilor. Este reconstruit în sec. al XX-lea. Biserica era din lemn și a avut o icoană făcătoare de minuni a Maicii Domnului, care a fost dusă la Mănăstirea Neamț. Chiliile erau tot din lemn. În 1942 schitul a fost mutat mai sus, spre pădure, pe moșia familiei Huzărescu, care în 1946 va construi pentru schit o biserică cu hramul Sfinții Împărați Constantin și Elena. Închis în perioada comunistă, va fi redeschis imediat după 1990. Inițial a aparținut de Mănăstirea Neamț, iar din 1992 ține de Mănăstirea Sihăstria.

Schitul Codrii Pașcanilor

5 viețuitori, viață de obște

Hram: Sfânta Cuvioasă Teodora de la Sihla, Acoperământul Maicii Domnului
Adresa: com. Moțca, 707345, jud. Iași
Acces: din șos. Pașcani-Târgu-Neamț, la 5 km de orașul Pașcani, pe dreapta
Egumen: protos. Ieronim Cozma
Contact: +40232732862

A fost înființat în 1991. Biserica este construită din piatră. Aparține de Mănăstirea Sihăstria.

Schitul Poiana lui Ion

5 viețuitori, viață de obște

Hram: Înălțarea Sfintei Cruci, Nașterea Sfântului Ioan Botezătorul
Adresa: com. Vânători, 617502, jud. Neamț
Acces: de la Mănăstirea Sihăstria 4 km mai sus (la 23 km N-V de Târgu-Neamț)
Egumen: ierom. Vasian Manea

Schitul și-a luat numele de la vestitul pustnic Ioan, care a sihăstrit în zonă în sec. al XVII-lea. A fost înființat la dorința cunoscutului duhovnic al Mănăstirii Sihăstria, ieroschim. Paisie Olaru. Locul a fost sfințit în 1993. Biserica este construită din lemn, în vecinătatea ei aflându-se două corpuri de chilii și turnul-clopotniță. A fost sfințită în 2009. Schitul aparține de Mănăstirea Sihăstria.

Schitul Sfântul Daniil Sihastrul (Râpa lui Coroi)

5 viețuitori, viață de obște

Hram: Sfântul Proroc Ilie Tezviteanul, Acoperământul Maicii Domnului, Sfântul Daniil Sihastrul
Adresa: com. Vânători, 617500, jud. Neamț
Acces: la 22 km N-V de Târgu-Neamț, pe șos. Pipirig-Vatra Dornei, până la Mănăstirea Sihăstria, iar de aici 6 km S-V până la schit
Egumen: ierom. Meletie Muntianu; **Contact:** +40737446933

Schitul își datorează numele lui Ioan Coroi, dregător în Sfatul țării, care, în 1763, a căzut într-o prăpastie în timpul unei partide de vânătoare. În zona unde este astăzi schitul au existat odinioară mai multe sihăstrii. După 1989 Mănăstirea Sihăstria a decis înființarea unui schit de călugări aici. În 1996 s-au finalizat construcțiile bisericii, clopotniței și chiliilor. Biserica este din lemn, pe fundație de beton. De asemenea, clopotnița și chiliile sunt din lemn. Schitul aparține de Mănăstirea Sihăstria.

Schitul Sfântul Mina, Dumbrava

5 viețuitori, viață de obște

Hram: Sfântul Mare Mucenic Mina, Sfântul Mare Mucenic Pantelimon
Adresa: loc. Târgu-Neamț, 615200, jud. Neamț
Acces: pe șos. Tg.-Neamț-Pașcani, la 4 km N-E de Tg.-Neamț, pe dreapta
Egumen: monah Teodorit Puț
Contact: +40233791896

A fost înființat în 1955, pe un teren al Mănăstirii Sihăstria, sub numele Schitul Grași. În 1959 a fost desființat de regimul comunist. A fost reactivat în 1990, prin grija arhimandritului Victorin Oanele, starețul Mănăstirii Sihăstria, fiind sfințit în 1995. S-au construit un paraclis, o biserică mare de piatră și două case pentru monahi și închinători. Aparține de Mănăstirea Sihăstria.

Împrejurimi:
- Casa părintelui Paisie Olaru
- Peștera Sfintei Cuvioase Teodora de la Sihla – locul în care sfânta s-a nevoit mulți ani prin post și rugăciune. Moaștele ei se află astăzi la Lavra Pecerska din Kiev.

Între anii 1972 și 1984 la Sihla s-a nevoit părintele Paisie Olaru.

Mănăstirea Sihla

30 viețuitori, viață de obște

Hram: Nașterea Sfântului Ioan Botezătorul, Schimbarea la Față, Cuvioasa Teodora de la Sihla
Adresa: com. Agapia, 617010, jud. Neamț
Acces: din Târgu-Neamț spre Poiana Largului, pe DN15B, 13,5 km, stânga pe DJ157F, 7 km, stânga pe drum forestier 8 km
Stareț: protos. Pahomie Catana; **Contact:** +40744513879

Mănăstirea este înălțată pe locul unei mai vechi sihăstrii din sec. XV. Prima biserică, din lemn, cu hramul Nașterea Sfântului Ioan Botezătorul, a fost ctitorită de familia Cantacuzino în 1741. Biserica actuală datează de la 1813, suportând mai multe prefaceri în 1973. Este construită în plan triconc, cu o singură turlă deasupra naosului. Catapeteasma este sculptată în lemn și poleită cu aur. Pictura a fost finalizată în 1974, în frescă, în stil neobizantin. A doua biserică din schit, cu hramul Schimbarea la Față, este de mici dimensiuni și poartă numele de „bisericuța dintr-un brad". Este în formă de navă și are o catapeteasmă pictată în ulei. După 1990 au avut loc ample lucrări de renovare, adăugându-se o casă cu etaj, clopotnița și clădiri anexe. Schitul Sihla devine mănăstire în 2011.

Mănăstirea Tarcău

13 vieţuitori, viaţă de obşte

Hram: Duminica Tuturor Sfinţilor
Adresa: sat Schitu Tarcău, com. Tarcău, 617449, jud. Neamţ
Acces: DN15 Piatra-Neamţ-Bicaz (22 km), stânga la Tarcău spre Schitu Tarcău (16 km)
Stareţ: ierom. Grigore Ruxandu
Contact: +40742333500

Mănăstirea a fost ridicată în 1833, pe Valea Tarcăului, de ieroschimonahul Avramie. Iniţial a fost schit, iar din 1990 a primit statut de mănăstire. Biserica este construită din lemn de frasin, pe o fundaţie de piatră, de meşteri locali, având planul în formă de cruce. Turnul-clopotniţă este din bârne de lemn, ridicat pe două niveluri. Bisericii i s-a adăugat în 1936 un pridvor închis. În incintă se mai pot vedea două case monahale, la care s-au adăugat în ultimii ani şi alte construcţii.

Mănăstirea Tazlău

6 vieţuitori, viaţă de obşte

Hram: Naşterea Maicii Domnului
Adresa: com. Tazlău, 617460, jud. Neamţ
Acces: DJ156A, 35 km S de Piatra-Neamţ
Stareţ: protos. Iosif Chiriac
Contact: +40233298153, +40740769752

Tradiţia spune că obştea monahală de la Tazlău s-a constituit înainte de menţionarea documentară din 1458. Este ctitorie a lui Ştefan cel Mare, ridicată între 1496 şi 1497, pe locul unei mai vechi biserici de lemn construite de Alexandru cel Bun, fiind una dintre cele mai frumoase ctitorii ale voievodului. Biserica este înconjurată de ziduri groase de piatră. Intrarea se arcuieşte sub turnul-clopotniţă. Pridvorul a fost adăugat de Alexandru Lăpuşneanu în 1596. Uşa din pridvor este foarte frumos decorată, aflându-se în Muzeul de Istorie din Piatra-Neamţ. În 1711 a fost închinată de Constantin Mavrocordat Muntelui Sinai. Pictura bisericii a fost refăcută în 1859. În 1879 a fost mistuită de un incendiu şi refăcută ca biserică parohială în 1895. A revenit la statutul de mănăstire în 1990. La Tazlău a funcţionat o şcoală de pisari şi dieci.

În 2008 a fost canonizat **Sf. Cuvios Chiriac de la Tazlău**, al cărui mormânt se află în pridvorul bisericii.

De văzut:
- Casa memorială I.I. Mironescu (profesor, poet, scriitor şi medic)

Mănăstirea Tărcuţa

9 vieţuitoare, viaţă de obşte

Hram: Naşterea Maicii Domnului, Sfântul Daniil Sihastru
Adresa: sat Tărcuţa, com. Ceahlău, 617446, jud. Neamţ
Acces: DN15 Piatra Neamţ-Tarcău (22 km), în Tarcău stânga spre Ardeluţa (20 km), apoi dreapta pe valea pârâului Tărcuţa (10 km)
Stareţă: monahia Eufimia Meteoc

Construcţia aşezământului a început în anul 2000, ca schit aflat sub oblăduirea Mănăstirii Bistriţa, la iniţiativa monahului Ambrozie Velea. Biserica-paraclis încorporată în turnul-clopotniţă, precum şi chiliile, sunt construite din lemn. În 2010 a devenit mănăstire.

Mănăstirea Văratec

425 viețuitoare, viață de sine; 60 viețuitoare, viață de obște

Hram: Adormirea Maicii Domnului
Adresa: sat Văratec, com. Agapia, 617013, jud. Neamț
Acces: șos. Târgu-Neamț-Piatra-Neamț, ramificație dreapta Agapia, apoi din satul Agapia ramificație stânga 4 km până la mănăstire
Stareță: stavrofora Iosefina Giosanu
Contact: +40232245175

Moaște: racla cu moaște de la mai mult de 30 de sfinți
Icoane făcătoare de minuni: icoana Sfintei Ana

De văzut:
- mormântul poetei Veronica Micle
- casa Lahovary
- codrii de aramă

Mănăstirea Văratec se leagă de numele maicii Olimpiada, care întemeiază, între 1781 și 1785, o sihăstrie în poiana Văratec, fiind rânduită aici ca stareță de către Paisie Velicikovski. O biserică din lemn se construiește în 1794, în timpul stareței Nazaria, iar mai târziu, în 1808, s-a ridicat actuala biserică Adormirea Maicii Domnului. Începând cu 1821 mănăstirea trece prin încercări grele, fiind pustiită. În 1900 se confruntă cu un incendiu mistuitor, care a distrus aproape totul. Actualul complex mănăstiresc este construit după 1900 și cuprinde **Biserica Adormirea Maicii Domnului,** turnul-clopotniță, **Biserica Sfântul Ioan Botezătorul, Biserica Schimbarea la Față** și chiliile. Biserica Adormirea Maicii Domnului e construită din piatră de râu și cărămidă, în formă de cruce, cu ziduri groase, cu două turle rotunde, îmbinând stilul moldovenesc cu elemente neoclasice. Frescele originare din interior, pictate în 1841, au fost refăcute în 1882, în stil realist. În cadrul mănăstirii au existat mai multe școli: o școală sătească mixtă, școala primară de fete, „școala de adulte" (pentru călugărițele fără carte), școli de muzică bisericească psaltică și liniară, școala monahală, seminarul monahal pentru călugărițe. Celebre sunt atelierele de broderie bisericească și legătorie de cărți, covoare, tricotaj, țesut pânză, pictură bisericească și artă decorativă. În muzeul mănăstirii sunt expuse icoane vechi, Evanghelii, veșminte, obiecte de cult, manuscrise, covoare și tapiserii. Biblioteca conține 6000 de volume, din care 1600 sunt manuscrise și tipărituri vechi. Personalități legate de Mănăstirea Văratec: Mihai Eminescu, Veronica Micle, Profira Sadoveanu, Ep. Partenie Ciopron (1896-1980), Mitrop. Bartolomeu Anania, protos. Nicodim Măndiță, maica Benedicta (Zoe Dumitrescu-Bușulenga), pr. Roman Braga.

Mitropolia Moldovei și Bucovinei

Arhiepiscopia Sucevei și Rădăuților

Arhiepiscop: Înalt Preasfințitul CALINIC DUMITRIU

(cuprinde județul Suceava)

Str. Ion Vodă Viteazul, nr. 2, Suceava, 720034, jud. Suceava,
Tel: +40230521295, Fax: +40230221128, www.arhiepiscopiasucevei.ro

Mănăstirea Adâncata

1 viețuitoare

Hram: Acoperământul Maicii Domnului
Adresa: sat Fetești, com. Adâncata, 727009, jud. Suceava
Acces: din Suceava NE spre Dorohoi, pe DN29A, 3 km, dreapta pe DJ208t, spre Fetești, Grigorești, 7,5 km
Stareță: monahia Marina Colibă

De văzut în apropiere: Biserica de lemn din Adâncata

La Fetești Adâncata au fost descoperite de curând așezăminte omenești, obiecte de ceramică vechi de peste 5000 de ani, aparținând culturii Cucuteni.

Mănăstirea cu hramul Acoperământul Maicii Domnului din satul Fetești, com. Adâncata a fost înființată, mai întâi ca schit, în anul 1999, în imediata apropiere a unei biserici de cimitir (fostă mănăstire de călugări). S-au păstrat până astăzi numele unor nevoitori din trecut, de aici: ieromonahii Ghedeon, Gherman, Calinic, monahul Isaia. Începuturile mănăstirii pot fi considerate unele destul de modeste. Monahia Marina Colibă a împrumutat un vagon de cale ferată, vechi, în care a improvizat un paraclis și „chiliile". Primele viețuitoare ale așezământului au fost, alături de stareță, câteva tinere de la o casă de copii din Botoșani. Până în prezent s-a construit un corp de chilii cu paraclis la mansardă și s-a înființat un atelier de croitorie. Impresionează îndeosebi, în mănăstire, „Fântâna lacrimilor" .

Mănăstirea Bogdănești

3 viețuitori, viață de obște

Hram: Sfântul Proroc Ilie, Nașterea Maicii Domnului
Adresa: com. Bogdănești, 727035, jud. Suceava
Acces: 11 km la sud de Fălticeni
Responsabil: Pr. Gheorghe Loghinoaia
Contact: +40230570617; +40733077660

Este ctitorie a voievodului Bogdan I al Moldovei (1359-1365). În 1510 vechiul schit de lemn a fost distrus de tătari. În 1542, Petru Rareș strămută vatra așezământului monahal, întemeind Mănăstirea Râșca. Unele documente din sec. al XVI-lea menționează totuși la Bogdănești, între anii 1528 și 1574, un schit de călugări. După 1745 schitul este consemnat ca sihăstrie de maici. Mănăstirea va renaște abia în 1994, când se pune piatra de temelie a unui nou așezământ monahal. S-au construit până în prezent: biserica mare de zid (sfințită în 2006), un agheasmatar, așezământul filantropic „Acoperământul Maicii Domnului", clopotnița, gospodăria-anexă, căminul de bătrâni. În curtea mănăstirii, o frumosă statuie îl înfățișează pe voievodul Bogdan I descălecătorul, întâiul ctitor al Bogdăneștiului.

Mănăstirea Broșteni

7 viețuitori, viață de obște

Hram: Sfinții Trei Ierarhi, Acoperământul Maicii Domnului, Sfântul Mare Mucenic Gheorghe (paraclis)
Adresa: sat Broșteni, com. Drăgușeni, 727221, jud. Suceava
Acces: DN2/E85, din Fălticeni spre Roman, 25 km, stânga pe DC8, 7 km
Stareț: protos. Metodie Atomei; **Contact:** +40749187791

În 2001 ÎPS Pimen Zainea, arhiepiscop al Sucevei și Rădăuților, așeza piatra de temelie a bisericii cu hramul Sf. Trei Ierarhi. De construcție s-a ocupat protos. Iosif Grigore, starețul de atunci al mănăstirii. Biserica este pictată în tehnica *fresco* de Viorel Gherasim din Fălticeni, în stil neobizantin. A fost sfințită în 2006 de către ÎPS Pimen.

Mănăstirea Bogdana

15 viețuitori, viață de obște

Hram: Sfântul Ierarh Nicolae, Sfântul Ierarh Leontie de la Rădăuți
Adresa: str. Bogdan Vodă, nr. 6, Rădăuți, 725400, jud. Suceava
Stareț: arhim. Iustin Dragomir
Contact: +40230563005, +40744621951, www.bogdana.ro

Moaște:
Sf. Leontie de la Rădăuți, o părticică de la Sf. Teodosie de la Brazi

Biserica Sfântul Nicolae din Rădăuți este cea mai veche biserică de piatră din Moldova, construită imediat după 1359, pe locul unei biserici de lemn. Biserica, sfințită în 1364, este, pe drept cuvânt, considerată „Pantheonul Moldovei", întrucât aici sunt înmormântați primii domnitori ai țării: Bogdan I Lațcu, Petru I Mușat, Roman I, Ștefan I, precum și Bogdan, fratele lui Alexandru cel Bun, Anastasia, fiica lui Lațcu, Stana, mama lui Ștefăniță Vodă, și Ioanichie, fost episcop de Rădăuți. După ocuparea Nordului Moldovei de către Imperiul Habsurgic în 1775, s-au desființat aproape toate mănăstirile, printre care și Mănăstirea Bogdana din Rădăuți, biserica devenind biserică parohială. În anii regimului comunist, biserica a fost dezafectată, sub pretextul că este monument istoric, având acces doar turiștii.

În 1991 este reînființată Mănăstirea Bogdana, iar din 1992 au început lucrările de restaurare a incintei și a corpurilor de chilii, precum și construirea unui paraclis, cu hramul Sfântul Ierarh Leontie, sfințit în 2005. Pentru valoarea sa artistică și culturală, Biserica Sfântul Nicolae este inclusă în patrimoniul UNESCO.

Sfântul Leontie de la Rădăuți

Sfântul Leontie a trăit la sfârșitul veacului al XIV-lea și începutul celui de-al XV-lea la Mănăstirea Laura. În timpul lui Alexandru cel Bun (1400-1432) este chemat la slujirea episcopală. Spre bătrânețe, vlădica Lavrentie s-a retras din scaunul episcopal în viață ascunsă, de schimnic, luând numele de Leontie. Este cinstit ca sfânt imediat după moarte, moaștele sale fiind făcătoare de minuni. Este canonizat în 1992, iar data de pomenire este 1 iulie.

Racla cu moaștele Sf. Leontie de la Rădăuți

În 2001 s-a sfințit așezământul de copii Sfântul Ierarh Leontie, situat la 3 km de Rădăuți, unde sunt adăpostiți 200 de copii și tineri. Este unul dintre puținele locuri unde tinerii orfani primesc asistență și după majorat.

Mănăstirea Buciumeni

40 viețuitoare, viață de obște

Hram: Sfântul Mare Mucenic Gheorghe
Adresa: str. Dumbrava Minunată, nr. 2, Fălticeni, 725200, jud. Suceava
Acces: din Fălticeni spre vest, spre Rădășeni pe DJ209m, 2 km, apoi stânga, 500 m
Stareță: stavrofora Maria Mălăescu
Contact: +40230541872, +40741638520

Satul Buciumeni – astăzi cartier al Fălticeniului – este atestat documentar printr-un hrisov al voievodului Alexandru cel Bun din anul 1424. Biserica cu hramul Sf. Gheorghe, clădită din lemn, a fost înălțată în anul 1765. Icoanele și catapeteasma sunt foarte vechi și valoroase. Sfânta Masă are forma rotundă (un trunchi de stejar din care, se presupune, ar fi fost ridicată prima biserică). În 1993, ÎPS Pimen, Arhiepiscop al Sucevei și Rădăuțiului, la cererea și cu sprijinul credincioșilor din Fălticeni, înființează schitul de călugărițe cu hramul Sf. Gheorghe. În 1997 schitul capătă statut de mănăstire. În incinta mănăstirii se află un cămin de bătrâne.

Frumusețea locurilor din preajma Mănăstirii Buciumeni este descrisă de Mihail Sadoveanu în Dumbrava minunată.

Mănăstirea Cămârzani

100 vieţuitoare, viaţă de obşte

Hram: Naşterea Maicii Domnului
Adresa: sat Cămârzani, com. Vadu Moldovei, 727561, jud. Suceava
Acces: din Fălticeni spre Roman pe DN2/E85, 14 km, stânga în Vadu Moldovei, pe DC9, 2 km
Stareţă: stavrofora Maria Deac; **Contact:** +40230536587

În anul 1863 boierul Emanoil Morţun a construit o biserică de mir pe moşia sa din satul Cămârzani (din comuna Vadu Moldovei), cu hramul Sfântul Gheorghe. În anul 1947 moşia boierească a fost expropriată, iar biserica a devenit filială a bisericii din Ciumuleşti-Gane. A fost înfiinţat apoi un schit de călugări, care şi-a încetat existenţa ca urmare a Decretului 410/1959, biserica schitului devenind biserică de mir. Dependinţele au deservit CAP-ul. În anul 1992 locaşul a fost redeschis ca mănăstire de maici. A fost construit un agheasmatar închinat Sfântului Mina. La 22 decembrie 1992 a avut loc sfinţirea întregului complex mănăstiresc. În anul 2000 s-a ridicat o biserică nouă, fiind sfinţită în 2004.

Mănăstirea Ciocăneşti (Suhard)

2 vieţuitori, viaţă de obşte

Hram: Înălţarea Sfintei Cruci, Pogorârea Sfântului Duh
Adresa: sat Ciocăneşti, com. Iacobeni, 727120, jud. Suceava
Acces: din DN17/E58 Vatra Dornei-Câmpulung Moldovenesc, 12 km, stânga pe DN18, 4,5 km, stânga în Ciocăneşti, pe drum de munte spre vf. Suhard pe pârâul Rece (6 km)
Stareţ: protos. Ghelasie Zaharia; **Contact:** +40745289079

Icoane făcătoare de minuni: icoana Maicii Domnului

La Ciocăneşti se desfăşoară renumitul Festival naţional al ouălor încondeiate şi Festivalul naţional al păstrăvului.

Aşezământul este construit într-o poiană la poalele vârfului Suhard, într-o zonă foarte pitorească. Din fosta cabană turistică Recele, părăsită în 1990 şi cumpărată în 1993, primarul Gheorghe Tomoioagă din Iacobeni a construit aici un schit de călugări, sfinţit în 1993 de ÎPS Pimen. În 1994 s-a construit o biserică din lemn. Accesul la mănăstire este foarte greu pe timp de iarnă.

Mănăstirea Sfântul Daniil Sihastrul, Putna

5 vieţuitori, viaţă de obşte

Hram: Sfântul Daniil Sihastrul
Adresa: com. Putna, 727455, jud. Suceava
Acces: din Rădăuţi pe DJ178C, spre nord, 24 km, stânga în Vicovul de Sus, pe DN2H, 10 km, până în Putna, pe lângă Mănăstirea Putna, 3,5 km, dreapta de Mănăstirea Sihăstria Putnei, 4,5 km drum în munte.
Stareţ: protos. Partenie Negrean; **Contact:** +40751667184, +40753020678

Ridicată în 1990, sfinţită la 28 decembrie 1991. Slujbele de noapte încep la ora 3, iar slujbele de seară la ora 16. Mănăstirea se află situată departe de zonele locuite, fiind o oază de linişte şi rugăciune. Un incendiu a distrus aproape întreaga mănăstire în ianuarie 2009, doar biserica mare şi gospodăria rămânând neatinse. A început reconstrucţia în mai 2009. Mănăstirea mai are două paraclise cu hramurile **Naşterea Maicii Domnului** (în dreapta bisericii) şi **Naşterea Sf. Ioan Botezătorul** (în stânga bisericii).

Mănăstirea Dragomirna

60 viețuitoare, viață de obște

Hram: Pogorârea Sfântului Duh
Adresa: sat Dragomirna, com. Mitocu Dragomirnei, 727366, jud. Suceava
Acces: din Suceava pe E85 spre Cernăuți, 1 km, dreapta pe DJ208d, 10 km, prin Mitocu Dragomirnei, 1 km
Stareță: stavrofora Macrina Săuginițanu;
Contact: +40230533839, www.dragomirna.ro

Mănăstirea Dragomirna, din punct de vedere arhitectural, este unică în Răsăritul ortodox, introducând o nouă viziune artistică în arta bisericească moldavă din sec. al XVII-lea. Biserica mare, cu hramul Pogorârea Sfântului Duh, ctitorie de la 1609 a Mitropolitului Moldovei Anastasie Crimca, împreună cu rudele sale, Lupu și Simion Stroici, se deosebește de toate celelalte monumente religioase anterioare prin proporțiile sale neobișnuite: 35 m lungime, 9,5 m lățime și 42 m înălțime, ceea ce o face să pară foarte strâmtă, dând impresia unei nave, vechi simbol al Bisericii Creștine. Inițial, mitropolitul cărturar a ridicat o biserică mai mică, cu hramurile Sfântul Ioan Evanghelistul și Profeții Ilie și Enoh, care datează de la 1602. Fațadele bisericii mari sunt din piatră cioplită, decorate cu un brâu răsucit, în stil muntenesc, iar turla bisericii este sculptată în întregime cu motive florale și geometrice de origine caucaziană. În pridvor se află câteva pietre de mormânt, iar în pronaos se găsește mormântul ctitorului, Anastasie Crimca. Biserica a fost pictată de meșterii moldoveni: Popa Crăciun Mătieș, Popa Ignat și Gligorie; pictura se păstrează parțial. În 1627 prințul Miron Barnovschi începe construcția zidurilor masive de apărare, transformând Dragomirna în cea mai puternică cetate fortificată din Moldova. Zidurile cuprind turnul-clopotniță, patru turnuri de apărare, numite: Barnovschi, Gheronchie, Silvestru și Arhimandritul, Paraclisul Sf. Nicolae (1635), trapeza (1609), chiliile. Întregul ansamblu – biserica mică, biserica mare, cetatea și egumenia – este remarcabil ca unitate de stil și viziune arhitectonică. Între anii 1763 și 1775, la Mănăstirea Dragomirna se stabilește **Sfântul Paisie Velicikovski,** împreună cu mai mulți ucenici. Mănăstirea este afectată de incendii și diverse războaie, fiind restaurată între 1843 și 1845. În 1960 devine mănăstire de maici. Între anii 1965 și 1976 au loc ample lucrări de restaurare și se construiește noul paraclis, cu hramul Nașterea Maicii Domnului. Mănăstirea Dragomirna a reprezentat un puternic focar de cultură, aici s-au copiat și s-au împodobit cărți bisericești. Muzeul mănăstirii, organizat în Sala Gotică, cuprinde: cărți vechi – *Psaltirea* (1616), *Tetraevangheliar* (1609), *Liturghier* (1610, 1611), icoane, epitafuri, mobilier etc.

Moaște: Sf. Iacob Persul
Icoane făcătoare de minuni: icoana Maicii Domnului, cunoscută ca vindecătoare și aducătoare de ploaie

Brâul de piatră sculptată ce înconjoară biserica mare a Dragomirnei este un simbol al Sfintei Treimi, al celor trei virtuți creștinești, Credința, Nădejdea și Dragostea, și un îndemn la unitate de credință și neam lăsat urmașilor de Mitropolitul Anastasie Crimca.

De văzut:
- Muzeul mănăstirii din Sala Gotică, deținând: cărți vechi, manuscrise, broderii, icoane vechi de o deosebită valoare etc.

Mănăstirea Sfinții Apostoli Petru și Pavel, Dragomirna

6 viețuitoare, viață de obște

Hram: Sfinții Apostoli Petru și Pavel
Adresa: com. Mitocu Dragomirnei, 727366, jud. Suceava
Acces: din Suceava pe E85 spre Cernăuți, 1km, dreapta pe DJ208d, 10 km, prin Mitocu Dragomirnei 1 km. Lângă Mănăstirea Dragomirna, 3 km NE, în pădure.
Egumen: monahia Maria Bodnar; **Contact:** +40745273485

Mănăstirea cuprinde o biserică de lemn cu hramul Sf. Ap. Petru și Pavel, un paraclis cu hramul Acoperământul Maicii Domnului, două corpuri de chilii cu arhondaric și un altar de vară.

Racla cu moaștele Sf. Iacob Persul

Mănăstirea Groşi, Boroaia

9 vieţuitori, viaţă de obşte

Hram: Acoperământul Maicii Domnului, Izvorul Tămăduirii
Adresa: com. Boroaia, 727040, jud. Suceava
Acces: din Fălticeni spre Roman pe DN2/E85, 8 km, dreapta pe DN15c, până în Boroaia, 7 km
Stareţ: arhim. Alexie Ichim; **Contact:** +40745884287
Cazare: 10 locuri

Este ctitorie a lui Mihail Horga, de loc din Boroaia. Acesta, mirean fiind, şi-a întemeiat o familie, având cinci copii, dar, simţind „o chemare de la Dumnezeu" pentru viaţa monahală şi cu acordul familiei, a plecat la Schitul Sihla. În septembrie 1995 a început la Boroaia construirea unui metoc al Sihlei, cu biserică, chilii şi anexe. A fost sfinţit de ÎPS Pimen. În 1997 devine schit al Arhiepiscopiei Sucevei, iar din 2004 este mănăstire. Adăposteşte un cămin de bătrâni cu Biserica Izvorul Tămăduirii, unde se desfăşoară slujbele.

Biserica din Boroaia, care adăposteşte o raclă cu trupul nestricăcios al arhim. Ilarion Argatu (dezgropat în 2006, la 7 ani după moartea sa)

Mănăstirea Naşterea Maicii Domnului, Boroaia

17 vieţuitoare, viaţă de obşte

Hram: Naşterea Maicii Domnului
Adresa: com. Boroaia, 727040, jud. Suceava
Acces: din Fălticeni spre Roman pe DN2/E85, 8 km, dreapta pe DN15c, până în Boroaia, 7 km
Administrator: pr. Alexandru Argatu; **Contact:** +40745695025
Cazare: cu rezervare

Mănăstirea a luat fiinţă în 2007, în jurul bisericii parohiale din satul Boroaia, ctitorie a arhim. Ilarion Argatu şi a fiului acestuia, pr. Alexandru Argatu (sfinţită în 1977). Maicile au în supraveghere un cămin pentru bătrâne, aflat în curtea mănăstirii.

Mănăstirea Dorna-Arini

15 vieţuitoare, viaţă de obşte

Hram: Acoperământul Maicii Domnului, Sfântul Mare Mucenic Procopie, Sfânta Cuvioasă Elisabeta
Adresă: sat Gheorghiţeni, com. Dorna-Arini, 727202, jud. Suceava
Acces: DN17/E58 Suceava-Vatra Dornei (109 km) apoi DN17B până la Gheorghiţeni, spre E, 10 km
Stareţă: monahia Siluana Stroici
Contact: +40769223140; **Cazare:** 40 locuri

Mănăstirea Dorna-Arini este ctitorie a ÎPS Teodosie, arhiepiscopul Tomisului. Aşezământul monahal a fost construit în chiar satul natal al ierarhului, pe locul casei părinteşti. Ansamblul – ridicat în întregime din lemn – cuprinde o biserică, arhondaric, chilii. Clopotniţa – cu înălţimea de 60 de metri – are 24 de clopote, cel mai mare având greutatea de 5 tone. Mănăstirea a fost sfinţită pe data de 20 octombrie 2004 de către Patriarhul Bartolomeu al Constantinopolului şi PF Teoctist.

Mănăstirea Humor

25 viețuitoare, viață de obște

Hram: Adormirea Maicii Domnului
Adresa: com. Mănăstirea Humorului, 727355, jud. Suceava
Acces: din Suceava spre Gura Humorului, pe DN2, 85/E58, 38 km, dreapta pe DJ177, 5 km
Stareță: stavrofora Paraschiva Sorohan; **Contact:** +40230572837

Biserica a fost zidită în 1530 de Toader Bubuiog, logofătul lui Petru Rareș, și soția sa, Anastasia. La aproape 300 de metri se aflau ruinele unei mai vechi biserici de mănăstire, ridicată pe vremea lui Alexandru cel Bun, în 1415. Se înscrie în programul monumental al lui Petru Rareș, deși nu este o ctitorie a sa, dar a fost construită la recomandarea acestuia. În 1641 Vasile Lupu ridică turnul de apărare și întărește zidurile împrejmuitoare. Biserica de la Humor prezintă o arhitectură deosebită. Aici apar, pentru prima dată în construcția bisericilor din Moldova, pridvorul deschis, precum și încăperea de la etaj numită tainiță, care se află deasupra camerei mormintelor. Absida semicirculară a altarului, în partea de răsărit a bisericii, este despărțită de naos printr-o catapeteasmă sculptată în lemn de tisa și donată bisericii de Gheorghe Movilă în 1590.

Prin frescele interioare și exterioare, Mănăstirea Humor se alătură celor de la Voroneț, Moldovița, Arbore, Probota și Sucevița, care fac renumele artei românești din sec. al XV-lea și al XVI-lea, singulare ca prezență arhitectonică și iconografică în tot spațiul european. Biserica mănăstirii impresionează prin frescele exterioare, Humorul aflându-se pe lista monumentelor UNESCO. **Fresca exterioară, a cărei dominantă este roșul-ocru,** este pictată de Toma Zugravul în 1535, fiind prima din șirul celor cinci biserici cu pictură exterioară care s-au păstrat. Principalele teme iconografice exterioare sunt: Acatistul Bunei Vestiri, Viața Sf. Ierarh Nicolae, Asediul Constantinopolului (fațada sudică), Arborele lui Iesei (fațada nordică), Judecata de Apoi (fațada vestică) și Cinul, care cuprinde o procesiune a sfinților îngeri, profeți, apostoli, ierarhi, martiri și cuvioși (absidele laterale și cea a altarului).

Mănăstirea a fost închisă de stăpânirea austro-ungară în 1785. După 1850 a fost folosită ca depozit de materiale, școală, apoi biserică de parohie. Humorul devine monument istoric, beneficiind de programe de restaurare a picturii (1972-1974), sub egida UNESCO. În 1991 redevine mănăstire de maici. Aici funcționează ateliere de încondeiat ouă, de pictură, de confecționat veșminte.

Moaște: raclă cu părticele de la mai mulți sfinți

Icoane făcătoare de minuni: icoana Adormirii Maicii Domnului (sec. XVI), Deisis (sec. XVI), icoana Maicii Domnului (sec. XVI), Sf. Arhanghel Mihail (sec. XVI)

„Ceva asemănător nu ne oferă o a doua țară din lume."
(J. Strzykowski)

Mănăstirea Înălțarea Domnului, Mestecăniș

5 viețuitori, viață de obște

Hram: Înălțarea Domnului, Acoperământul Maicii Domnului (paraclisul)
Adresa: str. Fierul, nr. 84, com. Pojorâta, 727440, jud. Suceava
Acces: din Vatra Dornei spre Gura Humorului pe DN7/E58, 17,5 km, dreapta în Mestecăniș, 4 km pe drum de munte
Stareț: arhim. Onufrie Leonte
Contact: +40745916815, www.manastireamestecanis.wgz.ro

Mănăstirea se află într-o poiană de pe Culmea Giumalăului, Poiana Fierului, cu vedere spre Munții Giumalău, la 4 km pe traseul turistic ce leagă Pasul Mestecăniș de vârful Giumalău. Mănăstirea, inițial schit, a luat ființă în 1992, prin donarea terenului de către fam. Iacoban, din com. Iacobeni, jud. Suceava. A fost sfințită în 1995 de către ÎPS Pimen. Ansamblul mănăstirii cuprinde: biserica cu hramul Înălțarea Domnului, paraclisul cu hramul Acoperământul Maicii Domnului, clopotnița, prăznicarul, stăreția, chiliile monahilor și o gospodărie-anexă pentru animale.

Mănăstirea Mestecăniș

5 viețuitori, viață de obște

Hram: Sfântul Pantelimon
Adresa: sat Mestecăniș, com. Iacobeni, 727316, jud. Suceava
Acces: Vatra Dornei spre Gura Humorului pe DN7/E58, 17,5 km, dreapta în Mestecăniș, 3,5 km pe drum de munte
Stareț: protos. Damaschin Mihalescu
Contact: +40748150867; www.manastireamestecanis.blogspot.com

Ctitorită de Gheorghe Tomoioagă, primar al com. Iacobeni, în 1997. Situată în locul numit „Piciorul Lat" din Munții Giumalău, reprezintă un frumos așezământ monahal, cu obște de călugări. Până în 1999 s-au ridicat biserica, corpul de chilii, turnul-clopotniță.

Mănăstirea Moldova-Sulița

3 viețuitoare, viață de obște

Hram: Sfântul Vasile cel Mare
Adresa: com. Moldova-Sulița, 727040, jud. Suceava
Acces: DN17/E58 Câmpulung Moldovenesc-Pojorâta (6 km), apoi dreapta spre Moldova-Sulița pe DJ175 (36 km)
Stareță: monahia Teodora Bodârlău

Ctitorită de localnici pe un teren donat de Ilarie Cozmeci. Piatra de temelie a fost pusă în anul 1989. Alexa Bouhar, localnic și meșter sculptor, care, de altfel, este și primul ctitor al locașului, a realizat sculpturile interioare – ușile împărătești, tetrapodurile și catapeteasma. Lucrările au fost finalizate în 1994. Așezământul cuprinde un paraclis cu hramul Nașterea Maicii Domnului, o sală de mese unde pot prânzi toți creștinii veniți la slujbe, o bucătărie, un beci, 6 camere a câte trei paturi.

Împrejurimi:
- Herghelia Lucina

Mănăstirea Moldovița (Vatra Moldoviței)

40 viețuitoare, viață de obște

Hram: Buna Vestire
Adresa: sat Vatra Moldoviței, 727595, jud. Suceava
Acces: din Câmpulung Moldovenesc pe DN17A, 23 km, sau din Rădăuți pe DN17A, prin Marginea, Sucevița, 47 km
Stareță: stavrofora Benedicta Tatulici
Contact: +40230336348; +40744615458

Alexandru cel Bun zidește prima mănăstire de pe aceste locuri, care a dăinuit până la sfârșitul sec. al XV-lea, când, din cauza unei alunecări de teren, s-a prăbușit. Urmele bisericii pot fi văzute și astăzi. Actuala biserică a Moldoviței este ctitorie a lui **Petru Rareș,** din 1532. Voievodul înconjoară cu ziduri și turnuri de apărare biserica, înscriind-o în rândul mănăstirilor fortificate. Episcopul Efrem de Rădăuți zidește între anii 1610 și 1612 chilii și o casă separată a stareției, unde și-a mutat reședința. Tot aici organizează o școală de copiști și miniaturiști, continuând în acest fel opera culturală a lui Rareș. A fost unul din focarele importante de cultură mănăstirească din Moldova, începând din sec. al XV-lea. Suferă lucrări de restaurare și consolidare între anii 1954 și 1960, când este refăcut acoperișul, sunt consolidate fundațiile și soclul, sunt refăcute zidurile, turnurile și chiliile. Pictura, atât în interior, cât și în exterior, datează din 1537. Se pare că au lucrat mai mulți pictori la Moldovița, deoarece se observă stiluri diferite. De remarcat dominanta roșu-brun, față de albastrul Voronețului și verdele de la Biserica Arbore sau de roșul-ocru al Humorului. Pictura exterioară, deosebit de valoroasă, cuprinde: Cinul, Imnul Acatist cu asediul Constantinopolului, Arborele lui Iesei, Judecata de Apoi. Pictura interioară, restaurată, prezintă un program iconografic complet. Biserica pictată a mănăstirii este înscrisă pe lista patrimoniului cultural mondial UNESCO.

Icoane făcătoare de minuni: icoana Maicii Domnului (în paraclis)

De văzut:

- Muzeul mănăstirii unde se păstrează obiecte de valoare: broderii, manuscrise, icoane, precum și jilțul ctitorului Petru Rareș
- Clisiarnița, pe latura nordică a incintei

Mănăstirea Orata

10 viețuitoare, viață de obște

Hram: Adormirea Maicii Domnului
Adresa: sat Botuș, com. Fundu Moldovei, 727266, jud. Suceava
Acces: din Câmpulung Moldovenesc spre Vatra Dornei, pe DN17/E58, 7,5 km, dreapta în Pojorâta pe DJ175 prin Fundu Moldovei, până în Botuș, 12,5 km, stânga la intrarea în Botuș, 3 km, pe pârâul Orata
Stareță: stavrofora Eupraxia Ilaș
Contact: +40729936055; +40725511255
Cazare: 15 locuri

Mănăstirea Orata s-a construit din inițiativa și pe terenul lui Traian Pomohaci, în amintirea soției sale Reveca. Zidită în 1950, se sfințește la 26 septembrie 1954. Din 1960 a fost biserică de mir.

Din 1990 s-a redeschis Schitul Orata, primul stareț fiind ierom. Lucian Buga. Ctitorul Traian Pomohaci se călugărește și moare aici, în 1991. Sub conducerea stareței Grigore se începe construirea unei capele-paraclis pentru slujbele de iarnă și a chiliilor. În 1993 este transformat în schit de maici, iar din 2003 devine mănăstire de călugărițe.

Drumul poate fi făcut și pe jos, peisajul fiind deosebit de frumos: munte, pădure, câmpie, izvoare.

Numele Orata este preluat de la afluentul râului Moldova, care curge prin spatele mănăstirii.

Mănăstirea Catrinari

6 viețuitori, viață de obște

Hram: Adormirea Maicii Domnului, Sfântul Ioan cel Nou, Sfântul Nectarie, Sfântul Haralambie
Adresa: com. Panaci, 727405, jud. Suceava
Acces: din Vatra Dornei spre Dorna Arini DN17B, 2 km, dreapta pe 174, apoi prin Panaci, 23 km, până la Păltiniș-Cătrinari
Stareț: ierom. Țanef Constantin; **Contact:** +40747155721

În 2012 s-a sfințit paraclisul cu hramurile Sf. Haralambie și Sf. Nectarie. S-a început pictura bisericii cu hramurile Adormirea Maicii Domnului și Sf. Ioan cel Nou. Lucrările de construcție nu sunt finalizate.

Mănăstirea Pârteștii de Jos

5 viețuitori, viață de obște

Hram: Acoperământul Maicii Domnului, Sfântul Ierarh Spiridon (paraclis)
Adresa: sat Poiana Belți, com. Pârteștii de Jos, 727425, jud. Suceava
Acces: din Gura Humorului spre Mănăstirea Humor pe DJ177, 500 m, apoi dreapta prin pădure, 7 km
Stareț: protos. Silvestru Strugariu; **Contact:** +40744129658

Împrejurimi:
- Mănăstirea Humor

Înființată în anul 2000, se află în curs de organizare. S-a ridicat un paraclis, cu hramul Sf. Spiridon, iar biserica mare se află în construcție.

Mănăstirea Peștele-Cotârgași

5 viețuitori, viață de obște

Hram: Nașterea Maicii Domnului
Adresa: sat Cotârgași, com. Broșteni, 727076, jud. Suceava
Acces: DN17B Vatra Dornei-Broșteni (64 km), stânga la Pietroasa spre Cotârgași până la obârșia pârâului Peștele de Vatra Dornei (8 km)
Stareț: ierom. Grigore Iliescu; **Contact:** +40758400688

În 1994 s-au construit o biserică de lemn și două corpuri de chilii pe un teren donat de fam. Luneascu din Broșteni. Din 1996 s-au mai înălțat stăreția, trapeza, anexele etc.

Mănăstirea Piatra Tăieturii

6 viețuitori, viață de obște

Hram: Nașterea Maicii Domnului, Sfântul Antonie cel Mare
Adresa: com. Panaci, 727405, jud. Suceava
Acces: DN17B Vatra Dornei-Dorna Arini, dreapta DN174 spre Șaru Dornei (7 km), stânga spre Panaci (6 km), drum forestier pe Pârâul Chirileni până în Culmea Tăieturii (7 km)
Stareț: arhim. Antonie Brehuescu
Contact: +40755475544; **Cazare:** 30 locuri

Împrejurimi:
- Peștera Sf. Antonie cel Mare

Mănăstirea Piatra Tăieturii se află pe vârf de munte, la o altitudine de 1700 m, în apropierea monumentului eroilor din Primul Război Mondial, ridicat în anul 1917. Piatra de temelie a schitului a fost pusă în anul 1933, de către pr. Iosif Achirilei, ctitorul acestui așezământ, pe locul proprietății familiei sale. Prin Decretul 410/1959 schitul a fost desființat, iar în 1962 a fost demolat până la temelii. Reînființat în 1990 ca mănăstire, pe vechiul amplasament și cu același hram. În 1992 s-au construit un **paraclis, cu hramul Sf. Ilie**, o clopotniță și o casă de oaspeți. La 1 iunie 1997 e finalizată construirea bisericii mari, cu hramul Nașterea Maicii Domnului.

Mănăstirea Plutonița-Doroteia

20 viețuitori, viață de obște

Hram: Schimbarea la Față, Sfinții Arhangheli Mihail și Gavriil
Adresa: sat Plutonița, Frasin, 727248, jud. Suceava
Acces: din Gura Humorului spre Câmpulung Moldovenesc, pe DN17/E58, 8 km, stânga în Frasin, pe DJ177A, 6 km, stânga în Plutonița, peste râu
Stareț: protos. Iustin Ababei
Contact: +40722728457; www.manastirea-doroteia.uv.ro/index.html
Cazare: 10 locuri

Moaște: părticele de la mai mulți sfinți

Ctitorită de doi vestiți sihaștri, Dorotei și Platon, de la Mănăstirea Voroneț, la început ca două chilii din lemn. Spre jumătatea sec. al XVII-lea, înmulțindu-se ucenicii acestor sihaștri, s-au răspândit cu chiliile prin toate pădurile zonei. Construind o bisericuță din lemn în vatra satului de astăzi Doroteia, sihaștrii și-au urmat firul vieții duhovnicești până prin sec. al XVIII-lea. Opresiunea Imperiului Austro-Ungar, desele năvăliri și războaie, exploatarea pădurilor și obcinilor Bucovinei au făcut ca sihaștrii să se împuțineze și să trăiască tăinuiți și neștiuți de nimeni. Regimul comunist a contribuit grav la uitarea acestei tradiții duhovnicești. În 1997 ctitorii Rusu Gavril, Rusu Vasile, Rusu Victor, Gemănaru Gheorghe, Bălan Constantin și alții plini de râvnă duhovnicească au donat poiana și o parte din pădure pentru mănăstirea actuală, cu hramul Schimbarea la Față, și pentru un paraclis cu hramul voievozilor Mihail și Gavriil, precum și pentru un corp de chilii.

Împrejurimi:
- Mănăstirea Voroneț

Mănăstirea Pojorâta-Corlățeni

20 viețuitori, viață de obște

Hram: Sfânta Treime, Sfântul Ioan Iacob
Adresa: com. Pojorâta, 727440, jud. Suceava
Acces: din Câmpulung Moldovenesc spre Vatra Dornei, pe DN17/E58, 7 km, stânga în Pojorâta, pe DJ175B, 6,5 km, stânga pe drum de munte, 1 km
Stareț: protos. Varlaam Bârsă; **Contact:** +40765010867
Cazare: 30 locuri

Moaște: părticele de la Sf. Ioan Iacob, Sf. Gheorghe Hozevitul, Sf. Zinon Hozevitul, Sf. Prov, Tarah și Andronic, Sf. Procopie, Sf. Mucenici uciși la Hozeva, Sf. Teofil cel nebun pentru Hristos

Icoane făcătoare de minuni: icoana Sf. Ana

Schitul este înființat în 1927. Mai întâi este ridicată o cruce de fier, apoi se construiește o biserică, care va fi sfințită în 1934. În 1962 schitul este demolat, materialele fiind transportate în com. Voroneț și folosite la ridicarea unei biserici de mir. O parte din obiectele de cult sunt duse la Putna. În 1966 se ridică un mic paraclis în jurul crucii rămase după demolare, fiind sfințit în 1968. Între anii 1970 și 1987 s-a refăcut Biserica Sfânta Treime. Schitul este reînființat în 1992. În 1995 s-a ridicat o nouă biserică cu hramul Sf. Ioan Iacob. Este ridicat la rang de mănăstire în 2005.

Împrejurimi:
- Muntele Rarău
- Pietrele Doamnei

Mănăstirea Podu Coşnei

în curs de construcţie, fără vieţuitori

Hram: Sfinţii Apostoli Petru şi Pavel
Adresa: sat Podu Coşnei, com. Dorna Candrenilor, 727193, jud. Suceava
Acces: din Vatra Dornei spre Bistriţa, pe DN17/E58, 15 km
Responsabil: pr. Mihai Negrea

Istoria sfântului locaş începe în 1924, când Fondul Bisericesc de la Cernăuţi deţinea în zonă o importantă suprafaţă de pădure. Atunci, cu sprijinul obştii şi al bisericii, s-a înălţat o mănăstire, în care mulţi localnici şi nu numai ei se adunau cu evlavie pentru a participa la slujbe oficiate în zilele de sărbătoare. În 1956 mănăstirea de la Podu Coşnei a fost desfiinţată. În 2006, la Podu Coşnei a venit părintele Mihai Negrea, care, cu binecuvântare şi ajutor de la ÎPS Pimen, începe reconstrucţia. Se amenajează o casă pentru copiii abandonaţi.

Mănăstirea Sfântul Vasile cel Mare, Leucuşeşti

10 vieţuitori, viaţă de obşte

Hram: Sfântul Vasile cel Mare
Adresa: sat Leucuşeşti, com. Preuteşti, 727452, jud. Suceava
Acces: din Fălticeni spre Dolhasca (E) pe DJ108, 5 km, dreapta spre Leucuşeşti, 4 km, stânga în Leucuşeşti, 500 m
Stareţ: ierom. Ioil Corbu
Contact: +40744138629

Mănăstirea a fost înfiinţată în 2000, an în care s-a şi sfinţit biserica mănăstirii cu hramul Sfântul Vasile cel Mare, prin strădania ieroschimonahului Ioil, care este în prezent şi stareţul mănăstirii. În incintă s-au mai ridicat: **Schitul Sf. Nicolae** şi **Schitul cu hramurile Duminica Tuturor Sfinţilor şi Sf. Ioan Botezătorul**, gospodăriile şi clopotniţa.

Moaşte: părticele de la Sf. Ioan Botezătorul, Sf. Filoteea din Atena, Sf. Gheorghe, Sf. Spiridon

Mănăstirea Secrieş-Moldoviţa

10 vieţuitoare, viaţă de obşte

Hram: Sfântul Ilie, Acoperământul Maicii Domnului
Adresa: sat Secrieş, com. Moldoviţa, 727385, jud. Suceava
Acces: din Câmpulung Moldovenesc pe DN17A, 23 km dreapta în Moldoviţa, 8 km
Stareţă: stavrofora Filofteea Acasandrei
Cazare: 30 locuri

Construită în anul 2005. Complexul cuprinde Biserica Sf. Ilie, din piatră, chiliile şi un altar de vară, cu hramul Acoperământul Maicii Domnului. În biserică sunt două icoane ale Maicii Domnului, care au izvorât mir.

Mănăstirea Probota

15 viețuitoare, viață de obște

Hram: Sfântul Ierarh Nicolae
Adresa: sat Probota, oraș Dolhasca, 727176, jud. Suceava
Acces: din Fălticeni spre Dolhasca, pe DJ208, 25 km, dreapta în Dolhasca pe DJ208S, până în Probota, 6 km
Stareță: stavrofora Marina Țurcanu
Contact: +40230571433

Este considerată una dintre cele mai frumoase mănăstiri din Moldova. Primul ctitor, Petru I Mușat (1375-1391), înalță la Probota o biserică, închinată Sf. Nicolae. Alexandru cel Bun construiește în apropiere un alt locaș cu același hram, care se bucură de atenția deosebită a Sf. Ștefan cel Mare, aici fiind înmormântată mama sa, Doamna Oltea, călugărită Maria. Biserica actuală este ctitorită însă de domnul Moldovei **Petru Rareș** în 1530, care hotărăște ca mănăstirea să devină necropolă a sa și a urmașilor săi, înzestrând-o cu mai multe moșii. Biserica Sfântul Nicolae este pictată, atât în interior, cât și pe exterior, în 1532, în timpul domnitorului Petru Rareș. În 1964 mănăstirea a fost desființată, devenind biserică de mir. În 1991 s-a reînființat ca mănăstire de călugări, în 1994 fiind transformată în mănăstire pentru călugărițe.

Probota este una dintre mănăstirile românești cele mai cunoscute astăzi în Japonia, fiind vizitată de numeroși turiști.

Între anii 1996 și 2001 au avut loc importante lucrări de cercetare și restaurare a picturii, finanțate de către o fundație japoneză, lucru ce a permis descoperirea frescei interioare originare din secolul al XVI-lea, care rezistase în mod excepțional repetatelor încercări de refacere a picturilor din sec. al XIX-lea. Se remarcă scenele: Pantocratorul, Cina cea de Taină, Sf. Nicolae, Răstignirea, Sinoadele Ecumenice, Judecata de Apoi. Pictura exterioară a rămas nerestaurată, distingându-se însă destul de bine frescele: Arborele lui Iesei și Imnul Acatist. Planul bisericii este unul treflat, după tradiția bizantină, cele trei abside fiind unite printr-un plan central. Este monument UNESCO. Mănăstirea a reprezentat un important centru cultural, aici activând cunoscuții cărturari: Dosoftei, Grigorie Roșca, Gheorghe Movilă.

Schitul Sfinții Apostoli Petru și Pavel, Botoș

13 viețuitori, viață de obște

Hram: Sfinții Apostoli Petru și Pavel
Adresa: sat Botoș, com. Ciocănești, 727121, jud. Suceava
Acces: din Vatra Dornei spre Câmpulung Moldovenesc, pe DN17/E58, 12 km, stânga spre Cârlibaba pe DN18, 12 km, dreapta în Botoș, peste râu, 3,5 km
Egumen: protos. Galaction Dominte
Contact: +40741510165

După 1989 a fost construit un schit pe locul unui refugiu al călugărilor prigoniți în perioada comunistă, situat la peste 1200 m altitudine, într-un loc retras. Locașul, cu hramul Sfinții Apostoli Petru și Pavel, este sfințit în 2000, însă după puțină vreme va fi mistuit de un cumplit incendiu. S-a reconstruit un nou schit lângă vechiul amplasament, care a fost sfințit în 2007. Ansamblul cuprinde o biserică, clopotnița, stăreția, trapeza, corpul de chilii etc.

Mănăstirea Putna

105 viețuitori, viață de obște

Hram: Adormirea Maicii Domnului, Sfântul Ștefan cel Mare
Adresa: com. Putna, 727455, jud. Suceava
Acces: din Rădăuți pe DJ178c, spre nord, 24 km, stânga în Vicovul de Sus, pe DN2H, 12 km, până în Putna
Stareț: arhim. Melchisedec Velnic
Contact: +40230414055, +40230414119, www.putna.ro
Cazare: rezervare la +40230414288, arhondaric@putna.ro

Moaște: Capul Sf. Ierarh Ghenadie, Capul Sf. Arsenie (monah din Putna, împreună nevoitor cu sfinții Sila, Paisie și Natan de la Sihăstria Putnei), părticele din moaștele Sf. Daniil Sihastru, Sf. Trei Ierarhi Vasile, Grigorie și Ioan, Sf. stareți de la Optina, Sf. Mucenici uciși în Sinai și Rait, Sf. Ana, Sf. Alexandru, Sf. Nectarie, Sf. Vavila, Sf. Pantelimon, Sf. Gheorghe ș.a.

Icoane făcătoare de minuni: icoana Maicii Domnului cu Pruncul

Este prima mănăstire zidită de Sfântul Voievod Ștefan cel Mare, domn al Moldovei între 1457 și 1504. Ridicarea ei e legată de victoria de la Chilia asupra ungurilor, în 1465. Legenda spune că, pentru ctitoria sa, voievodul a tras cu arcul dintr-un vârf de munte și a hotărât să înalțe biserica acolo unde a căzut săgeata.

Lucrările au durat din 1466 până în 1469, mănăstirea fiind sfințită în același an. Biserica a ars în 1484, dar s-a rezidit în perioada imediat următoare. Un alt incendiu a lovit-o în 1536. Din cauza șubrezirii fundației, în 1653 Vasile Lupu începe lucrări de refacere a bisericii, care sunt terminate în timpul voievozilor Gheorghe Ștefan și Eustratie Dabija. A fost restaurată între 1756 și 1760, prin grija Mitropolitului Iacob Putneanul, apoi în 1902, cu intervenția arhitectului Romstörfer. Ultima lucrare de restaurare a avut loc între anii 1961 și 1975.

Mormântul Sfântului Ștefan este în dreapta camerei mormintelor. Din marmură de Carrara, împodobită cu motivul frunzei de stejar, simbol al statorniciei și robusteței, pe inscripția sa nu a mai fost completat anul morții slăvitului voievod, căci el a rămas conducător și după trecerea la locașurile de veci.

La intrare se află un turn datând din 1757, din vremea domnului Constantin Racoviță, despre aceasta dând mărturie și stema de pe fațada de vest, care reunește stemele Moldovei și Țării Românești. Este denumit **Turnul Eminescu**, în amintirea manifestărilor de aniversare a mănăstirii, la care au participat Mihai Eminescu, Ioan Slavici și alți oameni de cultură. Pe latura de est este situat și **Turnul clopotniței**, construit în anul 1882. **Paraclisul** mănăstirii, situat în partea de apus a incintei, a fost zidit de Mitropolitul Iacov Putneanul în anul 1759 și rezidit la jumătatea sec. al XIX-lea. A fost pictat în frescă în perioada 1980-1984 de frații Mihail și Gavril Moroșan, în timpul stăreției **arhimandritului Iachint Unciuleac.** Pe latura sudică a incintei se află **Casa Domnească,** ridicată între anii 1981 și 1988, pe temeliile celei vechi, distrusă de habsburgi. Singura clădire rămasă din vremea Sfântului Voievod Ștefan este **Turnul Tezaurului**, a cărui construcție a fost terminată în anul 1481. În el au fost adăpostite, în vremuri de primejdie, odoarele acestui sfânt locaș.

Biserica nu păstrează din construcția inițială decât puține elemente. Este alcătuită din pridvor, pronaos, gropniță, naos și altar. Se regăsesc elemente de arhitectură bizantină, alături de cele gotice sau baroce. Din camera mormintelor (gropnița) trecerea către naos se face printre două coloane masive, care au înlocuit, în secolul al XVII-lea, peretele despărțitor.

Biserica rezidită în 1653 nu a mai fost pictată. S-a propus pictarea ei în anul 1972, când mitropolitul de atunci, Iustin Moisescu, a binecuvântat proiectul, pe baza unui plan iconografic întocmit de părintele Sofian Boghiu. La 10 iulie 2001, cu binecuvântarea PF Teoctist, pictorii Mihail și Gavril Moroșan au trasat primele linii la noua frescă. Lucrările au fost terminate în anul 2010, sluba sfințirii fiind oficiată de PF Daniel, la serbarea hramului mănăstirii, 15 august.

La recomandarea UNESCO, în 1966, împlinirea a 500 de ani de la întemeierea Mănăstirii Putna s-a celebrat pe plan mondial.

Mănăstirea a fost un important centru cultural; aici s-au copiat manuscrise și au fost realizate miniaturi prețioase. Locașul deține un bogat muzeu, cu broderii, manuscrise, obiecte de cult, icoane etc. În același timp, Putna a fost și este un izvor de sfințenie. În urma săpăturilor făcute la temelia vechii Case Domnești s-au găsit oseminte bine mirositoare ale unor călugări care s-au nevoit aici înainte de întemeierea mănăstirii.

„Ierusalimul Neamului Românesc" (M. Eminescu)

De vizitat:
• Biserica Dragoș Vodă, cea mai veche biserică de lemn din Europa

Mănăstirea Râșca

28 viețuitori, viață de obște

Hram: Sfântul Ierarh Nicolae, Înălțarea Sfintei Cruci
Adresa: com. Râșca, 727465, jud. Suceava
Acces: din Fălticeni spre Roman pe DN2/E85, 8 km, dreapta pe DN15C, 2 km, dreapta pe DJ155A spre Râșca, 7 km, după Râșca spre Buda, Slătioara, 3 km
Stareț: arhim. Mihail Balan;
Contact: +40767310960

Atribuită de unele surse lui Bogdan Vodă I, la 1359. A fost construită în mai multe etape. În 1512 Bogdan al III-lea a construit chiliile, iar în 1540 episcopul Romanului, Macarie, logofătul Ioan și Teodor Balș reconstruiesc biserica cu hramul Sf. Nicolae. În 1542 Petru Rareș, la îndemnul Mitrop. Grigorie Roșca, înalță o incintă cu creneluri și turn de apărare și rezidește biserica. Între 1612 și 1618 marele vornic Costea Bacioc mărește biserica. S-au păstrat icoane vechi și lespezi funerare din sec. XV-XVI. Pictura interioară și exterioară a Mănăstirii Râșca a fost executată între 1551 și 1554 de Stamatello Kontrunas din Zankintos. A folosit pictura tradițională din vremea lui Petru Rareș, cu înnoiri, atât în tematica iconografiei din exterior, cât și în stilul influențat de noutățile pe care Renașterea le-a adus din vestul Peninsulei Balcanice. Remarcabil este tabloul votiv, care-l înfățișează pe Petru Rareș cu familia sa.

Aici a fost stareț, după ce s-a retras din scaunul Episcopiei Hușilor, și a murit **Sfântul Ierarh Ioan de la Râșca** (†1608), ale cărui moaște au rămas tăinuite mult timp. Moaștele au fost descoperite la Mănăstirea Secu, sfântul fiind canonizat sub numele de **Sfântul Ioan de Râșca și Secu.**

Icoane făcătoare de minuni: icoana Maicii Domnului

Moaște: párticele din moaștele Sf. Nicolae, Sf. Serafim de Sarov, lemn din Sfânta Cruce, Sf. Teodor Tiron, Sf. Varvara, Sf. Pantelimon, Sf. Tatiana, Sf. Xenia, papucul Sf. Spiridon

În 1844 domnitorul Sturdza îl surghiunește pe marele istoric Mihail Kogălniceanu, care a stat închis timp de 6 luni într-o cameră din clopotnița Mănăstirii Râșca.

Mănăstirea Rarău
15 viețuitori, viață de obște

Hram: Adormirea Maicii Domnului
Adresa: sat Chiril, com. Crucea, 727151, jud. Suceava
Acces: DN17B Vatra Dornei, spre SE, prin Ortoaia, 9 km, Rusca, 3 km, sat Chiril, 11,5 km
Stareț: protos. Veniamin Băican; **Cazare:** 100 locuri

Icoane făcătoare de minuni: icoana Maicii Domnului de la Rarău

În anul 1776, Schitul Rarău – veche ctitorie a lui Petru Rareș, de la 1541 – a fost strămutat, în taină, în locul în care se află astăzi, de pe cealaltă parte a muntelui, la porunca și sub călăuzirea Maicii Domnului, după cum consemnează tradiția orală a locului; tot atunci este strămutată și **icoana făcătoare de minuni a Născătoarei de Dumnezeu de la Rarău**. Construcția bisericii, cu hramul Adormirea Maicii Domnului, s-a încheiat în 1800, cu ajutorul familiei Balș, care a donat noului așezământ sute de hectare de teren și pădure. În 1877, regele Carol I, noul proprietar al moșiei Balș, va dispune ca toate reparațiile și întreținerea locașului să se facă din veniturile moșiei. La începutul sec. al XX-lea Rarăul este ridicat la rangul de mănăstire. În 1959 însă decade la statutul de schit, redevenind mănăstire abia după 1990. Noua biserică a mănăstirii a fost sfințită de PS Gherasim Putneanul în anul 2000.

La Schitul Rarău a viețuit ieromonahul Daniil Sandu Tudor, membru al *Rugului Aprins*. Născut în 1896 (24 decembrie), la București, și mort în 1962 (17 noiembrie), în temnița comunistă de la Aiud, Daniil Sandu Tudor se află în atenția Comisiei de Canonizare a Sfântului Sinod al BOR. Poetul-monah Sandu Tudor este autorul *Imnului Acatist* la Rugul Aprins al Născătoarei de Dumnezeu.

Mănăstirea Sihăstria Rarău
20 viețuitori, viață de obște

Hram: Înălțarea Domnului, Acoperământul Maicii Domnului
Adresa: str. Izvorul Alb, nr. 160, Câmpulung Moldovenesc, 725100, jud. Suceava; **Acces:** din Câmpulung din centru, spre Cabana Rarău, pe str. Izvorul Alb, 7,5 km
Stareț: protos. Haralambie Arcălean
Cazare: 150 locuri (pe timp de vară)

Icoane făcătoare de minuni: șapte sfinte icoane făcătoare de minuni

Schitul Sihăstria Rarău a fost înființat în 1541, de Petru Rareș, pe locul unei sihăstrii a Cuviosului Sisoe, de la sfârșitul sec. al XV-lea. Se pare că aici s-au refugiat Doamna Elena, soția domnitorului, împreună cu copiii săi, fiind ocrotiți de călugări. Drept mulțumire, voievodul a ridicat o biserică în locul celei vechi, înființându-se astfel Schitul Rarău. În 1776 a fost strămutat în taină, de cealaltă parte a muntelui Rarău, fiind desființat de autoritățile austro-ungare. O veche tradiție consemnează faptul că Maica Domnului însăși ar fi poruncit această strămutare. Schitul a rămas pustiu vreme de peste două secole. În perioada comunistă, pe locul schitului, s-a ridicat un mic paraclis de Rozaria Răiescu, demolat de autoritățile vremii. Construcția noii mănăstiri începe în 1992. În 1994 este sfințită biserica mare, cu hramul Înălțarea Domnului, care s-a pictat în 1998. S-au mai înălțat un paraclis cu hramul Acoperământul Maicii Domnului, chilii și un arhondaric – sub stăreția arhim. Ilarion Neagoe. În acest locaș se găsesc **7 sfinte icoane făcătoare de minuni**, care aduc vindecare și alinare celor bolnavi. Slujbele se desfășoară după rânduiala athonită.

Mănăstirea Sfântul Ioan cel Nou

18 viețuitori, viață de obște

Hram: Sfântul Mare Mucenic Gheorghe și Sfântul Ioan cel Nou de la Suceava
Adresa: str. Ion Vodă Viteazul, nr. 2, Suceava, 720034, jud. Suceava
Stareț: arhim. Serafim Grigoraș
Contact: +40230521295

Moaște:
Sf. Ioan cel Nou

Întrucât Biserica Mirăuți, care era reședința mitropoliei, devenise neîncăpătoare, a fost nevoie de înălțarea unei alte biserici, care să adăpostească moaștele Sf. Ioan cel Nou. Noua biserică, cu hramul Sfântul Mare Mucenic Gheorghe, s-a zidit în două etape. A fost începută în 1514 de către Bogdan al III-lea cel Orb (1504-1517), fiul lui Ștefan cel Mare, și terminată de fiul lui Bogdan, Ștefăniță (1517-1527), în anul 1522. Lângă noua reședință mitropolitană, Anastasie Crimca ridică în 1626 un paraclis (ecleziarniță) asemănător bisericii din cimitirul Mănăstirii Dragomirna, ctitorită tot de el. Aici a funcționat între anii 1786 și 1789 prima școală catehetică clericală din Suceava, condusă de ieromonahul Daniil Vlahovici. Complexul monahal mai cuprinde turnul-clopotniță, construit în 1589 de Petru Șchiopul, corpul de chilii (sec. al XVIII-lea) și stăreția (1894). Reședința Mitropoliei Moldovei s-a aflat aici până în 1677, după care este mutată la Iași. Tot aici a funcționat o școală teologică, sprijinită mai cu seamă de marii mitropoliți: Teoctist I, Teoctist al II-lea, Grigore Roșca și Anastasie Crimca.

Icoana Sfântului Ioan cel Nou

Biserica este construită în plan triconc, cu turlă pe naos, în stilul tradițional al bisericilor moldovenești. Pridvorul a fost adăugat în timpul Mitropolitului Veniamin Costache, în anul 1837. Pictura, executată în frescă atât în interior, cât și în exterior, datează din 1534, din timpul lui Petru Rareș, fiind restaurată între 1906 și 1909 de pictorul Johann Viertelberger și apoi între 2001 și 2007 de o echipă condusă de prof. Oliviu Boldură.

Între anii 1904 și 1910 biserica este restaurată în întregime de arhitectul austriac Karl Romstorfer, care a construit un impozant baldachin pentru racla Sf. Ioan cel Nou și a înălțat și decorat turnul-clopotniță. Învelitoarea bisericii, strălucitoare, cu discuri smălțuite diferit colorate, refăcută în 1985, accentuează măreția și monumentalitatea acestui locaș. Catapeteasma sculptată în lemn, cu ornamente bogate și frumoase, datează din 1796, fiind opera slugerului Toader, refăcută și poleită din nou în 1870.

Odată cu reînființarea Arhiepiscopiei Sucevei și Rădăuților, în anul 1991, biserica mănăstirii devine Catedrala Arhiepiscopiei. S-a mai construit în incintă o biserică-paraclis, cu hramul Sfântul Ioan cel Nou.

În biserica mare se păstrează **moaștele Sfântului Ioan cel Nou**, martirizat aproape de Marea Neagră, în Cetatea Albă (azi, în Ucraina), pe la anul 1332, care au fost aduse la Suceava în 1402 de Alexandru cel Bun. Racla de argint aurit, pe care sunt modelate 12 scene din viața martirului, realizată în vremea lui Alexandru cel Bun, reprezintă o capodoperă a artei medievale românești.

Mănăstirea Sihăstria Putnei

50 viețuitori, viață de obște

Hram: Buna Vestire
Adresa: com. Putna, 727455, jud. Suceava
Acces: din Rădăuți pe DJ178c, spre nord, 24 km, stânga în Vicovul de Sus, pe DN2H, 10 km, până în Putna, pe lângă Mănăstirea Putna, 3,5 km
Stareț: arhim. Nectarie Clinci
Contact: +40230414050

Moaște: Sf. Cuv. Sila, Natan și Paisie

Icoane făcătoare de minuni: icoana Maicii Domnului

Sihăstria Putnei a fost întemeiată în timpul domniei Binecredinciosului Voievod Ștefan cel Mare și Sfânt (1457-1504). Prima atestare documentară este în jurul anului 1466. Un tătar încreștinat, călugărit la Mănăstirea Putna, a venit în această sihăstrie, fiind urmat în scurtă vreme și de alți monahi. Mai întâi s-a înălțat aici o biserică de lemn. Când Moldova a fost invadată de armatele regelui polon Ioan Sobieski (1674-1696), Sihăstria a fost pustiită. Va rămâne astfel până la Pacea de la Karlowitz (1699), când călugării ce pribegiseră prin munți s-au întors la locurile lor. Primul egumen al Sihăstriei cunoscut cu numele este Lazăr, un ucenic al Sf. Mitropolit Dosoftei al Moldovei (1671-1686). Cu sprijinul marelui vistiernic domnesc Ilie Cantacuzino, el ridică o nouă bisericuță de lemn, în care, după cum ne spun izvoarele, „abia încăpeau patru-cinci sihaștri". Urmașii lui la cârma așezământului monahal au fost Teodosie (†1715) și Dosoftei (†1753). În a doua jumătate a secolului al XVIII-lea, Sihăstria Putnei cunoaște o înflorire deosebită, în timpul **egumenului Sila** (1753-1781), originar din ținuturile Botoșanilor. El ridică o nouă biserică, din piatră, sfințită în 1758 de Episcopul Dosoftei Herescu de Rădăuți. Construiește chilii și anexe, amenajează incinta. După ocuparea nordului Moldovei de către Imperiul Austro-Ungar (1775), Sihăstriei i se pun multe interdicții, ajungând într-o stare materială precară. În astfel de împrejurări grele, în 1784, **Cuviosul Natan** – ultimul stareț oficial al Sihăstriei – trece la Domnul. **Cuviosul ieroschimonah Paisie** preia egumenia Sihăstriei Putnei până la desființare (ultimii ani ai secolului al XVIII-lea). Sihăstria Putnei este ultimul așezământ monahal închis din porunca stăpânirii străine. Viețuitorii sunt transferați la Mănăstirea Putna, ca și obiectele de cult. Singur ieroschimonahul Paisie rămâne aici mai departe, trecând la cele veșnice în jurul anului 1790. După două veacuri de pustiire și uitare, la 24 aprilie 1990, Sihăstria Putnei este redeschisă. Printre dărâmături s-au găsit și osemintele galbene și frumos mirositoare ale celor trei stareți cuvioși: Sila, Natan și Paisie.

La Sihăstria Putnei se află **icoana Maicii Domnului făcătoare de minuni**, așezată în stânga naosului bisericii.

Între anii 2001 și 2007 s-a ridicat o nouă biserică, cu hramurile Izvorul Tămăduirii și Sf. Serafim de Sarov. În ianuarie 2005 devine mănăstire.

S-au înființat aici ateliere de croitorie, tâmplărie, sculptură, pictură, înrămat și aplicat icoane pe lemn. Pe lângă mănăstire funcționează și un cămin de bătrâni.

Mănăstirea Slatina

40 viețuitoare, viață de obște

Hram: Schimbarea la Față
Adresa: com. Slatina, 727490, jud. Suceava
Acces: din Fălticeni spre Sacsa Nouă (7 km), Cornu Luncii (3 km), apoi stânga la Pâraie (11 km) și Slatina (4 km)
Stareță: stavrofora Filofteia Mirăuți; **Contact:** +40230573928

Este o mănăstire fortificată, prima ctitorie a domnitorului Moldovei **Alexandru Lăpușneanu**. A fost construită între 1554 și 1558, ca necropolă domnească, aici aflându-se mormintele ctitorului Alexandru Lăpușneanu – călugărit aici cu numele de Pahomie –, al Doamnei Ruxandra, precum și ale celor două fiice, Teofana și Teodora. Ansamblul monahal mai cuprinde clopotnița, palatul domnesc (1558), zidurile incintei, turnurile care adăpostesc paraclisele cu hramurile Sf. Trei Ierarhi și Sf. Nicolae, reședința, biblioteca, clopotnița, chiliile. În cadrul mănăstirii a existat inițial o școală de muzică, iar în sec. al XIX-lea o școală teologică. Mănăstirea suferă, începând cu sfârșitul sec. al XVII-lea, numeroase stricăciuni și jafuri, ajungând să rămână pustie timp de 40 de ani. La începutul sec. al XIX-lea redevine mănăstire de călugări, începând lucrările de refacere. În 1821, la Slatina se va refugia Iordache Olimpiotul, unul dintre conducătorii Eteriei. Mănăstirea va fi din nou arsă și jefuită. Din 1823 au loc noi lucrări de restaurare, conduse de arhim. Filaret și de Mitropolitul Veniamin Costache.

La Slatina a fost stareț **arhim. Cleopa Ilie** între 1948 și 1958, având alături monahi cunoscuți: Antonie Plămădeală, Paisie Olaru, Petroniu Tănase ș.a. După Decretul 410/1959 locașul este închis, fiind redeschis în 1962 ca mănăstire de călugărițe. După 1990 au loc ample lucrări de restaurare (inclusiv pictura), construindu-se aici și o casă de oaspeți.

Moaște: capul Sf. Grigorie Teologul

De văzut:
- Palatul Domnesc, care adăpostește muzeul mănăstirii, unde se află: manuscrise, carte veche, icoane etc.

Mănăstirea Teodoreni

17 viețuitoare, viață de obște

Hram: Înălțarea Domnului
Adresa: str. Ecaterina Teodoroiu, nr. 16, Suceava, 720123, jud. Suceava
Acces: din Suceava în cartierul Burdujeni, zona NE, ieșirea spre Dorohoi, DN29A
Stareță: stavrofora Nimfodora Utale; **Contact:** +40742974623

A fost ctitorită în 1597 de către postelnicul Teodor Movilă, fratele domnitorului Ieremia Movilă (1595-1600, 1600-1606). În anul 1472 exista o biserică de lemn, care a fost ulterior arsă de turci. Pe temeliile acestei bisericuțe, la sfârșitul secolului al XVI-lea, postelnicul Teodor (Toader) Movilă a construit aici o biserică de zid. Biserica a fost restaurată de boierii din familia Costin în secolul al XVII-lea. În 1664 este închinată către Mănăstirea Sfântul Pavel de la Muntele Athos, aici instalându-se călugări greci. Biserica va fi devastată în timpul Războiului ruso-turc din 1769-1774, chiliile au fost arse și zidurile prăbușite. În anul 1785 s-au efectuat lucrări de restaurare a locașului de cult. Legea secularizării averilor mănăstirești din 1863 a dus la deposedarea mănăstirii de moșiile deținute, iar mănăstirea devine biserică de mir. În anii 1986 și 1993 au loc ample lucrări de restaurare. În 1992 ÎPS Pimen a reînființat Mănăstirea Teodoreni, ca mănăstire de maici. A fost construită o clădire din zid pentru: chilii, bucătărie, trapeză, stăreție, magazii și beciuri. Maicile desfășoară aici activități de restaurare a broderiilor, manuscriselor și cărților religioase.

Icoane făcătoare de minuni: icoana Maicii Domnului

Împrejurimi:
- Mănăstirea Moldovița
- Mănăstirea Putna

Mănăstirea Sucevița

75 viețuitoare, viață de obște

Hram: Învierea Domnului, Schimbarea la Față
Adresa: com. Sucevița, 727510, jud. Suceava
Acces: din Suceava, spre Rădăuți, pe DN2/E85, 35 km, stânga pe DN17A, prin Rădăuți și Marginea, 18 km
Stareță: stavrofora Mihaela Cozmei
Contact: +40230417110
Nu are posibilități de cazare.

Icoane făcătoare de minuni: icoana Maicii Domnului

După spusele cercetătorului francez Paul Henry, pictura Mănăstirii Sucevița este „Testamentul artei clasice moldovenești".

Împrejurimi:
- Biserica din Arbore

Ctitorită în 1503 de Hatmanul Luca Arbore. Fresca exterioară, din 1541, este considerată cea mai reprezentativă pictură din vremea domnitorilor Ștefan cel Mare și Petru Rareș, verdele de Arbore, precum albastrul de Voroneț, devenind, din punct de vedere coloristic, marca inconfundabilă a bijuteriei arhitectonice, care face parte astăzi din patrimoniul UNESCO.

Sucevița este, în ordine cronologică, ultima și cea mai mare mănăstire cu frescă pictată în exterior din nordul Moldovei.

Mănăstirea Sucevița, cu hramul Învierea Domnului, a fost construită la sfârșitul sec. al XVI-lea, de familia Movilă. Tradiția consemnează prezența unor sihaștri, ucenici ai Sfântului Daniil Sihastrul, pe locul de sub Muntele Obcina Mare, numit și astăzi La Pustnici. Prima atestare documentară a mănăstirii datează de la 1504, când egumenul Pahomie al schitului cu hramul Schimbarea la Față este ridicat la rangul de Episcop de Rădăuți.

În 1595 domnitorul Ieremia Movilă adaugă bisericii două pridvoare, zidurile și turnurile de incintă, care conferă mănăstirii înfățișarea de cetate medievală, o casă domnească, ale cărei ruine se mai văd pe latura de nord, precum și chiliile pentru călugări. La etajul turnului de intrare se află un **paraclis, cu hramul Buna Vestire**. Tot din această perioadă datează pictura interioară și exterioară a bisericii – de o valoare artistică, culturală, istorică și duhovnicească incontestabilă –, executată în frescă de Ioan Zugravul și fratele său Sofronie, exponenți ai școlii de pictură moldovenească. Culorile predominante sunt verdele și roșul. Programul iconografic cu multitudinea scenelor este o „Biblie în imagini" de la Facere până la Apocalipsă care înfățișează lucrarea lui Dumnezeu în lume având ca scop *mântuirea neamului omenesc*. Apar câteva scene inedite: imnul liturgic „Unule-Născut..." (în naos), alte reprezentări ale Sfintei Treimi, ciclurile complete din viețile unor sfinți (Sf. Pahomie, Sf. Ioan cel Nou de la Suceava, Sf. Ierarh Nicolae, Sf. Gheorghe etc.). Pictura exterioară, bine păstrată, are reprezentată scena „Scara virtuților" (pe latura de nord), rugăciunea tuturor sfinților, Arborele lui Iesei, friza filosofilor antici etc.

Biserica este construită în stil moldovenesc, stil statornicit în epoca lui Ștefan cel Mare, o îmbinare de elemente bizantine și gotice cu elemente de arhitectură ale vechilor biserici de lemn din Moldova.

Muzeul mănăstirii cuprinde o valoroasă colecție de artă medievală: icoane, sculpturi în lemn și fildeș, broderii, manuscrise miniate, argintărie, acoperămintele de morminte ale domnitorilor Ieremia (1606) și Simion Movilă (1609) etc. În cimitirul mănăstirii se află **Biserica Botezul Domnului**, construită de Mitropolitul Gheorghe Movilă în 1580, devenită biserică de mir în 1832.

Mănăstirea Sucevița, alături de celelalte mănăstiri cu pictură exterioară din Moldova, a căror faimă a depășit de mult granițele țării, stă mărturie peste veacuri a credinței strămoșești și a puterii de creație a poporului român. Mănăstirea este inclusă în lista Patrimoniului Mondial UNESCO.

Mănăstirea Voroneț

12 viețuitoare, viață de obște

Hram: Sfântul Mare Mucenic Gheorghe, Sfântul Daniil Sihastrul
Adresa: str. Voroneț, nr. 166, Gura Humorului, 725300, jud. Suceava
Acces: din Gura Humorului în Voroneț, pe DJ177D, 4 km
Stareță: stavrofora Irina Pântescu
Contact: +40230235323, +40230232413
Nu are posibilități de cazare.

Biserica mănăstirii a fost ctitorită de către voievodul Ștefan cel Mare și Sfânt în anul 1488, în numai trei luni și trei săptămâni. Primul stareț al mănăstirii a fost Sf. Cuv. Daniil Sihastrul, duhovnic renumit al Moldovei și sfetnic al domnitorului; mormântul său se află în pronaosul bisericii. În anul 1547 Mitropolitul Grigorie Roșca adaugă bisericii un pridvor închis și pictura exterioară, cu celebrul fond „albastru de Voroneț", considerată una din capodoperele culturale ale lumii. Impresionează în mod deosebit scena Judecății de Apoi de pe latura de apus. Pictura interioară datează în cea mai mare parte din timpul lui Ștefan cel Mare.

Până în 1785 a fost mănăstire de călugări. Mănăstirea a fost închisă odată cu anexarea Bucovinei de către Imperiul Habsburgic, în anul 1785. S-a reînființat în 1991, ca mănăstire de călugărițe.

Este printre prețioasele biserici vechi care păstrează arhitectura originară de stil „moldovenesc".

Mănăstirea este inclusă în lista Patrimoniului Mondial UNESCO.

De văzut:
- Pictura exterioară cu celebrul *albastru de Voroneț* și *Judecata de Apoi*
- Mormântul Sf. Cuv. Daniil Sihastrul

Mănăstirea Voroneț este considerată „Capela Sixtină" a Răsăritului ortodox.

Mănăstirea Sfântul Dimitrie, Vatra Dornei

5 viețuitoare, viață de obște

Hram: Sfântul Dimitrie Izvorâtorul de Mir
Adresa: str. Chiliei, nr. 11B, Vatra Dornei, 725700, jud. Suceava
Acces: în centrul orașului Vatra Dornei
Stareță: stavrofora Andreea Rotar; **Contact:** +40741979183

În cadrul mănăstirii, înălțată după anul 2003, funcționează un așezământ social – Fundația Ciocănești-Bucovina. Complexul cuprinde o biserică, un cămin de bătrâni, chilii etc. Duhovnicul mănăstirii este protos. Nichifor Popescu.

Mănăstirea Ștefan cel Mare și Sfânt

4 viețuitori, viață de obște

Hram: Ștefan cel Mare și Sfânt
Adresa: com. Ciocănești, 727120, jud. Suceava
Acces: DN17/E58 Vatra Dornei-Câmpulung Moldovenesc, 12 km, stânga pe DN18, 4,5 km până în Ciocănești
Stareț: protos. Timotei Bilan; **Contact:** +40740326920; **Cazare:** 5 locuri

Mănăstirea a fost ctitorită de fam. Emil și Fevronia Dascălu, Tomoioagă Gheorghe, protos. Lavrentie, ierom. Bartolomeu și protos. Timotei. Biserica a fost sfințită în 2005 de ÎPS Pimen. Se află în construcție o biserică mai mare.

Moaște: părticele de la Sf. Paisie, Sf. Natan, Sf. Sila

Schitul Sfânta Treime, Codru

4 viețuitoare, viață de obște

Hram: Sfânta Treime
Adresa: sat Codru, com. Cajvana, 727101, jud. Suceava; **Acces:** din Suceava spre Iacobești (spre N), pe DN2/E85, 21 km, stânga în Iacobești, pe DC40, prin Slobozia Sucevii și Gura Solcii, 7 km
Egumenă: stavrofora Domnica Ciotu; **Contact:** +40742916184

Schitul Codru-Cajvana adăpostește un centru social, care a fost ridicat cu sprijinul Ministerului de Finanțe, în anul 2009. Se află în curs de organizare.

Schitul Marginea

22 viețuitoare, viață de obște

Hram: Nașterea Maicii Domnului
Adresa: com. Marginea, 727345, jud. Suceava
Acces: DN17A Rădăuți-Sucevița-Câmpulung; 12 km V de Rădăuti, 4 km de Marginea, 5 km de Mănăstirea Sucevița
Egumenă: stravrofora Gabriela Ilioi; **Contact:** +40744811272

Schitul, înălțat pe un teren donat de către un localnic – Constantin Mihăilescu –, este situat într-o frumoasă poiană, aflată la sud de satul Marginea. Construcția a început în anul 1994. Paraclisul din lemn a fost sfințit în 1995. După incendiul din 2001, s-a ridicat o nouă biserică din cărămidă în 2007.

Schitul Molid

7 viețuitori, viață de obște

Hram: Nașterea Sfântului Ioan Botezătorul
Adresa: str. Belțag, nr. 16 A, sat Molid, com. Vama, 727591, jud. Suceava
Acces: din Gura Humorului spre Câmpulung Moldovenesc, pe DN17/E58, 15 km, stânga înainte de Vama spre Frasin, 1 km
Egumen: ierom. Gavriil Velicu; **Contact:** +40724401211

A fost înființat în anul 2005. Schitul este încă în construcție. Biserica și dependințele sunt construite din lemn, în stil tradițional. Schitul se bucură de prezența câtorva vestigii: o clopotniță tradițională din lemn, care are o vârstă de cca 150 de ani, și un bordei tradițional din lemn, de peste 170 de ani.

Schitul Poiana Arșiței

3 viețuitori, viață de obște

Hram: Sfânta Treime
Adresa: sat Capu Câmpului, com. Valea Moldovei, 727585, jud. Suceava
Acces: din Gura Humorului pe DN2E, spre est, spre Sasca Nouă, 12 km, dreapta după Capu Codrului, pe DJ177C, 4 km, până în Capu Câmpului, apoi spre vest pe drum forestier 3 km. Drumul prin pădure este greu practicabil pe timp de ploaie.
Egumen: protos. Pantelimon Aioanei

A fost ridicat de credincioșii din satul Capu Câmpului, în 1992. S-a început construcția cu un corp de clădire din lemn, pentru chilii. Mai târziu s-a construit și biserica. Este un loc de intensă liniște, accesul fiind dificil, mai ales pe vreme ploioasă.

Împrejurimi:
- Mănăstirea Voroneț
- Mănăstirea Slatina

Mitropolia Moldovei și Bucovinei

Arhiepiscopia Romanului și Bacăului

Arhiepiscop: Înalt Preasfințitul IOACHIM GIOSANU

(cuprinde județul Bacău)

Str. Alexandru cel Bun, nr. 5, Roman, 611065, jud. Neamț
Tel./fax: +40233744683, www.epr.ro

Catedrala Arhiepiscopală Roman

Hram: Sfânta Cuvioasă Parascheva
Adresa: str. Alexandru cel Bun, nr. 5, Roman, 611065, jud. Neamţ
Acces: în centrul oraşului
Exarh: Mare Eclesiarh protos. Andrei Ioniţă
Contact: +40233744683

Prima biserică catedrală episcopală a fost ridicată la sfârşitul secolului al XIV-lea de Roman I Muşat. În secolul al XVI-lea, Petru Rareş a ctitorit biserica actuală pe temeliile celei vechi. Biserica a cunoscut reparaţii importante în vremea Episcopilor Ioanichie (1747-1769), Leon Gheucă (1769-1786) şi Gherasim Clipa (1803-1826), când au fost construite turla, bolta altarului şi naosul.

Catedrala arhiepiscopală este construită în plan treflat, cu altarul poligonal la exterior şi semicircular în interior, iar absidele laterale circulare. La exterior este ornamentată cu un brâu „în torsadă" şi două rânduri de ocniţe suprapuse, fiind sprijinită de contraforturi. În secolul al XIX-lea i s-au adăugat două încăperi: veşmântăria şi pridvoraşul. Pictura interioară a fost executată în trei etape: secolul al XVI-lea, secolul al XVIII-lea şi începutul celui de-al XIX-lea. Pictura de secolul al XVI-lea se mai păstrează astăzi doar în pronaos şi în pridvor. Între anii 1926 şi 1927 au avut loc ample restaurări ale picturii, sub supravegherea pictorului Paul Molda. Rezultatele nu au fost cele aşteptate, aşa că o altă restaurare, între anii 1980 şi 1983, condusă de pictorul Şerban Angelescu, s-a sfârşit cu rezultate foarte bune. În ultimii ani, prin grija Episcopului Eftimie Luca, s-au realizat ample lucrări de restaurare a întregului complex. Biserica a căpătat o faţă nouă, s-a restaurat pictura şi a fost pusă în valoare **Casa Veniamin Costache.**

Biblioteca numără 20000 de volume, dintre care 700 de cărţi vechi româneşti, slavoneşti şi greceşti, precum şi 91 de manuscrise. Aici se mai află: **icoana Deisis,** adevărată capodoperă a şcolii medievale româneşti de pictură pe lemn; **felonul Sfântului Ioan Gură de Aur,** atribuit stilistic broderiei moldoveneşti din secolele al XV-lea-al XVI-lea; marele **Epitaf** din veacul al XVIII-lea care reprezintă Plângerea şi punerea în mormânt a lui Iisus; **iconostasul** catedralei arhiepiscopale, lucrare monumentală de pictură şi sculptură, a fost pictat în 1805 de Eustaţie Altine.

De văzut:
- Biserica Precista Mare, ctitorie voievodală din 1569
- Muzeul de Istorie
- Muzeul de Artă

De curând, la Catedrala din Roman a fost redescoperită mâna Sfintei Parascheva (semnalată, în trecut, printre alţii de mitropoliţii Dosoftei şi Melchisedec Ştefănescu). Mâna a fost dăruită de către Patriarhul Ecumenic Ieremia I (1522-1545) lui Petru Rareş, care o va purta la gât la o întâlnire cu sultanul, la care urma să fie ucis ori să-i fie redată domnia. Cultul Sfintei Parascheva, în Moldova, va începe, cel mai probabil, din vremea celei de-a doua domnii a lui Petru Rareş (1541-1546), odată cu salvarea domnului moldovean printr-o minune a Cuvioasei.

Mănăstirea Băimac

8 vieţuitoare, viaţă de obşte

Hram: Intrarea Maicii Domnului în Biserică
Adresa: sat Băimac, com. Izvorul Berheciului, 607262, jud. Bacău
Acces: din Bacău spre Vaslui, pe DN2F, 18,5 km, dreapta în Secuieni, spre Izvorul Berheciului, DJ241A, 12 km, stânga spre Băimac pe DC33, 4 km
Stareţă: monahia Gorgonia Moldovanu; **Contact:** +40234223535, +40768197627

Mănăstirea a fost înfiinţată în 1998, cu binecuvântarea ÎPS Eftimie, Arhiepiscopul Romanului şi Bacăului, fiind ridicată pe locul fostei biserici parohiale din Băimac. Biserica veche din sat a fost construită de boierul Ciuchi în 1824. Degradată în timp, a fost reparată în 1864 şi din nou între 1960 şi 1970. În faţa pridvorului este un frumos monument închinat eroilor neamului. Se află în construcţie un corp de chilii şi un turn-clopotniţă.

Mănăstirea Bogdana

47 viețuitoare, viață de obște

Hram: Sfânta Treime
Adresa: sat Bogdana, com. Ștefan cel Mare, 607606, jud. Bacău
Acces: din Bacău spre Onești pe DN11/E574, 50 km, stânga în Onești spre Adjud, pe DN11A, 9 km, dreapta spre Bogdana, 4 km
Stareță: stavrofora Cristofora Hârjabă
Contact: +40234339003, +40768197654

În apropiere se află Borzești, locul de naștere al Sf. Ștefan cel Mare

Este ctitorie a boierului Solomon Bârlădeanu și a soției sale, Ana, din 1670. A fost refăcută în 1755 de Episcopul Ioanichie. În 1793 biserica este distrusă de un cutremur. După cel de-al Doilea Război Mondial, mănăstirea a cunoscut o viață monahală intensă, devenind cea mai mare mănăstire a județului Bacău. În 1959 a fost desființată, devenind azil psihiatric, apoi tabără de copii. Episcopia Romanului, începând cu 1979, reface vechea așezare monahală, organizând aici un depozit-muzeu, care păstrează carte veche, obiecte de artă medievală românească, icoane din sec. XVIII-XIX. În 1990 este reînființată ca mănăstire de maici.

Legendarul stejar din Borzești

Mănăstirea Calapodești

5 viețuitori, viață de obște

Hram: Sfântul Cuvios Antipa Athonitul, Sfinții Arhangheli Mihail și Gavriil (biserica veche), Tuturor Sfinților Români (biserica nouă)
Adresa: sat Calapodești, com. Dealul Morii, 607148, jud. Bacău
Acces: din Bârlad spre Adjud, pe DN11A, 39 km, dreapta spre Dealu Morii, pe DJ241A, 12 km, dreapta în Dealu Morii, pe DC59B, 5 km
Stareț: protos. Pahomie Parfene
Contact: +40234282887, +40768197841

Biserica veche a fost biserică de parohie, fiind ctitorită de preotul Ioan Mihalache în 1889, renovată și pictată între 1993 și 1997. În 1997 este resfințită de Episcopul Eftimie, înființându-se și mănăstirea închinată Sfântului Cuvios Antipa. S-au construit un corp de chilii, un altar de vară, trapeza, biserica nouă.

În satul din apropierea mănăstirii s-a născut, în 1816, **Cuviosul Antipa de la Calapodești**. A fost făcut frate de mănăstire la 20 de ani, la Căldărușani; pleacă la Sfântul Munte Athos, fiind călugărit la Schitul Lacu. A ajuns cunoscut ca mare sihastru și iubitor al Rugăciunii lui Iisus. În 1860 părăsește Athosul și se întoarce în Moldova. Mai târziu pleacă în Rusia, poposind la Lavra Pecerska. În anul 1865 se stabilește la Mănăstirea Valaam, unde petrece 17 ani. Trece la cele veșnice la 10 ianuarie 1882. Din 1906 călugării de la Sfântul Munte îl trec în sinaxare și în cărțile de cult. Biserica Ortodoxă Română l-a canonizat pe Sfântul Cuvios Antipa de la Calapodești în anul 1992.

Icoana Sfântului Antipa de la Calapodești

Mănăstirea Caraclău

5 viețuitoare, viață de obște

Hram: Nașterea Maicii Domnului, Sfântul Ierarh Spiridon, Sfânta Ecaterina
Adresa: sat Caraclău, com. Bârsănești, 607038, jud. Bacău
Acces: din Bacău spre Onești, pe DN11/E574, 40 km, dreapta după Helegiu pe DJ116, 1,5 km, stânga în Bârsănești pe DC153, 1,5 km
Stareță: monahia Siluana Matei
Contact: +40768197842, www.manastireacaraclau.ro
Cazare: cu rezervare

Punerea pietrei de temelie s-a făcut în ziua pomenirii Sfintei Mucenițe Ecaterina, pe 25 noiembrie 2000, de către PS Ioachim. Pr. ierom. Teodor Ambăruș, duhovnicul mănăstirii, a coordonat lucrările de construcție. În 2004, la 500 de ani de la trecerea în veșnicie a Binecredinciosului Voievod Ștefan cel Mare și Sfânt, s-a sfințit biserica din lemn, cu hramul Sfântul Ierarh Spiridon. În 2010 s-a pus temelia unei biserici noi cu hramurile Nașterea Maicii Domnului și Sf. Ecaterina.

Mănăstirea Ciolpani

61 viețuitoare, viață de obște

Hram: Sfântul Emilian de la Durostorum (biserica), Adormirea Maicii Domnului (paraclis), Sfântul Nicolae (biserica de lemn)
Adresa: str. Ciolpani, nr. 9, loc. Buhuși, 605100, jud. Bacău
Acces: din Buhuși spre Runc pe DJ156H, 3 km, stânga spre mănăstire, 3 km
Stareță: stavrofora Lucia Chirvase
Contact: +40234261511, +40768197843

Moaște: racla cu părticele de la Sf. Emilian de la Durostorum, Sf. Teodosie cel Mare, începătorul vieții de obște, Sf. Grigorie Decapolitul, Sf. Mc. Chiriachi, Sf. Mc. Filofteia; o părticică din Sfânta Cruce

Mănăstirea este construită pe locul unui vechi schit întemeiat de sulițașul Ciolpan pe la anul 1590 (călugărit ulterior cu numele de Hariton). În 1730, schitul lui Ciolpan este refăcut de medelnicerul Teodor Cantacuzino, care ridică pe vechea temelie o bisericuță cu hramul Sf. Ierarh Nicolae. Aceasta a suferit modificări ulterioare, pentru ca, între anii 2000 și 2002, după restaurare, să fie adusă la forma inițială. Monumentul este o adevărată bijuterie arhitecturală și una dintre cele mai mici biserici de lemn din Moldova. Schitul se pustiește în prima jumătate a sec. al XX-lea în condiții incerte.

Așezământul monahal se reînființează în 1991, sub coordonarea părintelui stareț de la Mănăstirea Runc, arhim. Emilian Panait, și cu binecuvântarea ÎPS Eftimie al Romanului și Bacăului. S-au construit: corpul de chilii, anexele, paraclisul cu hramul Adormirea Maicii Domnului, târnosit în 1993 de către ÎPS Eftimie, apoi biserica cu hramul Sf. Mc. Emilian de la Durostorum sfințită în 1997. Bisericuța Sf. Ierarh Nicolae a fost resfințită după restaurare în anul 2002 de PS Ioachim Băcăuanul.

Mănăstirea Cotumba

11 viețuitoare, viață de obște

Hram: Pogorârea Duhului Sfânt, Sfânta Treime
Adresa: sat Cotumba, com. Agăș, 607008, jud. Bacău
Acces: din Comănești spre Miercurea Ciuc pe DN12A, 21 km, stânga în Cotumba (3 km), apoi drum forestier, 2 km
Stareță: monahia Mihaela Sandu; **Contact:** +40768197844

Ctitorită în cea de-a doua jumătate a secolului al XVIII-lea. Cea mai veche atestare documentară despre Schitul Cotumba este din 25 martie 1757, un zapis de mână al stareţului mănăstirii, Pahomie, care e socotit primul ctitor. Biserica de zid a fost construită în anul 1766, de vornicul Grigore Grupenski. La 20 iulie 1770 Andrei și Toader Neculai fac danie Schitului Cotumba partea lor din moșia Surdu. În 1864 devine biserică de mir. A fost reînființată ca mănăstire în anul 1995, cu maici venite de la Mănăstirea Brâncoveni, Olt. În ultimii ani s-a ridicat o biserică nouă, care încă nu e finalizată.

Mănăstirea Diaconești

38 viețuitoare, viață de obște

Hram: Adormirea Maicii Domnului
Adresa: sat Diaconești, com. Agăș, 607009, jud. Bacău
Acces: din Comănești spre Miercurea Ciuc pe DN12A, 16 km, stânga în Preluci, 2 km
Stareță: monahia Evloghia Chirvase
Contact: +40768197845, +40234382570

A fost înființată în 1998. Dragostea pentru valorile ortodoxe și naționale și cinstirea jertfei mărturisitorilor români din ultimul secol sunt trăsăturile dominante ale obștii de la Diaconești. În cadrul mănăstirii funcționează un atelier de iconografie bizantină, precum și un grup psaltic. Loc de rugăciune și reculegere.

Mănăstirea Giurgeni

10 viețuitori, viață de obște

Hram: Nașterea Maicii Domnului
Adresa: sat Giurgeni, com. Valea Ursului, 617495, jud. Neamț
Acces: din Roman spre Bacău, pe DN2/E85, 1 km, stânga pe DJ207C, 23 km, stânga în Valea Ursului, pe DJ159, 3 km, stânga spre Giurgeni
Stareț: arhim. Antonie Jeflea; **Contact:** +40233763201, +40768197846

Ridicat ca schit de călugări în secolul al XVIII-lea, metoc al Episcopiei Romanului, cu biserică de lemn. La sfârșitul sec. al XIX-lea devine schit pentru maici, apoi mănăstire. Biserica de lemn nu a rezistat și este construită o biserică de zid la începutul sec. al XX-lea. Aici sunt păstrate două icoane, una din 1796, a zugravului Nectarie, alta ferecată în argint, din 1831, a lui Coroescu argintarul. Este desființată în 1960, prin Decretul 410/1959, devenind biserică de mir. În mai 1993 se reînființează ca mănăstire de maici, din grija PS Eftimie, episcopul Romanului. În 2000 devine mănăstire de călugări. Biserica este o construcție din cărămidă în formă de cruce, cu ziduri groase.

Icoane făcătoare de minuni: icoana Maicii Domnului

Maica Domnului este reprezentată în icoană cu 3 ochi și 2 guri, iar Mântuitorul cu 3 urechi.

Mănăstirea Lipova

6 viețuitoare, viață de obște

Hram: Sfinții Apostoli Petru și Pavel
Adresa: sat Mâlosu, com. Lipova, 607275, jud. Bacău
Acces: din Bacău spre Vaslui, pe DN2F, 33 km, stânga în Plopana pe DJ241D (5 km), stânga în Valea Caselor pe DJ241C (3 km)
Stareță: monahia Achilina Tănase; **Contact:** +40234220707, +40768197847

Ridicată în 1764, este menționată și în 1801 ca mănăstire de călugări lipoveni, pe rit vechi, aparținând de Rusia, sub numele de Tisa Lipovei, cu biserică de lemn. În 1959 mai viețuiau aici doar un arhimandrit și câțiva călugări, care, din cauza presiunilor autorităților, au plecat și ei. Biserica a ajuns saivan de oi și cocină pentru porci, mai târziu fiind distrusă. În 1994 a fost reînființată pe rit nou. S-au construit o biserică nouă, care a fost sfințită pe 26 iunie 2005 de PS Ioachim Băcăuanul, chiliile, clopotnița, gospodăria-anexă.

Mănăstirea Măgura Ocnei

40 viețuitoare, viață de obște

Hram: Înălțarea Domnului
Adresa: Tg. Ocna, 605600, jud. Bacău
Acces: din Bacău spre Onești pe DN11/E574, 50 km, dreapta în Onești spre Comănești pe DN12A, 13 km, în Tg. Ocna stânga spre mănăstire, 500 m drum abrupt
Stareță: monahia Lavrentia Bulancea
Contact: +40234344325, +40768197848; **Cazare:** cu rezervare

Schitul, cu hramul Înălțarea Domnului, a fost construit din lemn la 1653, fiind atestat la 1655, când fiica boierului Donose din Dărmănești, Salomeea, face o danie Schitului Ocna. Pe locul acestuia a fost înălțată o biserică din lemn la 1757, cu hramul Sf. Gheorghe, schitul devenind apoi metoc al Mănăstirii Sf. Spiridon din Iași. A treia biserică, de piatră, este ridicată între 1803 și 1810, cu hramul Buna Vestire, fiind desființată de comuniști în anul 1964 și transformată în complex turistic. Este reînființată ca mănăstire în 1990, iar între 1990 și 1993 s-a zidit noua biserică, cu hramul Înălțarea Domnului, pictată între anii 1993 și 1997. S-au mai construit clopotnița, arhondaricul cu un paraclis cu hramul Sfântul Epifanie, o biserică de lemn la cimitir cu hramul Adormirea Maicii Domnului și un paraclis cu hramul Sfântul Gheorghe.

În apropierea mănăstirii se află monumentul eroilor căzuți pentru întregirea neamului în Primul Război Mondial.

Mănăstirea Parincea

24 viețuitoare, viață de obște

Hram: Sfântul Nicolae, Nașterea Maicii Domnului (biserica nouă)
Adresa: com. Parincea, 607400, jud. Bacău
Acces: din Bacău spre Vaslui, pe DN2F, 7 km, dreapta pe DJ252, prin Buhoci și Bibirești, 17 km
Stareță: monahia Tatiana Lungu; **Contact:** +40234226521, +40768197849

Biserica veche de lemn, cu hramul Sf. Nicolae, a fost construită în anul 1702. Mănăstirea este desființată în 1964, devenind biserică de mir. A fost reînființată în 1990. Biserica nouă, cu hramul Nașterea Maicii Domnului, a fost construită între 1998 și 2002 de pr. Mihail Velea, duhovnicul mănăstirii, și maica stareță, monahia Evlampia Corciu. A fost pictată între 2002 și 2004 de Mihai Chiuaru. Se sfințește în 2004, la 500 de ani de la trecerea la cele veșnice a Sf. Voievod Ștefan cel Mare, de către PS Ioachim Mareș, episcopul Hușilor, și de PS Ioachim Băcăuanul.

Mănăstirea Plopana

9 viețuitori, viață de obște

Hram: Acoperământul Maicii Domnului, Sfântul Nectarie de Eghina, Sfântul Mare Mucenic Mina (paraclisul)
Adresa: com. Plopana, 607440, jud. Bacău
Acces: din Bacău spre Vaslui, pe DN2F, 33 km, stânga în Plopana pe DJ241D (1 km)
Stareț: protos. Ghenadie Catargiu; **Contact:** +40768197850

Mănăstirea a fost construită între 2004 și 2009. Unele clădiri sunt cumpărate de la fostul ILF, prin grija starețului protos. Ghenadie Catargiu. Biserica din zid este în formă de cruce treflată, cu catapeteasma din lemn de gorun. De curând a fost finalizată pictura altarului, mănăstirea urmând să fie pictată integral. În cadrul mănăstirii funcționează un așezământ social, unde sunt îngrijiți 20 de bătrâni, monahi și mireni, o mică fermă zootehnică, precum și un atelier de tâmplărie și unul de pictură.

Mănăstirea Pogleț

10 viețuitoare, viață de obște

Hram: Buna Vestire
Adresa: sat Pogleț, com. Corbasca, 607120, jud. Bacău
Acces: din Bacău spre Adjud, pe DN2/E85, 28 km, stânga în Răcăciuni pe DJ252E, prin Răstoaca și Dienet, apoi pe DC96, 13 km.
Stareță: monahia Luciana Afloarei
Contact: +40768197851

Pe aceste locuri a existat un schit de călugări cu numele Sucmezeu, ctitorit se pare de boierul Constantin Balș, în 1734, și desființat în anul 1864. Mănăstirea s-a reînființat în anul 1996. Este, alături de ctitoria din lemn de la Luncani, singurul locaș de cult din lemn monument istoric din județul Bacău.

Icoane făcătoare de minuni: icoana Izvorul Tămăduirii

Icoana **Izvorul Tămăduirii** este una dintre cele mai vechi din zonă. Nu s-a stabilit exact vechimea ei, dar este pictată în același stil cu pictura ușilor diaconești, care datează din 1734, când a fost zidit schitul.

Mănăstirea Răchitoasa

5 viețuitoare, viață de obște

Hram: Adormirea Maicii Domnului
Adresa: com. Răchitoasa, 607490, jud. Bacău
Acces: din Adjud spre Bacău pe DN2/E85, 3,5 km, dreapta în Adjudul Vechi, pe DN11A spre Bârlad, 28 km, stânga în Podul Turcului, pe DJ241, 28 km până în Răchitoasa, pe pârâul Zeletin
Responsabil: protos. Eftimie Bolin; **Contact:** +40768197852

De văzut:
- Biserica veche de lemn, cu hramul Sf. Cuv. Parascheva

Biserica a fost înălțată la 1697 de Ilie Ianache-Tifescu. În 1704 spătarul Ilie scria o afurisanie pentru cei care vor încerca să strice mănăstirea: „să fie blestemat de Domnul Dumnezeu și de toți sfinții..." A fost închinată, în 1729, Mănăstirii grecești Vatopedu din Athos. A fost distrusă de cutremurul din 1739. Tot în 1739 mănăstirea a fost refăcută de egumenul Daniil, iar în 1834 de egumenul Iacov. A fost secularizată sub domnia lui Alexandru Ioan Cuza, fiind transformată, în 1872, în azil pentru săraci și infirmi. Este redeschisă în 1993; viața monahală se reia în 2005.

Mănăstirea Runc

20 viețuitori, viață de obște

Hram: Sfinții Arhangheli Mihail și Gavriil, Sfinții Împărați Constantin și Elena (paraclisul)
Adresa: Runc (lângă Buhuși), 605100, jud. Bacău
Acces: din Bacău prin Buhuși pe DN15, 27 km, dreapta în Buhuși, pe DJ156H, 6 km până în Runc
Stareț: protos. Macarie Costea; **Contact:** +40234261274, +40768197853
Cazare: cu rezervare

Moaște:
racla cu părticele de la mai mulți sfinți mucenici

Tradiția locului îl amintește ctitor pe Ștefan cel Mare, în urma luptei de la Orbic, în jurul anului 1457. Unele surse însă menționează ca întemeietori pe Ionașcu Isăcescu și soția sa (1695). În anul 1760 s-a zidit biserica actuală. Mănăstirea e desființată în 1888 și devine biserică de mir, fiind reînființată în 1941. După Decretul 410 este închisă în 1959 și apoi redeschisă în 1967. Restaurată între anii 1986 și 1988. A fost pictată de Gheorghe Matei, fiind resfințită de PS Eftimie în 1988. Așezământul mai cuprinde un paraclis cu hramul Sfinții Împărați Constantin și Elena. **Icoana Maicii Domnului Axionița** din biserică este cinstită cu osebire de pelerinii care ajung aici. În paraclis se află o icoană a **Maicii Domnului adusă de la Kiev**.

Mănăstirea Slănic

11 viețuitori, viață de obște

Hram: Sfântul Ștefan cel Mare, Buna Vestire (paraclisul)
Adresa: str. 1 Mai, nr. 24 A, Slănic Moldova, 605500, jud. Bacău
Acces: din Tg. Ocna, spre Slănic Moldova pe DJ116A, 12 km, stânga după Cerdac, pe drum greu accesibil, 3 km
Stareț: protos. Daniel Leonte; **Contact:** +40768197854

Este o mănăstire ctitorită după 2000 de Gavrilă Vasile, originar din Borzești, stabilit pentru o vreme în America. În 2003 s-a început zidirea bisericii mari, sfințită în 2006, la praznicul Sf. Ștefan cel Mare. După moartea soției sale, ctitorul se călugărește aici, în 2003, cu numele Veniamin. Mănăstirea a fost finalizată cu ajutorul credincioșilor din zonă. S-au construit două corpuri de chilii, un paraclis cu hramul Buna Vestire și clopotnița.

Mănăstirea Sfântul Sava (Berzunți)

10 viețuitori, viață de obște

Hram: Schimbarea la Față, Sfântul Ilie (paraclis)
Adresa: sat Buda, com. Berzunți, 607060, jud. Bacău
Acces: din Bacău spre Onești, pe DN11/E574, 26 km, dreapta după Sănduleni pe DJ118, 350 m, stânga spre Berzunți pe DC174, apoi pe DC117, 9 km, stânga în Buda spre mănăstire, 3 km
Stareț: arhim. Arsenie Voaideș
Contact: +40745319502

Actuala biserică a fost construită în 1829 de către ierom. Varlaam și Vasile. Pe mormântul aflat în naosul bisericii este scris cu litere chirilice: „Sub această piatră odihnește robul lui Dumnezeu Vasile ieroschimonahul, ctitorul care a făcut schitul acesta." Între anii 1901 și 1960 a funcționat alternativ ca schit de călugări sau de maici. În anul 1960 a fost desființat de comuniști, fiind redeschis în 1988 ca mănăstire. Biserica mare a fost restaurată și pictată, fiind sfințită în 2002 de PS Ioachim. Pe Muntele Savului, în vechime, a existat un schit de călugări, pe ale cărui ruine s-a construit un paraclis cu hramul Sf. Ilie.

Mănăstirea Tisa-Silvestri

20 viețuitoare, viață de obște

Hram: Buna Vestire, Schimbarea la Față (paraclis)
Adresa: sat Tisa-Silvestri, com. Odobești, 607569, jud. Bacău
Acces: din Bacău spre Vaslui, pe DN2F (22 km), dreapta spre Tisa-Silvestri (4 km)
Stareță: stavrofora Teoctista Ungureanu
Contact: +40234223282, +40768197856; Nu are posibilități de cazare.

Atestată documentar pentru prima oară la 13 aprilie 1729, când un răzeș dăruiește Mănăstirii Tisa o parte din satul Mărmureni-Vaslui. În 1864 a fost deproprietărită de moșie și de pădure și s-a desființat. Din 1895 există mențiunea că la Tisa fusese un schit de călugări. În 1990 s-a hotărât reînființarea mănăstirii. Credincioșii satului au donat pământul pe care s-a ridicat actualul așezământ. În 1995 s-au construit paraclisul și corpul de chilii. În 1996 a devenit mănăstire de maici, sub îndrumarea duhovnicească a pr. Emilian Panait. Între anii 1998 și 2001 s-a construit biserica mare, cu hramul Buna Vestire.

Mănăstirea Valea Budului

5 viețuitoare, viață de obște

Hram: Sfinții Apostoli Petru și Pavel, Acoperământul Maicii Domnului
Adresa: loc. Valea Budului, 607323, jud. Bacău
Acces: din Bacău spre Moinești, pe DN2G, 7,5 km.
Stareță: stavrofora Magdalena Budeanu

Asezământul a fost înființat de ÎPS Ioachim, episcop-vicar al Eparhiei Romanului și Bacăului, fiind format din biserică, paraclis și un corp de chilii. A devenit mănăstire în 2013, adăugându-se hramul Acoperământul Maicii Domnului, având denumirea de metoc chiriarhal al Arhiepiscopiei Romanului și Bacăului.

Mănăstirea Vermești

5 viețuitoare, viață de obște

Hram: Sfinții Împărați Constantin și Elena
Adresa: str. Doinei, Comănești, 605202, jud. Bacău
Acces: din Comănești, spre est, prin zona industrială, prin cartierul Vermești, 2 km
Duhovnic: Teofil Poienariu
Contact: +40768197529, www.sfintii-imparati.trei.ro

Ctitorii mănăstirii sunt Cojocaru Constantin și soția sa, Elena. Construcția a început la 18 septembrie 2000. S-a sfințit la 30 iunie 2002, de către PS Ioachim.

Mănăstirea Zemeș (Stirigoi)

9 viețuitori, viață de obște

Hram: Înălțarea Domnului
Adresa: com. Zemeș, 607690, jud. Bacău
Acces: din Bacău spre Comănești, pe DN2G, 32 km, dreapta în Moinești, pe DJ117, prin Zemeș, în Bolătău, 26 km, apoi pe drum de piatră, 3 km
Stareț: protos. Emilian Ciobanu; **Contact:** +40768197855

Mănăstirea Zemeș (Stirigoi) a fost ridicată în 1937. Este situată pe Culmea Chilii din Munții Goșmanu, într-o zonă pitorească de creastă, unde crește planta veratum (familia liliacee), popular numită *stirigoi*. În 1956 biserica a ars și a fost refăcută între anii 1957 și 1958, fiind desființată în urma Decretului 410/1959. A fost reînființată cu ajutorul Schelelor de petrol Zemeș, în 1987. Ierom. Natanail, ca prim viețuitor al mănăstirii, a început reconstrucția bisericii, care a fost sfințită în 1993. În 2008 biserica de lemn a ars din nou, fiind distrusă în întregime. În prezent se construiește o nouă biserică, din cărămidă.

Schitul Doamna

6 viețuitoare, viață de obște

Hram: Acoperământul Maicii Domnului
Adresa: com. Berești-Tazlău, 607050, jud. Bacău
Acces: din Bacău spre Onești pe DN11/E574, după Bârzulești dreapta, 800 m (19 km)
Egumenă: monahia Emanuela Dumitrașcu
Contact: +40768197601

Schitul Doamna este ridicat în anul 1999, pe terenul donat de locuitorii din Enăchești, sat aflat în componența comunei Berești-Tazlău. S-au construit o biserică de lemn, sfințită de PS Ioachim Băcăuanul în ziua de 1 octombrie 2001, un corp de chilii și gospodăria.

Schitul Oituz

7 viețuitori, viață de obște

Hram: Adormirea Maicii Domnului
Adresa: sat Ferestrău-Oituz, com. Oituz, 607365, jud. Bacău
Acces: din Onești spre Brașov, pe DN11/E574, 19 km, dreapta în Ferestrău-Oituz, 3 km drum de munte
Egumen: ierom. Macarie Banu
Contact: +40768197621

Arhimandritul Isaia Țugurlan, de la Mănăstirea Bogdana, jud. Bacău, împreună cu patru ucenici ai săi au cumpărat în 1998 un teren lângă Oituz. Mai întâi viețuitorii au locuit într-un vagon de tren, apoi s-au construit un corp de chilii și un paraclis. Între anii 2000 și 2003, pe cheltuiala arhim. Epifanie Bulancea, duhovnicul Mănăstirii Măgura, s-a înălțat o biserică din lemn, cu hramul Adormirea Maicii Domnului. Până în prezent s-au construit chiliile, trapeza, magaziile, gospodăria cu stupi.

Schitul Sfântul Andrei

4 viețuitori, viață de obște

Hram: Sfântul Andrei
Adresa: cartier Podei, Comănești, 605200, jud. Bacău
Acces: din Comănești peste pod, spre sud, cartier Podei
Egumen: ierom. Mercurie Dominte
Contact: +40768197623

Pe locul unei troițe ridicate de unii călugări pe la 1700, a fost ctitorit un schit, în 1997, de către o familie de credincioși de lângă Comănești, spre pomenirea fiului lor Andrei, plecat la Domnul de tânăr. A fost finalizat în anul 2000 și sfințit de PS Ioachim Băcăuanul.

Schitul Sfântul Eftimie cel Mare (Poieni)

5 viețuitori, viață de obște

Hram: Sfântul Eftimie cel Mare
Adresa: cartier Poieni, Tg. Ocna, 605600, jud. Bacău
Acces: din Bacău spre Onești pe DN11/E574, dreapta în Onești spre Tg. Ocna-Comănești (13 km de Onești), la ieșirea din cartierul Poieni, stânga, 4 km
Egumen: protos. Claudiu Panțâru
Contact: +40768197622

Schitul a fost înființat în 2000, cu binecuvântarea PS Eftimie. S-a ridicat în 2004 o biserică de lemn, în stil maramureșan, de 22 m înălțime. S-au construit mai multe clădiri care adăpostesc chiliile, atelierul de tâmplărie, trapeza, anexele, urmând să se ridice un paraclis și arhondaricul. Este, alături de Mănăstirea Măgura Ocnei, un locaș închinat eroilor ce s-au jertfit în zonă în timpul Primului Război Mondial.

Schitul Sfântul Ilie

6 viețuitori, viață de obște

Hram: Sfântul Ilie
Adresa: com. Berzunți, 607060, jud. Bacău
Acces: 6 km în munte mai sus de Mănăstirea Sfântul Sava
Egumen: ierom. Isaia Adragăi
Contact: +40768197626

Moaște:
racla cu părticele de la Sf. Nicolae, Sf. Pantelimon, Sf. Antonie cel Mare, Sf. Ioan Maximovici, Sf. Xenia și alți sfinți

Aparține de Mănăstirea Sf. Sava (Berzunți). Inițial a fost aici un paraclis, apoi s-a construit o biserică, care a fost sfințită în 2010. În ultimii ani s-au construit o clopotniță, un arhondaric, o gospodărie-anexă.

Schitul Sihăstria Crucii

3 viețuitori, viață de obște

Hram: Sfântul Nicolae
Adresa: sat Cucuieți, com. Solonț, 607580, jud. Bacău
Acces: DN Bacău-Moinești, din Bacău spre Leontinești, dreapta în Solonț spre Cucuieți, apoi 3 km până la mănăstire
Egumen: ierom. Calinic Corceag
Contact: +40768197600

Se știe despre existența unui schit ridicat în sec. al XIX-lea, pe Dealul Crucii, distrus în 1945. Pe locul lui s-a ridicat, începând cu anul 2000, un nou schit. A fost construit de un singur om, părintele Natanail, care a cărat în spate lemnul pentru construcție.

Schitul Zimbru

3 viețuitori, viață de obște

Hram: Sfinții Constantin și Elena
Adresa: com. Sagna, 607366, jud. Neamț
Acces: din Roman spre Luțca, pe DJ207A, prin Luțca, Șagna Vulpășești, 13 km, dreapta în Vulpășești, pe drum forestier spre Pâncești, 7 km.
Egumen: ierom. Ciprian Mera
Contact: +40768197624

Schitul a fost construit între 1954 și 1965, de către localnicul Constantin Voinescu și sfințit de PS Partenie în 1965. Inițial a fost doar o filie, devenind schit în 1994. Biserica a fost sfințită în 2003 de PS Ioachim Băcăuanul. Pe 21 mai 2008, lângă actualul Schit Zimbru, s-a pus piatra de temelie a unei noi biserici cu hramul Acoperământul Maicii Domnului.

Mitropolia Moldovei și Bucovinei

Episcopia Hușilor

Episcop: Preasfințitul Ignatie Trif

(cuprinde județul Vaslui)

Str. Ștefan cel Mare, nr. 1, Huși, 735100, jud. Vaslui
Tel: +40235481538, Fax: +40235481138, www.episcopiahusilor.ro
episcopia_husilor@yahoo.com

Catedrala Episcopală Huşi

14 vieţuitori, viaţă de obşte

Hram: Sfinţii Apostoli Petru şi Pavel;
Adresa: str. Mihail Kogălniceanu, nr. 19, Huşi, 735100, jud. Vaslui
Stareţ: arhim. Veniamin Boţoroga
Contact: +40235481538

Moaşte: mâna Sf. Chiriachi

În Mănăstirea Sf. Apostoli din Huşi vieţuieşte, de peste 4 decenii, cunoscutul duhovnic Mina Dobzeu – cel care l-a convertit la Ortodoxie, în închisoarea de la Jilava (martie1960), pe marele cărturar Nicolae Steinhardt.

Episcopia Huşilor îşi are începuturile în anul 1598. În 1949 a fost desfiinţată, la intervenţia autorităţilor comuniste. Este reînfiinţată în 1996. Catedrala episcopală este ctitorie a lui Ştefan cel Mare, din anul 1495. Din cauza repetatelor intervenţii de refacere, astăzi nu se mai păstrează decât urmele locului şi pisania locaşului iniţial. În 1756 se începe refacerea bisericii, după ce ajunsese într-o stare de degradare avansată, din cauza cutremurelor, incendiilor şi jafurilor. În 1996 biserica redevine catedrală episcopală. În incinta episcopiei mai există palatul episcopal, construit în 1782, un turn-clopotniţă, zidit mult mai recent, în 1938, şi muzeul, în care sunt păstrate manuscrise, icoane, picturi, obiecte religioase. După 2009, odată cu întronizarea PS Corneliu, s-au desfăşurat ample lucrări de consolidare.

Mănăstirea Alexandru Vlahuţă

17 vieţuitori, viaţă de obşte

Hram: Naşterea Maicii Domnului, Sfântul Ierarh Nicolae (paraclis)
Adresa: com. Alexandru Vlahuţă, 737010, jud. Vaslui
Acces: din Bârlad spre Vaslui, pe DN24/E581, 6 km, stânga în DJ245, 20 km, stânga în Alexandru Vlahuţă, 1 km
Stareţ: protos. Zaharia Curteanu
Contact: +40755502060

Ridicată din iniţiativa părintelui Iustin Pârvu, pe terenul donat de o localnică, Rodica Colomei. Piatra de temelie a fost pusă în august 2002. Biserica-paraclis a fost sfinţită în septembrie 2003, de către PS Ioachim. Pe lângă biserica-paraclis s-au construit 12 chilii, trapeza şi bucătăria, un agheasmatar şi 2 fântâni. Se continuă lucrările la biserica mare, urmând a se construi şi un arhondaric pentru pelerini.

Mănăstirea Bogdăniţa

2 vieţuitori, viaţă de obşte

Hram: Sfântul Ierarh Nicolae
Adresa: sat Schitu, com. Bogdăniţa, 737010, jud. Vaslui
Acces: din Bârlad spre Vaslui, pe DN24/E581, 6 km, stânga în DJ245, 7,5 km, dreapta în Băcani, pe DJ245C, 21,5 km până în satul Schitu
Stareţ: protos. Antonie Atodiresei; **Contact:** +40788049424

Există ruinele unei biserici, cunoscută în vechime ca Schitul Bogdăniţa. Iniţial s-a ridicat o bisericuţă, de către fraţii Teodor şi Ioniţă Bolea, în anul 1784. Pe locul schitului, Eustatie, de neam grec, a construit în 1847 o biserică din piatră. Schitul a fost desfiinţat în 1864, când a devenit biserică de enorie. Satul Schitu a luat numele de la schitul cel vechi. În 2003 s-a început ridicarea unei biserici noi, de lemn, din osârdia pr. Antonie Atodiresei.

De văzut:
- Biserica de lemn din satul Cartibaş

Mănăstirea Bujoreni

40 viețuitori, viață de obște

Hram: Izvorul Tămăduirii, Adormirea Maicii Domnului
Adresa: com. Zorleni, 737635, jud. Vaslui
Acces: din Bârlad spre Vaslui pe DN24/E581, 5 km, dreapta în Simila, pe DN24A, 10,5 km, stânga în Popeni, pe DJ284A, 7 km, drum forestier
Stareț: protos. Euharist Micu; **Contact:** +40745143597

Moaște: părticele din moaștele Sfinților Părinți uciși în Sinai, Sfinților de la Lavra Pecerska, Sf. Serafim de Sarov

Icoane făcătoare de minuni: icoana Maicii Domnului de la Schitul Recea (1444)

A fost atestată documentar în 1602. Legenda spune că un măgar s-a oprit în pădure în fața unui stejar, în care era ascunsă mai demult și uitată o icoană a Maicii Domnului. Minunea făcută de Maica Domnului i-a determinat pe ciobani să construiască în acel loc o biserică și un schit. S-a numit inițial Schitul Măgarului.

În anul 1840 ctitorul Ioanichie zidește o biserică de cărămidă, ulterior călugărindu-se aici. Apoi schitul devine mănăstire de maici. A fost pictată între anii 1955 și 1958. În 1960, în urma decretului comunist, se desființează. Reînființată în 1993 ca mănăstire de monahi. Obștea actuală s-a format în jurul unor monahi veniți de la Mănăstirea Petru Vodă și a crescut apoi în jurul părintelui Euharist. Biserica veche a fost consolidată și resfințită în 2005. În prezent se construiește o biserică mai încăpătoare cu hramul Acoperământul Maicii Domnului și Sfinții Arhangheli Mihail și Gavriil.

Masa Sfântului Altar este făcută din trunchiul de stejar în care s-a găsit icoana Maicii Domnului.

Mănăstirea Dimitrie Cantemir, Grumezoaia

9 viețuitori, viață de obște

Hram: Sfântul Mucenic Dimitrie Izvorâtorul de Mir (biserica nouă), Intrarea în Biserică a Maicii Domnului (biserica veche)
Adresa: sat Grumezoaia, com. Dimitrie Cantemir, 737191, jud. Vaslui
Acces: din Huși, pe DN24 spre Crasna, 10 km, stânga pe DJ244B, din Crețești spre Hoceni, 5 km, apoi stânga pe DC37 spre mănăstire, 3 km
Stareț: arhim. Serafim Bodnar; **Contact:** +40235485373, +40744973551

Moaște: raclă cu părticele din moaștele Sf. Gheorghe, Sf. Grigorie Teologul, Sf. Ecaterina, Sf. Părinți uciși în Sinai, Sf. Prunci uciși de Irod, Sf. Mucenici din Hozeva, Cuv. Arsenie Savaitul, sfinți de la Lavra Pecerska, Kiev

Icoane făcătoare de minuni: icoana Maicii Domnului

Prima biserică este ridicată de Stan Posatnicul, pe un teren primit de la domnitorul Ștefan cel Mare pentru devotamentul arătat în vremea slujirii la oaste. În 1692 Dimitrie Cantemir construiește o nouă biserică de lemn, cu hramul Intrarea în Biserică a Maicii Domnului. De la acesta rămâne și numele mănăstirii. Inițial schit de călugări, devine mănăstire de maici în 1802, iar în 1855, din cauza holerei, este părăsită. După secularizare devine biserică de parohie. Reînființată în 1996 ca mănăstire de călugări.

În apropiere s-au găsit monede romane datând din timpul lui Antoninus Pius (138-161).

Noua biserică, ridicată cu dăruirea părintelui arhimandrit Serafim Bodnar, a fost sfințită în 2001. Biserica veche s-a resfințit în 2006.

Masa Sfântului Altar este un trunchi de stejar din vremea lui Ștefan cel Mare și Sfânt.

Mănăstirea Florești

7 viețuitoare, viață de obște

Hram: Sfântul Proroc Ilie, Adormirea Maicii Domnului (paraclis)
Adresa: sat Florești, com. Poienești, 737417, jud. Vaslui
Acces: din Vaslui spre Bacău, pe DN2F, 12 km, stânga spre Florești, pe DJ245, 13 km, dreapta în Florești
Stareță: monahia Firmiliana Gherasim; **Contact:** +40744678355

Icoane făcătoare de minuni: icoana Maicii Domnului de la Florești

Prima biserică este zidită în 1590, de Cârstea Ghenovici vistiernicul, vornic al „Țării de Sus". În 1686 Gavriliță Costache ridică altă biserică, terminată de fiii săi în 1694. Mitropolitul Veniamin Costache o închină Mănăstirii Esfigmenou din Muntele Athos, din cauza stării precare în care ajunsese. Arhimandritul Nil începe construcția bisericii mari și a clopotniței în 1844. Rămasă neterminată în urma secularizării, este finalizată și sfințită abia în 1883. În 1893 Biserica Sfântul Ilie este declarată biserică de mir. Palatul stăreției este construit în anul 1858, iar în 1881 devine spital rural. Este preluat în 1980 de Ministerul de Interne, fiind instalată în el o secție a Spitalului de psihiatrie Vaslui. În prezent, este în curs de restaurare. Biserica este monumentală, construită din cărămidă, în stil neogotic. Cu osteneala părintelui Iezechiel Ariton, se continuă de câțiva ani lucrările de reconsolidare la clădirile aferente mănăstirii. Biserica a fost sfințită de PS Corneliu pe 20 iulie 2014.

Icoana făcătoare de minuni

Icoana Maicii Domnului cu Pruncul, ferecată în argint și poleită cu aur, mai este cunoscută și ca „Sfânta de la Florești". Datează din 1749. S-au petrecut multe minuni prin mijlocirea ei, fiind căutată și cerută de preoți și în vreme de secetă, pentru procesiunile aducătoare de ploaie.

Mănăstirea Grăjdeni

4 viețuitoare, viață de obște

Hram: Sfânta Treime, Sfântul Nicolae
Adresa: sat Grăjdeni, com. Fruntișeni, 737282, jud. Vaslui
Acces: din Bârlad, S-E spre Trestiana pe DJ242, 3 km, dreapta în Trestiana, spre Grăjdeni (11 km), apoi drum forestier, 2 km
Stareță: monahia Irina Moaleș; **Contact:** +40788192391

Se pare că pe vremuri aici existau grajduri ale Poștei, de unde se trage denumirea locului și a mănăstirii. Se spune că Petru Rareș, înnoptând sub un copac dimprejur, a avut un vis minunat, iar dimineața a aflat că a fost ales domn al Moldovei. Întors mai târziu pe aceste meleaguri, și-a amintit visul și a ridicat o biserică și un schit. Schitul a durat între 1538 și 1711, când a ars. Mai târziu s-a ridicat o altă biserică, dar a fost distrusă în 1870. Un episcop Anania a zidit o biserică de cărămidă, cu hramul Sfântul Nicolae. S-a sfințit în 1872. Devine mănăstire de maici în 1952. Obștea ajunsese la 100 de maici în 1960, când au fost alungate ca urmare a Decretului 410/1959. După 1990, prin osteneala protos. Ciprian Timofte, se continuă reconstrucția bisericii, se construiesc chilii, stăreție, trapeză, bucătărie, magazii, ateliere și un paraclis. Biserica este pictată în frescă, de Alexandru Mezdrea, între 1993 și 1995.

Mănăstirea Mălinești

2 viețuitori, viață de obște

Hram: Acoperământul Maicii Domnului, Sfinții Arhangheli Mihail și Gavriil
Adresa: com. Gârceni, 737260, jud. Vaslui
Acces: din Bacău spre Vaslui pe DN2F, 55 km, stânga în Blesca, pe DJ159, 13 km, dreapta în Trohan, 5 km, din Gârceni spre nord, spre pădure, 4 km
Stareț: protos. Filip Mercaș; **Contact:** +40744577762

Pe locul unei biserici mai vechi se ridică, în 1826, biserica ce se găsește și astăzi. Odată cu secularizarea devine biserică de mir, în 1864.

Deteriorată în decursul timpului, este renovată în 1925 și 1928, cu ajutorul familiei mareșalului Prezan. În 1928 se transformă în schit de maici. Existau o țesătorie și un atelier de covoare. Aici a funcționat și o școală de cântăreți bisericești. Desființat în 1959 și reînființat în 1990 ca mănăstire de călugări. S-au mai ridicat două clădiri pentru chilii și o clădire anexă.

Biserica este o construcție de lemn, în formă de cruce, pe fundație de piatră tencuită cu ciment.

Mănăstirea Moreni

29 viețuitoare, viață de obște

Hram: Adormirea Maicii Domnului
Adresa: sat Moreni, com. Deleni, 737172, jud. Vaslui
Acces: din Vaslui spre Bârlad, pe DN24, 11 km, dreapta în Secuia, pe DJ245a, 5 km, din Deleni spre sud, 3 km
Stareță: monahia Elisabeta Ifteni
Contact: +40235345226

O biserică de lemn este ridicată în vremea lui Petru Rareș și refăcută în 1801. Schitul este desființat în 1864. Reînființat în 1935; în 1949 se transformă în schit de maici. În 1953 s-a construit o biserică nouă, renovată și pictată în 1986 de Constantin Zafiu. În 1960 s-a desființat, biserica devenind de mir. În 1990 s-a reînființat ca mănăstire de călugări, iar din 1992 mănăstirea este din nou de maici.

Biserica mică, din lemn, cu o lungime de 80 m, are un pridvor mic, fiind construit în mijlocul clădirii. În cadrul mănăstirii există ateliere de tricotaje și veșminte preoțești.

Mănăstirea Nașterea Sfântului Ioan Botezătorul

12 viețuitoare, viață de obște

Hram: Nașterea Sfântului Ioan Botezătorul
Adresa: com. Ivănești, 737300, jud. Vaslui
Acces: din Bacău spre Vaslui, pe DN2F, 55 km, dreapta în Ursoaia, 5 km
Stareță: monahia Antonia Chiriac
Contact: +40740781562; **Cazare:** 40 locuri

Mănăstirea a fost înființată în anul 2000, pe un teren donat de familia Ion și Maria Plăcintă din Ivănești. În anul 2001 au venit primele trei maici și ieromonahul Irineu Sandu, fiind trimiși să ridice mănăstirea de către pr. Iustin Pârvu de la Mănăstirea Petru Vodă.

Mănăstirea Pârvești

6 viețuitoare, viață de obște

Hram: Sfântul Ierarh Nicolae
Adresa: sat Pârvești, com. Costești, 737148, jud. Vaslui
Acces: din Bârlad spre Vaslui pe DN24/E581, 20 km, stânga spre Pârvești, 11,5 km
Starețǎ: monahia Antonia Bălău; **Contact:** +40744795268

Moaște: părticele din moaștele Sf. Mina, o bucățică din veșmântul Sfântului Ioan Gură de Aur

Prima biserică s-a ridicat în 1666. În jurul ei, ctitorii au adus o obște de călugări, întemeind un schit. În 1816 s-a ridicat o nouă biserică, sfințită în 1820. În 1864 a devenit biserică de mir. S-a reînființat în 1993 ca mănăstire de maici. S-au construit chilii, stăreție, trapeză și bucătărie. Biserica este din lemn.

Mănăstirea Pogorârea Duhului Sfânt, Drăgești

3 viețuitori, viață de obște

Moaște: părticele din moaștele Sf. Prohorie Tămăduitorul, Sf. Siluan Athonitul, Sf. Sofronie Athonitul, Sf. Trifon Românul, Sfinții uciși la Mănăstirea Sf. Sava, Sf. Martiri uciși în închisoarea de la Aiud

Hram: Pogorârea Duhului Sfânt, Acoperământul Maicii Domnului
Adresa: sat Drăgești, com. Todirești, 737537, jud. Vaslui
Acces: din Vaslui spre Roman pe DN15D, 37 km, dreapta în Todirești, 1 km
Stareț: arhim. Vichentie Lupu
Contact: +40235459251

În 1999 s-a sfințit un paraclis, cu hramul Pogorârea Duhului Sfânt. Schitul a fost construit cu multe donații provenite de la românii plecați la lucru în străinătate.

Biserica mare de lemn s-a sfințit în 2007 de către ÎPS Laurențiu Streza, PS Ioachim Băcăuanu și PS Corneliu Bârlădeanu. A devenit mănăstire în 2012.

Mănăstirea Rafaila

5 viețuitori, viață de obște

Hram: Nașterea Maicii Domnului
Adresa: sat Rafaila, com. Rafaila, 737541, jud. Vaslui
Acces: din Vaslui spre Roman pe DN15D, 38 km, stânga în Todirești, pe DJ248A, prin Ploposa, în Rafaila, 8 km. Se află în marginea vestică a satului
Stareț: arhim. Vichentie Lupu; **Contact:** +40235459251

Icoane făcătoare de minuni: icoana Maicii Domnului (sec. XVIII)

În apropiere există un plop vechi de 550 ani, cu circumferința de 13 m, sădit, după legendă, de însuși Ștefan cel Mare. A fost trăsnit și a ars de multe ori, dar a rămas verde.

Tradiția spune că pe acest loc a existat un schit din sec. al XVI-lea, ridicat de către un monah Rafail, numit înainte Radu, ce fusese arcaș în oastea lui Ștefan cel Mare, de la care primise pământul din Valea Stemnicului, în 1531.

Biserica de lemn a fost mutată în 1838 de ieroschimonahul Iorest, starețul schitului, în satul Rafaila, rămânând până azi biserică parohială. Biserica actuală, de zid, a fost ridicată în 1834 de ieroschim. Iorest, ajutat de credincioșii din împrejurimi. A fost sfințită de Mitropolitul Veniamin Costache. Sărăcită la secularizare, în 1916 și 1940 este reconsolidată. Este desființată în 1959 și transformată în sediul CAP. Mănăstirea este reînființată în 1993. După restaurări însemnate, a fost resfințită în iunie 2015 de PS Corneliu.

Mănăstirea Schimbarea la Faţă

7 vieţuitoare, viaţă de obşte

Hram: Schimbarea la Faţă, Intrarea Maicii Domnului în Biserică
Adresa: str. Gavril Vicol, nr. 1, Huşi, 735100, jud. Vaslui
Acces: ieşind din Huşi spre Bârlad pe DN24B/E58, 3 km
Stareţă: monahia Eusebia Ciobanu
Contact: +40235480655
Cazare: 50 locuri, cu rezervare

Mănăstirea a fost ridicată din 1996, prin grija PS Ioachim Mareş. Iniţial s-au amenajat câteva chilii în casa filosofului Mihail Ralea.

Biserica mare s-a zidit între anii 1999 şi 2004, paraclisul înălţându-se între 2001 şi 2007.

Mănăstirea Sfântul Nicolae, Fâstâci

8 vieţuitoare, viaţă de obşte

Hram: Sfântul Ierarh Nicolae
Adresa: sat Fâstâci, com. Deleşti, 737179, jud. Vaslui
Acces: din Vaslui spre Bacău pe DN2F, 11,5 km, dreapta după Laza, pe DC105, 7,5 km, stânga în Hârşova, pe DC106, 11,5 km până în Fâstâci. Mănăstirea este pe limita de nord a satului
Stareţă: monahia Paraschiva Chelaru
Contact: +40741094204

Mănăstirea este atestată din 1694. Biserica actuală este ctitorie a voievodului Mihail Racoviţă, de la 1721. În anul 1809 Mănăstirea Fâstâci ţinea de Mănăstirea Sfânta Ecaterina din Sinai şi apoi a fost închinată Mănăstirii Frumoasa din Iaşi. În 1834 s-au construit stăreţia şi chiliile, clopotniţa şi zidul înconjurător, prin grija arhimandritului Ioasaf Gându.

Refăcută şi pictată în 1850. Între anii 1856 şi 1864 a existat aici o şcoală de dascăli bisericeşti. În 1864 devine biserică de mir, în urma secularizării averilor mănăstireşti. În 1918 clădirile servesc ca orfelinat, iar după 1959 ca sediu CAP. Lucrări de reconsolidare se execută din 1967 până în 1977, când este şi pictată de Vasile Pascu.

În 1993 este reînfiinţată ca mănăstire de călugări, iar în 1996 ca mănăstire de maici. Au fost restaurate turnul-clopotniţă şi biserica.

Mănăstirea Sfinții Împărați, Codăești

3 viețuitori, viață de obște

Hram: Sfinții Împărați Constantin și Elena, Sfântul Apostol Andrei
Adresa: com. Codăești, 737360, jud. Vaslui
Acces: din Vaslui spre Iași, pe DN24, 25 km, stânga, 500 m
Stareț: arhim. Ștefan Gușă
Contact: +40235341228, +40745669099

Înființat după 1990 la inițiativa a doi monahi din zonă, Andrei de la Schitul Icoana, Neamț, și Haralambie de la Mănăstirea Slatina. A început construcția bisericii la sfârșitul anului 1993. Paraclisul cu hramul Sfântul Apostol Andrei a fost sfințit în 1995, de către PS Ioachim Vasluianul. S-a construit un corp de chilii, care include paraclisul, trapeza, bucătăria, cămările și magazia, în special prin grija pr. arhim. Ștefan Gușă. În prezent sunt în faza de finalizare lucrările de construcție la biserica mare cu hramul Sfinții Împărați Constantin și Elena. În 2008 a devenit mănăstire.

Mănăstirea Ștefan cel Mare și Sfânt, Movila lui Burcel

8 viețuitori, viață de obște

Hram: Sfântul Ștefan cel Mare și Sfânt, Sfântul Apostol Toma
Adresa: sat Chircești, com. Miclești, 737360, jud. Vaslui
Acces: din Vaslui spre Iași, pe DN24, 23 km, stânga în Miclești, 300 m
Stareț: arhim. Ștefan Gușă
Contact: +40235341228, +40745669099

Împrejurimi:
- Casa memorială Emil Racoviță, loc. Emil Racoviță
- Casa și mormântul Elenei Cuza

Este situată lângă legendara Movilă a lui Burcel. S-a sfințit în 1997. Toate construcțiile mănăstirii sunt din lemn: paraclis, chilii, stăreție și trapeză. S-a terminat ridicarea noii biserici de zid cu hramul Sfântul Ștefan cel Mare și Sfânt (2 iulie).

Pe Movila lui Burcel există un grup statuar cu trei cruci mari – reprezentând cele trei provincii românești sau Sfânta Treime –, care cuprinde: statuia lui Ștefan cel Mare și Sfânt; o femeie lucrată în bronz, care întruchipează România Mare, rupând pactul Molotov-Ribbentrop; harta României Mari sfâșiate.

Schitul Tanacu

5 viețuitori, viață de obște

Hram: Sfânta Treime
Adresa: com. Tanacu, 737510, jud. Vaslui
Acces: din Vaslui spre Iași, pe DN24, 7,5 km, dreapta în Muntenii de Sus, 2 km. La SE de Muntenii de Sus, 3 km
Egumen: ierom. Metodie Bălănescu; **Contact:** +40756760722

Pe un teren donat de credincioșii din zonă s-a ridicat schitul cu hramul Sfânta Treime, începând cu anul 2000. Au fost construite un paraclis și un corp de chilii. Din martie 2011 funcționează ca schit de călugări în cadrul Mănăstirii Bujoreni.

Mitropolia Ardealului

Arhiepiscopia Sibiului

Arhiepiscop și Mitropolit: Înalt Preasfințitul LAURENȚIU STREZA

(cuprinde județele Sibiu și Brașov)

Str. Mitropoliei, nr. 24, Sibiu, 550179, jud. Sibiu,
Tel: +40269211584, Fax: +40269215521, www.mitropolia-ardealului.ro

Catedrala Mitropolitană Sibiu

Hram: Sfânta Treime, Sfântul Ierarh Andrei Şaguna, Mitropolitul Transilvaniei
Adresă: str. Mitropoliei, nr. 33, Sibiu, 550179, jud. Sibiu
Mare Ecleziarh: exarh arhim. Macarie Ţuţul
Contact: +40745627033

Moaşte: racla cu moaştele Sfântului Ierarh Andrei Şaguna, Mitropolitul Transilvaniei

În altar se păstrează patru icoane împărăteşti pictate pe lemn, frumos împodobite, provenind de la fosta bisericuţă grecească.

Prim ctitor este considerat Mitropolitul Andrei Şaguna, în 1857, dar piatra de temelie este sfinţită în 1902, în timpul Mitrop. Ioan Meţianu, pe locul unei biserici greceşti şi a încă 8 case, toate dărâmate. Arhitecţii au fost Iosif Kommer şi Virgil Nagy din Budapesta, iar lucrările au fost supravegheate de inginerul oraşului, Iosif Schussing. Edificiul are ca model Sfânta Sofia din Constantinopol, de dimensiuni mai mici; turnurile masive de la intrare iau forma specifică arhitecturii ecleziale ardelene şi înglobează unele elemente din stilul baroc. Este pictată de Octavian Smilgelschi, Anastasie Demian şi Iosif Keber. Primul dintre ei a creat un stil propriu la Sibiu, inaugurând „arta bisericească modernă în Ardeal". Catedrala a fost sfinţită în 1906 de către Mitrop. Ioan Meţianu. După lucrările de spălare şi refacere a picturii, în 2006, la împlinirea a 100 de ani de la sfinţire, s-a resfinţit pictura. De asemenea, au fost înlocuite toate geamurile cu vitralii, confecţionându-se şi un monumental vitraliu în arcada corului, reprezentând hramul bisericii, Sfânta Treime.

Programul slujbelor se desfăşoară zilnic, catedrala fiind deschisă între orele 6.00-20.00.

Mănăstirea Cârţişoara

19 vieţuitoare, viaţă de obşte

Hram: Sfinţii Apostoli Petru şi Pavel
Adresă: com. Cârţişoara, 557075, jud. Sibiu
Acces: E68 pe ruta Sibiu-Făgăraş, apoi DN7C (pe Transfăgărăşan) prin Cârţişoara, urmărindu-se indicatorul. 47 km E de Sibiu.
Stareţă: monahia Siluana Ciupitu
Contact: +40744854562, +40769091210; www.manastireacartisoara.ro

Împrejurimi:
- Muzeul etnografic şi memorial Badea Cârţan, Cârţişoara
- Abaţia cisterciană Cârţa (sec. al XIII-lea), astăzi biserică evanghelică a comunităţii germane locale, la 10 km, în satul Cârţa

A fost reînfiinţată în anul 1991, cu binecuvântarea Mitropolitului Antonie Plămădeală, pe locul unui vechi aşezământ monahal distrus de generalul Bukow în 1761. Biserica s-a construit între anii 2000 şi 2003, în plan treflat, cu un singur turn deasupra naosului şi o combinare de elemente bizantine şi brâncoveneşti. Locaşul de cult se află în curs de pictare. Incinta mai cuprinde un corp de chilii şi clopotniţa.

În mănăstire există un atelier de icoane şi unul de broderie bisericească. Icoanele pictate aici, cu răbdare şi rugăciune, sunt apreciate de pelerini şi au fost premiate la unele expoziţii, cum ar fi cea din 1998, din SUA.

Mănăstirea Măgura, Jina

20 viețuitoare, viață de obște

Hram: Nașterea Maicii Domnului
Adresă: com. Jina, 517778, jud. Sibiu
Acces: E68 pe ruta Sibiu-Sebeș Alba, apoi ramificație la stânga spre Șugag și Dobra de Sus, 10 km
Stareță: monahia Olimpiada Barbu
Contact: +40761784411, +40742582788
Cazare: 20 locuri

Situată la o altitudine de 1180 m, mănăstirea a fost înființată după 1989, la inițiativa monahiei Maria Streulea de la Râmeț, prima stareță a așezământului. Numele mănăstirii provine de la pârâul Măgura, care trece prin apropiere. Biserica a fost sfințită în 1999. Se încadrează în stilul bizantin, icoanele iconostasului fiind pictate de o maică din obștea mănăstirii. Mănăstirea are ateliere de croitorie bisericească, broderie și pictură.

De văzut:
- Mănăstirea Oașa (40 km din Șugag)
- Mănăstirea Strungari (25 km) și Mănăstirea Afteia (30 km), jud. Alba

Mănăstirea Nocrich, Hârtibaci

14 viețuitoare, viață de obște

Hram: Nașterea Maicii Domnului
Adresă: com. Nocrich, 557165, jud. Sibiu
Acces: DJ106 pe ruta Sibiu-Agnita
Stareță: monahia Marina Matei;
Contact: +40269/582134, +40761784412
Cazare: 2 locuri

Mănăstirea a fost înființată în 1990, pe locul unui așezământ monahal distrus de generalul Bukow în a doua jumătate a secolului al XVIII-lea. Paraclisul de tip sală este înglobat în corpul de chilii. În 2004 s-a început construcția unei biserici de cărămidă. Are ateliere de croitorie, broderie și pictură bisericească.

Mănăstirea Orlat

8 viețuitoare, viață de obște

Hram: Sfânta Treime
Adresă: com. Orlat, 557170, jud. Sibiu
Acces: E68 pe ruta Sibiu-Sebeș; din Cristian se ia drumul spre Orlat (7 km), apoi încă 1500 m
Stareță: monahia Dionisia Grigore
Contact: +40269571330, +40761784413

Face parte din categoria mănăstirilor înființate după 1989, piatra de temelie fiind sfințită în 1993. A fost ridicată pe proprietatea monahului Macarie Agachi, fiind inițial schit de călugări. Biserica, ale cărei construcție și pictură s-au încheiat în 2000, se încadrează în stilul triconc, cu trei turle și pridvor închis, adăugat ulterior. A fost sfințită în 2001. Are atelier de pictură și croitorie.

De văzut:
- Biserica și muzeul de icoane pe sticlă din Sibiel (3 km)

Mănăstirea Pelișor

4 viețuitoare, viață de obște

Hram: Sfântul Proroc Ilie Tezviteanul
Adresă: sat Pelișor, com. Bârghiș, 557038, jud. Sibiu
Acces: DL pe ruta Sibiu-Agnita-Mediaș cu ramificație în com. Bârghiș, 57 km NE de Sibiu
Stareță: monahia Teoctista Ababei
Contact: +40742355118, +40761784425; **Cazare:** 40 locuri

Înființat la sfârșitul anului 2005 cu binecuvântarea ÎPS Laurențiu Streza. S-au ridicat o biserică de lemn de tip sală și corpul de chilii. În anul 2012 s-a pus piatra de temelie a bisericii mari a mănăstirii, cu hramul Acoperământul Maicii Domnului.

Mănăstirea Sădinca

4 viețuitori, viață de obște

Hram: Înălțarea Sfintei Cruci
Adresă: sat Sădinca, com. Loamneș, 557126, jud. Sibiu
Acces: DN1 Sibiu-Alba, după 5 km dreapta-Ocna Sibiului-Hașag, apoi stânga-Sădinca; 35 km N de Sibiu
Stareț: protos. David Stoica
Contact: +40766797994, +40761784427

Biserica schitului, înființat în anul 2006, a fost sfințită un an mai târziu și are planul de tip sală, fără abside laterale, cu pridvor închis, deasupra căruia se înalță turnul-clopotniță. Incinta mai cuprinde corpul de chilii, altarul de vară și anexe gospodărești.

Mănăstirea Sibiel

3 viețuitori, viață de obște

Hram: Sfânta Treime, Sfântul Ilie (biserica veche de piatră)
Adresă: com. Sibiel, 557264, jud. Sibiu
Acces: E68 pe ruta Sibiu-Cristian, apoi ramificație spre stânga prin Orlat, spre Sibiel; 25 km V de Sibiu. Schitul se află la 7 km mai sus de Sibiel, drum forestier
Stareț: ierom. Casian Voicu
Contact: +40742547642, +40761784428

De văzut:
- Biserica din Sibiel, monument istoric, pictată între 1774 și 1775 de frații Stan și Iacob din Rășinari
- Muzeul de icoane pe sticlă Pr. Zosim Oancea din Sibiel, unic în Europa prin mulțimea exponatelor

Se află pe locul uneia dintre cele mai vechi vetre mănăstirești din Arhiepiscopia Sibiului (secolele al XVI-lea-al XVII-lea, după unele ipoteze). În prima jumătate a secolului al XVIII-lea aici exista o viață înfloritoare din punct de vedere cultural și duhovnicesc: funcționa o școală pentru viitorii preoți și cântăreți bisericești, iar călugării se ocupau între altele cu copierea și traducerea de manuscrise. Spre sfârșitul secolului al XVIII-lea mănăstirea e distrusă. În 1925 se ridică un locaș de cult pe locul vechii biserici din lemn, sfințit în 1949, dar, în urma Decretului de stat 410/1959, mănăstirea e transformată în adăpost forestier. Așezământul este reînființat în 1991, din inițiativa Mitropolitului Serafim Joantă, ulterior înălțându-se aici o biserică în stil bizantin, cu pridvor închis.

Mănăstirea Turnu Roșu

2 viețuitori, viață de obște

Hram: Adormirea Maicii Domnului (hramul se sărbătorește în prima duminică după 15 august)
Adresă: str. Valea Caselor, nr. 704, com. Turnu Roșu, 557285, jud. Sibiu
Acces: E81 pe ruta Sibiu-Tălmaciu, apoi ramificație spre Podu Olt, urmărindu-se indicatorul
Stareț: protos. Petroniu Tănase
Contact: +40761784416; **Cazare:** 20 locuri

Mănăstirea Turnu Roșu e căutată de mulți pelerini, urmând recomandarea pr. Arsenie Boca

La 3 km de com. Turnu Roșu (fostul sat Porcești) exista un așezământ monahal despre care s-au păstrat informații de la mijlocul sec. al XVIII-lea, fiind distrus ulterior, probabil în urma persecuției conduse de generalul Bukow în Transilvania în 1761-1762. Aici s-a ridicat, la 1850, o bisericuță de piatră, impresionantă prin simplitatea arhitecturală, fără turn și având pictură interioară și exterioară. Alături de biserica veche (renovată în 1985) s-a construit, după 1990, un paraclis din lemn de brad de tip sală, cu un turn deasupra naosului. Mănăstirea a fost sfințită în 1994, an din care stareț al ei este părintele Petroniu Tănase. În 2009 a fost sfințită temelia pentru noua biserică a mănăstirii.

Împrejurimi:
• La cca 1500 m spre munte, Izvorul Călugărului • Biserica Sf. Nicolae din satul Porcești, Turnu Roșu, ctitorie a domnitorului Matei Basarab, 1635 • Rezervația geologică de calcare eocene de la Turnu Roșu

Schitul Bazna

2 viețuitoare, viață de obște

Hram: Nașterea Maicii Domnului, Sfântul Andrei Șaguna, Mitropolitul Transilvaniei (capelă)
Adresă: Aleea Băilor, nr. 152 B, com. Bazna, 557030, jud. Sibiu
Acces: N14A pe ruta Mediaș-Blăjel, apoi spre Bazna, urmărind indicatorul
Egumenă: monahia Marina Cânipariu
Contact: +40269850008, +40761784418, www.schitulbazna.ro; **Cazare:** 8 locuri

Între 1948 și 1949, Mitropolitul Nicolae Bălan a ridicat la Bazna un cămin de odihnă și tratament destinat preoților, care a funcționat ca atare până în 1991. Tot atunci s-a turnat fundația pentru o biserică. În 1996 destinația clădirii s-a schimbat prin înființarea unui schit. Vechea fundație de biserică, deteriorată de vreme, a fost demolată, pe locul ei turnându-se una nouă, în martie 2010. În cursul aceluiași an s-a reușit ridicarea locașului de cult, la demisolul căruia s-a amenajat capela cu hramul Sf. Ierarh Andrei Șaguna, Mitropolitul Transilvaniei. Păstrând intenția mitropolitului ctitor, schitul oferă în continuare găzduire preoților, monahilor și credincioșilor veniți la tratament în stațiune.

Schitul Chirpăr

3 viețuitoare, viață de obște

Hram: Intrarea în Biserică a Maicii Domnului, Sfântul Serafim de Sarov (paraclis)
Adresă: com. Chirpăr, 557080, jud. Sibiu
Acces: DJ106 Sibiu-Agnita, apoi Marpod-Chirpăr. La 41 km E de Sibiu
Egumenă: monahia Arsenia Arionesei; **Contact:** +40726549265, +40761784421

Schitul a fost înființat în anul 2008, la inițiativa familiei Stănuleț din Chirpăr, pe terenul donat de mai mulți săteni. S-a amenajat o casă monahală cu chilii și paraclis, urmând să se construiască biserica ce va purta hramul Intrarea în Biserică a Maicii Domnului. Administrat inițial de doamna Mioara Stănuleț, din iunie 2010 schitul a primit o obște de monahii și preot slujitor. Are atelier de croitorie.

Împrejurimi:
• Mănăstirea Nocrich (cca 10 km)

Schitul Foltea

2 viețuitoare, viață de obște

Hram: Sfântul Mare Mucenic Gheorghe
Adresă: Săliște, 557225, jud. Sibiu
Acces: E68 ruta Sibiu-Săliște, apoi ramificație spre Săliște. La 27 km V de Sibiu
Egumenă: monahia Teofana Stanca
Contact: +40761784422

De văzut:
• În Săliște (3 km), Muzeul personalităților săliștene
• Muzeul Protopopiatului Săliște
• Parcul de sculptură în lemn din Poiana Soarelui

Vechea vatră monahală, ale cărei începuturi pot fi plasate la sfârșitul secolului al XVI-lea, a fost și un important centru de luptă împotriva uniației. Ultima atestare documentară, înainte de a fi distrus de generalul Bukow, este 1740. La Fântâna Foltii, denumire sub care mai este cunoscut schitul, a poposit în 1744 **călugărul Visarion Sarai, „apostolul Ortodoxiei"**, după cum consemnează placa de marmură a bisericii. Tot aici a trăit o vreme Sf. Mărturisitor Nicolae Oprea din Săliște (prăznuit pe 21 octombrie). Biserica schitului a fost ridicată între anii 1922 și 1923, fiind închinată memoriei eroilor din Primul Război Mondial. Viața monahală a continuat aici și în perioada comunistă, cu unul sau maxim doi viețuitori. Din 2002 a devenit schit de maici. În 2012 s-a amenajat o nouă clopotniță.

Împrejurimi:
• La 3 km de schit se află comuna Săliște, important centru de cultură și spiritualitate românească. Această zonă a dat țării cei mai mulți membri ai Academiei Române, printre care: Dionisie Romano, episcop de Buzău (1806-1873), Ioan Lupaș, istoric (1880-1965), Onisifor Ghibu, pedagog (1883-1972), D.D. Roșca, filosof (1895-1980), Axente Banciu, filolog (1875-1959), Ionel Pavel, medic (1897-1991), Andrei Oțetea, din Sibiel, istoric (1894-1977); alte personalități: regizorul Victor Iliu (1912-1968), pictorul popular Picu Pătruț (1818-1873), istoricul Ioan Moga (1902-1950) ș.a.

Schitul Păltiniș

2 viețuitori, viață de obște

Hram: Schimbarea la Față
Adresă: stațiunea Păltiniș, 550001, jud. Sibiu.
Acces: DL Sibiu-Rășinari spre Păltiniș, 32 km SV de Sibiu
Egumen: protos. Valeriu Luca
Contact: +40269574006, +40761784424

Odoare sfinte: o părticică din lemnul Sf. Cruci

De văzut:
• În partea de sud a bisericii, în imediata ei apropiere, se află mormântul filosofului Constantin Noica, care a trăit la Păltiniș între 1975 și 1987, din cauza persecuției comuniste

Situat la intrarea în stațiunea Păltiniș, la o altitudine de peste 1350 m, schitul a fost înființat în 1925 de către Mitrop. Nicolae Bălan, în apropierea casei de odihnă a Arhiepiscopiei Sibiului. Construcția bisericii și a casei cu șemineu a fost finalizată în 1927, iar în anul următor a fost sfințit, în prezența principelui regent Nicolae și a cinci miniștri. Ansamblul, care cuprinde și o clopotniță, a fost restaurat în timpul Mitrop. Nicolae Mladin și mai ales al Mitrop. Antonie Plămădeală, după 1982, când s-a realizat și pictura în frescă a bisericii. În prezent se lucrează la înălțarea unei biserici de zid.

Schitul Rășinari

3 viețuitoare, viață de obște

Hram: Sfântul Ioan Iacob Hozevitul, Duminica Tuturor Sfinților, Sfântul Nectarie
Adresă: com. Rășinari, 557200, jud. Sibiu
Acces: DL pe ruta Sibiu-Rășinari, 12 km SV de Sibiu
Egumenă: monahia Macrina Vieru
Contact: +40745301475, +40761784426

Moaște: părticele de la Sf. Nectarie din Eghina

Schitul a fost înființat în 2002. S-a construit un corp de chilii, cu paraclis la parter. În 2005 s-a sfințit piatra de temelie la biserica de cărămidă, cu hramul Duminica Tuturor Sfinților, construită în stil bizantin, plan treflat, cu un singur turn și pridvor deschis la intrare, de formă semicirculară înspre exterior și susținut de trei coloane rotunde. Noul locaș de cult a fost sfințit în 2008. Are atelier de pictură pe lemn.

Împrejurimi:
- Biserica Sf. Treime din Rășinari (cu celebra roată a vieții)
- mormântul Mitropolitului Andrei Șaguna
- Casa memorială Emil Cioran
- Casa memorială Octavian Goga

Schitul Șura Mare

1 viețuitor

Hram: Acoperământul Maicii Domnului, Sfântul Ierarh Andrei Șaguna, Mitropolitul Transilvaniei
Adresă: str. Mănăstirii, nr. 2, com. Șura Mare, 557265, jud. Sibiu
Acces: DN14 pe ruta Sibiu-Mediaș, cca 8 km până în Șura Mare (la 200 m de șosea)

Inițiativa construirii schitului aparține domnului primar Nicolae Avram din Șura Mare, care va dona, în acest sens, un teren. La 1 octombrie 2011 s-a pus piatra de temelie a bisericii așezământului. Pentru a se putea săvârși aici sfintele slujbe după tipicul mănăstiresc, s-a ridicat un paraclis, sfințit în 30 septembrie 2012 de PS Andrei Făgărășanul, construindu-se, de asemenea, o locuință pentru călugări.

Schitul Veștem

2 viețuitoare, viață de obște

Hram: Înălțarea Domnului
Adresă: sat Veștem, com. Șelimbăr, 557263, jud. Sibiu
Acces: E68 pe ruta Sibiu-Veștem, cu ramificație la dreapta spre schit
Egumenă: monahia Epiharia Predescu
Contact: +40744592124, +40761784431

Înființat în 2007, schitul are un paraclis în plan treflat, care va fi inclus într-un grandios ansamblu, ce va cuprinde o catedrală și academia monahală. Pe drumul de acces spre schit se poate vedea o cruce veche din piatră, care, conform tradiției, marchează locul vechiului așezământ, distrus în 1761. Peste drum de actualul schit se află **Valea Plângerii**, locul de desfășurare a bătăliei de la 1599 a lui Mihai Viteazul.

De văzut:
- Monumentul de la Șelimbăr, ridicat în amintirea victoriei lui Mihai Viteazul asupra trupelor lui Andrei Báthory (1599)

Mănăstirea Berivoii Mari

6 viețuitoare, viață de obște

Hram: Sfântul Apostol Andrei, Înălțarea Domnului (paraclis), Sfântul Iosif de la Partoș și Sfântul Ierarh Andrei Șaguna, Mitropolitul Transilvaniei (paraclisul de iarnă)
Adresă: sat Berivoi, com. Recea, 507181, jud. Brașov
Acces: DE68 pe ruta Brașov-Făgăraș, apoi se continuă spre com. Recea și se urmează indicatorul (18 km de Făgăraș)
Stareță: monahia Procopia Huza
Contact: +40722750004; **Cazare:** 10 locuri

Moaște: părticele din moaștele Sf. Iosif de la Partoș, Sf. Ier. Andrei Șaguna, Mitropolitul Transilvaniei, Sfinții Părinți uciși la Hozeva

Străjuită de crestele Munților Făgăraș și scăldată în margine de apele repezi ale râului Berivoi, vechea vatră monahală a fost la începutul sec. al XVIII-lea una dintre cele mai înfloritoare mănăstiri ardelene, satele Berivoiul Mare și Berivoiul Mic aflându-se o lungă perioadă de timp în proprietatea familiei Brâncoveanu. Existența acesteia este consemnată într-o conscripție din 1748. Mănăstirea a fost distrusă în 1761 de generalul Bukow, întrucât devenise principalul obstacol în calea impunerii uniației în sudul Transilvaniei. Este reînființată în 1993, din inițiativa pr. Aurel Răduleț, fiu al satului Berivoi, când se demarează lucrările de construcție a paraclisului cu hramul Înălțarea Domnului. Începând cu 1998 se construiesc biserica mare și un complex cu chilii, trapeză, sală de protocol, arhondaric și turnul-clopotniță. Biserica se circumscrie stilului neobizantin, având câteva elemente care îi conferă o frumusețe aparte: 131 de ocnițe în exterior, cu pictură în frescă, brâul de piatră ce o înconjoară, cele trei turle, dintre care două deasupra pronaosului, marmura albă de Rușchița din pronaos. Se află în construcție paraclisul de iarnă. În curtea mănăstirii se păstrează, așezate pe un piedestal din beton, trei cruci provenind din cimitirul vechi (sec. al XVIII-lea).

Împrejurimi:
- Mănăstirea Dejani (10 km pe ruta Berivoi-Recea-Dejani)
- Mănăstirea Bucium (20 km pe ruta Berivoi-Recea-Bucium)

Mănăstirea Bran

2 viețuitoare, viață de obște

Hram: Soborul Sfinților 12 Apostoli, Duminica Sfintelor Mironosițe (paraclis)
Adresă: sat Șimon, nr. 280B, com. Bran, 507020, jud. Brașov
Acces: DN73 Brașov (spre Pitești)-Bran (27 km), stânga spre Șimon, stânga pe Valea Tisei pe drum asfaltat, apoi drum forestier până pe culmea Dealului Balaban (3 km)
Stareță: monahia Taisia Vulpoiu
Contact: +40724828095, +40761784419, www.schitulbran.ro

Schitul a fost înființat în 2006. S-a construit inițial o biserică de lemn, iar în 2007 s-a început construcția complexului monahal incluzând chilii, trapeză, bibliotecă, ateliere și un paraclis de iarnă. S-a finalizat parterul complexului și în 2012 s-a sfințit paraclisul cu hramul Duminica Sfintelor Mironosițe. Situat într-un peisaj deosebit de pitoresc, schitul se află pe locul unde s-au jertfit ostașii români în lupta de rezistență desfășurată pe culoarul Rucăr-Bran în timpul Primului Război Mondial. În 2009 s-a sfințit troița ridicată în memoria eroilor martiri, amplasată în imediata apropiere a bisericii.

Împrejurimi:
- Castelul Bran (7 km)
- Cetatea Râșnovului

Mănăstirea Bucium

7 viețuitori, viață de obște

Hram: Schimbarea la Față a Domnului
Adresă: sat Bucium, com. Șinca Veche, 507201, jud. Brașov
Acces: DE68 pe ruta Brașov-Făgăraș. La ieșirea din Perșani stânga pe DJ104A Șinca Veche-Șercăița-Bucium
Stareț: ierom. Teodosie Stejar
Contact: +40761784406, +40722418312; **Cazare:** 50 locuri

Vechiul așezământ monahal, atestat în 1737, este ars în 1761 din ordinul generalului Bukow. Prima încercare de a reînființa mănăstirea aparține lui Ilie Burlă, cunoscut îndeobște ca Moș Ilie. Originar din Bucovina, a supraviețuit războiului din Galiția din 1916 și a dorit ca, în semn de mulțumire, să ridice un loc de închinare lui Dumnezeu. O vedenie i-a îndreptat pașii spre Transilvania, unde a descoperit locul fostei vetre monahale de la Bucium. Decretul 410/1959 îi zădărnicește eforturile. Doamna Elisabeta Șandru împreună cu familia îi va duce mai departe dorința, devenind ctitora așezământului. În 1990 se obțin toate aprobările necesare reînființării și se începe construcția unei biserici în stil bizantin, care va fi târnosită de Mitrop. Antonie Plămădeală în 6 august 1995. Actualmente, incinta monahală mai cuprinde un paraclis, altarul de vară, un corp de chilii și clopotnița, aflată în curs de renovare. În prezent, se lucrează la înălțarea unei frumoase porți pentru mănăstire.

Mănăstirea Bunești

9 viețuitoare, viață de obște

Hram: Sfântul Mare Mucenic Gheorghe
Adresă: com. Bunești, 507035, jud. Brașov
Acces: DE80 pe ruta Brașov-Sighișoara; din Dealul Fișerului se urmează indicatorul spre mănăstire (cca 75 km de Brașov)
Stareță: monahia Hrisostoma Crușoveanu
Contact: +40268260017, +40761784414; **Cazare:** 20 locuri

Este o mănăstire nouă, înființată în 1991, având din 1994 o obște de monahii, între care și surorile Filofteia și Rafaiela Potcoavă, nepoate ale părintelui Dumitru Stăniloae. Cuprinde biserica în stil neobizantin, cu una dintre cele mai frumoase picturi din tot Ardealul, și un complex de chilii.

Mănăstirea Colțul Chiliilor

4 viețuitori, viață de obște

Hram: Sfântul Pantelimon, Sfânta Paraschiva
Adresă: oraș Zărnești, 505800, jud. Brașov, se urmează indicatorul spre Pensiunea Plaiul Foii (7 km)
Acces: DE572 pe ruta Brașov-Râșnov, apoi DN73A pe ruta Râșnov-Zărnești
Stareț: protos. Emilian Kadar
Contact: +40721664348; **Cazare:** 20 locuri

A fost reînființat în anul 2001, pe locul unei vechi vetre monahale, a cărei existență este atestată în 1723 și care a fost distrusă în 1781. S-au construit corpul de chilii și paraclisul, iar din 2003 s-a început ridicarea unei biserici de lemn, terminată și sfințită în 2009.

Împrejurimi:
- Bisericuța din peșteră (la 3 minute de schit)
- Parcul Național Piatra Craiului, cu Masivul Piatra Craiului

Mănăstirea Brâncoveanu, Sâmbăta de Sus

38 viețuitori, viață de obște

Hram: Adormirea Maicii Domnului, Izvorul Tămăduirii, Sfinții Martiri Brâncoveni
Adresă: com. Sâmbăta de Sus, 507266, jud. Brașov
Acces: DN1/E68, Făgăraș, com. Voila, ramificație DL com. Sâmbăta de Sus (13 km)
Stareț: PS Ilarion Făgărășanul; **Egumen:** protos. Atanasie Roman
Contact: +40722234800, +40372704830, +40730556342 (Academie); www.manastireabrancoveanu.ro
Cazare: 250 locuri

Moaște: raclă cu părticele de la mai mulți sfinți
Pelerinaje: La izvorul cu apă tămăduitoare din curtea mănăstirii se face pelerinaj în fiecare an, în vinerea din Săptămâna Luminată (de Izvorul Tămăduirii), obicei păstrat cu sfințenie chiar și în perioada în care mănăstirea era ruinată și părăsită

De văzut:
- Izvorul Tămăduirii, cel mai vechi obiectiv din incintă (1500), restaurat de Mitrop. Nicolae Bălan și împrejmuit cu un baldachin sculptat în lemn de stejar
- Biblioteca: peste 2000 de volume de carte rară, manuscrise, incunabule etc. Cea mai veche scriere de aici este un manuscris persan din sec. IX.
- Mormântul părintelui Teofil Părăian, în cimitirul din apropierea incintei

Este una dintre cele mai importante mănăstiri din Ardeal, dar și din întreaga țară. Ctitorie brâncovenească și monument de arhitectură, vatră de spiritualitate ortodoxă și de cultură, aceasta se remarcă atât prin valoarea istorică a întemeierii ei, cât și prin dezvoltarea uimitoare din ultimele decenii, care i-a crescut prestigiul și a diversificat mult obiectivele de interes duhovnicesc, cultural și turistic.

Încă din prima jumătate a secolului al XVII-lea exista la poalele Munților Făgăraș, în Poiana Braniștei, o mănăstire cu bisericuță de lemn. În anul 1696, **voievodul Țării Românești Constantin Brâncoveanu** construiește pe locul ei o biserică din piatră, înființând aici și o școală de grămătici și una de zugravi. Pictura în frescă a bisericii se va realiza mai târziu, în anii 1766-1767, în stil postbrâncovenesc. Deși scapă de distrugere în anii 1761-1762, mănăstirea de la Sâmbăta va fi afectată de persecuții în anul 1785. Mănăstirea a rămas în ruină până în anul 1926, când încep lucrările de restaurare a bisericii și de reorganizare a vieții monahale, sub conducerea **Mitropolitului Nicolae Bălan** al Ardealului, care a devenit astfel al doilea ctitor. Au fost reparate zidurile bisericii, s-au executat lucrări de sculptură în piatră și în lemn. Vechea pictură, conservată în mare parte în mod uimitor, în ciuda celor aproape 140 de ani în care biserica a stat în ruină, a fost restaurată și, de asemenea, întregită acolo unde zidul fusese distrus, păstrându-se cât mai fidel stilul și erminia picturii originale. S-a reconstruit în întregime, pe vechiul amplasament, turnul clopotelor, unde au fost instalate cinci clopote bine armonizate și s-a ridicat corpul administrativ cu chilii și gospodărie la o oarecare distanță de biserică. Inspiratul Mitropolit Nicolae Bălan s-a ocupat cu mare grijă de reactivarea vieții monahale, formând o obște de călugări îmbunătățiți, cu deosebite valențe spirituale și pregătire teologică superioară. Printre primii viețuitori ai mănăstirii s-au numărat **părintele Arsenie Boca** (primul viețuitor și stareț în anii 1940-1944, mare duhovnic, desăvârșit organizator și pictor), părintele Serafim Popescu (stareț în anii 1944-1954, apreciat duhovnic) și Nicolae Mladin (viitor mitropolit al Ardealului).

Al treilea ctitor a fost **Mitropolitul Antonie Plămădeală,** care, deși a păstorit în perioada grea a comunismului (începând cu 1982), a fost coordonatorul unor lucrări excepționale. A reconstruit incinta mănăstirii, de formă patrulateră, cu două corpuri masive de clădiri, unul la nord și altul la sud, unite prin două pergole, toate în stil brâncovenesc. Clădirile adăpostesc pe latura nordică noua biserică, cu hramul Sf. Martiri Brâncoveni, turnul-clopotniță, stăreția și chilii, iar pe cea sudică, trapeza, chilii, casa domnească, biblioteca și muzeul.

Chilia pr. Arsenie Boca

Muzeul deține un valoros patrimoniu: colecția de carte veche, documente și manuscrise, colecțiile de artă bisericească (iconografie, veșminte liturgice, obiecte de cult), cea numismatică și de etnografie. De menționat donația făcută muzeului de Dominik Nicol, constând în sute de monede antice. **Biblioteca** are un fond de 65000 de volume. Atât muzeul, cât și biblioteca au ca fond de bază cărțile și obiectele colecționate de Mitropolitul Antonie. În pergola de vest s-a amenajat necropola mitropoliților Ardealului, având în centru mormintele celor trei ctitori. În afara incintei, în imediata apropiere, Mitropolitul Antonie a ridicat **Academia de la Sâmbăta – spiritualitate, cultură, artă, știință** (inaugurată în 2005), clădire impunătoare, având sală de conferințe, trapeză și numeroase camere pentru cazare, centru internațional capabil să găzduiască simpozioane, conferințe, cursuri, tabere și alte activități religios-culturale. În cadrul mănăstirii funcționează un **atelier de pictură pe sticlă**, în jurul căruia s-a constituit cea mai importantă școală de pictură pe sticlă din țară, condusă în prezent de părintele Calinic Morar (care a realizat pictura pe sticlă a iconostasului bisericii noi) și avându-l ca reprezentant de seamă în perioada anterioară pe părintele Timotei Tohăneanu. Pictor autodidact de mare talent, părintele Timotei a fost inițiatorul atelierului și al școlii de pictură de la Sâmbăta, crescând prestigiul mănăstirii prin expozițiile încununate de succes din țară și mai cu seamă prin cele internaționale (Elveția, Germania, Austria, SUA, Canada, Australia ș.a.). Din obștea Mănăstirii Sâmbăta s-au ridicat numeroși ierarhi (Mitrop. Nicolae Mladin, Episcopul Irineu Crăciunaș-Suceveanul, PS Visarion Bălțat, ÎPS Serafim Joantă, PS Sofian Pătrunjel, ÎPS Laurențiu Streza, Mitropolitul Ardealului), dar și mari duhovnici precum părintele Arsenie Boca, părintele Serafim Popescu și părintele Teofil Părăian.

Împrejurimi:
- Altarul de vară din pădurea de fagi, sculptat de părintele Arsenie Boca, ulterior renovat și extins
- Izvorul părintelui Arsenie, la aprox. 1 km de mănăstire, pe drumul spre Viștișoara
- Chilia părintelui Arsenie, săpată în munte ca loc de sihăstrie, dar neterminată (acces: traseul turistic spre Cabana Valea Sâmbetei, apoi traseu marcat spre vest, cu grad sporit de dificultate)

Mănăstirea Făget

4 viețuitoare, viață de obște

Hram: Nașterea Maicii Domnului
Adresă: sat Boholț, com. Beclean, 507011, jud. Brașov
Acces: DE68 pe ruta Brașov-Făgăraș, apoi pe DJ pe ruta Făgăraș-Șoarș-Rupea, 7 km de Făgăraș
Stareță: monahia Teodora Hulpan
Contact: +40761784410, +40765341110
Cazare: 10 locuri

Înființat în 1993 pe Dealul Crucii, pe locul unei vechi vetre monahale distruse în 1761, așezământul a cuprins inițial un paraclis de lemn, un altar de vară și câteva chilii. În 2004 s-a început construcția bisericii mari, înconjurată de un complex de chilii.

Împrejurimi:
- Cetatea Făgărașului (7 km)

Mănăstirea Dejani

3 viețuitori, viață de obște

Hram: Acoperământul Maicii Domnului, Schimbarea la Față (paraclis)
Adresă: sat Dejani, com. Recea, 507182, jud. Brașov
Acces: DE68 pe ruta Brașov-Făgăraș, apoi se continuă spre Recea și se urmează indicatorul, 8-9 km. 16 km S de Făgăraș
Stareț: protos. Varlaam Nichifor
Contact: +40742094989, +40761784409; **Cazare:** 12 locuri

Moaște: părticele de la Sf. M. Mc. Gheorghe, Sf. Ier. Spiridon, Sf. Ier. Nectarie, Sf. Mc. Prov, Tarah și Andronic

Icoane făcătoare de minuni: icoana Maicii Domnului, care a mijlocit mai multe vindecări, se află în biserica mănăstirii

Împrejurimi:
- Mănăstirea Berivoii Mari (10 km)

Începuturile vechiului așezământ monahal, distrus în 1761, se pierd în negura secolelor al XVII-lea-al XVIII-lea.

Reînființată în 1990 în Poiana Mănăstirii, într-un superb peisaj montan, Mănăstirea Dejani atrage azi numeroși închinători și pelerini. Un monumental turn-clopotniță permite accesul în incintă, care mai cuprinde o frumoasă biserică de lemn în stil moldovenesc, un paraclis de piatră și cărămidă pentru programul liturgic de iarnă și un complex de chilii în stil brâncovenesc. De la vechea mănăstire se păstrează o icoană de lemn a Sf. Nicolae, un clopot, precum și fântâna.

Mănăstirea Predeal

5 viețuitoare, viață de obște

Hram: Sfântul Ierarh Nicolae
Adresă: oraș Predeal, 505300, jud. Brașov
Acces: DE60 pe ruta Brașov-Predeal (30 km)
Stareță: monahia Spiridona Mihu
Contact: +40740697450, +40761784414; **Cazare:** 4 locuri

Icoane făcătoare de minuni: icoana Sf. Nicolae

A fost reînființată în 1993 pe locul fostului metoc al Arhiepiscopiei Sibiului, prin grija Mitrop. Antonie Plămădeală. Vechea vatră monahală a fost întemeiată în 1774, construindu-se o biserică de lemn, arsă de turci în 1788. Se ridică o a doua biserică din lemn de brad, care a durat până în 1819, când se construiește biserica de piatră cu hramul Sf. Nicolae. În 1835 se începe construcția celei de-a doua biserici. În anii 1933-1935 s-au făcut reparații capitale la întregul complex mănăstiresc. A fost desființată în 1959. Biserica mică, în stil bizantin, are iconostasul de zid, cu o singură ușă diaconească. Pictura a fost restaurată între anii 1974 și 1976. Întregul complex monahal – cu cele două biserici – este declarat monument istoric.

Schitul Augustin

2 viețuitoare, viață de obște

Hram: Înălțarea Domnului
Adresă: com. Augustin, 507151, jud. Brașov
Acces: DE60 pe ruta Brașov-Măieruș, apoi se urmărește indicatorul spre schit prin localitatea Apața-Augustin (50 km N din Brașov)
Egumenă: monahia Mihaela Guraliuc; **Contact:** +40741069396, +40761784417

Este înființat în 2006, pe locul unei foste vetre monahale distruse de generalul Bukow și a cărei amintire sătenii au păstrat-o prin troițele ridicate pe dealul mănăstirii. Până în prezent s-au ridicat biserica de lemn, corpul de chilii și altarul de vară.

Mănăstirea Poiana Brașov

7 viețuitori, viață de obște

Hram: Nașterea Sfântului Ioan Botezătorul
Adresă: stațiunea Poiana Brașov, 500001, jud. Brașov
Acces: din Brașov (centru) se urmărește indicatorul spre Poiana Brașov, 11 km
Stareț: arhim. Hristofor Bucur
Contact: +40724042212, +40761784405
Cazare: 4 locuri

A fost înființată în anul 2000 de Arhiepiscopia Sibiului. Frumoasa biserică de lemn, ridicată pe o fundație masivă de beton, are la demisol chilii și alte anexe. Biserica este construită în stil maramureșean, cu turnul-clopotniță deasupra pridvorului, prevăzut cu foișor pătrat și coif alungit.

Schitul Breaza

4 viețuitori, viață de obște

Hram: Tăierea Capului Sfântului Ioan Botezătorul
Adresă: sat Breaza, com. Lisa, 507116, jud. Brașov
Acces: DE68 pe ruta Brașov-Făgăraș, apoi pe DJ Făgăraș-Recea-Breaza, urmându-se indicatorul, cca 25 km de Făgăraș
Egumen: ierom. Ambrozie Duță
Contact: +40769281539, +40761784420; **Cazare:** 40 locuri (cu rezervare)

Moaște: părticele din moaștele Sf. Mc. Prov, Tarah și Andronic, Sf. Acachie Athonitul, Sfinții 40 de Mucenici din Gaza Palestinei

Pe teritoriul localității Breaza au existat în trecut două mănăstiri, ambele distruse de generalul Bukow. Ctitorul actualului așezământ este pr. Ioan Năftănăilă din Breaza cu familia. În 1997 s-a construit o bisericuță de lemn. Viața monahală a fost reactivată la Breaza în 2006. Ulterior s-au construit două corpuri de chilii, iar în 2011 s-a pictat biserica.

Împrejurimi:
- urmele Cetății Negru Vodă (la 200 m de mănăstire)

Schitul Cristian

obște în formare

Hram: Sfântul Efrem cel Nou
Adresă: loc. Cristian, 507055, jud. Brașov
Acces: DN73 Brașov – Cristian (cca 13 km); sau din Brașov, cu autobuzul 5M până la capăt de linie (zona Măgurele), apoi se merge puțin până la drumul neasfaltat, unde este un indicator spre mănăstire, iar de la indicator, cca 500 m până la mănăstire (pe cărarea ce merge pe liziera pădurii)
Egumen: protos. Clement Vadin
Contact: +40735172037

Înființat în 2015, cu binecuvântarea ÎPS Laurențiu, din inițiativa protos. Clement Vadin, originar din Brașov. Este în curs de organizare și se află sub ascultarea Mănăstirii de la Sâmbăta de Sus.

Schitul Moieciu de Jos

2 vieţuitoare, viaţă de obşte

Hram: Sfinţii Împăraţi Constantin şi Elena
Adresă: com. Moieciu de Jos, 507135, jud. Braşov
Acces: DN73 pe ruta Braşov-Câmpulung (cca 28 km). În localitatea Moieciu de Jos se urmează indicatorul spre schit.
Administrator: rasofora Marta Fodor Rusu
Contact: +40749129886

În anul 2009, doamna Leni Pinţea Homeag, fiică a satului, a donat Arhiepiscopiei Sibiului un teren pe care s-a ridicat o bisericuţă de lemn în stil maramureşean. S-a amenajat, de asemenea, o casă monahală.

Schitul Şinca Nouă

4 vieţuitori, viaţă de obşte

Hram: Duminica Sfinţilor Români, Sfântul Proroc Isaia (9 mai), Sfânta Muceniţă Anastasia Romana şi Sfântul Ierarh Nectarie (3 septembrie)
Adresă: com. Şinca Nouă, 507210, jud. Braşov
Acces: DN73 Braşov-Râşnov (15 km), apoi DN73A Zărneşti-Şinca Nouă (17 km); din comună se urmează indicatorul spre mănăstire, cca 3 km
Egumen: protos. Matei Bilauca
Contact: +40761784429

Moaşte: Sf. Ierarh Nectarie din Eghina, Sf. Anastasia Romana, Sf. Pantelimon, Sf. Bonifatie, Sf. Ap. Petru şi Pavel, Sf. Nicolae, Lemnul Sfintei Cruci, Sf. Maria Magdalena, Voalul Maicii Domnului, epitrahilul pr. Arsenie Boca

A fost înfiinţat în anul 2009, prin osteneala obştii şi contribuţia sătenilor, pe locul unei mai vechi vetre monahale. Săpăturile arheologice au scos la iveală zidurile bisericii fostei mănăstiri, datată în secolele XVII-XVIII. S-a ridicat un corp incluzând chilii, paraclis, stăreţie, trapeză. Un alt corp cuprinde bucătărie, trapeză şi grup sanitar, iar la mansardă are trei ateliere: de pictură, sculptură şi croitorie. În anul 2014 s-a sfinţit piatra de temelie a bisericii mari. Locaşul se va ridica deasupra ruinelor vechii biserici, în stil athonit, şi va avea 2 niveluri.

În fiecare an, în a treia duminică din Postul Mare, se face procesiune cu Lemnul Sfintei Cruci de la mănăstire până la biserica din sat (5 km), unde se săvârşeşte Taina Sfântului Maslu.

De văzut:
- Ruina vechii biserici, ce păstrează fragmente de frescă
- Izvorul mănăstirii
- Biserica de lemn din Şinca Nouă (sec. al XVIII-lea)

Schitul Șinca Veche

4 viețuitoare, viață de obște

Hram: Nașterea Maicii Domnului, Sfântul Ierarh Nectarie (paraclis)
Adresă: com. Șinca Veche, 507206, jud. Brașov
Acces: DE68 pe ruta Brașov-Șercaia, apoi DN73A pe ruta Șercaia-Șinca Veche (58 km din Brașov)
Egumenă: monahia Serafima Antofe
Contact: +40758067908, +40761784430; www.sincaveche.ro

Moaște: Sf. Ierarh Nectarie din Eghina

De văzut:
• Complexul rupestru din incinta mănăstirii

Viața monahală a fost reactivată la Șinca Veche prin înființarea Schitului Nașterea Maicii Domnului și așezarea unei obști de monahi în decembrie 2006. Complexul mănăstiresc cuprinde un corp de chilii, trapeza și un paraclis închinat Sf. Nectarie de Eghina. În apropiere se află peștera cu două bisericuțe rupestre, datate în secolele al XIV-lea-al XV-lea. Viața monahală a încetat aici odată cu prigoana condusă de generalul Bukow (1761). Întreaga lucrare de restaurare a grotei cu cele două bisericuțe și de construcție a complexului monahal se află sub patronajul Fundației ortodox-culturale Maica Sfântă – Bucuria neașteptată. Amplul proiect vizează pe viitor: ridicarea unei biserici cu hramul Buna Vestire, cu anexele aferente mănăstirii; înființarea unor ateliere de creație și organizarea de tabere de creație pentru tineri, expoziții, conferințe; deschiderea unui șantier arheologic pentru așezarea dacică de pe teritoriul mănăstirii. Din mai 2009 schitul adăpostește o obște de maici.

Mitropolia Ardealului

Arhiepiscopia Alba Iuliei

Arhiepiscop: Înalt Preasfințitul IRINEU POP
(cuprinde județele Alba și Mureș)

Str. Mihai Viteazul, nr. 16, Alba Iulia, 510010, jud. Alba
Tel: +40258811690, Fax: +40258812797; www.reintregirea.ro

Catedrala Arhiepiscopală Alba Iulia („Catedrala Reîntregirii")

3 viețuitori, viață de obște

Hram: Sfânta Treime, Sfinții Arhangheli Mihail și Gavriil
Adresă: str. Mihai Viteazul, nr. 16, Alba Iulia, 510010, jud. Alba
Acces: în zona istorică a orașului, Cetatea Alba Carolina
Eclesiarh: protos. Damaschin Rădulescu
Contact: +40258818188 (int. 121)

Moaște: racla cu părticele de la Cuvioșii Părinți uciși de perși în sec. al VII-lea în Mănăstirea Sfântul Teodosie cel Mare din Palestina, Sf. Siluan Athonitul, Cuv. Teofil cel Nebun pentru Hristos de la Kiev, Sf. Mc. Iustina, Sf. Mc. Celestin, Sf. Mc. Zenon

Pelerinaje: cu ocazia sărbătorii Sfinților Ardeleni (21 octombrie)

Simbol al unității naționale a românilor, a fost construită în anii 1921-1922, aici având loc, în 1922, încoronarea regelui Ferdinand I și a reginei Maria (fapt pentru care i se mai spune și „Catedrala Încoronării"). Reprezintă o continuare a așezământului mitropolitan bălgrădean, distrus de habsburgi între 1713 și 1714, care cuprindea și o biserică de zid, ridicată de Mihai Viteazul în 1597. Complexul este alcătuit din catedrală și corpurile aferente, reprezentând o sinteză de elemente arhitectonice și decorative din timpul domnitorilor munteni Matei Basarab și Constantin Brâncoveanu. Pictura catedralei, în frescă, aparține pictorului Costin Petrescu. În pronaos sunt portretul voievodului Mihai Viteazul și cel al Doamnei Stanca, iar în naos, la intrare, portretele votive ale regelui Ferdinand și reginei Maria. Catedrala este înconjurată de o incintă dreptunghiulară, având două pavilioane mari în partea de est, unde se află reședința și administrația arhiepiscopiei, și două pavilioane mici în partea de vest, înglobând clopotnița de 58 m. Pavilioanele sunt legate prin galerii susținute de coloane și arcade duble. Biserica este catedrală episcopală din 1975, când s-a înființat Episcopia Ortodoxă de Alba Iulia, care în 1998 a fost ridicată la rang de Arhiepiscopie. Programul liturgic este zilnic: Utrenia și Sfânta Liturghie dimineața, Vecernia cu Pavecernița Mică seara, iar în zilele de miercuri, vineri și duminică un acatist sau paraclis.

De văzut:
- Muzeul și Sala Unirii, Celula lui Horea, Biblioteca Batthyaneum
- Mormântul lui Iancu de Hunedoara din Catedrala Romano-Catolică, de aceeași vârstă cu celebra Catedrală Notre-Dame de Paris

Mănăstirea Albac-Rogoz

10 viețuitoare, viață de obște

Hram: Sfântul Proroc Ilie
Adresă: com. Albac, 517005, jud. Alba
Acces: DN75 Câmpeni-Albac (19 km); mănăstirea se zărește de la șosea
Stareță: stavrofora Ioanichia Gligor
Contact: +40258777562, +40786052534; **Cazare:** 10 locuri

Moaște: părticele de la Sf. Nicolae, Sf. Nectarie, Sf. Mc. Sava de la Hilandar, Sf. Antonie de Veria

Împrejurimi:
- Peștera Scărișoara

Istoria acestui așezământ începe în primii ani de după Revoluția din '89 și capătă consistență odată cu venirea aici a părintelui Dionisie Ignat și a câtorva maici, în 1999. În același an se începe ridicarea bisericii, finalizată în 2002 și sfințită în 2005. Alte construcții îmbogățesc incinta în această perioadă: corpul de chilii, cu un mic paraclis, împodobit cu pictură de maicile din obște, altarul de vară, clopotnița. Aici funcționează ateliere de pictură, sculptură și croitorie.

Mănăstirea Afteia

14 viețuitori, viață de obște

Hram: Sfinții Împărați Constantin și Elena
Adresă: sat Strungari, com. Săliștea, 517541, jud. Alba
Acces: DN1 Alba Iulia-Sebeș (17 km), DN7 Vințu de Jos (6 km), DJ704A stânga, Pianu de Sus (12 km), dreapta în Strungari, 5 km drum forestier
Stareț: protos. Ioan Paven
Contact: +40755529727

A fost ridicată pe locul unei vechi vetre monahale, întemeiate în a doua jumătate a secolului al XVII-lea și închinate Mănăstirii Cozia din Țara Românească. În secolul al XVIII-lea a viețuit aici Sofronie de la Cioara, cunoscutul luptător pentru drepturile religioase ale românilor ortodocși. După distrugerea mănăstirii în 1778, o parte dintre materialele de construcție a fost folosită la ridicarea unei biserici în satul Cioara, unde au fost duse și cărți de slujbă și câteva piese pictate, unele foarte valoroase. Viața monahală este reactivată în 1926, mai târziu construindu-se aici o biserică, dar care astăzi nu mai există. Închisă în prima parte a epocii comuniste, Mănăstirea Afteia va fi redeschisă în 1975. Actuala biserică s-a construit începând cu anul 2005. Complexul monahal mai cuprinde un corp de chilii cu paraclis și un altar de vară.

Împrejurimi:
- Biserica de lemn, monument istoric, din Săliștea (sec. al XVIII-lea), ridicată cu materiale de construcție provenind de la Mănăstirea Afteia (distrusă în 1778)
- Biserica de lemn din Pianu de Sus (1761)

Mănăstirea Cergău Mic

3 viețuitori, viață de obște

Hram: Sfântul Ghelasie de la Râmeț; **Adresă:** sat Cergău Mic, com. Cergău, 517217, jud. Alba; **Acces:** DJ107 Blaj-Cergău, DL stânga, Cergău Mic
Stareț: ierom. Serafim Paruș
Contact: +40258719100, +40786052510

A fost înființată în anul 2001. Biserica de lemn, începută în acest an, a fost terminată un an mai târziu, construindu-se de asemenea corpul de chilii de mici dimensiuni și o casă de locuit.

Mănăstirea Cheile Cibului

7 viețuitoare, viață de obște

Hram: Buna Vestire
Adresă: Cheile Cibului, 517034, jud. Alba
Acces: DN47 Alba Iulia-Zlatna (39 km), DJ705, Almașu Mare (10 km), DJ705D, Cheile Cibului (10 km); sau DN7 Orăștie (spre Sebeș), 7 km, DJ705 stânga, Geoagiu (7 km), DJ705 D Bozeș (4 km)-Balșa-Almașu Mare-Cheile Cibului (cca 25 km)
Stareță: monahia Andreea Stan; **Contact:** +40788816912

Sub stânca Piatra Chiliei a existat o mănăstire formată dintr-un complex de chilii rupestre, dispărută în secolul al XVIII-lea. Mănăstirea Cheile Cibului reia tradiția vieții monahale de aici, începând cu anul 2000. În 2004 se începe construcția unei biserici în stil bizantin și a unui corp de chilii. La câteva sute de metri de mănăstire se află stânca Piatra Mijlocie cu bisericuțele, având câteva peșteri în care tradiția spune că ar fi locuit sihaștri.

Împrejurimi:
- Biserica monument istoric Buna Vestire (1418), Almașu Mare
- Rezervația naturală Cheile Cibului

Mănăstirea Dumbrava

28 viețuitoare, viață de obște

Hram: Sfântul Mare Mucenic Dimitrie, Adormirea Maicii Domnului (biserica nouă); **Adresă:** sat Dumbrava, com. Unirea, 517788, jud. Alba
Acces: DN1 Aiud (spre Turda)-Unirea (16 km), după 5 km DL stânga (spre satul Dumbrava), 1 km până la mănăstire
Stareță: monahia Mina Cerceș; **Contact:** +40258876027; **Cazare:** 40 locuri

Icoane făcătoare de minuni: icoana Maicii Domnului, descoperită în structura de zid a bolții bisericii din satul Dumbrava

Înființată în 1996. Incinta cuprinde biserica, ridicată între anii 1997 și 2000, și clădirile în formă de patrulater ce împrejmuiesc locașul de cult. În anul 2009 s-a sfințit piatra de temelie a noii biserici, de tip catedrală, cu hramul Adormirea Maicii Domnului, aflată în stadiu de finisare. Recent s-a ridicat un arhondaric, aflat în curs de finalizare.

Părintele arhimandrit Vasile Crișan, ctitorul mănăstirii și îndrumătorul spiritual al obștii monahale, este totodată și paroh în satul Dumbrava, dar și coordonator al Centrului de Servicii Sociale „Sfânta Veronica", ce funcționează pe lângă mănăstire. Trei corpuri de clădire adăpostesc centrul, organizat pe mai multe secții: Casă de tip familial (copii între 2 și 12 ani), Centrul de deprinderi pentru viață independentă (copii peste 12 ani), Centrul săptămânal, Centrul maternal (găzduiește mame cu copii), Școala specială, Casa de persoane vârstnice și cu handicap. Tot aici funcționează un cabinet stomatologic, precum și o sală de recuperare, care oferă servicii de fizioterapie, chinetoterapie și băi galvanice. S-au mai construit și amenajat o brutărie și o patiserie dotate cu echipament modern, în care fac practică și tinerii de la Școala specială.

Împrejurimi:
- Cetatea Aiudului
- Monumentul Mihai Viteazul, Mirăslău

Mănăstirea Lupșa

20 viețuitori, viață de obște

Hram: Înălțarea Sfintei Cruci
Adresă: com. Lupșa, 517410, jud. Alba
Acces: DN75 Turda-Baia de Arieș-Lupșa (70 km); sau DN74 Alba Iulia-Zlatna-Abrud (70 km), DN74A, Câmpeni (11 km), DN75, Lupșa (15 km)
Stareț: arhim. Melhisedec Ungureanu
Contact: +40258769467, +40744385997

Vatră mănăstirească, ale cărei începuturi se plasează în prima jumătate a sec. al XV-lea; biserica, având hramul Sf. Nicolae, este ctitorită de cunoscuta familie a boierilor Cândea la 1429, fiind considerată cea mai veche biserică de lemn din Apuseni. În jurul ei s-a constituit o obște, locul purtând până astăzi numele „la Mănăstire". Scapă de distrugere în timpul prigoanei generalului Bukow, fiind predată însă, în 1820, uniților. Aici a funcționat o școală până în 1848, dezvoltându-se, de asemenea, un puternic centru de pictură. În 1948 revine Bisericii Ortodoxe. Locașul de cult a fost restaurat între anii 1975 și 1978, mănăstirea fiind reînființată în 1990.

În 1994 se așază aici o obște de monahi cu metania la Mănăstirea Sâmbăta de Sus, ulterior construindu-se un nou ansamblu de chilii, ateliere, zidul de piatră împrejmuitor, turnul-clopotniță, un paraclis închinat Adormirii Maicii Domnului și Sf. Siluan Athonitul. În biserica veche se găsesc icoanele de pe catapeteasmă, datând de la sfârșitul sec. al XVII-lea.

Împrejurimi:
- Muzeul etnografic Pamfil Albu, Lupșa
- Biserica Sf. Gheorghe, Lupșa

Mănăstirea Fărău 5 viețuitori, viață de obște

Hram: Sfânta Treime; **Adresă:** com. Fărău, 517280, jud. Alba
Acces: DN1 Aiud-Unirea (14 km), DJ107D, Ocna Mureș-Vama Seacă-Fărău (cca 18 km), și 3 km spre Șilea până la mănăstire
Stareț: protos. Paisie Uleșan; **Contact:** +40744623865

A fost înființată în 1995 la inițiativa protos. Paisie Uleșan. Biserica de lemn, monument istoric, datează din 1664 și a fost strămutată la Fărău din satul Șilea. A fost pictată în frescă în 2003 de Marcel Fodor. S-a ridicat un corp de chilii și în anul 2011 s-a sfințit piatra de temelie a noii biserici.

Mănăstirea Martirii Neamului, Muncelu

16 viețuitoare, viață de obște

Hram: Duminica Sfinților Români (biserica nouă), Acoperământul Maicii Domnului (biserica veche)
Adresă: sat Muncelu, oraș Baia de Arieș, 515303, jud. Alba
Acces: DN75 Turda-Baia de Arieș-Muncelu (65 km), apoi 1 km până la mănăstire
Stareță: monahia Paraschiva Vicu
Contact: +40258775282, +40740248097; **Cazare:** 8 locuri

Este amplasată în apropiere de „Izvorul Călugărului", toponim ce indică posibilitatea viețuirii aici în trecut a unui sau mai multor sihaștri. Începuturile așezământului sunt legate de dorința credincioșilor Gheorghe și Zoia Albu de a ridica o biserică pe terenul propriu, ulterior donat mănăstirii înființate aici în 1993. După această dată lucrările de clădire a așezământului capătă amploare, ridicându-se bisericuța de lemn (1991-1993), impresionantul corp de chilii și biserica mare (începută în 1998). În prezent, de buna desfășurare a vieții duhovnicești, dar și de finalizarea lucrărilor de construcție se ocupă maica stareță Paraschiva Vicu, ajutată de duhovnicul mănăstirii, protosinghelul Irineu Orlandea.

Împrejurimi:
- zona oferă pelerinului o salbă de mănăstiri: Mănăstirea Lupșa, Mănăstirea Valea Bistrei, Câmpeni, Mănăstirea Albac, Schitul Sub Piatră, Sălciua, Schitul Poșaga

Mănăstirea Măgina 2 viețuitori, viață de obște

Hram: Sfânta Treime; **Adresă:** sat Măgina (Aiud), 515207, jud. Alba
Acces: DJ107I Aiud-Măgina (8 km)
Stareț: ierom. Serafim Cruceanu; **Cazare:** 10 locuri
Contact: +40258864021, +40744615088; www.manastireamagina.ro

Vatră monahală cu veche tradiție, dar care a cunoscut mai multe întreruperi de-a lungul timpului, Mănăstirea Măgina este menționată pentru prima dată în 1611 ca „parohie mănăstirească"; altă atestare, sigură, este din 1665. Aici a funcționat până în 1848 o școală condusă de prof. monah Nicolae Marcu (1803-1867). În 1871 mănăstirea a fost părăsită, locașul de cult fiind folosit de credincioșii greco-catolici ca biserică de parohie până în 1948, când a revenit comunității ortodoxe din localitate. În 1992 ÎPS Andrei Andreicuț, la acea vreme episcop, a sfințit biserica mănăstirii, iar din 1998 viața monahală este reactivată. Biserica veche din piatră a fost împodobită cu pictură în frescă, începându-se totodată ridicarea unei noi biserici, cu hramul Sf. Evanghelist Ioan, ctitorită de Ioan Lazăr din Alba Iulia. S-au mai construit altarul de vară, gardul de piatră care marchează incinta cu o poartă monumentală, un nou corp de chilii și stăreția.

Împrejurimi:
- Schitul Aiud cu biserica-mausoleu, Aiud
- Mănăstirea Râmeț

Mănăstirea Oașa

30 viețuitori, viață de obște

Hram: Adormirea Maicii Domnului, Sfântul Mucenic Pantelimon (paraclis)
Adresă: sat Tău-Bistra, com. Șugag, 517782, jud. Alba
Acces: DN67C Sebeș-Șugag-Tău-Bistra (44 km), apoi încă 23 km până la mănăstire. Variante accesibile doar vara: DN7A Petroșani-Obârșia Lotrului (34 km), DN67C, Oașa, sau DN7A Brezoi-Voineasa-Obârșia Lotrului (86 km), DN67C, Oașa
Stareț: arhim. Iustin Miron
Contact: +40258738000,+40786052500
Cazare: 30 locuri

Împrejurimi:
- Mănăstirea Țeț
- Ruinele cetății dacice de la Căpâlna (DN67C, înainte de Șugag, la 3 km de șosea)
- Ruinele unui castru roman (la 15-20 km de mănăstire, lângă Vf. lui Pătru, la 1 km de Vf. Șureanu)

Moaște: racla cu părticele de la Sf. Pantelimon, Sf. Vasile cel Mare, Sf. Ioan Damaschin, Sf. Arsenie cel Mare ș.a.
Pelerinaje: cu ocazia sărbătoririi Sfântului Pantelimon (27 iulie)

Este situată la o altitudine de peste 1300 m, pe marginea Lacului Oașa. Înființată în 1990, cu obște de maici, a devenit, din cauza accesului dificil mai ales iarna, începând cu anul 2000 mănăstire de călugări. Biserica mănăstirii, strămutată aici între 1982 și 1983, a fost sfințită de Episcopul Emilian Birdaș în 1987. Aceasta este din lemn, pe fundație de piatră, în formă de cruce, având o singură turlă deasupra pronaosului, încadrată de alte patru turnulețe de dimensiuni mai reduse. Pictura în frescă a fost realizată de pictorul Liviu Dumbravă între 1985 și 1986. Incinta mai cuprinde corpul de chilii cu turnul-clopotniță la mijloc și alte clădiri ce adăpostesc stăreția și trapeza. Aici se desfășoară în fiecare an, în perioada 10-30 iulie, tabăra de tineret organizată de ASCOR-ul din Timișoara și Oradea. Din 2009, tabăra se organizează și iarna, între Crăciun și Anul Nou. Tabăra de tineret de la Mănăstirea Oașa s-a bucurat timp de 14 ani de prezența și participarea pr. Teofil Părăian, cunoscutul duhovnic de la Mănăstirea Brâncoveanu din județul Brașov.

Mănăstirea Pătrângeni-Negraia

7 viețuitoare, viață de obște

Hram: Buna Vestire, Sfântul Ilie (paraclis)
Adresă: sat Pătrângeni, oraș Zlatna, 516109, jud. Alba
Acces: DN74 Alba Iulia-Zlatna (cca 39 km), în satul Pătrângeni ramificație stânga, 1 km
Stareță: stavrofora Emiliana Mardare
Contact: +40754537886, +40786052503

Împrejurimi:
- Biserica monument istoric Buna Vestire (1418), Almașu Mare
- Muzeul Achim Emilian, Almașu Mare
- Mănăstirea Cheile Cibului

Înființată în 1993, în apropierea unei foste vetre monahale distruse în a doua jumătate a secolului al XVIII-lea. Incinta, incluzând biserica ridicată aici în 1910, s-a îmbogățit după înființare, între anii 1997 și 2002, cu o nouă biserică de tip navă (cu hramurile Sfântul Proroc Ilie și Sfântul Serafim de Sarov), dar și cu un corp de chilii, sală de conferințe, trapeză și un altar de vară. În 2005 vechea biserică a fost restaurată și, un an mai târziu, împodobită cu pictură în frescă. Tot în 2005 s-a inaugurat muzeul, iar din 2006 aici se desfășoară anual o tabără de pictură cu tematica „Acatistul Maicii Domnului", în perioada 1-15 august.

Mănăstirea Poiana Sohodol

3 viețuitori, viață de obște

Hram: Înălțarea Domnului
Adresă: sat Poiana Sohodol, com. Sohodol, 517727, jud. Alba
Acces: DN75 Câmpeni (spre Vadu Moților), 3 km, apoi DL stânga Gura Sohodol-Sohodol-Poiana Sohodol (15 km)
Stareț: ierom. Irineu Filip
Contact: +40744928954; **Cazare:** 12 locuri

A fost înființată în 1998, în jurul bisericii parohiale din satul Poiana Sohodol, aflat în plin proces de depopulare. Locașul de cult datează din 1875. În 1966 vine ca preot al credincioșilor de aici arhimandritul Dosoftei Moraru, care inițiază ample lucrări de reabilitare a bisericii: pictura, realizată între 1966 și 1972 de Mihai Moroșan, iconostasul din lemn de stejar și stranele, lucrate la Mănăstirea Neamț, vitralii lucrate la Atelierele Patriarhiei din București ș.a. Din 1996 Sohodolul este păstorit de ierom. Irineu Filip, actualul stareț. Se reușește cumpărarea terenului pentru mănăstire, biserica de mir devine biserică mănăstirească, serviciul liturgic săvârșindu-se atât pentru obștea monahală, cât și pentru mica parohie aferentă. S-au ridicat de asemenea un corp de chilii și un altar de vară. Se află în construcție un paraclis de iarnă.

Arhim. Dosoftei Moraru (1913-1990) a fost un om cu viață sfântă. A slujit (din 1948) la Mănăstirea Antim din București și la Catedrala Patriarhală. În 1956 devine stareț al Mănăstirii Putna, apoi preot misionar în Ardeal. Înainte de a trece la cele veșnice, îndemnat fiind de Duhul Sfânt, a mers în toate mănăstirile în care s-a nevoit, cerând iertare și binecuvântare.

Mănăstirea Sfântul Nectarie, Ponor

15 viețuitori, viață de obște

Hram: Sfântul Nectarie (paraclis), Înălțarea Domnului (biserica mare)
Adresă: com. Ponor, 517565, jud. Alba
Acces: DJ750C Teiuș-Stremț-Râmeț (cca 18 km), apoi prin Cheile Râmețului-Brădești-Ponor
Stareț: protos. Irineu Curtescu; **Contact:** +40258867688; **Cazare:** 50 locuri

Mănăstirea este situată la o altitudine de peste 1300 m, în apropierea localității Ponor. Lucrările de construcție au fost demarate în anul 2002, cu binecuvântarea ÎPS Andrei, Arhiepiscop de Alba Iulia. Ansamblul monahal are forma unei cetăți, în mijloc aflându-se locașul de cult. Starețul așezământului, protos. Irineu Curtescu, cu metania la Mănăstirea Sihăstria, a fost ucenic al cunoscutului duhovnic Paisie Olaru și a început ridicarea mănăstirii de la Ponor după ce a petrecut 10 ani la Schitul Prodromu din Sfântul Munte (1990-2000) și alți doi ani la Mănăstirea Antim din București, unde l-a îngrijit pe pr. Sofian Boghiu până la trecerea sa la cele veșnice (2002).

Împrejurimi:
- Mănăstirea Sfântul Spiridon, Ponor (1,5 km)
- Mănăstirea Râmeț

Mănăstirea Sfântul Spiridon, Ponor

14 viețuitoare, viață de obște

Hram: Sfântul Spiridon
Adresă: com. Ponor, 517565, jud. Alba
Acces: DJ750C Teiuș-Stremț-Râmeț (cca 18 km), apoi prin Cheile Râmețului-Brădești-Ponor
Stareță: monahia Teofana Palici; **Contact:** +40258867555

Înființată în 2011 din inițiativa protos. Irineu Curtescu, starețul Mănăstirii Sfântul Nectarie, Ponor, la 1,5 km distanță de mănăstirea păstorită de acesta. S-a construit corpul de chilii ce include un paraclis împodobit cu pictură. S-a pus piatra de temelie a bisericii așezământului.

La finalizarea lucrărilor, mănăstirile de la Ponor vor avea o rânduială specială: pelerinii bărbați vor merge la mănăstirea de călugări, femeile în pelerinaj oprindu-se la mănăstirea de maici.

Mănăstirea Râmeț

90 viețuitoare, viață de obște

Hram: Sfinții Apostoli Petru și Pavel și Adormirea Maicii Domnului (biserica mare), Izvorul Tămăduirii (biserica veche)
Adresă: sat Valea Mănăstirii, nr. 15, com. Râmeț, 517590, jud. Alba
Acces: DJ750C Teiuș-Stremț-Valea Mănăstirii (18 km)
Stareță: stavrofora Apolinaria Barb; **Contact:** +40258880111
Cazare: 50 locuri

Moaște: Capul Sfântului Ghelasie se află spre închinare în biserica nouă

De văzut:
- Muzeul mănăstirii, inaugurat în 1969, care are o colecție de icoane vechi pe lemn și pe sticlă, carte veche, colecția numismatică, antimise, o impresionantă colecție etnografică

Împrejurimi:
- Cheile Râmețului

Este cea mai veche și importantă vatră monahală din cuprinsul Arhiepiscopiei de Alba Iulia. Cele mai recente cercetări plasează vechimea ei în secolele XII-XIII.

Întemeiată de pustnicii trăitori în aceste părți și de alți credincioși (denumirea „Râmeț" provine de la termenul „eremiți"), a avut ulterior și alți ctitori și ocrotitori, precum Radu de la Afumați, Matei Corvin și Mihai Viteazul. De-a lungul timpului a fost supusă mai multor persecuții, fiind în două rânduri distrusă (1762 și 1785), dar refăcută. Între anii 1850 și 1940 a funcționat ca biserică parohială. Din 1940 viața monahală este reactivată, starețul Evloghie Oța reușind ridicarea unui corp cu 8 chilii și a unui paraclis. În 1955 devine mănăstire de maici. În urma Decretului 410/1959 este închisă. O nouă etapă din istoria mănăstirii începe în 1968, în timpul ieromonahului Dometie Manolache, care împreună cu un grup de maici care lucrau covoare la Aiud reușește să mute atelierul la Râmeț. Conducătoarea atelierului, Ierusalima Ghibu (de fapt stareța măicuțelor), a obținut din partea statului, în urma mai multor cereri, autorizația de funcționare a mănăstirii, în anul 1972. După 1989, la Râmeț s-au supraetajat clădirile de la poarta mănăstirii (1991), s-a clădit arhondaricul, s-a ridicat o nouă construcție înglobând trapeza, camera de protocol, salonul de conferințe și simpozioane, chiliile, s-au construit școala pentru copii și camere de cazare pentru fetele înfiate de mănăstire (1998-1999), clădiri pentru atelierele de țesătorie și broderie, altarul de vară.

Biserica veche a mănăstirii este un monument arhitectonic și artistic de excepție. În timp a fost supusă la diferite lucrări de consolidare și restaurare. În 1988 locașul a fost ridicat cu 2,08 m, ocazie cu care s-au descoperit 8 morminte. Bisericuța prezintă mai multe straturi de pictură, cel mai vechi aparținând perioadei 1330-1340. Un alt strat de frescă datează de la 1377, fiind realizat de zugravul Mihu de la Crișul Alb. În 1742, zugravul Gheorghe din Făgăraș repictează absida altarului, realizând un interesant ansamblu de pictură postbrâncovenească, același executând și pictura exterioară. Între anii 1975 și 1977, pictura a fost restaurată de pictorii Ștefan Anghelescu și Daniel Dumitrache. În 1982 s-a început construcția unei noi biserici, cu hramul Sfinții Apostoli Petru și Pavel, finalizată patru ani mai târziu. Sfințirea acestei biserici s-a făcut în 1992, când a avut loc și canonizarea Episcopului Ghelasie de la Râmeț. La mănăstire a funcționat încă din vechime o școală, despre care există mențiuni în anul 1762, dar și în 1821. În anul 1973, în timpul starețului Dometie Manolache, s-a ridicat o nouă clădire, pentru a adăposti instituția de învățământ.

Mănăstirea Sfântul Ioan Botezătorul, Alba Iulia

9 viețuitori, viață de obște

Hram: Nașterea Sfântului Ioan Botezătorul
Adresă: str. Valea Popii, nr. 10, Alba Iulia, CP 12, OP 3, 510310, jud. Alba
Acces: din Alba Iulia, pe șos. Calea Moților spre Câmpeni, după 500 m de la intersecția semaforizată stânga, încă 600 m până la mănăstire
Stareț: protos. Ioan Cojanu
Contact: +40258835553

Pelerinaje: cu ocazia hramului Nașterea Sfântului Ioan Botezătorul, 24 iunie

În 1937, episcopul general al armatei dr. Ioan Stroia a ctitorit schitul, cu hramul Nașterea Sf. Ioan Botezătorul, mutând aici obștea monahală de la catedrala nou-înființatei episcopii a armatei. Schitul a funcționat până în 1966, când viețuitorii au fost alungați de către autoritățile comuniste. Din 1975 aici a funcționat gospodăria Episcopiei de Alba Iulia. În 1990, ÎPS Andrei hotărăște reînființarea schitului, de data aceasta cu statut de mănăstire. Deoarece zona vechiului schit nu mai era favorabilă lucrării duhovnicești a mănăstirii, cu binecuvântarea ÎPS Andrei, se începe reconstrucția prin restrămutarea bisericii de lemn (datând din 1768) pe un nou amplasament situat pe Valea Popii, la 2,5 km N-V de Centrul Arhiepiscopal. În anul 1999 obștea s-a mutat în noua reședință, iar, după ce vechea biserică de lemn a fost împodobită cu pictură în stil bizantin, în 2000 a avut loc resfințirea ei.

Construcțiile cuprind două părți și se încadrează într-un plan în formă de cetate. Prima parte a proiectului, cuprinzând stăreția, două corpuri de chilii, anexe și clopotnița, a fost realizată și este dată în folosință în proporție de 50%. Acestea adăpostesc chilii, un mic arhondaric, editura, ateliere și gospodăria. Se află în construcție biserica centrală, la al cărei subsol s-a amenajat o criptă de 500 mp. Arhitectura bisericii, având ca prototip bolnița Coziei, încearcă o actualizare a stilului românesc, prin păstrarea elementelor decorative, în special ale sculpturilor în piatră. În incinta mănăstirii există ateliere de tâmplărie și de icoane. Mănăstirea are o bogată activitate editorială, aici înființându-se revista și Editura Epifania, în cadrul căreia au văzut lumina tiparului diverse cărți de rugăciuni, scrieri duhovnicești, cărți pentru copii, precum și *Agenda duhovnicească* anuală.

Mănăstirea Strungari

18 viețuitoare, viață de obște

Hram: Tăierea Capului Sfântului Ioan Botezătorul, Acoperământul Maicii Domnului, Sfântul Ioan Iacob Hozevitul
Adresă: sat Strungari, 517541, jud. Alba; **Acces:** DN67C Sebeș (spre sud)-Sebeșel (7 km), DL dreapta, Răchita-Strungari
Stareță: monahia Dositeea Protopopescu; **Contact:** +40258761151

A fost întemeiată în 1997, tradiția locală consemnând pe Valea Pianului existența încă de la începutul secolului al XX-lea a unei chilii sihăstrești. După înființare s-au demarat ample lucrări de construcție a incintei: biserica, altarul de vară, complexul de clădiri în formă de L, clopotnița.

Icoane făcătoare de minuni: icoana Maicii Domnului

Mănăstirea Sfântul Ioan Botezătorul, Rimetea

25 viețuitoare, viață de obște

Hram: Tăierea Capului Sfântului Ioan Botezătorul
Adresă: com. Rimetea, 517456, jud. Alba
Acces: DN75 Turda (spre Baia de Arieș)-Buru, apoi DJ107M stânga spre Rimetea, 4 km până la mănăstire, care se află între localitățile Buru și Rimetea; sau DJ107M Aiud-Rimetea (27 km), apoi încă 4 km spre Buru
Stareță: monahia Teofana Pandelea; **Contact:** +40258768242, +40786404981
Cazare: 20 locuri

Biserica, închinată Sf. Ioan Botezătorul, s-a ridicat în 2000, de construcție ocupându-se pr. celibatar Ioan Comăneci, paroh în comuna Poșaga de Jos și ctitor de biserici. S-au ridicat de asemenea un corp de chilii și anexe gospodărești.

Mănăstirea Soborul Sfinților Arhangheli Mihail, Gavriil și Rafail, Rimetea

14 viețuitoare, viață de obște

Hram: Soborul Sfinților Arhangheli Mihail, Gavriil și Rafail, Sfântul Acoperământ
Adresă: str. Principală, nr. 315, com. Rimetea, 517456, jud. Alba
Acces: DN75 Turda (spre Baia de Arieș)-Buru, apoi DJ107M stânga spre Rimetea, 4 km până la mănăstire, care se află între localitățile Buru și Rimetea; sau DJ107M Aiud-Rimetea (27 km), apoi încă 4 km spre Buru
Stareță: monahia Ana Mircea
Contact: +40258768243, +40786404580

Împrejurimi:
- Mănăstirea Sfântul Ioan Botezătorul, Rimetea (600 m)

În 1998 s-au ridicat biserica și corpul de chilii, de construcție ocupându-se pr. celibatar Ioan Comăneci, paroh în comuna Poșaga de Jos. Biserica, închinată Sf. Arhangheli Mihail, Gavriil și Rafail, este în formă de cruce greacă. Pictura iconostasului a fost realizată de viețuitoarele mănăstirii. În anul 2012 s-a început construcția unui paraclis de zid cu cupolă în stil bizantin, care va purta hramul Sfinții Ciprian și Iustina.

Mănăstirea Tăuni

4 viețuitoare, viață de obște

Hram: Acoperământul Maicii Domnului
Adresă: sat Tăuni, com. Valea Lungă, 517821, jud. Alba
Acces: DN14B Blaj-Valea Lungă (7 km), DJ142K, Tăuni (12 km)
Stareță: monahia Filoteea Comanici
Contact: +40258888015, +40758917564

A fost înființată în 1996. Actualul slujitor și duhovnic al așezământului, ieromonahul Iosif Ionescu, a venit la Tăuni în 1992 ca preot paroh. La acea vreme condițiile erau deosebit de grele, slujbele religioase desfășurându-se în școala din sat. În 1995 s-a reușit sfințirea pietrei de temelie pentru locașul de cult ce urma să fie biserică mănăstirească, dar utilizat și ca biserică parohială. În 1999 s-a început contrucția corpului de chilii structurat pe 2 niveluri, încorporând stăreția, casa duhovnicului, apartamentul de protocol, sala de conferințe, biblioteca, trapeza și alte anexe. Arhitectura bisericii, unicat în spațiul monahal transilvănean, reunește elemente specifice tuturor celor 3 provincii românești, dorindu-se a fi un simbol al unității lor bisericești și al poporului român în Biserică.

Mănăstirea Valea Bistrei, Câmpeni

5 viețuitoare, viață de obște

Hram: Sfinții Ierarhi Ilie Iorest și Sava Brancovici
Adresă: Valea Bistrei, 515500, Câmpeni, jud. Alba
Acces: DN75 Câmpeni (spre Baia de Arieș), 2 km, apoi drum local stânga, Valea Bistrei
Stareță: monahia Taisia Savu; **Contact:** +40744382696

A luat ființă în 1998 ca schit, devenind mănăstire în 2012. Incinta cuprinde biserica de lemn și un corp de chilii.

Schitul Aiud

4 viețuitori, viață de obște

Hram: Înălțarea Sfintei Cruci, Sfânta Cruce (a treia duminică din Postul Mare)
Adresă: str. Eroilor, nr. 3, Aiud, 515200, jud. Alba
Acces: DN1/E81 Sebeș-Alba Iulia-Teiuș-Aiud (46 km), la intrarea în Aiud, dreapta pe șoseaua de centură, după Liceul Avram Iancu a treia stradă la dreapta și imediat la stânga, se merge înainte până la Școala Generală Axente Sever, apoi dreapta printre garaje, și pe partea stângă este biserica
Egumen: exarh protos. Augustin Vărvăruc
Contact: +40258860325, +40745138910; www.calvarulaiudului.ro

Cu sprijinul financiar al Asociației Foștilor Deținuți Politici, la Aiud s-a ridicat, în anii 1992-1994, o biserică-mausoleu în memoria martirilor trecuți prin temnițele comuniste și în special prin penitenciarul aiudean. La poalele „Râpei Robilor", unde au fost aruncați martirii Aiudului, în perioada comunistă se amenajaseră cocini de porci. Locașul a fost sfințit în 1999 de Mitrop. Bartolomeu Anania. În 2005 s-a înființat aici o vatră monahală, la dorința pr. Iustin Pârvu de la Mănăstirea Petru Vodă. Se află sub jurisdicția directă a Arhiepiscopiei de Alba Iulia. Alături de monumentul ridicat de Asociația Foștilor Deținuți Politici s-au construit o casă monahală și un mic paraclis. Interiorul bisericii-mausoleu surprinde prin: înălțimea de 4 m de la intrare care ajunge la 12 m în partea altarului, prin coborârea marcată de 24 de trepte. Pictura lipsește, pereții fiind placați cu panouri de marmură pe care se pot citi numele deținuților care au suferit în temnițele comuniste. La exterior, pe acoperișul plat se înalță 7 perechi de cruci, peste care se sprijină o altă cruce, de mari dimensiuni, orizontală. În viziunea arhitectului, acestea simbolizează crucea neamului susținută de jertfa martirilor, iar cele 2 goluri din brațele crucii mari reprezintă ochii poporului implorând divinitatea. În apropierea bisericii-mausoleu s-a amenajat incinta monahală, lucrările fiind în stadiu de finisare. Așezământul are o biserică ce va purta hramul Sfânta Cruce (a treia duminică din Postul Mare) și un corp de chilii. Se află în curs de amenajare muzeul și o bogată bibliotecă. Aici va funcționa și un Centru de Studii Martirologice.

Moaște: Osemintele martirilor din Închisoarea Aiud sunt așezate în osuarul de sub Sfântul Altar

La schit se desfășoară anual două simpozioane de martirologie (în Postul Mare și în Postul Crăciunului).

Maica Domnului Orantă cu Sfinții Mucenici din temnița Aiudului

Schitul Albac, După Pleșe

7 viețuitoare, viață de obște

Hram: Învierea Domnului; **Adresă:** com. Albac (După Pleșe), 517013, jud. Alba
Acces: DN75 Câmpeni-Albac (19 km); cu 4 km înainte de Albac DL stânga
Egumenă: stavrofora Mariam Vicol
Contact: +40258777070, +40740945469

Înființat în 2004, ca loc de retragere și studiu duhovnicesc, sub administrarea Mănăstirii Lupșa. În august 2010 s-a sfințit biserica așezământului.

Schitul Călene

4 viețuitoare, viață de obște

Hram: Acoperământul Maicii Domnului
Adresă: Călene, oraș Cugir, 515603, jud. Alba
Acces: DN7 Sebeș (spre Orăștie)-Vințu de Jos-Balomiru de Câmp, apoi, după 2 km, intersecție stânga DJ704, Cugir (8 km), apoi DL Călene
Egumenă: stavrofora Melania Cărpinișan
Contact: +40258770103, +40720068569

Înființat în anul 1991, pe terenul donat de una dintre viețuitoarele schitului, monahia Paraschiva Albu. Ulterior s-au ridicat biserica, un corp de chilii, stăreția, trapeza și o gospodărie anexă.

Schitul Cut

6 viețuitori, viață de obște

Hram: Sfântul Siluan Athonitul
Adresă: com. Cut, 517206, jud. Alba
Acces: DN1 Sebeș (spre SE), 9 km, apoi ramificație stânga, Cut (2 km), se merge pe drumul principal până la școala din localitate, apoi indicator stânga spre schit, drum dificil, 1,7 km
Egumen: ierom. Teofan Popa; **Contact:** +40749200318

Moaște: o părticică din moaștele Sfântului Siluan se păstrează în Sf. Altar

A fost înființat în 2005, prin venirea câtorva monahi de la Rebra-Parva. S-a construit într-o primă fază un mic paraclis de tip sală, necesar desfășurării slujbelor bisericești. Ulterior s-a început ridicarea corpului de chilii, care include **paraclisul cu hramul Adormirea Maicii Domnului**.

Schitul Hăpria

5 viețuitori, viață de obște

Hram: Buna Vestire; **Adresă:** sat Hăpria, com. Ciugud, 517243, jud. Alba
Acces: DJ107 Alba Iulia-Teleac-Hăpria (cca 8 km)
Egumen: arhim. Andrei Barbu
Contact: +40786051548, +40754042170

Moaște: părticele de la Sf. Evdochim Vatopedinul (5 octombrie)

A fost înființat în anul 2004 din inițiativa credincioșilor, a primarului și a Consiliului Local din comuna Ciugud, care au donat un teren de 10 ha pentru construcția așezământului. S-au construit biserica și corpul de chilii. Schitul e situat la liziera pădurii de la Hăpria, de unde se deschide o perspectivă deosebit de pitorească spre Munții Sebeșului.

Schitul Livezile

7 viețuitoare, viață de obște

Hram: Nașterea Sfântului Ioan Botezătorul
Adresă: com. Livezile, 517390, jud. Alba
Acces: DJ107M Aiud-Livezile (10 km)
Egumenă: monahia Filoteea Drăgușin
Contact: +40258868008, +40766536331

A fost ctitorit în 1995 de credinciosul Petru Irimie, care a donat terenul și s-a ocupat de ridicarea bisericii și a corpului de chilii. Biserica de lemn, în formă de cruce, cu pridvor deschis și turlă deasupra pronaosului, a fost pictată de George Dascălul din București și sfințită în anul 2000.

Împrejurimi:
- Mănăstirea Măgina

Schitul Poşaga

5 vieţuitori, viaţă de obşte

Hram: Adormirea Maicii Domnului, Schimbarea la Faţă
Adresă: com. Poşaga, 517575, jud. Alba
Acces: DN75 Turda (spre Câmpeni)-Poşaga de Jos (37 km), DL dreapta spre Poşaga de Sus
Egumen: ierom. Teofan Jurcă; **Contact:** +40766456143

Ctitorit în 1933 de preotul Alexandru Rujdea, paroh în Poşaga de Jos, a fost închis în urma Decretului 410/1959. Odată cu venirea ieromonahului Paisie Cosma, în 1979 sunt iniţiate lucrări de construcţie a incintei: biserica de cărămidă, chiliile, clopotniţa, zidul de piatră înconjurător, care are pe latura nordică o serie de medalioane în mozaic reprezentând chipuri de domnitori, poeţi şi eroi români. Biserica de lemn a schitului se evidenţiază prin elementele de sculptură exterioară şi programul iconografic.

Schitul Sfântul Lazăr

10 vieţuitoare, viaţă de obşte

Hram: Sfântul Lazăr
Adresă: str. Francisca, nr. 1, Alba-Iulia, 510040, jud. Alba
Acces: de la Catedrala Reîntregirii, 2 km spre ştrand
Egumenă: monahia Veronica Crişan
Contact: +40757531117, +40258832526
Cazare: 20 locuri

Pe acest amplasament a funcţionat între anii 1937 şi 1999 Schitul Sfântul Ioan Botezătorul, mutat după această dată la Valea Popii – Miceşti şi ridicat la statut de mănăstire.

Moaşte: o raclă cu părticele din mai multe sfinte moaşte aduse din Rusia

Înfiinţat din necesităţi practice: aici funcţionează un centru misionar, tipografia, atelierul de lumânări, căminul preoţesc şi gospodăria arhiepiscopiei. Are un mic paraclis de lemn, cu hramul Sfântul Ioan Botezătorul, şi o casă monahală, înălţându-se o nouă biserică de zid, cu hramul Sfântul Lazăr. De asemenea, poarta de la intrare, construită din piatră şi cărămidă şi prevăzută cu ocniţe, o înlocuieşte pe cea veche, a schitului Sf. Ioan Botezătorul. În apropierea micului paraclis se află mormintele a trei ierarhi transilvăneni: Episcopul Veniamin Nistor al Caransebeşului, Dr. Ioan Stroia, episcop general al armatei, şi Episcopul Policarp Moruşca. În cimitirul monahilor, aflat de asemenea în apropierea bisericii, se află mormântul arhimandritului Sava Cimpoca, stareţ al schitului între anii 1946 şi 1955, monah îmbunătăţit, cunoscut ca făcător de minuni.

Schitul Sub Piatră, Sălciua

17 viețuitoare, viață de obște

Hram: Cuvioasa Parascheva
Adresă: sat Sub Piatră, com. Sălciua de Jos, 517651, jud. Alba
Acces: DN75 Turda-Sălciua de Jos (cca 35 km), DL, stânga 5 km, Sub Piatră
Egumenă: monahia Maria Răfăilă
Contact: +40258788816, +40786052502

Împrejurimi:
- Mănăstirea Martirii Neamului, Muncelu
- Mănăstirea Lupșa
- Schitul Poșaga

Moaște: raclă cu părticele din Sf. Nectarie, Sf. Siluan Athonitul, Sf. Haralambie, Sf. Ioan Rusul

Odoare: veșmântul întreg al Cuvioasei Parascheva de la Iași

A fost reînființat în anul 1991. Biserica de lemn, edificată în anii 1797-1798, este declarată monument istoric și păstrează 11 icoane foarte vechi. Noua biserică, în stil bizantin, s-a ridicat începând cu anul 1997. Are ateliere de croitorie și broderie bisericească.

Schitul Țeț

20 viețuitoare, viață de obște

Hram: Sfântul Mare Mucenic Gheorghe (paraclis), Nașterea Maicii Domnului (biserica nouă)
Adresă: com. Șugag, 517782, jud. Alba
Acces: DN67C Sebeș-Șugag (27 km), Tău-Bistra (17 km), apoi încă 7 km până la mănăstire
Egumenă: monahia Rafaela Purda
Contact: +40258738028, +40786052499
Cazare: 20 locuri

Moaște: raclă cu părticele din Sf. Ghelasie de la Râmeț, Sf. 14000 de prunci uciși de Irod, Sf. Paisie și Sila de la Sihăstria Putnei, Sf. Moise Ungarul, Sf. Mucenici de la Aiud

Împrejurimi:
- Mănăstirea Oașa

Înființat după 1990 cu binecuvântarea ÎPS Andrei, Arhiepiscop de Alba Iulia, piatra de temelie a bisericii fiind sfințită în 1995. Construcția bisericii, începută în același an, a fost finalizată în 2000. Locașul de cult a fost ridicat pe locul unuia mai vechi, ce exista din anul 1954 și se afla într-o stare avansată de degradare. Arhitectonic, biserica se înscrie în stilul neobizantin, de plan triconc. Pictura în frescă aparține pictorului Liviu Dumbravă. Corpul de chilii s-a construit între anii 1992 și 1995. Incinta cuprinde și un mic paraclis de lemn cu hramul Sfântului Mucenic Gheorghe. În partea de sud-est a altarului se găsește mormântul arhimandritului Ghenadie Morariu (1913-1993), ctitorul primei vetre monahale de aici.

Mănăstirea Cașva

4 viețuitoare, viață de obște

Hram: Duminica Tuturor Sfinților
Adresă: sat Cașva, com. Gurghiu, 547297, jud. Mureș
Acces: din Reghin spre Ibănești pe DJ153C, 13 km până în Gurghiu, apoi stânga din centrul orașului (5 km)
Stareță: monahia Neonila Antonoiu
Contact: +40265536453, +40761621914, +40761621914
Cazare: 20 locuri (cu rezervare)

Este cea mai veche vatră monahală de pe Valea Gurghiului. Aici au viețuit pentru puțin timp Cuviosul Simeon Sihastrul de la Pângărați cu ucenicii săi, retrași din Moldova în urma înfrângerii lui Ștefan cel Mare de către turci, în 1476. Nu se cunoaște anul părăsirii mănăstirii. Viața monahală a fost reactivată în 1995. S-a construit un paraclis de lemn, iar în 1996 s-a început construcția corpului de chilii și a bisericii. Locașul de cult, în stilul bisericilor athonite, este din piatră cioplită de meșteri locali și prezintă o turlă unicat la noi în țară, după modelul turlei bisericii Mănăstirii Hilandar din Sfântul Munte. Pardoseala este din granit, iar mobilierul, sculptat din lemn de păr. La mănăstire funcționează ateliere de croitorie și icoane. În anul 2008, aici a avut loc proclamarea canonizării **Sfântului Simeon de la Pângărați**. Sosit la Mănăstirea Cașva cu puțin înaintea morții sale, Cuviosul Simeon a adormit în Domnul. După câțiva ani, sfintele sale moaște au fost duse la Suceava de domnitorul Ștefan cel Mare. Cuviosul Simeon era cinstit încă din acea vreme ca sfânt tămăduitor, marele domn făcând procesiune cu sfintele sale moaște la vreme de boală și necaz.

Icoana canonizării Sfântului Simeon de la Pângărați aflată la Mănăstirea Cașva este o mărturie a puterii lui Dumnezeu Cel minunat întru sfinții Săi, prin vindecările care s-au petrecut aici.

Împrejurimi:
- Mănăstirea Lăpușna (30 km)
- Muzeul cinegetic și parcul dendrologic, Gurghiu

Mănăstirea Cipăieni

4 viețuitoare, viață de obște

Hram: Sfântul Proroc Ilie Tezviteanul, Sfântul Voievod Ștefan cel Mare (altarul de vară)
Adresă: sat Cipăieni, nr. 311, com. Sânger, 547542, jud. Mureș
Acces: Tg. Mureș-Turda, dreapta la Luduș DJ151, 8 km, apoi ramificație dreapta Sânger, spre Papiu Ilarian, cca 3 km
Stareță: monahia Varvara Habic
Contact: +0748813723, +40721395758

Este situată pe coama unui deal, într-un cadru deosebit de pitoresc. Conform tradiției, aici a existat o veche vatră monahală. Istoria recentă a mănăstirii începe odată cu construcția, între anii 1994 și 2001, a bisericii și a unui corp de chilii cu stăreție, la inițiativa preotului Ioan Lazăr, paroh în Chimitelnic (actualmente Cipăieni). S-a mai ridicat un altar de vară, sfințit în 2001. Între anii 2001 și 2008 așezământul e abandonat din lipsă de personal monahal. Odată cu venirea unui sobor de maici de la Mănăstirea Recea, în 2011, se reia aici viața monahală, săvârșindu-se toată rânduiala slujbelor după tipicul mănăstiresc și continuându-se lucrările de amenajare și finalizare a incintei monahale.

Împrejurimi:
- Mănăstirea Recea

Mănăstirea Jacu Românesc

5 viețuitoare, viață de obște

Hram: Sfântul Nicolae
Adresă: sat Jacu, com. Albești (OPRM Târgu-Mureș), 547028, jud. Mureș
Acces: DN13/E60 Târgu-Mureș (spre Sighișoara)-Bălăușeri (24 km), apoi DN13A (spre Sovata) Fântânele (5 km), apoi dreapta pe DJ134, Jacu (15 km)
Duhovnic: ierom. Gheorghe Boboia
Contact: +40740421859

A fost înființată în 1994, la inițiativa pr. prof. Ilie Moldovan de la Facultatea de Teologie din Sibiu (originar din Albești) și a altor intelectuali de la Școala Ardeleană Târgu-Mureș. Satul, la acea dată, era aproape pustiu, iar biserica, datând din jurul anului 1880, era în ruine. Mănăstirea înglobează biserica satului, fosta casă parohială, școala, precum și o casă donată de un vecin. Biserica a fost practic reclădită pe fundația celei vechi, s-au amenajat câteva chilii, trapeza și clopotnița. Sfințirea locașului de cult s-a făcut în 2009.

Mănăstirea Lăpușna

1 viețuitor

Hram: Sfinții Martiri Brâncoveni (paraclis), Sfântul Nicolae
Adresă: sat Lăpușna, com. Ibănești, 547331, jud. Mureș
Acces: DJ153C Reghin-Gurghiu-Ibănești-Lăpușna (37 km)
Stareț: protos. Arsenie Boariu
Contact: +40365087177, +4074384150

De văzut:
- Castelul regal de vânătoare Lăpușna

Biserica de lemn a așezământului, monument istoric, datează din anul 1779 și a fost strămutată aici din satul Comori în anul 1937, din dorința regelui Carol al II-lea, care își avea la Lăpușna castelul de vânătoare. Ulterior a rămas în administrația parohiei ortodoxe din apropiere, iar în 1997 a devenit biserică mănăstirească, odată cu înființarea Mănăstirii Lăpușna. Incinta monahală a prins contur prin construirea unui corp de chilii, a stăreției și a turnului-clopotniță, ce înglobează și un paraclis.

Valorosul edificiu de lemn își păstrează aproape în totalitate pictura originară (aparținând lui Toader Zugravul), stranele și candelabrele vechi, precum și două icoane împărătești realizate la mijlocul secolului al XVIII-lea de zugravul moldovean Vasilașcu.

Schitul Zimți

1 viețuitor

Hram: Adormirea Maicii Domnului; **Adresă:** loc. Zimți, 547336, jud. Mureș
Acces: din Reghin, pe DJ153C spre V (aprox. 29 km)
Egumen: ierom. Nichifor Ciocan
Contact: +40767690352

S-au ridicat o bisericuță și un corp de chilii.

Mănăstirea Recea

19 viețuitoare, viață de obște

Hram: Nașterea Maicii Domnului

Adresă: sat Recea, com. Ungheni, 547609, jud. Mureș; **Acces:** DN15/E60 Târgu-Mureș-Ungheni-Recea (14 km), la 300 m de aeroportul Târgu-Mureș

Stareță: stavrofora Cristina Chichernea **Contact:** +40265328213, www.manastirearecea.ro; **Cazare:** arhondaric

Istoria așezământului începe în 1982, când pr. Ioan Lazăr, paroh în Vidrasău, construiește aici o capelă și mai târziu un corp administrativ, acestea rămânând însă neterminate. Libertatea religioasă adusă de schimbările din 1989 prinde contur la Recea prin întemeierea, cu binecuvântarea ÎPS Andrei, Arhiepiscopul de Alba Iulia, a unui așezământ monahal, având ca stareță pe monahia Cristina Chichernea, iar ca duhovnic, pe cunoscutul **părinte Ioan Iovan**, care a petrecut 13 ani în închisorile comuniste († 2008). La sfârșitul anului 1991 s-au reabilitat și finisat biserica și clădirea existente aici, iar în 1992 s-a construit altarul de vară. În 1993 s-a început construcția complexului de chilii pe două niveluri, ce adăpostește stăreția, chiliile, trapeza și alte anexe. Într-o altă clădire s-au amenajat un cabinet medical și ateliere de croitorie și pictură. S-a construit o clădire pentru muzeul cu caracter național-bisericesc și o alta care adăpostește biblioteca. În 1995 s-a sfințit piatra de temelie a bisericii noi, cu hramul Nașterea Maicii Domnului. Locașul de cult impresionează prin pictura în tehnica mozaic, dar și prin finisajele din piatră cioplită și marmură. A fost sfințit în 2003 de Patriarhii Teoctist Arăpașu și Petros al VII-lea al Alexandriei și al întregii Africi. Prin jertfa și priceperea maicii starețe, Mănăstirea Recea a devenit un loc de o frumusețe aparte, care atrage pelerini din toate colțurile țării. În anii 1994-2002 mănăstirea a găzduit „Universitatea de vară", al cărei inițiator a fost pr. Ilie Moldovan de la Facultatea de Teologie din Sibiu și care a reunit numeroși studenți, precum și invitați de seamă.

Împrejurimi:
- Catedrala ortodoxă din Târgu-Mureș
- Cetatea medievală din Târgu-Mureș

Mănăstirea Sânmărtinul de Câmpie

3 viețuitori, viață de obște

Hram: Adormirea Maicii Domnului, Sfinții Arhangheli Mihail și Gavriil (biserica veche); **Adresă:** sat Sânmărtinul de Câmpie, com. Râciu, 547497, jud. Mureș

Acces: DN15E Târgu-Mureș (spre NV)-Ceuașu de Câmpie-Râciu (25 km), apoi prima intersecție la dreapta spre Sânmărtinul de Câmpie (4 km)

Cazare: 20 locuri

Stareț: protos. Teodul Libeg; **Contact:** +40265426952, +40745645863

Câteva informații sigure atestă existența mănăstirii de la Sânmărtinul de Câmpie în a doua jumătate a sec. al XVIII-lea, când funcționa în incintă o școală. Viața monahală a încetat aici cel târziu în 1785, așezământul ajungând în ruină. Reactivat în 1990, prin venirea protosinghelului Teodul Libeg, actualul stareț, în jurul căruia s-a format apoi o mică obște. Exista aici o bisericuță de lemn, monument istoric, cu hramul Sfinții Arhangheli Mihail și Gavriil, adusă în 1978. După reînființare a început construcția unei noi biserici, cu hramul Adormirea Maicii Domnului. S-a ridicat de asemenea un monumental corp de clădiri cu chilii, stăreție, trapeză, cameră de protocol, bibliotecă. Turnul-clopotniță a fost proiectat astfel încât să se poată amenaja la nivelul inferior arhondaricul, pangarul și un muzeu.

Moaște: racla cu părticică de la Sf. Martin Mărturisitorul (sec. IV)

Împrejurimi:
- Mănăstirea Nima Râciului
- Biserica de lemn, monument istoric, cu hramul Sfinții Arhangheli Mihail și Gavriil, Bozed

Mănăstirea Sighișoara

15 viețuitori, viață de obște

Hram: Sfântul Mare Mucenic Dimitrie (biserică), Izvorul Tămăduirii (paraclis);
Adresă: str. Aurel Vlaicu, nr. 26 A, Sighișoara, 545400, jud. Mureș
Acces: DN13/E60 Brașov-Sighișoara (106 km), sau DN14 Sibiu-Mediaș-Sighișoara (90 km), sau DN13/E60 Târgu-Mureș-Sighișoara (52 km); se ajunge la o intersecție mare imediat după podul peste Târnava, în intersecție se face stânga și apoi imediat din nou stânga pe drumul ce duce la mănăstire (3-4 km)
Stareț: protos. Emanuel Pleș
Contact: +40265771023, +40729841022; **Cazare:** 80 locuri

Moaște: raclă cu părticele de la 33 de sfinți
Pelerinaje: de hramuri

Împrejurimi:
- Centrul orașului medieval Sighișoara – patrimoniu universal UNESCO
- Catedrala ortodoxă din Sighișoara

A fost înființată la dorința credincioșilor din zonă și a protopopului Ioan Boian. Lucrările de construcție începute pe un teren donat de credincioși au luat amploare după anul 1997, odată cu venirea aici, de la Mănăstirea Lupșa, a părintelui Ghelasie Țepeș, stareț al așezământului din 1998. S-a început ridicarea bisericii mari. Mai întâi s-a amenajat provizoriu, la demisol, un paraclis până la finalizarea edificiului. S-au ridicat, de asemenea, un corp de chilii incluzând stăreția și paraclisul, trapeza, un arhondaric, un altar de vară în pădure. Sfințirea bisericii s-a făcut în 2005 de ÎPS Andrei Andreicuț și PS Daniel Stoenescu, episcopul Daciei Felix. Pe viitor se dorește amenajarea unui muzeu. Mănăstirea găzduiește conferințe preoțești și sinaxe cu stareții din Arhiepiscopia de Alba Iulia, dar și diferite întâlniri și cursuri pe teme religioase.

Mănăstirea Socolu de Câmpie

3 viețuitoare, viață de obște

Hram: Tăierea Capului Sfântului Ioan Botezătorul
Adresă: sat Socolu de Câmpie, com. Cozma, 547172, jud. Mureș
Acces: DN15 Reghin-Breaza (4 km), DN16, Filpișu Mare, apoi, după cca 3 km intersecție dreapta pe DJ162A, Tonciu, apoi DL stânga, Socolu de Câmpie
Stareță: monahia Bartolomeea Pop; **Contact:** +40786488377

Biserica așezământului a fost inițial biserică parohială. Ridicată între anii 1938 și 1968, avea hramul Sfinții Arhangheli Mihail și Gavriil și a fost sfințită în 1974. În 1994 destinația locașului s-a schimbat, pentru a servi ca biserică de mănăstire a nou-înființatului așezământ, cu hramul Tăierea Capului Sfântului Ioan Botezătorul. S-au mai ridicat un corp de chilii și stăreția, iar în 1996, altarul de vară. În 1999 a fost transformată în mănăstire de maici.

Schitul Răzoare

5 viețuitoare, viață de obște

Hram: Înălțarea Domnului
Adresă: sat Răzoare, com. Miheșu de Câmpie, 547426, jud. Mureș
Acces: E60 Turda-Luduș (32 km), DJ151 Sânger-Zau de Câmpie-Miheșu de Câmpie (cca 28 km), apoi se urmează indicatorul pe drum local spre Răzoare și la mănăstire (5 km)
Egumenă: monahia Rafaela Păiuș; **Contact:** +40786052508

A fost înființat în anul 2005. S-au ridicat un corp de chilii cu trapeză și un paraclis, cu hramul Sfinții Părinți Ioachim și Ana. În anul 2006 s-a sfințit piatra de temelie a noii biserici, care va purta hramul Înălțarea Domnului.

Mitropolia Ardealului

Episcopia Oradiei

Episcop: Preasfințitul SOFRONIE DRINCEC
(cuprinde județul Bihor)

Str. Episcop Roman Ciorogariu, nr. 3, Oradea, 410017, jud. Bihor
Tel.: +40259433487, Fax: +40259470730; www.episcopiaoradiei.ro

Catedrala Episcopală Oradea

Hram: Învierea Domnului, Sfântul Ierarh Andrei Şaguna, Mitropolitul Transilvaniei
Adresă: Centrul civic, Piaţa Independenţei, nr. 41, Oradea, 410067, jud. Bihor
Ecleziarh: protos. Irineu Bighe

Moaşte: raclă cu moaşte de la mai mulţi sfinţi; o părticică din osemintele Sf. Andrei Şaguna

Este noua catedrală a Episcopiei Ortodoxe Oradea, lucrările fiind începute în timpul Episcopului Ioan Mihălţan (1992-2006). Construită în stil neobizantin, catedrala are 65 m înălţime, fiind cel mai mare locaş de cult din jud. Bihor. Pentru slujirea liturgică a fost amenajat demisolul. Programul slujbelor se desfăşoară în regim de mănăstire, oficiindu-se zilnic Sfânta Liturghie şi Vecernia, iar în zilele de vineri, Sfântul Maslu.

În 1992, în timpul păstoririi Episcopului Ioan Mihălţan, au fost aduse la „Biserica cu Lună" osemintele Episcopului Nicolae Popoviciu şi înhumate alături de Episcopii Roman Ciorogariu şi Vasile Coman.

„Biserica cu Lună" (fosta Catedrală Episcopală)

Hram: Adormirea Maicii Domnului
Adresă: Piaţa Unirii, nr. 2, Oradea, 410072, jud. Bihor
Ecleziarh: pr. Teodor Cristea

A fost catedrală episcopală până în urmă cu câţiva ani. Construită în anii 1784-1790, după proiectul şi sub supravegherea arhitectului orădean Iacob Edner, în stil baroc, cu elemente neoclasice. Turnul-clopotniţă se află deasupra pronaosului şi are o înălţime de 55 m. Sfinţită în 1832, a cunoscut de-a lungul timpului mai multe etape de renovare şi restaurare.

I se mai spune „Biserica cu Lună", deoarece în turnul-clopotniţă, sub orologiu, se află o sferă cu diametrul de 3 m, vopsită jumătate negru, jumătate auriu, care se roteşte, redând toate fazele lunii. Mecanismul, funcţional şi astăzi, a fost executat în 1793 de ceasornicarul Georg Rueppe, fiind unic în Europa. O altă caracteristică este portretul lui Horea (datând din 1816, când a fost pictată biserica), realizat pe arcada despărţitoare a naosului de altar, chiar deasupra crucii de la tâmplă.

A fost înscrisă pe lista monumentelor istorice în 2004.

Metocul Băile Felix

1 vieţuitor

Hram: Sfinţii Arhangheli Mihail şi Gavriil
Adresă: staţiunea Băile Felix, 417500, jud. Bihor
Acces: E79 Oradea-Staţiunea Băile Felix (8 km), în parcul dendrologic
Egumen: arhim. Iorest Grebenea

Se află în faza de construcţie. Cuprinde o biserică de lemn monument istoric din secolul al XVIII-lea, adusă la Băile Felix în anul 1993 şi provenind din jud. Sălaj. Locaşul de cult păstrează o colecţie de icoane vechi. Are program liturgic zilnic, cu Liturghie şi Vecernie. Se află sub ascultarea directă a Centrului Eparhial din Oradea.

De văzut:
- Rezervaţia de nuferi din staţiune

Mănăstirea Buna Vestire, Oradea

12 viețuitoare, viață de obște

Hram: Buna Vestire (biserica mare), Sfântul Mare Mucenic Mina (biserica mică)
Adresă: str. Matei Corvin, nr. 234 A, Oradea, 410133, jud. Bihor
Acces: în Oradea, la ieșirea spre Satu Mare
Stareță: stavrofora Pavelida Bădilă
Contact: +40259476727, +40744624956

Moaște: racla cu părticele de la 50 de sfinți se păstrează în biserica mare

A fost înființată în 1998 de Episcopul Ioan Mihălțan, prin valorificarea unei biserici ridicate în 1936 cu sprijinul financiar al Armatei Române și care fusese părăsită în urma declanșării celui de-al Doilea Război Mondial și instaurării regimului comunist. După mai bine de 60 de ani de abandon devine biserică de mănăstire și este supusă unor ample lucrări de consolidare și întărire a zidurilor, de pictură și tâmplărie. Alături se ridică alte corpuri de clădiri necesare desfășurării vieții monahale, închegându-se astfel o frumoasă incintă mănăstirească. În 2009 s-a sfințit altarul de vară, cu hramul Sfinții Apostoli Petru și Pavel și Sfântul Nicolae, având deasupra clopotnița, iar la subsol bisericuța de cărămidă tip catacombă, cu hramul Sfântul Mare Mucenic Mina.

De văzut:
- Mănăstirea Sfintei Cruci (2 km de Oradea), cu bisericuța monument istoric și biserica unicat în Transilvania pentru pictura exterioară

Schitul Sfânta Cuvioasă Parascheva, Oradea

fără obște

Schitul aparține de Mănăstirea Buna Vestire din Oradea. Se află în curs de organizare.

Mănăstirea Izbuc

20 viețuitori, viață de obște

Hram: Adormirea Maicii Domnului, Schimbarea la Față, Sfântul Nectarie, Sfinții Arhangheli Mihail și Gavriil, Izvorul Tămăduirii (biserica de lemn)
Adresă: sat Călugări, com. Cărpinet, 417136, jud. Bihor
Acces: E79 Oradea-Beiuș-Cărpinet (cca 92 km), dreapta drum local, Izbuc (4 km), apoi 7 km până la mănăstire
Stareț: exarh arhim. Mihail Tărău; **Contact:** +40749026916
Cazare: 100 locuri

Icoane făcătoare de minuni: icoana Maicii Domnului
Moaște: raclă cu moaște de la mai mulți sfinți

Este așezată într-un loc sfințit de veacuri de slujbe și rugăciune, fiind cea mai veche mănăstire a eparhiei. Numele satului – Călugări – indică existența unui vechi nucleu de viață religioasă în istoria acestor locuri. Mai mult, un izvor minunat a determinat pelerinaje, datorită apei sale vindecătoare. Caracteristica acestuia este că apa izbucnește la anumite intervale, de unde și numele de Izbuc dat ulterior mănăstirii ridicate aici. Înființată în 1928 la inițiativa Episcopului Oradiei Roman R. Ciorogariu, cuprindea inițial un mic paraclis din lemn cu hramul Izvorul Tămăduirii, chilii și stăreție. În 1959 locașul este extins. Incinta se îmbogățește în 1954 cu o bisericuță de lemn din secolul al XVIII-lea, cu hramul Adormirea Maicii Domnului, adusă din curtea Tribunalului Beiuș, iar mai târziu cu o impozantă clădire cu 2 etaje (1987) și cu paraclisul pictat în frescă (după 1989).

De văzut:
- Bisericuța de lemn (secolul al XVIII-lea) din incinta mănăstirii
- Izvorul cu apă tămăduitoare, a cărui caracteristică deosebită a dat numele Mănăstirii Izbuc. Este izvorul carstic intermitent reprezentativ din România; a fost declarat monument al naturii și pus sub ocrotire.

Mănăstirea Sfânta Cruce, Oradea

70 viețuitoare, viață de obște

Hram: Adormirea Maicii Domnului (biserica mare), Sfânta Cuvioasă Parascheva și Nașterea Maicii Domnului (biserica de lemn, monument istoric), Sfântul Ioan Rusul, Sfânta Xenia (paraclis), Sfântul Mina, Sfântul Serafim de Sarov (alt paraclis), Înălțarea Sfintei Cruci, Sfântul Teodosie de la Brazi (altarul de vară)
Adresă: str. Făcliei, nr. 24 A, Oradea, 410181, jud. Bihor
Acces: în Oradea, punct de reper: Hotel Intercontinental, la 2 km
Stareță: stavrofora Mina Bădilă
Contact: +40259471671, +40744851825; www.msfc.ro
Cazare: 50 locuri

Moaște: raclă cu părticele de la 50 de sfinți (Sf. Mina, Sf. Pantelimon, Sf. Ioan Rusul, Sf. Serafim de Sarov, Sf. Xenia ș.a.)

De văzut:
- Mănăstirea Buna Vestire, Oradea
- „Biserica cu Lună" din Oradea

A fost înființată în 1992. Incinta cuprinde două valoroase biserici: una de lemn, din secolul al XVII-lea, monument istoric, adusă din localitatea Corbești (jud. Bihor), și una de piatră, ridicată începând cu anul 1994, fiind singura biserică mănăstirească din Transilvania cu program iconografic pe exterior. Impresionează scena „Înfricoșătoarele vămi ale văzduhului". Complexul de clădiri ce marchează incinta pe cele 4 laturi include, în partea de vest, un dominant turn-clopotniță, încoronat de alte 4 turnulețe. La mănăstire funcționează ateliere de croitorie și broderie, precum și de pictură de icoane pe lemn și pânză.

Schitul Poiana Florilor

fără obște

Hram: Intrarea în Biserică a Maicii Domnului
Adresă: Aleșd, 415100, jud. Bihor
Acces: E60 Oradea-Aleșd, DN1H Peștiș, apoi spre Pădurea Neagră (din Aleșd până la mănăstire, 18 km; o parte drum asfaltat, o parte drum forestier)
Cazare: 20 locuri

A fost înființat în castelul de la Poiana Florilor (sec. al XVIII-lea), în anul 1997. Depinde de Mănăstirea Sfânta Cruce din Oradea, de unde maicile sunt trimise aici să slujească prin rotație. Biserica de lemn, adusă din județul Alba, e amplasată pe o culme, la 20 m de castel.

Împrejurimi:
- Biserica Sf. Dumitru din Tinăud-Aleșd (1658), ctitorie a lui Constantin Basarab Cârnu

Schitul Vârtop, Arieșeni

fără obște

Hram: Schimbarea la Față, Sfânta Cuvioasă Teodora de la Sihla
Adresă: stațiunea Vârtop, nr. 492, oraș Nucet, jud. Bihor
Acces: din Beiuș, pe DN76, 20 km, apoi stânga în Lunca, pe DN75 încă 37 km
Egumen: pr. Mihail Tărău

Este subordonat Mănăstirii Izbuc. S-au construit o biserică de lemn cu hramurile Sfântul Ștefan și Sfinții Brâncoveni și o casă monahală. O altă biserică, cu hramurile Schimbarea la Față și Sfânta Teodora de la Sihla, este în construcție.

Mănăstirea Stâna de Vale 4 viețuitori, viață de obște

Hram: Sfinții Apostoli Petru și Pavel
Adresă: Stațiunea Stâna de Vale, com. Budureasa, 417100, jud. Bihor
Acces: E79 Oradea-Beiuș, DJ764A Budureasa-Stâna de Vale; sau E79 Deva-Brad-Beiuș, DJ764A Budureasa-Stâna de Vale
Stareț: protos. Serafim Pop; **Contact:** +40742499262; **Cazare:** 12-14 locuri

A fost înființată în 1991, cuprinde paraclisul, biserica mare în stil bizantin, casa monahală, de piatră, cu mansardă din lemn, și alte anexe.

Împrejurimi:
- Casacada Iadolina
- Peștera Meziad
- Lacul Leșu

Schitul Barajul Leșu 2 viețuitori, viață de obște

Hram: Sfinții Împărați Constantin și Elena
Adresă: sat Remeți, com. Bulz, 417113, jud. Bihor;
Acces: E68 dinspre Oradea sau Cluj, în sat Bucea, apoi DJ108I, Bulz, DJ108K, Remeți, mănăstirea aflându-se la Coada Lacului, în sat
Egumen: ieroschim. Ambrozie Maxin; **Contact:** +40757028183

A fost înființat la dorința credincioșilor din zonă în anul 1999, în apropierea Barajului Leșu, unde se află și un sat de vacanță. Cuprinde biserica și casa monahală. Aparține de Mănăstirea Stâna de Vale.

Mănăstirea Voievozi 4 viețuitori, viață de obște

Hram: Nașterea Maicii Domnului
Adresă: sat Voivozi, com. Popești, 417397, jud. Bihor
Acces: E60 Oradea-Aleșd, DN1H spre N, 11 km, apoi DJ108H Voivozi, din sat, 5 km
Stareț: protos. Chesarie Pondroș; **Contact:** +40757567715

Este o veche vatră monahală, ale cărei începuturi se plasează în sec. al XII-lea, și din care se păstrează ruinele unei biserici de piatră (datată în jurul anului 1350). A aparținut de Mănăstirea Peri (azi în Ucraina). Reînființată în 1993, cuprinde biserica de lemn strămutată din Sacalasău, o nouă biserică, de zid, începută în 2005, corpul de chilii și altarul de vară. Din octombrie 2012 a devenit mănăstire de călugări.

Moaște: racla cu părticele ale sfinților de la Lavra Pecerska din Kiev

De văzut:
- Biserica de lemn cu hramul Sfântul Nicolae, strămutată din Sacalasău – monument istoric

Schitul Sfântul Ioan Botezătorul, Oradea

3 viețuitori, viață de obște

Hram: Sfântul Ioan Botezătorul
Adresă: str. Gheorghe Doja, nr. 83, Oradea, 410169, jud. Bihor
Acces: în Oradea, în apropierea Spitalului Județean
Egumen: protos. Marcu Bulzan; **Contact:** +40762986670

A fost înființat în 1994 și se află în subordinea directă a Centrului Eparhial din Oradea. Obștea este alcătuită din slujitorii Catedralei Episcopale, precum și din personalul monahal din aparatul administrativ al episcopiei. Are o clădire cu paraclis. Tot aici se află gospodăria episcopiei, cu livadă și grădini.

Schitul Valea lui Mihai 2 viețuitori, viață de obște

Hram: Intrarea în Biserică a Maicii Domnului
Adresă: Valea lui Mihai, 415700, jud. Bihor
Acces: E671 Oradea-Satu Mare, în Valea lui Mihai (63 km)
Egumen: protos. Dometie Pițiș; **Contact:** +40763133927; **Cazare:** 4 locuri

A fost înființat în 2009. Biserica este construită de o credincioasă din zonă, pe un teren ce îi aparținea. S-a ridicat, de asemenea, casa monahală și se construiesc alte anexe. Dependent de Mănăstirea Izbuc.

Împrejurimi:
- Rezervația naturală Lacul Cicos (cca 10 ha)

Icoane făcătoare de minuni: icoana Maicii Domnului

Împrejurimi:
- Muzeul Orășenesc de Istorie și Etnografie, Beiuș
- Peștera Urșilor
- Biserica de lemn, monument istoric din loc. Lazuri de Beiuș

Schitul Huta

2 viețuitori, viață de obște

Hram: Sfântul Ioan Botezătorul, Sfânta Teodora de la Sihla
Adresă: com. Finiș, 417265, jud. Bihor
Acces: din Beiuș DJ764F Finiș (4 km), apoi 12 km pe drum forestier până la mănăstire, pe valea Pârâului Bălăteasa
Egumen: protos. Macarie Feraru

A fost înființat în 1998, sub dependența Mănăstirii Stâna de Vale; de trei ani este subordonat Mănăstirii Izbuc. Bisericuța schitului a fost construită în 1927, pe seama cătunului Cerbu-Brusturi (la 19 km de localitatea Finiș), ulterior depopulat; renovată în 1973 de Episcopul Vasile Coman. Din anul 2001 s-au ridicat un nou corp de chilii, micul paraclis închinat Sfintei Maria Magdalena, stăreția, trapeza ș.a.

Mitropolia Ardealului

Episcopia Covasnei și Harghitei

Episcop: Preasfințitul ANDREI MOLDOVAN

(cuprinde județele Covasna și Harghita)

Str. Patriarhul Miron Cristea, nr. 5, Miercurea Ciuc, 530112, jud. Harghita,
Tel/Fax: +40266124453

Mănăstirea Comandău

2 viețuitori, viață de obște

Hram: Icoana Prodromița (12 iulie)
Adresă: sat Comandău, 527080, jud. Covasna
Acces: din Covasna spre Voinești, 14 km
Stareț: ierom. Simon Rîceanu

Înființată în anul 2015, la inițiativa unei familii de credincioși din zonă. Se află în curs de organizare.

Mănăstirea Mărcuș

7 viețuitoare, viață de obște

Hram: Acoperământul Maicii Domnului, Duminica Sfinților Români
Adresă: sat Mărcuș, com. Dobârlău, 527087, jud. Covasna
Acces: DN11/E574 Brașov spre N-E, 11 km, apoi dreapta DN10-Prejmer-Teliu, stânga DJ103B-Mărcuș (4 km). 18 km SV din Sf. Gheorghe
Stareță: monahia Serafima Comșa
Contact: +40740095480; www.manastirea-marcus.com; **Cazare:** 20 locuri

Mănăstirea a fost întemeiată pe locul unui vechi schit, distrus în jurul anului 1700. Prima încercare de a reînvia vechea vatră monahală îi revine maicii Suzana Comșa, care, în 1950, a ridicat o biserică și câteva chilii, distruse în 1973 de autorități. Reînființată în 1991, de un mic grup de maici de la Mănăstirea Brâncoveni, în frunte cu monahia Serafima Comșa, orginară din Mărcuș, nepoată a maicii Suzana. Ansamblul este format dintr-o frumoasă biserică de zid cu trei turle, în stil neobizantin, și un corp de chilii. Patronează Asociația de binefacere Sf. Iustina, centru pentru sprijinirea fetițelor orfane.

Mănăstirea Sita Buzăului

35 viețuitoare, viață de obște

Hram: Schimbarea la Față; **Adresă:** com. Sita Buzăului, 527155, jud. Covasna
Acces: DN10 Întorsura Buzăului, spre SE Sita Buzăului (4 km)
Stareță: monahia Loida Iovănesc; **Contact:** +40267373170, +40766772353

A fost înființată în 1997 cu obște de călugări. Din 2000 devine mănăstire de maici. Mănăstirea a fost ridicată de parohia din Sita Buzăului, pe un teren donat de pr. Arsenie Muscalu. Inițial avea o bisericuță și un corp de chilii din lemn. Pe locul bisericuței s-a construit în 2012 o nouă biserică din lemn, cu hramul Sf. Mare Mucenic Gheorghe. În același an s-a sfințit biserica mare a așezământului. S-au construit un complex monahal cuprinzând chilii, un paraclis cu hramul Buna Vestire (sfințit în 2 februarie 2015), o bibliotecă și ateliere.

Mănăstirea Valea Mare

6 viețuitori, viață de obște

Hram: Nașterea Sfântului Ioan Botezătorul
Adresă: com. Valea Mare, 527170, jud. Covasna; **Acces: 1.** DJ121A, la cca 30 km de Sfântu Gheorghe; 2. Întorsura Buzăului-Sărămaș (5 km)
Stareț: protos. Ilie Bularca
Contact: +40744312099; www.manastireasfioan.ro; **Cazare:** 40 locuri

A fost înființată în 1998, la inițiativa credincioșilor din zonă și după revenirea pe meleagurile natale, de la Mănăstirea Dervent (Dobrogea), a monahului Gheorghe Avram. În 1999 s-au sfințit biserica de lemn a așezământului și piatra de temelie a noii biserici, de dimensiunile unei catedrale; aflată în curs de pictare.

Mănăstirea Doamnei (Pârâul Doamnei), Moglănești

13 viețuitoare, viață de obște

Hram: Nașterea Maicii Domnului, Intrarea Maicii Domnului în Biserică
Adresă: Toplița, 535700, jud. Harghita
Acces: DN12/E578 Miercurea Ciuc-Gheorgheni-Toplița
Stareță: monahia Ecaterina Murariu
Contact: +40266343300; +40743572211

Ctitorită în 1658 de Doamna Safta, soția domnului moldovean Gheorghe Ștefan, mănăstirea va rămâne pustie în urma prigoanei pornite de generalul Bukow. Biserica de lemn, monument istoric, a cunoscut mai multe etape de restaurare. Originala pictură a bisericii, pe pânză, a fost executată în 1981, de Maria Popa. O parte din iconostas se păstrează la muzeul Mănăstirii Sf. Ilie din Toplița. Din 1999 mănăstirea e încredințată unei obști de maici. S-a construit o biserică de zid cu hramurile Sfântul Ierarh Ioan Maximovici și Duminica Samarinencei.

Mănăstirea Făgețel

5 viețuitori, viață de obște

Hram: Sfânta Treime, Tăierea Capului Sfântului Ioan Botezătorul
Adresă: sat Făgețel, com. Frumoasa, 537117, jud. Harghita
Acces: DN12A Miercurea Ciuc-Frumoasa, la 24 km de Miercurea Ciuc
Stareț: exarh protos. Ghelasie Mureșan
Contact: +40266339247, +40748017744

A fost inițial o bisericuță – paraclis familial –, ridicată în anul 1903 de o credincioasă pe nume Rozalia Gheorghe. Prin venirea, după 1931, a ieromonahului Dionisie Șova cu alți 3 monahi de la Mănăstirea Bogdana, se întemeiază aici un așezământ monahal, biserica fiind donată Arhiepiscopiei Sibiului și reparată și sfințită de Mitropolitul Nicolae Bălan în 1936. În condițiile Dictatului de la Viena și ale perioadei comuniste, viața monahală s-a întrerupt. Mănăstirea este reînființată în 1995, păstrându-se vechea biserică și construindu-se complexul de chilii, turnul-clopotniță de la intrare și zidul ce delimitează incinta. Biserica, în stil bizantin, de tip navă, a fost resfințită în 1999.

Mănăstirea Izvorul Mureșului

25 viețuitoare, viață de obște

Hram: Adormirea Maicii Domnului, Sfântul Ioan Botezătorul (paraclis)
Adresă: stațiunea Izvorul Mureșului, 537356, jud. Harghita
Acces: DN12, din Miercurea Ciuc (35 km), din Gheorgheni (15 km)
Stareță: monahia Miriam Oprea
Contact: +40266315099, +40744966950
Cazare: 60 locuri (doar vara)

A fost înființată în 1996 din dorința comunității locale. Este situată la poalele Muntelui Hășmașul Mare, la o altitudine de 950 m. În anii următori s-au construit: biserica în stil brâncovenesc, corpul de chilii cu paraclis, casa duhovnicului, clopotnița și anexele gospodărești, precum și un altar de vară.

Mănăstirea Sfântul Nicolae, Miercurea Ciuc

20 viețuitoare, viață de obște

Hram: Sfântul Ierarh Nicolae (capela Centrului eparhial)
Adresă: str. Patriarh Miron Cristea, nr. 5, Miercurea Ciuc, 530112, jud. Harghita
Acces: DN11/E574 Brașov-Chichiș (23 km), stânga DN12/E578 Sfântu Gheorghe-Miercurea Ciuc (78 km)
Stareță: monahia Gabriela-Cristina Stanciu
Contact: +40266317912

Funcționează din 1994, în cadrul reședinței Episcopiei Ortodoxe de Covasna și Harghita. Obștea de maici utilizează pentru ritualul liturgic capela cu hramul Sf. Nicolae de la Centrul eparhial, iar la slujbele din timpul săptămânii și de sărbători alcătuiesc strana la frumoasa Catedrală episcopală (ridicată între anii 1929 și 1939).

Schitul Gura Izvorului

4 viețuitori, viață de obște

Hram: Duminica Tuturor Sfinților
Adresă: Toplița, 535700, jud. Harghita
Acces: din Toplița, de la Monumentul Eroilor, stânga pe valea Topliței, pe drum forestier (9 km)
Egumen: protos. Ghenadie Copiimulți; **Contact:** +40266342649
Cazare: 3-4 locuri

A fost înființat în 1999. În 2000 s-au demarat lucrările de construcție a chiliilor, iar în 2001 s-a sfințit piatra de temelie a bisericii schitului, târnosită în anul 2015. Este dependent de Mănăstirea Sf. Ilie, Toplița.

Mănăstirea Sfântul Ilie, Toplița

20 viețuitori, viață de obște

Hram: Sfântul Proroc Ilie Tezviteanul
Adresă: str. Ștefan cel Mare, nr. 70, oraș Toplița, 535700, jud. Harghita
Acces: DN12/E578 Miercurea Ciuc-Gheorgheni-Toplița (cca 90 km)
Stareț: arhim. Emilian Telcean
Contact: +40266342649, +40744182512
Cazare: 150 locuri (vara), 80 locuri (iarna)

A fost înființată în 1928, fiind o ctitorie a Patriarhului **Miron Cristea**, închinată memoriei părinților săi. Bisericuța de lemn a mănăstirii (datând din 1845) a fost adusă la Toplița încă din anul 1910, din Stânceni, jud. Mureș. La sfințirea bisericii, în 1928, în prezența patriarhului ctitor, incinta mai cuprindea stăreția, o casă cu patru camere, clopotnița mănăstirii (realizare deosebită, din lemn, respectând în linii mari stilul arhitecturii populare românești), precum și o Fântână a eroilor, închinată soldaților căzuți pentru dezrobirea Ardealului. De o deosebită frumusețe, biserica mănăstirii îmbină elemente arhitecturale moldovenești și transilvănene, cu pidvor pe latura sudică, deasupra căruia se înalță turnul-clopotniță cu foișor. Pictura veche s-a distrus aproape în întregime la strămutarea bisericii din Stânceni la Toplița. Pictura nouă a fost realizată de **Dumitru Belizarie**, care a introdus ca tablouri votive, în pronaos, portretele părinților patriarhului ctitor, George și Domnița Cristea, ale căror morminte se află în partea vestică a pronaosului. Patriarhul Miron Cristea este prezentat în postura de membru al Consiliului de regență, sub mantia sa aflându-și ocrotirea regele Mihai I. Pictura a fost restaurată în 1989. Viața monahală în acest așezământ, trecut de-a lungul timpului sub jurisdicția mai multor eparhii, s-a desfășurat fără întrerupere. Din 1994, dată a înființării Episcopiei de Covasna și Harghita, se află sub purtarea de grijă a noii episcopii, reprezentând locul hirotonirii primului episcop titular, PS Ioan Selejan.

Muzeul, inaugurat în 1995, deține o importantă colecție de icoane pe lemn (din sec. al XVIII-lea) și pe sticlă (de la sf. sec. al XVIII-lea-începutul sec. al XIX-lea), valoroase exemplare de carte veche și alte obiecte liturgice, o colecție de artă religioasă, precum și obiecte care au aparținut ctitorului, grupate în secția memorială Dr. Elie Miron Cristea. În 1992 s-a amplasat, în curtea mănăstirii, un bust al Patriarhului Miron Cristea. În 1994 s-a sfințit și paraclisul cu hramul Izvorul Tămăduirii, ridicat în incinta așezământului.

De văzut:
- Icoana Maicii Domnului cu Pruncul Iisus, pictată de Dumitru Belizarie, depusă de Patriarhul Miron Cristea pentru o noapte la Sfântul Mormânt al Mântuitorului și sfințită apoi la râul Iordan.

Schitul Dumbrăvioara

4 viețuitori, viață de obște

Hram: Sfinții Împărați Constantin și Elena, Sfinții Arhangheli Mihail și Gavriil
Adresă: sat Dumbrăvioara, com. Ernei, 547217, jud. Mureș
Acces: DN15 Târgu Mureș-Reghin (15 km)
Egumen: protos. Teodosie Colceriu; **Contact:** +40265337001, +40745399316

A fost întemeiat în 1930, de Patriarhul Miron Cristea. Desființat în 1940 (în urma Dictatului de la Viena), e reînființat în 1993, construindu-se o mică biserică de lemn, un corp de chilii, paraclisul și alte anexe. În 2003 se sfințește piatra de temelie a noii biserici, aflată în prezent în curs de pictare. Aparține de Mănăstirea Sf. Ilie, Toplița.

Mitropolia Ardealului

Episcopia Devei și Hunedoarei

Episcop: Preasfințitul GURIE GEORGIU

(cuprinde județul Hunedoara)

Str. Avram Iancu, nr. 2, Deva, 330025, jud. Hunedoara
Tel./ fax: +40254211241; www.episcopiadevei.ro

Catedrala Episcopală Deva

Hram: Sfântul Nicolae
Adresă: str. Avram Iancu, nr. 2, Deva, 330025, jud. Hunedoara
Ecleziarh: arhim. Nestor Dinculeană; **Contact:** +40254211241

Odoare: părticică din moaștele Sf. Nicolae, raclă cu veșmântul Sf. Cuv. Parascheva, o copie după icoana făcătoare de minuni a Maicii Domnului de la Nicula

Catedrala a fost ridicată între anii 1861 și 1873 din inițiativa Mitropolitului Ardealului, Andrei Șaguna. În perioada 1927-1930, ea a fost reconstruită și pictată în stil bizantino-român. Pictura veche a bisericii a fost executată între anii 1929 și 1931 de către Alexandru Pop. Iconostasul, sculptat în lemn de stejar, a fost executat de Școala de Meserii din Deva în 1940, iar cele trei clopote au fost turnate din material de război. Iconostasul și clopotele au fost realizate pe cheltuiala familiei dr. Petru Groza, după cum arată și inscripțiile de pe ele. Exteriorul este ornamentat cu reliefuri în formă de cruce. Interesante sunt cele 21 de cruci amplasate pe catedrală. Odată cu înscăunarea primului Episcop al Devei și Hunedoarei, Preasfințitul Gurie, în 29 noiembrie 2009, Catedrala Sf. Nicolae a devenit Catedrală Episcopală. În 2012 s-a realizat o icoană în mozaic, amplasată pe fațada bisericii, la intrare.

Mănăstirea Crișan (Vaca)

20 viețuitori, viață de obște

Hram: Izvorul Tămăduirii, Duminica Sfinților Români, Nașterea Maicii Domnului
Adresă: sat Crișan, com. Ribița, 337401, jud. Hunedoara; **Acces:** DN76/E79 Deva-Brad, 40 km, dreapta pe DC9, spre Ribița, 1 km, apoi dreapta spre mănăstire cca 1 km
Stareț: protos. Nifon Jorza
Contact: +40254683742; **Cazare:** 30 locuri

Moaște: părticele din moaștele mai multor sfinți

Mănăstirea este reînființată în 1992, după o întrerupere de aproape 200 de ani, în apropierea vechii mănăstiri din satul Vaca (azi Crișan), despre a cărei existență avem date încă din secolele XVI-XVII, când locuitorii din Ribița și Vaca, rămași fără biserică în urma acceptării Reformei de către familiile nobile din zonă, și-au construit propriul locaș de cult. În 1759 se menționează că mănăstirea se afla în ruine. A fost reclădită, apoi călugării s-au risipit în timpul „revoluției antiuniate" a Sfântului Sofronie de la Cioara, rămânând părăsită până în 1772.

Complexul monahal actual cuprinde: biserica cu hramul Nașterea Maicii Domnului, un frumos corp de chilii, trapeza, paraclisul de iarnă cu hramul Izvorul Tămăduirii, și altarul de vară, situat în pădure, cu hramul Duminica Sfinților Români.

De văzut:
- În pronaos apar pictate chipurile martirilor neamului românesc: Horea, Cloșca, Crișan și Avram Iancu.

Mănăstirea Câmpului Neag

6 viețuitoare, viață de obște

Hram: Nașterea Sfântului Ioan Botezătorul
Adresă: loc. Uricani, 336100, jud. Hunedoara
Acces: DN66A Petroșani-Lupeni-Câmpului Neag, apoi pe jos cca 4 km (nu se poate ajunge cu mașina)
Starețā: monahia Marina Dragu; **Contact:** +40737023660

S-a înființat în anul 2015, prin strădania părintelui protos. Irineu, duhovnicul așezământului. În același an s-a sfințit biserica mănăstirii.

Împrejurimi:
- Orașul Uricani constituie una dintre intrările în Parcul Național Retezat
- Pe un drum forestier se poate ajunge de la mănăstire la Băile Herculane

Mănăstirea Prislop

40 viețuitoare, viață de obște

Hram: Sfântul Ioan Evanghelistul, Înălțarea Sfintei Cruci
Adresă: sat Silvașu de Sus, 335503, jud. Hunedoara
Acces: DJ687A Hațeg-Silvașu de Jos, 6 km, apoi stânga spre Silvașu de Sus pe DJ687J, încă 7 km
Stareță: stavrofora Pavelida Munteanu
Contact: +40372779206

Conform tradiției, mănăstirea este ridicată de Sf. Nicodim de la Tismana în a doua jumătate a sec. al XIV-lea. Se pare că a existat în zonă o așezare mult mai veche, ctitorită de localnicii din Ciula, atestată la anul 1300. A fost refăcută din temelie în 1564 de Domnița Zamfira, fiica domnitorului muntean Moise Basarab, refugiată aici după moartea tatălui său. Domnița Zamfira a împodobit bisericuța cu o pictură nouă în frescă, executată de un zugrav din Țara Românească, și a dăruit bisericii o icoană a Maicii Domnului făcătoare de minuni; mormântul ei se află în pronaosul bisericii. În 1762 mănăstirea este incendiată din ordinul generalului Bukow. Viața monahală a fost reluată în 1770, când sunt aduși aici călugării Varlaam și Nichita. În sec. al XIX-lea a fost administrată de către preoții de mir din satele din împrejurimi. Între anii 1911 și 1948 mănăstirea a fost condusă de mai mulți egumeni greco-catolici, apoi a redevenit ortodoxă. Printre stareții mănăstirii se menționează Ioan, Mitropolit al Transilvaniei (1585-1605), iar din 1948, pr. Arsenie Boca, adus aici de Mitrop. Nicolae Bălan. Părintele Arsenie a reconstruit, reorganizat și pictat mănăstirea, aducând-o la forma de astăzi, putând fi considerat al treilea ctitor al ei. În 1950 a devenit mănăstire de maici. În urma Decretului 410/1959, mănăstirea a fost închisă și transformată în cămin de bătrâni, fiind redeschisă în 1976 ca mănăstire de maici. Din 1991 s-a înființat în incinta mănăstirii Seminarul Teologic monahal Sf. Ecaterina.

Din punct de vedere arhitectonic biserica mănăstirii este de mici dimensiuni, în plan triconc, cu o turlă pe naos, singura de acest fel din Transilvania. Pe parcursul vremii, în cadrul mănăstirii a existat o școală pentru cântăreți și viitori preoți. S-au păstrat câteva icoane vechi (din sec. XVI-XVIII), precum și icoane pictate de părintele Arsenie Boca.

Pe dealul de lângă mănăstire se află cimitirul unde este îngropat pr. Arsenie, adevărat loc de pelerinaj pentru credincioși. Mai sus de cimitir, o potecă duce către o peșteră săpată în stâncă de către Sf. Ioan de la Prislop, numită și „Casa Sfântului", loc în care se retrăgea adesea pentru rugăciune pr. Arsenie.

Împrejurimi:
- peșterile de la Ohaba, Ponor, Cioclovina
- cetatea Dăbâca
- Parcul Național Retezat
- Castelul Huniazilor
- Ulpia Traiana Sarmizegetusa
- Cetatea Deva

Schitul Băița

5 viețuitoare, viață de obște

Hram: Acoperământul Maicii Domnului
Adresă: com. Băița, 337045, jud. Hunedoara
Acces: DN7/E69 Deva-Oradea, 95 km, la Lunca dreapta pe DN75 încă 11 km
Egumenă: monahia Simfora Ștefan
Contact: +40254683104

A fost înființat în 2003 de familia Haiduc Remus. Planul bisericii este de cruce greacă, având un pridvor deschis și turlă deasupra pronaosului.

Schitul Crişcior

8 viețuitoare, viață de obște

Hram: Sfânta Treime, Tăierea Capului Sfântului Ioan Botezătorul (paraclis)
Adresă: com. Crișcior, 337200, jud. Hunedoara
Acces: DN76/E79 Deva-Brad, 36 km, dreapta pe DN74, Crișcior, 7 km, apoi dreapta, 1 km
Egumenă: monahia Varvara Luchian
Contact: +40254616040, +40723342216; **Cazare:** 40 locuri

Moaște: părticele de la Sf. 40 de Mucenici, Sf. Epictet și Astion, martirii de la Aiud, fâșie din papucul Sf. Spiridon.

De văzut:
• Muzeul de Etnologie, Crișcior
• Troița ridicată în memoria iobagilor răsculați în 1784

Așezământul a fost construit în apropierea vechii biserici, ridicate în secolul al XV-lea de cneazul Balea. Construcția s-a realizat între anii 1992 și 1994, iar mai târziu s-a ridicat și un altar de vară închinat Înălțării Domnului, funcționând în forma actuală din 2001. S-au construit un paraclis de iarnă cu hramul Tăierea Capului Sf. Ioan Botezătorul și Casa preotului (pentru protocol). Se află în construcție o clădire ce cuprinde chilii, ateliere și locuri pentru oaspeți. Între Casa preotului și biserică s-a amenajat un frumos amfiteatru cu terase și bănci.

Schitul Colț (Suseni-Colț)

4 viețuitoare, viață de obște

Hram: Duminica Tuturor Sfinților
Adresă: sat Suseni, com. Râu de Mori, 337389, jud. Hunedoara
Acces: E70 Hațeg (spre Petroșani)-Sântămăria-Orlea, apoi dreapta DJ686 Râu de Mori-Suseni (12 km din Hațeg)
Egumenă: stavrofora Antonia Vrabie; **Contact:** +40720401627; **Cazare:** 7 locuri

Împrejurimi:
• castelul fortificat, din piatră, amintit de Jules Verne în lucrarea sa *Castelul din Carpați*

Reînființat în 1995, schitul are ca locaș de cult ctitoria cnezială a familiei Cândea din secolul al XIV-lea. Înainte de aceasta, sunt dovezi că în zonă a existat viață monahală. În sec. al XVII-lea călugării au fost alungați din mănăstire de către calvini, biserica rămânând în paragină. Construită din piatră brută, biserica este, după unele surse, anterioară Cetății de la Colț. În perioada comunistă ctitoria Cândeștilor a fost folosită ca grajd pentru animale, ajungând într-o stare deplorabilă. Biserica are deasupra altarului un turn fortificat. Pictura datează de la sfârșitul sec. al XIV-lea și a fost executată de Ștefan „Zograf", care a pictat și bisericile din Ostrov și Densuș. După reînființare s-au construit două corpuri de clădiri.

Schitul Cucuiș

3 viețuitori, viață de obște

Hram: Sfântul Mare Mucenic Gheorghe, Sfântul Apostol Andrei (biserica nouă)
Adresă: sat Cucuiș, com. Beriu, 337077, jud. Hunedoara; **Acces:** DN7/E68, Deva-Orăștie, 25 km, dreapta pe DJ705A, 3 km, stânga la Căstău pe DC54A, 10 km
Egumen: protos. Andrei Mihali; **Contact:** +40722678541

Moaște: părticele din moaștele mai multor sfinți, veșmântul Sfântului Cuvios Dimitrie Basarabov

A fost înființat în 1993, în amintirea unei vechi sihăstrii existente cândva în zonă. Între anii 1994 și 1997 a fost așezare monahală pentru călugărițe, iar din 1999 a devenit obște de monahi. Stăreția și chiliile s-au construit începând cu anul 1993 de fam. Munteanu, pentru fiul lor care s-a retras în Athos. În 2004 s-a finisat corpul de chilii și a fost târnosită biserica cu hramul Sf. Gheorghe. În curtea mănăstirii s-a ridicat un altar de vară din lemn. În 2010 a început construcția unei noi biserici, mai mari, cu hramul Sf. Apostol Andrei.

Schitul Bălata
3 viețuitori, viață de obște

Hram: Sfântul Ierodion de la Lainici, Sfinții Doctori fără de arginți Cosma și Damian
Adresă: sat Bălata, nr. 15E, com. Șoimuș, 337451, jud. Hunedoara
Acces: E68 Deva-Șoimuș (cca 3 km), apoi dreapta DJ761 Bălata (cca 4 km)
Egumen: protos. Serafim Stoica; **Contact:** +40727272230

A fost înființat în 2012. Are o casă monahală cu paraclis. Se construiește biserica schitului.

De văzut:
- Biserica de lemn monument istoric din Șoimuș (1705)

Schitul Grădiștea de Munte, Valea Rea
4 viețuitoare, viață de obște

Hram: Duminica Sfinților Români, Adormirea Maicii Domnului, Sfântul Grigorie Palama (paraclis)
Adresă: sat Grădiștea de Munte, com. Orăștioara de Sus, 337329, jud. Hunedoara
Acces: DN7 Orăștie-Costești, 24 km până la Grădiștea de Munte
Egumenă: monahia Nectaria Vaida; **Contact:** +40765723232

Construirea schitului a început în 2008, cu sprijinul mai multor donatori, în frunte cu domnul Mihai Ailoae. În anul 2010 s-a pus piatra de temelie a bisericii. S-a mai construit un paraclis de iarnă, cu hramul Sf. Grigorie Palama. Obștea e îndrumată duhovnicește de ieromonahul Eftimie Mitra.

De văzut:
- Cetățile dacice de la Orăștie

Schitul Ghelari
3 viețuitoare, viață de obște

Hram: Sfinții Arhangheli Mihail și Gavriil
Adresă: com. Ghelari, 337240, jud. Hunedoara
Acces: DJ687E Hunedoara-Ghelari (18 km)
Egumenă: monahia Haritina Viliga
Contact: +40254735354, +40722862904; **Cazare:** 6 locuri

A fost înființat în 1991 și a funcționat până în 1993, fiind reactivat în 1997. Biserica de piatră este atestată documentar în sec. al XVIII-lea. A fost ctitorită pe cheltuiala lui Berivoi Gheorghe, fiind pictată în 1770, de echipa meșterului Popa Simeon din Pitești, al cărui ucenic, Nicolae, semnează pe icoanele împărătești de pe catapeteasma de lemn. Forma actuală a rezultat în urma lucrărilor de restaurare derulate în sec. al XIX-lea, când bisericii inițiale i s-au adăugat pronaosul și turla.

De văzut:
- Catedrala nouă din Ghelari, sfințită în 1973, una dintre cele mai impunătoare din țară. Construită lângă vechea biserică, are iconostasul poleit cu aur, în care s-au folosit 4 kg de aur. Este renumită mai ales pentru pictura sa în tehnica *fresco*, realizată de Constantin Nițulescu. Sfinții, pictați pe o suprafață de 4000 m^2, printr-o tehnică picturală originală, își orientează privirile către orice persoană care calcă pragul bisericii. Preotul Nerva Florea este considerat primul ctitor „al minunii fără asemuire de la Ghelari".

Metocul Alun
2 viețuitoare, viață de obște

Hram: Adormirea Maicii Domnului
Adresă: sat Alun, com. Bunila, 337161, jud. Hunedoara
Acces: DJ687E Hunedoara- Ghelari (18 km), se continuă spre Ruda-Bunila-Alun
Egumenă: monahia Haritina Viliga
Contact: +40254735354, +40722862904 (Schitul Ghelari)

A fost înființat în 2011. În urma depopulării satului Alun, biserica de aici, construită în totalitate din marmură, a devenit biserica așezământului. Metocul este subordonat Schitului Ghelari.

De văzut:
- Biserica de lemn monument istoric din Alun (sec. al XVII-lea)

Schitul Jieț

5 viețuitoare, viață de obște

Hram: Adormirea Maicii Domnului
Adresă: oraș Petrila, 335800, jud. Hunedoara
Acces: DN7A, pe drumul de legătură dintre Petroșani și Stațiunea Voineasa (20 km din Petroșani până la schit)
Egumenă: monahia Pelaghia Butură; **Contact:** +40786051655

Ctitorul așezământului este domnul Gui Nicolae din Jieț. S-au ridicat biserica, sfințită în anul 2011, precum și un corp de chilii.

Schitul Măgura

7 viețuitoare, viață de obște

Hram: Schimbarea la Față, Sfântul Nicolae
Adresă: sat Măgura, com. Mărtinești, 337319, jud. Hunedoara
Acces: din E79, între Simeria (20 km) și Orăștie (14 km), DC Turmaș-Măgura, 1 km neasfaltat
Egumenă: stavrofora Antonia Vrabie (de la Schitul Colț)
Contact: +40720401627

Are o biserică de piatră (construită de preotul satului). Schitul este în construcție. Poziție interesantă: pe un deal, cu panoramă: se văd în jur Călanul, Deva, Simeria.

Schitul Măgureni

5 viețuitoare, viață de obște

Hram: Nașterea Maicii Domnului, Schimbarea la Față
Adresă: sat Măgureni, com. Beriu, 337075, jud. Hunedoara
Acces: DJ705F Orăștie-Căstău-Sibișel (15 km), apoi încă 14 km pe drum forestier până la Măgureni
Egumenă: stavrofora Maria Gheorghiu
Contact: +40254897070

Biserica este făcută din lemnul unei vechi biserici de la Steia. Construcția a început în 2007 și s-a terminat în 2009. Funcționează din 2010, duhovnic fiind protos. Nectarie Apostol. Se află în construcție corpul de chilii.

Schitul Nandru

2 viețuitori, viață de obște

Hram: Sfântul Ierarh Nectarie din Eghina
Adresă: sat Nandru, com. Peștișu Mic, 337343, jud. Hunedoara
Acces: DN68B Hunedoara-Peștișu Mare (3 km), apoi stânga DJ708E Peștișu Mic-Josani-Nandru (10 km); din Nandru, 1,5 km până la schit
Egumen: protos. Nifon Goangă
Contact: +40720267399

A fost înființat în 2013, ctitor fiind domnul Ovidiu Crișan din Hunedoara cu familia. S-a ridicat o casă monahală cu paraclis și se construiește biserica schitului.

Schitul Retezat

2 viețuitoare, viață de obște

Hram: Schimbarea la Față
Adresă: com. Râu de Mori, 337380, jud. Hunedoara
Acces: DN65 Hațeg-Caransebeș, 10 km, apoi stânga spre Ostrov, DJ685, pe valea Râului Mare Retezat încă 9 km (25 km de Hațeg)
Egumenă: monahia Haritina Viliga
Contact: + 40254735354, +40722862904 (Schitul Ghelari)

Schitul a fost ctitorit în anul 1999 de către PS Daniil al Daciei Felix, fiind situat la poalele munților Retezat. Biserica are formă de navă, cu o turlă în partea de apus.

Schitul Straja

3 viețuitori, viață de obște

Hram: Înălțarea Sfintei Cruci, Sfinții Împărați Constantin și Elena
Adresă: stațiunea Straja, oraș Lupeni, 335600, jud. Hunedoara
Acces: DN66/E79 Petroșani-Lupeni, 17 km, apoi stânga spre stațiunea Straja (cca 7 km)
Egumen: protos. Dimitrie Ivașco
Contact: +40254547014, +40723189638

Pelerinaje:
Pelerinajul Drumul Crucii, în Vinerea Mare

Așezământul a fost înființat în 1999 de către familia Emil și Marcela Părău, în apropierea unei cruci de metal, care este așezată pe piscul muntos din apropiere, în amintirea ostașilor români căzuți în Primul Război Mondial. Cuprinde o biserică de lemn și câteva chilii. Intrarea în schit se face printr-un tunel artificial de 57 m, ai cărui pereți sunt pictați cu sfinții din Sinaxar, din toate cele 365 de zile ale anului. În 2010 s-a realizat o clopotniță după modelul celei de la Mănăstirea Prislop. În curtea schitului se poate vedea un tun din Primul Război Mondial, găsit sub Vârful Straja.

În Vinerea Mare se organizează un pelerinaj – Drumul Crucii – din Lupeni până la schit (10 km).

Schitul Vulcan

3 viețuitori, viață de obște

Hram: Sfântul Ierarh Nicolae
Adresă: Vulcan, 336200, jud. Hunedoara
Acces: DN66A Petroșani-Vulcan, 8 km, apoi stânga, 1 km până la schit
Egumen: ierom. Vasile Mocan
Contact: +40720320991
Cazare: 10 locuri

Biserica de lemn a fost ridicată în anul 1998, deși aprobarea înființării așezământului monahal datează din anul 1992. S-a construit un corp de chilii, iar în 2012 s-a finalizat biserica mare a schitului, urmând a fi pictată. În același an s-au ridicat o bisericuță și o casă monahală la 2 km mai sus de schit, pe locul primei fundații donate pentru întemeierea așezământului de la Vulcan.

Împrejurimi:

• Biserica Densuș

Este cea mai veche biserică din România în care se mai țin slujbe religioase, având hramul Sf. Nicolae. A fost construită în sec. al XIII-lea, pe ruinele unei construcții antice, folosindu-se materiale, coloane și statui de la Sarmizegetusa. Construită în stil romanic, a fost pictată în 1443 de zugravul Ștefan, unul dintre primii zugravi români cunoscuți. (10 km de Hațeg)

• Biserica din Gurasada

Având hramul Sf. Arhanghel Mihail, este una dintre cele mai vechi biserici de piatră, datând din secolul al XIII-lea. (30 km de Deva)

• Biserica Sântămăria Orlea

Ctitorită, în stil romanic târziu, la sfârșitul secolului al XIII-lea, a fost catolică, ortodoxă și acum aparține cultului reformat. Picturile murale îmbină stilul bizantin cu cel italian și reprezintă cel mai vechi ansamblu creștin din România – anii 1300-1330. (3 km de Hațeg)

• Biserica Strei

Ctitorie cnezială, construită în stil romano-gotic pe locul unei vechi așezări romane, este unul dintre cele mai vechi și reprezentative monumente de arhitectură transilvană. A fost pictată la sfârșitul secolului al XIV-lea de pictorul Grozie. Are hramul Adormirea Maicii Domnului. (16 km de Hunedoara, lângă Călan)

• Biserica Streisângeorgiu

Având hramul Sf. Gheorghe, a fost construită între 1313 și 1314, pe locul unei biserici de lemn din sec. al XII-lea, fiind pictată tot atunci de meșterul zugrav Teofil. Este socotită cel mai vechi ansamblu pictural din întreaga țară. (în orașul Călan)

Mitropolia Clujului, Maramureșului și Sălajului

Arhiepiscopia Vadului, Feleacului și Clujului

Mitropolit: Înalt Preasfințitul ANDREI ANDREICUȚ

(cuprinde județele Cluj și Bistrița-Năsăud)

Piața Avram Iancu, nr. 18, Cluj-Napoca, 400117, jud.Cluj,
Tel./fax: +40264431004, www.mitropolia-clujului.ro

Catedrala Mitropolitană Cluj-Napoca

Hram: Adormirea Maicii Domnului
Adresă: Piața Avram Iancu, nr. 18, Cluj-Napoca, 400117, jud. Cluj
Ecleziarh: arhim. Teofil Roman
Contact: +40264431004 (Secretariatul Episcopiei)

A fost construită între anii 1923 și 1933, după unirea Transilvaniei cu România, din inițiativa și cu sprijinul Ep. Nicolae Ivan, după un proiect realizat de arhitecții Georges Cristinel și Constantin Pomponiu. Lucrările care, din cauza condițiilor meteorologice, nu au putut fi terminate, au fost reluate după mai bine de o jumătate de veac, din inițiativa Mitrop. Bartolomeu Anania. Astfel, între 1996 și 1999 s-a desfășurat un amplu proces de restaurare a exteriorului catedralei, în timp ce, în interior, ansamblul iconografic în mozaic de Murano este în curs de realizare. Inițial catedrală episcopală, în 1973 a devenit catedrală arhiepiscopală, iar din anul 2006 este catedrală mitropolitană. În 6 decembrie 2011 s-a inaugurat Muzeul Mitropoliei Clujului, situat la subsolul catedralei.

Programul liturgic la Catedrala Mitropolitană se desfășoară în regim de mănăstire, slujindu-se zilnic dimineața Utrenia și Sfânta Liturghie, iar seara Vecernia (la care se adaugă Acatistul Mântuitorului în zilele de miercuri și Acatistul Bunei-Vestiri în zilele de vineri).

De văzut:
- Muzeul Satului (cel mai cuprinzător muzeu în aer liber din România și al șaselea din Europa)
- Grădina Botanică (cea mai bogată grădină botanică din Europa Centrală și de Est)

Mănăstirea Băișoara

2 viețuitori, viață de obște

Hram: Sfântul Proroc Ilie; **Adresă:** com. Băișoara, 407065, jud. Cluj
Acces: din Turda DN75-Buru, apoi DJ107M-Iara-Băișoara, apoi 3 km până la mănăstire; sau din Cluj E60 spre Florești, apoi DJ107M Săvădisla-Băișoara, apoi 3 km până la mănăstire
Stareț: protos. Iacob Rus
Contact: +40264333381, +40757424068; **Cazare:** 70 locuri

Ctitoria datează din 1991. Devine mănăstire în 1994. După construirea unui paraclis de lemn și a corpului de chilii s-a început, în 1999, ridicarea unei biserici în stil bizantin, după modelul bisericii Mănăstirii Sinaia, actualmente în fază de pictură.

Împrejurimi:
- Cetatea Liteni (sec. al XII-lea)
- Stațiunea Muntele Băișorii (12 km)

Mănăstirea Ciucea

7 viețuitoare, viață de obște

Hram: Nașterea Maicii Domnului
Adresă: com. Ciucea, 407225, jud. Cluj
Acces: DN1/E60 Cluj-Oradea, 73 km, la intrarea în Ciucea pe dreapta, 100 m din șosea
Stareță: monahia Inocenția Filip
Contact: +40264259008, +40744562725

A fost citorită în 1939, la dorința testamentară a poetului Octavian Goga. Închisă în 1945, a fost reînființată în 1994. Biserica mănăstirii este monument istoric și a fost strămutată din com. Gălpâia, jud. Sălaj. Iconostasul și stranele provin de la vechea capelă a Seminarului Teologic din Cluj-Napoca. Aici funcționează un atelier de veșminte preoțești.

De văzut:
- Bisericuța mănăstirii, datată 1575, monument istoric
- Domeniul lui Octavian Goga de la Ciucea: castelul poetului, casa memorială Ady Endre, mausoleul soților Veturia și Octavian Goga

Mănăstirea Cășiel

26 viețuitoare, viață de obște

Hram: Înălțarea Sfintei Cruci (biserica veche), Buna Vestire (biserica nouă)
Adresă: com. Chiuiești, 407215, jud. Cluj
Acces: E576 Dej-Baia Mare, 9 km, dreapta în Cășeiu, pe DJ182, 11km, dreapta în Chiuiești, pe DJ182E, 7 km, drum greu accesibil iarna
Stareță: stavrofora Varvara Georgiu
Contact: +40264225506; **Cazare:** 20 locuri

Prima atestare a mănăstirii de la Cășiel este din anul 1765, biserica fiind ridicată de ieromonahul Pahomie Filip Georgiu, pe un teren care-i aparținea și pe cheltuiala sa. Viața monahală de aici, întreruptă în 1853, este reluată în 1955, pentru ca apoi să fie din nou întreruptă în urma Decretului 410 din 1959. Mănăstirea este redeschisă în 1991. Așezământul are o biserică de lemn de secolul XVIII, strămutată din satul Canci în 1923. După reactivare s-au construit casa monahală și paraclisul cu hramul Buna Vestire. La mănăstire funcționează ateliere de pictură și croitorie. La 2 km se găsește Metocul Fanti, cu o bisericuță cu hramul Sfânta Treime, unde preotul duhovnic al Mănăstirii Cășiel slujește a doua zi de Rusalii, cu ocazia hramului, dar și la alte sărbători mai mari.

Biserica veche

Împrejurimi:
• Metocul Fanti (2 km)
• Mănăstirea Rohia din Maramureș

Mănăstirea Cristorel

10 viețuitoare, viață de obște

Hram: Sfinții Ilie și Lazăr
Adresă: com. Așchileu Mare, 407046, jud. Cluj
Acces: DN1F/E60 Cluj-Zalău, 34,5 km, dreapta în Topa Mică, pe DJ109, 5 km, dreapta în Așchileu Mare, 3 km
Stareță: monahia Paraschiva Buculei; **Contact:** +40731338409

Ctitorie a lui Ilie Lazăr, din 1999, având bisericuță și clopotniță din lemn și un corp de chilii.

Mănăstirea Feleacu

2 viețuitori, viață de obște

Hram: Sfânta Treime; **Adresă:** com. Feleacu, 407270, jud. Cluj
Acces: DN1/E60 Cluj-Turda, 8 km, stânga în Feleacu
Stareț: arhim. Alexandru Ghenț
Contact: +40264237257, +40744697409, www.manastirea-feleacu.ro
Cazare: 4 locuri

Reînființarea vechii mănăstiri din Feleac (sat atestat documentar în 1367) s-a făcut în 1991, cu binecuvântarea Mitrop. Teofil Herineanu. În 1993 s-a început ridicarea bisericii, de dimensiunile unei catedrale, pregătită în prezent pentru târnosire. Incinta cuprinde corpul de chilii, altarul de vară, acoperit, cu pictură în frescă, paraclisul, turnul-clopotniță și o casă-muzeu din 1870 (reconstituită). Așezământul reia tradiția monahală, reprezentată prin existența unei mănăstiri care a funcționat aici din secolul al XVI-lea până în secolul al XVIII-lea. Situat la doar cca 8 km de orașul Cluj-Napoca, Feleacul este o localitate cu rezonanță istorică aparte și pentru că a fost sediu episcopal și apoi mitropolitan în secolul al XV-lea.

Împrejurimi:
• Biserica din Feleacu (1488), ctitorită după tradiție de Ștefan cel Mare
• Cluj (8 km), Turda (24 km)
• Cheile Turzii (6 km V de Turda), Cheile Turenilor

Mănăstirea Dâncu

2 viețuitori, viață de obște

Hram: Sfântul Mare Mucenic Pantelimon
Adresă: loc. Dâncu, 407008, jud. Cluj
Acces: E81, apoiDJ108C Cluj-Aghireșu (38 km), DJ108N, apoi DC137 până în Dâncu (8 km)
Stareță: ierom. Cleopa Dobocan
Contact: +40743942879

Înființată în 2014, din inițiativa ÎPS Andrei, pentru a salva un sat depopulat. Biserica de lemn din sat a devenit biserica mănăstirii. Se află în curs de organizare.

Mănăstirea Florești

20 viețuitoare, viață de obște

Hram: Acoperământul Maicii Domnului
Adresă: com. Florești, 407280, jud. Cluj
Acces: E60 Cluj-Florești, apoi drum comunal S spre Tăuți, 3 km
Stareță: stavrofora Teodora Câmpan
Contact: +40264265212, +40742079719

Împrejurimi:
- Biserica de lemn, monument istoric din Tăuți, com. Florești (sec. al XVIII-lea)
- Muzeul Apei, Florești

A fost citorită din inițiativa pr. Fizeșan Vasile și a familiei Beldea Ioan din Florești și cu ajutorul credincioșilor de aici. Piatra de temelie s-a pus în 20 noiembrie 1994, cu binecuvântarea Mitrop. Bartolomeu. Incinta cuprinde biserica (realizare de excepție a arhitecturii de stil bizantin, cu unele influențe ale romanicului), două corpuri de clădiri și poarta-clopotniță. Mănăstirea este așezată într-un cadru natural mirific, în apropierea unei păduri.

Mănăstirea Mihai Vodă

10 viețuitoare, viață de obște

Hram: Sfinții Arhangheli Mihail și Gavriil
Adresă: Aleea Obeliscului, nr. 5, Turda, 401117, jud. Cluj
Stareță: monahia Andreea Zdrobău
Contact: +40736788582

A fost înființată în anul 2002, la inițiativa Mitrop. Bartolomeu Anania, în memoria lui Mihai Viteazul, în apropierea locului unde a fost ucis marele domn român. Realizarea construcției mănăstirii i-a revenit preotului ctitor de biserici Vasile Știopei din Turda. S-au construit biserica în stil bizantin, o copie arhitecturală a vechii Mănăstiri Mihai Vodă din București, ctitoria lui Mihai Viteazul, precum și corpul de chilii cu stăreția. Mănăstirea necropolă Mihai Vodă are un regim permanent de rugăciune.

În fiecare an, la 9 august se comemorează uciderea lui Mihai Viteazul. Evenimentul include slujba religioasă și alte manifestări, reunind oficialități locale și mulțime de participanți în parcul unde se află Mănăstirea Mihai Vodă și mormântul marelui domn

De văzut:
- Mormântul lui Mihai Viteazul, marcat printr-un obelisc, în fața porții mănăstirii

Mănăstirea Mărișel

5 viețuitoare, viață de obște

Hram: Sfinții Mărturisitori Brâncoveni
Adresă: Mărișel, 407390, jud. Cluj
Acces: Huedin-Beliș-Mărișel (din intersecția cu monumentul Crucea Iancului, cca 2 km până la mănăstire)
Stareță: monahia Casiana Lup; **Contact:** +40732907598

Înființată în 2015, din inițiativa localnicilor și a protos. Paisie Plic, duhovnicul așezământului. Are o casă monahală cu paraclis.

De văzut:
- Monumentul *Crucea Iancului,* ridicat în cinstea lui Avram Iancu.

Mănăstirea Muntele Rece

3 viețuitori, viață de obște

Hram: Înălțarea Domnului
Adresă: com. Valea Ierii, 407585, jud. Cluj
Acces: E576 Cluj-Oradea, 21 km, stânga în Gilău pe DJ107N, 9 km drum pietruit (acces dificil iarna); sau E576 Cluj-Florești, stânga pe DJ107M Săvădisla-Băișoara-Valea Ierii, apoi se urcă 6 km până la mănăstire
Stareț: ierom. Arsenie Gălățan; **Contact:** +40740176522

A fost înființată în 1995. S-au construit biserica de lemn, un corp de chilii, arhondaricul, clopotnița, altarul de vară. În prezent se lucrează la incinta (de zid) a mănăstirii. În imediata apropiere a altarului se află cimitirul eroilor căzuți în cel de-al Doilea Război Mondial, hramul mănăstirii fiind, în acest sens, cât se poate de sugestiv.

De văzut:
- Mănăstirea Florești (30 km), Mănăstirea Băișoara (cca 20 km)

Mănăstirea Pădureni

3 viețuitoare, viață de obște

Hram: Sfântul Apostol și Evanghelist Ioan
Adresă: loc. Pădureni, com. Tritenii de Jos, 407553, jud. Cluj
Acces: Turda-Tritenii de Jos-Pădureni (25 km), la intrarea în sat
Stareță: monahia Nectaria Pușcaș; **Contact:** +40743844026

Aici a existat o mănăstire în sec. al XVIII-lea. Biserica de lemn a fost reclădită în 1967. Așezământul este ctitorit de localnici.

Mănăstirea Râșca Transilvană

6 viețuitori, viață de obște

Hram: Sfânta Cuvioasă Parascheva
Adresă: com. Râșca, 407490, jud. Cluj
Acces: DN1R Huedin-Beliș, la cca 9 km de barajul Beliș-Fântânele
Stareț: protos. Casian Ioana
Contact: +40264334139, +40747668799

Ctitorită în 2002, pe terenul donat de Nicolae Toderici, la obârșia pârâului Râșca. S-au ridicat o biserică de zid în stil moldovenesc, cu paraclis la demisol, precum și un corp de chilii. În 2006 devine mănăstire de călugări.

Împrejurimi:
- Barajul Beliș-Fântânele

La Râșca se organizează Festivalul cartofului în prima sâmbătă și duminică din octombrie

Mănăstirea Nicula

30 viețuitori, viață de obște

Hram: Adormirea Maicii Domnului, Sfântul Nicolae, Buna Vestire
Adresă: sat Nicula, com. Gherla, 407278, jud. Cluj
Acces: E576 Cluj-Gherla, DJ109C, 2 km, DJ109D, 2 km, Nicula, apoi 2 km până la mănăstire
Stareț: arhim. Nicolae Moldovan
Contact: +40264241835, www.manastireanicula.ro
Cazare: 100 locuri

Icoane făcătoare de minuni: icoana Maicii Domnului de la Nicula

Pelerinaje: La Adormirea Maicii Domnului (15 august)

Istoria spirituală a Mănăstirii Nicula începe, conform tradiției, cu prezența în zonă a unui pustnic Nicolae, de unde și-au împrumutat ulterior denumirea atât satul, cât și mănăstirea. Prima atestare documentară a existenței unei sihăstrii cu bisericuță de lemn la Nicula este din 1552. În urma unui incendiu, în 1874 locașul de cult a ars în întregime, fiind înlocuit cu o biserică strămutată din satul Țop, datată 1650. O nouă **biserică, de zid, cu hramul Nașterea Sfântului Ioan Botezătorul**, s-a ridicat în anii 1875-1879. Încadrându-se arhitectural în stilul romanic, aceasta are un iconostas unicat în țară prin forma și execuția sa. Lucrat în lemn de tei aurit de către Samuil Keresteșiu din Tășnad, acesta a înlocuit în 1938 unul mai vechi. Iconostasul are forma unui soare; din frumoasa cruce din centrul său pornesc numeroase raze, întrerupte de medalioane egale, în care sunt reprezentați iconografic cei 12 Apostoli. Biserica adăpostește odorul de mare preț al mănăstirii: **icoana Maicii Domnului cu Pruncul**. A fost zugrăvită de preotul Luca din Iclod în anul 1681. A lăcrimat timp de 26 de zile, între 15 februarie și 12 martie 1699, minune atestată de o cronică austriacă a vremii. Minunata întâmplare a determinat pelerinaje de o amploare fără precedent în spațiul românesc. Recent s-a ridicat o **a treia biserică, cu hramul Adormirea Maicii Domnului**, care domină întregul ansamblu. Complexul monahal mai cuprinde: chiliile, stăreția și paraclisul cu hramul Buna Vestire (1913-1920); o nouă clădire (finalizată în 1991) cuprinzând birouri, saloane și camere de protocol, paraclisul cu hramul Sfântul Nicolae, unde s-a mutat și stăreția; Casa de creație, reședință mitropolitană, cuprinzând apartamentul și atelierul de lucru ale Mitrop. Bartolomeu, **paraclisul cu hramul Sfântul Apostol Bartolomeu**; într-o aripă a Casei de creație funcționează atelierul de pictură al mănăstirii, muzeul și biblioteca. În clădirea Centrului de conferințe și de studii patristice Sfântul Voievod Ștefan cel Mare își are sediul Editura Ecclesia. Important centru cultural transilvănean, unde a funcționat încă din 1659 o școală bisericească. De asemenea, minunea legată de icoana Maicii Domnului a determinat apariția în satul Nicula a celui mai vechi **centru de pictură țărănească pe sticlă** din Transilvania. **Muzeul mănăstirii** deține un valoros patrimoniu de icoane, reprezentativ pentru arta iconografică din nordul Transilvaniei, precum și o bogată colecție etnografică. **Biblioteca** se distinge prin fondul de carte veche, cu exemplare de seamă ale culturii teologice românești din secolele al XVII-lea și al XVIII-lea.

Icoana Maicii Domnului de la Nicula

Biserica veche din incintă atrage numeroși pelerini.

Împrejurimi:
• Rezervația naturală Lacul Știucilor, spre Săcălaia, 12 km • Zona turistică Țaga cu o salbă de lacuri (cca 15 km) • Cetatea Gherla • Biserica Armenească

Mănăstirea Schimbarea la Față, Cheile Turzii

3 viețuitori, viață de obște

Hram: Schimbarea la Față
Adresă: com. Petreștii de Sus, 407461, jud. Cluj
Acces: DJ107L Turda-Petreștii de Jos, drum comunal stânga, Petreștii de Sus
Stareț: protos. Teofil Popescu
Contact: +40744478272, www.manastireacheileturzii.ro

A fost reînființată în 1998, în amintirea unui străvechi așezământ monahal de la Petreștii de Sus. Mănăstirea este atestată documentar la începutul sec. al XVI-lea, într-un act al principelui transilvan Ioan Sigismund al II-lea, prin care mănăstirea era obligată să plătească o rentă anuală Scaunului Arieșului. Nicolae Iorga consideră că monahii de la „Mănăstirea Petridului" au săvârșit slujba de prohodire a lui Mihai Viteazul într-o peșteră din apropiere. În 1687 Mitropolitul Dosoftei al Moldovei trimite mănăstirii cartea sa *Viața și petrecerea sfinților*, cu o dedicație în limba slavonă. Până în prezent s-au ridicat: biserica, un paraclis, un corp de chilii, clopotnița și anexe gospodărești. S-a amenajat un muzeu.

Împrejurimi:
- Cheile Turzii (4 km)
- Salina din Turda
- Palatul Voievodal din Turda

Pelerinaje: la Schimbarea la Față, hramul mănăstirii

Mănăstirea Sfânta Elisabeta, Cluj-Napoca

8 viețuitoare, viață de obște

Hram: Sfânta Cuvioasă Elisabeta
Adresă: str. Arțarului, nr. 7-11, Cluj-Napoca, 400478, jud. Cluj
Stareță: stavrofora Maria Asaftei
Contact: +40731924302

A fost înființată în anul 1934 de Episcopul Nicolae Ivan, la propunerea Societății ortodoxe a femeilor române. A funcționat la Cluj, în clădirea „vechii teologii", unde s-au pus și bazele unui Institut al surorilor de caritate care să formeze personal pentru așezămintele filantropice ale Bisericii și Statului. În urma evenimentelor din 1940, determinate de încheierea Dictatului de la Viena, mănăstirea și institutul de surori de caritate s-au mutat în Arhiepiscopia Sibiului, rămânând dependente canonic de Episcopia Clujului. Mănăstirea a funcționat la Sibiu până în anul 1949, când a fost desființată de regimul comunist. În 2011 s-a decis reactivarea ei, la inițiativa ÎPS Andrei, Mitropolitul Vadului, Feleacului și Clujului. Actualmente ansamblul monahal cuprinde două corpuri de chilii și un paraclis. În incinta așezământului funcționează fabrica de lumânări a Arhiepiscopiei.

Împrejurimi:
- Biserica de lemn din Bucea (1791) – monument istoric
- Mănăstirea Ciucea și Domeniul lui Octavian Goga de la Ciucea (15 km)

Mănăstirea Sfântul Ioan Iacob Hozevitul, Piatra Craiului

5 viețuitori, viață de obște

Hram: Sfântul Ioan Iacob Hozevitul (prima duminică din august)
Adresă: sat Bucea, nr. 242 B, com. Negreni, 407441, jud. Cluj
Acces: E60 Oradea-Huedin, după 67 km, în Pasul Piatra Craiului (între localitățile Cornițel și Bucea), ramificație dreapta pe drum forestier, 3 km
Stareț: protos. Antonie Flore
Contact: +40259315668, +40722823300; www.manastireapiatracraiului.1r.ro
Cazare: 200 locuri

Mănăstirea este înființată în 1995, din inițiativa Viorică Iorgulescu, care a donat viitoarei mănăstiri un teren și o casă de vacanță, situate într-o zonă deosebit de pitorească. S-a ridicat mai întâi o bisericuță de lemn. În 2004 s-a pus piatra de temelie a bisericii de zid.

Mănăstirea Someșu Cald

7 viețuitoare, viață de obște

Hram: Sfântul Ierarh Vasile cel Mare
Adresă: loc. Someșu Cald, com. Gilău, 407311, jud. Cluj
Acces: E60 Cluj-Gilău (19 km), apoi DJ107P spre Someșu Cald (6 km); înainte de a intra în sat se face stânga spre munte.
Stareță: stavrofora Maria Vulcu; **Contact:** +40754804304

De văzut:
- Biserica de lemn din Someșu Rece (1723) – monument istoric.

Înființată în 2013, are o casă monahală cu paraclis, biserica așezământului fiind în construcție. Viețuitoarele mănăstirii pictează icoane în stil bizantin pe lemn, icoane pe sticlă, specifice Lazului, și confecționează veșminte preoțești.

Mănăstirea Soporu de Câmpie

6 viețuitori, viață de obște

Hram: Sfânta Treime
Adresă: sat Soporu de Câmpie, com. Frata, 407293, jud. Cluj
Acces: DJ150 Câmpia Turzii-Soporu de Câmpie, la 200 m de drum
Stareț: protos. Irineu Paneș; **Contact:** +40766363534

Lucrările, demarate în 1992, au fost coordonate inițial de pr. Nicolae Pașca din Soporu de Câmpie, susținut de credincioși. În 1994-1995 s-a așezat aici o obște de călugări. S-au ridicat biserica mănăstirii și un corp de chilii.

Mănăstirea Ștefan Vodă, Vad

3 viețuitori, viață de obște

Hram: Adormirea Maicii Domnului, Sfântul Voievod Ștefan cel Mare
Adresă: com. Vad, 407575, jud. Cluj
Acces: Dej DJ108B, cca 4 km, apoi dreapta DJ109E Cetan-Vad (cca 12 km)
Stareț: protos. Nicodim Pop; **Contact:** +40757708397

Mănăstirea a fost reînființată în anul 2012 la inițiativa ÎPS Andrei, Mitropolit al Clujului, pe locul vechii episcopii ștefaniene de la Vad, unde se păstrează până astăzi biserica voievodală, monument istoric din secolul al XV-lea. În apropierea bisericii s-a amenajat o casă monahală cu câteva chilii.

Mănăstirea Cormaia

25 vieţuitoare, viaţă de obşte

Hram: Buna Vestire, Tăierea Capului Sfântului Ioan Botezătorul
Adresă: staţiunea Sângeorz-Băi, 425301, jud. Bistriţa-Năsăud
Acces: din Sângeorz, 9 km
Stareţă: stavrofora Ecaterina Ghiran; **Contact:** +40788984829; **Cazare:** 7 locuri

Este o străveche vatră monahală, ale cărei începuturi se plasează în secolul al XVI-lea. În contextul părăsirii ei în 1761, locuitorii din Sângeorz mută biserica mănăstirii în localitate, transformând-o în biserică de mir. Mutată în 1820 pe malul stâng al Someşului şi readusă în 1994 la Sângeorz, bisericuţa, monument istoric, va fi demontată şi reasamblată la Cormaia în 2003, redevenind ceea ce era dintru început: biserică mănăstirească. Aşezământul monahal de aici a fost reînfiinţat în 1995, ridicându-se biserica nouă, în stil bizantin şi corpul de chilii. În biserica veche se păstrează obiecte de valoare, cum ar fi câteva icoane ale pictorului Tudor din Lăpuş.

De văzut:
- Muzeul de artă comparată, Sângeorz-Băi
- Muzeul Cuibul Visurilor, Maieru

Mănăstirea Dobric

5 vieţuitoare, viaţă de obşte

Hram: Sfântul Evanghelist Luca, Sfinţii Împăraţi Constantin şi Elena (paraclis), Adormirea Maicii Domnului
Adresă: loc. Dobric, 427028, jud. Bistriţa-Năsăud
Acces: E576 Dej (spre Beclean)-Uriu (19 km), stânga DJ171, Dobric (6 km)
Stareţă: stavrofora Veronica Coţofană; **Contact:** +40263347236
Cazare: 10 locuri (vara)

A fost înfiinţată în 1992 ca schit, într-un frumos parc dendrologic, care a aparţinut între cele două războaie Castelului Milea, la iniţiativa unei asociaţii internaţionale de caritate, în colaborare cu Asociaţia Christiana din Bucureşti şi cu Arhiepiscopia Vadului, Feleacului şi Clujului. În 1993 a devenit mănăstire. S-au ridicat o biserică de lemn în stil maramureşean, casa monahală şi clopotniţa. Se află în construcţie biserica mare cu hramul Adormirea Maicii Domnului. În vechiul castel funcţionează din 2006, la dorinţa celor două fete ale avocatului Milea, un cămin de persoane vârstnice (cazuri sociale). În 2013 se vor demara lucrările de construcţie ale unei noi clădiri, destinată îngrijirii exclusiv a femeilor în vârstă. Mănăstirea are un rol misionar dificil, întrucât în localitatea Dobric 90% din populaţie aparţine cultului penticostal.

Împrejurimi:
- Muzeul memorial Ion Pop Reteganul, Reteag (12 km)

Mănăstirea Ilva Mare

18 vieţuitoare, viaţă de obşte

Hram: Schimbarea la Faţă, Pogorârea Duhului Sfânt (biserica nouă)
Adresă: com. Ilva Mare, 427090, jud. Bistriţa-Năsăud
Acces: DN17D Sângeorz-Băi spre sud, 7 km, apoi stânga 172D, Ilva Mare, apoi 1 km din şosea până la mănăstire
Stareţă: stavrofora Hristofora Marinca
Contact: +40263376275; **Cazare:** 80 locuri

Ieromonahul Daniil Ureche ridică, pe pământul moştenit de la părinţii săi, o biserică de lemn şi chilii, întemeind un schit de călugări în 1992. Din 1999 devine mănăstire de maici. Ulterior se ridică biserica nouă şi alte clădiri. Are un metoc cu hramul Sfântul Mucenic Fanurie, la 800 m distanţă, într-o pădure de brazi, cuprinzând o clădire cu paraclis şi câteva chilii.

Pelerinaje: la Schimbarea la Faţă, hramul mănăstirii

Împrejurimi:
- Zonă pitorească, cu izvoare minerale naturale

Mănăstirea Nușeni

18 viețuitori, viață de obște

Hram: Sfântul Ilie
Adresă: com. Nușeni, 427200, jud. Bistrița-Năsăud
Acces: DL Beclean, spre S, Nușeni (10 km), apoi 2 km până la mănăstire
Stareț: protos. Paisie Iloaie
Contact: +40263350044
Cazare: 10 locuri

Înființată în 1991, din inițiativa pr. Marius Avram din Nușeni. Până în prezent s-au construit un corp de chilii și paraclisul, iar din 1998 biserica mare, aflată în curs de pictare – având ca model biserica nouă de la Sihăstria –, și clopotnița.

Mănăstirea Parva (Rebra)

10 viețuitori, viață de obște

Hram: Sfinții Apostoli Petru și Pavel
Adresă: com. Rebra, 427235, jud. Bistrița-Năsăud
Acces: DN17C Năsăud (spre Sângeorz-Băi)-Rebrișoara, apoi stânga DJ172B, Rebra
Stareț: protos. Chiril Zăgrean
Contact: +40263367004; **Cazare:** 70-80 locuri

Împrejurimi:
- Muzeul memorial Liviu Rebreanu, loc. Liviu Rebreanu
- Casa memorială George Coșbuc, loc. Coșbuc

Între satele Parva și Rebra, pe colina numită La Mănăstire, o troiță de lemn marca locul altarului unei vechi bisericuțe mănăstirești. Fostul așezământ a fost întemeiat la începutul secolului al XVI-lea, primele date despre mănăstire datând de la 1755. Mănăstirea a fost desființată în urma ordinului imperial din 12 decembrie 1782. Ulterior, biserica de lemn a mănăstirii a fost strămutată în Parva, mai întâi în cimitir, apoi în centrul satului. În 1963 a fost înlocuită cu un locaș de cult din cărămidă. În 1993 pământul sfințit de la Parva și-a redobândit vechiul rost, reușindu-se reînființarea mănăstirii de aici. Actualmente, complexul monahal cuprinde biserica (sfințită în 30 august 2009), clădirea cu chilii și paraclis, casa monahală, arhondaricul ș.a. Patrimoniul vechii bisericuțe, în special icoane vechi, s-a păstrat și a fost readus în mănăstire în anul 2003.

Mănăstirea Petru Rareș Vodă

2 viețuitori, viață de obște

Hram: Sfinții Mărturisitori Ardeleni (21 octombrie)
Adresă: sat Ciceu-Corabia, com. Ciceu-Mihăiești, 427217, jud. Bistrița-Năsăud
Acces: E576 Cluj-Gherla-Dej (cca 55 km), apoi E58 Ciceu-Mihăiești (8 km), apoi stânga pe DC34 Ciceu-Corabia (8 km)
Stareț: protos. Teofan Timiș
Contact: +40721288481

Mănăstirea e plasată pe situl istoric al Cetății Ciceului, ctitorită de Petru Rareș (sec. XIII-XIV)

Înființată în anul 2014, din inițiativa domnului Valentin Mureșan, primarul comunei Ciceu-Mihăiești. S-a construit o casă monahală cu paraclis.

Mănăstirea Piatra Fântânele

23 viețuitoare, viață de obște

Hram: Nașterea Maicii Domnului, Sfântul Pahomie de Gledin (paraclis)
Adresă: sat Piatra Fântânele, com. Tiha Bârgăului, 427363, jud. Bistrița-Năsăud
Acces: E58 Bistrița (spre Vatra Dornei), în Pasul Tihuța, la 200 m de la șosea
Stareță: stavrofora Pamfilia Solcan
Contact: +40263264016, +0744672986
Cazare: 20 locuri

Începuturile mănăstirii sunt plasate în anul 1928, când sosește aici ierodiaconul Vasile Luncan. Se ridică un paraclis și chilii. Închisă prin Decretul 410/1959, este reînființată în 1994, când Mitrop. Bartolomeu pune piatra de temelie a noului așezământ. Cuprinde biserica din 1928, un corp de chilii, paraclis și ateliere de broderie, croitorie și pictură (icoane, litografii). Mănăstirea deservește și parohia satului Piatra Fântânele, avându-l ca preot slujitor și duhovnic pe protosinghelul Gavriil Horț.

De văzut:
- Crucea-monument (31 m) de lângă mănăstire, ridicată în 2010 și sfințită de Mitropolitul Bartolomeu Anania

Mănăstirea Salva

10 viețuitoare, viață de obște

Hram: Izvorul Tămăduirii
Adresă: com. Salva, 427255, jud. Bistrița-Năsăud
Acces: DN17D Năsăud, spre V-Salva (4,5 km)
Stareță: stavrofora Emanuela Moisa
Contact: +40263360780, +40263209669

A fost ctitorită în 1994 de credincioșii din Salva, în frunte cu preotul paroh Dumitru Morar, care au reușit să ridice în doar câteva luni o biserică de lemn, chiliile și clopotnița. În 1996 s-a început ridicarea bisericii noi, pregătită în prezent pentru târnosire.

Mănăstirea Sfânta Treime, Bichigiu

4 viețuitori, viață de obște

Hram: Sfânta Treime, Sfântul Atanasie Todoran (paraclis)
Adresă: sat Suplai, com. Zagra, 427389, jud. Bistrița-Năsăud
Acces: DN17C Năsăud spre nord, între localitățile Coșbuc și Telciu ramificație stânga spre Suplai, 13 km drum de piatră (greu accesibil iarna); sau DN17D Beclean-Mocod, DJ172 Zagra-Suplai, 3,5 km până la mănăstire
Stareț: protos. Ilie Cira
Contact: +40788855896; **Cazare:** 6 locuri

La Bichigiu este pomenită în 1523 o mănăstire nouă, pentru care 3 călugări primiseră aprobarea din partea Cetății Bistrița. Mănăstirea Bichigiu este atestată în 1716, în urma campaniei de distrugere condusă de generalul Bukow. Locul și-a păstrat însă numele de Valea Mănăstirii până astăzi. În 1995 vechea mănăstire, după aproape 300 de ani, prinde din nou viață pe terenul donat de un credincios din Suplai, pe nume Grigorie Tecariu. În urma unui incendiu bisericuța de lemn este distrusă. În 2003 au început lucrările de reconstrucție a așezământului, ridicându-se un corp de chilii cu paraclis.

Împrejurimi:
- Muzeul memorial George Coșbuc, loc. Coșbuc
- Rezervația naturală Lacul Zagra (cu numeroase exemplare de broaște țestoase)

Mănăstirea Strâmba

3 viețuitoare, viață de obște

Hram: Sfântul Ierarh Spiridon
Adresă: loc. Strâmba, 427103, jud. Bistrița-Năsăud
Acces: E58 Bistrița (spre Vatra Dornei)-Josenii Bârgăului, DJ172C (neasfaltat), Strâmba
Stareță: monahia Epiharia Brumă; **Contact:** +40734889293

Împrejurimi:
• Muzeul Casa Săsească, Livezile

Mănăstirea a fost înființată în 1999, cu binecuvântarea Mitrop. Bartolomeu pe un teren donat de Lucreția Zbârei, văduvă și mamă a 10 copii, intrată în obștea de maici a mănăstirii. S-a construit un corp de chilii incluzând paraclisul cu hramul Sfântul Ierarh Spiridon. Biserica nouă, cu hramul Duminica Tuturor Sfinților, se află în curs de finalizare.

Mănăstirea Telcișor-Buscatu

2 viețuitori, viață de obște

Hram: Duminica Tuturor Sfinților
Adresă: sat Telcișor, com. Telciu, 427357, jud. Bistrița-Năsăud
Acces: Din Năsăud pe DN17C, 5km, dreapta în Salva, până la Telciu, 16 km, drepta spre Telcișor până în Gura Buscatu, 7 km, apoi dreapta prin pădure, 5 km
Stareț: ierom. Porfirie Țanc
Contact: +40768578888

La început a funcționat ca schit al Mănăstirii Parva (Rebra), devenind mănăstire în 2011. Are o biserică de lemn sfințită în 1997 de către Mitropolitul Bartolomeu Anania și o casă cu chilii.

Mitropolia Clujului, Maramureșului și Sălajului

Episcopia Maramureșului și Sătmarului

Episcop: Preasfințitul IUSTIN HODEA
(cuprinde județele Maramureș și Satu Mare)

Str. Avram Iancu, nr. 5, Baia Mare, 430313, jud. Maramureș
Tel: +40262214614, Fax: +40262212546, www.episcopiammsm.ro

Catedrala Episcopală Baia Mare

Hram: Sfânta Treime
Adresă: Bd. Unirii, nr. 17, Baia Mare, 430232, jud. Maramureș
Ecleziarh: arhim. Casian Filip
Contact: +40262227599, www.catedrala-baia-mare.ro

Programul liturgic se desfășoară după tipicul mănăstiresc, săvârșindu-se zilnic Utrenia și Sfânta Liturghie dimineața, iar seara Vecernia; după slujba de seară, miercurea se face Sfântul Maslu, iar joia, un acatist.

Piatra de temelie a fost pusă în 20 iulie 1990 de către ÎPS Justinian Chira, la acea dată locțiitor al reînființatei Eparhii de Maramureș și Sătmar. Lucrările au fost coordonate de pr. Vasile Trif până în 1999, an în care PS Justin Sigheteanul își asumă preluarea și continuarea acestora. O nouă echipă de specialiști a regândit proiectul edificiului. La demisolul catedralei s-a amenajat un spațiu liturgic cu o capacitate de 3000 de persoane, târnosit în 9 septembrie 2003. Interiorul este placat cu cărămidă de Oradea, pavat cu gresie porțelanată din Spania, având iconostas din cărămidă cu icoane în mozaic de Murano. Douăsprezece coloane sprijină cupola centrală și nava principală. În partea din spate a bisericii s-a amenajat Sala Bizantină, unde se fac expoziții de icoane. În cele două abside laterale de la demisol se află în curs de amenajare un muzeu, care va găzdui fondul de carte și icoană veche aflat în prezent la sediul Episcopiei. Lucrările de ridicare a locașului de dimensiuni impresionante au continuat an de an, în prezent ajungându-se la arcele care vor susține cupola principală (cota +38,05 m).

Mănăstirea Baia Borșa 5 viețuitori, viață de obște

Hram: Sfântul Ierarh Nicolae
Adresă: Baia Borșa, str. Energiei, nr. 38 A, 435250, jud. Maramureș
Acces: E58/E576 Vatra Dornei-Iacobeni (15 km), apoi DN18 Ciocănești-Cârlibaba-Borșa; la dreapta drum comunal Borșa-Baia Borșa (6 km)
Stareț: protos. Pimen Roșan
Contact: +40262345634; **Cazare:** 5 locuri

Moaște: părticele de la Sfinții Mucenici uciși în Sinai și Rait

Împrejurimi:
- Biserica de lemn din Borșa (sec. al XVIII-lea), monument istoric
- Mănăstirea Moisei

A fost ctitorită de Nicolae și Rozica Oancea cu familia, stabiliți în prezent în Australia, din dorința de a-l mulțumi astfel lui Dumnezeu pentru binefacerile primite. Lucrările au fost coordonate de domnul Ștețcu Toader până în anul 2002, când au fost preluate de părintele stareț Pimen Roșan. Cuprinde biserica de o frumusețe aparte (planul arhitectonic fiind schițat de părintele Ioan de la Poșaga) și corpul de chilii. Începută în 2001, biserica a fost terminată și sfințită în 2010. Se află în construcție un paraclis de vară, poarta și clopotnița.

Schitul Vinișoru 3 viețuitori, viață de obște

Hram: Sfântul Ierarh Vasile cel Mare
Acces: din DN18 Borșa spre N-E-Baia Borșa (6 km)-Vinișoru (10 km)
Egumen: monah Vitalie Costea
Contact: +40748509319; **Cazare:** 5 locuri

A fost ctitorit în întregime de dl Vasile Frank Timiș, de supravegherea lucrărilor ocupându-se Ștețcu Toader. Dependent de Mănăstirea Baia Borșa, cuprinde o biserică de lemn în stil maramureșean (ridicată în 2006), un corp de chilii, un paraclis de vară cu clopotniță și o casă pentru oaspeți.

Mănăstirea Bârsana

14 vieţuitoare, viaţă de obşte

Hram: Soborul celor 12 Apostoli
Adresă: com. Bârsana, nr. 6, 437035, jud. Maramureş
Acces: DJ186 Sighetu Marmaţiei-Vadu Izei-Onceşti-Bârsana
Stareţă: stavrofora Filofteia Oltean
Contact: +40262331101; www.manastireabarsana.ro
Cazare: 70 locuri

Mănăstirea Bârsana este o veche vatră monahală, fiind reşedinţa ultimului episcop maramureşean, Gavriil de Bârsana, între anii 1735 şi 1740. Localitatea Bârsana este atestată documentar începând cu anul 1326. În apropierea ei au existat două mănăstiri, cea de pe dealul Humâna fiind atestată în 1390. În 1791 statul austriac confiscă averea Mănăstirii Bârsana şi o subordonează Mănăstirii Cernok (Ucraina). Pentru a fi protejată, biserica mănăstirii părăsite a fost mutată în 1806 de credincioşii din Bârsana în vatra satului, unde se află şi în prezent. Initiaţiva reînfiinţării mănăstirii a venit din partea credincioşilor satului Bârsana în frunte cu preotul paroh Gheorghe Urda, care s-a şi ocupat iniţial de coordonarea lucrărilor. Piatra de temelie a fost sfinţită în 1993 de PS Justinian. Mănăstirea actuală, de o frumuseţe deosebită, cuprinde: biserica în stil maramureşean, altarul de vară, agheasmatarul, stăreţia, casa voievodală, casa maicilor, casa artistului, casa duhovnicului, casa meşterilor, trapeza, muzeul, turnul-clopotniţă, poarta maramureşeană. La Bârsana funcţionează două ateliere: de pictură şi de ţesătorie. În parcarea aşezământului există o clădire cu regim de cantină (tel. 0262331137), iar în imediata apropiere Vila Bârsana, cu locuri de cazare pentru pelerini (tel. 0262331020), ambele aparţinând de mănăstire.

Împrejurimi:
• În Bârsana, vechea biserică de lemn a mănăstirii, strămutată în sat în 1806, obiectiv UNESCO

Frumoasa biserică în stil maramureşean din incinta mănăstirii avea până nu demult renumele de a fi cea mai înaltă biserică de lemn din lume (57 m)

Mănăstirea Berinţa

4 vieţuitoare, viaţă de obşte

Hram: Sfântul Apostol Andrei, Schimbarea la Faţă
Adresă: com. Copalnic-Mănăştur, 437101, jud. Maramureş
Acces: DN182 Târgu Lăpuş-Copalnic-Mănăştur (21 km)
Stareţă: monahia Ilaria Benzar
Contact: +40262497800, +40755420241
Cazare: 10 locuri

Mănăstirea este ctitorie a familiei Mircea Rusu, în urma pierderii fiului lor în vârstă de 14 ani. Lucrările încep în 1997, construindu-se biserica şi apoi corpul de chilii. Din anul 2000 mănăstirea a primit o obşte de maici.

De văzut:
• Bisericile din lemn monumente istorice din Cărpiniş, Laşchia şi Copalnic

Mănăstirea Botiza

5 viețuitoare, viață de obște

Hram: Schimbarea la Față (biserica de lemn), Intrarea Maicii Domnului în Biserică (paraclis)
Adresă: com. Botiza, nr. 156, 437065, jud. Maramureș
Acces: DJ186 Sighetu Marmației-Bârsana-Rozavlea, DJ186D, Botiza (45 km din Sighetul Marmației)
Stareță: monahia Rafaela Rogojan; **Contact:** +40262334485

Icoane făcătoare de minuni: două icoane ale Maicii Domnului, lucrate în Sfântul Munte, Mângâietoarea și Portărița, sunt păstrate în biserica mănăstirii și cinstite cu deosebită evlavie de obștea maicilor și de pelerini.

A fost ctitorită de credincioșii din Botiza, îndrumați de preotul Isidor Berbecaru. Începând cu 1992 s-au ridicat o frumoasă biserică în stil maramureșean, cu pictură în frescă, altarul de vară și corpul de chilii, în care s-a amenajat un paraclis. Din 2001 adăpostește o obște de maici.

Împrejurimi:
• Biserica de lemn Sf. Parascheva din satul Botiza, datată din 1699, adusă din Vișeul de Jos și resfințită pe locul actual în 1899

Mănăstirea Breaza

3 viețuitoare, viață de obște

Hram: Sfânta Treime
Adresă: com. Suciu de Sus, 437315, jud. Maramureș
Acces: Târgu Lăpuș-Dămăcușeni, DJ171, Suciu de Sus, apoi 7 km (20 km din Târgu Lăpuș până la mănăstire)
Stareță: stavrofora Antonia Țineghe
Contact: +40262388170, +40744620671
Cazare: 12 locuri

Primul ctitor, prof. dr. Florea Mureșan (devenit ieromonah), a construit așezământul în perioada 1954-1958, între două întemnițări, murind la Aiud în 1961. Mănăstirea, incendiată, a fost refăcută începând cu anul 1990 de ucenicul părintelui Florea, arhim. Burzo Gavriil, actualmente duhovnic al așezământului. S-au ridicat biserica de zid, casa monahală cu chilii, poarta, turnul-clopotniță și alte anexe. Se află în construcție altarul de vară.

În Sfântul Altar al bisericii de zid se păstrează epitrahilul și o reverendă care au aparținut părintelui Florea Mureșan.

De văzut:
• Bisericuța de lemn ridicată în memoria părintelui ctitor Florea, pe locul celei vechi, incendiate de comuniști
• Troița și piatra comemorativă dedicate preotului martir de la Aiud

Împrejurimi:
• Biserica de lemn din Rogoz, monument UNESCO

Mănăstirea Ieud 1 viețuitoare

Hram: Sfinții Trei Ierarhi
Adresă: com. Ieud, 437170, jud. Maramureș
Acces: DJ186 Sighetu Marmației-Valea Izei-Rozavlea, DJ186C, Ieud, 2 km SE de Ieud
Stareță: stavrofora Mihaela Popan; **Contact:** +40748877865

A fost înființată la inițiativa credincioșilor din Ieud și a preotului Alexandru Brici, care au ridicat o biserică de lemn în 2003. Este în curs de organizare.

Împrejurimi:
• Biserica din Deal, Ieud (sec. al XVII-lea), monument UNESCO • Biserica din Șes, Ieud (sec. al XVIII-lea), monument istoric • Muzeul Satului Ieud

Codicele de la Ieud *este considerat cea mai veche carte religioasă românească (1392). Originalul descoperit la Ieud se află astăzi la Biblioteca Academiei Române.*

Mănăstirea Dealu Mare

4 viețuitori, viață de obște

Hram: Sfântul Proroc Ilie
Adresă: com. Coroieni, nr. 176, 437126, jud. Maramureș
Acces: DN1C Dej-Gâlgău, DJ109F-Drăghia, drum local, Dealu Mare, apoi 2 km urmărindu-se indicatorul
Egumen: ierom. Ioil Nicoară; **Contact:** +40745902830; **Cazare:** 20 locuri

Așezământ monahal a fost înființat în 1992 de pr. Paisie Cosma, care a devenit și primul stareț al mănăstirii. Ansamblul cuprinde biserica în stil bizantin, corpul de chilii, paraclisul, poarta în stil maramureșean, un frumos foișor de lemn situat în mijlocul pădurii (cca 200 m de mănăstire). În incintă s-a amplasat o casă veche adusă din Budești, în care s-a amenajat un muzeu etnografic.

Împrejurimi:
- Biserica de lemn din Drăghia, com. Coroieni, monument istoric

Schitul Sfântul Nicolae

Aparține de Mănăstirea Dealu Mare din com. Coroieni, aflându-se față de aceasta la 20 de minute de mers pe jos prin pădure. Începând cu anul 2007 s-au ridicat biserica și casa monahală. Se află în curs de organizare.

Mănăstirea Dragomirești

4 viețuitori, viață de obște

Hram: Sfântul Proroc Ilie, Izvorul Tămăduirii; Adormirea Maicii Domnului
Adresă: str. 1 Decembrie 1918, nr. 344, Dragomirești, 437140, jud. Maramureș
Acces: DJ186 Sighet-Valea Izei-Dragomirești (44 km din Sighet)
Stareț: protos. Sofronie Perța
Contact: +40262337291, +40744638634; **Cazare:** 40 locuri (vara)

Icoane făcătoare de minuni: icoana Maicii Domnului cu Pruncul

Pe locul unei vetre mănăstirești dispărute, monahul Pimen Moldovan pune bazele mănăstirii în 1926. Biserica așezământului arde în 1949, din incendiu scăpând în mod miraculos o icoană de lemn din secolul al XVII-lea, reprezentând pe Fecioara Maria cu Pruncul în brațe. În 1957 preotul Nuțu Codrea ridică în împrejurimi o biserică de lemn, închisă până în 1990, când viața monahală este reluată prin venirea de la Mănăstirea Toplița a actualului stareț al Mănăstirii Dragomirești. Ulterior s-au construit chilii și alte clădiri-anexe. În 2008 s-a pus piatra de temelie la noua biserică.

Împrejurimi:
- Biserica de lemn, monument istoric din Bogdan Vodă (1718)

De văzut:
- Icoana Maicii Domnului cu Pruncul, scăpată în mod minunat în urma incendiului din 1949

Mănăstirea Făget

5 viețuitoare, viață de obște

Hram: Înălțarea Domnului
Adresă: com. Sălsig, 437300, jud. Maramureș
Acces: DN1C Baia Mare-Zalău, din Fărcașa, 4 km, Sălsig (40 km din Baia Mare)
Stareță: monahia Marina Tomoș
Contact: +40745671099; **Cazare:** 20 locuri

A fost înființată în anul 2000. Sunt în construcție corpul de chilii și biserica. Maicile din obște lucrează în atelierele de pictură, croitorie și broderie care funcționează în mănăstire. **În biserică se află o cruce de lemn găsită într-un copac, în Lăpuș.**

Mănăstirea Habra

5 viețuitoare, viață de obște

Hram: Învierea Domnului
Adresă: com. Groși, nr. 412, 437165, jud. Maramureș
Acces: DL Baia Mare-Groși, la ieșirea din Baia Mare spre Târgu Lăpuș (7 km)
Stareță: monahia Justiniana Călini; **Contact:** +40726304824

Împrejurimi:
- Biserica de lemn, monument istoric din Săcălășeni

De văzut:
- Monumentul de bronz reprezentând capul lui Mihai Viteazul, în incinta mănăstirii

Este o vatră monahlă străveche, a doua ca însemnătate și vechime după cea din Perii Maramureșului. Vechiul așezământ este atestat în mai multe documente și însemnări: Episcopul Efrem de la Habrul îl urmează în 1600 pe Mihai Viteazul în Moldova, semnând un act sinodal la Suceava. Ca urmare a uciderii voievodului, mănăstirea este pustiită – cel mai probabil de armatele poloneze, fapt confirmat de o scrisoare din 1614 – și va reînvia abia în 1996, după aproape patru secole de la distrugere. În anii următori reînființării, așezământul înregistrează numeroase realizări: frumoasa biserică cu influențe arhitecturale din Țara Românească (după modelul Coziei), casa monahală, poarta cu turnul-clopotniță, aflată în construcție și care va îngloba pe viitor un muzeu.

Mănăstirea Moisei

7 viețuitori, viață de obște

Hram: Adormirea Maicii Domnului, Întâmpinarea Domnului (hram de iarnă)
Adresă: com. Moisei, nr. 203, 437195, jud. Maramureș
Acces: Suceava (peste Pasul Prislop)-Borșa; Baia Mare-Sighet, pe Valea Izei sau Valea Vișeului (DN18), la 2 km de șoseaua principală
Stareț: arhim. Teofil Pop
Contact: +40262347110, +40744506198, www.manastireamoisei.ro
Cazare: 50 locuri

Icoane făcătoare de minuni: icoana Maicii Domnului, veche, argintată, aflată în biserica nouă, în fața ușilor împărătești

De văzut:
- Monumentul închinat martirilor din Moisei (39 de români uciși în 1944 de trupele maghiare în retragere), ansamblu cuprinzând 12 figuri de piatră, aflat la ieșirea din com. Moisei spre Borșa

Vechi așezământ monahal, la 1637 era reședință a Episcopului Dumitru Pop. Mănăstirea a fost sfințită în 1672 de Mitropolitul Transilvaniei, Sava Brancovici, ca metoc al Mănăstirii Putna. Aici a funcționat din 1694 o școală și a activat un grup de pictori, care au lucrat la diferite biserici din zonă. Așezământul cuprinde: biserica veche de lemn, mărturie a veacurilor trecute, biserica nouă de zid, în formă de cruce, construită la începutul sec. al XX-lea și sfințită în 1911, casa monahală și stăreția, altarul de vară, arhondaricul și poarta cu turnul-clopotniță. În 2012 s-a început construcția Centrului cultural-social Sava Brancovici. În fiecare vară, mănăstirea găzduiește o tabără de pictură la care participă elevi de gimnaziu și liceu din Maramureș.

Mănăstirea Oarța de Sus

5 viețuitori, viață de obște

Hram: Sfânta Maria Magdalena, Schimbarea la Față
Adresă: sat Oarța de Sus, com. Oarța de Jos, 437201, jud. Maramureș
Acces: din Baia Mare pe E58 (10 km), apoi DJ193 (8 km), apoi stânga pe DJ108A (12 km), drepta DJ108D (15 km), apoi dreapta DJ108P (indicator spre Bicaz) până în Oarța de Sus, apoi încă 4 km până la mănăstire (50 km din Baia Mare); sau din Zalău pe E81 (direcția NV), după 4 km dreapta DN1H, apoi stânga DJ108D Sălățig-Cehu Silvaniei, după câțiva km stânga pe DJ108P Oarța de Jos- Oarța de Sus (40 km din Zalău)
Stareț: ierom. Pimen Vasile
Contact: +40754032567

Înființată în anul 2012, din inițiativa ÎPS Andrei Andreicuț, fiul al satului Oarța de Sus. Are o casă monahală din lemn și o biserică din lemn în stil maramureșean, aflată în curs de finalizare.

Mănăstirea Petrova

7 viețuitori, viață de obște

Hram: Izvorul Tămăduirii (hramul mare), Tăierea Capului Sfântului Ioan Botezătorul, Sfântul Dumitru Izvorâtorul de Mir (paraclis)
Adresă: com. Petrova, 437210, jud. Maramureș
Acces: DN18 Sighetu Marmației, între Rona de Sus și Petrova, la 2 km de drumul național
Stareț: protos. Agaton Oprișan
Contact: +40723926261; **Cazare:** 50 locuri

Icoane făcătoare de minuni: icoana Maicii Domnului din paraclisul mănăstirii

A fost înființată în 2000, cuprinde casa monahală, paraclisul, biserica mare, aflată în construcție, și altarul de vară. Se slujește în două limbi: română și ucraineană.

De văzut:
• Izvorul aflat pe drumul spre mănăstire, despre care se spune că are putere tămăduitoare

Mănăstirea Prislop

6 viețuitori, viață de obște

Hram: Schimbarea la Față, Sfânta Treime
Adresă: loc. Borșa, 435200, jud. Maramureș
Acces: Moisei-Borșa-Pasul Prislop, la 20 km de Borșa sau Vatra Dornei-Iacobeni-Ciocănești-Cârlibaba-Pasul Prislop, la 60 km de Vatra Dornei
Stareț: ierom. Celestin Ceușan
Contact: +40745619168
Cazare: 15 locuri

Construcția mănăstirii a început în 1999, ridicându-se o biserică de zid și un corp de chilii. Din 2008 s-a așezat aici o obște de călugări. În incintă s-a construit și o frumoasă bisericuță din lemn, având rolul de paraclis de iarnă.

De văzut:
• Cimitirul eroilor căzuți în Primul Război Mondial, amenajat de călugării mănăstirii
• La 200 m de mănăstire, 9 gropi comune ale ostașilor din Primul Război Mondial

Mănăstirea Sfânta Ana, Rohia

17 viețuitori, viață de obște

Hram: Adormirea Maicii Domnului, Izvorul Tămăduirii (paraclis), Sfântul Nicolae (paraclis)
Adresă: sat Rohia, nr. 18, Târgu Lăpuș, 435612, jud. Maramureș
Acces: DJ182 Târgu Lăpuș-Rohia (7 km)
Stareț: PS Justin Sigheteanul
Egumen: arhim. Macarie Motogna
Contact: +40262387605; www.manastirea-rohia.ro
Cazare: 100 locuri

Pelerinaje: la Adormirea Maicii Domnului (15 august) și Izvorul Tămăduirii

De văzut:
- Icoana Maicii Domnului, pictată la Muntele Athos și scăpată în mod minunat dintr-un incendiu (în 15 august 1927), păstrată în Paraclisul Sfântul Nicolae de la demisolul bisericii noi a mănăstirii
- Icoanele mari în mozaic – Adormirea Maicii Domnului și Izvorul Tămăduirii –, din pridvorul bisericii noi
- Casa cu paraclis, care adăpostește biblioteca mănăstirii, cu un fond de peste 40000 de volume
- Chilia părintelui Nicolae Steinhardt

A fost ctitorită între anii 1923 și 1926 de preotul paroh din satul Rohia, Nicolae Gherman, pe Dealul Viilor din apropiere, în memoria fiicei sale Ana, moartă la frageda vârstă de 10 ani. Cuprindea o biserică (sfințită în 1926) și un corp de chilii (azi dispărut), fiind prima mănăstire ortodoxă din Transilvania construită după Unirea din 1918. De-a lungul anilor așezământul a cunoscut mai multe etape de construcție, cu numeroase și însemnate realizări. Casa de stejar, ridicată în 1965, are la etaj reședința ÎPS Justinian, actualul arhiepiscop al Maramureșului și Sătmarului, fost stareț al Rohiei (1944-1973). Casa monumentală cu paraclis, construită în anii 1973-1975 și amplasată în fața bisericii, are, la ultimul dintre cele două etaje, paraclisul cu hramul Izvorul Tămăduirii. Iconostasul acestuia, realizat în anii 1975-1979, reprezintă o lucrare de excepție, operă a profesorului Ion Rucăreanu din București. Casa cu paraclis adăpostește de asemenea biblioteca mănăstirii, cu un fond de peste 40000 de volume. Casa Poetului, ridicată între anii 1977 și 1979 și având două etaje cu verande, de la care se poate admira deosebita frumusețe a împrejurimilor, adăpostește **Chilia părintelui Nicolae Steinhardt** (1912-1989). Organizată ca un mic muzeu, chilia în care monahul Nicolae de la Rohia a locuit în anii 1980-1989 păstrează lucrurile personale ale acestuia: manuscrise, cărți, icoane, tablouri, mobilier. S-au mai construit stăreția (1968), un altar de vară, iar în 1988, ansamblul a fost împodobit cu poarta de lemn de la intrarea în incintă, operă a sculptorului maramureșean Toader Bârsan. Casa Albă, construcție impunătoare cu mansardă (1988-1992), cuprinde chiliile, secretariatul, un apartament episcopal și un salon oficial de primire a oaspeților. În seria construcțiilor mai noi se înscriu biserica de lemn și casa, care alcătuiesc Colțul maramureșean, inaugurat în 2003. Această biserică adăpostește din 2007 muzeul mănăstirii (aflat între 1983 și 2007 la etajul al doilea al Casei Poetului), cuprinzând o colecție de carte veche și una de icoane bisericești pe lemn și sticlă din sec. al XVIII-lea. În 1996 se ridică noua biserică a mănăstirii, pe locul celei vechi. Dorindu-se a fi un simbol, aceasta cuprinde elemente arhitecturale din toate cele trei provincii românești – Moldova, Muntenia și Transilvania: în formă de cruce, prezintă un pridvor brâncovenesc în față, un turn cu elemente moldovenești și are o înălțime de biserică maramureșeană. La demisolul bisericii noi s-a amenajat paraclisul cu hramul Sf. Nicolae, împodobit cu iconostasul și icoanele vechii bisericuțe. În anul 2008 s-a început construirea „Centrului cultural-monahal Nicolae Steinhardt", o clădire pe zece niveluri, ce va cuprinde biblioteca mănăstirii, sala de lectură, săli de conferință și simpozioane, muzeul Nicolae Steinhardt, muzeul mănăstirii, stăreția mănăstirii, trapeza mănăstirii etc.

Mănăstirea Rohița

7 viețuitori, viață de obște

Hram: Sfinții Apostoli Petru și Pavel (biserica mare), Acoperământul Maicii Domnului (paraclis)
Adresă: sat Boiereni, 435601, Târgu Lăpuș, jud. Maramureș
Acces: DJ182 Târgu Lăpuș-Rohia (7 km), Rohița (1 km)
Stareț: protos. Vasile Filip
Contact: +40745527335
Cazare: 40 locuri

Vechea mănăstire a fost distrusă în 1761-1762, locul fiind marcat de o cruce de lemn, apoi de una de piatră din 1904. Reînființată în 1993. Biserica din lemn, datând din anii 1985-1986, a fost complet restaurată în 2004, iar casa cu paraclis, ridicată de Mănăstirea Rohia, este în curs de reamenajare.

Împrejurimi:
- Mănăstirea Rohia, oază de liniște, altar de rugăciune, centru transilvan de spiritualitate și cultură, într-un cadru natural mirific

Mănăstirea Săpânța Peri

6 viețuitoare, viață de obște

Biserica Mănăstirii Săpânța este cea mai înaltă construcție de lemn din Europa (75 m)

Hram: Sfinții Arhangheli Mihail și Gavriil
Adresă: com. Săpânța, nr. 85, 437305, jud. Maramureș
Acces: DN19 Sighetu Marmației spre NV-Săpânța (18 km), la nord de Săpânța, 1 km
Stareță: monahia Agnia Ciuban
Contact: +40262372524, +40742240998
Cazare: în curs de amenajare

A fost înființată în 1997, în hotarul satului Săpânța, din dorința de a reînnoda tradiția istorică a vechii Mănăstiri Sf. Mihail din Peri-Maramureș, astăzi pe teritoriul Ucrainei. Distrusă la începutul secolului al XVIII-lea, Mănăstirea Peri a constituit un important centru bisericesc și cultural: ctitorie a voievozilor Dragoșești, a fost supusă în anul 1391 sub jurisdicția directă a Patriarhului de Constantinopol. La începutul sec. al XVIII-lea, aici și-a avut reședința Episcopul Iosif, canonizat în 1992 ca drept mărturisitor de Sinodul Bisericii Ortodoxe Române.

Ctitorită de părintele paroh Grigore Luțai, Mănăstirea Săpânța Peri a primit, din anul 2005, o obște de maici, care a continuat lucrările de construcție începute anterior. În prezent complexul monahal cuprinde biserica de lemn, un corp de chilii, o nouă casă monahală, altarul de vară și casa cu chilii din pădure. Biserica prezintă trei niveluri: la demisol funcționează un paraclis (sfințit în 2003), la cel de-al doilea nivel se amenajează biserica propriu-zisă, iar la nivelul superior se va amenaja un paraclis.

La Săpânța Peri au fost traduse pentru prima oară în limba română: Psaltirea, Evanghelia *și* Faptele Apostolilor. Codicele voronețean *își are locul de obârșie în această localitate.*

Împrejurimi:
- Cimitirul Vesel din Săpânța, cu Casa memorială Ion Stan Pătraș
- Memorialul victimelor comunismului, Sighet
- Muzeul Maramureșului, Sighet

Împrejurimi:
- Biserica de lemn din Rogoz, monument UNESCO (sec. al XVII-lea)

Mănăstirea Ruoaia

13 viețuitoare, viață de obște

Hram: Nașterea Maicii Domnului (biserica mare), Duminica Sfinților Români (paraclis)
Adresă: sat Lăpușul Românesc, nr. 1303, com. Lăpuș, 437175, jud. Maramureș
Acces: DJ109F Târgu Lăpuș-Lăpuș, la ieșirea spre nord din Lăpuș, dreapta, 3 km
Stareță: stavrofora Maria Magdalena Drăguș
Contact: +40262381017; **Cazare:** 100 locuri

Piatra de temelie s-a așezat în 1995. Pe locul actualei vetre monahale a existat o mănăstire atestată documentar în anul 1315. Aceasta a funcționat până în 1762. Complexul monahal cuprinde biserica în stil maramureșean (sfințită în 2004), paraclis, altar de vară și impunătoare corpuri de chilii. În 2010 s-a ridicat un edificiu de lemn în stil maramureșean cu trei încăperi, care găzduiește o colecție etnografică.

Mănăstirea Șatra

1 viețuitoare

Hram: Înălțarea Sfintei Cruci
Adresă: sat Stoiceni, 435613, jud. Maramureș
Acces: din Târgu Lăpuș spre N pe DJ171E pana in Stoiceni (4 km), apoi încă 5 km N pe drum forestier până la mănăstire
Stareță: monahia Vicenția Lasco

A fost înființată după 1990, din inițiativa și cu cheltuiala pr. Ioan Cosma, sprijinit de credincioși din Țara Lăpușului și din alte părți. Are o biserică și un ansamblu monahal cu chilii, paraclis, stăreție. Se află în curs de organizare.

Schitul Borșa Pietroasa

10 viețuitoare, viață de obște

Împrejurimi:
- Biserica de lemn din Borșa (1700), monument istoric
- Mănăstirea Moisei (10 km)

Hram: Tăierea Capului Sfântului Ioan Botezătorul
Adresă: loc. Borșa, 435200, jud. Maramureș
Acces: DN18 Borșa, la 4,5 km de oraș, la poalele Muntelui Pietrosu
Egumenă: monahia Ioanichia Timiș; **Contact:** +40753909673

A fost înființat în 2007, la cererea și pe terenul donat de credincioșii din zonă. S-a construit un corp de chilii, iar biserica se află în curs de finalizare. Schitul are ateliere de pictură și croitorie, precum și o păstrăvărie.

Schitul Budești

5 viețuitori, viață de obște

Hram: Sfinții Împărați Constantin și Elena
Adresă: com. Budești, 437070, jud. Maramureș
Acces: DN18 din Sighetu Marmației spre sud-Ferești, apoi stânga DJ186B, Călinești-Budești
Egumen: protos. Mihail Bud; **Contact:** +40749183814; **Cazare:** 20 locuri

A fost reînființat în 1994 pe locul unei vetre monahale din sec. al XV-lea-al XVI-lea, distrusă în sec. al XVIII-lea. S-au construit biserica mănăstirii, cu turn în stil maramureșean, deasupra pronaosului, corpul de chilii, casa de oaspeți și turnul-clopotniță de la intrare.

De văzut:
- două biserici de lemn: Budești Josani (1643), introdusă în patrimoniul mondial UNESCO, și Budești Susani (1760), monument istoric

Schitul Chiuzbaia

2 vieţuitori, viaţă de obşte

Hram: Naşterea Maicii Domnului
Adresă: sat Chiuzbaia, 435101, jud. Maramureş
Acces: DN18 Baia Mare-Baia Sprie, drum local spre nord, Chiuzbaia, 6 km
Egumen: protos. Varlaam Coroian
Contact: +40744146584; **Cazare:** 10 locuri

Este ctitorie a credincioşilor din Chiuzbaia. Biserica de zid şi corpul de chilii s-au ridicat în perioada 1995-1998, prin grija preotului paroh Viorel Mada. În 2002 s-au refăcut chiliile distruse în urma unui incendiu.

Schitul Eroilor Revoluţiei

1 vieţuitor

Hram: Naşterea Domnului
Adresă: sat Văleni, com. Călineşti, 437077, jud. Maramureş
Acces: DJ185 din Călineşti (spre Bârsana)-Văleni (5 km), apoi 7 km pe drum forestier
Egumen: ierom. Ilarion Suciu
Contact: +40763403417

A fost înfiinţat în 1992 din iniţiativa preotului Ioan Pop din Poienile Izei. Închinat eroilor Revoluţiei din decembrie 1989. Are locaş de cult şi casă monahală cu paraclis. Se află în curs de organizare.

Împrejurimi:
- Bisericile de lemn din Călineşti, Sârbi, Budeşti, monumente istorice
- Mănăstirea Bârsana

Schitul Izvoare fără vieţuitori

Hram: Tăierea Capului Sfântului Ioan Botezătorul
Adresă: staţiunea Izvoarele, com. Deseşti, 437089, jud. Maramureş
Acces: DJ183 Baia Mare-Firiza-Izvoarele, 25 km de Baia Mare
Preot slujitor: pr. Dan Băbuţ; **Contact:** +40740029777

Situat în staţiunea montană Izvoarele, noul schit cuprinde o biserică de zid în formă de arcă (ridicată la iniţiativa preotului profesor Vasile Borca şi a preotului Vasile Onişa din Mara) şi o casă monahală. Din 2000 slujeşte aici părintele Dan Băbuţ, care a continuat lucrările. Biserica, pictată în cursul anului 2010, a fost sfinţită în 29 august 2011. Pe timpul verii, aici se desfăşoară tabere organizate de ASCOR.

De văzut:
- Mlaştina Vlăşinescu, rezervaţie naturală de turbă, la 500 m de biserică
- Vârful Igniş

Schitul Strâmtura

3 vieţuitori, viaţă de obşte

Hram: Cuvioasa Parascheva
Adresă: com. Strâmtura, 437310, jud. Maramureş
Acces: DJ186 Sighetu Marmaţiei-Bârsana-Strâmtura, apoi 5 km până la mănăstire
Egumen: protos. Nifon Neamciuc
Contact: +40742786717, +40766343133

Slujirea liturgică se face în paraclisul cu hramul Sf. Parascheva, amenajat la demisolul construcţiei ridicate în 2003. Biserica de lemn a schitului se află în construcţie.

De văzut:
- Biserica de lemn din Strâmtura (sec. al XVII-lea), monument istoric
- Biserica de lemn din Glod, com. Strâmtura (1700), monument istoric

Icoane făcătoare de minuni: icoana Maicii Domnului de la Bixad

Pelerinaje: La Adormirea Maicii Domnului (15 august), Naşterea Maicii Domnului (8 septembrie), Tăierea Capului Sf. Ioan Botezătorul (29 iunie), Înălţarea Sf. Cruci (14 septembrie)

Împrejurimi:

• Muzeul Ţării Oaşului din Negreşti-Oaş (5 km)

Mănăstirea Bixad

6 vieţuitori, viaţă de obşte

Hram: Sfinţii Apostoli Petru şi Pavel, Adormirea Maicii Domnului
Adresă: com. Bixad, 447055, jud. Satu Mare
Acces: DN19 Satu Mare-Livada-Negreşti-Oaş, DJ109L Bixad
Stareţ: PS Timotei Sătmăreanul
Contact: +40755423267; **Cazare:** 25 locuri

Este un vechi aşezământ, atestat documentar la începutul sec. al XVII-lea. Pe la 1700 se instalează aici arhimandritul Isaia, venit de la Mănăstirea Sf. Pavel, din Muntele Athos, şi convertit la uniatism, iniţiind o intensă activitate prounionistă în regiune. În urma uciderii sale, în 1701, mănăstirea este părăsită, rămânând astfel până în 1759. În decursul timpului, a jucat un important rol cultural şi naţional. În 1954 este din nou închisă şi redeschisă în 1990. Biserica de lemn din sec. al XVII-lea a dispărut, actualul locaş fiind construit în 1771, restaurat şi repictat în anii 1980-1989. După reactivarea vieţii monahale de la Bixad, s-au realizat şi alte lucrări de construcţie şi înfrumuseţare a aşezământului.

Mănăstirea Lunca Apei

4 vieţuitoare, viaţă de obşte

Hram: Acoperământul Maicii Domnului (biserica mare), Buna Vestire (paraclis)
Adresă: com. Apa, 447015, jud. Satu Mare
Acces: DN1C Baia Mare-Seini, după 5 km DJ192, Apa, urmându-se indicatoarele
Stareţă: monahia Teoctista Fugulin
Contact: +40752686003; **Cazare:** 10 locuri

A fost înfiinţată în 1996, la iniţiativa credincioşilor din Lunca Apei, având ca biserică locaşul de cult al fostului sat, desfiinţat în urma inundaţiilor din 1970. Odată cu venirea, în 1999, a actualei stareţe, s-au ridicat o casă monahală, stăreţia şi un altar de vară. Se intenţionează înfiinţarea unui atelier de pictură.

Mănăstirea Măriuş

1 vieţuitor

Hram: Izvorul Tămăduirii, Adormirea Maicii Domnului
Adresă: sat Măriuş, com. Valea Vinului, 447346, jud. Satu Mare
Acces: DJ193 Satu Mare-Culciu-Valea Vinului, apoi dreapta DL, Măriuş (7 km)
Stareţ: protos. Gherontie Nergheş
Contact: +40744787664, +40740779277
Cazare: 20 locuri

Moaşte: părticele de la Sf. Nicolae, Sf. Ap. Varnava, Sf. Mc. Trifon, Sf. Cuv. Parascheva

Împrejurimi:

• Muzeul Ţării Codrului din Măriuş, muzeu în aer liber cu 18 case ţărăneşti

• Casa memorială Aloisie Tăutu, în Valea Vinului (7 km)

Începutul vieţii monahale datează din 1992, odată cu venirea a trei monahi de la Mănăstirea Rohia. S-au ridicat o bisericuţă de lemn şi o casă monahală, cuprinzând stăreţia şi câteva chilii. În anul 2000 s-a pus piatra de temelie a bisericii mari, care în prezent este în faza de pictare interioară.

Mănăstirea Portărița

5 viețuitori, viață de obște

Hram: Maica Domnului Portărița (prima duminică din luna iulie), Cuvioasa Paraschiva, Schimbarea la Față, Adormirea Maicii Domnului
Adresă: sat Prilog-Vii, nr. 80A, com. Orașul Nou, 447223, jud. Satu Mare
Acces: din Negrești Oaș, spre Orașul Nou, pe DN19, 12 km NV, spre Pășunea Mare, 6 km
Stareț: ierom. Cleopa Sarca; **Contact:** +40767270803; **Cazare:** 150 locuri

Mănăstirea a fost înființată în 1993 de arhid. Gheorghe Băbuț – misionar ortodox, care în primii ani de după Revoluția din 1989 tipărește carte religioasă, din veniturile obținute începând înălțarea actualului așezământ. Ansamblul mănăstiresc, cu nu mai puțin de cinci altare, este unul dintre cele mai mari din NV țării. Construcția lui este una originală: formă patrulateră, cu bisericile încorporate, amplasate în cele patru colțuri, iar în mijloc altarul de vară. În mănăstire s-au amenajat o bibliotecă și un muzeu etnografic.

Împrejurimi:
- Lacul de acumulare Călinești Oaș, la 5 km de mănăstire

Mănăstirea Sfânta Treime, Moișeni

14 viețuitoare, viață de obște

Hram: Sfânta Treime
Adresă: sat Moișeni, com. Certeze, 447102, jud. Satu Mare
Acces: DN19 Satu Mare-Negrești-Oaș-Moișeni (200 m din șosea)
Stareță: monahia Ieronima Șelever; **Contact:** +40261859160

A fost înființată în 2005. Cuprinde bisericuța de lemn în stil moldovenesc, în curs de pictare, altarul de vară, casa monahală, casa preotului. Are ateliere de croitorie și pictură.

Împrejurimi:
- Mănăstirea Bixad
- Muzeul Țării Oașului, în Negrești-Oaș

Mănăstirea Scărișoara Nouă

7 viețuitori, viață de obște

Hram: Nașterea Sfântului Ioan Botezătorul
Adresă: com. Pișcolț, 447250, jud. Satu Mare
Acces: DN19 Satu Mare-Carei-Pișcolț, DJ196C, Scărișoara Nouă, 1,5 km E (61 km din Satu Mare)
Stareț: exarh arhim. Timotei Bel; **Cazare:** 25 locuri
Contact: +40261824824, +40731337383; www.manastireascarisoara.ro

A fost înființată în 1991, de comunitatea de moți stabiliți în satul Scărișoara Nouă în urma reformei agrare din 1924. În același an s-a început construcția bisericii în stil bizantin, sfințită în anul 2000. Locașul a fost pictat între anii 2007 și 2009, de pictorul Ioan Botiș. Incinta mai cuprinde: un complex monahal cu chilii; altarul de vară din lemn, construit între anii 2008 și 2010 în stil maramureșean; turnul-clopotniță, care include și chilii pentru pelerini; anexe gospodărești. În 24 iunie 2011 s-au inaugurat biblioteca și muzeul mănăstirii. Biblioteca a fost amenajată într-un spațiu cu un design deosebit de frumos, cu colonade și arcade în stil bizantin și rafturi încastrate în zidăria din cărămidă ornamentală. Atât prin așezarea într-un cadru natural de o deosebită frumusețe, cât și prin lucrările de construcție și amenajare realizate de la înființare până în prezent, dar și prin mărturia vieții monahale care se desfășoară aici în ritmul liniștit al rugăciunii și al muncii, cel mai vestic așezământ monahal din România a devenit un loc de pace și binecuvântare pentru localnici și pelerini.

De văzut:
- Muzeul Moților, Scărișoara Nouă

Mănăstirea Țeghea

10 viețuitoare, viață de obște

Hram: Nașterea Maicii Domnului
Adresă: sat Țeghea, com. Craidorolț, 447109, jud. Satu Mare
Acces: DN19A/E81 Satu Mare (spre sud)-Mădăraș, DJ108L, Terebești-Craidorolț, DJ195B (neasfaltat) spre Țeghea, se urmează indicatorul (35 km din Satu Mare)
Stareță: stavrofora Emanuela Mateiu
Contact: +40744523194; www.manastirea-teghea.ro
Cazare: 30 locuri

Moaște: părticele de la Sfinții 40 de Mucenici din Sevastia, Sf. Ghelasie de la Râmeț, Cuvioșii Vichentie Malău și Antim Găină

Mănăstirea a fost înființată în 1994. După această dată s-au ridicat biserica de lemn, casa monahală cu paraclis, altarul de vară în stil maramureșean, anexe gospodărești. Are ateliere de pictură și croitorie.

Schitul Turț Băi

4 viețuitoare, viață de obște

Hram: Sfântul Mare Mucenic Gheorghe
Adresă: com. Turț, 447330, jud. Satu Mare
Acces: E81 Satu Mare (spre Vama Halmeu), apoi DJ109L spre Turț (cca 39 km)
Egumenă: monahia Teofana Costea
Contact: +40753670409

Situat într-o frumoasă poiană care face legătura între Turț și comuna Cămârzana, oferă o panoramă spectaculoasă asupra ținutului Sătmarului. Înființat în 2014, la dorința credincioșilor și a domnului Ioan Belbe cu familia. S-a construit o biserică și casa monahală. Va avea o biserică nouă, din lemn, în stil maramureșean.

Mitropolia Clujului, Maramureșului și Sălajului

Episcopia Sălajului

Episcop: Preasfinţitul PETRONIU FLOREA
(cuprinde judeţul Sălaj)

Str. Episcopiei, nr. 1, Zalău, 400145, jud. Sălaj
Tel./fax: +40360100321, www.episcopiasalajului.ro

Mănăstirea Bălan

3 viețuitoare, viață de obște

Hram: Adormirea Maicii Domnului
Adresă: sat Chendrea, com. Bălan, 457027, jud. Sălaj
Acces: DN1H Jibou, 4 km spre S-E, apoi ramificație dreapta pe DN1G spre Hida, Chendrea (10 km)
Responsabilă: monahia Melania Silvestru
Contact: +40786305323

Împrejurimi:
- În satul omonim se păstrează două valoroase biserici de lemn monumente istorice: cea din Bălan Cricova, adusă de la Mănăstirea Bălan în 1848, și cea din Bălan Josani, datată 1695, impresionantă prin frumusețe și vechime.

Conform tradiției, pe aceste meleaguri însuși Ștefan cel Mare a ctitorit o mănăstire în anul 1477, în urma victoriei de la Baia. Așezământul, amplasat pe locul rămas în memoria localnicilor cu numele de Dealul Mănăstirii, a fost ulterior părăsit. Biserica de lemn a mănăstirii a fost înnoită în secolul al XVII-lea, iar mai târziu, pe fondul evenimentelor revoluționare din 1848-1849, a fost mutată în localitatea Bălan, în partea de sat numită Cricova, unde se află și astăzi, funcționând ca biserică parohială. Locașul păstrează icoanele împărătești datând din a doua jumătate a secolului al XVII-lea.

Mănăstirea a fost reînființată în anul 1994. Incinta cuprinde: biserica de lemn cu hramul Adormirea Maicii Domnului, datând din secolul al XIX-lea (amplasată pe locul fostei biserici mutate în localitate), declarată monument istoric și restaurată în anul 2000; biserica nouă, cu hramul Nașterea Maicii Domnului, ridicată după reînființarea mănăstirii și sfințită în 1996 de Episcopul Ioan Mihălțan; altarul de vară din lemn cu hramul Acoperământul Maicii Domnului, ridicat între anii 2011 și 2012; o casă monahală, aflată în curs de finalizare.

Mănăstirea Bobota

10 viețuitori, viață de obște

Hram: Nașterea Sfântului Ioan Botezătorul, Sfântul Andrei Șaguna, Mitropolitul Transilvaniei
Adresă: com. Bobota, 457040, jud. Sălaj
Acces: DN1F/E81 din Zalău (spre Satu Mare)-Bobota (34 km)
Stareț: protos. Mina Pletosu
Contact: +40751791428, www.manastireabobota.ro
Cazare: 60 locuri

Împrejurimi:
- Bisericile de lemn monumente istorice (sec. XVIII) din Derșida, respectiv Zalnoc, sate din com. Bobota, și cele din Sighetu Silvaniei (1632), respectiv Chieșd (sec. XVIII), sate din com. Chieșd

Moaște: racla cu părticele de la Sf. Andrei Șaguna, Mitropolitul Transilvaniei și Sfinții Mucenici de la Niculițel: Zotic, Atal, Camasie și Filip

Construcția bisericii începe în 2004 la inițiativa comunității din Bobota. În 2007 se așază aici o mică obște de călugări. S-au ridicat un corp de chilii, altarul de vară, clopotnița și anexe gospodărești. Lucrările la biserica de zid a mănăstirii sunt în curs de finalizare. La subsolul acesteia s-a amenajat un muzeu care cuprinde o bogată colecție de obiecte vechi din zona Sălajului. Înființat ca schit, a fost ridicat la rangul de mănăstire în 25 martie 2013.

Mănăstirea Sfânta Maria, Rus

1 viețuitoare

Hram: Izvorul Tămăduirii (biserica mică), Adormirea Maicii Domnului (biserica mare)
Adresă: com. Rus, 457290, jud. Sălaj
Acces: DN1C, E58 Dej-Baia Mare, din Dej-Câțcău-Gâlgău, după 11 km stânga pe DL spre Rus
Stareță: monahia Maria Magdalena Terheş
Contact: +40260639398, +40723379129
Cazare: 40 locuri (vara), 4 locuri (iarna)

S-a dorit mai întâi înălțarea acestei vetre monahale pe vechiul amplasament al Mănăstirii Şimişna, însă, din cauza accesului dificil, se va renunța la acest proiect. Piatra de temelie a noului aşezământ s-a sfințit în anul 1997, primii viețuitori fiind părintele duhovnic Neofit Man şi o soră a acestuia, monahia Teofilia. Micii comunități nevoitoare de la Rus i se va alătura în curând monahia Maria Magdalena Perheş, actuala stareță. O primă biserică, de lemn, cu hramul Izvorul Tămăduirii, a fost ridicată şi sfințită în anul 2001. Casa monahală s-a construit în perioada 1999-2003, cuprinzând chilii, sală de mese, paraclis de iarnă. O nouă biserică, mai încăpătoare, s-a ridicat începând cu anul 2003. Locaşul de cult cu hramul Adormirea Maicii Domnului este din cărămidă şi se încadrează în stilul bizantin, înglobând unele elemente din cel romanic. Naosul este marcat de trei nave, una centrală şi două laterale, descrise de câte patru coloane pe fiecare parte. În ultimii ani s-a finalizat stăreția, s-a amenajat un altar de vară în apropiere („La pădure"), s-au ridicat anexe gospodăreşti şi camere pentru pelerini.

Cu ocazia hramurilor şi a praznicelor împărăteşti, la Mănăstirea Rus vin mii de credincioşi din întreaga zonă.

Împrejurimi:
- Biserica de lemn monument istoric din Bârsău Mare (DN1C la 4 km de Gâlgău)

În cimitirul mănăstirii odihneşte duhovnicul Ioanichie Şomcutean, ctitorul Schitului Sfânta Ana, Sinaia.

Mănăstirea Voivodeni

4 viețuitori, viață de obşte

Hram: Schimbarea la Față
Adresă: sat Voivodeni, com. Dragu, 457134, jud. Sălaj
Acces: DN1F/E81 Cluj-Sânmihaiu Almaşului (55 km), DN1G până în com. Hida (4 km), DJ109 până în Dragu (7 km), apoi la stânga pe DJ161 (neasfaltat), Voivodeni
Stareț: protos. Ghelasie Spătăcean
Contact: +40260628848; **Cazare:** 25 locuri

În anul 2002 s-a sfințit piatra de temelie a noului aşezământ monahal în amintirea unui vechi locaş ortodox, distrus între 1760 şi 1770, în vremea Mariei Tereza. Primii viețuitori provin din obştea Mănăstirii Frăsinei, Vâlcea. S-au construit un mic paraclis, un corp de chilii şi altarul de vară, apoi o clopotniță şi, în apropierea ei, un nou paraclis mult mai spațios, precum şi un nou corp de chilii, cu arhondaric şi trapeza. De asemenea, a fost pusă piatra de temelie a bisericii mari a mănăstirii. Începând cu anul 2009, mănăstirea găzduieşte în fiecare vară o tabără de pictură de icoane pe sticlă.

Împrejurimi:
- Bisericile de lemn monumente istorice din Voivodeni (1822), Dragu (1806), Hida (1717), Sânpetru Almaşului (sec. XVIII)

Mănăstirea Sfânta Treime, Bic

12 viețuitoare, viață de obște

Hram: Sfânta Treime, Adormirea Maicii Domnului, Tăierea Capului Sfântului Ioan Botezătorul
Adresă: Șimleu Silvaniei, 455301, jud. Sălaj
Acces: E60 Oradea-Aleșd (39 km), DN1H Aleșd-Șimleu Silvaniei (47 km), după care 5 km până la mănăstire
Stareță: stavrofora Maria Marina Lupou
Contact: +40260678978, +40260674302 (Centrul social)
Cazare: 100 de locuri (vara)

Împrejurimi:
- Biserica de lemn monument istoric din Măgura Șimleului (3 km)
- Biserica de lemn monument istoric din Cehei (1765)
- Ruinele cetății Báthory (sec. XVI), în Șimleul Silvaniei

De văzut:
- Troița din curtea mănăstirii

Curtea Mănăstirii Bic poate fi considerată o adevărată grădină botanică.

Icoane făcătoare de minuni: icoana Maicii Domnului

A fost înființată în anul 1994, cu hramul Tăierea Capului Sf. Ioan Botezătorul (29 august), în clădirea vechii școli din satul Bic, pentru programul liturgic folosindu-se vechea biserică din localitate. În anul următor este înzestrată cu 10 ha de pământ în poiana de lângă sat, începându-se lucrările de construcție a așezământului. În 1997, din comuna Stâna, județul Sălaj, este strămutată în incinta mănăstirii biserica de lemn monument istoric (datată 1778) cu hramul Adormirea Maicii Domnului. Aceasta prezintă un pridvor deschis, susținut de opt stâlpi, pe toată latura de sud, iar în interior păstrează unele fragmente din pictura originară de la 1795, aparținând vestitului pictor itinerant Ioan Pop din Românași.

Biserica mănăstirii, cu hramul Sfânta Treime, a cărei construcție a început în 1997, este sfințită în anul 2001. Locașul are planul triconc și impresionează în exterior prin ocnițele destinate picturii, dar și prin deosebita armonie a încadrării sale în ansamblul monahal. Iconostasul, realizat de meșterul Carol din Vârșolț, a fost pictat de sibianul Aurel Stăniță. În același an s-a construit altarul de vară, lucrat în lemn, pe un fundament de piatră și beton. Pe lângă mănăstire funcționează o grădiniță și școala de tip confesional Sfântul Pantelimon (clasele I-IV), cu internat, pentru copiii orfani sau cu situație dificilă. Acestea au fost amenajate în clădirea vechii școli, renovată, de educația și îngrijirea copiilor ocupându-se maicile din obște, dintre care două educatoare, o învățătoare, trei bucătărese, patru îngrijitoare. Mănăstirea are și un așezământ pentru bătrânii singuri sau bolnavi.

Maica stareță Maria Marina Lupou, prin a cărei venire de la Mănăstirea Prislop s-a pus început așezământului, a urmărit cu multă jertfelnicie și dragoste fiecare etapă a ridicării și înfrumusețării acestuia, ajutată de obștea de maici și de alți creștini. Icoana Maicii Domnului făcătoare de minuni a fost donată mănăstirii de preotul Grigore Ioan din București, fiind adusă cu procesiune în anul 2004.

Mănăstirea Strâmba

5 viețuitori, viață de obște

Hram: Adormirea Maicii Domnului
Adresă: sat Păduriș, com. Hida, 457178, jud. Sălaj
Acces: DN1F, E81 Cluj-Sânmihaiu Almașului (55 km), DN1G Hida (4 km), DL prin Sânpetru Almașului-Păduriș
Stareț: arhim. Grighentie Oțelea
Contact: +40744707655; **Cazare:** 20 locuri

Icoane făcătoare de minuni: Icoana Maicii Domnului „Dulcea sărutare"

Vechimea așezământului monahal este plasată de unii cercetători în secolul al XV-lea (cca 1470), iar de alții la începutul secolului al XVIII-lea, când există dovezi că Episcopul Pahomie al Romanului a trecut pe la Mănăstirea Strâmba în drumul său spre Polonia. Tradiția amintește, în legătură cu întemeierea ei, de o văduvă bogată, gârbovă (strâmbă) – de unde și numele mănăstirii –, care ar fi dăruit din pământurile și averea ei pentru ridicarea bisericii. În 1755 așezământul a trecut în stăpânirea uniților, iar din 1848 biserica mănăstirii a devenit biserică parohială, până la reactivarea vieții monahale de la Strâmba, în 1993. Începând cu această dată, s-au demarat lucrări de refacere a locașului de cult și s-au construit clădiri noi: casa monahală, casa cu paraclis, arhondaricul, un frumos altar de vară.

Biserica de lemn, monument istoric de la începutul secolului al XVIII-lea, prezintă plan treflat, cu acces în pronaos pe latura sudică, având acoperiș înalt de șindrilă, străpuns în marginea vestică de un turn-clopotniță încoronat cu coif. Unul dintre cele două clopote are inscripționat anul 1679. Interiorul este înfrumusețat cu un valoros ansamblu iconografic: icoanele de pe rama interioară a ancadramentului ușilor împărătești (Sfântul Vasile cel Mare, Sfântul Grigorie Teologul, Sfântul Iacov și Sfântul Ioan Gură de Aur), pictate în 1742 de ieromonahul Domințian, viețuitor al mănăstirii, devenit ulterior stareț, și fragmente murale din pictura realizată în 1792. Locașul adăpostește un odor de preț: icoana Maicii Domnului cu Pruncul, numită „Dulcea sărutare", copie a celei de la Mănăstirea Nicula și considerată făcătoare de minuni.

Pe lângă rolul duhovnicesc pe care l-a avut pe meleagurile Sălajului, Mănăstirea Strâmba a jucat și un important rol cultural, aici funcționând în anii 1785-1834 o școală în care învățau cititul, cântarea și rânduiala slujbelor copiii și tinerii din satele din jur. Mai mult, mănăstirea reprezenta un centru de difuzare în zonă a cărților tipărite la Râmnic, București ori Buzău, deținând ea însăși un număr apreciabil din aceste exemplare.

Împrejurimi:
- Bisericile de lemn, monumente istorice, din Sânpetru Almașului (sec. XVIII), Hida (1717), Baica (1645), Racâș (una dintre cele mai enigmatice biserici de lemn din Transilvania, pictată în 1783)
- Vestita poiană cu narcise de la Racâș – rezervație naturală

Schitul Marca

3 viețuitoare, viață de obște

Hram: Nașterea Maicii Domnului
Adresă: com. Marca, 457230, jud. Sălaj
Acces: DN19B din Nușfalău, 8 km spre N-V, după 5 km, drum comunal la stânga (3 km)
Egumenă: monahia Minodora Roșan
Contact: +40746520867

A fost înființat în anul 2005, la dorința credincioșilor din Marca. Aici s-a ridicat o frumoasă casă brâncovenească cu chilii și paraclis. În 2008 s-a realizat fundația la biserica mare a mănăstirii, iar în 2011 s-a început construcția unui corp de chilii. Este dependent de Mănăstirea Bic.

Împrejurimi:
- Biserica de lemn monument istoric (datată 1792) din satul Porț, com. Marca (500 m)
- Muzeul etnografic amenajat în casa parohială din Marca

Mitropolia Olteniei

Arhiepiscopia Craiovei

Arhiepiscop și Mitropolit: Înalt Preasfințitul IRINEU POPA

(cuprinde județele Dolj și Gorj)

Str. Mitropolitul Firmilian, nr. 3, Craiova, 200381, jud. Dolj,
Tel./fax: +40251415054, www.mitropoliaolteniei.ro

Catedrala Mitropolitană Craiova (Mănăstirea Sf. Mare Mucenic Dimitrie)

Hram: Sfântul Dimitrie Izvorâtorul de Mir
Adresa: str. Matei Basarab, nr. 14, Craiova, 200760, jud. Dolj
Mare eclesiarh: protos. Vladimir Dărângă
Contact: +40251415054

Moaște: capul și mâna dreaptă ale Sf. Nifon, capetele Sf. Mc. Serghie și Vah, Sf. Mc. Tatiana

Biserica Sfântul Dimitrie este cel mai vechi edificiu de cult din Cetatea Băniei. După unii cercetători a fost înființată pe vremea fraților Petru și Asan, alții considerând ca întemeietor pe Ioan al Cumanilor (1230) sau pe Mircea cel Bătrân. Este menționată pentru prima dată în 1645, ca „Biserica Domnească de Craiova", ctitorie a boierilor Craiovești, prim ctitor fiind Barbu Craiovescu; în alte surse este numită „Biserica Băneasa" (a Banilor olteni). În 1651 a fost rezidită din temelii de **Matei Basarab**. Va fi reparată, în 1690, de fostul mare armaș Petru Obedeanu, iar mai apoi, în 1724, când este repictată de fiul său, stolnicul Constantin Obedeanu. Din 1765 devine metoc al Episcopiei Râmnicului. A fost rezidită din temelii de arhitectul André Lecomte de Noüy, cu sprijinul regelui Carol I și al Reginei Elisabeta, în anii 1889-1893, pe locul fostului locaș, distrus de cutremurul din 1838. Pictura a fost executată, în stil bizantin, de pictorii francezi Menpiot și Bories (1907-1933), fiind restaurată între 2006 și 2008. Devine catedrală mitropolitană în anul 1939. Planul arhitectonic al bisericii este de cruce greacă, cu un pridvor deschis, o turlă pe naos și două pe pronaos.

Pe lângă catedrală a funcționat (conform lui Nicolae Iorga) cea mai veche școală din Oltenia: școala de preoți și dascăli.

Mănăstirea Toți Sfinții paraclis mitropolitan

Hram: Duminica Tuturor Sfinților; **Adresa:** str. Mitropolit Firmilian, nr. 3, Craiova, 200381, jud. Dolj; **Stareță:** monahia Miriam Link

Moaște: părticele din moaștele Sf. Dimitrie al Rostovului, Sf. Alexandra, Sf. Cuv. Ilarion Schimonahul

Biserica din lemn este ctitorită de monahul Daniil de la Mănăstirea Tismana, în 1784, ca biserică a satului său natal, Tălpășești, jud. Gorj. Prădată de turci în 1821, va fi restaurată de localnici în 1822, apoi de meșterul zugrav „Dimitrie ot Cornești", în 1860, când va suferi transformări importante. Este părăsită în 1905. La inițiativa Mitrop. Teoctist va fi strămutată în 1975 la Craiova, iar din 1976 devine paraclis mitropolitan. Pictura și sculptura bisericii sunt impresionante. Deține o colecție importantă de icoane.

Mănăstirea Sfântul Gheorghe Prisaca

7 viețuitoare, viață de obște

Hram: Sfântul Mare Mucenic Gheorghe, Acoperământul Maicii Domnului (paraclis)
Adresa: str. General Ștefan Ispas, nr. 35, Craiova, 200454, jud. Dolj
Acces: pe centura orașului, lângă Fabrica de avioane
Duhovnic: protos. Grigorie Sandu; **Contact:** +40754031852

Moaște: părticele de la Sf. Mărturisitori de la Aiud, Sf. Teodosie din Cernicov, Sf. Ioan Iacob Hozevitul, o bucățică din lemnul Sfintei Cruci

Biserica veche este ctitorită în 1952, de fostul mitropolit al Olteniei, Firmilian († 1972). Biserica și clopotnița au fost făcute după planurile arh. N. Pencioiu. În 2010 a fost sfințită biserica mare, cu hramul Sf. Nicolae și Sf. Apostol și Evanghelist Ioan, o copie a unei bazilici bizantine din Skopje, de la 1240.

Mănăstirea Cârcea

12 viețuitoare, viață de obște

Hram: Intrarea în Biserică a Maicii Domnului, Sfântul Antonie cel Mare, Sfânta Treime (paraclis)
Adresa: com. Cârcea, 207206, jud. Dolj
Acces: DN6/E70 Craiova-București, 16 km, dreapta din Cârcea
Stareță: monahia Eliodora Cristofir; **Contact:** +40744999438

Moaște: părticele din moaștele Sf. Vasile cel Mare, Sf. Gheorghe, Sf. Teodor Tiron, Sf. Teodor Stratilat, Sf. Ignatie Teoforul, Sf. Haralambie, Sf. Foca

Pe locul actualei mănăstiri a existat, conform tradiției, un vechi locaș monahal. La 15 m de altarul actualei biserici există o cruce de piatră cu inscripții chirilice, iar dealul din apropierea mănăstirii se numește „la călugări". Temelia actualei Mănăstiri Cârcea a fost pusă în 1967 de Ioachim Cristofir și soția sa, însă, din cauza regimului comunist, nu a fost terminată. După 1989, Mitropolitul Nestor Vornicescu a dat binecuvântarea pentru înființarea mănăstirii, care va fi sfințită în 1992.

Actuala stareță, Eliodora Cristofir, provenită din obștea Mănăstirii Tismana, este fiica ctitorilor. Până în prezent s-au înălțat biserica de zid și chiliile, iar în 2011 a fost sfințită pictura.

Mănăstirea Coșuna, Bucovățul Vechi

fără obște

Hram: Sfântul Nicolae
Adresa: str. Coșuna, nr. 17, Craiova, 200819, jud. Dolj
Acces: din centrul Craiovei spre Bucovăț, Mofleni
Contact: +40251463966

Cea mai veche mărturie atestă zidirea mănăstirii în 1483, informație întărită de Bogdan Petriceicu Hasdeu și Nicolae Iorga, primul egumen fiind Eftimie (1571-1575). A fost zidită, se pare, din piatra și cărămida vechiului **castru roman Pelendava** (Mofleni). Mănăstirea apare cu numele „Coșuna" sau „La Coșuna" în Actul Mitropolitului Eftimie al Țării Românești (1574) și în Actul lui Mihai Voievod Viteazul (1574). Biserica – singura clădire care se mai păstrează din vechea mănăstire – este construită în doar 75 de zile, între 20 iulie și 3 octombrie 1572, de marele ban Ștefan și de fiul său, Pârvu.

Pe lângă numele de Coșuna l-a primit și pe cel de Bucovăț, de la moșia din satul cu același nume, situat pe malul celălalt al Jiului. Între anii 1834 și 1843 obștea mănăstirii a fost mutată de cealaltă parte a Jiului, unde s-a construit o altă biserică: Bucovățul Nou. După Primul Război Mondial biserica este restaurată în forma sa actuală. A fost închisă în 1939, apoi reînființată ca biserică de parohie. Aici funcționează Seminarul Teologic „Sfântul Grigorie Teologul".

Pictura, deosebit de valoroasă, datează din 1574. Se remarcă fresca din altar și din naos, **Cronica Murală de la Bucovăț,** o cronică pictată a voievozilor Țării Românești, precum și un sinaxar pictat, păstrat parțial.

Biserica este monument istoric, slujirea liturgică se săvârșește doar la hram și la sărbătorile mari.

În anul 2002, în curtea seminarului, a fost construit un paraclis cu hramul Sfântul Grigorie Teologul.

Mănăstirea Jitianu stă ca mărturie a victoriei de la Rovine a lui Mircea cel Bătrân asupra turcilor.

Mănăstirea Jitianu

10 viețuitori, viață de obște

Hram: Sfântul Mare Mucenic Dimitrie, Sfântul Proroc Ilie
Adresa: sat Braniște, com. Podari, 207467, jud. Dolj
Acces: DN56/E79 Craiova (spre sud), com. Podari (km 5), înainte de podul peste Jiu stânga în Braniște spre mănăstire
Stareț: protos. Nifon Văcăruș; **Contact:** +40768920624

Așezământul monahal datează de la sfârșitul secolului al XV-lea și începutul secolului al XVI-lea, fiind ctitorie a boierilor Craiovești. A fost înălțat pe locul unei mici biserici de lemn, ridicate, conform tradiției, de către Mircea cel Bătrân în semn de mulțumire, după victoria de la Rovine. Datorită poziției strategice și importanței deosebite pe care o avea, mănăstirea a fost înzestrată de banii craioveni: Radu Șerban Vodă, Șerban și Ștefan Cantacuzino, dar mai ales de Constantin Brâncoveanu. Mănăstirea Jitianu a fost închinată Mănăstirii Sf. Pavel din Muntele Athos până în 1628. Biserica de astăzi, în stil triconc, a fost ridicată în anii 1654-1658 de Doamna Bălașa, soția domnitorului Constantin Basarab Cârnu, și terminată în 1701 de egumenul Popa Luca de la Sf. Munte și de Petru Obedeanu, mare armaș. Domnitorul Constantin Brâncoveanu construiește chiliile în 1701, iar în 1787 se adaugă o clopotniță, pentru a servi drept turn de apărare. În 1877, în timpul Războiului de Independență, mănăstirea a servit ca depozit de obuze și ca spital pentru ostașii români răniți pe front, în curtea mănăstirii fiind îngropați mulți ostași. După secularizare, mănăstirea a fost transformată în școală de agricultură, locașul devenind biserică de parohie până în 1914. În 1939-1960 mănăstirea a fost de maici, fiind construite chiliile actuale, ateliere de țesătorie, cusături și covoare. Restaurată în mai multe rânduri, ultima oară după cutremurul din 1977. A fost reînființată în 2001, ca mănăstire de maici. În anul 2004 a fost restaurată pictura și s-a refăcut zidul incintei voievodale. Din 2008 este mănăstire de călugări.

Mănăstirea Maglavit

6 viețuitoare, viață de obște

Hram: Izvorul Tămăduirii, Nașterea Maicii Domnului
Adresa: str. Petrache Lupu, nr. 33, com. Maglavit, 207360, jud. Dolj
Acces: DN56/E79 Craiova-Calafat, dreapta pe DN56A spre Maglavit (2 km)
Stareță: monahia Maria Mărgineanu
Contact: +40763513626

Construcția bisericii începe în 1936, din inițiativa unor credincioși împreună cu Petrache Lupu (1907-1994). Lucrările, oprite de comuniști, vor fi continuate după 1990. Astăzi, biserica cu hramul Izvorul Tămăduirii a fost terminată cu ajutor financiar din partea omului de afaceri George Becali, pictura fiind în curs de finalizare. Nu dispune de spații de cazare.

Aici este înmormântat Petrache Lupu, numit de localnici „Omul lui Dumnezeu".

Mănăstirea Popânzălești

5 viețuitoare, viață de obște

Hram: Sfântul Ierarh Calinic, Sfântul Nicolae, Cuvioasa Parascheva
Adresa: sat Popânzălești, com. Drăgotești, 207244, jud. Dolj
Acces: DN65/E574 Craiova-Slatina, dreapta în Pielești (km 10), Popânzălești (11 km);
Stareță: monahia Steliana Mațea

Sf. Ierarh Calinic a donat mănăstirii o icoană a Maicii Domnului, făcătoare de minuni, împodobită cu o salbă de galbeni. O legendă spune că fostul proprietar al icoanei și-ar fi însușit salba de aur, dar după câțiva ani ar fi sărăcit de tot, ceea ce l-a determinat să înapoieze salba mănăstirii.

Primul locaș din lemn a fost construit în 1678, de către logofătul Hamza din Popânzălești și a fost închinat Episcopiei Râmnicului-Noul Severin. Legenda spune despre ctitor că a fost în tinerețe haiduc, călugărindu-se aici sub numele de Ioan. În 1799 arhim. Metodie de la Râmnic construiește un alt locaș, tot din lemn. În 1853, atras de liniștea duhovnicească a locului, Sf. Calinic, episcop de Râmnic, îl trimite pe ierom. Lavrentie să reclădească locașul. Acesta vinde din proprietățile mănăstirii și construiește o biserică de cărămidă, care este apoi pictată.

În urma secularizării, mănăstirea se desființează, devenind biserică de mir. Este reînființată după 1992, cu hramurile Sf. Calinic și Sf. Nicolae, iar în 1999 e resfințită de ÎPS Nestor, care îi adaugă hramul Sf. Cuv. Parascheva. Din 2013 a devenit mănăstire de maici.

Mănăstirea Sadova

5 viețuitoare, viață de obște

Hram: Sfântul Nicolae, Intrarea Maicii Domnului în Biserică
Adresa: com. Sadova, 207505, jud. Dolj
Acces: DN55 Craiova-Bechet-Sadova (km 55)
Duhovnic: ierom. Pahomie Moise
Contact: +40746905148

Icoane făcătoare de minuni: icoana Sfântului Nicolae

O legendă spune că Matei Basarab a ajuns cu armata la Sadova, unde s-a rugat la icoana Sfântului Nicolae, promițând că, dacă va învinge în luptă, va ridica o biserică de zid. La 26 august 1632 câștigă lupta și, devenind domn al țării, construiește biserica de zid.

Mănăstirea, ctitorită de boierii Craiovești la începutul sec. al XVI-lea, a fost pentru un timp îndelungat un important locaș de cult din Țara Românească. Biserica mănăstirii a fost sfințită în 1633, pe locul vechii biserici de lemn, cu hramul Sf. Nicolae. Este fortificată de Matei Basarab în 1640, apoi Preda Brâncoveanu va continua lucrările începute, chiliile și turnul-clopotniță de pe latura de sud, iar Constantin Brâncoveanu va fi cel care va ridica în 1693 biserica-bolniță, cu hramul Intrarea în Biserică a Maicii Domnului.

Desființată în urma Decretului 410/1959, a fost reactivată în 1992 ca mănăstire de maici. În biserica mare se păstrează pictura murală originară, care necesită lucrări de curățare.

Exteriorul bisericii nu mai păstrează înfățișarea originară, fiind, ca și interiorul, afectat de o lungă perioadă în care biserica a fost lăsată în paragină. Aspectul actual se datorează ultimei intervenții de consolidare și refacere, din 1996. Restaurarea exterioară a bisericii mari s-a finalizat în 2009.

Biserica-bolniță, cu hramul Intrarea în Biserică a Maicii Domnului

Mănăstirea Cămărăşeasca (Târgu Cărbuneşti)

25 vieţuitoare, viaţă de obşte

Hram: Tăierea Capului Sfântului Ioan Botezătorul, Sfinţii Arhangheli Mihail şi Gavriil
Adresa: Târgu Cărbuneşti, 215500, jud. Gorj
Acces: din DN67 Târgu Jiu-Rm. Vâlcea/ în Scoarţa (km 17) la dreapta, DN67B, 8 km, stânga în Târgu Cărbuneşti, 1,5 km
Stareţă: monahia Cristofora Drăghici; **Contact:** +40253378704

Un preot italian, privind aici stelele strălucitoare de august, a exclamat cu uimire: „Ce minune! La voi, cerul pare mult mai aproape ca în Italia."

Mănăstirea este zidită în 1780, în timpul lui Alexandru Ipsilanti, de către polcovnicul Mihail Colţescu şi Iorgu Cămărăşescu. Pictura în frescă datează din 1831 şi a fost executată de „Matei zugravu şi Gheorghe calfa".

Biserica, în formă de navă, cu clopotniţa deasupra pronaosului, este împrejmuită cu un zid din piatră de râu. A servit ca cetate de apărare şi loc de refugiu. Se spune că din pronaos pornea un tunel subteran prin care se putea ajunge în caz de primejdie pe celălalt mal al Gilortului, tunel surpat în 1946. A fost restaurată în 1880, 1928 şi între 1967 şi 1969. În 1994, când îşi recapătă statutul de mănăstire, începe construcţia chiliilor, a trapezei şi a atelierelor. În septembrie 2009 este mutată aici biserica de lemn din Pojogeni (5 km), care va deveni paraclis cu hramul Sf. Arhangheli Mihail şi Gavriil.

Mănăstirea Crasna

8 vieţuitori, viaţă de obşte

Hram: Sfântul Nicolae
Adresa: com. Crasna, 217165, jud. Gorj
Acces: din DN66/E79 Tg. Jiu-Bumbeşti Jiu, dreapta pe DJ665 spre Crasna (30 km)
Stareţ: protos. Nifon Aftanache
Contact: +40253474471

Moaşte: raclă cu moaşte de la mai mulţi sfinţi, printre care Sf. Ap. Andrei

Biserica mănăstirii este ctitoria vel-pitarului jupân Dumitru Filişanu, nepot al Banului Craiovei, Dobromir, şi văr cu Doamna Stanca, soţia lui Mihai Viteazul, de la sfârşitul sec. al XV-lea. Biserica a fost terminată în 1637. Aşezarea ei deosebit de liniştită şi singuratică a atras călugări rugători încă din vremea Sf. Nicodim de la Tismana. S-a pictat între anii 1756 şi 1757 de Grigore Zograf şi de fiul său, Ion, şi în primii ani ai sec. al XIX-lea. Între 1936 şi 1938 Comisia Monumentelor Istorice face importante reparaţii, mănăstirea fiind practic rectitorită, în 1936, de către Gheorghe Tattarascu. Biserica, în stil triconc, este construită în stil muntenesc, cu o singură turlă deasupra naosului. Catapeteasma din timpul domnitorului Matei Basarab – înaltă până la boltă, sculptată în lemn, poleită cu foiţă de aur – este printre cele mai frumoase din ţară, fiind adusă de la Catedrala Sf. Dimitrie din Craiova.

În secolul al XVI-lea exista în raza satului Crasna o mică sihăstrie cu biserică de lemn, închinată Sf. Nicolae, unde se nevoiau câţiva călugări isihaşti

După 1990 mănăstirea este renovată în întregime prin grija Mitropolitului Nestor Vornicescu, biserica şi chiliile au fost acoperite cu tablă, corpul de chilii din partea de sud a fost renovat şi s-a construit un corp nou de clădiri, către Răsărit, pe locul celui vechi din sec. al XVII-lea, în care se află chilii, trapeza, biblioteca etc.

Mănăstirea Dealu Mare, Borăscu

10 viețuitoare, viață de obște

Hram: Adormirea Maicii Domnului, Sfinții Împărați Constantin și Elena
Adresa: sat Gârbov, com. Borăscu, 217090, jud. Gorj
Acces: DN66/E97 Filiași-Tg. Jiu/la km 18 stânga în Broșteni, DJ673 prin Turceni (4 km), dreapta Borăscu (8 km)
Stareță: monahia Pahomia Pascu

Mănăstirea se află așezată în vârful Dealului Mare (loc cunoscut în zonă sub denumirea Cioaca lui Surcel), de unde se deschide încântătoarea priveliște asupra satelor și văilor situate între Jieturi și Jiu. Biserica a fost zidită în anul 1865 de C. Săvoiu, boier de orientare liberală. A funcționat cu întreruperi. Desființată în 1959 și reînființată în 1992.

Mănăstirea Dobrița

9 viețuitoare, viață de obște

Hram: Sfântul Proroc Ilie Tezviteanul, Nașterea Maicii Domnului, Sfântul Mare Mucenic Mina
Adresa: sat Suseni, com. Runcu, 217396, jud. Gorj
Acces: din Tg. Jiu, pe DN67D spre Tismana, 10 km, apoi dreapta pe DJ672C, cca. 5 km
Stareță: monahia Emanuela Vancea; **Contact:** +40784633370

Piatra de temelie a bisericii a fost pusă de ÎPS Teofan, Arhiepiscop al Craiovei și Mitropolit al Olteniei, ctitor fiind protos. Irineu Silivașu, în 2005. În imediata apropiere a așezământului se află Spitalul de Pneumoftiziologie Tudor Vladimirescu, în cadrul căruia ființează paraclisul cu hramul Sfântul Ioan Botezătorul, unde lucrarea medicală a fost însoțită de practicarea cultului liturgic încă din 1944, când Protosinghelul Ghermano Dineață, se afla în funcția de Confesor la paraclisul sanatorului. A fost construită o biserică de lemn în stil maramureșean, cu hramul Sfântul Mare Proroc Ilie Tezviteanul, târnosită în 2010, de ÎPS dr. Irineu, Arhiepiscop al Craiovei și Mitropolit al Olteniei. Devine mănăstire de maici în 2015.

Mănăstirea Icoana

4 viețuitoare, viață de obște

Hram: Sfântul Ioan Botezătorul
Adresa: sat Cărpiniș, com. Crasna, 217169, jud. Gorj
Acces: DJ665 Novaci-Bumbești-Jiu / Cărpiniș (9 km de Novaci, 25 km de Bumbești)
Stareță: stavrofora Teodora Ilie; **Contact:** +40745524953

Este așezată într-o zonă deosebit de pitorească, la poalele Muntelui Parâng. A fost înființată în anul 1996, la inițiativa Comitetului de Binefacere Icoana, cu aprobarea Sfântului Sinod al Bisericii Ortodoxe Române, ca donație a familiei pr. Ioan Popescu de la Biserica Icoanei din București. În prezent se lucrează la construcția unei biserici de zid.

Moaște: raclă cu moaște de la mai mulți sfinți

Mănăstirea Lainici

35 viețuitori, viață de obște

Hram: Intrarea în Biserică a Maicii Domnului, Izvorul Tămăduirii (biserica nouă)
Adresa: Bumbești Jiu, str. Lainici, 215100, jud. Gorj
Acces: DN66 Târgu Jiu-Bumbești Jiu, com. Lainici (km 32)
Stareț: arhim. Ioachim Pârvulescu
Contact: +40253463333, fax +40253463335
www.manastirealainici.ro
Cazare: cu rezervare

Moaște: Sf. Cuvios Irodion, părticele din moaștele Sf. Serafim de Sarov, Sf. Ignatie Briancianinov, Sf. Dimitrie de Rostov

Icoana făcătoare de minuni Gorgoepicuus, Grabnic Ascultătoarea, copie adusă în 2006 de la Mănăstirea Dochiariu, Athos

Termenul „Lainici" ar deriva după unii cercetători de la numele unui trib geto-dac, al lailor, cunoscut prin secolele al IV-lea-al V-lea, împreună cu tribul bessilor, în zona Sarmizegetusei, la circa 80 km distanță de Lainici. După alte păreri, termenul „lainici" provine din greaca veche: „lainos", însemnând „de piatră", trecătoare de piatră.

De văzut:
- Mănăstirea Vișina
- Schitul Locurele
- Ruinele Castrelor romane
- Complexul brâncușian de la Tg. Jiu
- Mănăstirea Prislop (60 km)

Conform tradiției, în sec. al XIV-lea, Sf. Nicodim de la Tismana ar fi construit, după Vișina, un schit din lemn la Lainici. Biserica schitului se pare că a fost distrusă însă la jumătatea sec. al XVIII-lea, în timpul Mariei Tereza. Prima atestare documentară a mănăstirii apare în sec. al XVIII-lea, când schimnicul Atanasie vine de la Tismana la Lainici, în 1780, și donează mănăstirii o moșie. Se menționează la 1870 că la Lainici exista o *Biblie* a lui Șerban Cantacuzino, donată schitului, în jurul anului 1690, de domnitorul Constantin Brâncoveanu, semnată de domnitor însuși. Primele două biserici nu s-au păstrat, pe locul lor s-a construit biserica actuală, între anii 1812 și 1817, pe cheltuiala boierilor Sărdănescu, Brăiloiu, Fărcășescu, Poenaru, Măldărescu, Bengescu și Mageru, în timpul lui Ioan Vodă Caragea. În Mănăstirea Lainici a stat ascuns Tudor Vladimirescu deghizat în călugăr, deoarece era urmărit de turci. Pentru acest fapt, în 1817, mănăstirea a avut de suferit, fiind devastată de către turci; călugării au fost alungați, iar lui Maxim monahul i s-a tăiat capul. Între 1854 și 1900 a fost stareț la Lainici Cuviosul Irodion, numit de Sf. Calinic de la Cernica „Luceafărul Lainiciului". Acesta a devenit duhovnicul Sf. Calinic, după ce îi fusese inițial ucenic. Mănăstirea a fost distrusă complet în timpul Primului Război Mondial, trupele germane intrând cu caii în biserică, furând odoarele, clopotele, arzând arhiva și devastând cimitirul. După 1929 mănăstirea este reconstruită de un grup de monahi de la Mănăstirea Frăsinei, în frunte cu starețul Visarion Toia, care introduce aici un regim ascetic sever, lucru care dinamizează viața duhovnicească, mănăstirea devenind din ce în ce mai căutată de credincioși. În timpul regimului comunist, după 1947, mănăstirea a avut mult de suferit, în 1961 fiind desființată, rămânând cu titlul de „casă de oaspeți". În 1975 starețul Caliopie Georgescu face unele îmbunătățiri în viața mănăstirii și reintroduce rânduielile ascetice.

În 1990 s-a pus piatra de temelie pentru noua biserică-catedrală de către Mitropolitul Nestor al Olteniei. Biserica a fost începută și construită până la stadiul de finisaje de către ing. Ioan Selejan, actualmente Mitropolit al Banatului. Cuprinde două biserici suprapuse. Biserica de la subsol va fi destinată *Bisericii din Catacombe*, urmând să fie redată aici pictural viața creștinilor de la anul 1 până la 313. Biserica de la nivelul superior și pridvorul au fost pictate de Grigore Popescu, fiind reprezentate aici cele mai importante momente din istoria Bisericii creștine, cu cei mai de seamă sfinți din toată lumea și din toate vremurile, ca o cronologie a universalității creștine. Tot din 1990 în Mănăstirea Lainici s-au construit: un nou corp de chilii, o trapeză, un gard din piatră ce înconjoară mănăstirea, un zid de sprijin împotriva inundațiilor. În prezent se înalță o impunătoare clopotniță.

Pe 10 aprilie 2009 s-au redescoperit moaştele Sf. Cuvios Irodion Ionescu, duhovnicul Sfântului Calinic. Sfântul Cuvios Irodion este ultima verigă a lanţului neoisihasmului românesc din secolul al XIX-lea. A trecut la Domnul pe data de 3 mai 1900; după 7 ani i s-au aflat moaştele întregi, care au fost aşezate înapoi în mormânt. Cuviosul Irodion de la Lainici va fi canonizat pe data de 1 mai 2011, cu data prăznuirii 3 mai. Astfel, Mănăstirea Lainici şi întreaga ţară vor avea un mare ocrotitor şi mijlocitor în ceruri.

În Mănăstirea Lainici se fac toate cele şapte Sfinte Laude zilnic şi toată obştea ţine candela aprinsă pentru întărirea credinţei şi a desăvârşirii creştine.

Schitul Locurele

1 vieţuitor

Hram: Schimbarea la Faţă
Adresa: Bumbeşti Jiu, 215100, jud. Gorj
Acces: la 4,5 km de Mănăstirea Lainici, pe Muntele Gropul, cota 750 m
Egumen: ierom. Firmilian Gherasim; **Contact:** +40726808828

Drumul către Schitul Locurele trece prin locuri de vis!

Primul schit din lemn a fost ctitorit, în urma unui vis, între anii 1850 şi 1852, de către doi preoţi de mir: Lupu Stolojan şi Constandin Cărtianu, călugăriţi aici cu numele Luca şi Cleopa. Cu sfatul Sf. Calinic, pe atunci episcop al Râmnicului, cei doi ieromonahi au înălţat biserica de zid în anii 1855-1858, dăruind apoi Mănăstirii Lainici schitul. Noul locaş **a fost sfinţit de Sf. Calinic la 6 august 1860**, având hramul Schimbarea la Faţă.

Biserica a fost restaurată de ierom. Dionisie Ştefănescu între 1892 şi 1897, şi tot atunci a fost pictată. Viaţa monahală este afectată de Primul Război Mondial, călugării trebuind să plece, apoi de regimul comunist, mănăstirea ajungând într-un stadiu avansat de deteriorare. În 2006 încep lucrările de refacere a bisericii, de consolidare a zidurilor, urmând să se restaureze şi pictura. Schitul Locurele are un rol duhovnicesc important, Sfânta Liturghie se săvârşeşte în duminici şi sărbători, iar în timpul săptămânii monahii se nevoiesc la chilie. Schitul este dependent de Mănăstirea Lainici.

Tradiţia aminteşte de pustnici făcători de minuni care au vieţuit aici. Datorită specificului isihast al schitului, cele mai multe rugăciuni nu sunt cele văzute de toată lumea, ci acelea făcute în taină şi ştiute numai de Dumnezeu.

Mănăstirea Polovragi

30 vieţuitoare, viaţă de obşte

Hram: Adormirea Maicii Domnului
Adresa: com. Polovragi, 217365, jud. Gorj
Acces: DN67 Rm. Vâlcea-Tg. Jiu-Milostea (km 57) dreapta, Polovragi (6 km)
Stareţă: monahia Evghenia Vaida; **Contact:** +40253476196

Biserica mănăstirii a fost zidită în jurul anului 1505, de Radu Comisul şi Pătru Spătarul, după cum mărturisesc pisaniile în limba slavonă descoperite în localităţile Igoiu şi Baia de Aramă. În 1645, logofătul Danciu Pârâianu ctitoreşte actuala biserică, cu ajutorul domnitorului Matei Basarab, care o închină Sfântului Mormânt. Este răscumpărată în 1693 de Constantin Brâncoveanu, care o restaurează şi adaugă pridvorul, clopotniţa şi zidul de incintă. A fost loc de organizare a **oastei lui Tudor Vladimirescu.** Biserica este construită în stil triconc. Pictura, deosebit de valoroasă, realizată în jurul anului 1700, a fost executată de meşteri de la Şcoala de la Hurezi. Complexul mănăstirii include şi **biserica-bolniţă cu hramul Sf. Nicolae**, ctitorită între 1732 şi 1738. În perioada comunistă mănăstirea nu a fost desfiinţată, devenind, începând cu 1968, mănăstire de maici. În apropiere se află Peştera Polovragi, care a fost administrată de mănăstire vreme de 300 de ani.

Moaşte: raclă cu moaşte de la mai mulţi sfinţi

Este unica mănăstire din ţară a cărei pictură de pe faţada pridvorului reprezintă o parte din mănăstirile din Sfântul Munte Athos.

De văzut:
- Crucea lui Ursache
- Peştera Polovragi
- Cheile Olteţului

Mănăstirea Tismana

60 viețuitoare, viață de obște

Hram: Adormirea Maicii Domnului
Adresa: com. Tismana, 217495, jud. Gorj
Acces: DN67D Târgu Jiu-Baia de Aramă, dreapta Tismana (km 31), mănăstirea (6 km)
Stareță: monahia Antonia Popescu
Contact: +40253374317; +40763594337
Cazare: 40 locuri, cu rezervare

Moaște: Degetul Sf. Nicodim, părticele de la Sf. Ignatie Teoforul, Sf. Ioan Gură de Aur

Icoane făcătoare de minuni: icoana Maicii Domnului

Este așezată pe o stâncă a Muntelui Stârmina, înconjurată de culmi împădurite și stâncoase, lângă gura întunecată a Peșterii Sf. Nicodim, și de sub zidurile sale țâșnește apa, rostogolindu-se în cascadă, cu o cădere de circa 40 m în râul Tismana.

Printre administratorii moșiei Mănăstirii Tismana s-a numărat și Nicolae Brâncuși, tatăl celebrului sculptor Constantin Brâncuși.

„Iată cea mai veche și cea mai măreață din toate mănăstirile de peste Olt!"
Grigore Alexandrescu

Mănăstirea Tismana este cea mai veche mănăstire cu viață chinovială din Țara Românească, fiind întemeiată de Sfântul Nicodim, cu ucenicii săi și cu ajutorul voievodului Radu I (1377-1383). Prima biserică a fost construită din lemn de tisa, de unde vine și numele mănăstirii. Biserica actuală, ctitoria Sf. Nicodim, cu ajutorul material al primilor domnitori Basarabi, este începută în timpul lui Radu I Basarab și terminată de fiii săi, Dan I și Mircea cel Bătrân, fiind sfințită la 15 august 1377, cu hramul Adormirea Maicii Domnului. Acest act este confirmat de o notă ce se află pe un pergament: „S-a sfințit biserica în anul 6886" (1377). Lucrările continuă și sub următorii voievozi: Neagoe Basarab, Radu Paisie, Petru cel Tânăr. În 1564 este pictată de meșterul zugrav „Dobromir ot Târgoviștea", fiind repictată în întregime la începutul sec. al XVIII-lea. Matei Basarab reface incinta și construiește paraclisul (1646-1651), cu hramul Sf. Proroc Ilie. Iconostasul sculptat în lemn de tei aurit a fost executat de Gherasim Monahul (1766). Urmează pentru Tismana o epocă de distrugeri, datorate turcilor și austriecilor; are de multe ori rolul de cetate de apărare, tot aici Tudor Vladimirescu organizând o bază de pregătire a Revoluției din 1821.

Ansamblul monahal a cunoscut mai multe transformări și restaurări de-a lungul timpului, suferind mari alterări la mijlocul sec. al XIX-lea în timpul lucrărilor efectuate de arhitectul Schlatter, pe vremea prințului Bibescu, când pridvorul bisericii va fi dărâmat, iar partea de sud a incintei va fi transformată în palat domnesc. Între 1943 și 1947, mareșalul Antonescu ascunde o parte din tezaurul României la Tismana. Vor fi depozitate în stânca Stârminei 212 tone de aur. În 1970, sub supravegherea Mitrop. Nestor Vornicescu, au început lucrări ample de restaurare a celor două biserici, a chiliilor. În 1983 s-a reconstituit pridvorul bisericii mari, pictat în 1996 – mănăstirea revenind la arhitectura originară. Lucrările de consolidare, de punere în valoare a stilului românesc de artă și arhitectură continuă și astăzi. În muzeul mănăstirii se află obiecte de cult, fragmente din fresca de la 1732, recuperate prin decaparea lor de pe pereții pronaosului, ușile vechii biserici, documente. Ca obiecte de valoare amintim: *Tetraevangheliarul* Cuviosului Nicodim (colecțiile Muzeului de Artă) din 1404-1405; cădelnița de la Tismana (colecțiile Muzeului de Artă), cea mai veche piesă de argintărie cunoscută în Țara Românească, datând de la sfârșitul secolului al XIV-lea; talerul folosit ca anaforniță (colecțiile Muzeului de Artă), ce face parte din donațiile lui Neagoe Basarab către Mănăstirea Tismana, din 1513-1514; chivotul reprezentând biserica Tismanei; racla în care se păstra degetul Sf. Nicodim; crucea de plumb a Cuviosului Nicodim.

Mănăstirea a reprezentat un important centru cultural, aici funcționând o școală de cărturari și caligrafi, dintre care îl amintim pe Dionisie Eclesiarhul. Devine chinovie de maici în 1949. Astăzi, în mănăstire, funcționează un atelier de pictură și un atelier de croitorie.

Sfântul Nicodim de la Tismana

Cuviosul Nicodim cel Sfințit era de neam aromân, născut la Prilep, în sudul Serbiei, prin 1310, fiind înrudit cu familia despotului Lazăr și a domnului Țării Românești Nicolae Alexandru-Basarab. După ce învață carte, se duce din tinerețe în Muntele Athos și se călugărește în Mănăstirea Hilandar, unde mai târziu ajunge egumen și chiar protoepistat în conducerea Sfântului Munte. După anul 1365 vine în Țara Românească și întemeiază, cu ajutorul lui Vlaicu Vodă și Radu I, mănăstirile Vodița (1369), Tismana (1377), Gura Motrului, Vișina, Topolnița și Aninoasa; iar în Țara Hațegului, Mănăstirea Prislop (la sfârșitul sec. al XIV-lea). La bătrânețe, Sf. Nicodim se retrage la nevoință aspră, în post, în priveghere de toată noaptea și în neîncetată rugăciune, în **peștera de deasupra mănăstirii**, care se păstrează până astăzi. Biserica Ortodoxă îl prăznuiește la 26 decembrie.

Sfântul Nicodim (frescă)

De văzut:

- Peștera Sf. Nicodim
- Cascada (înălțime 40 m)
- Mai sus, 4 km în munte, se află Schitul Cioclovina de Jos

Schitul Schimbarea la Față, Cioclovina de Sus

1 viețuitoare

Hram: Schimbarea la Față, Sfântul Proroc Ilie
Acces: 3 km prin pădure de la Schitul Cioclovina de Jos
Egumenă: monahia Vartolomeea Popovici

Schitul, aflat la 970 m altitudine, este ridicat în anul 1714 de egumenul Nicodim și serdarul Pătru Obedeanu, în vremea lui Ștefan Vodă Cantacuzino. Este refăcut de arhim. Spiridon, în anul 1841. A fost părăsit până în 1940, când a fost restaurat parțial. Începând cu 1998 viața de sihăstrie a reînviat, prin grija maicii Vartolomeea. Cu ajutorul mănăstirii s-a zidit o casă, biserica a fost tencuită și repictată de Grigore Popescu. Biserica a fost resfințită pe 31 iulie 2005, de către ÎPS Teofan. Este dependent de Mănăstirea Tismana.

Schitul Sfinții Arhangheli Mihail și Gavriil, Cioclovina de Jos

3 viețuitoare, viață de obște

Hram: Sfinții Arhangheli Mihail și Gavriil
Acces: 4-5 km în munte de la Mănăstirea Tismana (2 ore de mers)
Egumenă: monahia Paraschiva Marica

La începutul sec. al XVIII-lea, din cauza războaielor dintre turci și austrieci, Mănăstirea Tismana s-a pustiit, călugării risipindu-se în pădurile Munților Cioclovinei. Schiturile de aici au constituit cetatea de rezistență a pandurilor lui Tudor Vladimirescu.

Schitul este ridicat în jurul anului 1660. În 1715 este construită biserica de piatră de egumenii Nicodim și Atanasie de la Mănăstirea Tismana. Până în 1949 a fost locuit de călugări, apoi devine schit de maici. Biserica are formă de navă, cu o turlă scundă; pictura este în frescă, în stil bizantin, veche și înnegrită de fum. Catapeteasma din lemn sculptat este mai veche decât biserica, provenind probabil de la altă biserică.

Este dependent de Mănăstirea Tismana.

Paul de Alep menționează: „Pe dealurile înconjurătoare viețuiesc mai mulți sihaștri, care vin la biserică în anumite timpuri, ca să primească Sfintele Taine."

Mănăstirea Sfânta Treime, Strâmba

25 viețuitoare, viață de obște

Hram: Sfânta Treime, Acoperământul Maicii Domnului (biserica nouă)
Adresa: Strâmba-Jiu, Turceni, 217524, jud. Gorj
Acces: DN66/E97 Filiași-Tg. Jiu, la km 18 stânga în Broșteni, DJ673 prin Turceni (4 km)-Strâmba-Jiu (cca 10 km)
Stareță: monahia Nicodima Scripcariu; **Contact:** +40253334253
Cazare: cu rezervare

Mănăstirea este refăcută în 1597-1599 de Stoichiță Râioșeanu, soția sa Dochia și nepotul său Miloși, pe locul unui schit mai vechi, din 1519. La 1525 Schitul Strâmba este menționat ca metoc al Mănăstirii Govora, păstrându-și acest statut până în sec. al XVIII-lea, când, în 1731, în vremea domnitorului Alexandru Iliaș, devine metoc al Mănăstirii Tismana. Este pictat la 1793 de Constantin Râioșeanu, mare armaș. Printre ctitori se numără și domnitorul Ștefan Cantacuzino și Nicolae Mavrocordat. Mult timp a fost biserică de parohie. Redevine mănăstire de maici în 1956. Din cauza degradării avansate a bisericii, s-a construit între 1999 și 2005 un paraclis, cu hramul Acoperământul Maicii Domnului, unde se țin acum toate slujbele.

Mănăstirea Târgu Logrești

15 viețuitoare, viață de obște

Hram: Sfinții Ioachim și Ana
Adresa: sat Târgu Logrești, com. Logrești, 217293, jud. Gorj
Acces: DN67 Rm. Vâlcea-Târgu Jiu, stânga în Milostea (km 57) pe DJ605A, dreapta în Obislavu (km 29) pe DN67B, Târgu Logrești (km11), dreapta peste râu, 2 km
Stareță: monahia Fevronia Nuță
Contact: +40747019968

Un cuib de credință și liniște aflat între dealuri, Mănăstirea Târgu Logrești este un loc de rai și închinăciune, care-ți dă o mulțumire lăuntrică ori de câte ori îi treci pragul.

Biserica, cu hramul Sf. Ioachim și Ana, a fost ctitorită în 1769 de ieromonahul Tândălescu și de clucerul Costache Pandia cu soția sa, Ilinca, fiica lui C. Obedeanu, pe locul unui locaș mai vechi. În 1785 este închinată Episcopiei de Râmnic prin două acte de închinare. Între 1830 și 1840 a servit și ca biserică de mir și a fost părăsită după secularizarea averilor mănăstirești.

A fost restaurată între 1911 și 1914, fără a fi redeschisă. În 1932, odată cu reparația bisericii vechi, a fost ridicată o nouă clădire. Pe 17 noiembrie 1940 biserica este resfințită de Mitropolitul Nifon Criveanu.

În perioada regimului comunist, mănăstirea este închisă. În 1990 este redeschisă de maicile de la Polovragi. Redevine mănăstire în 1992. S-a reparat stareția și s-au construit trei corpuri de chilii.

Mănăstirea Vișina

3 viețuitori, viață de obște

Hram: Sfânta Treime
Adresa: Bumbești-Jiu, 215100, jud. Gorj
Acces: DN66/E79, Tg. Jiu-Petroșani, la ieșirea din defileul Jiului, 14 km
Stareț: ierom. Irodion Breaz

De văzut:
- Mănăstirea Lainici
- Schitul Locurele
- Ruinele Castrelor romane
- Defileul Jiului

Sfântul Nicodim, împreună cu câțiva ucenici, întemeiază la sfârșitul sec. al XIV-lea, pe Valea Jiului, Mănăstirea Vișina, cu hramul Sfânta Treime, pe locul unei sihăstrii mai vechi. Prima atestare documentară se găsește într-un document al lui Neagoe Basarab din 1514, unde este pomenit primul egumen cunoscut al mănăstirii – Grigorie. Din vechea mănăstire s-au păstrat doar ruinele bisericii, situate pe malul drept al Jiului, la ieșirea din defileu.

Ruinele vechii biserici

A fost reînființată în anul 1994. Până în prezent s-au construit un paraclis și un corp de chilii.

Mitropolia Olteniei

Arhiepiscopia Râmnicului

Arhiepiscop: Înalt Preasfinţitul VARSANUFIE GOGESCU

(cuprinde judeţul Vâlcea)

Str. Episcopiei, nr. 1, Râmnicu Vâlcea, 240178, jud. Vâlcea,
Tel: +40250731170, Fax: +40250734952; www.arhiepiscopiaramnicului.ro

Mănăstirea Arnota 15 viețuitoare, viață de obște

Hram: Sfinții Arhangheli Mihail și Gavriil, Sfântul Proroc Ilie
Adresa: sat Bistrița, com. Costești, 247116, jud. Vâlcea, cota 820 m
Acces: DN67 Rm. Vâlcea-Tg. Jiu, la km 37 dreapta pe DJ646, 7 km, dreapta înainte de Mănăstirea Bistrița, 5 km drum prin cariera de calcar
Stareță: stavrofora Ambrozia Rucăreanu
Contact: +40745075225; **Cazare:** 30 locuri

Moaște: părticele din moaștele Pruncilor uciși de Irod, părticele din mâna Sf. Apostol Filip, Sf. Ierarh Mihail al Sinadelor, Sf. Mc. Paraschevi, Sf. Maxim Mărturisitorul, degetul Sf. Mc. Marina, degetul Sf. Grigorie Decapolitul, Sf. Ierarh Nicolae Velimirovici

De văzut:
- mormântul lui Matei Basarab

Prin pictura, arhitectura și sculptura sa, Biserica Arnota este unul dintre cele mai reprezentative monumente istorice și de artă religioasă din țară.

Tradiția spune că, după o luptă grea pe care a purtat-o cu turcii, dar nu a putut-o câștiga, Matei Vodă Basarab s-a retras pe plaiurile vâlcene, fiind urmărit de turci. Domnitorul s-a ascuns în Munții Arnotei, în rogozul unui mic lac. A făgăduit să construiască o mănăstire dacă va scăpa cu viață. Locașul a fost zidit pe locul unei biserici mai vechi, în anii 1633-1634, cu hramul Sf. Arhangheli Mihail și Gavriil. Prima atestare documentară este în 1636. În pronaos se află **două morminte**: al lui **Matei Basarab** († 9 aprilie 1654), îngropat mai întâi la Târgoviște și adus apoi la Arnota, după răscoala seimenilor, și al lui **Danciu vel-vornic, tatăl lui Matei Basarab**. La începutul domniei sale, **domnitorul Constantin Brâncoveanu** adaugă bisericii pridvorul cu turlă, iar între 1705 și 1706 repară și restaurează pictura, reconstruiește catapeteasma – o adevărată operă de artă sculpturală, purtând amprenta stilului brâncovenesc, aflată acum la Muzeul de Artă din București. Tot atunci este executată ușa bisericii, sculptată în lemn de castan, deosebit de valoroasă. Pictura originară a bisericii se păstrează, fiind executată de „Stroe ot Târgoviște" la 1644 și definitivată de popa Dumitru în 1753. Biserica mănăstirii este o construcție mică, în plan trilobat, cu abside poligonale și pridvor deschis, având ornamente din cărămidă aparentă. Mănăstirea a suferit mai multe renovări, intervenții și consolidări.

Arnota a fost mănăstire de călugări până în 2000, când a devenit mănăstire de maici. După 2003 au loc aici numeroase restaurări și se construiesc Paraclisul Sf. Ilie, chilii, trapeza și arhondaricul.

Mănăstirea Antim-Troianu 8 viețuitori, viață de obște

Hram: Tăierea Capului Sfântului Ioan Botezătorul, Sfântul Antim Ivireanul, Izvorul Tămăduirii (biserica nouă)
Adresa: str. Schitul Troianu, nr. 19, Râmnicu Vâlcea, 240015, jud. Vâlcea
Acces: din DN67 Rm. Vâlcea-Tg. Jiu (Calea lui Traian, continuare Posada)
Stareț: arhim. Sava Pleșa; **Contact:** +40250742966, +40744562189; **Cazare:** 4 locuri

Moaște: părticele de la Sf. Sava, Sf. Dimitrie, de la Pruncii uciși de Irod, lemn de la Stejarul Mamvri

De văzut:
- Casa memorială Anton Pann, Râmnicu Vâlcea

Biserica mănăstirii este atestată documentar în sec. al XVIII-lea. Biserica, casa stăreției și clopotnița au fost refăcute de Hrisant Penetis, egumenul Hureziului, în anii 1840-1842, ca metoc al Mănăstirii Hurezi. În 1848 aici s-a aflat comandamentul militar al armatei de panduri și voluntari, condusă de **generalul Gheorghe Magheru.** Este declarat monument istoric în 1966. În timpul comuniștilor aici a funcționat IAS Rm. Vâlcea până în 1972. Casa stăreției a fost transformată în depozit, foișorul și pridvorul, dărâmate, iar biserica ajunge grajd pentru vite. Este restaurat între 1972 și 1975, aici fiind organizat apoi Muzeul General Gheorghe Magheru, desființat în 1990. Din 2001 se demarează lucrările de refacere a ansamblului monahal sub conducerea pr. Sava Pleșa de la Mănăstirea Cozia. S-a construit o biserică nouă, care este în curs de pictare, un arhondaric și în prezent se reface casa memorială. A devenit mănăstire în 2013.

Mănăstirea Bistrița

60 viețuitoare, viață de obște

Hram: Adormirea Maicii Domnului, Sfântul Grigorie Decapolitul
Adresa: com. Costești, 247115, jud. Vâlcea
Acces: DN67/ Rm. Vâlcea-Tg. Jiu, dreapta pe DJ646 (km 37), 7 km
Stareță: stavrofora Anastasia Honcioiu
Contact: +40250863327; +40744552217; **Cazare:** 60 locuri

Moaște: Sf. Grigorie Decapolitul

Mănăstirea este ctitorie a boierilor Craiovești, Barbu și frații săi, Pârvu vornicul, Danciu armașul și Radu postelnicul, din anii 1492-1494. Prima atestare apare într-un document din 16 martie 1494 al lui Vlad Călugărul. Mănăstirea a fost distrusă din temelii de către Mihnea Vodă la 1509. Este refăcută de boierii Craiovești cu sprijinul Sfântului Neagoe Basarab Voievod, între 1515 și 1519. În 1497 este adusă de la Constantinopol cea mai de preț comoară a locașului, **moaștele Sf. Grigorie Decapolitul**. Moaștele au fost cumpărate de Barbu Craiovescu cu aur de la un turc. Turcul a cerut o sumă mare de aur, greutatea egală cu cea a moaștelor. Însă a urmat o minune: așezate pe un taler, într-adevăr, cântăreau greu, dar s-au făcut ușoare când banul Craiovescu a pus galbenii pe celălalt taler. Acest lucru l-a făcut pe turc să exclame: „Vezi, vezi, cum creștin la creștin trage?" În 1656 Domnița Bălașa și Șerban Cantacuzino donează o raclă de argint, în care să fie așezate sfintele moaște. Constantin Brâncoveanu dăruiește mănăstirii mai multe obiecte de cult, un clopot, și reface clopotnița.

În complexul monahal de la Bistrița a funcționat **prima tiparniță din Țara Românească**, a ieromonahului Macarie, precum și o legătorie de cărți bisericești. Aici – după opinia unor cercetători – s-a tipărit în 1508 *Liturghierul slavon* al călugărului Macarie, prima carte tipărită pe pământ românesc. Ieromonahul Mihail Moxa, călugăr al Mănăstrii Bistrița, în 1620, tipărește *Cronica Universală*, iar în 1640 *Pravila de la Govora*.

Din ctitoria Craioveștilor se mai păstrează biserica-bolniță (1520-1521), cu hramul Schimbarea la Față, având o impresionantă frescă interioară de tradiție paleologă târzie. Pridvorul bolniței a fost adăugat în 1710 de Șerban Cantacuzino. Mănăstirea este puternic afectată de cutremurul din 1838 și a fost renovată între anii 1846 și 1855. În 1855 a fost sfințită biserica mare, cu hramul Adormirea Maicii Domnului. Pictura interioară a fost realizată de Tattarescu, în 1850. După 1877 în mănăstire au funcționat diferite instituții social-culturale. În 1959 mănăstirea este desființată, fiind reînființată de ÎPS Gherasim în 1983, când încep lucrări de restaurare. În mănăstire funcționează ateliere de pictură, sculptură și broderie.

Împrejurimi:

- Schitul Păpușa, cu hramul Sfântul Grigorie Decapolitul, datat din 1710, ctitorit de egumenul bistrițean Ștefan arhimandritul, la 500 m de mănăstire
- Schitul Scăunelul sau Schitul Peri, datat la anul 1689, ctitorit de egumenul bistrițean Paisie arhimandritul, la 1 km de mănăstire
- Schitul de Supiatră sau Schitul 40 Izvoare, datat la 1701, ctitorit de egumenul bistrițean Ștefan arhimandritul, la 2 km de mănăstire

Racla cu moaștele Sf. Grigorie Decapolitul

În 1763, când epidemia de ciumă cuprinsese Bucureștiul, a fost adusă racla cu moaștele Sf. Grigorie Decapolitul în fața Mitropoliei, iar în urma rugăciunilor ciuma a început să dea înapoi, dispărând definitiv.

De văzut:

- Expoziția de obiecte bisericești lucrate în atelierele mănăstrii
- Peștera Liliecilor cu ansamblul rupestru Ovidenia și Sfinții Arhangheli
- Obiective turistice din Parcul Național Buila Vânturarița

Mănăstirea Berislăvești

obște în formare

Hram: Sfinții Trei Ierarhi, Sfântul Mucenic Gheorghe
Adresa: com. Berislăvești, str. Principală, nr. 107, 247040, jud. Vâlcea
Acces: din Curtea de Argeș, pe DN7C, apoi stânga pe DJ7CH, spre Călimănești, aprox. 34 km
Stareț: protos. Efrem Gavrilă
Contact: +40744245079

Berislăvești este un ansamblu monahal început în secolul al XVIII-lea de Alexandru Bucșenescu, mare paharnic, și finalizat de egumenul Nicodim Beligrădeanu în 1762. Ansamblul, aflat în stare avansată de degradare, cuprinde: o incintă fortificată, case egumenești, un turn-clopotniță și o biserică. Biserica a servit mult timp ca biserică parohială. Din 2006 s-a început construcția unui alt locaș de cult pe malul celălalt al râului, chiar în dreptul vechii biserici.

Ansamblul monastic Berislăvești a fost inclus pe Lista monumentelor istorice din județul Vâlcea din anul 2010.

Mănăstirea Blănoiu

12 viețuitoare, viață de obște

Hram: Pogorârea Duhului Sfânt
Adresa: loc. Blănoiu, com. Racovița, 247532, jud. Vâlcea
Acces: DN7 Râmnicu Vâlcea-Sibiu, după Călinești se trece Râul Olt stânga (pentru pod) în dreptul Mănăstirii Cornet, după pod stânga prin Copăceni, Racoviță, dreapta până în Blănoiu
Stareță: monahia Mina Mihaiela Todoran

Piatra de temelie a mănăstirii a fost pusă în 2010 de ÎPS Gherasim al Râmnicului și PS Emilian Lovișteanul, ctitori fiind părintele Ioan Comăneci și Vasile Frank Timiș. Ansamblul cuprinde: biserica cu hramul Pogorârea Duhului Sfânt, paraclisul cu hramul Sfântul Ierarh Spiridon și corpul de chilii Acoperământul Maicii Domnului. Sfințirea mănăstirii s-a făcut în 2011. În cadrul mănăstirii există un atelier de pictură și un atelier de croitorie.

Mănăstirea Boia

6 viețuitoare, viață de obște

Hram: Acoperământul Maicii Domnului, Sfinții Arhangheli Mihail și Gavriil (paraclis)
Adresa: sat Greblești, com. Câineni, 247088, jud. Vâlcea
Acces: DN7/E81 Rm. Vâlcea-Sibiu, dreapta la Câinenii Mari (km 56) DJ703H, 3 km Greblești, 3 km spre est, apoi stânga, 3,6 km spre nord-est
Stareță: monahia Arsenia Nistor
Contact: +40765615380; **Cazare:** 4 locuri

Se află situată în partea de sud-vest a Munților Făgăraș, pe valea râului Boia. Mănăstirea a fost ridicată în 2005, cu binecuvântarea PS Gherasim, episcopul Râmnicului, de către **arhim. Iustin Pârvu, starețul Mănăstirii Petru Vodă,** din jud. Neamț, împreună cu Nicolae Boromiz și Gheorghe Ureche din satul Greblești.

Mănăstirea Bradu

9 viețuitoare, viață de obște

Hram: Nașterea Sfântului Ioan Botezătorul
Adresa: sat Gurguiata, 245303, jud. Vâlcea
Acces: DN64A, Râmnicu Vâlcea-Băile Olănești, prin Păușești-Măglași, 13 km, stânga la Valea Cheii, pe DJ, 7,5 km, dreapta spre Gurguiata, 2,5 km, stânga spre schit (prin pădure), 3 km
Stareță: monahia Arsenia Maxim; **Contact:** +40767572243
Cazare: 5 locuri

Este construită pe temelia unui schit din 1737, numit Schitul de sub Râpa Bradului. Actuala biserică de zid a fost ridicată în 1784 de ieromonahul Sava, fost egumen al Iezerului, ajutat de pr. Grigore. Biserica, în formă de corabie, seamănă mult cu cea de la Iezer; a fost pictată în 1783-1784 de Popa Dimitrie Zograful. Turnul-clopotniță, de două etaje, este mult mai înalt decât biserica. În 1994, la Bradu se va așeza, după o lungă perioadă de absență a vieții monahale, un călugăr. Începând cu 1996 devine obște de maici.

De văzut:
- Biserica lui Horea, Olănești
- Peștera Stogu

Mănăstirea Budești

5 viețuitoare, viață de obște

Hram: Înălțarea Sfintei Cruci, Sfânta Maria Egipteanca
Adresa: com. Budești, 247055, jud. Vâlcea
Acces: din Râmnicu Vâlcea spre Curtea de Argeș, pe DN7, cca. 4 km, apoi dreapta pe DJ678
Stareță: stavrofora Theodora Videscu; **Contact:** +40742362425

Piatra de temelie a fost pusă pe 9 noiembrie 2015 de ÎPS Varsanufie. Arhitectura întregului locaș este de tip maramureșan. Biserica va fi pictată în stil bizantin. În amintirea Drumului Crucii din Ierusalim, mănăstirea va avea pe un traseu de 800m 14 cruci montate pe socluri de piatră care vor marca cele 14 stații de pe *Via Dolorosa*.

Împrejurimi:
- Biserica Adormirea Maicii Domnului (1817) din satul Bârsești

Mănăstirea Cornet

4 viețuitori, viață de obște

Hram: Tăierea Capului Sfântului Ioan Botezătorul
Adresa: sat Țuțulești, com. Racovița, 245501, jud. Vâlcea
Acces: DN7/E81 Rm. Vâlcea-Sibiu, km 41
Stareț: protos. Macarie Șotârcă; **Contact:** +40724295369

Mănăstirea este ctitorie a **vornicului Mareș Băjescu** și a soției sale **Maria**, din anul 1666. În 1808 a fost distrusă de un incendiu, viața monahală fiind întreruptă până în 1835, când mănăstirea este refăcută de starețul Irinarh. Biserica, în plan trilobat, este construită din cărămidă. Pictura este lucrată în frescă, altarul fiind pictat în 1761 de pictorii Radu, Mihail și Iordache, iar naosul și pronaosul, în 1835, de starețul Irinarh.

În anul 1898, odată cu construcția căii ferate și a tunelului care trece prin apropierea bisericii, au fost demolate chiliile, iar din vechile clădiri au rămas numai un foișor, zidurile și turnul de apărare de la nord și est de biserică. Cupola și o parte din altar au fost dărâmate în 1916-1918 și refăcute între anii 1923 și 1925. Ultima restaurare a acestui monument istoric s-a făcut în anul 1960, de către Direcția Monumentelor Istorice.

Moaște: părticele din moaștele Sf. Ioan Botezătorul, Sf. Ecaterina, Sf. Singlitichia, Sf. Ioan Rusul, Sf. Efrem cel Nou, Sf. Nectarie din Eghina,

Icoane făcătoare de minuni: icoana Sfântului Ioan Rusul

Mănăstirea Cozia

28 viețuitori, viață de obște

Hram: Sfânta Treime, Adormirea Maicii Domnului, Duminica Tuturor Sfinților
Adresa: Călimănești, 245600, jud. Vâlcea
Acces: DN7/E81 Rm. Vâlcea-Sibiu, Călimănești (km 17), 3 km spre nord
Stareț: arhim. Vartolomeu Androni
Contact: +40250750230; +40350410003
Cazare: 50 locuri

A fost cunoscută în vechime și sub numele de Mănăstirea Nucet, Cozia nefiind altceva decât traducerea în cumană a denumirii românești. A fost construită, conform legendei, în apropierea altei mănăstiri, ridicate de Negru Vodă. Biserica, zidită de un meșter sârb, între 1386 și 1391, este una dintre cele mai importante ctitorii ale lui Mircea cel Bătrân. În timpul lui **Neagoe Basarab** s-a construit **fântâna** care-i poartă numele, iar între anii 1512 și 1521 s-a refăcut pictura. În 1706-1707 este adăugat pridvorul brâncovenesc, se construiesc cerdacurile, chiliile. Constantin Brâncoveanu dăruiește mănăstirii policandrele din naos și pronaos. În pronaosul bisericii mari se găsesc **mormântul voievodului Mircea** și cel al **monahiei Teofana, mama lui Mihai Viteazul,** călugărită după moartea fiului ei. Biserica, de tradiție bizantină, construită pe blocuri mari de piatră, în plan treflat, are la exterior o bogată sculptură în piatră și ornamente din cărămidă. Se remarcă ancadramentele celor 7 ferestre ale naosului și altarului, datând din epoca lui Mircea cel Bătrân. Pictura murală, de o valoare artistică deosebită, a fost refăcută în 1704-1705 de familia Cantacuzinilor, apoi în 1984-1985, când s-a descoperit pictura originară de secol XIV din pronaos. De-a lungul timpului, mănăstirea va fi reparată și renovată de multe ori, ultima renovare și consolidare făcându-se între 1958 și 1959 de către PF Justinian Marina.

Mănăstirea are **două paraclise**: **paraclisul din zid**, cu hramul Adormirea Maicii Domnului, din 1583, și **paraclisul brâncovenesc**, cu hramul Duminica Tuturor Sfinților, din cărămidă, având două case boltite și un foișor, din 1710-1711. **Biserica-bolniță**, cu hramul Sf. Apostoli, această nestemată a Coziei aflată pe partea cealaltă a șoselei, a fost zidită între anii 1542 și 1543 de Petre Voievod, numit și Radu Paisie.

Mănăstirea Cozia a constituit de-a lungul timpului și un **puternic focar de cultură românească**. Aici a funcționat o școală mănăstirească din 1415, primul dascăl fiind pr. Sofronie, starețul mănăstirii. Filos, logofăt al marelui voievod Mircea cel Bătrân, compune versuri și imne religioase, el fiind considerat primul poet român. Tot la Cozia, Mardarie Cozianul alcătuiește la 1696 *Lexiconul slavo-român.* Există și o istorie a mănăstirii mai puțin cunoscută astăzi: între 1879 și 1893 Cozia este transformată în pușcărie, apoi în spital. În perioada Primului Război Mondial a devenit grajd pentru cai.

Împrejurimi:
- Mănăstirea Turnu, Mănăstirea Ostrov, Mănăstirea Stânișoara
- o zonă bogată în izvoare termale

De văzut:
- Mormântul lui Mircea cel Bătrân
- Muzeul mănăstirii, care cuprinde manuscrise, icoane vechi, sculptură în piatră și lemn, obiecte de cult etc.
- Fântânile din curtea mănăstirii

În Cerdacul lui Mircea, din corpul de chilii dinspre Olt, a scris Grigore Alexandrescu poezia „Umbra lui Mircea-La Cozia".

Ctitorul Mănăstirii Cozia, Mircea cel Bătrân, propus spre canonizare

Împrejurimi:
- Fostul Schit Fedeleșoiu (1672-1700), ctitorie a domnitorului Grigore Ghica și a Mitrop. Varlaam, actualmente biserică parohială în satul cu același nume, com. Dăești (20 km)

Schitul de Piatră, Cozia Veche

3 viețuitori, viață de obște

Este situat la un kilometru nord de mănăstire; are hramurile Nașterea Sf. Ioan Botezătorul și Cuv. Parascheva. Se presupune că e ctitoria lui Radu, tatăl lui Mircea cel Bătrân, la sfârșitul sec. al XIII-lea-începutul sec. al XIV-lea. Prima atestare documentară datează din 8 noiembrie 1601 și 8 noiembrie 1602, când Teofana monahia, în actele de danie către Mănăstirea Cozia, menționează doi călugări ai acestui schit. Este refăcut și sfințit în 1670 de Mitrop. Teodosie. Cutremurele din 1802, 1838 ruinează așezarea monahală. În 8 septembrie 1837 avem o ultimă mențiune despre obștea schitului. În 1980 ruinele Coziei vechi sunt conservate datorită importanței lor istorice. În 1986 este refăcută și pictată biserica; se construiesc stăreția, clopotnița, zidurile schitului. În prezent este administrat de Mănăstirea Stânișoara.

Mănăstirea Dintr-un Lemn

45 viețuitoare, viață de obște

Hram: Nașterea Maicii Domnului
Adresa: com. Frâncești, 247195, jud. Vâlcea
Acces: DN64 Rm. Vâlcea-Drăgășani, 18 km, dreapta la Băbeni pe DJ646, 2,5 km Frâncești, dreapta DJ646, 6 km
Stareță: stavrofora Emanuela Oprea
Contact: +40250762756; **Cazare**: 50 locuri

De văzut:
- Biserica de lemn
- Icoana din inima copacului

Potrivit unei vechi tradiții locale, biserica de lemn este construită în primele decenii ale sec. al XVI-lea, prin cioplirea unui singur stejar. Ea a fost ridicată în cinstea icoanei Maicii Domnului, icoană ce se păstrează și azi în biserica de zid a mănăstirii. În baza acestei tradiții așezarea monahală de aici poartă numele **Dintr-un Lemn.** Paul de Alep, care l-a însoțit pe Patriarhul Macarie al Antiohiei în călătoriile acestuia prin Țările Românești între anii 1653 și 1658, susține că un călugăr ar fi găsit o icoană a Maicii Domnului în scorbura unui stejar bătrân. Atunci o voce i-ar fi poruncit să zidească o mănăstire din trunchiul acelui copac.

Primul document în care apare numele așezământului monahal de aici este datat 1635. Biserica de zid a fost construită în 1640 de Matei Basarab sau, după alte surse, de Preda Brâncoveanu, fost mare spătar. Este construită în plan triconc, prezentând în linii generale arhitectura lui Matei Basarab. În 1715 Ștefan Cantacuzino restaurează în întregime clopotnița mănăstirii și Casa Domnească. Între 1938 și 1940 mănăstirea este restaurată de Ministerul Aerului și Marinei, acest ansamblu monahal devenind în mod simbolic altar de închinare pentru aviatori și marinari.

Icoana Maicii Domnului, de care este legată existența acestui așezământ monahal, este păstrată în biserica mare. Ea are dimensiuni impresionante (1,50 m x 1,10 m). În anul 1929, Andrei Grabar de la Universitatea din Strasbourg a vizitat mănăstirea și, studiind icoana, a identificat-o ca fiind pictată în sec. al IV-lea la Mănăstirea Theothokos din Grecia, după icoana Sf. Apostol Luca. Alți cercetători plasează însă originea icoanei în Constantinopol (sec. al XIV-lea). Conform tradiției, în lume se mai păstrează trei exemplare asemenea celui de la Dintr-un Lemn, dintre care și cea de la Mănăstirea Brâncoveni.

Icoana Maicii Domnului

Mănăstirea Frăsinei

54 viețuitori, viață de obște, rânduială athonită

Hram: Adormirea Maicii Domnului (biserica nouă), Nașterea Sfântului Ioan Botezătorul (biserica veche)
Adresa: com. Muereasca, 247405, jud. Vâlcea
Acces: DN7/E81 Rm. Vâlcea-Sibiu, (8 km) stânga în com. Lunca, Gura Văii, prin Muereasca (12 km)
Stareț: protos. Ioanichie Popescu
Contact: +40722482717, www.frasinei.ro; **Cazare**: 40 locuri

Moaște: părticele din moaștele Sf. Mucenic Trifon, Sf. Calinic

La biserica de sus au acces doar bărbații. Femeile pot urca numai până la biserica Nașterea Maicii Domnului aflată la 2 km mai jos de mănăstire.

Legământul Sf. Calinic este respectat cu strictețe. Chiar în timpul păstoririi sale, cei care l-au călcat au fost pedepsiți aspru. Este cunoscut cazul tinerei păstorițe din Muereasca: din greșeală a trecut hotarul și s-a îmbolnăvit de epilepsie, fiind nevoită să ceară ajutorul Sf. Calinic, pentru a fi iertată și în același timp tămăduită.

Numele Mănăstirii Frăsinei provine de la pădurile de frasini din zonă.

Prima biserică înălțată aici – **Biserica schitului vechi** –, cu hramul Nașterea Sf. Ioan Botezătorul, a fost construită din lemn în 1710, de către doi călugări de origine bulgară, Ilarion și Ștefan, cu binecuvântarea episcopului de Râmnic, Inochentie. Va fi reconstruită din zid în 1764 de Cârstea, Damian și Nicolae și pictată, în stil bizantin, de Teodor Zugravul în același an. Schitul este pustiit de austrieci în 1780 și rămâne părăsit până în 1845, când este refăcut de călugărul cernican Acache. Atunci se restaurează chiliile, pridvorul este închis și pictat. Astăzi este biserică de cimitir și se slujește în ea doar la hram, în 24 iunie.

Biserica Mănăstirii Frăsinei, numită și **Biserica Mare**, având hramul Adormirea Maicii Domnului, cu întreg ansamblul de clădiri, în formă de cetate, este ctitoria **Sf. Ierarh Calinic de la Cernica, episcopul Râmnicului.** Este construită, după planurile sfântului, în perioada 1859-1863 și sfințită în 1863. Pictura este realizată în ulei de pictorul ardelean Mișu Popp, în stilul lui Tattarescu, între 1860 și 1863, curățată ulterior de pictorul Aritium Avachian.

Paraclisul cu hramul Sf. Trei Ierarhi a fost zidit de Episcopul Gherasim Safirim al Romanului, în 1905 și pictat de Belizarie. Tot el continuă construcțiile pe aripa de sud și de est a bisericii, care rămăseseră neterminate de Sf. Calinic în anul 1863, iar în 1910 construiește arhondaricul.

Viața monahală de la Frăsinei urmează tipicul Sfântului Munte Athos: în mănăstire nu au voie să intre femei (accesul femeilor este permis numai în biserica de la poalele dealului) și nu se gătește cu carne. Sf. Calinic a așezat în anul 1867 o piatră de legământ la cca 2 kilometri de mănăstire, unde sunt astăzi o biserică și dependințe pentru cazarea femeilor. Pe **piatra de legământ** sunt gravate cu litere chirilice atât binecuvântări, pentru cele care vor păstra acest legământ, cât și blesteme, pentru cele ce vor călca hotărârea sfântului: „Acest sfânt locaș s-a clădit din temelie spre a fi chinovie de părinți monahi și fiindcă din partea femeiască putea să aducă vreun scandal monahilor viețuitori de acolo, de aceea sub grea legătură s-a oprit de la acest loc să mai treacă înainte, sub nici un chip, parte femeiască. Iar cele ce vor îndrăzni a trece să fie sub blestem și toate nenorocirile să vie asupra lor, precum: sărăcia, gârbăvia și tot felul de pedepse, și iarăși celor ce vor păzi această hotărâre să aibă blagoslovenia lui Dumnezeu și a smereniei noastre și să vină asupra lor fericitul bine. Calinic, episcopul Râmnicului-Noului Severin, 17 ian. 1867."

Este singura mănăstire din țară care nu a fost secularizată, Alexandru Ioan Cuza având un respect deosebit pentru Sf. Calinic.

Mănăstirea Govora

10 viețuitoare, viață de obște

Hram: Adormirea Maicii Domnului
Adresa: sat Govora, com. Mihăești, 247379, jud. Vâlcea
Acces: DN7/E81 Rm. Vâlcea-Tg. Jiu, stânga în Gurișoara (km 17), DJ647, 1 km
Stareță: stavrofora Heruvima Ana Covaci
Contact: +40250770342
Cazare: 15 locuri, cu rezervare

Icoane făcătoare de minuni: icoana Maicii Domnului

Mănăstirea Govora este una dintre cele mai vechi din țară, fiind ridicată în sec. al XIV-lea și al XV-lea, sub domnia lui Vlad Dracul. Numele mănăstirii provine de la slavonescul *govoriti = a vorbi, a spune*. A fost distrusă de boierul Albu cel Mare, în perioada domniei lui Vlad Țepeș, ca după aceea, între anii 1492 și 1496, să fie refăcută de Vlad Călugărul și Radu cel Mare. Între anii 1640 și 1645, domnitorul Matei Basarab îi face mănăstirii o reparație totală și instalează aici o tiparniță primită de la Mitropolitul Petru Movilă de la Kiev. La Govora s-au tipărit numeroase cărți de cult – *Psaltirea* (1637), *Pravila mică* (1640) și **prima carte de legi în limba română** (după cărțile bisericești tipărite de diaconul Coresi de la Brașov): *Pravila de la Govora*. Încăperile în care a funcționat vechea tipografie mai există și astăzi.

Icoana Maicii Domnului înaripată

În timpul domniei lui Constantin Brâncoveanu, mănăstirea a fost restaurată și extinsă. S-a adăugat o trapeză în 1775, iar clopotnița și o parte dintre clădiri au fost ridicate la începutul sec. al XVIII-lea. Cutremurele din 1940, 1977 și 1986 au adus mari pierderi acestui locaș. Întregul ansamblu a fost renovat între anii 1957 și 1969, ultima reparație făcându-se în anii 1986-1988. În interiorul bisericii, pe lângă valoroasa pictură aparținând Școlii de la Hurezi, din 1711-1712, se găsește o frumoasă catapeteasmă originară, din lemn, sculptată în stil brâncovenesc.

Mănăstirea este transformată în 1959 în mănăstire de maici.

Împrejurimi:
- Biserica fostei Mănăstiri Slătioarele, ridicată în anii 1568-1577 de Doamna Țării Românești, Ecaterina Salvarezzo, soția lui Alexandru al II-lea Mircea, în satul Slătioarele (Ocnele Mari), 10 km.

Mănăstirea Gruiu Lupului

10 viețuitori, viață de obște

Hram: Sfinții Trei Ierarhi, Sfântul Gherasim cel Nou din Kefalonia
Adresa: sat Gruiu Lupului, com. Racovița, 247530, jud. Vâlcea
Acces: din București-Pitești pe A1, apoi DN7 spre Râmnicu-Vâlcea-Călinești-Cornet (DJ703M). Ramificație pe DL, la stânga, spre Racovița, până la mănăstire
Stareț: protos. Macarie Roman; **Contact:** +40784213520
Cazare: 15 locuri

Moaște: părticele din moaștele Sf. Gherasim cel Nou, Sf. Mc. Mercurie, Sf. Vasile, Sf. Ioan Gură de Aur, Sfinții mucenici uciși de perși în 1614

Piatra de temelie a fot așezată în 2009 de către ÎPS Gherasim. Ctitorii așezământului sunt preotul Ioan Comăneci, împreună cu sponsorii Frank Timiș și Rareș Țicra. Biserica este în formă de cruce bizantină, încadrându-se în linia arhitecturală a Mănăstirii Cozia. Demersurile pentru înființarea mănăstirii aparțin Adelei Comăneci și mamei sale, Maria Comăneci. S-au finalizat stăreția și chiliile. Mănăstirea funcționează după rânduială athonită.

De văzut:
- Biserica Stănești, monument istoric, cu pictură de sec. XVI
- Biserica-bolniță din Lungești, 1833

Mănăstirea Hurezi

42 viețuitoare, viață de obște

Hram: Sfinții Împărați Constantin și Elena; Sfinții Martiri Brâncoveni, Nașterea Maicii Domnului
Adresa: Horezu, 245800, jud. Vâlcea
Acces: DN7/E81 Rm. Vâlcea-Tg. Jiu, dreapta după Bogdănești, (2 km înainte de Horezu), DC146, DC147, 2 km, Romanii de Jos
Stareță: monahia Ambrozia Șerban
Contact: +40250860071
Cazare: 30 locuri, cu rezervare

Moaște: mâna Sf. Ap. Filip, mâna Sf. Ierarh Mihail al Sinadei, palma Sf. Marina, părticele din moaștele Sf. Ap. Andrei, Sf. Mc. Teodor Tiron, Sf. Procopie, Sf. Haralambie, Sf. Fevronia, Sf. Minodora, Sf. Ioan de la Ianina, Sf. Mina, Sf. Pantelimon, Sf. Mercurie etc.

Hurezi, „Le plus beau de toute Roumanie", *Charles Diehl*

Crezul domnitorului Constantin Brâncoveanu, așa cum apare el în pisania care se află deasupra ușii de intrare în biserica mare a mănăstirii: „Nu voi intra în sălașul casei mele, nu voi sui pe așternutul patului de odihnă, nu voi da somn ochilor mei și pleoapelor mele dormitare și repaus tâmplelor mele, până nu voi afla loc Domnului și sălaș Dumnezeului lui Iacob."

Mănăstirea Hurezi (Hurezu), cea mai de seamă ctitorie a domnitorului martir Constantin Brâncoveanu, sinteză a artei românești din acel timp, a fost construită între anii 1690 și 1697, biserica mare a așezământului fiind târnosită la 8 septembrie 1693. Locașul este o remarcabilă realizare a artei brâncovenești, care se distinge prin originalitate, măiestria liniilor și culorilor. Meșterii care au creat această capodoperă sunt Istrate lemnarul, Vucașin Caragea pietrarul și Manea vătaful zidarilor. Cei care au executat pictura, între 1692 și 1694, au fost Constantin, Ioan, Andrei, Stan, Neagoe și Ioachim. Ei imortalizează în pronaosul bisericii mari chipurile celor două familii, familia Brâncoveanu și familia Cantacuzino. Din inițiativa domnitorului, a arhimandritului Ioan și a câtorva boieri și fețe bisericești, Hurezi devine principalul centru artistic al Episcopiei Râmnicului, astfel încât mănăstirile Polovragi, Mamu, Surpatele, Cozia, Govora, la fel ca și schiturile Fedeleșoiu și Sărăcinești, au fost construite sau restaurate și decorate cu picturi de aceiași artiști care la Hurezi formaseră o adevărată școală stilistică. Biserica, menită să devină necropola Brâncovenilor, a fost reparată și restaurată de mai multe ori: în 1827, 1872, 1907-1912 și 1954-1964. Pictura a fost restaurată între 1992-2004. Mănăstirea Hurezi a fost inclusă din 1993 pe lista patrimoniului cultural mondial UNESCO.

Ansamblul monastic se compune din: **biserica mănăstirii**, ctitorită de marele domnitor și cărturar Constantin Brâncoveanu, aflată în centrul incintei, cu hramul Sf. Împărați Constantin și Elena; **biserica-bolniță**, ctitorită de Doamna Maria, soția domnitorului, la 1696, pictată de meșterii români Preda, Nicolae și Ianache; **Schitul Sf. Apostoli**, ctitorit de starețul mănăstirii, Ioan Arhimandritul, la 1698; **Schitul Sf. Ștefan**, numit astfel după numele fiului cel mare al domnitorului, care l-a ctitorit la 1703 și pictat de Ianache, Istrate și Hranite. S-au mai construit: corpul etajat al chiliilor, reședința domnească cu turnul-clopotniță, sala de sfat și **foișorul egumenului Dionisie Bălăcescu** (1725-1753) – bogat ornamentat cu motive decorative, operă a meșterului Iosif, cu cele 2 steme heraldice îngemănate, ale Munteniei și Moldovei, ca simbol de unitate națională. Pe latura vestică se află trapeza, pictată în 1705-1706, iar deasupra, paraclisul. Constantin Brâncoveanu, ca om de o aleasă cultură a epocii sale, a înființat vestita bibliotecă, rămasă peste veacuri sub denumirea de **Biblioteca lui Constantin Brâncoveanu**. Au funcționat aici un important centru de cultură, o școală de copiști de manuscrise, o bibliotecă umanistă.

Hurezi a fost mănăstire de călugări până în 1872, când a devenit de călugărițe.

Mănăstirea Iezer

24 viețuitoare, viață de obște

Hram: Intrarea în Biserică a Maicii Domnului, Schimbarea la Față, Cuviosul Antonie de la Iezer (paraclis)
Adresa: sat Cheia, loc. Băile Olănești, 245301, jud. Vâlcea
Acces: DN64A, Râmnicu Vâlcea-Băile Olănești, prin Păușești-Măglași, 13 km, stânga la Valea Cheii, pe DJ654 (drum forestier accesibil auto), 8,5 km. Este situată la N de satul Cheia
Stareță: stavrofora Mihaela Popa; **Contact:** +40744170273; **Cazare**: 6 locuri

Schitul a fost construit în 1552-1553 de voievodul Mircea Ciobanu împreună cu soția sa, Doamna Chiajna, fiica voievodului Petru Rareș, în apropierea unui schit de lemn atestat documentar din 1495-1501, în vremea lui Radu cel Mare. Aici s-au adăpostit peste 300 de călugări, unii retrași în sihăstrie, prin peșteri sau prin chilii. Conform tradiției, schitul a fost jefuit, iar călugării uciși de năvălitori străini care au luat lădița cu bani ascunsă în zidul bisericii de Mihai Viteazul. **Biserica** actuală a fost zidită în 1701-1705 de **Episcopul Ilarion și schimonahul Antonie** și pictată în 1714 de ierom. Nicolae. Schitul a fost reparat și extins de mai multe ori de-a lungul timpului. A fost obște de călugări până în 1946, apoi de maici. S-a construit un paraclis cu hramul Cuviosul Antonie de la Iezer între anii 1996 și 1999.

Sfântul Cuvios Antonie de la Iezer, de origine aromână (după alți cercetători, fiu de țărani olteni), se stabilește în 1648 la Rm. Vâlcea, ocupându-se de comerț. La 64 de ani alege calea monahală. După ce renunță la ideea de a merge la Muntele Athos, la îndemnul Episcopului Ilarion, se stabilește la Schitul Iezer. Sfântul a donat schitului toate bunurile sale și a zidit chiliile, care se păstrează până astăzi. Timp de 3 ani a săpat o biserică în stâncă, în urma unei porunci divine. Și-a găsit odihna veșnică în chilia de lângă peșteră, la 92 de ani. Este prăznuit pe 23 noiembrie.

Moaște:
Sf. Antonie de la Iezer

De văzut:
- Peștera Sfântului Antonie săpată în munte
- Crucea Moșilor
- Mănăstirile Pahomie, Pătrunsa, Bradu

Mănăstirea Jgheaburi

9 viețuitoare, viață de obște

Hram: Nașterea Maicii Domnului; **Adresa:** com. Stoenești, 247625, jud. Vâlcea
Acces: DN64 Rm. Vâlcea-Drăgășani, 3 km, dreapta pe DN67, 20 km, dreapta în Stoenești pe DJ646A, 800m, dreapta în Stoenești pe DJ651 spre Gruiu, Neghinești, 9 km, DC160 Piscu Mare. De aici drum forestier și cărare fără acces auto. Pe scurtătură, din Piscu Mare se face 1h 20' pe jos (6 km)
Stareță: monahia Antonia Toderel; **Contact:** +40250776620
Cazare: 10 locuri

Schitul este frecventat de credincioși și de turiști datorită izvoarelor cu ape sulfuroase, captate aici din vechime.

Mănăstirea a fost construită din lemn în 1310, în timpul lui Radu Negru, și a fost refăcută de Mitrop. Teofil, în 1640, în timpul lui Matei Basarab. Biserica de zid datează din 1827, construită pe locul celei de lemn de către Timotei și Daniil ieromonah, cu ajutorul preoților din Cheia și Cacova și al localnicilor. Se pare că aici a existat cea mai veche bolniță din Vâlcea, datorită unui izvor sulfuros aflat în apropiere. Biserica, în formă de navă, fără turlă, are o catapeteasmă de zid și a fost pictată în frescă de Ilie Zugravul din Teiuș și Constantin Zugravul din Zmeurat, în 1828. S-au construit chiliile, stăreția; biserica a fost renovată în 1940, 1970 și 2006 (ultima oară și pictura).

Mănăstirea Lacul Frumos

5 viețuitori, viață de obște

Hram: Sfinții Arhangheli Mihail și Gavriil
Adresa: sat Pleașa, com. Vlădești, 247742, jud. Vâlcea
Acces: din Rm. Vâlcea pe DN7/E81, str. Calea lui Traian, stânga pe str. Dealul Malului până în sat Dealul Malului, 3,5 km, DC168, 6 km până în Pleașa
Egumen: ierom. Grigorie Sanda; **Contact:** +40721713967; **Cazare:** 30 locuri

Ctitorită între anii 1994 și 1997, de ieromonahul de origine găgăuză, Paisie Vasiloglu, de la Mănăstirea Frăsinei, și de localnicii Traian Avrinte și Mihail Gujan, cu binecuvântarea PS Gherasim, episcopul Râmnicului.

Mănăstirea Mamu

3 viețuitoare, viață de obște

Hram: Sfântul Nicolae
Adresa: com. Lungești, 247325, jud. Vâlcea
Acces: DN64 Drăgășani-Caracal, 12 km, dreapta în Grădinari-Runcu Mare, pe DJ677C prin Gântulei, până la Lungești, 7 km
Stareță: monahia Pavelina Ioniță; **Contact:** +40732122552

Doamna Stanca, mama domnitorului Constantin Brâncoveanu, a construit o biserică de lemn în 1655, pe locul alteia mai vechi, aparținând, probabil, familiei Mogoșeștilor. Constantin Brâncoveanu construiește o biserică de zid în 1696, pictată în frescă de către **Pârvu Mutu** și **Marin** la 1699, și două corpuri de clădiri. De-a lungul anilor se fac mai multe restaurări, ultima reparație fiind în 1957-1958. În 1873 devine biserică de parohie, ajungând în paragină. Din 1932 – mănăstire de maici până în 1960, când este închisă. Începând cu 1961 în incintă funcționează un cămin-spital pentru bătrâni. Din 2006 redevine mănăstire de maici și s-au reluat lucrările de restaurare a picturii și a zidurilor bisericii.

De văzut:
- Biserica Stănești, monument istoric, cu pictură de sec. XVI, și mormântul lui Stroe Buzescu
- Biserica-bolniță din Lungești, 1833

Mănăstirea Mălaia

7 viețuitoare, viață de obște

Hram: Înălțarea Sfintei Cruci, Sfântul Ioan Rusul
Adresa: com. Mălaia, 247335, jud. Vâlcea; **Acces:** DN7 Râmnicu Vâlcea-Sibiu, ramificație la stânga de la Brezoi prin Voineasa (DJ7A), în com. Mălaia
Stareță: monahia Ioana Roznov; **Contact:** +40721099784

Piatra de temelie pentru noua mănăstire a fost pusă la data de 12 iunie 2012 de PS Emilian Lovișteanul, ctitorii fiind pr. Ioan Comăneci cu familia, împreună cu sponsorul principal Frank Vasile Timiș. Ansamblul cuprinde biserica mare și un corp de chilii pe două nivele.

Mănăstirea Obârșia Lotrului

5 viețuitori, viață de obște

Hram: Sfinții Martiri Brâncoveni, Sfântul Mare Mucenic Mina
Adresa: loc. Obârșia Lotrului, 247101, jud. Vâlcea
Acces: DN7 Râmnicu Vâlcea-Sibiu, ramificație la stânga de la Brezoi prin Voineasa și Vidra spre Petroșani (DN7A), până în Obârșia Lotrului
Stareț: ierom. Alexie Stan

Piatra de temelie pentru noua biserică a mănăstirii a fost pusă la data de 28 iunie 2012 de PS Emilian Lovișteanul. Ctitorii principali sunt preotul inginer Ioan Comăneci, împreună cu doctorul Frank Vasile Timiș, pe un teren donat de domnul Alexandru Emanoil Săvoiu. Ansamblul cuprinde biserica mare din lemn, construită în stil maramureșean, în formă de cruce bizantină, cu pridvor sculptat în lemn de stejar, și un corp de chilii pe două nivele. În curtea mănăstirii se află o cruce înaltă de 20 m.

Mănăstirea Ostrov

12 viețuitoare, viață de obște

Hram: Nașterea Maicii Domnului
Adresa: Călimănești, 245600, jud. Vâlcea
Acces: din Călimănești, în dreptul hotelului Central, dreapta peste pod, pe insulă
Stareță: stavrofora Pelaghia Toader
Contact: +40250750244

Schitul este ctitorit între 1520 și 1521 de domnitorul **Neagoe Basarab** și soția sa, Despina, pe locul unei biserici mai vechi din sec. al XIV-lea. Aici **s-a călugărit soția lui Neagoe Basarab, Doamna Despina, cu numele de Platonida.** Se păstrează din acele vremuri tâmpla aurită, din lemn de tei, icoana Maicii Domnului (restaurată în 1791 de Ioan Zugravul). Alte trei icoane de pe vremea lui Neagoe Basarab: Sf. Nicolae, Coborârea de pe cruce și Sf. Sava se află la Muzeul de Artă București. Din 1522 până în 1890 a fost schit de călugărițe, fiind primul așezământ monahal din România pentru călugărițe. Pictura bisericii – în stil bizantin –, valoroasă din punct de vedere artistic, a fost realizată între 1752 și 1760.

În 1980, din cauza construcției hidrocentralei Călimănești, biserica a fost ridicată circa 6 m și a fost reconstruită casa stăreției. Pictura a fost restaurată de pictorul Viorel Grimalschi între anii 1987 și 1988, schitul fiind resfințit în 1989 de PS Gherasim, Episcopul Râmnicului. A devenit mănăstire în 2012.

Icoane făcătoare de minuni:
icoana Maicii Domnului Hodighitria (sec. XVI)

Parcul de agrement din jurul mănăstirii este o adevărată grădină botanică.

Mănăstirea Pahomie

7 viețuitori, viață de obște

Hram: Sfântul Proroc Ilie Tezviteanul
Adresa: Băile Olănești, 245300, jud. Vâlcea
Acces: DN64A, Râmnicu Vâlcea-Băile Olănești, prin Păușești-Măglași, 13 km, stânga la Valea Cheii, pe DJ654 (drum forestier accesibil auto), 13 km, stânga până la Izvorul Frumos, 1,5 km. Există și un drum forestier dinspre sud-vest, de la Schitul Pătrunsa.
Egumen: ierom. Siluan Cărăcăleanu
Contact: +40761468324

Schitul este ridicat de **Pahomie monahul** și **Sava Haiducul** în 1520. După o altă pisanie, acest Pahomie ar fi marele ban **Barbu Craiovescu,** ctitorul Mănăstirii Bistrița, care a zidit schitul în anii 1519-1520, pe locul unde a scăpat cu viață, ascunzându-se de Mihnea cel Rău.

Schitul a fost reparat în 1684. În 1824 schitul era metoc al Iezerului. Ajuns în stare avansată de degradare, a fost închis în 1880. În 1952 este reclădit după urmele zidurilor rămase. A fost pictat în 1956, fiind sfințit în același an de PS Iosif al Râmnicului.

Primul viețuitor al schitului reclădit va fi călugărul Ioasaf Ionescu, de la Mănăstirea Arnota. În 1980 trece la cele veșnice și este înmormântat lângă zidul bisericuței schitului.

Biserica mănăstirii este clădită pe o stâncă, de sub care țâșnește Izvorul Frumos.

De văzut:
- peisaj deosebit
- cascada
- lacul cu nuferi
- rezervație naturală

Mănăstirea Pătrunsa

35 viețuitori, viață de obște

Hram: Sfânta Cuvioasă Parascheva (biserica veche), Sfântul Apostol și Evanghelist Ioan (biserica nouă)
Adresa: com. Bărbătești, 247025, jud. Vâlcea
Acces: DN67 Rm. Vâlcea-Tg. Jiu, 30 km, dreapta la Bârzești pe DJ646E, 8 km. Apoi pe cărare, 3,5 km
Stareț: protos. Varsanufie Gherghel
Contact: +40723572894; **Cazare**: 15 locuri

Moaște: de la mai mulți sfinți din Pustiul Hozevei, Sf. Paisie Sârbul, pustnic din Sf. Munte Athos

Biserica veche cu hramul Sfânta Cuvioasă Parascheva

Construită în 1740, de către Episcopul Climent al Râmnicului, pe locul unde a fost născut de mama sa, Paraschiva Modoran din Pietrarii de Jos, fugară peste munte de frica unei invazii turcești, adăpostindu-se la poalele Muntelui Buila, în locul numit astăzi Pătrunsa. Mănăstirea este distrusă, în urma căderii unei stânci, și refăcută în a doua jumătate a sec. al XVIII-lea, de postelnicul Dumitru, protopopul Pietraru și postelnicul Ion Bărbătescu, probabil urmași ai Episcopului Climent.

În anul 1895 mănăstirea a fost din nou părăsită. Este redeschisă în 1935 și resfințită în 23 august 1936, prin osteneala ieromonahului Veniamin Grigorescu. Actuala biserică, cu ziduri groase și pridvor închis, datează din sec. al XIX-lea, și este pictată în stil brâncovenesc cu unele influențe populare. Biserica a suferit modificări în 1963; în 1977 s-a construit casa starețului Veniamin Grigorescu. Schitul este declarat monument istoric.

În 2006 s-a înălțat o nouă biserică, prin grija pr. Varsanufie Gherghel. La 3 km de mănăstire s-a ridicat un arhondaric pentru cazarea pelerinelor (30 locuri).

Mănăstirea Sărăcinești

7 viețuitoare, viață de obște

Hram: Adormirea Maicii Domnului
Adresa: sat Valea Cheii, com. Păușești-Măglași, 247474, jud. Vâlcea
Acces: DN64A, Râmnicu Vâlcea-Băile Olănești, prin Păușești-Măglași, 13 km, până în satul Valea Cheii
Stareța: monahia Emanuela Neagu
Contact: +40754737678

Moaște: părticele de la Sf. Iacob Persul

Icoane făcătoare de minuni: copia icoanei Maicii Domnului Prodromița, adusă din Sfântul Munte

De văzut:
- Mormântul ctitorului – Episcopul Ștefan, devenit schimnic cu numele Sava –, în pridvor

Ctitorul bisericii actuale a Mănăstirii Sărăcinești este Episcopul Ștefan al Râmnicului, împreună cu boierii Sărăcinești, la anul 1688. În 1692 s-a construit turnul-clopotniță, iar în sec. al XVIII-lea bisericii i s-a adăugat un pridvor deschis. Pictura datează de la 1717, fiind realizată de Teodosie, Gheorghe și Preda, aceiași pictori care au zugrăvit paraclisul de la Hurezi. Întreg ansamblul de la Sărăcinești este declarat monument istoric.

După cutremurul din 1838 schitul s-a distrus, refăcându-se apoi între 1855 și 1857. În 1960 a fost desființat în mod abuziv, fiind reînființat în 1991, ca mănăstire de călugărițe. Abia după anul 2008, când locașului i s-au redat imobilele, s-a putut forma o obște monahală.

Mănăstirea Stânişoara

14 vieţuitori, viaţă de obşte

Hram: Sfântul Mucenic Gheorghe, Naşterea Sfântului Ioan Botezătorul
Adresa: Călimăneşti, 245600, jud. Vâlcea
Acces: pe valea Păuşa-Stânişoara spre nord, plecând din halta CFR Păuşa-Căciulata, 6 km, sau din staţia CFR Turnu, spre est, 4 km
Stareţ: arhim. Laurenţiu Popa
Contact: +40250751087; **Cazare:** 30 locuri

Primul aşezământ monahal a fost un schit de lemn, construit de sihaştrii Meletie, Neofit, Isaia, veniţi de la Mănăstirea Cozia, trăitori în peşterile de aici. În 1747 Gheorghe Clucerul ridică biserica, ce va fi pustiită apoi, în 1788, de turci. Este reconstruită în anii 1803-1806 de către monahii Sava şi Teodosie, veniţi de la Athos, sprijiniţi de Episcopul Iosif I al Argeşului. În 1850 întregul aşezământ este distrus de un incendiu. Actuala biserică din piatră, împreună cu chiliile, a fost construită în anii 1903-1908 de arhim. Nicandru Manu şi pictată. În 1937 este construit un paraclis.

Pe aceste locuri s-a retras un sihastru, pe nume Meletie, care şi-a făcut chilie într-o peşteră, la 1 km distanţă. Fiind înaintat în zile, nu şi-a mai putut aduce apă de departe. După ce s-a rugat la Dumnezeu, din munte a izvorât apă. Acest izvor este cunoscut până astăzi ca *Izvorul lui Meletie*.

Viaţă monahală este una aspră; nu se consumă carne.

Moaşte: părticele din moaştele Sf. Cuv. Neofit

De văzut:
- Peştera Cuv. Meletie
- Izvorul lui Meletie

Mănăstirea Surpatele

15 vieţuitoare, viaţă de obşte

Hram: Sfânta Treime
Adresa: sat Surpatele, com. Frânceşti, 247195, jud. Vâlcea
Acces: DN64 Rm. Vâlcea-Drăgăşani, 18 km, dreapta la Băbeni pe DJ646, 2,5 km Frânceşti, dreapta DJ646, 3,5 km, dreapta în Dezrobiţi-Moşteni spre Balutoaia, pe DJ646c, 2 km
Stareţă: stavrofora Eftimia Constantin
Contact: +40722946683

Prima biserică, de lemn, a fost înălţată de logofătul Tudor Drăgoescu şi fratele său Stanciu, feciorii lui Popa Frâncu, la începutul sec. al XVI-lea. Biserica din zid a fost construită în 1703-1706 de Doamna Marica Brâncoveanu. Biserica, în stil brâncovenesc, este pictată în frescă la 1707 de zugravii Andrei Iosif ieromonah, Hranite şi Ştefan. La Surpatele este reprezentată o scenă unică – *Sfânta Treime desfăşurată* (6 picturi, situate la baza cupolei, reprezentând primirea celor trei îngeri de către Avraam, spălarea picioarelor etc.). O altă scenă – rar întâlnită, de asemenea, în Ortodoxie – este *Împărţirea hainelor lui Iisus*. Printre obiectele cu valoare artistică deosebită amintim: catapeteasma din tei, sculptată, uşile de intrare, sculptate de Filip tâmplarul în stil brâncovenesc, icoane de mare preţ, candele de argint, policandrul dăruit de Doamna Maria Brâncoveanu. Uşile împărăteşti ale bisericii sunt opera părintelui Sofian Boghiu.

În anul 1872 mănăstirea se închide, fiind în ruină. Este restaurată între anii 1927 şi 1935 de către Comisia Monumentelor Istorice, amenajându-se un corp de chilii. Mănăstirea a fost supusă mai multor prefaceri între anii 1958 şi 1959, în 1984, iar în 2004 a fost restaurată pictura murală.

Se află în construcţie un cămin monahal.

Icoane făcătoare de minuni: icoana Maicii Domnului (Smolenskaya), prăznuită anual pe 12 iulie

Împrejurimi:
- Mănăstirea Dintr-un Lemn (3 km)

Mănăstirea Turnu

22 viețuitori, viață de obște

Hram: Intrarea în Biserică a Maicii Domnului, Schimbarea la Față, Izvorul Tămăduirii; **Adresa:** Călimănești, 245600, jud. Vâlcea
Acces: DN7/E81 din Călimănești spre Sibiu, 5 km, dreapta pe pod 300 m, imediat stânga pe lângă râu, 1,5 km, dreapta la troiță, 300m
Stareț: protos. Mihail Dumitrașcu
Contact: +40250750851; +40742068383
Cazare: 48 locuri

De văzut:
- Peșterile sihaștrilor Daniil și Misail din curtea mănăstirii

Împrejurimi:
- În apropierea acestui vechi așezământ monastic se păstrează și astăzi unele vestigii istorice renumite, cum ar fi: castrul roman Arutela sau stânca de piatră numită Masa lui Traian

Denumirea îi este dată de un turn aflat pe stânca „Piscul lui Teofil", turn construit de legiunile romane din Castrul Arutela în sec. al II-lea. Inițial s-a numit Schitul de după turn, apoi Schitul Turnu și, în cele din urmă, Mănăstirea Turnu. La poalele culmii Turneanu din masivul Cozia, de-a lungul timpului, au fost multe sihăstrii, chilii săpate în stâncă, dintre care unele se mai păstrează și astăzi.

Biserica veche, cu hramul Intrarea în Biserică a Maicii Domnului, a fost ridicată în 1676, pe locul alteia din lemn, de **Varlaam, Mitropolitul Țării Românești**, fiind o copie a Coziei vechi. Mistuită de flăcări în 1932, a fost refăcută în 1933. În jur se află numeroase chilii săpate în piatră, două peșteri unde pustnicii se izolau de lume. **Biserica nouă**, numită și Biserica cea mare, cu hramul Schimbarea la Față, a fost ridicată între anii 1897 și 1901, de episcopul cărturar Gherasim Timuș. Aceasta are formă pătrată, cu două niveluri, parter și etaj, la fiecare nivel fiind o biserică în care se ține slujba separat, de alt preot. Între anii 1935 și 1938 au fost construite corpurile de chilii și întregul ansamblu a fost renovat. Până în anul 1939 aici a funcționat o școală de cântăreți bisericești. La Turnu s-a ostenit o vreme **Sf. Ioan Iacov Hozevitul**. Desființat în 1961, așezământul este reînființat ca schit în 1975, iar din 1988 redevine mănăstire. Viețuitorii de aici duc o viață aspră, neconsumând carne.

Mănăstirea Tuturor Sfinților, Comanca

2 viețuitori, viață de obște

Hram: Duminica Tuturor Sfinților
Adresa: Olănești, 245300, jud. Vâlcea
Acces: din Râmnicu Vâlcea pe DN64, cca. 20 km
Stareț: protos. Sebastian Mihalcea
Contact: +40745947719

Biserica Schitului Comanca a fost ctitorită în anul 1736 de Preda Bujoreanu și de preotul Teodor din Olănești, care s-au călugărit sub numele de Pahomie și Teodosie. Pictura originară aparținând zugravilor Partenie, Luca și diaconului Gherasim, din Olănești, se păstrează până astăzi.

Între anii 1997 și 2007, s-a restaurat în întregime biserica fostului schit, s-a construit o nouă clopotniță, s-a ridicat o casă-praznicar. A fost resfințită de PS Gherasim în 22 iunie 2008.

Schitul Dobrușa

8 viețuitori, viață de obște

Hram: Intrarea în Biserică a Maicii Domnului
Adresa: sat Dobrușa, com. Zlătărei, 247687, jud. Vâlcea
Acces: DN64 Drăgășani-Slatina, 13 km, dreapta în Petculești, DL677D spre Șerbănești, stânga DL677E spre Ștefănești, Dobrușa
Egumen: protos. Ioanichie Mânzală
Cazare: 10 locuri

Schitul este atestat documentar în anii 1500-1520. Este reparat în 1610 de Radu Buzescu, apoi în 1675 de episcopii Ștefan și Ilarion. Este zugrăvit între 1771 și 1774 de către ieromonahul Daniil și de preotul zugrav din Sutești. Biserica, în stil triconc, are o încăpere interioară – gropnița – între naos și pronaos (tip unic în Țara Românească). Biserica a fost restaurată în 1962 și 1998. În construcție: un paraclis cu hramul Sfinții Împărați Constantin și Elena.

În vechea podgorie (sec. XVII-lea) a Schitului Dobrușa se cultivă soiuri alese de viță de vie pentru fabricarea vinului liturgic.

Schitul Scundu

2 viețuitoare, viață de obște

Hram: Izvorul Tămăduirii
Adresa: sat Crângu, com. Scundu, 247593, jud. Vâlcea
Acces: la 43 km de Râmnicu Vâlcea, spre Drăgășani, pe DN64, cca. 28 km, apoi dreapta pe DC102
Egumenă: monahia Dionisia Alexandru
Contact: +40745351225

A fost înființat la 11 septembrie 2014. În prezent există o biserică de lemn și un corp de chilii.

Mitropolia Olteniei

Episcopia Severinului și Strehaiei

Episcop: Preasfințitul NICODIM NICOLĂESCU

(cuprinde județul Mehedinți)

Str. I. Gh. Bibicescu, nr. 6, Drobeta Turnu Severin, 220103, jud. Mehedinți

Tel: +40252333048, Fax: +40252333039; www.episcopiaseverinului.ro

Mănăstirea Baia de Aramă

3 viețuitoare, viață de obște

Hram: Sfinții Arhangheli Mihail și Gavriil, Sfânta Marina
Adresa: Baia de Aramă, 225100, jud. Mehedinți
Acces: DN67D Tg. Jiu-Baia de Aramă, 48 km. În zona de nord-vest a localității Baia de Aramă
Stareță: monahia Evghenia Bouroșu
Contact: + 40756298109

De văzut:
- Podul lui Dumnezeu – monument natural, Ponoarele (lângă Baia de Aramă)

Mănăstirea a fost construită pe locul unui schit mai vechi, între 1699 și 1703. Este ctitorită de Banul Cornea Brăiloiu și Milco Băiașul, după cum reiese din pisanie. La puțin timp după ce a fost construită, a fost închinată Mănăstirii Hilandar, din Muntele Athos. Biserica, în plan treflat, este din punct de vedere arhitectural specifică stilului brâncovenesc, fiind împrejmuită cu zid la sfârșitul sec. al XVIII-lea. Este pictată în interior de Neagoe și Partenie de la Mănăstirea Tismana (1713).

Mănăstirea Cârjei

2 viețuitoare, viață de obște

Hram: Sfinții Constantin și Elena
Adresa: sat Cârjei, com. Hinova, 227247, jud. Mehedinți
Acces: a 20 km de Drobeta-Turnu Severin, pe ruta Hinova-Rogova-Livezile-Cârjei (acces greu cu mașina); prin com. Hinova, 5 km prin pădurea Stârmina
Stareță: monahia Anastasia Bărbuță; **Contact:** +40764988225

Mănăstirea Cârjei a fost înființată în 2010. Biserica, inițial de parohie, s-a ridicat în 1890, avându-l drept ctitor pe primarul Severinului de atunci, Constantin Cârjeu. El a adus meșteri italieni care au construit un sfânt locaș din piatră. S-au început lucrări de reparație la exterior. Maicile locuiesc într-o casă având 2 chilii.

Mănăstirea Cerneți

4 viețuitoare, viață de obște

Hram: Sfânta Treime, Cuvioasa Mare Muceniță Anastasia Romana
Adresa: sat Cerneți, com. Șimian, 227446, jud. Mehedinți
Acces: din Drobeta Turnu Severin (Podu Gruii) pe DJ607A-Drumul Cernetului, 3 km, dreapta spre Cernet, 500 m
Stareță: monahia Grigoria Murgilă: **Contact:** +40764701300

Mănăstirea a fost construită în anul 1662 de Grigore Ghica voievod, cu transformări ulterioare între anii 1784 și 1794, fiind închinată ca metoc Mănăstirii Tismana. Biserica mănăstirii este fortificată, având un turn-clopotniță masiv și înalt, ziduri groase și ferestre de tragere înguste. Din ansamblul vechii mănăstiri se mai păstrează urme din ruinele chiliilor și zidul de incintă. Mănăstirea Cerneți este cunoscută în istoric și ca așezământ episcopal, atestată ca așezare monahală de călugări, iar ca ultim monah viețuitor este pomenit protosinghelul Ghenadie († 1837).

Slujbele au fost oficiate un timp de preotul paroh, iar din anul 1973 a fost trecută în administrarea Muzeului Porțile de Fier; toate obiectele de cult sunt astăzi în muzeu. Este reînființată ca mănăstire de maici în 2005, iar din anul 2007 s-au construit chiliile, trapeza și bucătăria.

Mănăstirea Coșuștea-Crivelnic

3 viețuitori, viață de obște

Hram: Cuviosul Pahomie cel Mare (15 mai)
Adresa: sat Firizu, com. Ilovăț, 227274, jud. Mehedinți
Acces: DN67 Turnu Severin-Tg. Jiu, 25 km, stânga în Ciovărnășani, pe DJ671E prin Firizu, 19 km
Stareț: pr. Calinic Drăghici; **Contact:** +40767404837

A fost întemeiată în timpul Sf. Nicodim de la Tismana, care a viețuit o scurtă perioadă de timp în zona Ilovățului, însă prima atestare documentară datează din anul 1493. A funcționat până în sec. al XVIII-lea, după care apare consemnată în Catagrafiile Mănăstirilor Oltene în rândul „capelelor", cu denumirea de Mănăstirea Crivelnicul. A fost reînființată de Mitropolia Olteniei ca mănăstire de călugări în 2005.

Mănăstirea Gura Motrului 12 viețuitori, viață de obște

Hram: Cuvioasa Parascheva
Adresa: sat Gura Motrului, com. Butoiești, 227093, jud. Mehedinți
Acces: DN6 E70 Filiași Turnu Severin, 3 km, stânga pe DC115, 2,5 km până în Gura Motrului
Stareț: ierom. Iacob Rusu; fără posibilități de cazare

Conform tradiției, primul ctitor este Sf. Nicodim, la sfârșitul sec. al XIV-lea. A doua ctitorie, atestată documentar în 1519, este a lui Harvat, mare logofăt al lui Neagoe Basarab. Biserica de astăzi a fost reconstruită în 1653, în stil moldovenesc, de **Preda Brâncoveanu**, fiind pictată în vremea lui Constantin Brâncoveanu, între anii 1702 și 1704. Între 1841 și 1853 mănăstirea este refăcută și repictată prin grija arhimandritului Eufrosin Poteca, exilat aici în 1830. Clopotnița datează din sec. al XVII-lea.

Mănăstirea găzduiește în prezent un muzeu cu obiecte religioase: colecții de icoane pe lemn, carte veche și obiecte de cult cu valoare istorică, multe dintre ele fiind donate de Constantin Brâncoveanu.

Mănăstirea Godeanu în curs de înființare, fără obște

Hram: Sfântul Ioan Evanghelistul; **Adresa:** com. Godeanu, 227215, jud. Mehedinți
Acces: DN67 Tg. Jiu-Drobeta Turnu Severin, 70 km, dreapta în Malovăț, pe DJ670, 17 km, stânga pe DC6a, 1 km până în Godeanu
Stareță: rasofora Ana Bolea; **Contact:** +40760068454

Este înființată în 29 septembrie 2008 ca mănăstire de călugărițe. În 2009 s-a pus piatra de temelie a bisericii de către PS Nicodim al Severinului și Strehaiei.

Mănăstirea Jiana

2 viețuitori, viață de obște

Hram: Sfântul Mucenic Iuliu Veteranul
Adresa: sat Jiana, com. Jiana, 227305, jud. Mehedinți; **Acces:** DN56a Turnu Severin-Calafat, 16 km, dreapta pe DJ562, DJ564, 15 km până în Jiana
Stareț: protos. Augustin Dragomir; **Contact:** +40730429197

Este înființată în 2008 ca mănăstire de călugări. Biserica e construită din piatră, nefiind încă pictată. Mănăstirea nu are curent electric, nici posibilități de cazare.

Mănăstirea Mraconia

8 viețuitoare, viață de obște

Hram: Sfinții Arhangheli Mihail și Gavriil, Sfânta Treime
Adresa: DN57, Cazanele Dunării, lângă com. Dubova, 227170, jud. Mehedinți
Acces: DN57 Orșova-Moldova Nouă, 20 km
Stareță: monahia Teodora Angheluță
Contact: +40757421985

De văzut:
- Cazanele Dunării
- Statuia lui Decebal sculptată în munte

Se crede că mănăstirea a fost ctitorită în jurul anului 1453. În locul vechii biserici cu hramul Sf. Proroc Ilie, în 1523 banul Nicolae Gârlișteanu ridică o altă biserică, ce va fi distrusă în războiul ruso-austro-turc, din anii 1787 și 1792. În 1823 a fost descoperită sub ruine o icoană a Maicii Domnului. Biserica e reconstruită între 1931 și 1947, însă în 1967 e acoperită de apele Dunării ca urmare a construirii hidrocentralei de la Porțile de Fier I. De la biserica inițială se păstrează ușile împărătești și o candelă, aflate în muzeul parohial de la Eșelnița.

Este reînființată în 1995, cu binecuvântarea Mitropolitului Nestor Vornicescu. Biserica de zid, în formă de cruce, a fost terminată în 1999, în prezent este în stadiul de pictură. Din 2008 devine mănăstire de călugărițe. Mănăstirea este așezată într-un loc pitoresc, în apropierea podului lui Traian. Pe malul celălalt al Dunării se află tabula Traiana. În apropierea mănăstirii se află zona Cazanele Dunării, de o deosebită frumusețe.

Mănăstirea Sfânta Ana

20 viețuitoare, viață de obște

Hram: Adormirea Sfintei Ana (25 iulie)
Adresa: str. Pamfil Șeicaru, nr. 6, Orșova, 225200, jud. Mehedinți
Acces: 1,5 km sud de Orșova, pe coama Dealului Moșului
Stareță: stavrofora Justina Popovici
Contact: +40252361991
Cazare: 40 locuri, cu rezervare

Moaște: raclă cu părticele de la Sf. Ana, Sf. Marina, Sf. Haralambie, Sf. Trifon, Sf. Siluan Athonitul, Sf. Paraschevi

Icoane făcătoare de minuni: icoana Sfintei Ana

Mănăstirea este construită de celebrul ziarist Pamfil Șeicaru (1894-1980) – drept mulțumire adusă lui Dumnezeu pentru că a scăpat cu viață în timpul luptelor din 1916, în Primul Război Mondial – și este închinată memoriei tuturor eroilor care au luptat pentru România Mare. Inițial, în 1935, a fost construit Drumul Eroilor, lung de 1,5 km, din centrul Orșovei Vechi până pe Dealul Moșului, drum străjuit de 7 troițe și bănci sculptate în stejar, în care erau gravate dedicații pentru fiecare regiment și numele eroilor care au participat la luptele de la Alion, Cerna și Orșova din 1916. În 1945 regimul comunist transformă locașul în restaurant. Troițele s-au deteriorat treptat, dispărând în 1960.

Locașul a fost construit între anii 1936 și 1939, dar, din cauza regimurilor totalitare, a fost sfințit abia în 2 decembrie 1990, cu hramul Sf. Ana, după numele mamei ctitorului. Devine mănăstire în 1990. Complexul monahal inițial a fost alcătuit dintr-o biserică de lemn, cu elemente de stil tradițional românesc, și chilii pe ambele părți, ansamblul având forma literei U. S-au mai construit clopotnița cu un altar de vară, Muzeul memorial Pamfil Șeicaru, biblioteca, trapeza și un atelier de croitorie.

De văzut:
- panoramă superbă asupra Dunării
- Mănăstirea Mraconia

Mănăstirea Strehaia

4 viețuitoare, viață de obște

Hram: Sfânta Treime
Adresa: Strehaia, 225300, jud. Mehedinți
Acces: DN6/E70 Craiova-Turnu Severin, 67 km
Stareță: monahia Teofana Archiudean
Contact: +40252370942

Mănăstirea Strehaia este rectitorită în 1645 de **Matei Basarab**, pe locul unei biserici înălțate de boierii Craiovești la sfârșitul sec. al XV-lea. În 1693 domnitorul Constantin Brâncoveanu a adăugat bisericii lui Matei Basarab un pridvor; de atunci datează și ușa de la intrare păstrată până astăzi. O particularitate a mănăstirii o constituie orientarea altarului bisericii spre sud. Matei Basarab a păstrat și el aceeași orientare.

„Noi n-am întâlnit, desigur, nici o altă mănăstire deopotrivă cu aceasta. Priveliștea larg deschisă asupra locurilor din jur este deosebit de înveselitoare pentru suflet." (Paul de Alep)

Biserica, în plan dreptunghiular, are catapeteasmă de zid și pridvor deschis. A fost pictată în 1645, fiind repictată în 1826 de Barbu Zugravul. Ansamblul monahal, format din biserica monument istoric, beciurile palatului domnesc, fundațiile vechilor chilii și zidul de incintă al vechii cetăți medievale, este obiectiv istoric. Între 1673 și 1689 aici a avut sediul Episcopia Strehaia.

Datorită aspectului de fortăreață, în 1821 Tudor Vladimirescu a acordat mănăstirii o importanță strategică. Mănăstirea s-a implicat în evenimentele din 1848, când arendașul moșiei mănăstirii a donat venitul pe un an de zile pentru cauza revoluției.

În 1863 este desființată, în urma secularizării, funcționând ca biserică de mir până în 1958. Este reînființată în 1990, reluându-se astfel viața monahală după o întrerupere de 127 de ani. Între anii 1993 și 1994 s-a construit un corp de chilii. Din 2007 devine mănăstire de călugărițe.

Mănăstirea Topolnița

12 viețuitori, viață de obște

Hram: Tăierea Capului Sfântului Ioan Botezătorul, Sfinții Împărați Constantin și Elena
Adresa: com. Izvoru Bârzii, 227295, jud. Mehedinți
Acces: DN67 Turnu Severin-Tg. Jiu, 7 km, stânga în Putinei pe DC7, 11 km
Stareț: arhim. Pavel Nicolăescu

Pe locul unei biserici zidite de Sf. Nicodim la sfârșitul sec. al XIV-lea, boierii Craiovești vor înălța, în sec. al XVI-lea, o altă biserică.

Biserica actuală a mănăstirii este ctitoria boierului Lupu Buliga, din 1646. A fost pictată în 1673, în stil bizantin, de zugravii Gheorghe Grecul și Dima Românul. Fresca originară se păstrează și astăzi. Turnul-clopotniță datează din sec. al XVII-lea, iar catapeteasma este din 1673. De-a lungul timpului i s-au făcut mai multe reparații și restaurări. În ultimii ani s-a ridicat și o biserică de lemn în stil oltenesc, strămutată din Spineni, jud. Gorj.

Moaște: raclă cu moaște de la mai mulți sfinți din Rusia

De văzut:
- Judecata de Apoi, frescă pictată în exteriorul bisericii vechi

Mănăstirea Vodița

2 viețuitori, viață de obște

Hram: Sfântul Antonie cel Mare, Nașterea Maicii Domnului
Adresa: Drumul Sf. Nicodim, nr. 1, Drobeta-Turnu Severin, 220118, jud. Mehedinți
Acces: DN6/E70 Turnu Severin-Timișoara, la 19 km, dreapta, 1 km
Stareț: protos. Ioanichie Nicolăescu
Contact: +40760661314

Moaște: părticele din moaștele mai multor sfinți

Este cea mai veche ctitorie voievodală atestată documentar și totodată **primul așezământ monahal din țara noastră administrat autonom după regulile monahale stabilite de Sf. Vasile cel Mare**.

A fost ridicată între anii 1370 și 1372 de Sf. Nicodim, cu sprijinul voievodului Vladislav I. Mănăstirea a fost înzestrată cu moșii și venituri domnești de Vladislav Voievod, precum și de urmașii lui: Dan I, Mircea cel Bătrân, Dan al II-lea, Vlad Dracul și Radu cel Frumos, devenind un puternic centru al Ortodoxiei în zona dunăreană. Biserica a fost refăcută în timpul domniei lui Vlaicu-Vodă și va fi rezidită din temelii în 1689, de Brăiloiu Cornea, mare agă. Unele lucrări de refacere sunt executate în 1705 de Athanasie, egumenul Mănăstirii Tismana.

Vodița, ruinele primei mănăstiri

În 1493, din cauza atacurilor turcilor, centrul monahal de la Vodița se mută la Tismana, mănăstirea rămânând doar un simplu metoc al acesteia, iar, în 1524, toate proprietățile ei trec la Mănăstirea Tismana. Mănăstirea Vodița va mai fi pomenită din nou abia într-un hrisov din 14 octombrie 1662.

Biserica inițială a mănăstirii este, probabil, primul monument al arhitecturii sacrale românești ridicat pe plan triconc. Acest tip, numit Vodița I, s-a păstrat doar prin fundamente. Sistemul de boltire a bisericii din timpul lui Vlaicu-Vodă este susținut de pilaștri aflați de o parte și de alta a absidelor laterale. Noul tip arhitectural, numit Vodița II, tot de plan triconc, dar cu bolta îngustată de sistemul de susținere, va fi întâlnit frecvent în arhitectura Țării Românești până în secolul al XVIII-lea.

Este reînființată în 1991 ca mănăstire de călugări. Între 1991 și 1995 s-a construit un corp de chilii, în care se află stăreția și trapeza mănăstirii. În 2001, ÎPS Teofan, va sfinți la Vodița o frumoasă biserică de lemn, cu elemente preluate din stilul tradițional maramureșean.

Mitropolia Olteniei

Episcopia Slatinei și Romanaților

Episcop: Preasfințitul SEBASTIAN PAȘCANU
(cuprinde județul Olt)

Str. Frații Buzești, nr. 15, Slatina, 230080, jud. Olt,
tel: +40249421026, fax: +40349416862; www.episcopiaslatinei.ro

Mănăstirea Brâncoveni

40 viețuitoare, viață de obște

Hram: Adormirea Maicii Domnului, Izvorul Tămăduirii, Sfinții Arhangheli Mihail și Gavriil (bolniță)
Adresa: com. Brâncoveni, 237050, jud. Olt
Acces: DN65/E574 Slatina-Craiova, 7,8 km, stânga pe DN64 către Caracal, 10 km, stânga pe DC80, 400 m
Stareță: stavrofora Eufrosina Stanciu; **Contact:** +40249417244
Cazare: 30 locuri, cu rezervare

Icoane făcătoare de minuni: icoana Maicii Domnului

Moaște: părticele din moaștele mai multor sfinți

Icoana Maicii Domnului Povățuitoarea

Coloanele Mănăstirii Văcărești se află în lapidariumul de la Brâncoveni.

Paraclisul cu hramul Sf. Arhangheli Mihail și Gavriil

După unele izvoare, Mănăstirea Brâncoveni este anterioară anului 1491. În 1570 jupânița Calea, străbunica lui Matei Basarab, construiește pe locul actualului paraclis o bisericuță de lemn. Prima atestare documentară este un act de danie din 1583, din timpul lui Mihnea Turcitul. În urma vindecării sale cu apa Izvorului Tămăduirii, care mai curge și astăzi, **Matei Basarab**, împreună cu nepotul său Preda Brâncoveanu, bunicul domnitorului Constantin Brâncoveanu, reface și pictează biserica, între anii 1634 și 1640, și construiește chiliile, turnul-clopotniță, casele și beciurile domnești care mai dăinuiesc și astăzi, zidurile de apărare, dându-i un aspect de fortăreață. **Constantin Brâncoveanu** reface în întregime mănăstirea între 1699 și 1704: este construită și pictată biserica mare, cu hramul Adormirea Maicii Domnului; între 1700 și 1702 este ridicat actualul paraclis (bolnița mănăstirii), cu hramul Sf. Arhangheli Mihail și Gavriil. După moartea mucenicească a domnitorului și a fiilor săi, mănăstirea a avut mult de suferit, fiind în mai multe rânduri ocupată și prădată în timpul războaielor austro-turce și ruso-turce, iar în 1721-1727 a fost transformată în cazarmă austriacă. Biserica mare este puternic afectată de cutremurul din 1838, fiind, în 1842, reclădită și repictată de Nicolae Polcovnicu, Matei Cătulescu și Vasile Mateescu. După secularizarea averilor mănăstirești din 1863, obștea se diminuează, ultimul administrator al mănăstirii fiind **pr. Radu Șapcă din Celei**. Viața de obște va fi reluată, pentru câțiva ani, în 1952, când este adusă de duhovnicul mănăstirii o **icoană făcătoare de minuni a Maicii Domnului**, copie a icoanei făcătoare de minuni de la Mănăstirea Dălhăuți. După 1959 mănăstirea este transformată în azil.

Se redeschide în 1985 ca mănăstire de maici, cu sprijinul PS Gherasim al Râmnicului, al PS Calinic al Argeșului și al Elenei Bărbulescu. Între 1985 și 1999 au loc ample restaurări ale așezământului, se construiește un muzeu, care conține: icoane pe lemn, cărți vechi și obiecte bisericești etc. În lapidariumul aflat în fostele beciuri domnești au fost aduse piese provenite de la biserici și mănăstiri demolate în București înainte de 1989. În mănăstire funcționează un atelier de pictură bizantină, un atelier de croitorie, iar biblioteca numără peste 5000 de volume.

Biserica mare, în stil triconc, păstrează catapeteasma originară, din lemn sculptat, aurită. Ușile de intrare sunt masive, sculptate de meșterul italian Giorgio Pesena Levin. În biserică sunt înmormântați: Papa Brâncoveanu, tatăl lui Constantin Brâncoveanu, mama și bunicul domnitorului. Paraclisul, în plan treflat, este pictat în stil bizantin de meșterii din Școala de la Hurezi, conduși de artistul grec Constantinos. Vechea frescă, deosebit de valoroasă, se păstrează până astăzi.

Mănăstirea Căluiu

8 viețuitori, viață de obște

Hram: Sfântul Ierarh Nicolae
Adresa: sat Gura Călui, com. Oboga, 237290, jud. Olt
Acces: din DN65/E574, din Balș pe DJ643, 12,5 km, stânga în Călui pe DC9, 3 km, până în Gura Căluiului
Stareț: arhim. Macarie Drâmbă; **Contact:** +40249456186

Icoane făcătoare de minuni: icoana Sf. Nicolae

Construcția mănăstirii începe în anul 1515, în timpul domniei voievodului Neagoe Basarab, primii ctitori fiind Vlad Banul (bunicul celor trei frați Buzești), Dumitru Pârcălabul și Balica Spătarul. A fost terminată în 1588 de către frații Buzești: Radu, mare clucer, Preda, mare ban și Stroe, mare stolnic. Până în 1594 au fost construite chiliile, o clopotniță, iar la 1610 s-a adăugat pridvorul (dărâmat în 1859). De-a lungul veacurilor, mănăstirea a fost folosită ca **necropolă a familiei Buzeștilor**. Aici au fost înmormântați Preda Buzescu, jupânița Stanca și Radu Buzescu. Biserica a fost pictată de Mihnea Zugravul, în jurul anului 1600, fiind repictată de postelnicul Barbu Coșoveanu Zugravul în 1834.

În mănăstire s-a desfășurat o intensă activitate culturală, s-au copiat cărți de slujbă etc. Așezământul a suferit distrugeri în urma războaielor, a cutremurelor și incendiilor. Din 1986 redevine mănăstire de călugări. S-a construit o biserică nouă de mari proporții în afara incintei vechi și s-a restaurat biserica monument istoric în anul 2008.

Mănăstirea Clocociov

42 viețuitoare, viață de obște

Hram: Sfinții Arhangheli Mihail și Gavriil, Nașterea Maicii Domnului (biserica nouă)
Adresa: str. Mănăstirii, nr. 3, Slatina, 230038, jud. Olt
Stareță: monahia Iulia Băgăceanu; **Contact:** +40249435489
Cazare: 50 locuri (vara)

Renașterea de astăzi a mănăstirii se datorează, în bună parte, renumitului duhovnic Visarion Coman (1921-2002), al cărui mormânt se află în apropierea bisericii cu hramul Nașterea Maicii Domnului.

Atestată documentar în veacul al XVI-lea, din vremea lui **Neagoe Basarab**, mănăstirea este refăcută și înzestrată cu danii de **Mihai Viteazul**. Este reclădită în 1645, în timpul lui Matei Basarab, de marele dregător Diicu Buicescu, vel-agă și rudă a lui Matei Basarab, împreună cu soția, jupâneasa Dumitra, și cu mama sa, jupâneasa Mara. Mănăstirea a fost închinată de către domnitorul Alexandru Coconul Mănăstirii Cutlumuș, din Muntele Athos. Între anii 1798 și 1802 s-a nevoit în Mănăstirea Clocociov **călugărul Naum Râmniceanul** (1764-1839). În vremea lui Ioan Caragea (1812-1818) mănăstirea a contribuit cu sume substanțiale la întreținerea școlilor în întreaga țară. Se degradează în urma războaielor, a cutremurelor și a secularizării. A suportat în anii 1980-1981 restaurări totale, care au continuat cu refacerea turlelor, stăreției, clopotniței, zidului de incintă. Biserica este din zid, în plan triconc, cu pridvor deschis. Se păstrează o mare parte din vechea pictură de la 1645.

În incinta mănăstirii se află muzeul, care conține o colecție de artă veche românească: icoane, piese de artă decorativă, broderii, țesături și sculpturi în lemn, cărți vechi etc. Menționăm cele patru icoane: Iisus Hristos Pantocrator, Maica Domnului cu Iisus, Sf. Nicolae și Adormirea Maicii Domnului, piese de mari proporții, provenite din Biserica Sâmburești-Olt. În 1994, în afara incintei, s-a ridicat o biserică nouă cu hramul Nașterea Maicii Domnului. În mănăstire funcționează ateliere de tricotat, de broderie și pictură.

Mănăstirea Măinești

9 viețuitoare, viață de obște

Hram: Acoperământul Maicii Domnului
Adresa: str. Măinești, oraș Balș, 235100, jud. Olt
Acces: din Balș pe str. Popa Șapcă, 2 km până în Moinești
Stareță: monahia Magdalena Coțandra
Contact: +40249450089

Prima biserică, din lemn, cu hramul Sf. Voievozi, a fost ridicată de ispravnicul Matei Bârzeanu, în anii 1742-1743. Biserica din piatră, cu hramul Sf. Ierarh Nicolae, a fost construită în 1805-1812 de Popa Nicolae postelnicul, Ianache Preda și postelnicul Nicolae Măinescu și pictată în frescă în 1810-1812.

Pe aceste plaiuri a haiducit Iancu Jianu. Localnicii numesc locul Schitul Haiducilor.

După desființarea schitului prin plecarea călugărilor greci, biserica a devenit biserică de mir și s-a ruinat. Este renovată abia în 1979. Schitul s-a reînființat ca mănăstire de maici în 1996. S-a ridicat o nouă biserică, sfințită în 2005 de PS Irineu Slătineanu.

Mănăstirea Strehăreț

4 viețuitoare, viață de obște

Hram: Adormirea Maicii Domnului
Adresa: str. Strehăreț, nr. 154, Slatina, 230088, jud. Olt
Stareță: monahia Irina Niculescu
Contact: +40249420175

Mănăstirea este pomenită prima dată în 1478, apoi în 1578, în 1608 și în 1620. Despre actuala biserică unele izvoare îl dau drept ctitor pe Episcopul Varlaam al Râmnicului, ajuns mitropolit al Țării Românești, altele pe monahul Serafim. În timpul domniei lui Matei Basarab, monahul Serafim, ajuns episcop la Buzău, cumpără în 1664 moșia Strehăreți pentru a ridica aici o mănăstire. În 1668, mănăstirea este închinată Mitropoliei de la București, Episcopul Serafim făcându-i unele reparații în acea perioadă. Biserica este pictată în 1671. În 1844, mănăstirea este restaurată de ecleziarhul Iosif și sunt construite mai multe clădiri. După secularizare, în 1863, clădirile sunt transformate în spital. S-au făcut diverse reparații și restaurări în 1930-1936 și în 1982. Din anul 2008 este transformată de PS Sebastian în mănăstire de maici.

Mănăstirea Studina

3 viețuitori, viață de obște

Hram: Înălțarea Sfintei Cruci, Nașterea Sfântului Ioan Botezătorul
Adresa: com. Studina, 237445, jud. Olt
Acces: pe DJ la 15 km de Caracal și 20 km de Corabia, chiar în marginea șoselei, în dreapta ei, la ieșirea din satul Studinița
Stareț: protos. Ilarion Pojoga; **Contact:** +40720065451

În 1994 a fost construită o bisericuță-troiță, pictată în interior, care a fost sfințită de către PS Irineu Slătineanul, pe locul pe care se intenționează să se construiască mănăstirea. În anul 2008, la cererea protos. Ilarion, a început construcția paraclisului, sfințit de PS Sebastian în 2009. În 2010 s-au finalizat chiliile și casa de oaspeți.

Mitropolia Banatului

Arhiepiscopia Timişoarei

Arhiepiscop şi Mitropolit: Înalt Preasfinţitul IOAN SELEJAN

(cuprinde judeţul Timiş)

Bdul C.D. Loga, nr. 7, Timişoara, 300021, jud. Timiş
Tel: +40256490287, Fax: +40256491176, www.mitropolia-banatului.ro

Catedrala Mitropolitană Timișoara

Hram: Sfinții Trei Ierarhi
Adresă: Piața Victoriei, Timișoara, 300030, jud. Timiș
Administrator: arhidiacon Eugen Goanță
Contact: +40766066591

Moaște: raclă cu părticele de la Sf. Iosif cel Nou de la Partoș, Sf. Ier. Andrei Șaguna, Mitropolitul Transilvaniei

Catedrala Sfinții Trei Ierarhi din Timișoara ocupă locul al optulea în lume într-o ierarhizare, după înălțime, a catedralelor ortodoxe, având 83,7 m.

Este un monument de artă reprezentativ prin arhitectura, pictura și sculptura ei, fiind totodată cel mai mare edificiu de cult din Timișoara. Piatra de temelie a fost sfințită de Episcopul Andrei Magieru al Aradului în anul 1936. Sfințirea a fost făcută 10 ani mai târziu, în 1946, în prezența Regelui Mihai, care se numără printre principalii ctitori ai locașului. Stilul arhitectural este un summum al tradiției religioase românești, trăsătura dominantă fiind cea bizantino-moldovenească. Are nu mai puțin de 11 turle. Picturile interioare și exterioare au fost executate de pictorul Atanasie Demian. În anii 2003-2006 s-au efectuat lucrări de curățare a picturii, căreia i s-a redat frumusețea de la început. La subsolul edificiului sunt expuse o bogată colecție de artă religioasă veche din Banat și o valoroasă colecție de icoane, partea dinspre altar constituindu-se ca necropolă a mitropoliților Banatului. Catedrala adăpostește, în partea dreaptă a pronaosului, moaștele Mitropolitului Iosif cel Nou, aduse de la Mănăstirea Partoș, în 1956.

Se oficiază zilnic Sfânta Liturghie dimineața, iar seara – Vecernia și Utrenia, care sunt înlocuite miercurea cu Paraclisul Maicii Domnului, iar vinerea cu Acatistul Mântuitorului. Taina Sfântului Maslu se slujește în fiecare vineri, după Sfânta Liturghie, iar duminica seara se face Acatistul Sfântului Iosif cel Nou de la Partoș.

Mănăstirea Cebza

20 viețuitoare, viață de obște

Hram: Înălțarea Sfintei Cruci
Adresă: sat Cebza, com. Ciacova, 307111, jud. Timiș
Acces: DN59 Timișoara, spre sud-Jebel, DJ693B la dreapta-Ciacova-Cebza (32 km)
Stareță: monahia Eufimia Ciocloda

Împrejurimi:
- Turnul medieval sau Cula (sec. XIV), Ciacova
- Casa memorială a învățatului monah Dositei Obradovici (1742-1811), care a peregrinat vreme de 5 decenii în zeci de țări din Europa și Turcia, însușindu-și aproape 20 de limbi și dialecte.

Vechi așezământ monahal, anterior secolului al XVIII-lea, reactivat în 1996 la stăruința Mitrop. Nicolae Corneanu. Biserica de lemn a mănăstirii, cel mai vestic locaș de cult de lemn din România, este monument istoric și se află în cimitirul satului. Pe vremuri, izvorul de sub altarul acesteia era considerat de credincioși ca fiind tămăduitor, mulți dintre cei vindecați lăsându-și aici cârjele, care s-au păstrat un timp în podul locașului de cult. După reînființare s-a început construcția incintei monahale, ridicându-se un corp de chilii cu paraclis.

Mănăstirea Dobreşti

4 vieţuitori, viaţă de obşte

Hram: Sfânta Cuvioasă Parascheva, Sfântul Proroc Ilie Tesviteanul, Sfântul Voievod Ştefan cel Mare
Adresă: sat Dobreşti, com. Bara, 307021, jud. Timiş
Acces: E70 Timişoara-Lugoj, la intrarea în Coştei stânga DJ609B, Balinţ, DJ509C, Bara, dreapta spre Lăpuşnic-Dobreşti, 27 km N de Lugoj; sau DN68A Făget-Lugoj, dreapta spre Mănăştur-Bethausen pe DJ609B, dreapta DJ609 Cladova-Ohaba Lungă-Dobreşti
Stareţ: protos. Matei Buliga
Contact: +40256333199

Satul Dobreşti este locul natal al PF Daniel Ciobotea, Patriarhul Bisericii Ortodoxe Române

Este ctitoria PF Daniel (la acea vreme Mitropolit al Moldovei şi Bucovinei), care a achiziţionat în acest scop, în apropierea casei părinteşti din Dobreşti, în anul 2003, un teren. Sfinţirea locului viitoarei mănăstiri s-a făcut în 2005. Lucrările de construcţie a bisericii au fost demarate în 2008, la 14 octombrie 2010 reuşindu-se sfinţirea demisolului, în vederea slujirii liturgice. Pe timpul iernii obştea monahilor continuă să săvârşească slujbele religioase la biserica din sat. Lucrările la locaşul de cult mănăstiresc se apropie de finalizare.

Mănăstirea Fârdea

16 vieţuitoare, viaţă de obşte

Hram: Adormirea Maicii Domnului (biserica mare), Sfânta Cuvioasă Parascheva (paraclis)
Adresă: com. Fârdea, 307165, jud. Timiş
Acces: DN68A Lugoj-Făget-Deva, din Traian Vuia ramificaţie dreapta, DJ681A Surducu Mic-Fârdea (35 km)
Stareţă: monahia Antonia Sfrijan; **Contact:** +40256335473, +40745362790

A fost înfiinţată în 2001, cu binecuvântarea Mitrop. Nicolae al Banatului, funcţionând mai întâi ca schit. Se află situată în apropierea lacului de acumulare Surduc. În 2003 s-a sfinţit biserica nouă, iar un an mai târziu au fost finalizate chiliile, dispuse de jur-împrejurul locaşului de cult sub formă de căsuţe, precum şi clopotniţa. În ultimii ani s-au construit corpul principal de chilii şi stăreţia. Are ateliere de croitorie şi broderie. Vara găzduieşte tabăra de muncă şi rugăciune pentru eleve şi studente.

Împrejurimi:
- Lacul Surduc
- Expoziţia memorială Traian Vuia, la Căminul cultural din Traian Vuia

Mănăstirea Izvorul Miron

5 vieţuitoare, viaţă de obşte

Hram: Sfântul Proroc Ilie Tezviteanul, Izvorul Tămăduirii
Adresă: sat Româneşti, com. Tomeşti, 307416, jud. Timiş
Acces: DN68A Lugoj-Traian Vuia-Făget-Coşava, apoi la dreapta DJ684 Româneşti (50 km)
Stareţă: monahia Harisa Cruceanu
Contact: +40741707722

Înfiinţată în 1912 la inţiativa Episcopului Miron Cristea (viitor patriarh al României) şi prin dania familiei Glava din Româneşti. Sfinţită în 1931. Este zidită din piatră şi cărămidă, fiind pictată atât la interior, cât şi la exterior. În 1980 a fost restaurată, iar începând cu anul 1995 s-au construit paraclisul cu hramul Izvorul Tămăduirii, un corp de chilii, trapeza, spaţii de cazare şi s-a amenajat biblioteca.

Împrejurimi:
- Biserica de lemn Naşterea Sfântului Ioan Botezătorul (sec. al XVIII-lea), Româneşti
- Biserica de lemn Cuvioasa Parascheva (1794), Curtea
- Peştera Româneşti, renumită pentru acustica deosebită şi concertele ţinute aici

La mănăstire se păstrează câteva obiecte deosebite, cum ar fi crucea apărută în trunchiul unui copac tăiat în apropierea așezământului.

Mănăstirea Luncanii de Sus

5 viețuitoare, viață de obște

Hram: Acoperământul Maicii Domnului, Sfinții Împărați Constantin și Elena; **Adresă:** sat Luncanii de Sus, com. Tomești, 307414, jud. Timiș
Acces: DN68A Lugoj-Traian Vuia-Făget-Coșava, DL dreapta Românești-Tomești-Luncanii de Sus (57 km)
Stareță: stavrofora Filoteea Nistor
Contact: www.manastireaacoperamantulmaiciidomnului.ro

Împrejurimi:
• Mănăstirea Izvorul Miron, Românești

Înființată în anul 2001, cu binecuvântarea Mitrop. Nicolae al Banatului, într-un loc deosebit de pitoresc, ce aduce aminte de văile Athosului. Până în prezent s-au construit: o biserică de lemn, două corpuri de clădire, o gospodărie-anexă.

Mănăstirea Morisena, Cenad

14 viețuitoare, viață de obște

Hram: Nașterea Sfântului Ioan Botezătorul
Adresă: com. Cenad, 307095, jud. Timiș
Acces: DN6 Timișoara-Sânnicolau Mare-Cenad, se vede din șosea, la hotarul com. Cenad (71 km)
Stareță: monahia Ștefania Fronea; **Contact:** +40256373903

Împrejurimi:
• Muzeul local Cenad
• Ruinele Cetății Morisena, Cenad
• Pădurea Cenad

În vechea Morisena (astăzi Cenad) exista o mănăstire de călugări în jurul anului 1002, fiind considerată cea mai veche vatră monahală atestată documentar din țară. Mănăstirea Morisena a fost înființată în anul 2003 atât pentru a cinsti memoria acestor locuri cu străveche tradiție, cât și din considerente pastoral-misionare. Cuprinde biserica (sfințită în 2005), un corp de chilii și paraclisul de vară.

Mănăstirea Partoș

3 viețuitori, viață de obște

Hram: Înălțarea Sfintei Cruci, Sfântul Iosif cel Nou de la Partoș
Adresă: sat Partoș, com. Banloc, 307014, jud. Timiș
Acces: DN59 Timișoara-Moravița, DN59B Deta-Banloc, DJ184 Partoș (54 km)
Stareț: ierom. Varlaam Almăjanu

Veche vatră monahală, a cărei existență este atestată documentar în 1571, la aproape 2 decenii după ocuparea Banatului de către turci. O mărturie din 1666 amintește ca egumen pe kir Ștefan. Mănăstirea figurează de asemenea pe o hartă austriacă din 1723. În 1744 trece pe aici călugărul sârb Visarion Sarai, iar între 1750 și 1753 Marcu Mutiu ridică o monumentală biserică, fapt ce dovedește importanța așezământului în acea perioadă. Desființată în 1778, va fi reactivată în 1944 ca mănăstire de maici pentru o scurtă perioadă, întrucât în anii comunismului viața monahală a fost din nou întreruptă. În 2008 s-a hotărât reînființarea ei ca mănăstire de călugări. Ulterior s-au executat importante lucrări de renovare și întreținere a interiorului celor două biserici și a întregii incinte.

Aici s-a retras în ultimii ani ai vieții și a trecut la cele veșnice Mitropolitul Iosif al Timișoarei (†1656). Sfintele sale moaște au fost scoase din mormânt în anul 1956 și duse la Catedrala Mitropolitană în vederea canonizării oficiale. Sfântul Iosif cel Nou de la Partoș a fost canonizat în 7 octombrie 1956, cu data de prăznuire în 15 septembrie.

Sfântul Iosif cel Nou de la Partoș a fost un mitropolit cu viață sfântă, făcător de minuni încă din timpul vieții.

• În 2012 s-a inaugurat „Casa Regina Elisabeta", cuprinzând o colecție muzeală și o bogată bibliotecă.

Mănăstirea Pietroasa Mare

6 vieţuitori, viaţă de obşte

Hram: Sfinţii Arhangheli Mihail şi Gavriil
Adresă: sat Pietroasa Mare, nr. 321, com. Victor Vlad Delamarina, 307464, jud. Timiş
Acces: DL136 Lugoj-Herendeşti-Pietroasa Mare (7 km)
Stareţ: ierom. Ştefan Mateş
Contact: 0741235702

Ctitorită de monahia Mihaela şi nepotul acesteia pe un teren proprietate personală. Mănăstirea a fost înfiinţată în 1996, fiind sfinţită în anul 2001. Aşezământul este format dintr-o biserică de zid şi un corp de chilii.

Mănăstirea Săraca

5 vieţuitori, viaţă de obşte

Hram: Schimbarea la Faţă, Buna Vestire
Adresă: sat Şemlacu Mic, com. Gătaia, 307196, jud. Timiş
Acces: E70 Timişoara, spre sud Voiteg (36 km), la dreapta DN58B Gătaia (17 km), DL dreapta spre Butin-Şemlacu Mic
Stareţ: arhim. Climent Vântu; **Contact:** +40256410005

Prima atestare documentară a mănăstirii datează din 1270. La sfârşitul sec. al XV-lea, surse franciscane menţionează acest puternic punct de rezistenţă ortodoxă din Banat ca fiind o „pepinieră de schismatici". Biserica mănăstirii a fost (re)zidită în anul 1443 de către un ucenic al Sf. Nicodim de la Tismana, pe nume Macarie, fiind rectitorită în 1730 de Giuriciko Lazarevici. După desfiinţarea ei de către autorităţile austriece în 1780, mănăstirea este scoasă la licitaţie, fiind cumpărată de familia Ostoici, care va amenaja în biserică cripta familială. În anii 1948-1987 a fost utilizată de parohia Şemlacu Mic, restaurându-se. În 1988, la stăruinţa Mitrop. Nicolae Corneanu, a redevenit mănăstire, ulterior construindu-se biserica nouă şi corpul de chilii.

Mănăstirea Săraca este cea mai veche din eparhie, macheta bisericii fiind inclusă în stema Arhiepiscopiei Timişoarei.

Mănăstirea Timişeni

40 vieţuitoare, viaţă de obşte

Hram: Tăierea Capului Sfântului Ioan Botezătorul
Adresă: com. Şag, 307395, jud. Timiş
Acces: DN59 Timişoara, spre sud Şag (14 km)
Stareţă: stavrofora Casiana Şimon
Contact: +40256394885

Ctitorită în 1944 de Mitropolitul Vasile Lăzărescu, fiind înzestrată prin osteneala exarhului locului din acea vreme, Justinian Dalea. În perioada regimului comunist va fi desfiinţată pentru o perioadă, fiind reorganizată prin stăruinţa Mitrop. Nicolae Corneanu. Iniţial slujbele bisericeşti se oficiau într-un paraclis amenajat în corpul de chilii. Între 1968 şi 1972 s-a ridicat o biserică, iar în 2002 s-a început construcţia unui nou locaş de cult, mai încăpător. Alte construcţii au îmbogăţit incinta aşezământului: un corp de chilii incluzând stăreţia şi trapeza, un arhondaric, un nou corp administrativ. Biserica nouă a fost târnosită în 29 august 2012.

Mănăstirea este aşezată într-un cadru mirific, în apropierea unei păduri seculare.

Schitul Ierșnic

obște în formare

Hram: Sfânta Treime
Adresă: sat Ierșnic, com. Ohaba Lungă, 307302, jud. Timiș
Acces: E70 Lugoj-Timișoara, după 7 km, la Coșteiu, dreapta pe DJ609B Balinț-Bethausen, apoi stânga DJ609 Cladova-Ierșnic
Stareță: monahia Marina Fecioru
Contact: +40745538690

Schitul a fost ctitorit de credinciosul Aurel Filip din Ierșnic, care a donat și terenul pentru înălțarea acestuia. În 2010 s-a ridicat biserica, în stil neobizantin, cu trei turle, naosul fiind în cruce greacă înscrisă, ulterior s-a finalizat casa monahală. Este dependent de Mănăstirea Timișeni și se află în curs de organizare.

Mitropolia Banatului

Arhiepiscopia Aradului

Arhiepiscop: Înalt Preasfinţitul TIMOTEI SEVICIU

(cuprinde judeţul Arad)

Str. Episcopiei, nr. 60-62, Arad, 310084, jud. Arad
Tel: +40257281856, Fax: +40257281904; www.episcopiaaradului.ro

Mănăstirea Arad, Gai

25 viețuitoare, viață de obște

Hram: Sfântul Simeon Stâlpnicul (biserica veche de piatră), Acoperământul Maicii Domnului (biserica nouă), Sfinții Apostoli Petru și Pavel (biserica de lemn din Săliștea), Nașterea Maicii Domnului (paraclis)
Adresă: str. Dunării, nr. 170, Arad, 310486, jud. Arad
Acces: în cartierul Gai, în nord-vestul municipiului Arad, în dreapta șoselei spre Nădlag
Stareță: stavrofora Magdalena Borteș
Contact: +40257271722; www.manastireagai.ro; **Cazare:** 10 locuri

Moaște: racla cu 25 părticele de la diverși sfinți

Icoane făcătoare de minuni: icoana Maicii Domnului (sec. XVIII, donată de episcopul ctitor)

Împrejurimi:
- Noua Catedrală Episcopală Ortodoxă din Arad
- Biserica ortodoxă sârbă (1698-1702) – cea mai veche clădire din Arad
- Cetatea Arad

Ridicată în anii 1760-1762 de Episcopul Sinesie Jivanovici (1751-1768), a servit ca reședință episcopală de vară. Complexul monahal a fost construit în stil baroc, având o biserică de piatră cu hramul Sf. Simeon Stâlpnicul, care face corp comun cu reședința episcopală. Desființată în urma Decretului 410/1959, a fost reactivată în 1964. În 1988 incinta s-a îmbogățit prin aducerea din Săliștea de Mureș a unei bisericuțe de lemn din secolul al XVIII-lea, iar în anii următori prin ridicarea paraclisului de vară și a unui corp de chilii. După anul 2000 s-a început construcția unei noi biserici, cu hramul Acoperământul Maicii Domnului, sfințită în anul 2010. Din inițiativa Episcopului Teoctist Arăpașul al Aradului (viitor patriarh), în fosta reședință episcopală de vară, în anul 1967 a fost amenajat un muzeu, care deține o valoroasă colecție de artă: icoane vechi pe lemn și sticlă, carte rară, obiecte de cult. Biserica veche de piatră și biserica de lemn adusă din Săliștea sunt monumente istorice.

Schitul Almaș

5 viețuitori, viață de obște

Hram: Buna Vestire
Adresă: com. Almaș, 317340, jud. Arad
Acces: DN79A Ineu (spre est)-Almaș (38 km); schitul se află la cca o oră de mers pe jos din Almaș, pe un drum greu accesibil
Egumen: ierom. Agapie Corbu
Contact: +40721317473

Înființat la sfârșitul anului 1999, având un paraclis și chilii. Funcționează în regim athonit, accesul femeilor la schit fiind interzis.

Schitul Roșia

4 viețuitoare, viață de obște

Hram: Sfinții Arhangheli Mihail și Gavriil
Adresă: sat Roșia, com. Dieci, 317119, jud. Arad
Acces: DN79A Ineu (spre est)-Buteni (27 km), DJ793 stânga (spre Sebiș), după cca 3 km DJ708 dreapta, Roșia
Egumenă: monahia Iftimia Cârdei; **Contact:** +40758044567; **Cazare:** 20 locuri

Împrejurimi:
- Stațiunea balneoclimaterică Moneasa

A fost înființat după 1990 la inițiativa credincioșilor din zonă. Satul Roșia fiind depopulat, fosta biserică parohială (datând din 1896) a devenit biserica schitului, amenajându-se câteva chilii în casa parohială. S-a construit un corp de chilii cu stăreție, trapeză etc. Biserica se află în curs de pictare.

Mănăstirea Feredeu

6 vieţuitori, viaţă de obşte

Hram: Sfântul Ilie Tezviteanul (Feredeul din Vale), Sfântul Gheorghe (Feredeul din Deal)
Adresă: com. Şiria, 317340, jud. Arad
Acces: DJ709 Arad-Şiria; la ieşirea din Şiria spre Ghioroc după 1 km se virează stânga şi se parcurg încă cca 1800 m până la mănăstire (30 km din Arad); de la Feredeul din Vale, încă 4 km până la Feredeul din Deal
Stareţ: arhim. Ilarion Tăucean
Contact: +40257531340

După tradiţie, în împrejurimile Şiriei exista un schit încă din 1691. Când, în urma Tratatului de la Karlovitz, turcii s-au retras, schitul a fost distrus, iar pr. Filimon, vieţuitor al schitului, decapitat. Documentele istorice pomenesc de Mănăstirea Feredeu în contextul distrugerii ei în 1761, în timpul persecuţiei generalului Bukow. Iniţiativa întemeierii unei mănăstiri pe locul celei distruse aparţine prof. Nicolae Bâru. În 1931 s-a pus piatra de temelie a unui paraclis cu hramul Sfântul Gheorghe, finalizat şi sfinţit un an mai târziu de Episcopul Grigorie Comşa. S-a ridicat de asemenea o clădire mai mică, cuprinzând biblioteca, bucătăria, o cameră pentru episcop. În urma Decretului 410/1959 schitul este închis, fiind reactivat în 1987, la iniţiativa PS Timotei Seviciu, originar din părţile locului. În acelaşi an este instalat actualul stareţ, care, găsind paraclisul în ruină şi clădirea aferentă distrusă, demarează o serie de lucrări de reconstrucţie. Pe locul paraclisului s-a ridicat actuala biserică, cu hramul Sfântul Gheorghe (cunoscută acum ca Feredeul din Deal), la care s-au adăugat alte clădiri, cuprinzând stăreţia, chiliile, trapeza. În 1989 s-a amenajat, la 4 km mai la vale, o gospodărie-anexă. În 1995 s-a început aici şi construcţia unei biserici cu hramul Sfântul Ilie Tezviteanul, finalizată în 1999. În 2000 schitul a fost ridicat la rangul de mănăstire. Cu timpul, obştea monahală s-a mutat la Feredeul din Vale, unde s-au construit clădiri cu chilii, trapeză şi un mic paraclis de lemn.

Pelerinaje: La sărbătoarea Înălţării Sfintei Cruci (14 septembrie), la Feredeul din Deal; la Adormirea Maicii Domnului (15 august), la Feredeul din Vale

De văzut:
- Izvorul cu apă tămăduitoare aflat în stânga Sfântului Altar al Bisericii Sf. Gheorghe (din deal)
- „Monumentul trăsniţilor" – mărturia unui fapt receptat ca act de justiţie dumnezeiască, marcând locul în care, în 1937, doi turişti au fost trăsniţi după ce vizitaseră schitul şi se purtaseră necuviincios cu un călugăr

Schitul Tămand

6 vieţuitoare, viaţă de obşte

Hram: Veşmântul Maicii Domnului (2 iulie)
Adresă: Ineu, 315300, jud. Arad
Acces: DN79 Arad-Chişineu-Criş (37 km), DN79A Ineu (31 km)-Bocsig (Bocsig gară), apoi 3 km până la mănăstire; sau DJ709 Arad-Şiria-Pâncota-Şicula (49 km), DN79A Ineu (6 km)-Bocsig
Egumenă: monahia Serafima Ciorbă
Contact: +40733910156; **Cazare:** 40 locuri

Schitul a fost înfiinţat în 2009. În urma desfiinţării Spitalului social de bătrâni, Consiliul Judeţean Arad a donat schitului terenul şi clădirile anexe. Biserica de lemn în stil maramureşean, cu hramul Naşterea Maicii Domnului, a fost construită încă din 2003, iar, după înfiinţare, în incintă s-au amenajat chiliile, stăreţia, casa duhovnicului, trapeza, bucătăria. Obştea va desfăşura şi o activitate de asistenţă socială, pe viitor urmărindu-se crearea unui aşezământ de îngrijire a copiilor cu deficienţe. Biserica schitului este prima din eparhie care a primit Sfântul Antimis cu noua titulatură a Arhiepiscopiei Aradului.

Împrejurimi:
- Mănăstirea Feredeu, Şiria (cca 35 km)
- Muzeul memorial Ioan Slavici şi Emil Monţia, Şiria

Schitul Moneasa

2 viețuitori, viață de obște

Hram: Sfinții Apostoli Petru și Pavel
Adresă: com. Moneasa, 317220, jud. Arad
Acces: E671 Arad-Chișineu-Criș, apoi DN79A Ineu-Bocsig-Bârsa, apoi DJ792B Sebiș-Dezna-Moneasa
Egumen: protos. David Ionescu
Contact: +40723886157

Împrejurimi:
- Peștera Cristalelor
- Rezervația mixtă Moneasa
- Cetatea Dezna

A fost înființat din dorința și cu binecuvântarea ÎPS Timotei Seviciu, pe un teren aparținând Arhiepiscopiei Aradului, bucurându-se și de sprijinul autorităților locale. În 29 iunie 2010 s-a pus piatra de temelie a locașului de cult. Biserica schitului, construită din lemn de brad, în stil tradițional, se află în inima Stațiunii Moneasa și a fost sfințită în 30 iulie 2011. Schitul se află în construcție.

Schitul Bodrogu Vechi

8 viețuitoare, viață de obște

Hram: Cuvioasa Parascheva (biserică), Buna Vestire (paraclis)
Adresă: sat Bodrogu Vechi, oraș Pecica, 317236, jud. Arad
Acces: DN7/E68 Arad (spre vest)-Pecica (16 km), apoi drum local stânga, Bodrogu Vechi; sau de la Mănăstirea Hodoș-Bodrog, 4 km, trecându-se peste Mureș pe un pod plutitor
Duhovnic: ierom. Grigorie Timiș
Egumenă: maica Siluana Pintilie
Contact: +40744519497

Odoare sfinte: veșmântul Sf. Parascheva

Împrejurimi:
- Mănăstirea Hodoș-Bodrog

Schitul se află în mijlocul unei păduri, pe locul unui fost canton forestier. Înființat în anul 2000, ansamblul cuprinde biserica, cu hramul Cuvioasa Parascheva, un paraclis și un corp de chilii. Se află sub oblăduirea Mănăstirii Hodoș-Bodrog.

Mănăstirea Hodoș-Bodrog

25 viețuitori, viață de obște

Hram: Intrarea în Biserică a Maicii Domnului (biserica veche), Pogorârea Duhului Sfânt (biserica nouă), Adormirea Maicii Domnului (paraclisul de vară), Schimbarea la Față (paraclisul de iarnă)
Adresă: sat Bodrogu Nou, com. Zădăreni, 317126, jud. Arad
Acces: DN69 Arad (spre Timișoara)-Aradu Nou, în Aradu Nou dreapta pe DJ682 Zădăreni-Bodrogu Nou; de aici se mai merge 1 km până la mănăstire
Stareț: protos. Grigorie Timiș
Contact: +40257270177, +40744519497, www.manastireabodrog.ro
Cazare: 50 locuri

Mănăstirea Hodoș-Bodrog este considerată așezământul cu cea mai veche viață monahală neîntreruptă din țara noastră. Tradiția vorbește despre descoperirea aici a unei icoane făcătoare de minuni a Maicii Domnului cu Pruncul, fapt pentru care s-a construit o biserică, în care s-a păstrat vreme îndelungată nepretuitul odor. Prima atestare documentară este din 1177, pentru ca apoi locașul să figureze și în alte documente (1216, 1233 etc.). În 1241, când a avut loc invazia tătară, bisericuța a fost distrusă, însă viața monahală a continuat. O nouă biserică, în stil bizantin, existentă și azi, se ridică în jurul anului 1370. În 1651 mănăstirea servește temporar drept reședință episcopală. Scapă de persecuția generalului Bukow din 1761, dar numărul viețuitorilor este restricționat la 12. În 1822 începe să funcționeze aici un seminar teologic. Din 1887 trece sub jurisdicția Mitropoliei Sibiului. În perioada comunistă este deposedată de o serie de bunuri și proprietăți, iar în urma Decretului 410/1959 rămân la mănăstire doar 3 viețuitori. Episcopul Teoctist Arăpașul (viitorul patriarh), instalat ca arhiereu al Episcopiei Aradului în 1962, se ocupă după această dată de reactivarea mănăstirii. În ultimele trei decenii ale secolului trecut viața duhovnicească a mănăstirii a fost deosebit de înfloritoare, deși a funcționat și sub titulatura de gospodărie-anexă a Episcopiei Aradului.

Incinta monahală cuprinde două biserici. Cea veche, având hramul Intrarea în Biserică a Maicii Domnului, datează din a doua jumătate a secolului al XIV-lea (restaurată de mai multe ori de-a lungul timpului), cu o pictură din secolele XVI-XVII, de asemenea restaurată (în 1938 și 1943). Biserica nouă a fost construită începând cu anul 1989, pe locul unui paraclis de iarnă, și are hramul Pogorârea Duhului Sfânt. Paraclisul de vară adăpostește la demisol „Cripta episcopală", cu mormintele episcopilor Aradului. Alte corpuri de chilii și edificii gospodărești întregesc incinta. În corpul de apus se păstrează o colecție de obiecte vechi bisericești.

Moaște: racla cu părticele de la Sf. Mina, Sf. Mc. Prov, Tarah și Andronic, Sf. Pantelimon, Sf. Nicolae, Sf. Modest

Icoane făcătoare de minuni: icoana Maicii Domnului cu Pruncul (în biserica veche)

În ajunul Adormirii Maicii Domnului (14 august) și în Vinerea Mare, la ora 10 dimineața, la mănăstire se desfășoară procesiunea „Drumul Crucii".

Împrejurimi:
- Schitul Bodrogu Vechi

Mitropolia Banatului

Episcopia Caransebeşului

Episcop: Preasfinţitul LUCIAN MIC

(cuprinde judeţul Caraş-Severin)

Str. Nicolae Corneanu, nr. 5, Caransebeş, 325400, jud. Caraş-Severin,
Tel: +40255516412, Fax: +40255516402; www.episcopiacaransebesului.ro

Catedrala Episcopală Nouă Caransebeș

Hram: Învierea Domnului, Sfântul Proroc Ilie
Adresă: Piața Miron Cristea, nr. 100, Caransebeș, 325400, jud. Caraș-Severin
Ecleziarh: exarh arhim. Constantin Timiș
Contact: +40722458657

Intenția de a ridica la Caransebeș o catedrală episcopală a aparținut mai întâi Patriarhului Miron Cristea, apoi Episcopului Veniamin Nistor (1941-1949). Din pricina greutăților prilejuite de anii războiului și a instaurării regimului comunist, catedrala nu s-a mai construit, la 14 februarie 1949 istorica Episcopie a Caransebeșului fiind desființată. A fost reîntemeiată în 1994. Planul noii catedrale aparține Episcopului Emilian Birdaș, iar piatra de temelie a fost pusă la data de 27 octombrie 1996 de către PS Laurențiu Streza, astăzi mitropolitul Ardealului. În 2006 s-a amenajat pentru slujire demisolul, Catedrala Episcopală Învierea Domnului intrând în circuitul religios liturgic la Sărbătoarea Nașterii Domnului. Biserica a fost terminată în 2010, fiind sfințită în 12 septembrie, în prezența Preafericitului Părinte Patriarh Daniel. Iconostasul și mobilierul sunt sculptate în lemn, iar clopotele au fost executate în Germania.

Catedrala Episcopală Veche Caransebeș

Hram: Sfântul Mare Mucenic Gheorghe
Adresă: str. Muntele Mic, nr. 1, Caransebeș, 325400, jud. Caraș-Severin
Paroh: pr. iconom stavrofor Teodor Dănuț Coste
Contact: +40786132303

Biserica Sfântul Mare Mucenic Gheorghe, cea mai veche biserică din Caransebeș, a funcționat drept catedrală episcopală. Este construită din zid de cărămidă în sec. al XVIII-lea. În 1788, după ultima invazie turcească, a fost refăcută și resfințită. Vechea catedrală a cunoscut mai multe lucrări, dintre care mai importante sunt lungirea bisericii și învelirea vechiului turn din șindrilă cu tablă de cupru. Între 1757 și 1862 biserica a fost pictată în patru etape; a fost restaurată în 1927 și în 1955, apoi între 1984 și 1985. Iconostasul actual datează din 1863, pictat în stil baroc de Eisterlehner, iar icoanele tâmplei au fost pictate între 1863 și 1864 de pictorul vienez Gutsch. Între anii 2000 și 2001 s-a refăcut tencuiala exterioară a bisericii și s-a restaurat turla. În anul 2007 au avut loc ample lucrări de refacere a exteriorului și s-a înnoit altarul, retârnosindu-se la 23 aprilie 2007. În 2008 s-a continuat refacerea interiorului catedralei prin restaurarea mobilierului și a pardoselii. De asemenea, s-au lucrat în mozaic icoanele ce împodobesc portalul de intrare în curtea catedralei și icoana așezată deasupra intrării în biserică. A devenit parohie în 2015.

De văzut:
- Parcul și busturile primilor episcopi de Caransebeș, Ioan Popasu și Nicolae Popea
- Biserica Sf. Ioan Botezătorul sau biserica din cimitir, în jurul căreia se află mormintele multor personalități reprezentative pentru istoria Caransebeșului, dar și a întregului Banat

Schitul Caransebeș

5 viețuitoare, metocul Episcopiei Caransebeșului

Hram: Sfântul Mare Mucenic Pantelimon; **Adresă:** Calea Dealului (km 3), Caransebeș, 325400, jud. Caraș-Severin; **Cazare:** 60 locuri
Administrator: protos. Ioachim Rad; **Contact:** +40742970584

A fost înființat în 2004 și funcționează ca metoc și gospodărie anexă pentru seminar și episcopie.

Împrejurimi:
- Mănăstirea Teiuș (3 km)

Mănăstirea Almăj, Putna

3 vieţuitori, viaţă de obşte

Hram: Schimbarea la Faţă
Adresă: sat Putna, com. Prigor, 327309, jud. Caraş-Severin
Acces: DN57B Oraviţa-Bozovici-Prigor (cca 60 km), drum comunal dreapta spre Putna; sau E70 Caransebeş (spre sud), 57 km, apoi DN57B Iablaniţa-Prigor, apoi drum comunal stânga spre Putna
Stareţ: protos. Andrei Radu; **Contact:** +40355408891; +40722467250
Cazare: 20 locuri

A fost înfiinţată ca schit în 1996, cu binecuvântarea PS Laurenţiu Streza, actualmente Mitropolitul Ardealului. Schitul a fost ridicat la rang de mănăstire 3 ani mai târziu. Iniţiativa construirii mănăstirii a aparţinut domnului Luca Zăvoianu, originar din satul Putna, care a donat terenul în acest scop. În anii următori înfiinţării s-au reuşit ridicarea unui paraclis de vară, a corpului de chilii şi a paraclisului de iarnă, precum şi amenajarea unui sector agrozootehnic în apropierea mănăstirii.

Mănăstirea Băile Herculane

4 vieţuitoare, viaţă de obşte

Hram: Naşterea Maicii Domnului, Sfânta Mare Muceniţă Varvara
Adresă: str. Nicolae Stoica de Haţeg (Vila Doboşanu), nr. 5, Băile Herculane, 325200, jud.Caraş-Severin; **Acces:** DN6/E70 Caransebeş (spre Orşova)-Băile Herculane (cca 74 km)
Administrator: ierom. Nectarie Câşlariu; **Contact:** +40729141175
Cazare: 20 locuri

A fost înfiinţată la iniţiativa PS Laurenţiu Streza, în dorinţa de a valorifica „Vila Doboşanu" din staţiunea Băile Herculane. Edificiul, donat Episcopiei Caransebeşului în 1925, a fost confiscat abuziv în timpul regimului comunist şi a fost retrocedat în 1998. Lucrările demarate aici au vizat într-o primă fază repararea clădirii şi amenajarea unui paraclis şi a camerelor de oaspeţi, iar mai apoi a trapezei şi a chiliilor. Conceput ca aşezământ monahal social, schitul a fost ridicat la rang de mănăstire în anul 2007. Maicile de aici se ocupă şi cu confecţionarea de veşminte preoţeşti, lucrând în atelierul de croitorie al mănăstirii.

Moaşte: racla cu părticele din cei 14000 de prunci ucişi de Irod, Sf. Iosif cel Nou de la Partoş, Sf. Pustnic Cuvios de la Călugăra

Mănăstirea Brebu

9 vieţuitoare, viaţă de obşte

Hram: Acoperământul Maicii Domnului
Adresă: com. Brebu, 327045, jud.Caraş-Severin
Acces: DN58 Caransebeş-Reşiţa, 15 km din Reşiţa, 20 km din Caransebeş
Stareţă: stavrofora Magdalena Ghindaş
Contact: +40745391693
Cazare: 10 locuri

A fost înfiinţată mai întâi ca schit, în anul 1997, din iniţiativa primarului din Brebu, Ioan Păcurariu, pe terenul numit „Valea Popii", donat de credincioşii din comuna Brebu. Sfinţirea bisericii s-a făcut în 1999. S-au construit până în prezent un corp de chilii, trapeza, paraclisul de vară. În anul 2000 schitul a fost ridicat la rangul de mănăstire. Maicile din obşte desfăşoară activităţi gospodăreşti, precum grădinăritul şi creşterea animalelor, dar lucrează şi în atelierele de croitorie şi pictură ale mănăstirii.

Pictura Bisericii Mănăstirii Brebu aparţine renumitului pictor Eduard Kara, mobilierul fiind executat de sculptorul Vasile Apucăloaie.

Mănăstirea Călugăra

8 vieţuitori, viaţă de obşte

Hram: Acoperământul Maicii Domnului
Adresă: sat Ciclova Montană, Oraviţa, 325604, jud. Caraş-Severin
Acces: DJ573J Oraviţa-Ciclova Montană (2 km), apoi încă 5 km pe drum asfaltat până în curtea mănăstirii
Stareţ: arhim. Casian Oniţa
Contact: +40355082120; +40723501859; +40769485097
Cazare: 10 locuri

Toponimul Valea Călugărului dovedeşte existenţa în trecut a unei sihăstrii în împrejurimile Ciclovei Montane. În 1858 vor fi descoperite aici moaştele unui nevoitor şi o icoană făcătoare de minuni a Maicii Domnului. Îndemnat tainic de încărcătura duhovnicească a locului, teologul Alexie Nedici ctitoreşte în 1858 mănăstirea din apropierea satului natal, cu binecuvântarea Episcopului Emilian Kenghelaţ. Sfinţirea a avut loc în 1861. În 1862 s-au ridicat chiliile, iar în 1942 s-a realizat pictura bisericii. A fost resfinţită în anul 2000 de PS Laurenţiu Streza. Printre lucrările recente se numără mansardarea corpului de chilii şi ridicarea altarului de vară.

Mănăstirea Nera

81 vieţuitoare, viaţă de obşte

Hram: Sfânta Cuvioasă Parascheva, Sfânta Treime
Adresă: com. Sasca Montană, 327330, jud. Caraş-Severin
Acces: DN57 Oraviţa spre SV, 10 km, DJ571 Ciuchici-Macovişte-Sasca Montană (17 km), apoi pe drum forestier, 2 km
Stareţă: monahia Dositeia Constantin; **Contact:** +40733044566

Odoare sfinte: veşmântul Sf. Parascheva

În apropierea aşezământului se ridică Clinica Nera, prima clinică de recuperare oncologică din România, care va încorpora şi un centru de cercetări.

Împrejurimi:
- Mănăstirea Călugăra din Ciclova Montană
- Cheile Nerei
- Cheile Şuşarei

Ctitorită din iniţiativa domnului doctor Pavel Chirilă, originar din Slatina Nera. Piatra de temelie a fost aşezată în anul 1994 de către Episcopul Emilian Birdaş. Biserica principală a mănăstirii este construită din lemn, în stil moldovenesc, fiind sfinţită în 1997. În 2003 s-au demarat ample lucrări de construcţie a incintei monahale. Proiectul vizând înălţarea a patru mari corpuri care să închidă biserica într-un patrulater tip cetate se află în curs de finalizare, incluzând un spaţios paraclis cu hramul Buna Vestire.

Este mănăstirea de maici cu cea mai numeroasă obşte din Episcopia Caransebeşului. Pe lângă rânduiala zilnică a slujbelor, ascultările se desfăşoară în atelierele de pictură, sculptură, muzică psaltică, traduceri, în laboratorul pentru produsele naturiste etc.

Obştea a iniţiat un proiect social ce prevede construirea unor case de tip familial pentru copii.

Schitul Sfântul Cuvios Siluan Athonitul

6 vieţuitori, viaţă de obşte

Hram: Sfântul Cuvios Siluan Athonitul
Adresă: loc. Slatina Nera, com. Sasca Montană, 327334, jud. Caraş-Severin
Acces: DN57 Oraviţa – intersecţia Ciuchici – Macovişte –Slatina Nera
Administrator: protos. Teofan Munteanu; **Contact:** +40724249829

Înfiinţat în anul 2015, are o biserică din lemn şi se află în incinta Clinicii Nera. Este dependent de Mănăstirea Nera.

Mănăstirea Teiuş

1 vieţuitor

Hram: Adormirea Maicii Domnului (biserica de zid), Sfântul Nicolae (paraclisul de iarnă), Sfântul Mare Mucenic Mina (biserica de lemn)
Adresă: str. Episcop Miron Cristea, nr. 100, Caransebeş, 325400, jud. Caraş-Severin
Acces: Caransebeş, prin parcul Teiuş, se traversează calea ferată în direcţia NE, 2 km (drum asfaltat)
Stareţ: arhim. Justinian Tibil
Contact: +40747026292
Cazare: 8 locuri

Înfiinţată în 1998, prin purtarea de grijă a ÎPS Laurenţiu Streza, Mitropolitul Ardealului (în acea vreme episcop al Caransebeşului), din iniţiativa ieromonahului Justinian Tibil, fost vieţuitor la Mănăstirea Feredeu Arad, pe un teren donat de familia Tomescu. În 1999 s-a pus piatra de temelie a bisericii de zid, finalizată şi târnosită în 15 august 2004. S-au construit, de asemenea, un corp de chilii, stăreţia, altarul de vară şi o gospodărie anexă. În incinta mănăstirii s-a ridicat şi o biserică de lemn în stil maramureşean, sfinţită în 2002. Paraclisul de iarnă a fost târnosit în 2009. S-au amenajat o bibliotecă şi un muzeu. Cu sprijinul Primăriei, mănăstirea a construit în Parcul Teiuş un paraclis din lemn cu hramul Sfântul Ioan Botezătorul, sfinţit în 2011. Într-un timp relativ scurt, Mănăstirea Teiuş a devenit una dintre cele mai importante din zonă şi loc de bucurie duhovnicească pentru toţi cei care-i trec pragul.

Moaşte: racla cu părticele din Sf. Mucenic Teodor Tiron, Sf. Ierarh Andrei Şaguna

Icoane făcătoare de minuni: icoana Maicii Domnului (1787)

Mănăstirea Piatra Scrisă

4 vieţuitori, viaţă de obşte

Hram: Duminica Tuturor Sfinţilor
Adresă: com. Armeniş, nr. 215 A, 327005, jud. Caraş-Severin
Acces: DN6/E70 Caransebeş (spre Băile Herculane)-Armeniş (25 km)
Se află în administrarea Centrului Eparhial Caransebeş
Contact: +40722458657
Cazare: 8 locuri

Numele de Piatra Scrisă este dat de o icoană pictată pe stâncă, ce există aici. Tradiţia consemnează mai multe legende privitoare la apariţia icoanei. Una dintre ele vorbeşte despre această icoană ca nefiind făcută de mână omenească: ea a fost descoperită când, dinamitându-se stânca din apropierea Armenişului, în vederea construirii căii ferate între Caransebeş şi Oraviţa, aceasta s-a despicat şi a apărut icoana Sfintei Treimi, pictată pe piatră. În legătură cu vechimea icoanei, un indiciu e furnizat de o hartă austriacă din 1788, ce consemnează Stânca Sfintei Treimi. În 1929, familia Dragomir din Slatina Mică a ridicat un paraclis care adăposteşte icoana, pentru pomenirea fiicei lor. Ridicarea, mai apoi, a unei case monahale şi a unei clopotniţe a dat contur unui mic schit, înfiinţat în jurul anului 1930. Ulterior s-au construit pe dealul din apropiere un nou corp monahal şi o nouă biserică, sfinţită în anul 2008, iar schitul a fost ridicat la rang de mănăstire.

Icoana de pe stânca de la Piatra Scrisă

Mănăstirea Vasiova

10 viețuitoare, viață de obște

Hram: Sfântul Ilie „de la Izvor"
Adresă: str. Dognecei, nr. 27, Bocșa, 325300, jud. Caraș-Severin
Acces: DN58B Reșița-Bocșa (25 km)
Stareță: stavrofora Varvara Sântiuan
Contact: +40740892982, +40255556280; **Cazare:** 5 locuri

Împrejurimi:
- Muzeul de Mineralogie Estetică a Fierului (colecția particulară Constantin Gruescu), Ocna de Fier

Ctitorită în 1905 de ieromonahul Macarie Gușcă, a fost sfințită 2 ani mai târziu de arhiereul Filaret Musta. În 1938 s-a construit un corp de clădire în formă de L, care adăpostea chiliile și atelierele de țesătorie. Între 1940 și 1945 a activat aici ca preot misionar renumitul duhovnic Vichentie Malău. În urma Decretului 410/1959 mănăstirea a fost închisă, fiind transformată într-o casă de copii cu dizabilități. Redeschisă după 1989, dată după care s-au mai construit un paraclis de iarnă și un altar de vară. Maicile se ocupă cu grădinăritul, apicultura, pictura și croitoria.

Mănăstirea Gornea, Sichevița

12 viețuitoare, viață de obște

Hram: Intrarea în Biserică a Maicii Domnului, Izvorul Tămăduirii
Adresă: sat Gornea, com. Sichevița, 327344, jud. Caraș-Severin
Acces: DN57 Orșova-Moldova Nouă (pe Clisura Dunării), 88 km, la 200 m de șosea din intersecția cu drumul spre Gornea
Stareță: monahia Dimitria Iosif
Contact: +40799183656

În 2001, din inițiativa protopopului Ion Văran, a luat ființă Schitul Gornea, pe locul unui fost pichet grăniceresc. S-au construit chiliile, trapeza, bucătăria și arhondaricul. Paraclisul mănăstiresc a fost sfințit în 2006. Biserica s-a construit între anii 2004 și 2010, din cărămidă, în stil bizantin. În noiembrie 2010, când a avut loc sfințirea locașului de cult, schitul a fost înălțat la rang de mănăstire.

Schitul Bogâltin

5 viețuitoare, viață de obște

Hram: Sfinții Apostoli Petru și Pavel
Adresă: sat Bogâltin, com. Cornereva, 327112, jud. Caraș-Severin
Acces: DN6 Orșova (spre Caransebeș) până la Plugova (34 km), apoi DJ608 (spre Cornereva) până la Bogâltin (11 km)
Egumenă: monahia Anastasia Pah
Contact: +40763425024, www.schitulbogaltin.ro

Biserica are două frumoase icoane ale Maicii Domnului, una dintre ele fiind pictată de renumitul duhovnic Vichentie Malău, viețuitor aici între 1949 și 1951.

Întemeiat în 1949, la inițiativa credincioșilor din zonă. Biserica a fost sfințită în 1959, de către Mitropolitul Banatului, Vasile Lăzărescu, însă așezământul a fost desființat în același an, în urma Decretului 410. Odată cu reactivarea schitului, în 1994, se întreprind lucrări de extindere a incintei monahale. Din 2008 este schit de maici. Actualmente sunt în curs lucrări de consolidare a bisericii și de îmbunătățire a ansamblului monahal.

Schitul Feneş

4 vieţuitori, viaţă de obşte

Hram: Sfântul Nectarie
Adresă: sat Feneş, com. Armeniş, 327006, jud. Caraş-Severin
Acces: DN6 Caransebeş (spre Băile Herculane)-Armeniş (25 km), apoi DL stânga Feneş (3 km)
Egumen: ierom. Hristofor Abălaşei
Contact: +40722365634; **Cazare:** 10 locuri

Înfiinţat în 2001, la iniţiativa preotului Constantin Bertea, vicar administrativ al Episcopiei Caransebeşului. În clădirea destinată schitului s-au amenajat un paraclis, chilii şi trapeză. Din 2008 a fost transformat în schit de călugări. Lucrările la biserică sunt în curs de finalizare.

Împrejurimi:
- Mănăstirea Piatra Scrisă, com. Armeniş
- Cheile Armenişului

Schitul Ineleţ

1 vieţuitor

Hram: Naşterea Maicii Domnului, Sfântul Atanasie al Athonului
Adresă: sat Ineleţ, com. Cornereva, 327129, jud. Caraş-Severin
Acces: DN67D pe Valea Cernei, între Băile Herculane şi Baia de Aramă la km 17, apoi la pas cca 3 km pe potecă de munte
Administrator: ierom. Nectarie Câşlariu
Contact: +40729141175

A luat fiinţă în urma hotărârii Consiliului Eparhial al Episcopiei Caransebeşului din 5 martie 2013, prin transformarea Filiei Ineleţ din cadrul Parohiei Bogâltin în schit de călugări. Biserica de la Ineleţ, construită între anii 1969 şi 1975 din bârne, iar ulterior renovată, a devenit biserica schitului şi în prezent se află în curs de pictare. Ieromonahul Nectarie Câşlariu, care a slujit ca preot misionar la Ineleţ în ultimii ani, a devenit egumenul aşezământului, ocupându-se de cele necesare construirii şi administrării schitului. S-a început construcţia unei case monahale. Ineleţul este o aşezare izolată din Munţii Cernei, aflată la o altitudine de 900 m, într-un peisaj deosebit de pitoresc.

Împrejurimi:
- Peştera Bârzoni

Schitul Muntele Mic

1 vieţuitor

Hram: Sfântul Proroc Ilie
Adresă: sat Borlova (staţiune turistică de pe Muntele Mic), com. Turnu-Ruieni, 327406, jud. Caraş-Severin
Acces: DJ608A Caransebeş-Borlova-staţiunea Muntele Mic (25 km)
Egumen: protos. Pantelimon Timiş
Contact: +40747255121

În 1939 s-a ridicat în staţiunea Muntele Mic o biserică de lemn, în stil maramureşean, sfinţită în 1940, apoi un corp monahal cu 5 chilii, bucătărie şi trapeză. Regimul comunist a făcut ca viaţa monahală să se întrerupă aici, biserica fiind îngrijită în această perioadă de un paznic. Schitul e reactivat în 1991. După anul 2000 s-a ridicat un corp de chilii cu bucătărie. În apropiere a fost înălţată o cruce metalică, luminată noaptea.

„Pelerinajul la Crucea de pe Muntele Mic" este organizat, începând din 2006, în fiecare an la praznicul Înălţării Sfintei Cruci, la iniţiativa PS Lucian al Caransebeşului.

Schitul Glimboca
3 viețuitoare, viață de obște

Hram: Sfântul Ierarh Nicolae
Adresă: com. Glimboca, nr. 541, 327320, jud. Caraș-Severin
Acces: DN68 Caransebeș-Hațeg; din Glimboca, 2 km până la schit
Administrator: rasofora Adriana Jurj; **Contact:** +40726335080

Funcționează în cadrul Așezământului social Sfânta Treime din Glimboca, ce deservește peste 40 de persoane vârstnice. Așezământul Sfânta Treime a fost construit cu sprijinul Organizației Crucea Roșie din San Marino în perioada 1999-2007, prin osteneala părintelui Nicolae Rădulescu. Biserica de lemn a schitului a fost ridicată în 2003 și târnosită în 2015.

Schitul Nicolinț
12 viețuitoare, viață de obște

Hram: Sfântul Mare Mucenic Dimitrie
Adresă: sat Nicolinț, com. Ciuchici, 327082, jud. Caraș-Severin
Acces: DN57 Oravița (spre Moldova Nouă)-Răcășdia-Nicolinț (13 km)
Egumenă: monahia Tomaida Chirilă; **Contact:** +40722656015; **Cazare:** 20 locuri

Împrejurimi:
• Mănăstirea Nera (16 km)

A fost înființat în anul 2003, pe locul unui fost pichet grăniceresc. Paraclisul schitului a fost târnosit în 25 octombrie 2009, un an mai târziu sfințindu-se pictura.

Schitul Petroșnița
4 viețuitoare, viață de obște

Hram: Înălțarea Sfintei Cruci, Sfântul Ierarh Spiridon al Trimitundei
Adresă: sat Petroșnița, com. Bucoșnița, 327062, jud. Caraș-Severin
Acces: DN6 Caransebeș-Orșova, la 15 km de Caransebeș (5 km din drumul național până la mănăstire)
Egumenă: monahia Nectaria Murariu; **Contact:** +40742116901; **Cazare:** 6 locuri

Ridicat la inițiativa pr. Onufrie Ocu, monah venit din Sfântul Munte, cu implicarea pr. Ioan Sârbu, parohul din Petroșnița, Schitul Înălțarea Sfintei Cruci își are începutul la 14 septembrie 2005. Lucrările de construcție au fost începute în 2006. După ce s-a zidit o casă pentru obștea mănăstirii, s-a trecut la zidirea bisericii, folosindu-se ca material principal piatra de marmură. La 11 decembrie 2010 biserica a primit și al doilea hram, pe Sfântul Ierarh Spiridon al Trimitundei. Frumosul edificiu din piatră, acoperit cu tablă de cupru și pictat complet în interior, a fost sfințit în 16 septembrie 2012. Se află în curs de finalizare trapeza și un nou corp de chilii.

Schitul Poiana Mărului
3 viețuitoare, viață de obște

Hram: Nașterea Sfântului Ioan Botezătorul
Adresă: com. Măru, Stațiunea Poiana Mărului, 327439, jud. Caraș-Severin
Acces: DN68 Caransebeș (spre Hațeg), 22 km, Zăvoi, apoi spre Stațiunea Poiana Mărului
Egumenă: monahia Olimpiada Tiliuță; **Contact:** +40751194662, +40355401176

Înființat la inițiativa preotului paroh Dorel Mercea și a credincioșilor din parohia Măru. Lucrările de construcție s-au desfășurat în mai multe etape: începute înainte de 1989, au fost sistate din pricina opoziției regimului comunist și reluate în 1994 pentru o scurtă perioadă de timp. În 2000 s-a reușit demararea lucrărilor de ridicare a bisericii, finalizate în 2 ani. Din 2007 schitul a devenit de călugărițe. Sunt în curs de definitivare lucrările de amenajare a chiliilor, trapezei și anexelor gospodărești. Maicile de aici se îndeletnicesc, între altele, cu confecționarea de veșminte preoțești.

Împrejurimi:
• Schitul Muntele Mic
• Lacul Poiana Mărului

Schitul Reşiţa

5 vieţuitori, viaţă de obşte

Hram: Înălţarea Domnului
Adresă: str. Dealul Mănăstirii, nr. 35, Reşiţa, 320232, jud. Caraş-Severin
Egumen: protos. Daniel Cozmaniuc
Contact: +40744634999
Cazare: 10 locuri

A fost întemeiat în 2004, pe terenul donat de o familie din Reşiţa. S-a ridicat un corp de chilii ce înglobează paraclisul de iarnă. S-a finalizat paraclisul de vară. Proiectele de viitor vizează în primul rând ridicarea bisericii mari a aşezământului, dar şi ducerea la bun sfârşit a celorlalte lucrări de clădire şi amenajare iniţiate în ultimii ani.

Împrejurimi:
- Muzeul permanent de locomotive cu abur din Reşiţa, amenajat în aer liber (monument istoric)
- Mănăstirea Brebu (15 km)

Schitul Semenic

2 vieţuitori, viaţă de obşte

Hram: Sfântul Proroc Ilie
Adresă: com. Văliug, Staţiunea Semenic, 327415, jud. Caraş-Severin
Acces: DJ582 Reşiţa-Cuptoare-Văliug-Muntele Semenic (33 km)
Egumen: protos. Porfirie Nica
Contact: +40255254256; +40753072472
Cazare: 15 locuri

Iniţiativa înfiinţării schitului aparţine inginerului Alexandru Papp şi credincioşilor din zonă, biserica de lemn a schitului fiind înălţată între anii 1945 şi 1946. Desfiinţat de către regimul comunist după doar 3 ani, este reactivat imediat după 1989. Se află în construcţie o clădire ce va adăposti chiliile, trapeza, bucătăria şi arhondaricul. Biserica a fost renovată şi resfinţită în 1999.

Schitul Sfântul Dionisie Exiguul, Bucova

2 vieţuitori, viaţă de obşte

Hram: Sfântul Dionisie Exiguul
Adresă: com. Bucova, 327016, jud. Caraş-Severin
Acces: com. Bucova este situată pe DN68 între Haţeg, 34 km şi Caransebeş, 43 km
Egumen: ierom. Calinic Stângă
Contact: +40763535677
Cazare: 6 locuri

Este primul aşezământ monahal din Patriarhia Română închinat Sf. Dionisie Exiguul, părintele erei creştine şi al dreptului bisericesc, canonizat de BOR în anul 2008. Aşezământul monahal, situat pe frumoasa vale a Bistrei, într-un cadru natural deosebit de pitoresc, a fost înfiinţat pe data de 1 octombrie 2009, la iniţiativa şi cu purtarea de grijă a PS Lucian al Caransebeşului. Cuprinde biserica, un corp de chilii şi un altar de vară. Aşezământul a fost ctitorit de domnul Ionesie Gheorgheoni, pentru pomenirea fiului său Dionisie, trecut prematur la cele veşnice. Schitul este în curs de amenajare.

Icoana Sfântului Dionisie Exiguul

Schitul Vărădia

1 viețuitor

Hram: Pogorârea Duhului Sfânt
Adresă: com. Vărădia, nr. 338, 327420, jud. Caraș-Severin
Acces: DN57 Oravița (spre Grădinari), 8 km, apoi DJ573A, Vărădia (6 km)
Egumen: ierom. Fanurie Jugariu
Contact: +40766730313

De văzut:
- Castelul Baici (sec. al XIX-lea) din centrul comunei Vărădia

Actualul așezământ monahal se construiește lângă vechea mănăstire de la Vărădia, care datează din secolul al XV-lea, și se află pe Dealul Chiliilor, pe locul străvechii așezări dacice Arcidava. Mănăsirea Vărădia a fost distrusă de turci și refăcută în secolul al XVIII-lea. Biserica mănăstirii cu hramul Pogorârea Duhului Sfânt a fost finalizată și sfințită în anul 1754 de către Episcopul Vichentie Popovici al Vârșețului. În data de 6 iunie 2004, Consiliul Eparhial al Episcopiei Caransebeșului decide reactivarea schitului de la Vărădia și aducerea părintelui ieromonah Fanurie Jugariu ca egumen al așezământului. Părintele egumen Fanurie a început renovarea bisericii și construirea unui ansamblu mănăstiresc, dorind să mențină aprinsă candela rugăciunii și a vieții monahale în aceste locuri.

Așezământul monahal-social Țara Almăjului, Bozovici

2 viețuitoare, viață de obște

Hram: Învierea Domnului, Tăierea Capului Sfântului Ioan Botezătorul
Adresă: com. Bozovici, 327040, jud. Caraș-Severin
Acces: DN57B din Băile Herculane spre Oravița, cca 50 km
Administrator: pr. dr. Petrică Zamela
Contact: +40745527598

A fost înființat în 2013. Biserica și chiliile sunt aproape gata; alte clădiri sunt în construcție. Se va ocupa cu îngrijirea bătrânilor și organizarea unor tabere de tineret.

Așezământul medical-creștin Izvorul Tămăduirii, Marga

2 viețuitoare, viață de obște

Hram: Izvorul Tămăduirii
Adresă: com. Marga, 327260, jud. Caraș-Severin
Acces: DN68 Caransebeș-Hațeg; din com. Marga, 3 km până la așezământ
Administrator: pr. medic Cornel Jupâneanț; **Contact:** +40764062541
Preot slujitor: pr. Alexandru Antonie; **Contact:** +40724440210

Întemeiat în 2005, fiind ctitoria preotului medic Cornel Jupâneanț. Biserica așezământului a fost târnosită de PS Lucian în 31 august 2008.

Pe lângă locașul de cult și o casă a preotului slujitor, complexul medical destinat îngrijirii persoanelor vârstnice și suferinde, dar și tuturor celor dornici de a se vindeca trupește și sufletește, va cuprinde și o policlinică pentru tratament alopat.

BIBLIOGRAFIE

***, *Arhiepiscopia Râmnicului. Ghidul mănăstirilor și schiturilor. Ghid pentru pelerini*, Rm. Vâlcea, 2010.

***, *Arta creștină în România*, 2, București, 1981.

***, *Arta creștină în România*, 4, București, 1985.

***, Catalogul documentelor moldovenești din Arhiva istorică centrală a statului, vol. 1: 1387-1620, Arhivele Statului, București.

***, Catalogul documentelor moldovenești din Arhiva istorică centrală a statului, vol. 2: 1621-1652, Arhivele Statului, București.

***, Catalogul documentelor moldovenești din Arhiva istorică centrală a statului, vol. 4: 1676-1700, Arhivele Statului, București.

***, *Călători străini despre Țările Române* (6 vol.), București, 1968-1976.

***, CIMEC, Patrimoniu, Institutul de Memorie Culturală (site).

***, *Domnitorii și ierarhii Țării Românești. Ctitoriile și mormintele lor*, București, 2009.

***, *Mănăstiri și biserici din Moldova și Bucovina*, DVD, București, 2008.

***, *Monumente istorice bisericești din Mitropolia Moldovei și Sucevei*, Iași, 1974.

***, *Pagini de istorie bisericească teleormăneană*, București, 2006.

***, *Pridvoare ale cerului. Mănăstiri și schituri din Arhiepiscopia Bucureștilor*, București, 2009.

Balș, Gheorghe, *Bisericile și mănăstirile moldovenești din veacul al XVI-lea*, București, 1928.

Balș, Gheorghe, *Bisericile și mănăstirile moldovenești din veacurile al XVII-lea și al XIX-lea*, București, 1933.

Bălan, Ioanichie, arhim., *Vetre de sihăstrie românească*, ed. a II-a, București, 2001.

Bălan, Ioanichie, arhim., *Patericul românesc*, ed. a V-a, Sihăstria, 2005.

Bârlea, Ioan, *Însemnări din bisericile Maramureșului*, București, 1909.

Breabăn, Daniel Dan (protos.), *Mănăstirea Brâncoveanu de la Sâmbăta de Sus – Istorie, spiritualitate, artă, cultură –*, lucrare de licență (manuscris), Sibiu, 2008.

Cantemir, Dimitrie, *Descrierea Moldovei*, București, 1967.

Casian, Cernicanul, monah, *Istoria sfintelor Monastiri Cernica și Căldărușani*, București, 1988.

Cavarnos, Constantin, *Ghid de iconografie bizantină*, București, 2005.

Cârstea, Sebastian Dumitru, *Monahismul ardelean în trecut și astăzi*, Sibiu, 2008.

Chichernea, Cristina, *Mănăstirea Recea-Mureș*, București, 2003.

Cobzaru, Dumitru, *Nicula. Monografia Mănăstirii Adormirea Maicii Domnului*, Nicula, 1998.

Cornean, Nicolae, *Monografia Eparhiei Caransebeșului*, Caransebeș, 1940.

Costea, Florea, *Bisericile rupestre din complexul monahal de la Șinca Veche (jud. Brașov)*, în rev. „Cumidava", XXVIII, Brașov, 2005.

Crețulescu, Narcis, *Istoria Sfintei Mănăstiri Râșca* (1901).

Diaconescu, Mihail, *Biserici și mănăstiri ortodoxe din România*, București, 2007.

Dionisie din Furna, *Erminia picturii bizantine*, București, 2003.

Dragne, Aurel, *Vestigii ale trecutului mănăstiresc în Țara Făgărașului*, în rev. „Cumidava", XXVIII, Brașov, 2005.

Drăguț, Vasile, *Dicționar enciclopedic de artă medievală românească*, București, 1976.

Drăguț, Vasile, *Arta gotică în România*, București, 1979.

Dumitrache, Vasile, *Mănăstirile și schiturile României. Mitropolia Olteniei*, București, 2001.

Dumitrache, Vasile, *Mănăstirile și schiturile României. Mitropolia Munteniei și Dobrogei – eparhii, mănăstiri și schituri,* București, 2002.

Dumitrache, Vasile, *Mănăstirile și schiturile României. Mitropolia Ardealului, Crișanei și Maramureșului,* București, 2002.

Dumitrache, Vasile, *Mănăstirile și schiturile României. Mitropolia Banatului,* București, 2002.

Erhan, Vasile, *Mănăstiri și biserici din orașul Iași și împrejurimi,* Iași, 2005.

Gherasim Cristea, episcop, *Istoria Eparhiei Râmnicului,* Rm. Vâlcea, 2009.

Ghinea, Dan, *Enciclopedia geografică a României,* București, 2000.

Giurgea, Emil, *Vrancea. Ghid turistic,* București, 1977.

Godea, Ioan, *Biserici de lemn din România, nord-vestul Transilvaniei,* București, 1996.

Ică, I. Ioan jr., *Mărturii de sfințenie românească. Monahi îmbunătățiți din secolele trecute,* Sibiu, 2002.

Ionescu, Gr., *Istoria arhitecturii în România,* București, 1963.

Iorga, Nicolae, *Studii istorice asupra Chiliei și Cetății Albe,* București,1899.

Jianu, Nicu, *Biserici de lemn din Transilvania,* 1, Deva, 2005.

Lecca, Octav-George, *Familiile boierești române,* București, 2009.

Man, Serafim, arhim., *Mănăstirea Rohia,* Cluj-Napoca, 1989.

Manolache, Mihai, *Mănăstirea Râmeț, județul Alba,* București, 1975.

Marc, Nectarie, *Mănăstirea Sfinții Apostoli Petru și Pavel,* Bistrița Năsăud, 2005.

Meteș, Ștefan, *Mănăstirile românești din Transilvania și Ungaria,* Sibiu, 1936.

Micșunescu, Dimitrie, pr., *Vizitând mănăstiri basarabene și bucovinene,* București, 1937.

Moisescu, Cristian, *Târgoviște. Monumente istorice și de artă,* București, 1979.

Mureșianu, I.B., *Mănăstiri din Banat,* Timișoara, 1976.

Musicescu, Ana-Maria, *Mănăstirea Sucevița,* București, 1965.

Palade, Mihaela, *Biserica Mănăstirii Dealu. Istorie în forme și culori,* București, 2008.

Păcurariu, Mircea, acad., *Dicționarul teologilor români,* București, 2002.

Păcurariu, Mircea, acad. (coordonator, colectiv autori), *Enciclopedia Ortodoxiei Românești,* București, 2010.

Păcurariu, Mircea, acad., *Istoria Bisericii Ortodoxe Române,* 3 vol., ed. a II-a, București, 1992-1994.

Păcurariu, Mircea, acad., *Istoria Bisericii românești din Transilvania, Banat, Crișana și Maramureș până în 1918,* Cluj Napoca, 1992.

Părăian, Teofil, arhim., *Amintiri despre duhovnicii pe care i-am cunoscut,* Cluj Napoca, 2003.

Petrescu, Eugen, *Mănăstirile și schiturile din județul Vâlcea,* Rm. Vâlcea, 2009.

Porumb, Marius, *Biserici de lemn din Maramureș,* București, 2005.

Potra, George, *Din Bucureștii de altădată,* București, 1981.

Prisnea, Constantin, *Mănăstirea Neamț,* București, 1969.

Puiu, Visarion, mitrop., *Mănăstirile din Basarabia,* Chișinău, 1918.

Rașcu, G., *Mănăstirea Probota,* în rev. „Misionarul", nr. 1-2, Chișinău, 1939.

Roșca, Nuțu, *Mănăstirea Săpânța Peri,* Baia Mare, 2003.

Sorescu, Roman, *Mănăstirile dobrogene,* București, 1914.

Stoica, Lucia; Ionescu-Ghinea, Neculai, *Enciclopedia lăcașurilor de cult din București,* București, 2005.

Stoicescu, Nicolae, *Repertoriu bibliografic al localităților și monumentelor medievale din Moldova,* București, 1974.

Sturdza, Mihai D., *Familiile boierești din Moldova și Țara Românească, vol. I – Enciclopedie istorică, genealogică si biografică,* București, 2004.

Teodoru, H., *Contribuții la studiul originii și evoluției planului triconc în Moldova,* Chișinău, 1970.

Theodorescu, Răzvan, *Mănăstirea Bistrița,* București, 1966.

Vlasie, Mihai, *Drumuri spre mănăstiri. Ghidul așezămintelor monahale ortodoxe din România,* ed. a X-a, București, 2005.

Vătășianu, V., *Istoria artei feudale în Țările Române,* București, 1959.

Zamfirescu, Dan; Zaharia, Ciprian, *Paisianismul, un moment românesc în istoria spiritualității europene,* București, 1996.

CUPRINS

MITROPOLIA MOLDOVEI ȘI BUCOVINEI

Jud. Botoșani

Jud. Neamț

MITROPOLIA ARDEALULUI

MITROPOLIA BANATULUI

INDEX

C

D

R

S

Ș

T

Comenzi:
www.librariasophia.ro

Difuzare:
SUPERGRAPH
Str. Ion Minulescu nr. 36, sector 3,
031216, București
Tel.: 021-320.61.19; fax: 021-319.10.84
e-mail: contact@supergraph.ro
www.librariasophia.ro
www.sophia.ro